Langenbrinck/Litzka

Altersteilzeit
im öffentlichen Dienst
für Angestellte und Arbeiter

Altersteilzeit

im öffentlichen Dienst für Angestellte und Arbeiter

Handbuch für die Praxis

von

Dr. Bernhard Langenbrinck,
Referent bei der Vereinigung der
kommunalen Arbeitgeberverbände, Köln,

und

Peter Litzka,
Vorsitzendes Mitglied der Geschäftsführung,
Agentur für Arbeit, Kempten

4. Auflage, 2004

::rehm

Bibliografische Information Der Deutschen Bibliothek

Die Deutsche Bibliothek verzeichnet diese Publikation in der Deutschen Nationalbibliografie; detaillierte bibliografische Daten sind im Internet über http://dnb.ddb.de abrufbar.

Bei der Herstellung des Buches haben wir uns zukunftsbewusst für umweltverträgliche und wiederverwertbare Materialien entschieden. Der Inhalt ist auf elementar chlorfreiem Papier gedruckt.

ISBN 3-8073-1997-2

Verlagsgruppe Hüthig Jehle Rehm GmbH
Heidelberg/München/Berlin

Satz: TypoScript GmbH, München
Druck und Verarbeitung: Danuvia Druckhaus, Neuburg/Donau

Vorwort zur 4. Auflage

Mit dem Gesetz zur Förderung eines gleitenden Übergangs in den Ruhestand vom 23. Juli 1996 ist mit Wirkung vom 1. August 1996 das Altersteilzeitgesetz in Kraft getreten. Inzwischen sind in den einzelnen Wirtschaftsbereichen der Bundesrepublik insgesamt mehr als 650 Tarifverträge vereinbart worden, mit denen die gesetzlichen Altersteilzeitregelungen für die jeweiligen Branchen oder das jeweilige Unternehmen umgesetzt werden. Für den Bereich des öffentlichen Dienstes haben sich die Tarifvertragsparteien dabei auf den Tarifvertrag zur Regelung der Altersteilzeitarbeit vom 5. Mai 1998 (TV ATZ) verständigt.

Seit der ersten Auflage hat sich eine Vielzahl von Entwicklungen bei der Altersteilzeit ergeben. Das Altersteilzeitgesetz ist seit der Vorauflage mehrfach geändert worden, zuletzt durch das Gesetz zur Intensivierung der Bekämpfung der Schwarzarbeit und damit zusammenhängender Steuerhinterziehung vom 23. Juli 2004 (BGBl. I S. 1842). Zum TV ATZ ist ein Änderungstarifvertrag Nr. 2 vom 30. Juni 2000 abgeschlossen worden. Die Durchführungsanweisungen der Bundesagentur für Arbeit sind zwischenzeitlich mehrfach aktualisiert worden und auch die Spitzenverbände der Sozialversicherungsträger haben spezielle Durchführungshinweise zur Altersteilzeit herausgegeben.

Die bereits im Vorwort der ersten Auflage getroffene Feststellung, dass die Regelungen des Altersteilzeitgesetzes und des Altersteilzeittarifvertrages des öffentlichen Dienstes insbesondere im Bereich der für die Berechnung des Altersteilzeitentgelts maßgebenden Vorschriften sehr kompliziert ausgefallen sind, hat sich in der zeitlichen Entwicklung bestätigt. Zudem hat sich im Verlauf der praktischen Umsetzung der Altersteilzeitregelungen gezeigt, dass immer wieder neuartige Lebenssachverhalte auftauchen, für die abgestimmte einheitliche Lösungen zum Teil erst erarbeitet werden müssen. Das Buch will hier versuchen, Zusammenhänge und rechtliche Hintergründe der gesetzlichen und tarifvertraglichen Altersteilzeitregelungen deutlich zu machen und dabei in praxisorientierter Weise dazu beitragen, den Zugang in die neue Rechtsmaterie zu erleichtern.

Für die zahlreichen weiterführenden Hinweise möchten wir uns herzlich bedanken. Besonderer Dank gilt Herrn Wolfgang Schulz, Bundesministerium der Finanzen, der seine Erfahrungen aus der Praxis in die Berechnungen zu Teil C eingebracht hat.

München, im Juli 2004 — Die Verfasser

Inhaltsübersicht

Abkürzungsverzeichnis

A

a. A.	anderer Ansicht
a. a. O.	am angegebenen Ort
Abs.	Absatz
AFG	Arbeitsförderungsgesetz
Alg	Arbeitslosengeld
Alhi	Arbeitslosenhilfe
Änderungs-TV	Änderungstarifvertrag
ÄndG	Änderungsgesetz
Anm.	Anmerkung
AP	Arbeitsrechtliche Praxis
ArEV	Arbeitsentgelt-Verordnung
Art.	Artikel
AT-Angestellte	Außertarifliche Angestellte
AtG	Altersteilzeitgesetz
ATV	Tarifvertrag Altersversorgung
ATV-K	Altersvorsorge-TV-Kommunal
AVuAB	Arbeitsvermittlung und Arbeitsberatung

B

BA	Bundesagentur für Arbeit
BAG	Bundesarbeitsgericht
BAT	Bundes-Angestelltentarifvertrag
BAT-O/BAT-Ost	Tarifvertrag zur Anpassung des Tarifrechts – Manteltarifliche Vorschriften
BAT-Ostdeutsche Sparkassen	Tarifvertrag zur Anpassung des Tarifrechts – Manteltarifliche Vorschriften (BAT-O – Ostdeutsche Sparkassen)
BB	Betriebs-Berater (Zeitschrift)
BBG	Bundesbeamtengesetz
BBiG	Berufsbildungsgesetz
BErzGG	Bundeserziehungsgeldgesetz
BetrVG	Betriebsverfassungsgesetz
BGB	Bürgerliches Gesetzbuch
BGBl.	Bundesgesetzblatt
BMI	Bundesministerium des Innern

BMT-G	Bundesmanteltarifvertrag für Arbeiter gemeindlicher Verwaltungen und Betriebe
BMT-G-O	Tarifvertrag zur Anpassung des Tarifrechts – Manteltarifliche Vorschriften für Arbeiter gemeindlicher Verwaltungen und Betriebe
BPersVG	Bundespersonalvertretungsgesetz
BT-Drs.	Bundestagsdrucksache
Buchst.	Buchstabe
BÜV	Beitragsüberwachungsverordnung
BVerwG	Bundesverwaltungsgericht
BVG	Beamtenversorgungsgesetz
bzw.	beziehungsweise

D

d.h.	das heißt
DA	Durchführungsanweisung
DAG	Deutsche Angestelltengewerkschaft
dbb Tarifunion	Beamtenbund und Tarifunion
DGB	Deutscher Gewerkschaftsbund
DRiG	Deutsches Richtergesetz

E

EDV	Elektronische Datenverarbeitung
EStG	Einkommensteuergesetz

F

ff.	fortfolgende

G

GDP	Gewerkschaft der Polizei
GEW	Gewerkschaft Erziehung und Wissenschaft

H

HwO	Handwerksordnung

I

i.d.Z.	in der Zeit
i.S.	im Sinne
i.V.m.	in Verbindung mit

L

LPVG	Landespersonalvertretungsgesetz

M

max.	maximal
MB	Marburger Bund
MS	Mustersatzung
MTArb	Manteltarifvertrag für Arbeiterinnen und Arbeiter des Bundes und der Länder (Zusammenfassung des MTL II und MTB II)
MTArb-O	Tarifvertrag zur Anpassung des Tarifrechts für Arbeiter an MTArb
MuSchG	Mutterschutzgesetz

N

Nr.	Nummer
Nrn.	Nummern
NZA	Neue Zeitschrift für Tarifrecht

O

ÖTV	Gewerkschaft Öffentliche Dienste, Transport und Verkehr

P

PersR	Personalrat (Zeitschrift)
PersV	Personalvertretung (Zeitschrift)

R

RdSchr.	Rundschreiben
RdErl.	Runderlass
REFA	Verband für Arbeitsgestaltung, Betriebsorganisation und Unternehmensentwicklung
Rn.	Randnummer
RRG	Rentenreformgesetz
RV	Rentenversicherung

S

S.	Seite
SGB I	Sozialgesetzbuch – Erstes Buch – Allgemeiner Teil

SGB III	Sozialgesetzbuch – Drittes Buch – Arbeitsförderung
SGB IV	Sozialgesetzbuch – Viertes Buch – Gemeinsame Vorschriften für die Sozialversicherung
SGB V	Sozialgesetzbuch – Fünftes Buch – Gesetzliche Krankenversicherung
SGB VI	Sozialgesetzbuch – Sechstes Buch – Gesetzliche Rentenversicherung
SGB VII	Sozialgesetzbuch – Siebtes Buch – Gesetzliche Unfallversicherung
SGB IX	Sozialgesetzbuch – Neuntes Buch – Rehabilitation und Teilhabe behinderter Menschen
SGB X	Sozialgesetzbuch – Zehntes Buch – Verwaltungsverfahren
SGB XI	Sozialgesetzbuch – Elftes Buch – Gesetzliche Pflegeversicherung
SMAusbV	Schiffsmechaniker-Ausbildungsverordnung
sog.	so genannte
SR	Sonderregelung
Std.	Stunde/Stunden
Steuerkl.	Steuerklasse

T

TdL	Tarifgemeinschaft deutscher Länder
TV ATZ	Tarifvertrag zur Regelung der Altersteilzeitarbeit
TV EUmw/VKA	Tarifvertrag Entgeltumwandlung im kommunalen öffentlichen Dienst
TV-V	Tarifvertrag Versorgungsbetriebe
TV-N	Tarifvertrag Nahverkehrsbetriebe

U

u.	und
usw.	und so weiter
UhG	Unterhaltsgeld
Unterabs.	Unterabsatz

V

v. H.	vom Hundert
VBL-Satzung	Satzung der Versorgungsanstalt des Bundes und der Länder
ver.di	Vereinte Dienstleistungsgewerkschaft e.V.

Verf.	Verfasser
Versorgungs-TV	Tarifvertrag über die Versorgung der Arbeitnehmer des Bundes und der Länder sowie von Arbeitnehmern kommunaler Verwaltungen und Betriebe
VersTV-G	Tarifvertrag über die Versorgung der Arbeitnehmer kommunaler Verwaltungen und Betriebe
vgl.	vergleiche
VKA	Vereinigung der kommunalen Arbeitgeberverbände

Z

z. B.	zum Beispiel
ZTR	Zeitschrift für Tarifrecht

A. Tarifvertrag zur Regelung der Altersteilzeitarbeit (TV ATZ)

I. Text zum TV ATZ

Tarifvertrag zur Regelung der Altersteilzeitarbeit (TV ATZ)

vom 5. 5. 1998,
zuletzt geändert durch den 2. Änderungs-TV vom 30. 6. 2000

Zwischen

der Bundesrepublik Deutschland,
vertreten durch das Bundesministerium des Innern,

der Tarifgemeinschaft deutscher Länder,
vertreten durch den Vorsitzenden des Vorstandes,

der Vereinigung der kommunalen Arbeitgeberverbände,
vertreten durch den Vorstand,

einerseits

und[1])

andererseits

wird Folgendes vereinbart:

Präambel

Die Tarifvertragsparteien wollen mit Hilfe dieses Tarifvertrages älteren Beschäftigten einen gleitenden Übergang vom Erwerbsleben in den Ruhestand ermöglichen und dadurch vorrangig Auszubildenden und Arbeitslosen Beschäftigungsmöglichkeiten eröffnen.

---

1) Abgeschlossen mit der
- Gewerkschaft Öffentliche Dienste, Transport und Verkehr (ÖTV), diese zugleich handelnd für die Gewerkschaft Erziehung und Wissenschaft (GEW), – der Polizei (GdP), – IG Bauen-Agrar-Umwelt (IG BAU) und der Deutschen Angestellten-Gewerkschaft (DAG), diese zugleich handelnd für den Marburger Bund (MB) – Hinweis: Seit dem 2. Juli 2001 ist die Gewerkschaft ver.di in die Rechtsposition der ÖTV und der DAG eingetreten –, sowie
- dbb Tarifunion.

§ 1
Geltungsbereich

Dieser Tarifvertrag gilt für die Arbeitnehmer (Angestellte, Arbeiter und Arbeiterinnen), die unter den Geltungsbereich des

a) Bundes-Angestelltentarifvertrages (BAT),
b) Tarifvertrages zur Anpassung des Tarifrechts – Manteltarifliche Vorschriften – (BAT-O),
c) Tarifvertrages zur Anpassung des Tarifrechts – Manteltarifliche Vorschriften – (BAT-Ostdeutsche Sparkassen),
d) Manteltarifvertrages für Arbeiterinnen und Arbeiter des Bundes und der Länder (MTArb),
e) Bundesmanteltarifvertrages für Arbeiter gemeindlicher Verwaltungen und Betriebe – BMT-G II –,
f) Tarifvertrages zur Anpassung des Tarifrechts für Arbeiter an den MTArb (MTArb-O),
g) Tarifvertrages zur Anpassung des Tarifrechts – Manteltarifliche Vorschriften für Arbeiter gemeindlicher Verwaltungen und Betriebe – (BMT-G-O),
h) Tarifvertrages über die Anwendung von Tarifverträgen auf Arbeiter (TV Arbeiter-Ostdeutsche Sparkassen)

fallen.

§ 2
Voraussetzungen der Altersteilzeitarbeit

(1) Der Arbeitgeber kann mit Arbeitnehmern, die

a) das 55. Lebensjahr vollendet haben,
b) eine Beschäftigungszeit (z. B. § 19 BAT/BAT-O) von fünf Jahren vollendet haben und
c) innerhalb der letzten fünf Jahre vor Beginn der Altersteilzeitarbeit mindestens 1080 Kalendertage in einer versicherungspflichtigen Beschäftigung nach dem Dritten Buch Sozialgesetzbuch gestanden haben,

die Änderung des Arbeitsverhältnisses in ein Altersteilzeitarbeitsverhältnis auf der Grundlage des Altersteilzeitgesetzes vereinbaren; das Altersteilzeitarbeitsverhältnis muss ein versicherungspflichtiges Beschäftigungsverhältnis im Sinne des Dritten Buches Sozialgesetzbuch sein.

(2) Arbeitnehmer, die das 60. Lebensjahr vollendet haben und die übrigen Voraussetzungen des Absatzes 1 erfüllen, haben Anspruch auf Vereinbarung eines Altersteilzeitarbeitsverhältnisses. Der Arbeitnehmer hat den Arbeitgeber drei Monate vor dem geplanten Beginn des Altersteilzeitarbeitsverhältnisses über die Geltendmachung des Anspruchs zu informieren; von dem Fristerfordernis kann einvernehmlich abgewichen werden.

(3) Der Arbeitgeber kann die Vereinbarung eines Altersteilzeitarbeitsverhältnisses ablehnen, soweit dringende dienstliche bzw. betriebliche Gründe entgegenstehen.

(4) Das Altersteilzeitarbeitsverhältnis soll mindestens für die Dauer von zwei Jahren vereinbart werden. Es muss vor dem 1. Januar 2010 beginnen.

§ 3
Reduzierung und Verteilung der Arbeitszeit

(1) Die durchschnittliche wöchentliche Arbeitszeit während des Altersteilzeitarbeitsverhältnisses beträgt die Hälfte der bisherigen wöchentlichen Arbeitszeit.

Als bisherige wöchentliche Arbeitszeit ist die wöchentliche Arbeitszeit zu Grunde zu legen, die mit dem Arbeitnehmer vor dem Übergang in die Altersteilzeitarbeit vereinbart war. Zu Grunde zu legen ist höchstens die Arbeitszeit, die im Durchschnitt der letzten 24 Monate vor dem Übergang in die Altersteilzeitarbeit vereinbart war. Bei der Ermittlung der durchschnittlichen Arbeitszeit nach Satz 2 dieses Unterabsatzes bleiben Arbeitszeiten, die die tarifliche regelmäßige wöchentliche Arbeitszeit überschritten haben, außer Betracht. Die ermittelte durchschnittliche Arbeitszeit kann auf die nächste volle Stunde gerundet werden.

(2) Die während der Gesamtdauer des Altersteilzeitarbeitsverhältnisses zu leistende Arbeit kann so verteilt werden, dass sie

a) in der ersten Hälfte des Altersteilzeitarbeitsverhältnisses geleistet und der Arbeitnehmer anschließend von der Arbeit unter Fortzahlung der Bezüge nach Maßgabe der §§ 4 und 5 freigestellt wird (Blockmodell) oder

b) durchgehend geleistet wird (Teilzeitmodell).

(3) Der Arbeitnehmer kann vom Arbeitgeber verlangen, dass sein Wunsch nach einer bestimmten Verteilung der Arbeitszeit mit dem Ziel einer einvernehmlichen Regelung erörtert wird.

Protokollerklärungen zu Absatz 1:

1. *Für die unter die Pauschallohn-Tarifverträge des Bundes und der Länder fallenden Kraftfahrer gilt für die Anwendung dieses Tarifvertrages die den Pauschalgruppen zugrunde liegende Arbeitszeit als regelmäßige Arbeitszeit. Im Bereich der Vereinigung der kommunalen Arbeitgeberverbände gilt Satz 1 für tarifvertragliche Regelungen für Kraftfahrer entsprechend.*

2. *Für Arbeitnehmer mit verlängerter regelmäßiger Arbeitszeit nach Nr. 5 Abs. 5 SR 2 e I BAT/BAT-O und Nr. 7 Abs. 3 SR 2 a des Abschnitts A der Anlage 2 MTArb/Nr. 8 Abs. 4 SR 2 a des Abschnitts A der Anlage 2 MTArb-O und entsprechenden Sonderregelungen gilt für die Anwendung dieses Tarifvertrages die dienstplanmäßig zu leistende Arbeitszeit als regelmäßige Arbeitszeit.*

Protokollerklärung zu Absatz 2:

Für Arbeitnehmer mit verlängerter regelmäßiger Arbeitszeit und für Kraftfahrer im Sinne der Pauschallohn-Tarifverträge des Bundes und der Länder ist Altersteilzeitarbeit nur im Blockmodell möglich. Im Bereich der Vereinigung der kommunalen Arbeitgeberverbände gilt Satz 1 für tarifvertragliche Regelungen für Kraftfahrer entsprechend.

§ 4
Höhe der Bezüge

(1) Der Arbeitnehmer erhält als Bezüge die sich für entsprechende Teilzeitkräfte bei Anwendung der tariflichen Vorschriften (z. B. § 34 BAT/BAT-O) ergebenden Beträge mit der Maßgabe, dass die Bezügebestandteile, die üblicherweise in die Berechnung des Aufschlags zur Urlaubsvergütung/Zuschlags zum Urlaubslohn einfließen, sowie Wechselschicht- und Schichtzulagen entsprechend dem Umfang der tatsächlich geleisteten Tätigkeit berücksichtigt werden.

(2) Als Bezüge im Sinne des Absatzes 1 gelten auch Einmalzahlungen (z. B. Zuwendung, Urlaubsgeld, Jubiläumszuwendung) und vermögenswirksame Leistungen.

Protokollerklärung zu Absatz 1:

Die im Blockmodell über die regelmäßige wöchentliche Arbeitszeit hinaus geleisteten Arbeitsstunden gelten bei Vorliegen der übrigen tariflichen Voraussetzungen als Überstunden.

§ 5
Aufstockungsleistungen

(1) Die dem Arbeitnehmer nach § 4 zustehenden Bezüge zuzüglich des darauf entfallenden sozialversicherungspflichtigen Teils der vom Arbeitgeber zu tragenden Umlage zur Zusatzversorgungseinrichtung werden um 20 v. H. dieser Bezüge aufgestockt (Aufstockungsbetrag). Bei der Berechnung des Aufstockungsbetrages bleiben steuerfreie Bezügebestandteile, Entgelte für Mehrarbeits- und Überstunden, Bereitschaftsdienste und Rufbereitschaften sowie für Arbeitsbereitschaften (§ 18 Abs. 1 Unterabs. 2 MTArb/MTArb-O bzw. § 67 Nr. 10 BMT-G/BMT-G-O) unberücksichtigt; diese werden, soweit sie nicht unter Absatz 2 Unterabs. 2 und 3 fallen, neben dem Aufstockungsbetrag gezahlt.

(2) Der Aufstockungsbetrag muss so hoch sein, dass der Arbeitnehmer 83 v. H. des Nettobetrages des bisherigen Arbeitsentgelts erhält (Mindestnettobetrag). Als bisheriges Arbeitsentgelt ist anzusetzen das gesamte, dem Grunde nach beitragspflichtige Arbeitsentgelt, das der Arbeitnehmer für eine Arbeitsleistung bei bisheriger wöchentlicher Arbeitszeit (§ 3 Abs. 1 Unterabs. 2) zu beanspruchen hätte; der sozialversicherungspflichtige Teil

der vom Arbeitgeber zu tragenden Umlage zur Zusatzversorgungseinrichtung bleibt unberücksichtigt.

Dem bisherigen Arbeitsentgelt nach Unterabsatz 1 Satz 2 zuzurechnen sind Entgelte für Bereitschaftsdienst und Rufbereitschaft – letztere jedoch ohne Entgelte für angefallene Arbeit einschließlich einer etwaigen Wegezeit –, die ohne Reduzierung der Arbeitszeit zugestanden hätten; in diesen Fällen sind die tatsächlich zustehenden Entgelte abweichend von Absatz 1 Satz 2 letzter Halbsatz in die Berechnung des aufzustockenden Nettobetrages einzubeziehen. Die Regelungen zu Bereitschaftsdienst und Rufbereitschaft in Satz 1 dieses Unterabsatzes gelten bei Arbeitern für die Arbeitsbereitschaft nach § 18 Abs. 1 Unterabs. 2 MTArb/MTArb-O bzw. § 67 Nr. 10 BMT-G/BMT-G-O entsprechend.

Haben dem Arbeitnehmer, der die Altersteilzeitarbeit im Blockmodell leistet, seit mindestens zwei Jahren vor Beginn des Altersteilzeitarbeitsverhältnisses ununterbrochen Pauschalen für Überstunden (z. B. nach § 35 Abs. 4 BAT/BAT-O) zugestanden, werden diese der Bemessungsgrundlage nach Unterabsatz 1 Satz 2 in der Höhe zugerechnet, die ohne die Reduzierung der Arbeitszeit maßgebend gewesen wäre; in diesem Fall sind in der Arbeitsphase die tatsächlich zustehenden Pauschalen abweichend von Absatz 1 Satz 2 letzter Halbsatz in die Berechnung des aufzustockenden Nettobetrages einzubeziehen.

Bei Kraftfahrern, die unter die Pauschallohn-Tarifverträge des Bundes und der Länder fallen, ist als bisheriges Arbeitsentgelt im Sinne des Unterabsatzes 1 Satz 2 in der Freistellungsphase der Lohn aus der Pauschalgruppe anzusetzen, die mindestens während der Hälfte der Dauer der Arbeitsphase maßgebend war. Im Bereich der Vereinigung der kommunalen Arbeitgeberverbände gilt Satz 1 für tarifvertragliche Regelungen für Kraftfahrer entsprechend.

Für Arbeitnehmer mit verlängerter regelmäßiger Arbeitszeit nach Nr. 5 Abs. 5 SR 2 e I BAT/BAT-O und Nr. 7 Abs. 3 SR 2 a des Abschnitts A der Anlage 2 MTArb/Nr. 8 Abs. 4 SR 2 a des Abschnitts A der Anlage 2 MTArb-O und entsprechenden Sonderregelungen ist als bisheriges Arbeitsentgelt im Sinne des Unterabsatzes 1 Satz 2 in der Freistellungsphase die Vergütung bzw. der Lohn aus derjenigen Stundenzahl anzusetzen, die während der Arbeitsphase, längstens während der letzten 48 Kalendermonate, als dienstplanmäßige Arbeitszeit durchschnittlich geleistet wurde.

(3) Für die Berechnung des Mindestnettobetrages nach Absatz 2 ist die Rechtsverordnung nach § 15 Satz 1 Nr. 1 des Altersteilzeitgesetzes zugrunde zu legen. Sofern das bei bisheriger Arbeitszeit zustehende Arbeitsentgelt nach Absatz 2 Unterabs. 1 Satz 2 das höchste in dieser Rechtsverordnung ausgewiesene Arbeitsentgelt übersteigt, sind für die Berechnung des Mindestnettobetrages diejenigen gesetzlichen Abzüge anzusetzen, die bei Arbeitnehmern gewöhnlich anfallen (§ 3 Abs. 1 Nr. 1 Buchst. a des Altersteilzeitgesetzes).

(4) Neben den vom Arbeitgeber zu tragenden Sozialversicherungsbeiträgen für die nach § 4 zustehenden Bezüge entrichtet der Arbeitgeber gemäß § 3 Abs. 1 Nr. 1 Buchst. b des Altersteilzeitgesetzes zusätzliche Beiträge zur gesetzlichen Rentenversicherung für den Unterschiedsbetrag zwischen den nach § 4 zustehenden Bezügen einerseits und 90 v. H. des Arbeitsentgelts im Sinne des Absatzes 2 zuzüglich des sozialversicherungspflichtigen Teils der vom Arbeitgeber zu tragenden Umlage zur Zusatzversorgungseinrichtung, höchstens aber der Beitragsbemessungsgrenze, andererseits.

(5) Ist der Angestellte von der Versicherungspflicht in der gesetzlichen Rentenversicherung befreit, erhöht sich der Zuschuss des Arbeitgebers zu einer anderen Zukunftssicherung um den Betrag, den der Arbeitgeber nach Absatz 4 bei Versicherungspflicht in der gesetzlichen Rentenversicherung zu entrichten hätte.

(6) Die Regelungen der Absätze 1 bis 5 gelten auch in den Fällen, in denen eine aufgrund dieses Tarifvertrages geschlossene Vereinbarung eine Verteilung der Arbeitsleistung (§ 3 Abs. 2) vorsieht, die sich auf einen Zeitraum von mehr als sechs Jahren erstreckt.

(7) Arbeitnehmer, die nach Inanspruchnahme der Altersteilzeit eine Rentenkürzung wegen einer vorzeitigen Inanspruchnahme der Rente zu erwarten haben, erhalten für je 0,3 v. H. Rentenminderung eine Abfindung in Höhe von 5 v. H. der Vergütung (§ 26 BAT/BAT-O/BAT-Ostdeutsche Sparkassen) und der in Monatsbeträgen festgelegten Zulagen bzw. des Monatsregellohnes (§ 21 Abs. 4 MTArb/MTArb-O) ggf. zuzüglich des Sozialzuschlags bzw. des Monatsgrundlohnes (§ 67 Nr. 26 b BMT-G/BMT-G-O) und der ständigen Lohnzuschläge, die bzw. der dem Arbeitnehmer im letzten Monat vor dem Ende des Altersteilzeitverhältnisses zugestanden hätte, wenn er mit der bisherigen wöchentlichen Arbeitszeit (§ 3 Abs. 1 Unterabs. 2) beschäftigt gewesen wäre. Die Abfindung wird zum Ende des Altersteilzeitarbeitsverhältnisses gezahlt.

Protokollerklärung zu Absatz 2:

Beim Blockmodell können in der Freistellungsphase die in die Bemessungsgrundlage nach Absatz 2 eingehenden, nicht regelmäßig zustehenden Bezügebestandteile (z. B. Erschwerniszuschläge) mit dem für die Arbeitsphase errechneten Durchschnittsbetrag angesetzt werden; dabei werden Krankheits- und Urlaubszeiten nicht berücksichtigt. Allgemeine Bezügeerhöhungen sind zu berücksichtigen, soweit die zugrunde liegenden Bezügebestandteile ebenfalls an allgemeinen Bezügeerhöhungen teilnehmen.

§ 6
Nebentätigkeit

Der Arbeitnehmer darf während des Altersteilzeitarbeitsverhältnisses keine Beschäftigungen oder selbstständigen Tätigkeiten ausüben, die die Geringfügigkeitsgrenze des § 8 SGB IV überschreiten, es sei denn, diese Beschäftigungen oder selbstständigen Tätigkeiten sind bereits innerhalb der letzten fünf Jahre vor Beginn des Altersteilzeitarbeitsverhältnisses ständig ausgeübt worden. Bestehende tarifliche Regelungen über Nebentätigkeiten bleiben unberührt.

§ 7
Urlaub

Für den Arbeitnehmer, der im Rahmen der Altersteilzeit im Blockmodell (§ 3 Abs. 2 Buchst. a) beschäftigt wird, besteht kein Urlaubsanspruch für die Zeit der Freistellung von der Arbeit. Im Kalenderjahr des Übergangs von der Beschäftigung zur Freistellung hat der Arbeitnehmer für jeden vollen Beschäftigungsmonat Anspruch auf ein Zwölftel des Jahresurlaubs.

§ 8
Nichtbestehen bzw. Ruhen der Aufstockungsleistungen

(1) In den Fällen krankheitsbedingter Arbeitsunfähigkeit besteht der Anspruch auf die Aufstockungsleistungen (§ 5) längstens für die Dauer der Entgeltfortzahlung (z. B. § 37 Abs. 2 BAT/BAT-O), der Anspruch auf die Aufstockungsleistungen nach § 5 Abs. 1 und 2 darüber hinaus längstens bis zum Ablauf der Fristen für die Zahlung von Krankenbezügen (Entgeltfortzahlung und Krankengeldzuschuss). Für die Zeit nach Ablauf der Entgeltfortzahlung wird der Aufstockungsbetrag in Höhe des kalendertäglichen Durchschnitts des nach § 5 Abs. 1 und 2 in den letzten drei abgerechneten Kalendermonaten maßgebenden Aufstockungsbetrages gezahlt; Einmalzahlungen bleiben unberücksichtigt.

Im Falle des Bezugs von Krankengeld (§§ 44 ff. SGB V), Versorgungskrankengeld (§§ 16 ff. BVG), Verletztengeld (§§ 45 ff. SGB VII), Übergangsgeld (§§ 49 ff. SGB VII) oder Krankentagegeld von einem privaten Krankenversicherungsunternehmen tritt der Arbeitnehmer für den nach Unterabsatz 1 maßgebenden Zeitraum seine gegen die Bundesanstalt für Arbeit bestehenden Ansprüche auf Altersteilzeitleistungen (§ 10 Abs. 2 des Altersteilzeitgesetzes) an den Arbeitgeber ab.

(2) Ist der Arbeitnehmer, der die Altersteilzeitarbeit im Blockmodell ableistet, während der Arbeitsphase über den Zeitraum der Entgeltfortzahlung (z. B. § 37 Abs. 2 BAT/BAT-O) hinaus arbeitsunfähig erkrankt, verlängert sich die Arbeitsphase um die Hälfte des den Entgeltfortzahlungszeitraum übersteigenden Zeitraums der Arbeitsunfähigkeit; in dem gleichen Umfang verkürzt sich die Freistellungsphase.

(3) Der Anspruch auf die Aufstockungsleistungen ruht während der Zeit, in der der Arbeitnehmer eine unzulässige Beschäftigung oder selbstständige Tätigkeit im Sinne des § 6 ausübt oder über die Altersteilzeitarbeit hinaus Mehrarbeit und Überstunden leistet, die den Umfang der Geringfügigkeitsgrenze des § 8 SGB IV überschreiten. Hat der Anspruch auf die Aufstockungsleistungen mindestens 150 Tage geruht, erlischt er; mehrere Ruhenszeiträume werden zusammengerechnet.

Protokollerklärung:

Wenn der Arbeitnehmer infolge Krankheit den Anspruch auf eine Rente nach Altersteilzeitarbeit nicht zum arbeitsvertraglich festgelegten Zeitpunkt erreicht, verhandeln die Arbeitsvertragsparteien über eine interessengerechte Vertragsanpassung.

§ 9
Ende des Arbeitsverhältnisses

(1) Das Arbeitsverhältnis endet zu dem in der Altersteilzeitvereinbarung festgelegten Zeitpunkt.

(2) Das Arbeitsverhältnis endet unbeschadet der sonstigen tariflichen Beendigungstatbestände (z. B. §§ 53 bis 60 BAT/BAT-O)

a) mit Ablauf des Kalendermonats vor dem Kalendermonat, für den der Arbeitnehmer eine Rente wegen Alters oder, wenn er von der Versicherungspflicht in der gesetzlichen Rentenversicherung befreit ist, eine vergleichbare Leistung einer Versicherungs- oder Versorgungseinrichtung oder eines Versicherungsunternehmens beanspruchen kann; dies gilt nicht für Renten, die vor dem für den Versicherten maßgebenden Rentenalter in Anspruch genommen werden können oder

b) mit Beginn des Kalendermonats, für den der Arbeitnehmer eine Rente wegen Alters, eine Knappschaftsausgleichsleistung, eine ähnliche Leistung öffentlich-rechtlicher Art oder, wenn er von der Versicherungspflicht in der gesetzlichen Rentenversicherung befreit ist, eine vergleichbare Leistung einer Versicherungs- oder Versorgungseinrichtung oder eines Versicherungsunternehmens bezieht.

(3) Endet bei einem Arbeitnehmer, der im Rahmen der Altersteilzeit nach dem Blockmodell (§ 3 Abs. 2 Buchst. a) beschäftigt wird, das Arbeitsverhältnis vorzeitig, hat er Anspruch auf eine etwaige Differenz zwischen den nach den §§ 4 und 5 erhaltenen Bezügen und Aufstockungsleistungen und den Bezügen für den Zeitraum seiner tatsächlichen Beschäftigung, die er ohne Eintritt in die Altersteilzeit erzielt hätte. Bei Tod des Arbeitnehmers steht dieser Anspruch seinen Erben zu.

Protokollerklärung zu Absatz 2 Buchst. a:

Das Arbeitsverhältnis einer Arbeitnehmerin endet nicht, solange die Inanspruchnahme einer Leistung im Sinne des Absatzes 2 Buchst. a zum Ruhen der Versorgungsrente nach § 41 Abs. 7 VersTV-G, § 65 Abs. 7 VBL-Satzung führen würde.

§ 10
Mitwirkungspflicht

(1) Der Arbeitnehmer hat Änderungen der ihn betreffenden Verhältnisse, die für den Anspruch auf Aufstockungsleistungen erheblich sind, dem Arbeitgeber unverzüglich mitzuteilen.

(2) Der Arbeitnehmer hat dem Arbeitgeber zu Unrecht gezahlte Leistungen, die die im Altersteilzeitgesetz vorgesehenen Leistungen übersteigen, zu erstatten, wenn er die unrechtmäßige Zahlung dadurch bewirkt hat, dass er Mitwirkungspflichten nach Absatz 1 verletzt hat.

§ 11
In-Kraft-Treten, Geltungsdauer

Dieser Tarifvertrag tritt mit Wirkung vom 1. Mai 1998 in Kraft. Vor dem 26. Juni 1997 abgeschlossene Vereinbarungen über den Eintritt in ein Altersteilzeitarbeitsverhältnis bleiben unberührt.

Köln, 5. Mai 1998

II. Kommentierung zum TV ATZ

Vorbemerkung

1. Entstehungsgeschichte

Mit dem Gesetz zur Förderung eines gleitenden Übergangs in den Ruhe- 1
stand vom 23. Juli 1996 (BGBl. I S. 1078 ff.) ist als Artikel 1 das **Altersteilzeitgesetz** in Kraft getreten. Parallel hierzu wurde in der gesetzlichen Rentenversicherung der neue Rentenfall einer Altersrente wegen Arbeitslosigkeit oder nach Altersteilzeitarbeit geschaffen.

Um den Abschluss von Altersteilzeitvereinbarungen im **öffentlichen Dienst** in der Praxis zu ermöglichen, mussten zuerst die zusatzversorgungsrechtlichen Hemmnisse beseitigt werden. Vor dem 30. Änderungstarifvertrag zum VersTV-G kannte die Zusatzversorgung des öffentlichen Dienstes den Versicherungsfall nach Altersteilzeitarbeit nicht. Ein Arbeitnehmer des öffentlichen Dienstes, der aufgrund des Altersteilzeitgesetzes eine Altersteilzeitvereinbarung getroffen hätte, um im Anschluss daran im Wege der gesetzlichen Rente nach Altersteilzeitarbeit in den Ruhestand zu gehen, wäre also Gefahr gelaufen, ohne eine Versorgungsrente aus der Zusatzversorgung dazustehen. Erst mit der Vereinbarung des 30. Änderungstarifvertrages zum VersTV-G vom 26. Juni 1997 sind die zusatzversorgungsrechtlichen Voraussetzungen für die Vereinbarung von Altersteilzeitvereinbarungen im öffentlichen Dienst geschaffen worden. Für den Bereich der Versorgungsanstalt des Bundes und der Länder sind entsprechende Regelungen durch die 30. Änderung der VBL-Satzung vom 26. Juni 1997 getroffen worden. Auch nach der Reform der Zusatzversorgung durch das Tarifergebnis vom 13. November 2001 (Altersvorsorgeplan 2001), das im Einzelnen durch die Altersvorsorgetarifverträge ATV und ATV-K vom 1. März 2002 für die Bereiche des

Bundes, der Länder und der kommunalen Arbeitgeber umgesetzt worden ist, ist die zusatzversorgungsrechtliche Basis für den Abschluss von Altersteilzeitvereinbarungen weiterhin gewährleistet (§§ 8 Abs. 2 Satz 2 und 15 Abs. 2 ATV/ATV-K).

Nach der Ausgangsfassung des § 2 Satz 1 Nr. 1 AtG bestand für Altersteilzeitmodelle, die eine Arbeitszeitverteilung über ein Jahr vorsahen, ein so genannter **Tarifvorbehalt**. Eine Verteilung der wöchentlichen Arbeitszeit in der Weise, dass die Hälfte der tariflichen regelmäßigen wöchentlichen Arbeitszeit im Durchschnitt eines Zeitraumes von einem Jahr nicht überschritten wurde, war also bereits aufgrund des Gesetzes möglich. Bei einem längeren Durchschnittszeitraum bedurfte es jedoch einer tarifvertraglichen Regelung. Inzwischen ist aufgrund des sog. Flexi-Gesetzes (Gesetz zur sozialrechtlichen Absicherung flexibler Arbeitszeitregelungen vom 6. April 1998, BGBl. I S. 688 ff.) eine Verteilung der Arbeitszeit durch Gesetz von bis zu drei Jahren möglich. Das Interesse der Tarifvertragsparteien ging aber dahin, Arbeitszeitverteilungsmodelle von mehr als einem bzw. drei Jahren zu ermöglichen. Vor dieser Ausgangslage wurden die Tarifverhandlungen in der Lohnrunde 1998 geführt.

Die Gewerkschaften des öffentlichen Dienstes forderten in den Tarifverhandlungen im Übrigen eine im Vergleich zur gesetzlichen Regelung verbesserte Ausgestaltung tariflicher Altersteilzeitleistungen. Sie konnten hierbei auf tarifliche Regelungen aus anderen Tarifbereichen (z. B. aus der Metallindustrie) verweisen, in denen bereits über das Gesetz hinausgehende Tarifabschlüsse getroffen worden waren. Die Arbeitgeberseite hat hingegen in den Tarifverhandlungen angesichts leerer Kassen im öffentlichen Dienst, die Höhe der Altersteilzeitleistungen vor allem unter den Gesichtspunkt der Finanzierbarkeit gestellt. Aus diesen unterschiedlichen Ausgangslagen heraus wurden die Tarifverhandlungen zur Altersteilzeitarbeit geführt. Viele Regelungen des TV ATZ sind nur vor dem Hintergrund dieser tariflichen Ausgangslage, die die Tarifvertragsparteien zu – in Tarifverhandlungen immer notwendigen – Kompromissen gezwungen hat, verständlich.

Um den tariflichen Hintergrund der Regelungen des TV ATZ im Einzelnen richtig einschätzen zu können, sind im Weiteren die **Besonderheiten der 98er Lohn- und Vergütungstarifverhandlungen** zu beachten. Anders als in früheren Lohn- und Vergütungsrunden, in denen es vorrangig um die Höhe der Lohnsteigerung ging, standen in der Lohn- und Vergütungsrunde 1998 eine Fülle von Themen auf der Tagesordnung, die in den Verhandlungen zu bewältigen waren. So ging es in den Tarifverhandlungen also nicht nur um die Frage der Lohnsteigerungsrate, sondern z. B. auch um Fragen der Arbeitszeitgestaltung einschließlich der Frage des Arbeitszeitkontos, um Fragen der Beschäftigungssicherung, um die besonders schwierig zu lösende Problematik der dauerhaften Sicherung der Finanzierungsgrundlagen der Zusatzversorgung des öffentlichen Dienstes sowie um die Frage, wie die Altersteilzeit für den Bereich des öffentlichen Dienstes umgesetzt werden soll. Die Vielzahl der zu bewältigenden Themen war ein Grund dafür, dass sich die Tarifvertragsparteien in den eigentlichen Lohn- und Vergütungstarifverhandlungen auf grundsätzliche Maßgaben (siehe Rn. 2) einigten, die Grundlage des TV ATZ waren. Im Einzelnen sah die Einigung der Tarifvertragsparteien vom April 1998 folgende Maßgaben für die Altersteilzeitarbeit im öffentlichen Dienst vor:

2. Maßgaben der Lohn- und Vergütungstarifverhandlungen 1998 zur Altersteilzeit

Auszug aus der Einigungsempfehlung der Lohnrunde 1998 2

„I. Beschäftigungswirksame Maßnahmen

1. Altersteilzeit

Mit Arbeitnehmern, die das 55. Lebensjahr vollendet haben, kann mit folgenden Maßgaben Altersteilzeit entsprechend der Regelungen des Altersteilzeitgesetzes vereinbart werden, soweit dringende dienstliche bzw. betriebliche Gründe nicht entgegenstehen:

a) Arbeitnehmern, die das 60. Lebensjahr vollendet haben, ist Altersteilzeit zu gewähren, soweit dringende dienstliche bzw. betriebliche Gründe nicht entgegenstehen.
b) Die Altersteilzeit kann in Form von Blockmodellen (Arbeitsphase, Freizeitphase) vereinbart werden.
c) Das für die Hälfte der regelmäßigen Arbeitszeit zustehende Arbeitsentgelt wird um einen Aufstockungsbetrag angehoben. Der Aufstockungsbetrag muss so hoch sein, dass der Arbeitnehmer insgesamt 83 v. H. des bei regelmäßiger Arbeitszeit zustehenden Vollzeitnettoarbeitsentgelts erhält.
d) Der Arbeitgeber entrichtet zusätzlich Beiträge zur Rentenversicherung entsprechend der gesetzlichen Regelung.
e) Wenn der Arbeitnehmer durch die Inanspruchnahme der vorgezogenen Altersrente nach Altersteilzeitarbeit Rentenkürzungen in Kauf nehmen muss, erhält er eine nach der Höhe der Rentenabschläge gestaffelte Einmalzahlung von höchstens bis zu drei Monatsbezügen.

Altersteilzeit soll vorrangig dazu dienen, Ausgebildeten und Arbeitslosen eine berufliche Perspektive zu ermöglichen. Die Arbeitgeber von Bund, Ländern und Gemeinden werden während der Laufzeit der Tarifvereinbarung regelmäßig über die Beschäftigungswirkung informieren. Sie stellen hierfür die erforderlichen Informationen zur Verfügung."

Auf der Grundlage dieser Maßgaben wurde dann in sehr schwierigen Redaktionsverhandlungen die Ausformulierung des Tarifergebnisses in einem Tarifvertrag zur Regelung der Altersteilzeitarbeit von 5. Mai 1998 vorgenommen.

3. Änderungstarifvertrag Nr. 1 zum TV ATZ

Am 15. März 1999 haben sich die Tarifvertragsparteien auf einen Ände- 3
rungstarifvertrag Nr. 1 zum TV ATZ geeinigt, der mit Wirkung vom 1. April 1999 in Kraft getreten ist. Die Vorschriften des Änderungstarifver-

trages beziehen sich auf die Regelungen der §§5, 8 und 9 TV ATZ. Die Auswirkungen des Änderungstarifvertrages im Einzelnen sind bei den jeweiligen Paragraphen näher dargestellt.

4. Änderungstarifvertrag Nr. 2 zum TV ATZ

3a Durch das Gesetz zur Fortentwicklung der Altersteilzeit vom 20. Dezember 1999 (BGBl. I, 2494 ff.) ist auch teilzeitbeschäftigten Arbeitnehmern die Möglichkeit eröffnet worden, Altersteilzeitarbeit zu vereinbaren. Allerdings muss bei Teilzeitbeschäftigten, die Altersteilzeitarbeit vereinbaren wollen, auch nach der Halbierung der Arbeitszeit noch eine versicherungspflichtige Beschäftigung im Sinne des SGB III vorliegen. Sie dürfen also nicht geringfügig beschäftigt sein. Eine geringfügige Beschäftigung liegt vor, wenn sie weniger als 15 Stunden wöchentlich ausgeübt wird und der Verdienst nicht mehr als 325 Euro beträgt (zur Besonderheit des § 27 Abs. 5 SGB III vgl. Rn. 10). Außerdem ist durch das Gesetz zur Fortentwicklung der Altersteilzeit ein § 3 Abs. 1 a Satz 2 in das Altersteilzeitgesetz eingebaut worden, wonach Entgeltbestandteile, die für den Zeitraum der vereinbarten Altersteilzeitarbeit nicht vermindert werden, bei der Aufstockung nach § 3 Abs. 1 Nr. 1 AtG (nicht hingegen bei dem zusätzlichen Rentenbeitrag gemäß § 3 Abs. 1 Nr. 2 AtG) außer Betracht bleiben können. Schließlich ist für privat Krankenversicherte bei Bezug einer dem Krankengeld vergleichbaren Leistung eine Gleichstellung mit gesetzlich Krankenversicherten vollzogen worden. Durch das Zweite Gesetz zur Fortentwicklung der Altersteilzeit vom 27. Juni 2000 sind weitere Modifikationen der gesetzlichen Altersteilzeitregelungen in Bezug auf die Verlängerung der Geltungsdauer bis zum 31. Dezember 2009, die Erweiterung der Förderungsdauer von fünf auf sechs Jahre, die Ausdehnung der Mindestbesetzungsdauer, die Berechnung der wöchentlichen Arbeitszeit und eine Vereinfachung der Nettoentgeltberechnung erfolgt.

Ergänzend zu den Regelungen der beiden Gesetze zur Fortentwicklung der Altersteilzeit hat die Bundesanstalt für Arbeit in den Durchführungsanweisungen zum Altersteilzeitgesetz Erleichterungen bei den Regelungen über die Wiederbesetzung getroffen.

Die Entwicklungen im gesetzlichen Bereich haben den Tarifvertragsparteien des öffentlichen Dienstes Anlass gegeben, im Rahmen der Lohn- und Vergütungsverhandlungen 2000 über einen Änderungstarifvertrag Nr. 2 zum TV ATZ zu verhandeln. Mit dem Änderungstarifvertrag Nr. 2 zum TV ATZ vom 30. Juni 2000, auf den sich die Tarifvertragsparteien schließlich im Rahmen einer Gesamteinigung zur Lohn- und Vergütungsrunde 2000 verständigt haben, ist insbesondere die durch das Gesetz zur Fortentwicklung der Altersteilzeit im gesetzlichen Bereich geschaffene Erweiterung des Anwendungsbereichs auch für den tariflichen Bereich übernommen worden. Die Erweiterung der tariflichen Altersteilzeitarbeit auf teilzeitbeschäftigte Arbeitnehmer hat bei einer Reihe tariflicher Vorschriften des TV ATZ Änderungsbedarf hervorgerufen. Dabei sind auch hinsichtlich der tariflichen Berechnungsvorschriften für das Altersteilzeitarbeitsentgelt Neuerungen vereinbart worden. Im Einzelnen hat der Änderungstarifvertrag Nr. 2 zum TV ATZ Änderungen in den §§ 2 bis 5 und 7 bis 9 TV ATZ gebracht. Die Auswirkungen des Änderungstarifvertrages Nr. 2 sind bei den jeweiligen Paragraphen dargestellt.

Nicht in den Lohn- und Vergütungstarifverhandlungen 2000 ist unter anderem der in § 3 Abs. 1 a Satz 2 AtG angesprochene Fragenkreis anverhandelt worden, wonach diejenigen Entgeltbestandteile, die auch teilzeitbeschäftigten Arbeitnehmern während der Altersteilzeit in voller Höhe zustehen, bei der Aufstockung des Altersteilzeitentgelts ausgeklammert werden können. Die Tarifvertragsparteien haben in den Lohn- und Vergütungstarifverhandlungen 2000 aber vereinbart, über beiderseits offene Forderungen zu verhandeln. Verhandlungen hierzu sind allerdings noch nicht aufgenommen worden.

5. Bedeutung der Entscheidung

Die Vereinbarung von Altersteilzeitarbeit stellt eine wichtige Entscheidung für den einzelnen Arbeitnehmer, aber auch für den Arbeitgeber dar. Der Entscheidung sollte eine Abschätzung der voraussichtlichen Auswirkungen vorangehen, wofür eine Kenntnis der tariflichen Maßgaben unverzichtbar ist. 4

Präambel

Die Tarifvertragsparteien wollen mit Hilfe dieses Tarifvertrages älteren Beschäftigten einen gleitenden Übergang vom Erwerbsleben in den Ruhestand ermöglichen und dadurch vorrangig Auszubildenden und Arbeitslosen Beschäftigungsmöglichkeiten eröffnen.

1. Ziele der Altersteilzeit

Mit dem Altersteilzeitgesetz hat der Gesetzgeber vor allem das Ziel verfolgt, attraktiven Altersteilzeitmodellen den Weg zu bahnen und damit arbeitsmarktpolitische Effekte zu erzielen. Durch Förderleistungen der Bundesanstalt für Arbeit im Fall der Wiederbesetzung eines durch Altersteilzeit freigewordenen Arbeitsplatzes in Form von Aufstockungsleistungen und einen zusätzlichen Rentenversicherungsbeitrag sollen die Arbeitgeber dazu gebracht werden, **Arbeitslose einzustellen** bzw. (erfolgreich) **Ausgebildete** von dem Ausbildungs- in ein ordentliches Beschäftigungsverhältnis **zu übernehmen.** 5

Die Präambel verwendet den Begriff des Auszubildenden in einem umfassenden Sinn. Nach dem Altersteilzeitgesetz werden Förderleistungen auch gewährt, wenn in Betrieben und Dienststellen mit bis zu 50 Arbeitnehmern der Arbeitgeber aus Anlass des Übergangs eines Arbeitnehmers in die Altersteilzeit einen Auszubildenden beschäftigt (vgl. § 3 Abs. 1 Nr. 2 Buchst. b AtG). Seit In-Kraft-Treten des Altersteilzeitgesetzes begründet aber auch die Beschäftigung von Ausgebildeten die Möglichkeit des Bezugs von Förderleistungen. Die Präambel hätte somit durchaus exakter in der Formulierung gefasst werden können. Es hätte also z. B. begrifflich ausdrücklich in der Präambel differenziert werden können, dass mit Hilfe der Altersteilzeit – neben den Arbeitslosen – nicht nur Auszubildenden, sondern auch Arbeitnehmern nach Abschluss ihrer Berufsausbildung Beschäftigungsmöglichkeiten eröffnet werden sollen. Dieser Sachverhalt ist aber bei einem umfassenden Verständnis der derzeitigen Formulierung der Präambel bereits immanent.

Mit der Präambel zum TV ATZ bekennen sich die Tarifvertragsparteien des öffentlichen Dienstes ausdrücklich zu diesen Zielen des Gesetzgebers. Die tarifvertraglichen Regelungen, die noch über das Altersteilzeitgesetz hinausgehende Altersteilzeitleistungen vorsehen, sollen vorrangig Auszubildenden und Arbeitslosen Beschäftigungsmöglichkeiten eröffnen. Der TV ATZ begründet allerdings **keine Verpflichtung** für den Arbeitgeber, für einen durch Altersteilzeit frei gewordenen Arbeitsplatz einen Arbeitslosen oder Auszubildenden **einzustellen.** Gleichzeitig soll durch die Altersteilzeit älteren Arbeitnehmern eine Möglichkeit eröffnet werden, früher ihre aktive Beschäftigungsphase zu beenden und gleitend in den Ruhestand zu gehen. Insbesondere mit dem Blockmodell, bei dem auf eine Arbeitsphase eine Freistellungsphase folgt, an die sich dann grundsätzlich die Rente des Arbeitnehmers anschließt, wird es dem Arbeitnehmer ermöglicht, frühzeitig seine aktive Beschäftigungsphase zu beenden.

2. Beschäftigungswirkung

6 Die Arbeitgeberseite hat in den Tarifverhandlungen erklärt, die Gewerkschaften regelmäßig über die Beschäftigungswirkung des TV ATZ zu unterrichten und die hierfür erforderlichen Informationen zur Verfügung zu stellen. Die Beschäftigungswirkung des TV ATZ wird jedoch insgesamt nur schwer beurteilt werden können, da die Entscheidung über eine Wiederbesetzung häufig erst mit einiger zeitlicher Verzögerung getroffen wird. Für die Frage der Wiederbesetzung ist bedeutsam, ob die Bundesagentur für Arbeit für die Altersteilzeit Förderleistungen erbringt. Die einzelnen Voraussetzungen für die Gewährung von Förderleistungen sind in den Durchführungsanweisungen der Bundesagentur für Arbeit näher dargestellt (vgl. Rn. 177 ff.).

§1
Geltungsbereich

Dieser Tarifvertrag gilt für die Arbeitnehmer (Angestellte, Arbeiter und Arbeiterinnen), die unter den Geltungsbereich des

a) Bundes-Angestelltentarifvertrages (BAT),
b) Tarifvertrages zur Anpassung des Tarifrechts – Manteltarifliche Vorschriften – (BAT-O),
c) Tarifvertrages zur Anpassung des Tarifrechts – Manteltarifliche Vorschriften – (BAT-Ostdeutsche Sparkassen),
d) Manteltarifvertrages für Arbeiterinnen und Arbeiter des Bundes und der Länder (MTArb),
e) Bundesmanteltarifvertrages für Arbeiter gemeindlicher Verwaltungen und Betriebe – BMT-G II –,
f) Tarifvertrages zur Anpassung des Tarifrechts für Arbeiter an den MTArb (MTArb-O),
g) Tarifvertrages zur Anpassung des Tarifrechts – Manteltarifliche Vorschriften für Arbeiter gemeindlicher Verwaltungen und Betriebe – (BMT-G-O),
h) Tarifvertrages über die Anwendung von Tarifverträgen auf Arbeiter (TV Arbeiter-Ostdeutsche Sparkassen)

fallen.

1. Allgemeines

Der TV ATZ gilt für die Arbeitnehmer, die unter den **Geltungsbereich** der in 7
§1 genannten Manteltarifverträge fallen (BAT, BAT-O, BAT-Ostdeutsche Sparkassen, MTArb, MTArb-O, BMT-G, BMT-G-O, TV-V, vgl. auch z. B. TV-N Nordrhein-Westfalen). Auf diejenigen Arbeitnehmer, die bereits aufgrund manteltarifvertraglicher Bestimmungen aus dem Geltungsbereich dieser Tarifverträge herausgenommen sind, kann der TV ATZ also nicht angewandt werden (vgl. z. B. die Ausnahmetatbestände in §3 BAT/BAT-O).

Vom Geltungsbereich des TV ATZ sind diejenigen Arbeitnehmer erfasst, deren Altersteilzeitarbeitsverhältnisse ab dem 1. Mai 1998 (In-Kraft-Tretens-Zeitpunkt, §11 TV ATZ) begründet worden sind, sowie alle Altersteilzeitverhältnisse, die ab dem 26. Juni 1997 (vgl. §11 TV ATZ) bis zum 1. Mai 1998 begründet worden waren. Derartige vor dem 1. Mai 1998 abgeschlossene Altersteilzeitvereinbarungen sind grundsätzlich auf der Grundlage des Altersteilzeitgesetzes getroffen worden. Da aufgrund §11 TV ATZ die tariflichen Regelungen also auch für diese nach dem 26. Juni 1997 begründeten Altersteilzeitarbeitsverhältnisse gelten, finden somit auch die im Vergleich zum Altersteilzeitgesetz regelmäßig für den Arbeitnehmer besseren tariflichen Vorschriften zu den Altersteilzeitbezügen und den Aufstockungsleistungen Anwendung.

Hinweis!

Durch den Änderungstarifvertrag Nr. 2 zum TV ATZ vom 30. Juni 2000 können ab dem 1. Juli 2000 auch teilzeitbeschäftigte Arbeitnehmer Altersteilzeitarbeit nach dem TV ATZ vereinbaren (vgl. Rn. 3 a).

2. Stichtagsregelung

8 Mit dem 30. Änderungstarifvertrag zum VersTV-G und der 30. Änderung der VBL-Satzung vom 26. Juni 1997 sind bereits im Zusatzversorgungssystem der Gesamtversorgung die zusatzversorgungsrechtlichen Voraussetzungen für die Rente nach Altersteilzeitarbeit geschaffen worden. Gemäß § 11 Satz 2 TV ATZ werden vor dem 26. Juni 1997 abgeschlossene Altersteilzeitvereinbarungen nicht vom TV ATZ erfasst. Der von den Tarifvertragsparteien gewählte Stichtag, der an diese zusatzversorgungsrechtliche Situation anknüpft, ist sachgerecht, da frühestens ab diesem Zeitpunkt ein Vertrauensschutztatbestand für die Arbeitnehmer des öffentlichen Dienstes bejaht werden könnte.

9 Im Übrigen sind vor diesem Zeitpunkt wegen der bestehenden Unsicherheiten hinsichtlich der Auswirkungen auf die Zusatzversorgungsrente im Bereich des öffentlichen Dienstes in der Praxis Altersteilzeitvereinbarungen auf gesetzlicher Grundlage in der Regel nicht abgeschlossen worden. Falls doch vor diesem Zeitpunkt Vereinbarungen abgeschlossen wurden, dann geschah dies mit auf Wunsch des Arbeitnehmers, welcher aus subjektiver Sicht die Altersteilzeitleistungen in gesetzlicher Höhe für sich als ausreichend angesehen hat. Arbeitnehmer, die also vor dem 26. Juni 1997 eine Altersteilzeitvereinbarung abgeschlossen haben, können keine Altersteilzeitleistungen nach dem TV ATZ beanspruchen.

Die Regelungen zur betrieblichen Altersversorgung im öffentlichen Dienst sind nun in den beiden Altersvorsorgetarifverträgen ATV und ATV-K vom 1. März 2002 (sog. Wörther Verträge) geregelt, welche das Tarifergebnis zur Reform der Zusatzversorgung vom 13. November 2001 – Altersvorsorgeplan 2001 – umsetzen. Nähere Einzelheiten zu zusatzversorgungsrechtlichen Fragestellungen sind in Teil III 5 dargestellt.

3. Altersteilzeitarbeit in bestimmten Bereichen des öffentlichen Dienstes

9a Für bestimmte Arbeitnehmergruppen sind durch die jeweils zuständigen Tarifvertragsparteien besondere Altersteilzeittarifverträge abgeschlossen worden. So gilt z. B. der Tarifvertrag zur Regelung der Altersteilzeitarbeit für Waldarbeiter (TV ATZ-W) vom 31. August 1998 für alle Waldarbeiter, die unter den Geltungsbereich des Manteltarifvertrages für Waldarbeiter der Länder und Gemeinden (MTW) vom 26. Januar 1982 oder des Tarifvertrages zur Anpassung des Tarifrechts für Waldarbeiter an den MTW (MTW-O) vom 5. April 1991 fallen. Für die an Regionalflughäfen tätigen Fluglotsen ist der Tarifvertrag zur Regelung des Übergangs in den Ruhestand für Angestellte im Flugverkehrskontrolldienst durch Altersteilzeitarbeit vom 26. März 1999 vereinbart worden. Auf die Besonderheiten dieser Tarifverträge soll an dieser Stelle nicht weiter eingegangen werden.

Die in der SR 2n und SR 2x BAT geregelten Besonderheiten für Angestellte im Justizvollzugsdienst und im feuerwehrtechnischen Dienst im Hinblick auf die Vereinbarung von Altersteilzeitarbeitsverhältnissen werden im Rahmen der jeweils relevanten allgemeinen Textaussagen zur Altersteilzeit behandelt (vgl. Rn. 20 a, 87 a).

4. Altersteilzeit im Beamtenrecht

Auch im Beamtenrecht findet sich inzwischen das Instrument der Alters- 9b
teilzeitarbeit wieder. Für den Bundesbereich hat der Gesetzgeber durch Einfügen eines § 72 b BBG das Gebrauchmachen von dem Instrument der Altersteilzeit für die Beamten ermöglicht (zur Altersteilzeit für Richter vgl. § 76 c und e DRiG). Zur entsprechenden Anwendung der Altersteilzeit im Bereich der Bundesländer und der Kommunen bedarf es jeweils landesrechtlicher Regelungen (vgl. z. B. § 78 d Landesbeamtengesetz Nordrhein-Westfalen).

Führt man sich die Regelung des § 72 b BBG vor Augen, so ist auf den ersten Blick zu erkennen, dass die Altersteilzeit nach dem TV ATZ einerseits in vielen Punkten vergleichbar mit der Altersteilzeit im Beamtenrecht ist. So kann mit Beamten – wie im TV ATZ – Altersteilzeit erst ab Vollendung des 55. Lebensjahres vereinbart werden, wenn keine dienstlichen Belange entgegenstehen (bei Richtern wird z. B. noch die zusätzliche Voraussetzung aufgestellt, dass Altersteilzeit nur vereinbart werden kann, wenn das Aufgabengebiet des richterlichen Amtes Teilzeitbeschäftigung zulässt; vgl. § 76 e i. V. m. § 76 c Abs. 2 Nr. 1 DRiG). Andererseits macht z. B. die Tatsache, dass bei Wiederbesetzung einer durch Altersteilzeit eines Beamten freigewordenen Stelle mit einem Beamten die Regelungen über Förderleistungen nach dem Altersteilzeitgesetz von vornherein nicht anwendbar sind, bereits deutlich, dass die Altersteilzeit im Beamtenbereich schon aus der Natur der Sache Unterschiede zum TV ATZ aufweisen muss. An dieser Stelle soll daher nicht näher auf die Altersteilzeit im Beamtenrecht eingegangen werden (zur Altersteilzeit im Beamtenrecht vgl. z. B. Lemhöfer, ZBR 1999, S. 109 ff.; Minssen, ZBR 2001, S. 357 ff.; Rothländer, Der Personalrat 1999, 91 ff. und 2001, S. 410; Carl, ZBR 2002, 127 ff.).

§ 2
Voraussetzungen der Altersteilzeitarbeit

(1) Der Arbeitgeber kann mit Arbeitnehmern, die

a) das 55. Lebensjahr vollendet haben,

b) eine Beschäftigungszeit (z. B. §19 BAT/BAT-O) von fünf Jahren vollendet haben und

c) innerhalb der letzten fünf Jahre vor Beginn der Altersteilzeitarbeit mindestens 1080 Kalendertage in einer versicherungspflichtigen Beschäftigung nach dem Dritten Buch Sozialgesetzbuch gestanden haben,

die Änderung des Arbeitsverhältnisses in ein Altersteilzeitarbeitsverhältnis auf der Grundlage des Altersteilzeitgesetzes vereinbaren; das Altersteilzeitarbeitsverhältnis muss ein versicherungspflichtiges Beschäftigungsverhältnis im Sinne des Dritten Buches Sozialgesetzbuch sein.

(2) Arbeitnehmer, die das 60. Lebensjahr vollendet haben und die übrigen Voraussetzungen des Absatzes 1 erfüllen, haben Anspruch auf Vereinbarung eines Altersteilzeitarbeitsverhältnisses. Der Arbeitnehmer hat den Arbeitgeber drei Monate vor dem geplanten Beginn des Altersteilzeitarbeitsverhältnisses über die Geltendmachung des Anspruchs zu informieren; von dem Fristerfordernis kann einvernehmlich abgewichen werden.

(3) Der Arbeitgeber kann die Vereinbarung eines Altersteilzeitarbeitsverhältnisses ablehnen, soweit dringende dienstliche bzw. betriebliche Gründe entgegenstehen.

(4) Das Altersteilzeitarbeitsverhältnis soll mindestens für die Dauer von zwei Jahren vereinbart werden. Es muss vor dem 1. Januar 2010 beginnen.

1. Allgemeines

10 Im §2 TV ATZ sind die tariflichen Voraussetzungen für die Altersteilzeitarbeit im öffentlichen Dienst geregelt. Die Tatbestandsvoraussetzungen entsprechen weitgehend den Regelungen des Altersteilzeitgesetzes, wo insbesondere in §2 AtG die Voraussetzungen hinsichtlich des begünstigten Personenkreises normiert sind. Der redaktionelle Aufbau der Tatbestandsvoraussetzungen in §2 Abs. 1 TV ATZ ist durch den Änderungs-TV Nr. 2 zum TV ATZ übersichtlicher gegliedert worden.

Nach §2 TV ATZ kommen tarifliche Altersteilzeitleistungen nur für Arbeitnehmer in Betracht, die

- das 55. Lebensjahr vollendet haben,
- innerhalb der letzten fünf Jahre vor Beginn der Altersteilzeitarbeit mindestens 1080 Kalendertage in einer versicherungspflichtigen Beschäftigung nach dem SGB III gestanden haben und
- eine Beschäftigungszeit von fünf Jahren zurückgelegt haben.

Bei dem vereinbarten Altersteilzeitarbeitsverhältnis muss es sich um ein versicherungspflichtiges Beschäftigungsverhältnis im Sinne des SGB III handeln. Diese Vorgabe ist durch den Änderungs-TV Nr. 2 zum TV ATZ im Rahmen der Neufassung des § 2 Abs. 1 TV ATZ festgelegt worden. Der Altersteilzeitbeschäftigte darf somit nicht geringfügig beschäftigt sein. Durch das Zweite Gesetz für moderne Dienstleistungen am Arbeitsmarkt vom 23. Dezember 2002 (BGBl. I S. 4621) wurde § 8 SGB IV zum 1. April 2004 dahingehend geändert, da eine Beschäftigung nunmehr mehr als geringfügig ist, wenn deren Arbeitsentgelt **400 €** übersteigt. Die früher in der gesetzlichen Regelung enthaltene Bezugnahme auf den wöchentlichen zeitlichen Umfang von mindestens 15 Stunden in der Woche ist entfallen. Alterszeitarbeitnehmer, die ihre Vereinbarung vor dem 1. April 2003 abgeschlossen haben und ein Altersteilzeitentgelt von mehr als 325 € bis zu 400 € beanspruchen können, gelten aufgrund der Übergangsvorschrift des § 15 f AtG auch für die Zeit nach dem 31. März 2003 als versicherungspflichtig beschäftigt.

Beachte!

Zu beachten ist, dass nach § 27 Abs. 5 SGB III eine Versicherungsfreiheit auch in den Fällen besteht, in denen ein Arbeitnehmer zwar weniger als 15 Stunden wöchentlich arbeitet, jedoch einen Verdienst von mehr als 400 € erzielt und sich bei der Agentur für Arbeit arbeitslos meldet. Würde sich ein Arbeitnehmer, der Altersteilzeit vereinbart hat, bei den vorgenannten Voraussetzungen arbeitslos melden, so wäre er nicht mehr versicherungspflichtig beschäftigt mit der Folge, dass keine Altersteilzeit im Sinne des Gesetzes mehr vorläge. Es sollte daher in der betrieblichen Praxis darauf hingewiesen werden, dass in derartigen Fällen eine Arbeitslosmeldung zum Vorliegen einer versicherungsfreien Beschäftigung führen würde und hiermit nachteilige Folgen (Nichtvorliegen von Altersteilzeit im Sinne des Gesetzes und des Tarifvertrages) verbunden sind.

Die Problematik des § 27 Abs. 5 SGB III stellt sich auch beim Wiederbesetzer und hat dort ggf. Auswirkungen auf die Gewährung von Förderleistungen durch die Bundesagentur für Arbeit.

Ein Arbeitnehmer kann Altersteilzeit frühestens ab **Vollendung** des 11
55. Lebensjahres in Anspruch nehmen. Das 55. Lebensjahr ist vollendet mit Ablauf des Tages vor dem Geburtstag. Der Tag der Geburt wird also für die Berechnung des Lebensalters eingerechnet (vgl. § 187 Abs. 2, 2. Halbsatz BGB).

2. Beschäftigungsumfang

2.1 Rechtslage bis zum 30. Juni 2000

Die Arbeitnehmer, die in Altersteilzeit gehen wollen, mussten nach der bis 12
zum 30. Juni 2000 im Tarifbereich geltenden Rechtslage unmittelbar vor Beginn der Altersteilzeitarbeit **vollbeschäftigt** sein. Nach Auffassung der Bundesanstalt für Arbeit musste die Beschäftigung des Arbeitnehmers in

der Zeit vor Beginn der Altersteilzeitarbeit der tariflichen regelmäßigen wöchentlichen Arbeitszeit entsprochen haben. Das heißt, dass der Arbeitnehmer grundsätzlich im Tarifgebiet West 38,5 Stunden bzw. im Tarifgebiet Ost 40 Stunden wöchentlich beschäftigt gewesen sein musste (vgl. aber Rn. 14). Die Vollzeitbeschäftigungsphase unmittelbar vor Beginn der Altersteilzeitarbeit musste dabei eine auf Dauer angelegte Vollzeitbeschäftigung gewesen sein.

2.2 Rechtslage ab dem 1. Juli 2000

12a Durch den Änderungstarifvertrag Nr. 2 ist der Geltungsbereich des TV ATZ auf **teilzeitbeschäftigte Arbeitnehmer erstreckt worden.** Auch nach Vereinbarung von Altersteilzeit mit einem Teilzeitbeschäftigten muss dieser aber noch versicherungspflichtig beschäftigt sein (vgl. auch Rn. 10). Für teilzeitbeschäftigte Arbeitnehmer sind Altersteilzeitvereinbarungen nach dem TV ATZ erst ab dem 1. Juli 2000 möglich. Hatte ein teilzeitbeschäftigter Arbeitnehmer bereits vor diesem Zeitpunkt, also zwischen dem 1. Januar 2000 und dem 30. Juni 2000, individualvertraglich Altersteilzeitarbeit vereinbart, so sind in diesen Fällen die einzelvertraglichen Regelungen zu beachten.

3. Rahmenzeit

13 Innerhalb der letzten fünf Jahre vor Beginn der Altersteilzeitarbeit muss der Beschäftigte mindestens **1080 Kalendertage** (also drei Jahre) eine versicherungspflichtige Beschäftigung im Sinne des SGB III ausgeübt haben. Die 1080 Kalendertage müssen nicht zusammenhängend geleistet, sondern können auch in Blöcken oder in anderer Weise (z. B. zeitlich gestückelt) geleistet worden sein. Die 1080 Kalendertage müssen auch nicht zwingend im derzeitigen Arbeitsverhältnis geleistet worden sein. Die Zeiten können also auch bei anderen Arbeitgebern geleistet worden sein. Bei der Prüfung des Vorliegens der 1080 Kalendertage i. S. des § 2 TV ATZ haben die Arbeitgeber des öffentlichen Dienstes auch keine Bedenken erhoben, Zeiten mit Entgeltersatzleistungen – wie in § 2 Abs. 1 Nr. 3 AtG vorgesehen (vgl. im Einzelnen Rn. 150) – zu berücksichtigen.

4. Merkmal „Geringfügige Unterschreitungen" als Übergangsrecht

14 Nach den Durchführungsanweisungen der Bundesagentur für Arbeit waren zu der Zeit, zu der der Abschluss einer Altersteilzeitvereinbarung nur mit Vollbeschäftigten möglich war, im Zusammenhang mit dem Kriterium der Vollbeschäftigung geringfügige Unterschreitungen von 2,5 Stunden toleriert worden. Die Bundesagentur hatte an dieser Stelle also auch wöchentliche Arbeitszeiten von 36 Stunden im Tarifgebiet West bzw. 37,5 Stunden im Tarifgebiet Ost noch als Vollzeitbeschäftigung angesehen.

Die Bundesagentur für Arbeit hat später für den Bereich der gesetzlichen Altersteilzeitregelungen ihre Auffassung insofern geändert, dass eine geringfügige Unterschreitung auch dann noch zu bejahen ist, wenn während der Beschäftigung eine wöchentliche Arbeitszeit ausgeübt wurde, die mindestens 15 Stunden über der hälftigen tariflichen regelmäßigen wöchentlichen Arbeitszeit lag. Im Tarifgebiet West hat es die Bundesagentur für Arbeit bei einer tariflichen Arbeitszeit von 38,5 Stunden wöchentlich also als ausreichend angesehen, wenn der Arbeitnehmer eine wöchentliche Arbeitszeit von 34,25 Stunden ([38,5 : 2 =] 19,25 + 15) ausübte. Im Tarifgebiet Ost hat nach Auffassung der Bundesagentur für Arbeit dementsprechend eine wöchentliche Arbeitszeit von 35 Stunden ([40 : 2 =] 20 + 15) genügt.

Nachdem durch das Gesetz zur Förderung der Altersteilzeitarbeit ab dem 1. Januar 2000 die Möglichkeit des Abschlusses von Altersteilzeitvereinbarungen mit teilzeitbeschäftigten Arbeitnehmern geschaffen worden ist, spielte die Frage der „geringfügigen Unterschreitung", an die auch die Tarifvertragsparteien für den Bereich des TV ATZ angeknüpft hatten, **rechtlich keine Rolle mehr.** Durch das Gesetz zur Förderung der Altersteilzeitarbeit ist in § 15 c AtG für vor dem 1. Januar 2000 abgeschlossene Altersteilzeitvereinbarungen als Übergangsvorschrift geregelt, dass diese nach der alten Rechtslage weitergeführt werden können und auch Förderleistungen der Bundesagentur für Arbeit insofern nach den bisher vereinbarten Vertragsbedingungen gezahlt werden. Vonseiten der öffentlichen Arbeitgeber ist für den tariflichen Bereich erklärt worden, dass hinsichtlich der vor dem 1. Januar 2000 abgeschlossenen Altersteilzeitverträge keine Bedenken bestehen, entsprechend der in § 15 c AtG getroffenen Regelung zu verfahren und diese Altersteilzeitverträge nach den bisherigen Bedingungen weiterlaufen zu lassen.

In der Zeit zwischen dem 1. Januar 2000 und dem 30. Juni 2000 konnten Teilzeitbeschäftigungen mangels tarifvertraglicher Regelung bekanntlich nur individualvertraglich auf gesetzlicher Grundlage vereinbart werden. In Bezug auf die Durchführung dieser Altersteilzeitverträge sind die jeweiligen einzelvertraglich vereinbarten Regelungen vorrangig zu beachten.

5. Besondere Arbeitszeit

Auf Grund § 3 des Tarifvertrages zur sozialen Absicherung kann z. B. eine **15**
besondere tarifliche Arbeitszeit in Höhe von 80 v. H. bis zu 75 v. H. der regelmäßigen wöchentlichen Arbeitszeit in begründeten Einzelfällen vereinbart worden sein (z. B. ergäbe eine Absenkung der regelmäßigen wöchentlichen Arbeitszeit von 40 Stunden auf 80 v. H. eine besondere wöchentliche Arbeitszeit von 32 Stunden). Bei diesen Arbeitnehmern, bei denen eine solche besondere tarifliche wöchentliche Arbeitszeit vereinbart worden ist, liegt nicht nur eine Vollbeschäftigung im Sinne des TV ATZ vor, sondern auch eine Vollbeschäftigung im Sinne des Altersteilzeitgesetzes. Die Bundesagentur für Arbeit hat hierzu auf Anfrage der VKA ausdrücklich schriftlich bestätigt, dass dann, wenn aufgrund einer tarifvertraglichen Regelung

die tarifliche regelmäßige wöchentliche Arbeitszeit herabgesetzt ist, es sich insoweit für die von dieser Regelung betroffenen Arbeitnehmer um deren tarifliche regelmäßige Arbeitszeit (= Vollbeschäftigung) handelt.

16 Diese Rechtsfrage hat vor allem bis zu dem Zeitpunkt Bedeutung gehabt, wo nur Vollzeitbeschäftigte Altersteilzeit vereinbaren konnten. Nachdem auf Grund des Änderungs-TV Nr. 2 zum TV ATZ Altersteilzeitarbeit grundsätzlich auch mit Teilzeitbeschäftigten vereinbart werden kann, ist diese Rechtsfrage nicht mehr von entscheidendem Belang. Die Bundesagentur für Arbeit berücksichtigt die für den Arbeitnehmer geltende tatsächlich vereinbarte Arbeitszeit aber bei der Bestimmung der bisherigen wöchentlichen Arbeitszeit. Inzwischen scheint die Vollzugspraxis in den Landesarbeitsverwaltungen nicht einheitlich zu sein. Eine Abstimmung mit dem zuständigen Arbeitsamt ist daher zu empfehlen.

6. Beschäftigungszeit

17 **Beachte!**

Die Tarifvertragsparteien haben aber abweichend vom Altersteilzeitgesetz eine weitere Voraussetzung für die Vereinbarung von Altersteilzeitarbeit aufgestellt, nämlich das Vorliegen einer **Beschäftigungszeit von fünf Jahren** bei Beginn des Altersteilzeitarbeitsverhältnisses. Der Begriff der Beschäftigungszeit in §2 Abs. 1 TV ATZ knüpft, wie sich aus dem Klammerzusatz im Tariftext selbst ergibt, an die tariflichen Regelungen zur Beschäftigungszeit an, also an die § 19 BAT/BAT-O/BAT-Ostdeutsche Sparkassen, § 6 BMT-G/BMT-G-O, § 6 MTArb/MTArb-O. (Der §4 TV-V stellt auf die Betriebszugehörigkeit ab.)

Die im Vergleich mit dem Altersteilzeitgesetz zusätzliche Voraussetzung ist aufgestellt worden, um Fallgestaltungen zu verhindern, wonach z. B. ein 55-jähriger Arbeitnehmer, der gerade die Beschäftigung in einer Verwaltung oder einem Betrieb des öffentlichen Dienstes aufgenommen hat, bereits unmittelbar nach Aufnahme dieser Beschäftigung Altersteilzeitarbeit vereinbaren kann.

Durch die Bezugnahme auf den tariflichen Begriff der Beschäftigungszeit wird unter anderem erreicht, dass sich Rechtsformänderungen des Arbeitgebers in den letzten fünf Jahren nicht zum Nachteil des Arbeitnehmers auswirken, wenn aufgrund §19 Abs. 2 BAT/BAT-O, §6 Abs. 1 Unterabs. 3 BMT-G/BMT-G-O, §6 Abs. 2 MTArb/MTArb-O eine Anrechnung zurückgelegter Zeiten erfolgt.

Nicht erforderlich ist, dass die fünfjährige Beschäftigungszeit ununterbrochen zurückgelegt worden ist. Es kann auch eine Mitberücksichtigung früherer Beschäftigungszeiten bei demselben Arbeitgeber stattfinden, soweit eine Anrechnung nicht tariflich ausgeschlossen ist (vgl. z. B. § 19 Abs. 1 Unterabs. 3 BAT/BAT-O, §6 Abs. 1 Unterabs. 3 BMT-G/BMT-G-O).

18 Mit Arbeitnehmern, die das 55. Lebensjahr vollendet und die übrigen Voraussetzungen der Altersteilzeit erfüllt haben, kann der Arbeitgeber Altersteilzeit

vereinbaren (§2 Abs. 1 TV ATZ). Der Arbeitnehmer hat zwischen der Vollendung des 55. und der Vollendung des 60. Lebensjahres also keinen Anspruch auf Altersteilzeitarbeit (zu den Auswirkungen der Ablehnung eines Antrags auf Altersteilzeitarbeit durch den Arbeitgeber vgl. Rn. 22, Vertragsmuster für den Abschluss einer Altersteilzeitvereinbarung sind in Teil C 2 abgedruckt). Auf die besondere für Angestellte im Justizvollzugsdienst und im feuerwehrtechnischen Dienst bestehende Regelung eines „Sollanspruchs" auf Altersteilzeitarbeit wird unter Rn. 20 a näher eingegangen.

Altersteilzeitarbeit	**Anspruchsvoraussetzungen**
⇩	⇩
Tarifvertrag zur Altersteilzeitarbeit	**Altersteilzeitgesetz**
• Vollendung des 55. Lebensjahres	• Vollendung des 55. Lebensjahres
• Nach Vereinbarung der Altersteilzeit muss noch eine versicherungspflichtige Beschäftigung im Sinne des SGB III gegeben sein	• Nach Vereinbarung der Altersteilzeit muss noch eine versicherungspflichtige Beschäftigung im Sinne des SGB III gegeben sein
• 1080 Kalendertage versicherungspflichtige Beschäftigung nach SGB III innerhalb der letzten fünf Jahre vor Beginn der Altersteilzeitarbeit	• 1080 Kalendertage versicherungspflichtige Beschäftigung nach SGB III innerhalb der letzten fünf Jahre vor Beginn der Altersteilzeitarbeit
• Beschäftigungszeit von fünf Jahren	

Die Altersteilzeitvereinbarung erfolgt nach dem Wortlaut des §2 TV ATZ **19**
auf der Grundlage des Altersteilzeitgesetzes. Durch diesen ausdrücklichen Verweis wird zum Ausdruck gebracht, dass die tarifliche Altersteilzeit sich eng an die Altersteilzeit im Sinne des Altersteilzeitgesetzes anlehnt. Der enge Zusammenhang wird durch diese Formulierung vor allem deshalb herausgestellt, um zu gewährleisten, dass die Bedingungen für die Erstattungsleistungen der Bundesagentur für Arbeit im Fall einer Wiederbesetzung der durch die Altersteilzeitarbeit frei gewordenen Stelle jeweils erfüllt werden. Ebenfalls bedeutsam ist die enge Anlehnung an das Altersteilzeit-

gesetz für die Frage des Versicherungsfalls der Rente nach Altersteilzeitarbeit und die Voraussetzungen für die Steuer- und Sozialversicherungsfreiheit der Aufstockungsleistungen.

7. Anspruch auf Altersteilzeitarbeit

20 Erst ab Vollendung des 60. Lebensjahres haben die Tarifvertragsparteien gemäß §2 Abs. 2 Satz 1 TV ATZ dem Arbeitnehmer einen Anspruch auf Vereinbarung von Altersteilzeitarbeit gegenüber dem Arbeitgeber gewährt (er hat jedoch keinen Anspruch auf ein bestimmtes Altersteilzeitmodell; auch ein Anspruch auf die Festlegung der Dauer des Altersteilzeitarbeitsverhältnisses lässt sich dem §2 Abs. 2 TV ATZ nicht entnehmen).

20a Für **Angestellte im Justizvollzugsdienst** (SR 2n BAT) und im **feuerwehrtechnischen Dienst** (SR 2x BAT) sind durch den 77. Änderungstarifvertrag zum BAT vom 29. Oktober 2001 spezielle Regelungen getroffen worden.

Nach Nr. 2 Abs. 2 SR 2n BAT und Nr. 2 Abs. 3 SR 2x BAT soll einem Antrag des Angestellten auf Vereinbarung von Altersteilzeit auch schon vor Vollendung des 60. Lebensjahres entsprochen werden. Hintergrund dieser Regelung ist, dass für die Angestellten im Justizvollzugsdienst und im feuerwehrtechnischen Dienst das Arbeitsverhältnis auf deren schriftlichen Antrag, ohne dass es einer Kündigung bedarf, in demselben Zeitpunkt endet, in dem ein entsprechender vergleichbarer Beamter aufgrund der jeweiligen beamtenrechtlichen Bestimmungen in den Ruhestand tritt. Gehen die Arbeitnehmer bereits mit dem 60. Lebensjahr vorzeitig in Rente, müssten sie also sich hierbei ergebende Rentenabschläge aus der gesetzlichen Rentenversicherung in Kauf nehmen. Um hier eine Abhilfemöglichkeit zu schaffen, haben die Tarifvertragsparteien mit Hilfe der nun erleichterten Inanspruchnahmemöglichkeit von Altersteilzeit („Sollanspruch“ bereits ab Vollendung des 55. Lebensjahres) ein Instrument geschaffen, Altersteilzeitarbeitsgestaltungen zu vereinbaren, bei denen sich an eine Freistellungsphase des Altersteilzeitarbeitsverhältnisses eine abschlagsfreie Rente anschließt (zur verbesserten Abfindungsregelung für Angestellte im Justizvollzugsdienst und im feuerwehrtechnischen Dienst vgl. Rn. 87a).

Beispiel (vereinfacht):

Ein Angestellter im Justizvollzugsdienst bzw. im feuerwehrtechnischen Dienst könnte nach Auskunft seines Rentenversicherungsträgers mit 62 Jahren abschlagsfrei in Rente gehen. Aufgrund der nun geschaffenen Regelungen zur Altersteilzeit in der SR 2n und 2x BAT könnte er nun seinen „Sollanspruch“ dergestalt nutzen, dass er vier Jahre Altersteilzeit im Blockmodell vereinbart und sich an die zweijährige Arbeitsphase dann im Alter 60 die zweijährige Freistellungsphase anschließt. Auf diese Weise kann der Arbeitnehmer – wie vergleichbare Beamte – im Alter 60 die aktive Beschäftigungsphase beenden und gleichzeitig Abschläge in der Rentenversicherung, die ihn sonst für den Rest der Rentenbezugsphase treffen würden, vermeiden.

Allerdings hat der Arbeitnehmer den Arbeitgeber gemäß §3 Abs. 2 Satz 2 TV ATZ drei Monate vor dem geplanten Beginn der Altersteilzeitarbeit über die Geltendmachung des Anspruchs zu informieren. Die Ankündigungsfrist von drei Monaten soll für den Arbeitgeber einen gewissen Planungszeitraum gewährleisten. Von dem Fristerfordernis kann einvernehmlich abgewichen werden. Insbesondere wenn der Arbeitnehmer Altersteilzeit im Blockmodell beantragt, kann im Einvernehmen auf das Einhalten des Fristerfordernisses verzichtet werden, da der Arbeitnehmer hier in der Regel seine bisherige Tätigkeit fortsetzen kann und der Arbeitgeber Zeit hat, sich gegebenenfalls um eine Neueinstellung zu kümmern. 21

Auch der 60-jährige Arbeitnehmer, dem ein Anspruch auf Altersteilzeitarbeit eingeräumt worden ist, muss die in §2 Abs. 1 TV ATZ genannten Voraussetzungen erfüllen (also z. B. eine fünfjährige Beschäftigungszeit aufweisen).

8. Ablehnungsgründe

Nach §2 Abs. 3 TV ATZ kann der Arbeitgeber den Wunsch des Arbeitnehmers auf Abschluss einer Altersteilzeitvereinbarung ablehnen, wenn dringende dienstliche bzw. betriebliche Gründe entgegenstehen. Aus der klaren systematischen Abstufung zwischen der Regelung des §2 Abs. 1 TV ATZ (= „Kann-Regelung" für Arbeitnehmer ab Vollendung des 55. Lebensjahres) und der Regelung des §2 Abs. 2 TV ATZ (Anspruch des Arbeitnehmers ab Vollendung des 60. Lebensjahres) ergibt sich, dass dem Arbeitgeber gegenüber dem Arbeitnehmer zwischen dessen 55. und 60. Lebensjahr ein weitgehender Entscheidungsspielraum in Bezug auf die Ablehnung einer Altersteilzeitvereinbarung von den Tarifvertragsparteien zugebilligt wird. Seine Entscheidung muss der Arbeitgeber immer nach billigem Ermessen (§315 BGB), also aus sachlichen Gründen treffen. 22

Inzwischen hat sich auch die **Rechtsprechung** des öfteren mit der Ablehnung von Anträgen auf Altersteilzeitarbeit befassen müssen. Streitig ist dabei häufig, aus welchen sachlichen Gründen bei Arbeitnehmern, die das 60. Lebensjahr noch nicht vollendet haben, Altersteilzeitarbeit abgelehnt werden kann.

- Das Landesarbeitsgericht Berlin hat mit Urteil vom 1. Oktober 1999 – 19 Sa 127/99 (= ZTR 2000, 81 f.) z. B. bestätigt, dass ein Arbeitgeber bei Arbeitnehmern, die noch nicht das 60. Lebensjahr vollendet haben, einen weitergehenden Entscheidungsspielraum in Bezug auf die Ablehnung eines Antrags auf Altersteilzeit hat als gegenüber denjenigen Arbeitnehmern, die das 60. Lebensjahr bereits vollendet haben. Die Ablehnung des Antrags eines Arbeitnehmers, der das 60. Lebensjahr noch nicht vollendet hat, muss nur billigem Ermessen (§315 BGB) entsprechen.
- Das Landesarbeitsgericht Köln hat mit Urteil vom 6. Oktober 1999 – 2 Sa 698/99 – (= ZTR 2000, S. 125 f.) ebenfalls entschieden, dass §2 Abs. 1 TV ATZ dem noch nicht 60 Jahre alten Arbeitnehmer keinen Anspruch auf Abschluss eines Altersteilzeitarbeitsverhältnisses gewährt und der

Arbeitnehmer in solchen Fällen bei der Entscheidung über den Antrag eines Arbeitnehmers, nach den Grundsätzen des §315 BGB (d.h. nach billigem Ermessen) zu entscheiden hat.

- Das Landesarbeitsgericht Hamburg hat mit Urteil vom 26. Juli 2000 – 8 Sa 48/00 – zu einer Klage wegen der Ablehnung eines Altersteilzeitantrags einer unter 60-Jährigen entschieden, dass sich der §5 Abs. 3 TV ATZ (Ablehnung nur aus dringenden oder betrieblichen Gründen) nur auf Fälle des §5 Abs. 2 TV ATZ bezieht.
- Auch das Arbeitsgericht Aachen mit Urteil vom 23. April 1999 – 6 Ca 602/99 (= NZA-RR 1999, S. 410 f.) sowie das Arbeitsgericht Gießen mit Urteil vom 2. Mai 2000 – 4 Ca 494/99 – haben entschieden, dass der Arbeitgeber bei Arbeitnehmern, die das 60. Lebensjahr noch nicht vollendet haben, berechtigt ist, die Ablehnung eines Altersteilzeitvertrages nicht nur auf dringende dienstliche oder betriebliche Gründe, sondern darüber hinaus auch auf anderweitige sachlich hinreichende Gründe stützen kann, die lediglich dem Maßstab des §315 BGB genügen müssen.
- In einem Einigungsstellenspruch im Anwendungsbereich des Bayerischen Personalvertretungsgesetzes (NZA 1999, S. 807 f.) wird für Arbeitnehmer, die das 60. Lebensjahr noch nicht vollendet haben, die Aussage getroffen, dass bei diesem Personenkreis Ablehnungsgründe über §2 Abs. 3 TV ATZ hinaus Anwendung finden (vgl. zum Einigungsstellenspruch auch Obenaus, Die Personalverwaltung S. 298 ff.).
- Nachdem bereits eine Reihe von arbeits- und landesarbeitsgerichtlichen Entscheidungen zu der Auslegung des §2 Abs. 3 TV ATZ vorliegen, hat sich inzwischen auch die **höchstrichterliche Rechtsprechung des Bundesarbeitsgerichts** mit dieser Regelung befasst. Mit Urteil vom 12. Dezember 2000 – 9 AZR 706/99 – (= NZA 2001, S. 1209 ff., Der Personalrat 2002, S. 178 ff.; Vorinstanz war die oben zitierte LAG Köln Entscheidung vom 6. Oktober 1999 – 2 Sa 698/99) hat das Bundesarbeitsgericht ausdrücklich bestätigt, dass der Arbeitgeber bei einem Arbeitnehmer der das 55. aber noch nicht das 60. Lebensjahr vollendet hat, die Vereinbarung eines Arbeitsverhältnisses aus dienstlichen Gründen ablehnen kann. §2 Abs. 3 TV ATZ sei auf diese Fälle nicht anzuwenden. Diese Rechtsprechungslinie bestätigt das Bundesarbeitsgericht auch nochmals in der Entscheidung vom 26. Juni 2001 – 9 AZR 244/00 – (= NZA 2002, S. 45 ff., Der Personalrat 2002, S. 181 ff.).

§ 2 TV ATZ

Ab Vollendung des 55. Lebensjahres bis Vollendung des 60. Lebensjahres	**Ab Vollendung des 60. Lebensjahres**
↓	↓
„Kann-Regelung“ § 2 Abs. 1 TV ATZ	Anspruch auf Altersteilzeitarbeit § 2 Abs. 2 TV ATZ

- Entscheidung des Arbeitgebers nach billigem Ermessen (§ 315 BGB)
- kein Anspruch auf ein bestimmtes Modell der Altersteilzeitarbeit
- Ablehnung der Altersteilzeit bei entgegenstehenden dienstlichen bzw. betrieblichen Gründen (§ 2 Abs. 3 TV ATZ)

Ein dringender dienstlicher bzw. betrieblicher Grund, den der Arbeitgeber 23
bei einer ablehnenden Entscheidung anführen kann, ist die **sog. Überforderung** im Sinne des §3 Abs. 1 Nr. 3 AtG. Nach dieser Vorschrift muss „die freie Entscheidung des Arbeitgebers bei einer über 5 v. H. der Arbeitnehmer des Betriebs hinausgehenden Inanspruchnahme sichergestellt“ sein. Das Altersteilzeitgesetz will durch die Regelung in §3 Abs. 1 Nr. 3 AtG zum Überforderungsschutz regeln, dass dann, wenn der Arbeitgeber mit einer Inanspruchnahme von Altersteilzeit von mehr als 5 v. H. der Arbeitnehmer eines Betriebes konfrontiert ist, für ihn kein Kontrahierungszwang besteht. Diese in §3 Abs. 1 Nr. 3 AtG angesprochene Kontrahierungsfreiheit wird dem Arbeitgeber des öffentlichen Dienstes im Rahmen des §2 Abs. 3 TV ATZ eingeräumt. Wird die 5-v.-H.-Grenze im Sinne des §3 Abs. 1 Nr. 3 AtG erreicht, dann kann der Arbeitgeber dies nämlich dem Antrag des einzelnen Arbeitnehmers auf Altersteilzeitarbeit als Ablehnungsgrund gemäß §2 Abs. 3 TV ATZ entgegenhalten. Der Arbeitgeber ist aber nicht gehindert, Altersteilzeitvereinbarungen auch über die 5-v.-H.-Grenze hinaus abzuschließen, wenn er dies will.

Die 5-v.-H.-Grenze in §3 Abs. 1 AtG stellt dabei nicht auf das Unternehmen als Ganzes oder den Arbeitgeber, sondern auf den einzelnen Betrieb ab. Der Begriff des Betriebes ist an dieser Stelle nicht anders zu verstehen, als im Bereich des Betriebsverfassungsgesetzes. Besteht ein Unternehmen z. B. aus drei selbständigen Betrieben in diesem Sinne, so werden für die Berechnung der 5-v.-H.-Quote also nicht die Arbeitnehmer dieser Betriebe zusammengezählt.

Die **Berechnung der Arbeitnehmerzahl** ist im Einzelnen näher in §7 AtG geregelt. Für die Berechnung der Zahl der Arbeitnehmer ist daher der Durchschnitt der letzten zwölf Kalendermonate maßgebend. Aus §7 Abs. 3 AtG folgt für die Berücksichtigung von Teilzeitbeschäftigten, dass Arbeitnehmer, die wöchentlich regelmäßig nicht mehr als 20 Stunden zu leisten haben, mit 0,5 und Arbeitnehmer, die nicht mehr als 30 Stunden zu leisten haben, mit 0,75 anzusetzen sind.

Durch das Dritte Gesetz für moderne Dienstleistungen am Arbeitsmarkt vom 23. Dezember 2003 (BGBl. I S. 2848) ist im Zusammenhang mit der Berechnung der Überforderungsschutzquote eine klarstellende Regelung im Hinblick auf schwerbehinderte Menschen und ihnen Gleichgestellte im Sinne des SGB IX erfolgt. Nach der durch dieses Gesetz in das Altersteilzeitgesetz eingefügten Regelung des §7 Abs. 4 AtG sind nunmehr bei der Ermittlung der Zahl der in Altersteilzeit beschäftigten Arbeitnehmer nach §3 Abs. 1 Nr. 3 AtG schwerbehinderte Menschen und ihnen Gleichgestellte im Sinne des SGB IX zu berücksichtigen. Diese Klarstellung war erforderlich, dass §7 Abs. 3 AtG grundsätzlich eine Nichtberücksichtigung dieses Personenkreises im Rahmen der Berechnungsvorschriften zur Feststellung der Beschäftigtenzahl eines Betriebes vorsieht. Wenn also schwerbehinderte Menschen und ihnen Gleichgestellte im Sinne des SGB IX selbst Altersteilzeit vereinbart haben, sind sie bei der Bestimmung der 5-v.-H.-Überforderungschutzsquote nach §3 Abs. 1 Nr. 3 AtG – wie sich nun aus §7 Abs. 4 AtG ergibt – mit anzusetzen.

24 Die Frage, welche Gründe als dringende dienstliche bzw. betriebliche Gründe anzusehen sind, lässt sich nur jeweils aus der Sicht des einzelnen Betriebs/der einzelnen Verwaltung im konkreten Fall beurteilen. Die Einführungsrundschreiben des Bundesministeriums des Inneren (= BMI), der Tarifgemeinschaft deutscher Länder (= TdL) und der Vereinigung der kommunalen Arbeitgeberverbände (= VKA) zum TV ATZ enthalten daher bewusst keine Beispiele zu einzelnen Fallgestaltungen, die eine Ablehnung eines Altersteilzeitantrages rechtfertigen würden.

Anhand von einigen fiktiven Beispielsfällen soll aber nachfolgend versucht werden, gewisse Argumentationslinien aufzuzeigen.

Beispiel 1:

Ein in einem Krankenhaus tätiger 62-jähriger Kardiotechniker möchte für ein Jahr Altersteilzeitarbeit im Blockmodell leisten, um dann im Alter von 63 Jahren die Rente für langjährig Versicherte in Anspruch zu nehmen. Nach einer Arbeitsphase von einem halben Jahr möchte er also dann in die Freistellungsphase überwechseln. Da das Stellenangebot an Kardiotechnikern begrenzt ist und der Arbeitgeber in der Kürze der Zeit nicht eine Ersatzeinstellung vornehmen könnte, bestünde die Möglichkeit, dies dem Antrag auf Altersteilzeit entgegenzuhalten.

Beispiel 2:

Der 60-jährige EDV-Spezialist eines kommunalen Betriebes/einer kommunalen Verwaltung, der das betriebsinterne EDV-System entwickelt hat, eigenständig betreut und pflegt, möchte unmittelbar Altersteilzeit im Teilzeitmodell leisten und ab sofort mit der Hälfte der regelmäßigen wöchentlichen Arbeitszeit arbeiten. Hier kann der Arbeitgeber dem Antrag entgegenhalten, dass eine Aufrechterhaltung eines ordnungsgemäßen Betriebsablaufes gefährdet wäre. In diesem Zusammenhang ist nochmals darauf hinzuweisen, dass der Arbeitnehmer keinen Anspruch auf ein bestimmtes Altersteilzeitmodell hat. In Betracht kommen könnte auch eine Entscheidung des Arbeitgebers, die zwar die Altersteilzeit in der beantragten Form ablehnt, aber eine andere Altersteilzeitgestaltung (z. B. bei einem späteren Beginn der Altersteilzeitarbeit) zulässt.

Beispiel 3:

In einem Krankenhaus wollen zwei Krankenschwestern einer Station gleichzeitig Altersteilzeit im Teilzeitmodell beantragen. Die sofortige Neueinstellung einer Ersatzkraft wäre nötig, um einen ordnungsgemäßen Betriebsablauf aufrechtzuerhalten. Eine Neueinstellung lässt die finanzwirtschaftlich enge Budgetierung jedoch nicht zu. Das Personalbudget ist bereits überschritten. Würde der Arbeitgeber hier die Altersteilzeitanträge genehmigen, wäre also ein ordnungsgemäßer Betriebsablauf nicht mehr möglich. An diesem Beispielsfall wird deutlich, dass im Einzelfall **auch finanzielle Erwägungen** mit in die Begründung einer ablehnenden Entscheidung einfließen können.

Inzwischen hat sich auch die Rechtsprechung mit den unterschiedlichsten Fallgestaltungen befassen müssen, in denen die Ablehnung eines Altersteilzeitantrags im Streit stand.

In einem vom Landesarbeitsgericht Berlin mit Urteil vom 1. Oktober 1999 – 19 Sa 127/99 (= ZTR 2000, S. 81) – entschiedenen Fall hatte der Arbeitgeber die Ablehnung eines Altersteilzeitantrags unter anderem damit begründet, dass für den Arbeitnehmer Schulungs- und Einarbeitungsmaßnahmen stattgefunden hätten, und somit ein berechtigtes Interesse an einem langjährigen Verbleib des Arbeitnehmers bestünde. Außerdem war vom Arbeitgeber angeführt worden, dass eine Stellenbesetzungssperre vom übergeordneten Ministerium verhängt worden war. Der Arbeitgeber dokumentierte, er könne somit keine Neueinstellung eines Arbeitslosen oder Auszubildenden vornehmen, was Förderleistungen der Bundesagentur für Arbeit auslösen würde. Der Arbeitgeber hat also insoweit finanzielle Aspekte im Rahmen der betrieblichen Gründe vorgebracht.

Auch das Landesarbeitsgericht Köln hat mit Urteil vom 6. Oktober 1999 – II Sa 698/99 (= ZTR 2000, S. 125 f.) – entschieden, dass der Arbeitgeber bei der Entscheidung über einen Altersteilzeitantrag eigene, insbesondere wirtschaftliche Interessen berücksichtigen darf. In dem der Entscheidung zugrunde liegenden Fall hatte der Arbeitgeber sich entschieden, Altersteilzeitverträge nur mit Arbeitnehmern aus denjenigen Bereichen abzuschließen, in denen ein

Stellenüberhang besteht und die Anträge von Arbeitnehmern von anderen Abteilungen abzulehnen, weil die sonst notwendigen Ersatzeinstellungen zu erhöhten wirtschaftlichen Belastungen geführt hätten.

Das Arbeitsgericht Wiesbaden hat mit Urteil vom 1. Dezember 1999 – 7 Ca 1095/99 – einen Rechtsstreit entschieden, in dem der Arbeitgeber den Antrag einer Klägerin, die das 60. Lebensjahr noch nicht vollendet hat, auf Vereinbarung eines Altersteilzeitarbeitsverhältnisses abgelehnt hatte. Der beklagte Arbeitgeber hatte seine ablehnende Entscheidung damit begründet, dass die Arbeitsverwaltung Förderleistungen nur bis zu einer bestimmten Höchstdauer erbringen würde, die Klägerin jedoch Altersteilzeit für einen über diesen Höchstförderzeitraum hinausgehenden Zeitraum beantragt hatte. Das Arbeitsgericht Wiesbaden, das die Klage abgewiesen hat, weist in seiner Begründung darauf hin, dass grundsätzlich auch die durch den Abschluss von Altersteilzeitverträgen hervorgerufene finanzielle Belastung einen sachlichen Grund für die Ablehnung eines Antrags auf Vereinbarung eines Altersteilzeitarbeitsverhältnisses darstellen kann.

In einem vom Landesarbeitsgericht Hamburg zu entscheidenden Fall hat der Arbeitgeber die Ablehnung eines Altersteilzeitantrags einer unter 60-Jährigen damit begründet, dass keine Nachbesetzung frei werdender Stellen im Angestelltenbereich mehr in der Dienststelle vorgesehen sei und somit Förderleistungen der Bundesanstalt für Arbeit nicht beansprucht werden könnten. Diese finanzielle Erwägung ist vom Landesarbeitsgericht im Urteil vom 26. Juli 2000 – 8 Sa 48/00 – als sachlicher Grund für die Ablehnung eines Altersteilzeitantrags anerkannt worden.

In einem vom Arbeitsgericht Gießen zu entscheidenden Fall ist der Altersteilzeitantrag einer unter 60-Jährigen vom Arbeitgeber, einem Wohlfahrtsverband, mit der Begründung abgelehnt worden, dass die Kosten für die Altersteilzeit im Rahmen der Budgetverhandlungen mit dem Träger des Verbandes nicht refinanziert würden. Das Arbeitsgericht hat mit Urteil vom 2. Mai 2000 – 4 Ca 494/99 – anerkannt, dass der vom Arbeitgeber vorgebrachte Sachgrund billigem Ermessen gemäß § 315 BGB entsprechen würde und die Ablehnung des Altersteilzeitantrags als rechtmäßig erachtet.

In einem Einigungsstellenspruch im Anwendungsbereich des Bayerischen Personalvertretungsgesetzes (NZA 1999, S. 807 f.) wird für Arbeitnehmer, die das 60. Lebensjahr noch nicht vollendet haben, die Aussage getroffen, dass bei diesem Personenkreis Ablehnungsgründe über § 2 Abs. 3 TV ATZ hinaus Anwendung finden. In dem Einigungsstellenspruch wird allerdings insofern eine einengende Auffassung vertreten, da finanzielle Gründe wohl nicht als dringende betriebliche Gründe anerkannt werden (vgl. zum Einigungsstellenspruch auch Obenaus, Die Personalverwaltung S. 298 ff.).

Inzwischen hat sich auch die **höchstrichterliche Rechtsprechung des Bundesarbeitsgerichts** mit dem Problemkreis befasst, ob wirtschaftliche Interessen bei der Ablehnung eines Altersteilzeitantrags berücksichtigt werden können. Mit Urteil vom 12. Dezember 2000 – 9 AZR 706/99 – (= NZA 2001,

S. 1209 ff., Der Personalrat 2002, S. 178 ff.) hat das Bundesarbeitsgericht es zugelassen, dass die Belastungen für die Altersteilzeit vom Arbeitgeber bei seiner nach billigem Ermessen zu treffenden Entscheidung über die Altersteilzeitanträge von Mitarbeitern als Kriterium einfließen dürfen. Das Bundesarbeitsgericht hat in dem genannten Urteil dabei bei Arbeitnehmern, die noch nicht das 60. Lebensjahr vollendet haben, zum einen den zu gewährenden tariflichen Leistungen an einen Altersteilzeitler in Höhe von 83 v. H. und dem Unterschiedsbetrag zur Rentenversicherung auf Basis von 90 v. H. des bisherigen Entgelts, die im Falle einer Wiederbesetzung möglichen Förderleistungen der Bundesagentur für Arbeit gegenübergestellt. Zum anderen hat es auch die für einen Wiederbesetzer anfallenden Kosten mit in seine Erwägungen einbezogen. Diese Rechtsprechungslinie bestätigt das Bundesarbeitsgericht auch nochmals in der Entscheidung vom 26. Juni 2001 – 9 AZR 244/00 – (= NZA 2002, S. 45 ff., Der Personalrat 2002, S. 181 ff.). In dem der Entscheidung zugrunde liegenden Fall hatte der Arbeitgeber unter anderem darauf hingewiesen, dass Schwierigkeiten bestünden, für die Altersteilzeit beanspruchende Mitarbeiterin (es ging um eine Sachbearbeiterin in der Finanzverwaltung mit qualifiziertem Aufgabenbereich) eine Wiederbesetzung mit einem arbeitslos gemeldeten Arbeitnehmer oder Ausbildungsabsolventen vorzunehmen. Der Arbeitgeber konnte insofern auch nicht von einem Anspruch auf Förderleistungen der Bundesagentur ausgehen. Das Bundesarbeitsgericht hat hier ausdrücklich anerkannt, dass diese Umstände in die Ermessensentscheidung des Arbeitgebers einfließen durften.

9. Dauer des Altersteilzeitverhältnisses

Das Altersteilzeitarbeitsverhältnis soll nach §2 Abs. 4 TV ATZ mindestens **25**
für die Dauer von zwei Jahren vereinbart werden. Hintergrund dieser Regelung ist unter anderem, dass für den Versicherungsfall der Altersrente nach Altersteilzeitarbeit gemäß §237 SGB VI (vormals §38 SGB VI) 24 Kalendermonate Altersteilzeitarbeit erforderlich sind. Es ist aber nicht ausgeschlossen, Altersteilzeitarbeit auch für weniger als zwei Jahre zu vereinbaren.

Beispiel:

Ein 63 Jahre alter Arbeitnehmer möchte noch für 1½ Jahre Altersteilzeitarbeit im Teilzeitmodell leisten und dann mit 64½ Jahren die Rente für langjährig Versicherte gemäß §38 SGB VI in Anspruch nehmen.

Hinweis!

Bei der Vereinbarung der Dauer des Altersteilzeitarbeitsverhältnisses muss sich der Arbeitnehmer vorab überlegen, ob er ggf. unter Inkaufnahme von Rentenabschlägen eher in den Ruhestand gehen will. Auch ist zu bedenken, dass nach §9 Abs. 2 Buchst. a TV ATZ das Arbeitsverhältnis grundsätzlich dann endet, wenn der Arbeitnehmer eine Altersrente ohne Rentenabschläge in Anspruch nehmen könnte.

Die Bundesagentur für Arbeit hat in ihren Durchführungsanweisungen ausdrücklich darauf hingewiesen, dass Altersteilzeit im Sinne des Altersteilzeitgesetzes nur vorliegt, wenn die entsprechende Vereinbarung zumindest bis zum frühestmöglichen Zeitpunkt reicht, zu dem der Arbeitnehmer eine (gegebenenfalls auch geminderte) Altersrente aus der gesetzlichen Rentenversicherung in Anspruch nehmen kann. Vereinbarungen, nach denen der Arbeitnehmer bereits vor Erreichen dieses Rentenalters ausscheiden soll, erfüllen demnach nicht die Voraussetzungen des Altersteilzeitgesetzes.

26 Das Altersteilzeitarbeitsverhältnis muss vor dem 1. Januar 2010 begonnen haben. Das Datum knüpft an die gesetzliche Regelung des §1 Abs. 2 AtG an.

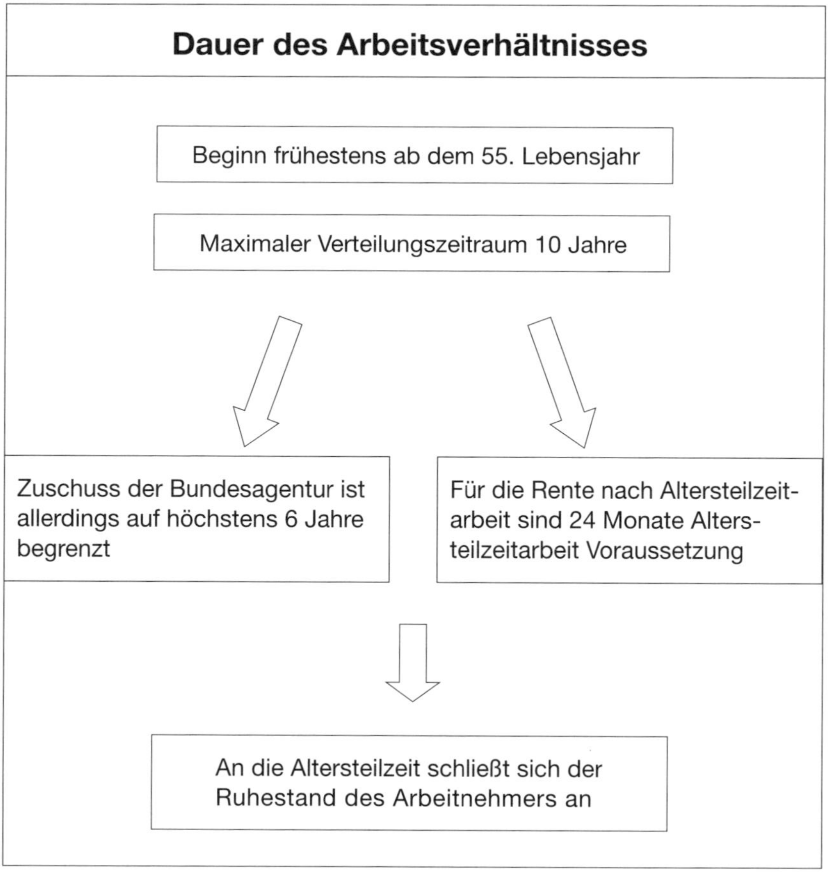

§ 3
Reduzierung und Verteilung der Arbeitszeit

(1) Die durchschnittliche wöchentliche Arbeitszeit während des Altersteilzeitarbeitsverhältnisses beträgt die Hälfte der bisherigen wöchentlichen Arbeitszeit.

Als bisherige wöchentliche Arbeitszeit ist die wöchentliche Arbeitszeit zu Grunde zu legen, die mit dem Arbeitnehmer vor dem Übergang in die Altersteilzeitarbeit vereinbart war. Zu Grunde zu legen ist höchstens die Arbeitszeit, die im Durchschnitt der letzten 24 Monate vor dem Übergang in die Altersteilzeitarbeit vereinbart war. Bei der Ermittlung der durchschnittlichen Arbeitszeit nach Satz 2 dieses Unterabsatzes bleiben Arbeitszeiten, die die tarifliche regelmäßige wöchentliche Arbeitszeit überschritten haben, außer Betracht. Die ermittelte durchschnittliche Arbeitszeit kann auf die nächste volle Stunde gerundet werden.

(2) Die während der Gesamtdauer des Altersteilzeitarbeitsverhältnisses zu leistende Arbeit kann so verteilt werden, dass sie

a) in der ersten Hälfte des Altersteilzeitarbeitsverhältnisses geleistet und der Arbeitnehmer anschließend von der Arbeit unter Fortzahlung der Bezüge nach Maßgabe der §§4 und 5 freigestellt wird (Blockmodell) oder
b) durchgehend geleistet wird (Teilzeitmodell).

(3) Der Arbeitnehmer kann vom Arbeitgeber verlangen, dass sein Wunsch nach einer bestimmten Verteilung der Arbeitszeit mit dem Ziel einer einvernehmlichen Regelung erörtert wird.

Protokollerklärungen zu Absatz 1:

1. *Für die unter die Pauschallohn-Tarifverträge des Bundes und der Länder fallenden Kraftfahrer gilt für die Anwendung dieses Tarifvertrages die den Pauschalgruppen zugrunde liegende Arbeitszeit als regelmäßige Arbeitszeit. Im Bereich der Vereinigung der kommunalen Arbeitgeberverbände gilt Satz 1 für tarifvertragliche Regelungen für Kraftfahrer entsprechend.*
2. *Für Arbeitnehmer mit verlängerter regelmäßiger Arbeitszeit nach Nr. 5 Abs. 5 SR 2e I BAT/BAT-O und Nr. 7 Abs. 3 SR 2a des Abschnitts A der Anlage 2 MTArb/Nr. 8 Abs. 4 SR 2a des Abschnitts A der Anlage 2 MTArb-O und entsprechenden Sonderregelungen gilt für die Anwendung dieses Tarifvertrages die dienstplanmäßig zu leistende Arbeitszeit als regelmäßige Arbeitszeit.*

Protokollerklärung zu Absatz 2:

Für Arbeitnehmer mit verlängerter regelmäßiger Arbeitszeit und für Kraftfahrer im Sinne der Pauschallohn-Tarifverträge des Bundes und der Länder ist Altersteilzeitarbeit nur im Blockmodell möglich. Im Bereich der Vereinigung der kommunalen Arbeitgeberverbände gilt Satz 1 für tarifvertragliche Regelungen für Kraftfahrer entsprechend.

1. Allgemeines

27 Nach §2 Abs. 1 Nr. 2 AtG muss, um von einer Altersteilzeitarbeit im Sinne des Gesetzes sprechen zu können, die zwischen Arbeitgeber und Arbeitnehmer abgeschlossene Altersteilzeitvereinbarung eine Reduzierung der Arbeitszeit auf die Hälfte der bisherigen wöchentlichen Arbeitszeit vorsehen. Hieran knüpft die Regelung des §3 TV ATZ an, die durch den Änderungs-TV Nr. 2 zum TV ATZ neu gefasst worden ist. §3 Abs. 1 TV ATZ regelt den Grundsatz, dass die durchschnittliche wöchentliche Arbeitszeit während der Laufzeit des Altersteilzeitarbeitsverhältnisses die Hälfte der bisherigen wöchentlichen Arbeitszeit beträgt. Der Begriff der bisherigen Arbeitszeit wird in §3 Abs. 1 Unterabs. 2 TV ATZ in Anlehnung an die Regelung des §6 AtG definiert. Bei der bisherigen wöchentlichen Arbeitszeit ist grundsätzlich die zuletzt vereinbarte, höchstens aber diejenige Arbeitszeit zu Grunde zu legen, die im Durchschnitt der letzten 24 Monate vor dem Übergang in die Altersteilzeitarbeit vereinbart war.

Nach der tariflichen Regelung in §3 Abs. 1 Nr. 4 TV ATZ bleiben Arbeitszeiten, die die tarifliche regelmäßige wöchentliche Arbeitszeit überschritten haben, bei der Ermittlung der durchschnittlichen Arbeitszeit außer Betracht. In diesem Zusammenhang ist zu beachten, dass durch das Dritte Gesetz für moderne Dienstleistungen am Arbeitsmarkt vom 23. November 2003 (BGBl. I S. 2848) in §6 Abs. 2 AtG (i. d. F. bis 30. Juni 2004) der Satz 3 mit Wirkung vom 1. Juli 2004 für ab diesem Zeitpunkt beginnende Altersteilzeitarbeitsverhältnisse aufgehoben worden ist. Nunmehr gilt gemäß §6 Abs. 2 AtG (i. d. F. ab 1. Juli 2004), dass bei der Ermittlung der hälftig zu reduzierenden bisherigen wöchentlichen Arbeitszeit nach §6 Abs. 2 Satz 1 bzw. 2 AtG die Hälfte der regelmäßigen wöchentlichen Arbeitszeit zugrunde zu legen ist. Auch wenn die bisherige regelmäßige Arbeitszeit oberhalb der tarifvertraglichen Wochenarbeitszeit liegt, erfolgt bei der Ermittlung keine Begrenzung mehr durch die regelmäßige tarifvertragliche wöchentliche Arbeitszeit. Da der §3 TV ATZ hinsichtlich der Voraussetzungen der Altersteilzeitarbeit für die Reduzierung der Arbeitszeit an §6 AtG anknüpft und dort der bisherige Absatz 2 Satz 3 gestrichen wurde, läuft der §3 Abs. 1 Satz 4 TV ATZ für ab dem 1. Juli 2004 beginnende Altersteilzeitarbeitsverhältnisse ins Leere und sollte insofern bei nächster passender Gelegenheit von den Tarifvertragsparteien gestrichen werden.

Sollten sich bei der Ermittlung der durchschnittlichen Arbeitszeit keine vollen Stundenbeträge ergeben, kann die ermittelte durchschnittliche Arbeitszeit auf die nächste volle Stunde gerundet werden.

Die Rundungsregelung des §3 Abs. 1 Unterabs. 2 Satz 4 TV ATZ findet in Anknüpfung an die entsprechende Regelung des §6 Abs. 2 Satz 4 AtG nach dem Wortlaut des Tarifvertrages nur dann Anwendung, wenn eine durchschnittliche Arbeitszeit ermittelt wird. Hätte der Arbeitnehmer z. B. in den letzten 24 Monaten stets mit 36,5 Std/wchtl. gearbeitet und betrüge die Hälfte seiner bisherigen Arbeitszeit somit 18,25 Stunden, so läge kein Fall des §3 Abs. 1 Unterabs. 2 Satz 4 TV ATZ vor, da keine durchschnittliche Arbeitszeit aus unterschiedlichen Arbeitszeiten zu ermitteln war. Entsprechend der gleich lautenden Regelung in §6 Abs. 2 Satz 4 AtG würde sich in diesem Fall die Frage der Rundung nach der ausdrücklichen Regelung des §3 Abs. 1 Unterabs. 2 Satz 4 TV ATZ somit nicht stellen. Die öffentlichen Arbeitgeber haben in ihren Durchführungshinweisen zum Änderungs-TV Nr. 2 zum TV ATZ folgende erläuternde Beispiele gegeben (vgl. Rundschreiben der VKA R 236/2000 vom 18. August 2000; Schreiben der TdL vom 18. August 2000 – 1 – 06 – 09 – 03/1427/00 – B/2 –; Schreiben des BMI vom 21. August 2000 – D II 2 – 220 770 – 1/18).

Beispiel 1:

Beginn der Altersteilzeitarbeit 1. August 2000
vereinbarte Arbeitszeit am 31. Juli 2000: 35 Std./wchtl.

vereinbarte Arbeitszeit

a) vom 1. August 1998 bis 31. Dezember 1998 (5 Monate): 30 Std./wchtl.

b) vom 1. Januar 1999 bis 31. Juli 2000 (19 Monate): 35 Std./wchtl.

vereinbarte Arbeitszeit im Durchschnitt der letzten 24 Monate (5 × 30 + 19 × 35) : 24 = 33,958 Stunden wöchentlich

Obwohl die unmittelbar vor dem Übergang in die Altersteilzeit vereinbarte Arbeitszeit 35 Stunden wöchentlich betragen hat, können als bisherige Arbeitszeit nur 33,958 Stunden wöchentlich zu Grunde gelegt werden (durchschnittliche Arbeitszeit der letzten 24 Monate). Die ermittelte durchschnittliche Arbeitszeit kann auf die nächste volle Stunde gerundet werden; in diesem Fall kann die bisherige Arbeitszeit, die dann auch Grundlage für die Altersteilzeitentgeltberechnung wäre, 33 oder 34 Stunden wöchentlich betragen. Während der Altersteilzeitarbeit wäre arbeitsvertraglich dann eine wöchentliche Arbeitszeit von 16,5 oder 17 Stunden zu vereinbaren.

Beispiel 2:

Beginn der Altersteilzeitarbeit 1. August 2000
vereinbarte Arbeitszeit am 31. Juli 2000: 38,5 Std./wchtl.

vereinbarte Arbeitszeit

vom 1. August 1998 bis 31. Juli 2000 (24 Monate): 38,5 Std./wchtl.

Die bisherige Arbeitszeit beträgt 38,5 Stunden. Eine Rundung der Arbeitszeit kommt hier nicht in Betracht, da in diesem Fall eine durchschnittliche wöchentliche Arbeitszeit nicht zu ermitteln ist. Es gilt die vor der Altersteilzeit vereinbarte Arbeitszeit. §3 Abs. 1 Unterabs. 2 Satz 4 TV ATZ ist in diesem Fall nicht anzuwenden.

Beispiel 3:

Beginn der Altersteilzeitarbeit 1. Januar 2001
vereinbarte Arbeitszeit am 31. Dezember 2000: 32 Std./wchtl.

vereinbarte Arbeitszeit

a) vom 1. Januar 1999 bis 31. August 1999 (8 Monate): 38,5 Std./wchtl.

b) vom 1. September 1999 bis 31. Dezember 2000 (16 Monate): 32 Std./wchtl.

vereinbarte Arbeitszeit im Durchschnitt der letzten 24 Monate (8 × 38,5 + 16 × 32) : 24 = 34,166 Stunden wöchentlich

Die bisherige wöchentliche Arbeitszeit beträgt 32 Stunden. Es gilt die niedrigere Arbeitszeit, obwohl sich im Durchschnitt der letzten 24 Monate eine Arbeitszeit von 34,166 Std./wchtl. ergibt. Zu einer Rundung nach §3 Abs. 1 Unterabs. 2 Satz 4 TV ATZ kann es nicht kommen, da die vor dem Beginn der Altersteilzeit vereinbarte Arbeitszeit hier maßgebend ist.

In der Zeit bis zum 31. Dezember 1999 ist die Vereinbarung eines Altersteilzeitarbeitsverhältnisses grundsätzlich nur mit vollzeitbeschäftigten Arbeitnehmern möglich gewesen. Allerdings hatte die Bundesagentur für Arbeit es bis zu diesem Zeitpunkt zugelassen, dass Arbeitnehmer, die die tarifliche wöchentliche Arbeitszeit geringfügig unterschritten haben, ebenfalls Altersteilzeit vereinbaren konnten. Nachdem durch das Gesetz zur Fortentwicklung der Altersteilzeitarbeit vom 20. Dezember 1999 ab dem 1. Januar 2000 die Möglichkeit des Abschlusses von Altersteilzeitvereinbarungen mit teilzeitbeschäftigten Arbeitnehmern geschaffen worden ist, spielte die Frage der „geringfügigen Unterschreitung", an die auch die Tarifvertragsparteien für den Bereich des TV ATZ angeknüpft hatten, rechtlich keine Rolle mehr. Durch das o. g. Gesetz vom 20. Dezember 1999 ist in § 15 c AtG für vor dem 1. Januar 2000 abgeschlossene Altersteilzeitvereinbarungen geregelt, dass diese nach der alten Rechtslage weitergeführt werden können und auch Förderleistungen insofern nach den bisher vereinbarten Vertragsbedingungen gezahlt werden. Für den tariflichen Bereich bestehen hinsichtlich der vor dem 1. Januar 2000 abgeschlossenen Altersteilzeitverträge keine Bedenken, entsprechend den gesetzlichen Regelungen zu verfahren und diese nach den bisherigen Bedingungen weiterlaufen zu lassen (vgl. auch Rn. 15).

Bei der Ermittlung der bisherigen wöchentlichen Arbeitszeit nach §6 Abs. 2 AtG, §3 Abs. 2 TV ATZ ist in der betrieblichen Praxis die Frage aufgetaucht, wie zu verfahren ist, wenn der Arbeitnehmer in den letzten 24 Monaten vor dem Übergang in die Altersteilzeit **Sonderurlaub** genommen hatte. Auf entsprechendes Anfrageschreiben der VKA hat die Bundesagentur für Arbeit mit Schreiben vom 1. März 2001 zum Anwendungsbereich des §6 Abs. 2 AtG die Aussage getroffen, diese Regelung würde verlangen, dass die vor Beginn der Altersteilzeitarbeit vereinbarte Arbeitszeit nicht höher sein dürfe, als der Durchschnitt der letzten 24 Monate, um eine als missbräuchlich angesehene vorübergehende Anhebung der Altersteilzeit in der Zeit vor Beginn der Altersteilzeitarbeit auszuschließen. Auf die Frage, worauf gegebenenfalls eine Arbeitszeitverminderung beruhe (z. B. Sonderurlaub), komme es im Zusammenhang mit der Regelung des §6 Abs. 2 AtG nicht an. Es würde vielmehr nur auf den objektiven Umstand der Verminderung der Arbeitszeit ankommen. Für Fälle des Sonderurlaubs würde dies bedeuten, dass sich die Höhe des aus den 24 Monaten ergebenden Durchschnitts entsprechend vermindert.

Bei jedem Arbeitszeitmodell (vgl. §3 Abs. 2 TV ATZ) gilt der Altersteilzeitarbeitnehmer als mit der Hälfte der bisherigen wöchentlichen Arbeitszeit beschäftigt.

Wird ein Altersteilzeitarbeitsverhältnis für mehr als sechs Jahre vereinbart **28**
(es kann im Höchstfall eine Gesamtlaufzeit von bis zu zehn Jahren vereinbart werden), liegen nach §2 Abs. 3 AtG die Voraussetzungen des §2 Abs. 1 Nr. 2 AtG auch dann vor, wenn die wöchentliche Arbeitszeit **im Durchschnitt eines Zeitraumes von sechs Jahren,** der innerhalb des Gesamtzeitraumes der vereinbarten Altersteilzeitarbeit liegt, **die Hälfte der bisherigen wöchentlichen Arbeitszeit nicht überschreitet.** Die tariflich vereinbarten Altersteilzeitleistungen stehen den Arbeitnehmern also auch in derartigen Fällen zu.

Beachte!

Da die **Förderleistungen** der Bundesagentur für Arbeit aber **auf sechs Jahre begrenzt** sind (vgl. §4 Abs. 1 AtG), kann der Arbeitgeber bei darüber hinaus andauernden Altersteilzeitmodellen für den über sechs Jahre hinausgehenden Zeitraum keine Erstattungsleistungen der Bundesagentur beanspruchen.

2. Arbeitszeitmodelle

Ausgehend von dem in §3 Abs. 1 TV ATZ geregelten Grundsatz, dass die **29**
durchschnittliche wöchentliche Arbeitszeit während der Laufzeit des Altersteilzeitarbeitsverhältnisses die Hälfte der bisherigen wöchentlichen Arbeitszeit betragen muss, regelt §3 Abs. 2 TV ATZ wie die Festlegung der Verteilung der Arbeitszeit im Einzelnen erfolgen kann. §3 Abs. 2 TV ATZ benennt ausdrücklich zwei Modelle der Arbeitszeitverteilung im Altersteilzeitarbeitsverhältnis und zwar das Teilzeitmodell (§ 3 Abs. 2 Buchst. b TV ATZ) und das Blockmodell (§ 3 Abs. 2 Buchst. a TV ATZ). Der TV ATZ legt sich aber nicht auf ein bestimmtes Modell fest. So können die genannten Modelle z. B. miteinander kombiniert werden. Es können auch Arbeitszeitverteilungsmodelle vereinbart werden, bei denen z. B. Arbeits- und Freistellungsphase im täglichen, wöchentlichen oder monatlichen Wechsel stattfinden. Es können auch andere weitere Modelle vereinbart werden.

Beachte!

Wichtig für die Zulässigkeit solcher Arbeitszeitverteilungsmodelle ist jedoch, dass die Arbeitszeit über die Gesamtlaufzeit des Altersteilzeitarbeitsverhältnisses die Hälfte der bisherigen wöchentlichen Arbeitszeit beträgt (vgl. § 3 Abs. 1 TV ATZ). Ein Rechtsanspruch auf die Vereinbarung eines bestimmten Modells hat der Arbeitnehmer nicht. Es besteht zu diesem Fragenkreis aber ein Erörterungsanspruch gegenüber dem Arbeitgeber.

2.1 Blockmodell

Bei dem **Blockmodell** nach §3 Abs. 2 Buchst. a TV ATZ ist eine Aufteilung **30**
des Arbeitsverhältnisses in eine Arbeitsphase und eine **Freistellungsphase**

geregelt. Ein Blockmodell nach dieser Vorschrift liegt nur dann vor, wenn auf eine Arbeitsphase (= erste Hälfte des Altersteilzeitarbeitsverhältnisses) in der zweiten Hälfte eine Freistellungsphase folgt. Die Arbeitsphase muss beim Blockmodell also stets vor der Freistellungsphase abgeleistet sein. In der Arbeitsphase arbeitet der Altersteilzeitarbeitnehmer zunächst mit der bisherigen Arbeitszeit weiter, er erhält hierbei aber nur die nach §4 und §5 TV ATZ zu errechnenden Bezüge und Aufstockungsleistungen (also in der Regel 83% des bisherigen Arbeitsentgelts). In der sich anschließenden Freistellungsphase ist der Altersteilzeitarbeitnehmer dann von der Erbringung von Arbeitsleistungen freigestellt. Er hat somit mit seiner in der Altersteilzeitarbeitsphase über die vereinbarte Hälfte der bisherigen wöchentlichen Arbeitszeit hinaus geleistete Arbeit sozusagen eine Vorleistung für die Freistellungsphase erbracht. In der Freistellungsphase werden dem Arbeitnehmer dann, wie sich aus §3 Abs. 2 Buchst. a TV ATZ ausdrücklich ergibt, die Bezüge nach Maßgabe des §§4 und 5 TV ATZ fortgezahlt. Aus dieser Regelung ergibt sich, dass die in der Arbeitsphase über die Hälfte der tariflichen regelmäßigen Arbeitszeit hinausgehenden vorgeleisteten Arbeitszeiten keine Überstunden/Mehrarbeit darstellen.

Beispiel:

Ein Arbeitnehmer, der z. B. bisher vollbeschäftigt gewesen ist, vereinbart mit seinem Arbeitgeber vier Jahre Altersteilzeitarbeit. Er leistet zwei Jahre Altersteilzeitarbeit in der Arbeitsphase mit 38,5 Stunden im Tarifgebiet West (bzw. 40 Stunden im Tarifgebiet Ost) und in der Freistellungsphase sodann zwei Jahre mit der Arbeitszeit „Null".

2.2 Teilzeitmodell

31 Das nach §3 Abs. 2 Buchst. b TV ATZ geregelte **Teilzeitmodell** beschreibt den Fall, bei dem das Altersteilzeitarbeitsverhältnis durchgehend in Teilzeit geleistet wird. Die Tarifvertragsparteien haben hierbei also das Modell geregelt, in der der Arbeitnehmer für die Gesamtdauer des Altersteilzeitarbeitsverhältnisses tatsächlich die Hälfte der bisherigen Arbeitszeit leistet (also wenn z. B. vorher eine Vollzeitbeschäftigung vorgelegen hatte, 19,25 Stunden im Tarifgebiet West bzw. 20 Stunden im Tarifgebiet Ost).

32 Während das in §3 Abs. 2 Buchst. a TV ATZ geregelte Blockmodell von seinen Voraussetzungen sehr eng gefasst ist (zuerst Arbeitsphase, dann in der zweiten Hälfte Freistellungsphase), ist das Teilzeitmodell weiter gefasst. Es verlangt nur eine durchgehende Leistung der Altersteilzeitarbeit. Diese durchgehende Arbeitsleistung kann aber in unterschiedlicher Weise geschehen. Altersteilzeitmodelle, die z. B. einen täglichen, wöchentlichen oder monatlichen Wechsel von Arbeits- und Freistellungsphasen vorsehen, sind also durch die Regelungen des TV ATZ nicht ausgeschlossen (vgl. §3 Abs. 1 TV ATZ) und lassen sich tarifrechtlich dem §3 Abs. 2 Buchst. b TV ATZ zuordnen.

2.3 Manteltarifvertragliche Regelungen zu Abweichungen von der wöchentlichen Arbeitszeit

In allen Arbeitszeitverteilungsmodellen bei der Altersteilzeitarbeit sind 33
Abweichungen der wöchentlichen Arbeitszeit gemäß den einschlägigen manteltarifvertraglichen Vorschriften (vgl. z. B. § 15 Abs. 1 Satz 2 BAT/ BAT-O) zulässig; der Arbeitnehmer muss also lediglich über den Gesamtzeitraum seines Altersteilzeitarbeitsverhältnisses mit der Hälfte der bisherigen wöchentlichen Arbeitszeit tätig sein.

3. Protokollerklärung Nr. 1 zu §3 Abs. 1 TV ATZ

Für die unter die **Pauschallohn-Tarifverträge** des Bundes und der Länder 34
fallenden **Kraftfahrer** gilt nach der Protokollerklärung Nr. 1 zu §3 Abs. 1 TV ATZ die den Pauschalgruppen dieser Tarifverträge zugrunde liegende Arbeitszeit als deren regelmäßige Arbeitszeit. Die Besonderheiten, die bei der Berechnung des Mindestnettobetrages für die unter die Pauschallohn-Tarifverträge fallenden Kraftfahrer in der Freistellungsphase gelten, sind unter Rn. 67 dargestellt. Da auch im Bereich der VKA ein entsprechender Regelungsbedarf für Pauschallohn-Kraftfahrer besteht, ist der Regelungsgehalt der Protokollerklärung durch den Änderungs-TV Nr. 2 zum TV ATZ vom 30. Juni 2000 auf im Bereich der VKA bestehende tarifvertragliche Regelungen für Kraftfahrer übertragen worden.

4. Protokollerklärung Nr. 2 zu §3 Abs. 1 TV ATZ

In der Protokollerklärung Nr. 2 zu §3 Abs. 1 TV ATZ wird für bestimmte 35
Arbeitnehmer geregelt, dass deren **verlängerte Arbeitszeit** als regelmäßige Arbeitszeit anzusehen ist. Arbeitnehmer i. S. der Protokollerklärung sind solche aus dem Bereich des **Feuerwehr- und Wachpersonals.** Als den in der Protokollerklärung genannten Vorschriften entsprechende Sonderregelungen könnten z. B. die

- Nr. 5 Abs. 3 SR 2h des Abschnitts A der Anlage 2 MTArb
- Nr. 6 Abs. 3 SR 21 des Abschnitts A der Anlage 2 MTArb
- Nr. 4 SR 2m des Abschnitts A der Anlage 2 MTArb
- Nr. 4 SR 21 des Abschnitts B der Anlage 2 MTArb

anzusehen sein. Auch die hiermit vergleichbaren Regelungen des MTArb-O kommen als entsprechende Sonderregelungen in Betracht.

Hinweis! 36

Im Zusammenhang mit den gerade angesprochenen Fragestellungen der Arbeitsleistung in Höhe der Hälfte der tariflichen Arbeitszeit ist klarstellend darauf hinzuweisen, dass Arbeitnehmer, die unter den §15 Abs. 4 BAT/BAT-O/ BAT-Ostdeutsche Sparkassen bzw. § 14 Abs. 4 BMT-G/BMT-G-O fallen, keine

Arbeitnehmer mit verlängerter regelmäßiger Arbeitszeit darstellen. Deren Arbeitszeit ist nicht verlängert, sondern lediglich saisonbedingt anders verteilt.

5. Protokollerklärung zu §3 Abs. 2 TV ATZ

37 Wie bereits angesprochen (vgl. Rn. 29), hat ein Arbeitnehmer keinen Anspruch gegen den Arbeitgeber auf ein bestimmtes Altersteilzeitmodell. Selbst dann, wenn der Arbeitnehmer das 60. Lebensjahr vollendet hat und er grundsätzlich einen Anspruch auf Altersteilzeit hat – soweit nicht Gründe nach §2 Abs. 3 TV ATZ entgegenstehen – kann er also nicht eine bestimmte Art der Arbeitszeitverteilung verlangen. Ein Arbeitnehmer könnte also z. B. nicht, wie häufig gewünscht, Altersteilzeitarbeit im Blockmodell beanspruchen.

Eine Ausnahme hierzu gilt aufgrund der Protokollerklärung zu §3 Abs. 2 TV ATZ für bestimmte **Arbeitnehmer mit verlängerter Arbeitszeit** (vgl. z. B. § 15 Abs. 2 BAT/BAT-O/BAT-Ostdeutsche Sparkassen/MTArb/MTArb-O, § 14 Abs. 2 BMT-G/BMT-G-O) und **Kraftfahrer im Sinne der Pauschallohn-Tarifverträge des Bundes und der Länder.** Für sie ist Altersteilzeitarbeit nur im Blockmodell nach §3 Abs. 2 Buchst. a TV ATZ möglich. Dies gilt seit dem Änderungs-TV Nr. 2 zum TV ATZ auch für die unter entsprechende im VKA-Bereich geltende tarifvertragliche Regelungen fallende Kraftfahrer.

6. Gespräch zum Altersteilzeitmodell

38 Nach §3 Abs. 3 TV ATZ hat der Arbeitnehmer einen Anspruch darauf, dass der Arbeitgeber mit ihm seinen Wunsch nach einer bestimmten Verteilung der Arbeitszeit mit dem Ziel einer einvernehmlichen Regelung erörtert. In der Praxis kommt diesem erörterndem Gespräch eine **wichtige Funktion** zu. Der Arbeitnehmer kann hier seine Wünsche und Beweggründe darstellen, warum er ein bestimmtes Arbeitszeitverteilungsmodell vereinbaren möchte. In diesem Gespräch kann der Arbeitnehmer z. B. näher erläutern, welche Rente er für seinen Eintritt in den Ruhestand ins Auge gefasst hat (z. B. Rente nach Altersteilzeitarbeit, Rente für langjährig Versicherte). Der Arbeitgeber kann hingegen das Gespräch nutzen, um dem Arbeitnehmer aus seiner Sicht die im Sachzusammenhang mit der Vereinbarung von Altersteilzeitarbeit stehenden Gesichtspunkte darzustellen. So kann er den Arbeitnehmer z. B. informieren, dass bereits eine bestimmte Anzahl von anderen Beschäftigten sich in Blockzeitmodellen befindet und von der Planung des Betriebsablaufs daher beispielsweise nur noch Altersteilzeitarbeit in Form von durchgehenden Altersteilzeitmodellen in Betracht kommen würde. Oder aber er erläutert, warum wegen der Ausbildungssituation im Betrieb und der Aufrechterhaltung eines geordneten Betriebsablaufs es sinnvoll wäre, wenn der Arbeitnehmer seine Altersteilzeitarbeit beispielsweise zwei Monate länger als ursprünglich von diesem gewünscht vereinbart, da

dann ein Innerbetrieblich ausgebildeter Jugendlicher die mit Beginn der Freistellungsphase eines Blockmodells frei werdende Stelle unmittelbar anschließend besetzen könnte. Es gibt also eine Fülle von beiderseitigen Interessen, die in einem Erörterungsgespräch mit dem Ziel eingebracht werden können, zu einer einvernehmlichen Regelung zu kommen. Dies hat aber zur Voraussetzung, dass beide, also Arbeitgeber aber auch Arbeitnehmer, die Interessen des jeweils anderen in den eigenen Überlegungen mitberücksichtigen.

7. Vorbemerkungen zu §§4 und 5 TV ATZ

Das Gesamtentgelt des Arbeitnehmers bei der Altersteilzeitarbeit berechnet **39**
sich nach Maßgabe der §§4 und 5 TV ATZ. Während §4 TV ATZ die Regelungen über die bei Altersteilzeit zustehenden Bezüge näher regelt, enthält der §5 TV ATZ die Regelungen für die Berechnung der Aufstockungsleistungen, die der Altersteilzeitbeschäftigte zusätzlich zu seinen Bezügen erhält.

Die Regelungen im TV ATZ zu den Bezügen und den Aufstockungsleistungen sind nicht leicht verständlich. Dies erklärt sich zum einen aus den im Altersteilzeitgesetz enthaltenen Vorgaben, die ebenfalls eine Trennung zwischen den Bezügen für die Altersteilzeitarbeit einerseits und den Aufstockungsleistungen andererseits vorsehen. Die gerade im Rahmen der §§4 und 5 TV ATZ an einigen Stellen wenig systematischen Regelungen beruhen im Übrigen auf der speziellen Verhandlungssituation, die sowohl der Arbeitgeberseite, als auch den Gewerkschaften Zugeständnisse abverlangt hat (vgl. Rn. 2). Bestimmte Regelungen, wie z. B. die Regelungen zur Rufbereitschaft und zum Bereitschaftsdienst lassen sich teilweise nur vor dem Hintergrund der konkreten Verhandlungssituation erklären.

Tipp!

Am leichtesten lassen sich die Regelungen der §§4 und 5 TV ATZ verständlich machen, wenn man die Paragraphen jeweils einzeln nacheinander prüft. Bei der Frage, wie sich die Altersteilzeit für den Beschäftigten im Ergebnis unter Berücksichtigung bestimmter Entgeltbestandteile wie z. B. Erschwerniszuschlägen, Überstundenpauschalen usw. finanziell darstellt, sind also die einzelnen Rechengänge des §4 und §5 Abs. 1 und Abs. 2 TV ATZ gesondert zu betrachten.

Es ergeben sich im Einzelnen also folgende Rechenschritte:

Ermittlung des Altersteilzeitentgelts

1. Rechenschritt	§ 4 TV ATZ	Altersteilzeitbezüge
2. Rechenschritt	§ 5 Abs. 1 TV ATZ	Altersteilzeitbezüge nach § 4 TV ATZ + „20 v. H.“ Aufstockung
3. Rechenschritt	§ 5 Abs. 2 TV ATZ	„83 v. H.“ Aufstockung

§ 4
Höhe der Bezüge

(1) Der Arbeitnehmer erhält als Bezüge die sich für entsprechende Teilzeitkräfte bei Anwendung der tariflichen Vorschriften (z. B. § 34 BAT/BAT-O) ergebenden Beträge mit der Maßgabe, dass die Bezügebestandteile, die üblicherweise in die Berechnung des Aufschlags zur Urlaubsvergütung/Zuschlags zum Urlaubslohn einfließen, sowie Wechselschicht- und Schichtzulagen entsprechend dem Umfang der tatsächlich geleisteten Tätigkeit berücksichtigt werden.

(2) Als Bezüge im Sinne des Absatzes 1 gelten auch Einmalzahlungen (z. B. Zuwendung, Urlaubsgeld, Jubiläumszuwendung) und vermögenswirksame Leistungen.

Protokollerklärung zu Absatz 1:

Die im Blockmodell über die regelmäßige wöchentliche Arbeitszeit hinaus geleisteten Arbeitsstunden gelten bei Vorliegen der übrigen tariflichen Voraussetzungen als Überstunden.

1. Allgemeines

40 In §4 TV ATZ ist die Frage der Höhe der Altersteilzeitbezüge geregelt. Die Höhe der Aufstockungsleistungen, die der Arbeitnehmer zusätzlich zu seinen Altersteilzeitbezügen erhält, ist in §5 TV ATZ geregelt.

1.1 Halbierungsgrundsatz

§4 Abs. 1 TV ATZ beschreibt den Grundsatz, dass die Höhe der Altersteilzeitbezüge den sich für die entsprechenden Teilzeitkräfte ergebenden Beträgen entspricht. Dies ergibt sich manteltarifvertraglich aus dem §34 BAT/BAT-O/BAT-Ostdeutsche Sparkassen, §25 Abs. 1 BMT-G/BMT-G-O, §30 Abs. 2 MTArb/MTArb-O, §7 Abs. 3 TV-V, vgl. auch z. B. §8 Abs. 2 TV-N Nordrhein-Westfalen. Reduziert der Arbeitnehmer seine bisherige wöchentliche Arbeitszeit auf die Hälfte, dann werden seine bei bisheriger Arbeitszeit zustehenden Bezüge also **grundsätzlich halbiert.** 41

Zu den Bezügen, die nach den für „entsprechende Teilzeitkräfte" geltenden Vorschriften in der Regel zur Hälfte zustehen, gehören also z. B.

- Grundvergütung/Monatstabellenlohn
- **Ortszuschlag/**Sozialzuschlag (unter Beachtung der manteltarifvertraglichen Regelungen, vgl. z. B. §29 Abs. 5 BAT/BAT-O)
- Zulagen nach dem Tarifvertrag über Zulagen an Angestellte vom 17. Mai 1982
- allgemeine Pflegezulage nach der Anlage 1b zum BAT/BAT-O
- Sicherheitszulage.

Diese Bezügebestandteile werden während der Gesamtdauer des Altersteilzeitarbeitsverhältnisses sowohl im Teilzeitmodell, als auch im Blockmodell zur Hälfte gezahlt.

Nicht zu den Bezügen gehören die Beihilfe und der Zuschuss zum Krankenversicherungsbeitrag (vgl. hierzu Rn. 116 f.).

Zu berücksichtigen sind allgemeine **Bezügeerhöhungen** und Änderungen in der maßgebenden **Lebensaltersstufe/Stufe;** dies gilt beim Blockmodell auch für die Freistellungsphase. 42

Hinsichtlich der Berücksichtigung von **Tätigkeitsaufstiegen, Fallgruppenaufstiegen, Bewährungsaufstiegen** usw. bestehen bei einem im Teilzeitmodell durchgeführten Altersteilzeitarbeitsverhältnis keine Besonderheiten. Beim Blockmodell stellt sich jedoch die Frage, ob die Zeit der Freistellungsphase für eine Teilnahme an den oben genannten Aufstiegen zu berücksichtigen ist. In §23 a BAT ist geregelt, welche Zeiten einer Unterbrechung der Beschäftigung als unschädlich für das Zurücklegen einer **Bewährungszeit** anzusehen sind. Hieraus könnte sich ableiten lassen, dass in der Freistellungsphase des Blockmodells keine Teilnahme an Bewährungsaufstiegen bzw. anderen Aufstiegen möglich ist. In den Verhandlungen, die zum Abschluss des Änderungstarifvertrages Nr. 1 zum TV ATZ führten, haben die Gewerkschaften unter Hinweis auf die durchgehende Bezügezahlung in der Altersteilzeit verlangt, Arbeitnehmer in der Freistellungsphase des Blockmodells auch an Tätigkeitsaufstiegen, Fallgruppenaufstiegen, Bewährungsaufstiegen usw. teilnehmen zu lassen. Hierzu haben die Arbeitgebervertreter eine positive Regelung in Aussicht gestellt. Die Arbeitgeber haben zu dieser Fragestellung in ergänzenden Durchführungshinweisen zum TV ATZ im Vorgriff auf eine entsprechende tarifvertragliche Ergänzung zum Ausdruck gebracht, dass die Zeit der Freistellungsphase auf tariflich geforderte Bewährungs- oder Tätigkeitszeiten bei Vorliegen der übrigen Voraussetzungen angerechnet werden können.

1.2 Abweichungen vom Halbierungsgrundsatz

43 **Abweichend von dem** in §4 Abs. 1 TV ATZ eingangs geregelten **Grundsatz der Halbierung** der Bezüge werden die Bezügebestandteile, die üblicherweise in die Berechnung des Aufschlags zur Urlaubsvergütung bzw. des Zuschlags zum Urlaubslohn einfließen, behandelt. Diese Bezügebestandteile werden nicht hälftig, sondern sie werden entsprechend dem Umfang der geleisteten Tätigkeit in voller Höhe gezahlt. Wenn ein Altersteilzeitbeschäftigter also z. B. erschwerniszuschlagspflichtige Tätigkeiten ausübt oder Überstunden leistet, so erhält er die hierfür zustehenden Entgelte somit nicht halbiert, sondern entsprechend dem Umfang seiner tatsächlichen Tätigkeit voll gezahlt. Durch die Berücksichtigung dieser Entgeltbestandteile in voller Höhe im Rahmen der Altersteilzeitbezüge wollten die Tarifvertragsparteien einen Anreiz für den Arbeitnehmer zur Übernahme solcher Tätigkeiten aufrechterhalten.

Dies bedeutet für das Blockmodell, dass für die Frage der Bezüge in der Arbeitsphase beispielsweise Überstunden oder Erschwerniszuschläge in voller Höhe zustehen, in der Freistellungsphase hingegen nicht, da in dieser Phase der Umfang der tatsächlich geleisteten Tätigkeit gleich Null ist. Davon zu trennen ist die Frage, wie sich die finanzielle Situation des Arbeitnehmers in der Freistellungsphase des Blockmodells im Ergebnis insgesamt darstellt. Hier sind insbesondere die Regelungen über die Aufstockungsleistungen nach §5 TV ATZ zu beachten.

Beispiel:

Ein Arbeitnehmer, der in Altersteilzeit im Blockmodell beschäftigt ist, erbringt an drei Tagen auf Anordnung des Arbeitgebers zwei Überstunden. Da ein Ausgleich der Überstunden durch eine Arbeitsbefreiung nicht möglich ist, erhält er diese zwei Überstunden neben seinen halbierten Bezügen in voller Höhe vergütet. In der Freistellungsphase des Blockmodells können Überstunden für diesen Arbeitnehmer als Altersteilzeitbezüge nicht anfallen, denn der Umfang der tatsächlich geleisteten Tätigkeit im Rahmen des §4 TV ATZ ist gleich Null.

44 Zu beachten ist, dass nach §4 Abs. 1 TV ATZ Beträge, die **„üblicherweise"** in den Aufschlag zur Urlaubsvergütung bzw. des Zuschlags zum Urlaubslohn eingehen, entsprechend dem Umfang der tatsächlich geleisteten Tätigkeit zustehen. Dies gilt somit auch dann, wenn sie in Form einer monatlichen Pauschale gezahlt werden. Wird einem im Blockmodell tätigen Arbeitnehmer also beispielsweise für von ihm geleistete erschwerniszuschlagspflichtige Tätigkeiten ein Erschwerniszuschlag in Form einer Monatspauschale gezahlt, so wird dieser Zuschlag also nicht durchgehend in halber Höhe

während der Arbeits- und der Freistellungsphase gezahlt, sondern nur in der Arbeitsphase, dann aber in voller Höhe. In der Freistellungsphase des Blockmodells wäre die Erschwernispauschale im Rahmen der Altersteilzeitbezüge nicht zu zahlen, da der Umfang der geleisteten erschwerniszuschlagspflichtigen Tätigkeit gleich Null ist (vgl. im Einzelnen Rn. 73, zur Überstundenpauschale vgl. Rn. 74).

2. Pauschallohn-Kraftfahrer

Eine Besonderheit ist in diesem Zusammenhang für die unter die **Pauschallohn-Tarifverträge des Bundes und der Länder fallenden Kraftfahrer** zu beachten. Diese können gemäß der Protokollerklärung zu §3 Abs. 2 TV ATZ Altersteilzeitarbeit nur im Blockmodell leisten. Bei diesem Personenkreis stehen in der Arbeitsphase die – aufgrund der nach dem Pauschallohn-Tarifvertrag in der maßgebenden Pauschalgruppe – zustehenden Bezüge zur Hälfte zu. Die Zuordnung zu einer bestimmten Personengruppe richtet sich dabei nach der vom Arbeitnehmer erbrachten Fahrleistung. 45

Befindet sich der Arbeitnehmer in der Freistellungsphase, bestimmt sich die maßgebende Pauschalgruppe für die in der Freistellungsphase zu zahlenden Bezüge, die dem Altersteilzeitbeschäftigten in Höhe von 50 v. H. zu zahlen sind, unter entsprechender Heranziehung der §5 Abs. 2 Unterabs. 4 TV ATZ, so dass sich der Lohn nach der Pauschalgruppe richtet, die „mindestens während der Hälfte der Dauer der Arbeitsphase maßgebend war".

Beispiel:

Ein Kraftfahrer, der unter die Pauschallohn-Tarifverträge des Bundes und der Länder fällt, vereinbart Altersteilzeit für fünf Jahre. Gemäß der Protokollerklärung zu §3 Abs. 2 TV ATZ ist die Altersteilzeit für ihn nur im Blockmodell möglich; seine Arbeitsphase beträgt zweieinhalb Jahre.

Der Kraftfahrer arbeitet in der Arbeitsphase

- ein Halbjahr in der Pauschalgruppe II,
- zwei Halbjahre in der Pauschalgruppe III,
- ein Halbjahr in der Pauschalgruppe IV,
- ein Halbjahr in der Pauschalgruppe II.

Da der Kraftfahrer in drei Halbjahren mindestens in der Pauschalgruppe III (ein Halbjahr davon sogar in der Pauschalgruppe IV) gewesen ist, ermittelt sich die Höhe seiner Bezüge aus der Pauschalgruppe III, da diese für ihn mindestens während der Hälfte der Dauer der Arbeitsphase maßgeblich war.

Für den kommunalen Bereich ist zu beachten, dass seit dem Änderungstarifvertrag Nr. 2 zum TV ATZ Entsprechendes für im Bereich der VKA geltende tarifvertragliche Regelungen für Pauschallohn-Kraftfahrer gilt.

3. Einmalzahlung/Jubiläumszuwendung

46 In §4 Abs. 2 TV ATZ wird nochmals klarstellend zum Ausdruck gebracht, dass auch **Einmalzahlungen** (also z. B. die Zuwendung, das Urlaubsgeld oder die Jubiläumszuwendung) und vermögenswirksame Leistungen Altersteilzeitbezüge darstellen. Auch für diese Bezügearten gilt das in §4 Abs. 1 TV ATZ eingangs festgelegte Prinzip, dass Bezüge während der Altersteilzeitarbeit zur Hälfte zustehen.

47 Bei der Berücksichtigung von **Jubiläumszuwendungen** im Rahmen der Altersteilzeitbezüge sind allerdings Besonderheiten zu beachten, die sich unter anderem aus der Rechtsprechung des Bundesarbeitsgerichts ergeben.

Beachte!

Zum einen kann bei der Jubiläumszuwendung im Rahmen der Zahlung der Altersteilzeitbezüge keine Halbierung erfolgen, da nach der Rechtsprechung des Bundesarbeitsgerichts (vgl. Urteil vom 22. Mai 1996 – 10 AZR 618/95 = AP Nr. 1 zu §39 BAT) die Jubiläumszuwendung auch den Teilzeitkräften in voller Höhe zugebilligt wird. Das bedeutet, dass die Zuwendung – ebenso wie z. B. die familienbestandsbezogenen Anteile im Ortszuschlag bei sog. Konkurrenzfällen – im Rahmen der Berechnung des Aufstockungsbetrags nach §5 Abs. 1 TV ATZ in voller Höhe berücksichtigt wird. Zum anderen ist zu beachten, dass zwar auf steuerfreie Leistungen keine Aufstockungsleistungen zu erbringen sind, die Steuerfreiheit der Jubiläumszuwendung, die in der Vergangenheit gemäß §3 Nr. 52 EStG i. V. m. §3 LStDV bestanden hat, durch das Steuerentlastungsgesetz 1999/2000/2002 vom 24. März 1999 (BGBl. I S. 403, 483) jedoch mit Wirkung vom 1. Januar 1999 aufgehoben worden ist.

4. Wechselschicht- und Schichtzulagen

48 Besonderheiten sind auch bei der Behandlung der **Wechselschicht- und Schichtzulagen** (§33 a BAT/BAT-O, §24 BMT-G/BMT-G-O, §29 a MTArb/MTArb-O) zu beachten:

- Im Teilzeitmodell (§3 Abs. 2 Buchst. b TV ATZ) stehen Wechselschicht- und Schichtzulagen nach der Rechtsprechung des Bundesarbeitsgerichts (vgl. BAG-Urteil vom 23. Juni 1993 – 10 AZR 127/92 – AP Nr. 1 zu §34 BAT) in voller Höhe zu, soweit die Anspruchsvoraussetzungen (z. B. 40 Nachtarbeitsstunden in durchschnittlich 5 oder 7 Wochen) auch in der Teilzeitbeschäftigung erfüllt werden.
- Im Blockmodell (§3 Abs. 2 Buchst. a TV ATZ) sind Wechselschicht- und Schichtzulagen in der Arbeitsphase bei Erfüllung der Anspruchsvoraussetzungen in voller Höhe zu zahlen, während in der Freistellungsphase eine Wechselschicht- oder Schichtzulage bei der Berechnung der Altersteilzeit Bezüge nicht mehr berücksichtigt werden kann, weil der Umfang der tatsächlich geleisteten Tätigkeit in dieser Phase gleich Null ist. Wie sich die finanzielle Situation des Arbeitnehmers, bei dem Wechselschicht- und Schichtzulage anfallen, im Ergebnis tatsächlich darstellt, ist

sachgerecht erst dann zu beurteilen, wenn man auch die nach § 5 TV ATZ zu zahlenden Aufstockungsleistungen berücksichtigt hat. Auf das Berechnungsbeispiel zu Wechselschicht- und Schichtzulagen unter Rn. 76 wird hingewiesen.

5. Protokollerklärung zu § 4 Abs. 1 TV ATZ

Die Protokollerklärung zu § 4 Abs. 1 TV ATZ stellt klar, dass im Blockmodell des Altersteilzeitarbeitsverhältnisses die vom Altersteilzeitbeschäftigten über die regelmäßige wöchentliche Arbeitszeit hinaus geleisteten Überstunden als Überstunden **gelten.** Diese Klarstellung war erforderlich, da auch mit dem im Blockmodell in der Arbeitsphase beschäftigten Arbeitnehmer jeweils eine Reduzierung auf die Hälfte der bisherigen wöchentlichen Arbeitszeit vereinbart ist. **49**

Bei dem im Teilzeitmodell arbeitenden Arbeitnehmer können Überstunden erst dann anfallen, wenn die regelmäßige tarifliche Wochenarbeitszeit (also 38,5 Stunden im Tarifgebiet West, bzw. 40 Stunden im Tarifgebiet Ost) überschritten ist.

§ 5
Aufstockungsleistungen

(1) Die dem Arbeitnehmer nach § 4 zustehenden Bezüge zuzüglich des darauf entfallenden sozialversicherungspflichtigen Teils der vom Arbeitgeber zu tragenden Umlage zur Zusatzversorgungseinrichtung werden um 20 v. H. dieser Bezüge aufgestockt (Aufstockungsbetrag). Bei der Berechnung des Aufstockungsbetrages bleiben steuerfreie Bezügebestandteile, Entgelte für Mehrarbeits- und Überstunden, Bereitschaftsdienste und Rufbereitschaften sowie für Arbeitsbereitschaften (§ 18 Abs. 1 Unterabs. 2 MTArb/MTArb-O bzw. § 67 Nr. 10 BMT-G/BMT-G-O) unberücksichtigt; diese werden, soweit sie nicht unter Absatz 2 Unterabs. 2 und 3 fallen, neben dem Aufstockungsbetrag gezahlt.

(2) Der Aufstockungsbetrag muss so hoch sein, dass der Arbeitnehmer 83 v. H. des Nettobetrages des bisherigen Arbeitsentgelts erhält (Mindestnettobetrag). Als bisheriges Arbeitsentgelt ist anzusetzen das gesamte, dem Grunde nach beitragspflichtige Arbeitsentgelt, das der Arbeitnehmer für eine Arbeitsleistung bei bisheriger wöchentlicher Arbeitszeit (§ 3 Abs. 1 Unterabs. 2) zu beanspruchen hätte; der sozialversicherungspflichtige Teil der vom Arbeitgeber zu tragenden Umlage zur Zusatzversorgungseinrichtung bleibt unberücksichtigt.

Dem bisherigen Arbeitsentgelt nach Unterabsatz 1 Satz 2 zuzurechnen sind Entgelte für Bereitschaftsdienst und Rufbereitschaft – letztere jedoch ohne Entgelte für angefallene Arbeit einschließlich einer etwaigen Wegezeit –, die ohne Reduzierung der Arbeitszeit zugestanden hätten; in diesen Fällen sind die tatsächlich zustehenden Entgelte abweichend von Absatz 1 Satz 2 letzter Halbsatz in die Berechnung des aufzustockenden Nettobetrages einzubeziehen. Die Regelungen zu Bereitschaftsdienst und Rufbereitschaft in Satz 1 dieses Unterabsatzes gelten bei Arbeitern für die Arbeitsbereitschaft nach § 18 Abs. 1 Unterabs. 2 MTArb/MTArb-O bzw. § 67 Nr. 10 BMT-G/BMT-G-O entsprechend.

Haben dem Arbeitnehmer, der die Altersteilzeitarbeit im Blockmodell leistet, seit mindestens zwei Jahren vor Beginn des Altersteilzeitarbeitsverhältnisses ununterbrochen Pauschalen für Überstunden (z. B. nach § 35 Abs. 4 BAT/BAT-O) zugestanden, werden diese der Bemessungsgrundlage nach Unterabsatz 1 Satz 2 in der Höhe zugerechnet, die ohne die Reduzierung der Arbeitszeit maßgebend gewesen wäre; in diesem Fall sind in der Arbeitsphase die tatsächlich zustehenden Pauschalen abweichend von Absatz 1 Satz 2 letzter Halbsatz in die Berechnung des aufzustockenden Nettobetrages einzubeziehen.

Bei Kraftfahrern, die unter die Pauschallohn-Tarifverträge des Bundes und der Länder fallen, ist als bisheriges Arbeitsentgelt im Sinne des Unterabsatzes 1 Satz 2 in der Freistellungsphase der Lohn aus der Pauschalgruppe anzusetzen, die mindestens während der Hälfte der Dauer der Arbeitsphase maßgebend war. Im Bereich der Vereinigung der kommunalen Arbeitgeberverbände gilt Satz 1 für tarifvertragliche Regelungen für Kraftfahrer entsprechend.

Für Arbeitnehmer mit verlängerter regelmäßiger Arbeitszeit nach Nr. 5 Abs. 5 SR 2e I BAT/BAT-O und Nr. 7 Abs. 3 SR 2a des Abschnitts A der Anlage 2 MTArb/Nr. 8 Abs. 4 SR 2a des Abschnitts A der Anlage 2 MTArb-O und entsprechenden Sonderregelungen ist als bisheriges Arbeitsentgelt im Sinne des Unterabsatzes 1 Satz 2 in der Freistellungsphase die Vergütung bzw. der Lohn aus derjenigen Stundenzahl anzusetzen, die während der Arbeitsphase, längstens während der letzten 48 Kalendermonate, als dienstplanmäßige Arbeitszeit durchschnittlich geleistet wurde.

(3) Für die Berechnung des Mindestnettobetrages nach Absatz 2 ist die Rechtsverordnung nach §15 Satz 1 Nr. 1 des Altersteilzeitgesetzes zugrunde zu legen. Sofern das bei bisheriger Arbeitszeit zustehende Arbeitsentgelt nach Absatz 2 Unterabs. 1 Satz 2 das höchste in dieser Rechtsverordnung ausgewiesene Arbeitsentgelt übersteigt, sind für die Berechnung des Mindestnettobetrages diejenigen gesetzlichen Abzüge anzusetzen, die bei Arbeitnehmern gewöhnlich anfallen (§3 Abs. 1 Nr. 1 Buchst. a des Altersteilzeitgesetzes).

(4) Neben den vom Arbeitgeber zu tragenden Sozialversicherungsbeiträgen für die nach §4 zustehenden Bezüge entrichtet der Arbeitgeber gemäß §3 Abs. 1 Nr. 1 Buchst. b des Altersteilzeitgesetzes zusätzliche Beiträge zur gesetzlichen Rentenversicherung für den Unterschiedsbetrag zwischen den nach §4 zustehenden Bezügen einerseits und 90 v. H. des Arbeitsentgelts im

Sinne des Absatzes 2 zuzüglich des sozialversicherungspflichtigen Teils der vom Arbeitgeber zu tragenden Umlage zur Zusatzversorgungseinrichtung, höchstens aber der Beitragsbemessungsgrenze, andererseits.

(5) Ist der Angestellte von der Versicherungspflicht in der gesetzlichen Rentenversicherung befreit, erhöht sich der Zuschuss des Arbeitgebers zu einer anderen Zukunftssicherung um den Betrag, den der Arbeitgeber nach Absatz 4 bei Versicherungspflicht in der gesetzlichen Rentenversicherung zu entrichten hätte.

(6) Die Regelungen der Absätze 1 bis 5 gelten auch in den Fällen, in denen eine aufgrund dieses Tarifvertrages geschlossene Vereinbarung eine Verteilung der Arbeitsleistung (§ 3 Abs. 2) vorsieht, die sich auf einen Zeitraum von mehr als sechs Jahren erstreckt.

(7) Arbeitnehmer, die nach Inanspruchnahme der Altersteilzeit eine Rentenkürzung wegen einer vorzeitigen Inanspruchnahme der Rente zu erwarten haben, erhalten für je 0,3 v. H. Rentenminderung eine Abfindung in Höhe von 5 v. H. der Vergütung (§ 26 BAT/BAT-O/BAT-Ostdeutsche Sparkassen) und der in Monatsbeträgen festgelegten Zulagen bzw. des Monatsregellohnes (§ 21 Abs. 4 MTArb/MTArb-O) ggf. zuzüglich des Sozialzuschlags bzw. des Monatsgrundlohnes (§ 67 Nr. 26 b BMT-G/BMT-G-O) und der ständigen Lohnzuschläge, die bzw. der dem Arbeitnehmer im letzten Monat vor dem Ende des Altersteilzeitverhältnisses zugestanden hätte, wenn er mit der bisherigen wöchentlichen Arbeitszeit (§ 3 Abs. 1 Unterabs. 2) beschäftigt gewesen wäre. Die Abfindung wird zum Ende des Altersteilzeitarbeitsverhältnisses gezahlt.

Protokollerklärung zu Absatz 2:

Beim Blockmodell können in der Freistellungsphase die in die Bemessungsgrundlage nach Absatz 2 eingehenden, nicht regelmäßig zustehenden Bezügebestandteile (z. B. Erschwerniszuschläge) mit dem für die Arbeitsphase errechneten Durchschnittsbetrag angesetzt werden; dabei werden Krankheits- und Urlaubszeiten nicht berücksichtigt. Allgemeine Bezügeerhöhungen sind zu berücksichtigen, soweit die zugrunde liegenden Bezügebestandteile ebenfalls an allgemeinen Bezügeerhöhungen teilnehmen.

1. Allgemeines zu den Aufstockungsleistungen nach § 5 Abs. 1 und Abs. 2 TV ATZ

In § 5 Abs. 1 und 2 TV ATZ sind die während der Altersteilzeit zu zahlenden **50**
Aufstockungsleistungen geregelt. Wie im Altersteilzeitgesetz auch sind zwei Arten der Berechnung der Aufstockungsleistungen festgeschrieben, die nacheinander durchzuführen sind.

1.1 Steuer- und Sozialversicherungsfreiheit von Aufstockungsleistungen

50 a Die vom Arbeitgeber zu erbringenden Aufstockungsleistungen nach §5 TV ATZ sind **steuer- und sozialversicherungsfrei** (vgl. §3 Nr. 28 EStG). Diese Steuer- und Sozialversicherungsfreiheit gilt auch dann, wenn

- die Altersteilzeitleistungen nach dem TV ATZ über die Leistungen des Altersteilzeitgesetzes hinausgehen,
- Altersteilzeitarbeit für länger als 6 Jahre vereinbart wird, also wenn der sechsjährige Förderungszeitraum der Bundesagentur für Arbeit überschritten wird (nach dem TV ATZ sind Modelle bis zu 10 Jahren vereinbar, vgl. Rn. 28),
- in Bezug auf die durch Altersteilzeitarbeit frei gewordene Arbeitsstelle keine Wiederbesetzung erfolgt, also unabhängig davon, ob die Bundesagentur für Arbeit später Erstattungsleistungen für die Aufstockungsbeträge erbringt oder nicht.

1.2 Progressionsvorbehalt

51 **Beachte!**

Die steuerfreien Aufstockungsbeträge nach §5 Abs. 1 und 2 TV ATZ werden aber im Rahmen der Einkommensteuerveranlagung bei der Ermittlung des Steuersatzes berücksichtigt, dem das übrige steuerpflichtige Einkommen unterliegt **(Progressionsvorbehalt nach §32 b Abs. 1 Nr. 1 Buchst. g EStG).** Der Progressionsvorbehalt wirkt sich in der Weise aus, dass das sich aus den nicht von der Besteuerung freigestellten Einkünften ergebende zu versteuernde Einkommen dem Steuersatz unterworfen wird, der sich ergäbe, wenn das zu versteuernde Einkommen auch die freigestellten Einkünfte umfassen würde. Auf das zu versteuernde Einkommen (z. B. Altersteilzeitarbeitsentgelt ohne Aufstockungsleistung) ist also nicht der normale Steuertarif anzuwenden, sondern ein besonderer Steuersatz. Dieser wird ermittelt, indem dem steuerpflichtigen Einkommen die steuerfreien Bezüge (z. B. Aufstockungsleistungen zum Altersteilzeitarbeitsentgelt) fiktiv hinzugerechnet werden und aus dem Gesamtbetrag die steuerliche Belastung (Steuersatz) festgestellt wird. Dieser Steuersatz wird dann auf die steuerpflichtigen Bezüge angewendet. Die Aufstockungsbeträge sind daher unter Vorlage der vom Arbeitgeber nach Ablauf des maßgeblichen Kalenderjahres erstellten Bescheinigung in der Einkommensteuererklärung anzugeben (vgl. §32 b Abs. 3 EStG). Hierdurch kann es bei der Veranlagung des Arbeitnehmers durch das Finanzamt zu Steuernachforderungen kommen.

In Anknüpfung an ein fiktives Beispiel (in vereinfachter Form), das in dem Rundschreiben der **VKA R 200/99 vom 26. April 1999** enthalten ist, lassen sich die Auswirkungen des Progressionsvorbehalts schematisch wie folgt darstellen:

Beispiel:

Ein Altersteilzeitbeschäftigter (Steuerkl. I) erhält ein steuerpflichtiges Altersteilzeitbruttoeinkommen von z. B. 1600 Euro, auf die er 193,49 Euro (= Steuersatz von 12,09 %) Steuern zahlt. Wird nun ein Einkommen ermittelt, bestehend aus dem steuerpflichtigen Einkommen (1600 Euro) und der – an sich steuerfreien – Aufstockungsleistung von z. B. 320 Euro, so wäre hier beispielsweise ein Steuersatz von 18,19 % einschlägig. Das steuerpflichtige Altersteilzeitbruttoentgelt würde also nicht mit einem Steuersatz von 12,09 %, sondern mit einem Steuersatz von 18,19 % versteuert. Die monatliche Steuerbelastung betrüge somit nicht 193,42 Euro, sondern 291,04 Euro. Es käme somit bei dem Arbeitnehmer zu einer Steuernachforderung von 1170,60 Euro (= 12 × 97,55 Euro). Die genaue Berechnung im Einzelnen wird von der Finanzverwaltung im Rahmen der Steuerveranlagung ermittelt. Darauf hinzuweisen ist, dass die Finanzverwaltung die Steuersätze auf Basis der Jahres-Einkommensteuertabelle berechnet.

Durch den Abschluss einer Altersteilzeitarbeitsvereinbarung auf Grundlage des TV ATZ wird dem Arbeitnehmer ein Anspruch auf einen bestimmten Prozentsatz (83 v. H.) eines pauschalierten Nettoentgelts gewährt. Der pauschalierte Betrag ist dabei der 83-v.-H.-Tabelle zu entnehmen, welche die Nettobeträge – nach Steuerklassen aufgeteilt – ausweist. Der TV ATZ gewährt keine Anspruchsgrundlage des Arbeitnehmers dahingehend, dass steuerlich nachteilige Auswirkungen – wie sie insbesondere z. B. beim Progressionsvorbehalt vom Arbeitnehmer empfunden werden – ausgeglichen werden. Der Altersteilzeitarbeitnehmer hat dementsprechend keinen tarifvertraglichen Anspruch gegen den Arbeitgeber auf Ausgleich etwaiger nachteiliger Auswirkungen des Progressionsvorbehalts. Auch das BAG hat bereits mit Urteil vom 8. September 1998 – 9 AZR 255/97 (= DB 1999, 1459 ff.) im Zusammenhang mit einem Aufhebungsvertrag entschieden, dass kein Anspruch des Arbeitnehmers gegen den Arbeitgeber auf Ausgleich steuerlicher Nachteile besteht, wenn in der zwischen Arbeitgeber und Arbeitnehmer geschlossenen Vereinbarung ein bestimmter Nettobetrag (einschließlich Steuermerkmalen) festgelegt worden ist.

Das LAG Niedersachsen hatte sich in seinem Urteil vom 23. April 2001 – 11 Sa 81/01 – ebenfalls mit dem Sachverhalt zu befassen, dass der bei Altersteilzeit zu zahlende Aufstockungsbetrag zwar steuerfrei, gemäß § 32 b EStG aber zur Ermittlung der Steuerquote dem Einkommen aus nicht selbständiger Tätigkeit zugerechnet wird. Das LAG stellt in seiner Begründung zutreffend fest, dass der Arbeitnehmer keinen Anspruch darauf hat, dass der Arbeitgeber die Steuernachforderungen des Finanzamts ausgleicht, die der Arbeitnehmer aufgrund des Progressionsvorbehalts deshalb zahlen muss, weil der Aufstockungsbetrag nach § 5 Abs. 2 TV ATZ bei der Festlegung des prozentualen Steuersatzes mit berücksichtigt wird. Das Gericht weist ausdrücklich darauf hin, dass für die Berechnung des Mindestnettobetrags in § 5 Abs. 3 TV ATZ die Rechtsverordnung nach § 15 Satz 1 Nr. 1 des Altersteilzeitgesetzes zugrunde zu legen ist. Daraus ergibt sich eindeutig, dass der tarifliche Mindestnettobetrag entsprechend dieser Rechtsverordnung zu berechnen ist, wobei keine Rücksicht auf die individuellen Steuermerkmale des Arbeitnehmers genommen wird.

Inzwischen ist nun auch **höchstrichterlich** durch das **Bundesarbeitsgericht** mit Urteil vom 18. März 2003 – 9 AZR 61/02 (= ZTR 2003, 451) speziell für den Bereich der Altersteilzeit entschieden, dass der Arbeitgeber nicht verpflichtet ist, dem Arbeitnehmer etwaige aus dem Progressionsvorbehalt sich ergebende Nachforderungen der Finanzverwaltung auszugleichen.

1.3 Sozialversicherungsrechtliche Behandlung der Umlage zur Zusatzversorgung

52 Die Bundesagentur für Arbeit hat in ihren Durchführungsanweisungen zum Altersteilzeitgesetz beim §3 AtG die Aussage getroffen, dass Leistungen an die Zusatzversorgungskassen des öffentlichen Dienstes, die nach §2 Abs. 1 Satz 2 der Arbeitsentgeltverordnung mit dem jeweiligen Prozentsatz des für ihre Bemessung maßgebenden Arbeitsentgelts (z. B. 2,5 v. H. im Tarifgebiet West) und darüber hinaus mit dem restlichen Umlagebetrag dem Arbeitsentgelt zuzurechnen sind, in das Teilzeitarbeitsentgelt einzubeziehen und durch den Arbeitgeber in der gesetzlichen Höhe aufzustocken sind.

Hinweis!

Soweit eine Zusatzversorgungskasse im Rahmen der Finanzierung der Zusatzversorgung anstelle einer Umlage Beiträge im Kapitaldeckungsverfahren erhebt mit der Folge einer Steuerfreiheit nach §3 Nr. 63 EStG, entfällt die Grundlage für einen Hinzurechnungsbetrag nach der Arbeitsentgeltverordnung.

Die Arbeitgeber des öffentlichen Dienstes hatten hingegen zu der Ausgangsfassung des §5 TV ATZ die Auffassung vertreten, dass der sozialversicherungspflichtige Teil der Umlage zur Zusatzversorgung nicht berücksichtigt werden könne, da es sich insoweit nicht um Arbeitsentgelt handelt, das der Arbeitnehmer bei bisheriger Arbeitszeit „zu beanspruchen hätte" (vgl. §6 Abs. 1 Satz 1 AtG bzw. §5 Abs. 2 Unterabs. 1 Satz 2 TV ATZ). Eine andere Sichtweise würde dazu führen, dass der Arbeitnehmer über die Aufstockungsleistungen Beträge ausgezahlt erhalten würde, die er ansonsten nie erhalten hätte. Sowohl die Bundesagentur für Arbeit als auch die übrigen Sozialversicherungsträger haben hierzu die gegenteilige Auffassung vertreten. Sie verlangen, bei der Berechnung der Altersteilzeitleistungen auch den sozialversicherungspflichtigen Teil der vom Arbeitgeber zu tragenden Umlage zur Zusatzversorgung mit in die Bemessungsgrundlagen einzubeziehen. Die – aus Sicht der öffentlichen Arbeitgeber nur schwer nachvollziehbare – abweichende Auffassung der Bundesagentur für Arbeit und der Sozialversicherungsträger hätte im Einzelfall (insbesondere im Rahmen des §5 Abs. 4 TV ATZ) dazu führen können, dass die nach Meinung der Bundesagentur und der Sozialversicherungsträger erforderlichen Bedingungen des Altersteilzeitgesetzes nicht erfüllt worden wären.

Ausgehend davon, dass die Bundesagentur und die Sozialversicherungsträger nicht von ihrer Auffassung abweichen wollten, haben die Tarifvertragsparteien durch den Änderungstarifvertrag Nr. 1 zum TV ATZ eine Änderung des §5 TV ATZ vereinbart. Im Rahmen der Berechnung der Aufstockungsleistungen nach §5 Abs. 1 TV ATZ und des zusätzlichen Rentenversicherungsbetrages nach §5 Abs. 4 TV ATZ wird nunmehr der sozialversicherungspflichtige Teil der vom Arbeitgeber zu tragenden Umlage zur Zusatzversorgung in die jeweilige Bemessungsgrundlage einbezogen.

Hinweis!

Zu beachten ist jedoch, dass im Rahmen der Berechnung der Aufstockungsleistungen nach §5 Abs. 2 TV ATZ („83-v.-H.-Aufstockung") hingegen weiterhin von dem dort bezeichneten Entgelt ohne den sozialversicherungspflichtigen Teil der vom Arbeitgeber zu tragenden Umlage zur Zusatzversorgungseinrichtung auszugehen ist.

Die Arbeitgebervertreter haben in der Niederschrift zu den Tarifverhandlungen über den Änderungstarifvertrag Nr. 1 zum TV ATZ ausdrücklich erklärt, dass sie der von den Sozialversicherungsträgern vertretenden Auffassung, der sozialversicherungspflichtige Teil der vom Arbeitgeber zu tragenden Umlage zur Zusatzversorgungseinrichtung rechne zur Bemessungsgrundlage für die Aufstockungsbeträge und für die zusätzlichen Rentenversicherungsbeiträge, nicht zu folgen vermögen und die Änderung lediglich zur Vermeidung von Rechtsnachteilen für die betroffenen Arbeitnehmer vorgenommen haben. Sie erwarten, dass die Änderung wieder zurückgenommen wird, wenn sich ihre Rechtsansicht als zutreffend herausstellen sollte.

An dieser Stelle ist auch auf die Regelung des **§5 Abs. 6 TV ATZ** hinzuweisen. Dieser stellt klar, dass die Absätze 1 bis 5 des §5 TV ATZ auch in den Fällen gelten, in dem eine Arbeitszeitverteilung durch die Altersteilzeitvereinbarung von mehr als sechs Jahren vorgesehen wird (die Förderleistungen der Bundesagentur für Arbeit nach §4 Abs. 1 ATG sind allerdings auf längstens sechs Jahre begrenzt).

2. Aufstockung nach §5 Abs. 1 TV ATZ

Nach §5 Abs. 1 TV ATZ müssen die nach §4 TV ATZ zustehenden sozialver- **53**
sicherungspflichtigen Altersteilzeitbezüge um 20 v. H. dieser Bezüge aufgestockt werden.

Zu den um **20 v. H. aufzustockenden Teilzeitbruttobezügen** gehören **54**
grundsätzlich aber auch Bezüge, aufgrund deren Zahlung die Beitragsbemessungsgrenze überschritten wird, was z. B. in dem Monat der Zahlung der Zuwendung eintreten kann.

Bei der Berechnung des Aufstockungsbetrages nach Abs. 1 bleiben aller- **55**
dings steuerfreie Bezügebestandteile[1]), Entgelte für Mehrarbeits- und Überstunden, Bereitschaftsdienste und Rufbereitschaften sowie im Arbeiterbereich die den Bereitschaftsdiensten entsprechenden Arbeitsbereitschaften im Grundsatz unberücksichtigt. Zu den individuellen Nettobezügen, die der Arbeitnehmer für seine Altersteilzeit ausgezahlt erhält, sind also zusätzlich

1) Ggf. abweichende Rechenvorgänge der Bundesagentur für Arbeit bei der Berechnung von Förderleistungen (vgl. Rn. 189) sind für die tarifrechtliche Berechnung hier ohne Belang.

20 v. H. des Altersteilzeitbruttoentgeltes (i. S. des §5 Abs. 1 Satz 2 TV ATZ) als Aufstockungsbetrag zu zahlen.

Beispiel:

zur Aufstockung nach §5 Abs. 1 TV ATZ (vereinfacht, Beträge fiktiv):

Ein Angestellter, der 2100 Euro als Bezüge (= Grundgehalt, Ortszuschlag und allgemeine Zulage) erhalten würde, hat mit dem Arbeitgeber Altersteilzeit im Teilzeitmodell vereinbart. Neben den „halbierten" Bezügen von 1050 Euro hat er Anspruch auf 25 Euro steuerfreie Zuschläge, 30 Euro Vergütung für Mehrarbeitsstunden und 35,79 Euro Schichtzulage nach §33 a BAT.

Nach §5 Abs. 1 TV ATZ beträgt die Aufstockung in diesem Monat 20 v. H. von 1085,79 Euro (= 1050 Euro + 35,79 Euro) = 217,20 Euro.

Die steuerfreien Zuschläge (25 Euro) sowie die Vergütung für Mehrarbeitsstunden (30 Euro) gehen nicht in die Bemessungsgrundlage für den Aufstockungsbetrag ein.

2.1 Behandlung steuerfreier Bestandteile usw. in der Urlaubsvergütung/dem Urlaubslohn

56 Sind Bestandteil **der Urlaubsvergütung/des Urlaubslohnes** auch die in §5 Abs. 1 Satz 2 TV ATZ aufgeführten steuerfreien Leistungen, Entgelte für Mehrarbeits- und Überstunden, Bereitschaftsdienste und Rufbereitschaften sowie für Arbeitsbereitschaften, können diese grundsätzlich nicht in die Bemessungsgrundlage für die Berechnung des Aufstockungsbetrages nach Absatz 1 eingehen. Es bestehen jedoch nach Auffassung der öffentlichen Arbeitgeber **keine Bedenken,** den gesamten **Aufschlag zur Urlaubsvergütung bzw. Zuschlag zum Urlaubslohn** bei der Bemessungsgrundlage für die Berechnung des Aufstockungsbetrages nach Absatz 1 zu berücksichtigen, sofern davon ausgegangen werden kann, dass hierdurch der bei Anwendung des Absatzes 2 sich ergebende Aufstockungsbetrag nicht überschritten wird (vgl. z. B. gemeinsames Schreiben des Bundesministeriums des Inneren und des Bundesministeriums der Finanzen vom 9. September 1998 – D II 4 – 220 770 – 1/18/II A 4 – BA 3605 – 16/98; Rundschreiben der VKA R 289/99 vom 22. Juli 1998).

2.2 Vermeidung von Nachteilen bei Arbeitsunfähigkeit und Urlaub

57 Aus dem Wortlaut des §5 Abs. 1 Satz 2 TV ATZ ergibt sich, dass **steuerfreie** Bezügebestandteile, Entgelte für Mehrarbeits- und Überstunden, Bereitschaftsdienste und Rufbereitschaften sowie im Arbeiterbereich für Arbeitsbereitschaften, die den Bereitschaftsdiensten entsprechen, nicht in die Berechnung des Aufstockungsbetrages einbezogen, sondern grundsätzlich **„neben dem Aufstockungsbetrag bezahlt"** werden. Wird der Arbeitnehmer allerdings arbeitsunfähig oder nimmt er Urlaub, können die vorgenannten Vergütungsbestandteile in dieser Zeit nicht anfallen. Zwar erhält der Arbeitnehmer in diesem Fall den **Aufschlag zur Urlaubsvergütung/Zuschlag zum Urlaubslohn;** dieser ist aber in §5 Abs. 1 Satz 2 TV ATZ nicht ausdrücklich genannt, er wird also nicht „neben" dem Aufstockungsbetrag gezahlt. Somit

entfallen also Bezügebestandteile (z. B. für Überstunden), die nicht durch andere Leistungen (z. B. Aufschlag) ersetzt werden. Zwar erfolgt ein Ausgleich dadurch, dass während Urlaub und Arbeitsunfähigkeit die Teilzeitbezüge um den Aufschlag höher sind als die entsprechenden Bezüge ohne Urlaub oder Arbeitsunfähigkeit. Aus dieser höheren Bemessungsgrundlage kann der Arbeitnehmer aber insoweit keinen Nutzen ziehen, da der sich ergebende höhere Teilzeitnettobetrag automatisch einen geringeren Aufstockungsbetrag zur Folge hat. Hierauf haben die Gewerkschaften im Rahmen der Verhandlungen, die zum Abschluss des Änderungstarifvertrages Nr. 1 zum TV ATZ geführt haben, hingewiesen.

Um eine Schlechterstellung der Arbeitnehmer bei Urlaub und Krankheit zu vermeiden, haben die Arbeitgeber in ergänzenden Durchführungshinweisen zum TV ATZ klargestellt, dass **keine Bedenken bestehen, für die Zeit des Urlaubs bzw. der Entgeltfortzahlung bei Arbeitsunfähigkeit den kalendertäglichen Durchschnittsbetrag** der in §5 Abs. 1 Satz 2 TV ATZ bezeichneten Bezüge aus den letzten drei abgerechneten Kalendermonaten **zu ermitteln und „neben dem Aufstockungsbetrag" zu zahlen.** Aus der Formulierung, dass „keine Bedenken" gegen eine derartige Berechnung bestehen, wird deutlich, dass eine derartige Berechnungsweise nicht verfolgt werden muss.

3. Aufstockung nach §5 Abs. 2 TV ATZ

Im Anschluss an die Berechnung der Aufstockungsleistung nach §5 Abs. 1 **58**
TV ATZ folgt der in §5 Abs. 2 TV ATZ beschriebene Rechenschritt.

Nach §5 Abs. 2 TV ATZ muss der Altersteilzeitbeschäftigte durch die vom Arbeitgeber zu erbringenden Leistungen zusammen mit seinem individuellen Nettobetrag aus seinen Altersteilzeitbezügen 83 v. H. des bei bisheriger Arbeitszeit zustehenden Arbeitsentgelt **(sog. Mindestnettobetrag)** erhalten.

Bei der Berechnung des individuellen Nettobetrages aus seinen Altersteilzeitbezügen spielen die individuellen Steuermerkmale der Lohnsteuerkarte eine Rolle, also z. B. **Steuerfreibeträge** oder die Kirchensteuerpflicht. Bei der Berechnung der 83 v. H. des Nettobetrages des bei bisheriger Arbeitszeit zustehenden Vollzeitarbeitsentgelts erfolgt hingegen eine **„pauschalierte Betrachtung".** Grundlage für die Berechnung des pauschalierten bisherigen Arbeitsentgelts ist die vom Bundesministerium für Arbeit und Sozialordnung auf Grund des §15 des Altersteilzeitgesetzes erlassene – **für das ganze Jahr geltende** – Mindestnettobetragsverordnung. (Da seit dem Zweiten Gesetz zur Fortentwicklung der Altersteilzeit vom 27. Juni 2000 in §15 AtG zwischenzeitlich zwei Verordnungsermächtigungen genannt waren, ist seit dem Änderungstarifvertrag Nr. 2 zum TV ATZ in §5 Abs. 3 TV ATZ auf §15 Satz 1 Nr. 1 AtG verwiesen worden, wo die Rechtsgrundlage für die Mindestnettobetragsverordnung vor der Neufassung durch das Dritte Gesetz für moderne Dienstleistungen am Arbeitsmarkt aufgeführt war; vgl. auch

Rn. 58 a). Die in der Verordnung für jede Steuerklasse ausgewiesenen Beträge bezeichnen nur 70 v. H. des aus dem ebenfalls angegebenen bisherigen Arbeitsentgelts ermittelten pauschalierten Nettobetrages. Diese Beträge sind dann nach der nachfolgenden Formel auf die tariflich vereinbarten 83 v. H. umzurechnen.

Mindestnettobetrag bei 83 v. H. =

$$\frac{\text{Betrag aus der Mindestnettobetragsverordnung} \times 0{,}83}{0{,}7}$$

58 a **Hinweis!**

An dieser Stelle ist besonders darauf hinzuweisen, dass für den Bereich der gesetzlichen Regelungen zu Aufstockungsleistungen durch das Dritte Gesetz für moderne Dienstleistungen am Arbeitsmarkt vom 23. Dezember 2003 (BGBl. I S. 2848) der §3 Abs. 1 Nr. 1 Buchst. a AtG geändert worden ist. Diese Änderung, die für alle Altersteilzeitarbeitsverhältnisse gilt, die nach dem 30. Juni 2004 beginnen, sieht vor, dass im Rahmen der gesetzlich vorgeschriebenen Aufstockungsleistungen das sog. **Regelarbeitsentgelt** für die Altersteilzeit, das in §6 AtG definiert ist, um mindestens 20 v. H. aufgestockt werden muss, wobei die Aufstockung auch weitere Entgeltbestandteile umfassen kann. Zu dem gesetzlich in §6 AtG definierten Regelarbeitsentgelt haben die Spitzenverbände der Sozialversicherungsträger in ihrem Rundschreiben zu versicherungs-, beitrags-, melde- und leistungsrechtlichen Auswirkungen bei der Altersteilzeit vom 9. März 2004 die Feststellung getroffen, dass das Regelarbeitsentgelt das auf einen Monat entfallende sozialversicherungspflichtige Arbeitsentgelt ist, das der Arbeitgeber im Rahmen des Altersteilzeitarbeitsverhältnisses regelmäßig zu erbringen hat. Arbeitsentgelte, die einmalig (z. B. Jahressonderzahlungen), nicht regelmäßig oder nicht für die vereinbarte Arbeitszeit (z. B. Mehrarbeitsvergütung) gezahlt werden bleiben unberücksichtigt. Das Regelarbeitsentgelt ist gegebenenfalls jeden Monat neu festzusetzen (z. B. bei Entgeltbestandteilen, deren monatliche Höhe schwankt – variable Entgeltbestandteile). Dabei darf das Regelarbeitsentgelt die monatliche Beitragsbemessungsgrenze nicht überschreiten. Zum Regelarbeitsentgelt können – neben dem laufenden Arbeitsentgelt – z. B. auch gehören: vermögenswirksame Leistungen, Prämien und Zulagen, Zuschläge für Sonntags-, Feiertags- und Nachtarbeit oder aber Sachbezüge und sonstige geldwerte Vorteile wie z. B. die Kraftfahrzeugüberlassung zum privaten Gebrauch des Arbeitnehmers. Ebenso gehören zum Regelarbeitsentgelt Zulagen, deren Anfall nicht von vornherein feststeht, die aber in den jeweiligen zurückliegenden drei Monaten durchgehend angefallen sind, so dass es entsprechend dieser „Drei-Monats-Klausel" ggf. jeden Monat neu festzusetzen ist.

Der im Altersteilzeitgesetz bisher vorgesehene **weitere Aufstockungsschritt** auf 70 v. H. der **Mindestnettobetragsverordnung** ist im gesetzlichen Bereich für **die nach dem 30. Juni 2004 beginnenden Altersteilzeitverhältnisse entfallen.**

Die gesetzliche Regelung betrifft grundsätzlich nur den Bereich des gesetzlichen Förderrechts. Die tariflichen Aufstockungsleistungen nach dem TV ATZ sind also von den Änderungen des Altersteilzeitgesetzes im Hinblick auf die Ermittlung der gesetzlichen Aufstockungshöhe nicht unmittelbar berührt. Da allerdings Altersteilzeitarbeit im gesetzlichen Sinne nur vorliegt, wenn auch die gesetzlich vorgeschriebenen Aufstockungsleistungen erbracht werden, muss die gesetzlich geregelte Aufstockungshöhe des §3 Abs. 1 Nr. 1 Buchst. a AtG durch die tariflichen Leistungen mindestens erreicht sein. Da die Altersteilzeitbezüge aufgrund des §5 Abs. 2 TV ATZ mindestens 83 v. H. des anhand der Mindestnettobetragstabelle pauschalierten Nettobetrages erreichen müssen, wird die gesetzlich vorgesehene Aufstockungshöhe regelmäßig überschritten sein.

Für Altfälle, also Altersteilzeitverhältnisse, die vor dem 1. Juli 2004 begonnen haben, kann gemäß §15 g AtG das neue Förderrecht Anwendung finden, wenn der Arbeitgeber sich hierfür entscheidet; ansonsten gilt das alte Förderrecht und die Mindestnettobetragsverordnung für die vor dem 1. Juli 2004 beginnenden Altersteilzeitarbeitsverhältnisse weiter. Da es insofern auch zukünftig eine gesetzliche Mindestnettobetragsverordnung geben wird, gibt es auch weiterhin eine Grundlage für die 83-v.-H.-Mindestnettobetragstabelle nach §5 Abs. 2 und Abs. 3 TV ATZ. Es wird dementsprechend auch zukünftig eine 83-v.-H.-Mindestnettobetragstabelle geben, die für den Bereich der tariflichen Altersteilzeit (sowohl für vor dem 30. Juni 2004 als auch nach diesem Zeitpunkt beginnende Altersteilzeitverhältnisse) Anwendung findet.

Im Hinblick auf die Anwendung der Rechtsverordnung ist zu beachten, dass die dort ausgewiesenen Arbeitsentgelte bereits auf 5 Euro gerundet worden sind. Das individuelle bisherige Bruttoarbeitsentgelt ist daher auf den nächsten durch 5 teilbaren Betrag auf – oder abzurunden (vgl. § 132 Abs. 3 SGB III).

Hinweis!

Das Bundesministerium des Innern in Zusammenarbeit mit dem Bundesministerium für Arbeit und Sozialordnung, die Tarifgemeinschaft deutscher Länder und die VKA veröffentlichen zur Arbeitserleichterung jedoch jeweils eine bereits umgerechnete **„83-v.-H.-Tabelle“** (siehe Teil C, Nr. 1). Zu beachten ist, dass der aufgrund der pauschalierten „83-v.-H.-Tabelle“ errechnete Betrag in der Regel nicht 83 v. H. des individuellen Nettoentgelts widerspiegelt.

Die Rechtsprechung hat sich bereits mit dem Begehren seitens der Altersteilzeitarbeitnehmer befassen müssen, die einen Anspruch auf 83 v. H. ihres bisherigen individuellen Entgelts geltend gemacht haben. Hierzu hat das Arbeitsgericht Nürnberg mit Urteil vom 30. Mai 2000 – 12 Ca 1470/00 – z. B. entschieden, dass die tariflichen Altersteilzeitregelungen keinen Anspruch auf 83 v. H. des individuellen Nettoentgelts gewähren; vielmehr hätten die Tarifvertragsparteien in §5 Abs. 2 TV ATZ nur einen Anspruch von 83 v. H. eines pauschalierten Mindestnettobetrages geregelt. In einem Urteil des LAG Niedersachsen vom 23. April 2001 – 11 Sa 81/01 –, das sich mit der Frage der Wirkungsweise des Progressionsvorbehalts nach §32 b EStG bei einem Altersteilzeitarbeitsverhältnis befasst, wird ebenfalls klar zum Ausdruck gebracht, dass bei der Frage des zustehenden Mindestnettobetrags nicht auf die individuellen Steuermerkmale des Arbeitnehmers Rücksicht zu nehmen ist.

Um das pauschalierte Netto des Arbeitnehmers zu bestimmen, muss bei dem 59
entsprechenden bisherigen Arbeitsentgelt in der 83-v.-H.-Tabelle der einschlägige Betrag abgelesen werden. Was als **bisheriges Arbeitsentgelt** zu verstehen ist, wird in §5 Abs. 2 Satz 2 TV ATZ ausdrücklich definiert. Danach ist das bisherige Arbeitsentgelt das gesamte dem Grunde nach beitragspflichtige

Arbeitsentgelt, das der Arbeitnehmer ohne Reduzierung der Arbeitszeit im Rahmen der bisherigen wöchentlichen Arbeitszeit erzielt hätte.

Nach der ausdrücklichen Regelung werden also auch im Rahmen des §5 Abs. 2 TV ATZ steuerfreie Zuschläge nicht aufgestockt, da sie kein beitragspflichtiges Entgelt darstellen. Ebenfalls werden Überstunden-/Mehrarbeitsentgelte nicht aufgestockt, da sie außerhalb der Altersteilzeit anfallen (zur Sonderregelung des §5 Abs. 2 Unterabs. 3 TV ATZ zu Überstundenpauschalen vgl. Rn. 74). Da nur darauf abgestellt wird, ob dem Grunde nach (also nicht nur der Höhe nach) beitragspflichtiges Entgelt vorliegt, ergibt sich, dass im tariflichen Bereich auch Entgelte oberhalb der monatlichen Beitragsbemessungsgrenze der Rentenversicherung aufstockungsfähig sind. Die tarifliche Regelung geht insoweit über die Regelungen des Altersteilzeitgesetzes hinaus. Dies gilt auch dann, wenn die monatliche Beitragsbemessungsgrenze nur deshalb überschritten wird, weil eine Einmalzahlung (also z. B. die Zuwendung) neben dem laufenden Arbeitsentgelt des Altersteilzeitbeschäftigten gewährt wird.

60 Zu der „83-v.-H.-Tabelle", aus der das pauschalierte bisherige Nettoarbeitsentgelt abgelesen werden kann, ist auf Folgendes hinzuweisen:

Die Mindestnettobetragsverordnung (vgl. hierzu insbesondere Rn. 58 a) berücksichtigt nur 70 v. H. des **pauschalierten** Nettobetrages. Außerdem berücksichtigt sie nur Arbeitsentgelte bis zur Höhe der monatlichen Beitragsbemessungsgrenze der gesetzlichen Rentenversicherung in den alten Bundesländern (im Jahr 2004: 5150 Euro).

Hinweis!

Die Werte der Mindestnettobetragsverordnung, die sich an den Werten in den alten Bundesländern (= Tarifgebiet West) orientieren, gelten also auch für das Tarifgebiet Ost.

Sofern das bei regelmäßiger Arbeitszeit zustehende bisherige Arbeitsentgelt die Beitragsbemessungsgrenze der gesetzlichen Rentenversicherung in den alten Bundesländern übersteigen würde, sind nach §5 Abs. 3 Satz 2 TV ATZ für die Berechnung des Mindestnettobetrages diejenigen gesetzlichen Abzüge anzusetzen, die bei Arbeitnehmern im Tarifgebiet West gewöhnlich anfallen. Nach § 15 Satz 2 AtG i. V m. §§ 132 Abs. 3 und 136 SGB III ist danach unter anderem

- das Bemessungsentgelt auf den nächsten durch 5 teilbaren Euro-Betrag zu runden,
- für die Kirchensteuer die Steuer nach dem im Vorjahr in den Ländern geltenden niedrigsten Kirchensteuer-Hebesatz anzusetzen (2002 z. B. 8 v. H.) und
- für die Beiträge zur gesetzlichen Krankenversicherung die Hälfte des gewogenen Mittels der am ersten Juli des Vorjahres geltenden allgemeinen Beitragssätze zugrunde zu legen.

Zu der Frage der Berücksichtigung der Kirchensteuer hat das Bundesarbeitsgericht mit Urteil vom 29. Juli 2003 – 9 AZR 450/02 (= ZTR 2004, 140 = BB 2004, 116) entschieden, dass der Kirchensteuerhebesatz auch dann zu den vom bisherigen Bruttoarbeitsentgelt zu berücksichtigenden „gesetzlich gewöhnlich anfallenden" Abzügen gehört, wenn der Arbeitnehmer keiner kirchensteuererhebenden Religionsgemeinschaft angehört.

Die „83-v.-H.-Tabelle" ist bereits mit den zuvor bezeichneten Maßgaben berechnet.

Im Vergleich zu der in Rn. 58 dargestellten Berechnung des Mindestnettobetrags anhand der dort genannten Formel kann es bei Heranziehung der vom Bundesministerium des Innern erstellten Mindestnettobetragstabelle zu Abweichungen im Centbereich kommen. Grund für diese Abweichungen ist, dass die 83-v.-H.-Tabelle programmtechnisch in lediglich einem Rechengang erstellt wird. Aus Gründen der Praktikabilität sollte bei Durchführung der Altersteilzeitberechnungen auf die vom Bundesministerium des Innern erstellte Tabelle abgestellt werden.

Im Rahmen der Tarifverhandlungen, die zum Abschluss des Änderungstarifvertrages Nr. 1 zum TV ATZ geführt haben, ist von der Arbeitgeberseite und den Gewerkschaften niederschriftlich Einvernehmen erklärt worden, dass bei der Beitragsbemessungsgrenze gemäß §5 Abs. 3 Satz 2 TV ATZ von der in den alten Bundesländern maßgebenden Beitragsbemessungsgrenze auszugehen ist. Die „83-v.-H.-Tabelle" **gilt also einheitlich in den alten und den neuen Bundesländern.**

Wird durch die Gewährung von **Einmalzahlungen** die Beitragsbemessungs- **61**
grenze der gesetzlichen Rentenversicherung überschritten, ist sozialversicherungsrechtlich zwar eine Berücksichtigung dieser Einmalzahlungen insoweit vorzunehmen, als die anteilige Beitragsbemessungsgrenze noch nicht mit beitragspflichtigen Arbeitsentgelt erreicht ist. Bei der Feststellung der „gewöhnlich anfallenden Abzüge" ist diese Besonderheit aber nicht zu berücksichtigen. Die erstellte Tabelle mit den 83-v.-H.-Beträgen geht auch nicht von einer Verteilung der Einmalzahlung auf frühere Entgeltabrechnungszeiträume aus.

➤ Beispiele zur Anwendung des §5 Abs. 2 TV ATZ (Beispiele in vereinfachter Form; ausführliche Rechenbeispiele sind im Teil C, Nr. 3 abgedruckt)

Beispiel 1:

(Basisjahr 2004, Steuerklasse III, bisheriges Bruttoarbeitsentgelt 2600 Euro, Alters- **62**
teilzeitarbeit im Teilzeitmodell)

Bruttoentgelt bei Altersteilzeit	1 300,00 Euro
Nettoentgelt (individuell)	1 020,00 Euro
Aufstockung + 20 v. H. von Altersteilzeit-Brutto	260,00 Euro
Zwischensumme	1 280,00 Euro

Mindestnettobetrag nach Tabelle Bemessungsgrundlage: 2600 Euro	1 558,41 Euro
Zusatzaufstockung auf mindestens 83 v. H. des bisherigen Arbeitsentgelts	278,41 Euro
Aufstockungsbetrag insgesamt	538,41 Euro
Altersteilzeit-Nettoentgelt insgesamt	1 558,41 Euro

Beispiel 2:

(Basisjahr 2004, Steuerklasse I, bisheriges Bruttoarbeitsentgelt 2600 Euro zzgl. 50 Euro steuerfreie Zuschläge und 100 Euro Überstundenvergütung, Altersteilzeitarbeit im Blockmodell)

Berechnung des Aufstockungsbetrages ohne Berücksichtigung der steuerfreien Bezügebestandteile und der Vergütungen für Überstunden:

Bruttoentgelt bei Altersteilzeit	1 300,00 Euro
Nettoentgelt (individuell: also ohne steuerfreie Zuschläge und ohne Überstundenvergütungen)	920,00 Euro
Aufstockung + 20 v. H. von Altersteilzeit-Brutto	260,00 Euro
Zwischensumme	1 180,00 Euro
Mindestnettobetrag nach Tabelle Bemessungsgrundlage: 2600 Euro	1 282,45 Euro
Zusatzaufstockung auf mindestens 83 v. H. des bisherigen Arbeitsentgelts	102,45 Euro
Aufstockungsbetrag insgesamt	362,45 Euro

Berechnung der auszuzahlenden Nettobezüge einschließlich Aufstockungsbetrag:

Bruttoentgelt bei Altersteilzeit	1 300,00 Euro
+ Überstundenvergütung	100,00 Euro
steuerpflichtiges Bruttoentgelt	1 400,00 Euro
Nettobezüge	960,00 Euro
+ steuerfreie Zuschläge	50,00 Euro
+ Aufstockungsbetrag	362,45 Euro
Altersteilzeit-Nettoentgelt insgesamt	1 372,45 Euro

63 Bei der Ermittlung des Mindestnettobetrages nach §5 Abs. 2 TV ATZ sind grundsätzlich **Änderungen der Lohnsteuerklasse** auf der Lohnsteuerkarte des Arbeitnehmers zu berücksichtigen.

Auch die Bundesagentur für Arbeit berücksichtigt bei der Ermittlung des Mindestnettobetrages nach §3 Abs. 1 Nr. 1 Buchst. a AtG Steuerklassenänderungen. Die Arbeitgeber des öffentlichen Dienstes haben in ihren Durchführungshinweisen zum TV ATZ jeweils darauf hingewiesen, dass sich an dieser Stelle die Frage der Missbräuchlichkeit stellen könnte, wenn der Arbeitnehmer die Lohnsteuerklasse nur deshalb ändert, um einen höheren Aufstockungsbetrag zu erzielen. Die Durchführungshinweise von BMI, TdL und

VKA konnten zu der Frage der Missbräuchlichkeit hierbei an die einschlägige BAG-Rechtsprechung zum Zuschuss zum Mutterschaftsgeld (vgl. BAG-Urteile vom 16. Dezember 1987 – 5 AZR 367/86 – und vom 18. September 1991 – 5 AZR 581/90 = AP Nr. 10 zu §14 MuSchG 1968 = ZTR 1992 S. 115 = NZA 1992 S. 411) anknüpfen. Diese Auffassung wird inzwischen auch vom Bundesarbeitsgericht ausdrücklich mit Urteilen vom 9. September 2003 – 9 AZR 554/02 (= ZTR 2004, S. 250) und 9 AZR 605/02 ausdrücklich so vertreten.

Beachte!

An dieser Stelle ist darauf hinzuweisen, dass die Bundesagentur für Arbeit bisher nicht an die höchstrichterliche Rechtsprechung des Bundesarbeitsgerichts zur rechtsmissbräuchlichen Steuerklassenwahl anknüpft und eine derartige Missbrauchskontrolle nicht vornimmt.

Aus der tariflichen Bestimmung in §5 Abs. 2 Unterabs. 1 Satz 2 TV ATZ, **64** wonach als bisheriges Arbeitsentgelt das Arbeitsentgelt anzusetzen ist, dass der Arbeitnehmer ohne Reduzierung der Arbeitszeit im Rahmen der bisherigen wöchentlichen Arbeitszeit erzielt hätte, folgt, dass auch für die **Urlaubs- oder Krankheitstage,** die im Teilzeitmodell oder in der Arbeitsphase des Blockmodells anfallen, **fiktiv das Entgelt zu ermitteln ist, das ohne Urlaub oder Krankheit zugestanden hätte.** Hintergrund hierfür ist, dass der während des Urlaubs oder der Krankheit zustehende Aufschlag zur Urlaubsvergütung bzw. der Zuschlag zum Urlaubslohn auch steuerfreie Bezügebestandteile und Entgelte für Mehrarbeit oder Überstunden enthalten kann. Diese dürfen aber im Rahmen der Aufstockung nach §5 Abs. 2 TV ATZ **nicht herangezogen werden.** Dies wird auch durch die Protokollerklärung zu §5 Abs. 2 TV ATZ bestätigt, die für die dortige Durchschnittsberechnung Urlaubs- und Krankheitszeiten und damit auch den für Urlaubs- und Krankheitszeiten zustehenden Aufschlag oder Zuschlag unberücksichtigt lässt. Hat der Arbeitnehmer z. B. Erholungsurlaub erhalten, **müssen die so genannten unständigen Bezügebestandteile** (ohne steuerfreie Bestandteile und ohne Vergütungen für Mehrarbeit oder Überstunden), **die ohne den Erholungsurlaub erarbeitet worden wären, ermittelt und dem bisherigen Arbeitsentgelt hinzugerechnet werden.**

Durch §5 Abs. 2 Unterabs. 2 TV ATZ werden die Regelungen des Unterab- **65** satzes 1 Satz 2 dahingehend erweitert, dass auch Vergütungen für **Bereitschaftsdienst und Rufbereitschaft,** letztere jedoch ohne die für Arbeitsleistungen innerhalb der Rufbereitschaft zustehenden Entgelte, in die Bemessungsgrundlage für die Berechnung des Mindestnettobetrages einzubeziehen sind. Zu den Einzelheiten der Berechnung des Aufstockungsbetrages nach §5 Abs. 2 TV ATZ im Zusammenhang mit Bereitschaftsdienst und Rufbereitschaft wird auf das nachstehende Beispiel und die Rn. 71 verwiesen.

➤ **Beispiel zur Anwendung des §5 Abs. 2 Unterabs. 2 TV ATZ – Bereitschaftsdienst und Rufbereitschaft – (Beispiel in vereinfachter Form; ausführliche Rechenbeispiele sind im Teil C, Nr. 3 abgedruckt):**

Beispiel:

(Basisjahr 2004, Steuerklasse III, bisheriges Bruttoarbeitsentgelt 2600 Euro zzgl. 50 Euro steuerfreie Zuschläge, 250 Euro Entgelte für Bereitschaftsdienste, 200 Euro Entgelte für Rufbereitschaften, davon 125 Euro Entgelte für während der Rufbereitschaft angefallene Arbeit einschließlich der Stundengarantie, Altersteilzeitarbeit im Blockmodell)

I. Arbeitsphase

Berechnung des Aufstockungsbetrages ohne Berücksichtigung der steuerfreien Bezügebestandteile und der Entgelte für während der Rufbereitschaft angefallene Arbeit:

Bruttoentgelt bei Altersteilzeit	1 300,00 Euro
Entgelte für Bereitschaftsdienst	250,00 Euro
Entgelte für Rufbereitschaften (ohne angefallene Arbeit)	75,00 Euro
Gesamt-Bruttoentgelt	1 625,00 Euro
Nettoentgelt (individuell)	1 280,00 Euro
Aufstockung + 20 v. H. von Altersteilzeit-Brutto (nach §5 Abs. 1 Satz 2 ohne Berücksichtigung der Entgelte für Bereitschaftsdienste und Rufbereitschaften, d. h. von 1300 Euro)	260,00 Euro
Zwischensumme	1 540,00 Euro
Mindestnettobetrag nach Tabelle Bemessungsgrundlage: 2600 + 250 + 75 Euro = 2925 Euro	1 679,36 Euro
Zusatzaufstockung auf mindestens 83 v. H. des bisherigen Arbeitsentgelts	139,36 Euro
Aufstockungsbetrag insgesamt	339,36 Euro

Berechnung der auszuzahlenden Nettobezüge einschließlich Aufstockungsbetrag:

Bruttoentgelt bei Altersteilzeit	1 300,00 Euro
+ Entgelte für Bereitschaftsdienste	250,00 Euro
+ Entgelte für Rufbereitschaften	200,00 Euro
steuerpflichtiges Bruttoentgelt	1 750,00 Euro
Nettobezüge	1 330,00 Euro
+ steuerfreie Zuschläge	50,00 Euro
+ Aufstockungsbetrag	339,36 Euro
Altersteilzeit-Nettoentgelt insg.	1 779,36 Euro

II. Freistellungsphase

Bruttoentgelt bei Altersteilzeit	1 300,00 Euro
Nettoentgelt (individuell)	1 010,00 Euro
Aufstockung + 20 v. H. von Altersteilzeit-Brutto	260,00 Euro
Zwischensumme	1 280,00 Euro

Mindestnettobetrag nach Tabelle Bemessungsgrundlage: 2600 Euro + 325 Euro (berechnet nach Protokollerklärung zu Absatz 2) = 2925 Euro	1 679,36 Euro
Zusatzaufstockung auf mindestens 83 v. H. des bisherigen Arbeitsentgelts	339,36 Euro
Aufstockungsbetrag insg.	659,36 Euro
Altersteilzeit-Nettoentgelt insgesamt	1 679,36 Euro

Durch §5 Abs. 2 Unterabs. 3 TV ATZ wird die Regelung des Unterabsatzes 2 Satz 1 dahingehend erweitert, dass im gewissen Umfang auch **Pauschalen für Überstunden** in die Bemessungsgrundlage für die Berechnung des Mindestnettobetrages einbezogen werden. Die Regelung gilt nur für Arbeitnehmer, die die Altersteilzeit im Blockmodell leisten; hier wiederum aber sowohl in der Arbeits- als auch in der Freistellungsphase. Als weitere Voraussetzung wird gefordert, dass dem Arbeitnehmer die Pauschalen seit mindestens zwei Jahren vor Beginn des Altersteilzeitarbeitsverhältnisses zugestanden haben. Der tarifliche Hintergrund im Einzelnen zu dieser Regelung und ein Berechnungsbeispiel zur Anwendung des § 5 Abs. 2 Unterabs. 3 TV ATZ sind in Rn. 74 dargestellt. 66

Bei **Pauschallohn-Kraftfahrern** ist gemäß §5 Abs. 2 Unterabs. 4 TV ATZ als bisheriges Arbeitsentgelt in der Freistellungsphase der Lohn aus der Pauschalgruppe anzusetzen, die mindestens während der Hälfte der Dauer der Arbeitsphase maßgebend war. 67

Soweit der Kraftfahrer sich in der **Arbeitsphase** befindet, ist für die Bestimmung der Bemessungsgrundlage die Pauschalgruppe maßgeblich, die sich nach dem Umfang der tatsächlich geleisteten Arbeitszeit richtet.

Befindet sich der Kraftfahrer in der **Freistellungsphase,** so ist gemäß § 5 Abs. 2 Unterabs. 4 TV ATZ als bisheriges Arbeitsentgelt im Sinne des § 5 Abs. 2 TV ATZ der Lohn aus der Pauschalgruppe anzusetzen, die mindestens während der Hälfte der Dauer der Arbeitsphase maßgebend war.

Beispiel:

Ein Kraftfahrer hat für fünf Jahre Altersteilzeit vereinbart. In der zweieinhalb Jahre andauernden Arbeitsphase des Blockmodells arbeitet er

- zwei Halbjahre in der Pauschalgruppe II,
- zwei Halbjahre in der Pauschalgruppe III und
- ein Halbjahr in der Pauschalgruppe IV.

Der Kraftfahrer war somit drei Jahre mindestens in der Pauschalgruppe III (davon ein Halbjahr sogar in der Pauschalgruppe IV). Da er im Ergebnis somit mindestens während der Hälfte der Dauer der Arbeitsphase in der Pauschalgruppe III war, ist dementsprechend in der Freistellungsphase auch der Lohn aus der Pauschalgruppe III der Berechnung des Mindestnettobetrags zugrunde zu legen.

68 In §5 Abs. 2 Unterabs. 5 TV ATZ ist eine **Sonderregelung für das Feuerwehr- und Wachpersonal** bei der Bundeswehr, sowie für vergleichbare Arbeitnehmer in bestimmten anderen Bereichen nach entsprechenden Sonderregelungen enthalten. Als den in der Protokollerklärung genannten Vorschriften entsprechende Sonderregelungen könnten z. B. die

- Nr. 5 Abs. 3 SR 2h des Abschnitts A der Anlage 2 MTArb
- Nr. 6 Abs. 3 SR 2l des Abschnitts A der Anlage 2 MTArb
- Nr. 4 SR 2m des Abschnitts A der Anlage 2 MTArb
- Nr. 4 SR 2l des Abschnitts B der Anlage 2 MTArb

anzusehen sein. Auch die hiermit vergleichbaren Bestimmungen des MTArb-O kommen als entsprechende Sonderregelungen in Betracht.

Vergleichbar der Regelung in §5 Abs. 2 Unterabs. 4 TV ATZ (vgl. Rn. 67) wird auch in den in Unterabsatz 5 angesprochenen Fällen für die Freistellungsphase des Blockmodells eine Maßgabe für die Berechnung des Mindestnettobetrages aufgestellt. Bei den Arbeitnehmern nach §5 Abs. 2 Unterabs. 5 TV ATZ ist Bemessungsgrundlage für die Berechnung des Mindestnettobetrages die Vergütung bzw. der Lohn aus derjenigen Stundenzahl, die während der Arbeitsphase längstens während der letzten 48 Kalendermonate als dienstplanmäßige Arbeitszeit durchschnittlich geleistet wurde.

4. Protokollerklärung zu §5 Abs. 2 TV ATZ

69 In der Protokollerklärung zu §5 Abs. 2 TV ATZ ist vorgesehen, dass beim Blockmodell im Zeitpunkt des Übergangs von der Arbeits- in die Freistellungsphase ein **Durchschnittsbetrag** aus den in der Arbeitsphase zugestandenen unregelmäßigen Bezügebestandteilen gebildet werden kann, der für die Freistellungsphase maßgebend bleibt (es handelt sich um eine „Kann-Regelung"; sie darf nach den entsprechenden Ausführungen in den Durchführungshinweisen der Arbeitgeberseite zum TV ATZ nicht zu sachwidrigen Ergebnissen führen).

Sowohl bei einer solchen Durchschnittsberechnung als auch beim späteren Ansatz des späteren Durchschnittsbetrages sind allgemeine Bezügeerhöhungen insoweit zu berücksichtigen, wie die zugrunde liegenden Bezügebestandteile ebenfalls an allgemeinen Bezügeerhöhungen teilnehmen.

Im Tarifgebiet Ost gilt eine Anhebung des Bemessungssatzes für die Löhne und Vergütungen ebenfalls als „allgemeine Bezügeerhöhung".

Die Arbeitgeber des öffentlichen Dienstes haben in den entsprechenden Durchführungshinweisen zum TV ATZ im Übrigen darauf hingewiesen, dass die Summe der in der Arbeitsphase zustehenden „unregelmäßigen" Bezüge durch den um Urlaubs- und Krankheitstage verminderten Zeitraum der Arbeitsphase zu dividieren ist, da der im Urlaubs- und Krankheitsfall zustehende Aufschlag zur Urlaubsvergütung bzw. Zuschlag zum Urlaubslohn nicht in die Durchschnittsberechnung eingeht. Zur Veranschaulichung der Durchschnittsberechnung wird auf nachfolgendes Beispiel verwiesen (vgl. z. B. VKA Rundschreiben R 289/99 vom 22. Juli 1998, dort unter Abschnitt II, 6.3).

➤ **Beispiel zur Anwendung der Protokollerklärung zu §5 Abs. 2 TV ATZ** (Altersteilzeit im Blockmodell: 3 Jahre Arbeitsphase – 3 Jahre Freistellungsphase):

Beispiel:

Ein Arbeitnehmer hat während der dreijährigen Arbeitsphase Lohnzuschläge, die regelmäßig an allgemeinen Bezügeerhöhungen teilnehmen, in folgendem Umfang bezogen:

Jahr 01	400 Euro
Jahr 02	692 Euro
Jahr 03	267 Euro

Allgemeine Bezügeerhöhungen fanden statt zu Beginn des Jahres 02 um 2 v. H., zu Beginn des Jahres 03 um 3 v. H. und zu Beginn des zweiten Monats der Freistellungsphase im Jahr 04 um 2,5 v. H. Während der Arbeitsphase hatte der Arbeitnehmer insgesamt 3 × 6 = 18 Wochen (= 126 Kalendertage) Urlaub und war an insgesamt 114 Kalendertagen krank, so dass auf Urlaub und Krankheit insgesamt 240 Kalendertage = 8 Monate entfallen.

Der Durchschnittsbetrag errechnet sich wie folgt:

Jahr 01	400 Euro
+ Bezügeerhöhung 2 v. H.	8 Euro
	408 Euro
+ Jahr 02	692 Euro
	1 100 Euro
+ Bezügeerhöhung 3 v. H.	33 Euro
	1 133 Euro
+ Jahr 03	267 Euro
	1 400 Euro
: (36 Monate ./. 8 Monate =) 28 Monate =	50 Euro

Zu Beginn der Freistellungsphase im Jahr 04 sind die unregelmäßig zustehenden Bezügebestandteile mit einem Durchschnittsbetrag von 50 Euro in die Bemessungsgrundlage für die Berechnung des Mindestnettobetrages einzubeziehen. Aufgrund der allgemeinen Bezügeerhöhungen zu Beginn des zweiten Monats der Freistellungsphase im Jahr 04 erhöht sich der Durchschnittsbetrag ab diesem Zeitpunkt auf 51,25 Euro. Bei jeder weiteren allgemeinen Bezügeerhöhung in der Freistellungsphase erhöht sich der Durchschnittsbetrag entsprechend.

Nach der Protokollerklärung zu §5 Abs. 2 TV ATZ ist beim Blockmodell **70**
auch eine **Durchschnittsbetragsbildung** im Zusammenhang mit **Wechselschicht- und Schichtzulagen** möglich. Wird auch für die Berücksichtigung

von Wechselschicht- und Schichtzulagen in der Bemessungsgrundlage des Mindestnettobetrages ein Durchschnittsbetrag aus der Arbeitsphase ermittelt, ist zu beachten, dass die Wechselschicht- und Schichtzulagen i. S. des § 33 a BAT/BAT-O als in Monatsbeträgen festgelegte Zulagen auch in Krankheits- und Urlaubszeiten gezahlt werden und deshalb Krankheits- und Urlaubszeiten bei der Durchschnittsberechnung nicht unberücksichtigt bleiben dürfen und weiterhin, dass eine Teilnahme an allgemeinen Bezügeerhöhungen für diese Zulagen nicht in Betracht kommt.

Zur Veranschaulichung wird auf nachfolgendes Beispiel hingewiesen:

Beispiel:

(Altersteilzeit im Blockmodell: 3 Jahre Arbeitsphase – 3 Jahre Freistellungsphase):
Ein Arbeitnehmer hat während der dreijährigen Arbeitsphase Wechselschicht- und Schichtzulagen nach §33a BAT in folgendem Umfang bezogen:

Jahr 01 (12 × 35,79 Euro =)	429,48 Euro
Jahr 02 (8 × 35,79 Euro + 2 × 46,02 Euro + 2 × 61,36 Euro =)	501,08 Euro
Jahr 03 (2 × 46,02 Euro + 5 × 61,36 Euro + 5 × 102,26 Euro =)	910,14 Euro
	1 840,70 Euro
: 36 Monate =	51,13 Euro

In der Freistellungsphase sind die Wechselschicht- und Schichtzulagen mit einem Durchschnittsbetrag vom 51,13 Euro in die Bemessungsgrundlage für die Berechnung des Mindestnettobetrages einzubeziehen. An allgemeinen Bezügeerhöhungen nimmt dieser Durchschnittsbetrag nicht teil.

Im Tarifgebiet Ost ist in diesem Zusammenhang zu beachten, dass auch für den Fall, dass Bezügebestandteile nicht an allgemeinen Bezügeerhöhungen teilnehmen (z. B. die für Schicht- und Wechselschicht zustehenden Beträge), sich die Beträge dieser Bezüge bei Veränderungen des Bemessungssatzes für die Vergütungen bzw. Löhne ebenfalls ändern. Die an sich statischen Beträge sind im Tarifgebiet Ost insoweit mit jeder Änderung des Bemessungssatzes ebenfalls weiterzuentwickeln.

5. Einzelne Fallgestaltungen

5.1 Rufbereitschaft, Bereitschaftsdienst, Arbeitsbereitschaft

71 Die tariflichen Vorschriften zur Rufbereitschaft, zum Bereitschaftsdienst und den entsprechenden Arbeitsbereitschaften im Arbeiterbereich (vgl. § 15 Abs. 6 a und 6 b BAT/BAT-O/BAT-Ostdeutsche Sparkassen, § 67 Nr. 32 BMT-G/BMT-G-O, § 15 Abs. 6 a MTArb/MTArb-O) im Rahmen der Berechnung des Altersteilzeitentgelts gehören zu denjenigen Regelungen, die im nachhinein **nur aus der konkreten Verhandlungssituation** erklärbar sind. Während der Tarifverhandlungen zum TV ATZ stellte sich die Frage, ob die Berücksichtigung von Entgelten für Rufbereitschaft, Bereitschaftsdienst bzw.

Arbeitsbereitschaft im Rahmen der Altersteilzeitentgelte vergleichbar geregelt werden sollte wie z. B. Entgelte für Überstunden/Mehrarbeit. Letzteres hätte unter anderem bedeutet, dass auf die Rufbereitschafts-, Bereitschaftsdienst- und Arbeitsbereitschaftsentgelte keine Aufstockungsleistungen durch den Arbeitgeber erbracht worden wären. Die Tarifvertragsparteien haben sich schließlich im Rahmen eines Kompromisses auf eine besondere Regelung für diese Entgelte bei den Berechnungen nach §§4, 5 Abs. 1 und Abs. 2 TV ATZ geeinigt. Der Regelungsgehalt der §§4, 5 Abs. 1 und Abs. 2 TV ATZ zu den Rufbereitschafts-, Bereitschaftsdienst- und Arbeitsbereitschaftsentgelten lässt sich am ehesten anhand des in Rn. 65 genannten Beispiels erschließen. Gerade im Rahmen der Berechnung dieser Entgelte ist es wichtig, systematisch zwischen den einzelnen Rechengängen bei §§ 4, 5 Abs. 1 und Abs. 2 TV ATZ zu trennen.

5.1.1 Ermittlung der Bezüge nach §4 TV ATZ

In **§4 TV ATZ** ist eine klare Regelung hinsichtlich der Entgelte für Bereit- **71a**
schaftsdienste, Rufbereitschaften und für die Arbeitsbereitschaften im Arbeiterbereich, die den Bereitschaftsdiensten entsprechen, enthalten. Wenn Bereitschaftsdienste, Rufbereitschaften oder Arbeitsbereitschaften tatsächlich angefallen sind, werden den Arbeitnehmern die hierfür zustehenden Entgelte nicht nur zur Hälfte, sondern entsprechend dem Umfang der tatsächlich geleisteten Tätigkeit gezahlt.

5.1.2 Aufstockungsleistung nach §5 Abs. 1 TV ATZ

Bei der Berechnung der Aufstockungsleistung nach **§5 Abs. 1 TV ATZ** sind **71b**
die nach §4 TV ATZ zustehenden Bruttobezüge um 20 v. H. dieser Bezüge aufzustocken. Für die Berechnung des Aufstockungsbetrages bleiben jedoch die Entgelte für Bereitschaftsdienste, Rufbereitschaften sowie für Arbeitsbereitschaften unberücksichtigt.

5.1.3 Aufstockungsleistung nach §5 Abs. 2 TV ATZ

Bei der Berechnung der Aufstockungsleistung nach **§5 Abs. 2 TV ATZ** wird **71c**
im Vergleich zu §5 Abs. 1 Satz 2 TV ATZ eine Erweiterung vorgenommen, denn hier sind Entgelte für Bereitschaftsdienste und Rufbereitschaften, letztere jedoch ohne die für Arbeitsleistungen innerhalb der Rufbereitschaft zustehenden Entgelte einschließlich einer etwaigen Wegezeit bzw. der dem Altersteilzeitbeschäftigten in Bezug auf die Heranziehung zur Arbeit gewährten Stundengarantie (vgl. §15 Abs. 6b Unterabs. 3 Satz 2 BAT/BAT-O/BAT-Ostdeutsche Sparkassen, §16 Abs. 2 Unterabs. 2 BMT-G/BMT-G-O, §15 Abs. 6a Unterabs. 3 Satz 2 MTArb/MTArb-O), in die Bemessungsgrundlage für die Berechnung des Mindestnettobetrages einzubeziehen, und zwar in der Höhe, die ohne die Reduzierung der Arbeitszeit zugestanden hätte. Diese Regelung gilt entsprechend für die im Arbeiterbereich anfallenden Arbeitsbereitschaften, die den Bereitschaftsdiensten entsprechen.

5.1.4 Rufbereitschaft, Bereitschaftsdienst, Arbeitsbereitschaft im Teilzeit- bzw. Blockmodell

71 d Wenn ein Arbeitnehmer **Altersteilzeit im Blockmodell** geleistet hat, stellt sich die Frage, von welchen Rufbereitschafts-, Bereitschaftsdienst- oder Arbeitsbereitschaftsentgelten bei der Berechnung nach §5 Abs. 2 TV ATZ ausgegangen werden soll. Nach §5 Abs. 2 TV ATZ ist zu prüfen, was dem Arbeitnehmer als Arbeitsentgelt zustehen würde, wenn er mit der bisherigen Arbeitszeit (§ 3 Abs. 1 TV ATZ) gearbeitet hätte. Es ist also fiktiv zu prüfen, welche Rufbereitschaften, Bereitschaftsdienste bzw. Arbeitsbereitschaften der Arbeitnehmer bei bisheriger Arbeitszeit geleistet hätte. Diese Feststellung ist nicht immer einfach zu treffen. Befindet sich der Altersteilzeitarbeitnehmer in der Arbeitsphase des Blockmodells, kann eine Feststellung der Bereitschaftsdienst- und Rufbereitschaftsdienstentgelte, die bei bisheriger Arbeitszeit zugestanden hätten, problemlos getroffen werden, da der Arbeitnehmer in der Arbeitsphase tatsächlich mit der bisherigen Arbeitszeit arbeitet. In der Freistellungsphase des Blockmodells ist ansonsten mit der Protokollerklärung zu §5 Abs. 2 TV ATZ ein Weg aufgezeigt, wie auf plausible Weise die Höhe der nicht regelmäßig zustehende Bezügebestandteile bestimmt werden kann. Dies kann danach in der Weise geschehen, dass die Rufbereitschafts-, Breitschaftsdienst- oder Arbeitsbereitschaftsentgelte mit dem für die Arbeitsphase errechneten Durchschnittsbetrag angesetzt werden (vgl. im Einzelnen auch das oben stehende Berechnungsbeispiel zu Bereitschaftsdienst und Rufbereitschaft, Rn. 65).

Befindet sich der Arbeitnehmer im Teilzeitmodell und arbeitet er somit die Hälfte der bisherigen wöchentlichen Arbeitszeit, muss fiktiv für jeden Einzelfall geprüft werden, wie hoch sein Anspruch auf Bereitschaftsdienst- und Rufbereitschaftsdienstentgelt gewesen wäre, wenn er mit der bisherigen Arbeitszeit gearbeitet hätte. An dieser Stelle bestehen keine Bedenken, aus Praktikabilitäts- und Vereinfachungsgründen den in der hälftigen Arbeitszeit erzielten Betrag zu verdoppeln, wenn dies nicht zu sachwidrigen Ergebnissen führt.

5.1.5 Abgrenzung der Rufbereitschaft usw. von der Mehrarbeit

72 **Hinweis!**

Bereits sehr frühzeitig ist die Frage aufgetaucht, ob Rufbereitschaft, Bereitschaftsdienst bzw. Arbeitsbereitschaften im Arbeiterbereich, die den Bereitschaftsdiensten entsprechen, Mehrarbeit im Sinne des Altersteilzeitgesetzes darstellen. Diese Fragestellung ist insbesondere auch noch im Rahmen des §8 Abs. 3 TV ATZ und des §5 Abs. 4 AtG von Bedeutung. Die Arbeitgeberseite hat zu diesem Fragenkreis daher zu einem sehr frühen Zeitpunkt bei dem Bundesministerium für Arbeit und Sozialordnung nachgefragt. Das Bundesministerium und auch die Bundesagentur für Arbeit haben daraufhin für den Bereich der gesetzlichen Altersteilzeitregelungen die Aussage getroffen, dass die Vergütungen für Rufbereitschaften und Bereitschaftsdienste bzw. für die Arbeitsbereitschaften Entgelte für **besondere Formen der Arbeitsleistung** sind, auf die Aufstockungsleistungen erbracht werden können, die jedoch keine Entgelte für Überstunden/Mehrarbeit darstellen. Bereitschaftsdienst- und Rufbereitschaftsentgelte führen daher, mit Ausnahme der in der Rufbereitschaft tatsächlich geleisteten Stunden, nicht zum Ruhen der Aufstockungsleistungen gemäß §8 Abs. 3 TV ATZ und §5 Abs. 4 AtG.

Besonders zu beachten ist an dieser Stelle, dass nach den tarifvertraglichen Formulierungen (vgl. §5 Abs. 1 Satz 2 TV ATZ) die Behandlung der Rufbereitschafts- und Bereitschaftsdienstentgelte nach dem TV ATZ und dem Altersteilzeitgesetz nicht konform geregelt ist. (Zur Berechnung des zusätzlichen Rentenbeitrages vgl. im Einzelnen Rn. 84.) Die Problematik einer Unterschreitung der gesetzlich geforderten Leistungen, welche im Wege einer Vergleichsberechnung erkennbar ist, würde von vornherein dadurch vermieden, dass der Arbeitgeber durch organisatorische Maßnahmen dafür Sorge trägt, dass – soweit möglich – Altersteilzeitbeschäftigte nicht zu entsprechenden Diensten herangezogen werden.

5.2 Erschwerniszuschläge

Erschwerniszuschläge sind Entgeltbestandteile, die üblicherweise in den **73**
Aufschlag zur Urlaubsvergütung bzw. den Zuschlag zum Urlaubslohn einfließen. Nach §4 Abs. 1 TV ATZ sind somit neben den übrigen Bezügebestandteilen der Altersteilzeit Erschwerniszuschläge in dem Umfang zu zahlen, wie sie tatsächlich angefallen sind.

Für eine im Blockmodell durchgeführte Altersteilzeitarbeit bedeutet dies, dass in der Arbeitsphase die geleisteten Erschwernisse in voller Höhe gezahlt werden und in der Freistellungsphase im Rahmen des §4 TV ATZ keinerlei Entgelte für Erschwernisse anfallen.

Die Vorgehensweise im Rahmen der Berechnung der Aufstockungsbeträge nach §5 Abs. 1 und Abs. 2 TV ATZ ist im nachfolgenden Beispiel dargestellt.

Beispiel (in vereinfachter Form):

Erschwerniszuschläge

Altersteilzeit im **Teilzeitmodell:**

Altersteilzeitbrutto	1 000,00 Euro
Erschwerniszuschlag	100,00 Euro
Summe Brutto insgesamt	1 100,00 Euro
Netto (Steuerkl. III)	850,00 Euro
Aufstockung um 20 v. H. (= 20 v. H. von 1100,00 Euro)	220,00 Euro
Summe aus Altersteilzeitnetto + „20-v.-H."-Aufstockung	1 070,00 Euro
„83-v.-H."-Aufstockung (errechnet aus Bruttobetrag von 2200,00 Euro)	1 373,40 Euro

(Beim bisherigen Arbeitsentgelt ist unterstellt worden, dass bei der Tätigkeit mit der bisherigen Arbeitszeit auch der doppelte Betrag an Erschwerniszuschlägen anfallen würde.)

Problematisch kann im Rahmen des §5 Abs. 2 TV ATZ die Berechnung des Aufstockungsbetrages in der Freistellungsphase des Blockmodells sein. Bei der Frage, was als bisheriges Arbeitsentgelt anzusetzen ist, muss aufgrund einer fiktiven Betrachtungsweise geprüft werden, welche Erschwerniszuschläge der Arbeitnehmer bei bisheriger Beschäftigung erzielen könnte. Zur Erleichterung der Prüfung, in welcher Höhe bei dem Altersteilzeitbeschäftigten Erschwerniszuschläge in der Freistellungsphase des Blockmodells anzusetzen sind, ermöglicht die Protokollerklärung zu §5 Abs. 2 TV ATZ die Berücksichtigung eines aus der Arbeitsphase zu ermittelnden Durchschnittsbetrages.

Hinweis!

In einigen Bereichen werden erschwerniszuschlagspflichtige Tätigkeiten nicht „spitz" abgerechnet, sondern mit einer **Erschwernispauschale** abgegolten. Hier ist zu beachten, dass im Rahmen des §4 TV ATZ eine solche Pauschale nicht durchgehend in halber Höhe, sondern ebenfalls nur im Umfang der tatsächlich geleisteten Tätigkeit bei der Berechnung der Altersteilzeitbezüge zu berücksichtigen ist, weil Entgelte für erschwerniszuschlagspflichtige Tätigkeiten **„üblicherweise"** in den Aufschlag zur Urlaubsvergütung bzw. den Zuschlag zum Urlaubslohn eingehen.

5.3 Überstundenpauschale

74 Es ist zu beachten, dass aufgrund manteltarifvertraglicher Sonderregelungen oder bezirkstarifvertraglicher Regelungen teilweise anstelle einer durch Spitzabrechnung" ermittelten Überstundenvergütung die Zahlung einer Überstundenpauschale vorgesehen sein kann. In den Tarifverhandlungen ist von den Arbeitgebern in diesem Zusammenhang vertreten worden, dass es keinen Unterschied machen dürfe, ob die Überstunden nach tatsächlichen Anfall „spitz" abgerechnet werden oder aber stattdessen eine Überstundenpauschale gezahlt wird. Die Gewerkschaften haben hingegen darauf hingewiesen, dass derartige Überstundenpauschalen häufig fast schon den Charakter eines regelmäßigen Entgeltbestandteils erhielten. Die Tarifvertragsparteien haben daher für Überstundenpauschalen nun folgende Regelung getroffen.

Bezüge, die üblicherweise in die Berechnung des Aufschlags zur Urlaubsvergütung oder des Zuschlags zum Urlaubslohn einfließen, werden nach §4 TV ATZ entsprechend dem Umfang der tatsächlich geleisteten Tätigkeit berücksichtigt. Werden Bezüge, die „üblicherweise" in eine solche Aufschlagsberechnung eingehen, in Form einer Pauschale bezahlt, sind sie gleichwohl im Rahmen des §4 TV ATZ wie unständige Bezügebestandteile zu behandeln. Dies hat zur Folge, dass diese Bezügebestandteile im Blockmodell also beispielsweise in der Arbeitsphase nicht halbiert, sondern voll im Rahmen des §4 TV ATZ Berücksichtigung finden, dass sie allerdings in der Freistellungsphase des Blockmodells nicht mehr als Bezug zustehen können. Gerade an dieser Stelle ist es aber wichtig, die Behandlung der Pauschalen im Rahmen des §5 TV ATZ zu sehen, da sich nur dann sachgerecht beurteilen lässt, was der Arbeitnehmer im Ergebnis ausbezahlt erhält.

Im Rahmen der Aufstockung nach **§5 Abs. 1 Satz 2 TV ATZ** bleiben Entgelte für Überstunden unberücksichtigt, also auch Überstundenpauschalen. Im Rahmen der Aufstockung nach **§5 Abs. 2 TV ATZ** ist aber die **besondere Regelung des §5 Abs. 2 Unterabs. 3 TV ATZ** zu beachten, die für Blockzeitmodelle eine erweiternde Regelung enthält. Haben einem Arbeitnehmer, der Altersteilzeitarbeit im Blockmodell leistet, Pauschalen **seit mindestens zwei Jahren** vor Beginn der Altersteilzeit ununterbrochen (das wird bei einem über 55 Jahre alten Arbeitnehmer häufig der Fall sein) zugestanden, werden diese der Berechnung für die Aufstockungsleistung nach §5 Abs. 2 Unterabs. 1 Satz 2 TV ATZ zugerechnet und zwar in der Höhe, die ohne die Reduzierung der Arbeitszeit maßgebend gewesen wäre. Die tatsächlich zustehenden Pauschalen sind also in die Bemessungsgrundlage des Aufstockungsbetrages einzubeziehen. Damit wird erreicht, dass über die „83-v.-H."-Aufstockung der Arbeitnehmer, der bereits seit zwei Jahren Pauschalen ununterbrochen bezogen hat, im Blockmodell diesbezüglich ein verstetigtes Einkommen erhält. Mit diesem Ergebnis wurde den Vorstellungen der Gewerkschaften Rechnung getragen, wonach Pauschalen, die schon zwei Jahre ununterbrochen zugestanden haben, vom Arbeitnehmer in der Regel als regelmäßiges Einkommen betrachtet werden.

Zur Berücksichtigung der Überstundenpauschale im Rahmen der Berechnung des Altersteilzeitentgelts wird auf nachfolgendes Beispiel verwiesen.

➤ **Beispiel zur Anwendung des §5 Abs. 2 Unterabs. 3 TV ATZ – Überstundenpauschale – (Beispiel in vereinfachter Form; ausführliche Rechenbeispiele sind im Teil C, Nr. 3 abgedruckt)**

Beispiel:

(Basisjahr 2004 Steuerklasse III, bisheriges Bruttoarbeitsentgelt 2600 Euro zzügl. 250,00 Euro Überstundenpauschale, die Überstundenpauschale hat seit mehr als zwei Jahren ununterbrochen vor Beginn des Altersteilzeitarbeitsverhältnisses zugestanden; Altersteilzeitarbeit im Blockmodell)

➤ **I. Arbeitsphase**

Bruttoentgelt bei Altersteilzeit	1 300,00 Euro
Überstunden-Pauschale	250,00 Euro
Gesamt-Bruttoentgelt	1 550,00 Euro
Nettoentgelt	1 200,00 Euro
Aufstockung + 20 v. H. von Altersteilzeit-Brutto (nach §5 Abs. 1 Satz 2 ohne Berücksichtigung der Vergütungen für Überstunden, d. h. von 1300 Euro)	260,00 Euro
Zwischensumme	1 490,00 Euro
Mindestnettobetrag nach Tabelle Bemessungsgrundlage: 2850 Euro	1 650,74 Euro
Zusatzaufstockung auf mindestens 83 v. H. des bisherigen Arbeitsentgelts	161,60 Euro

Aufstockungsbetrag insgesamt	420,74 Euro
Gesamt-Netto in der Arbeitsphase	1 650,74 Euro
➤ **II. Freistellungsphase**	
Bruttoentgelt bei Altersteilzeit	1 300,00 Euro
Überstunden-Pauschale	0,00 Euro
Gesamt-Bruttoentgelt	1 300,00 Euro
Nettoentgelt	1 020,00 Euro
Aufstockung + 20 v. H. von Altersteilzeit-Brutto	260,00 Euro
Zwischensumme	1 280,00 Euro
Mindestnettobetrag nach Tabelle Bemessungsgrundlage: 2850 Euro	1 650,74 Euro
Zusatzaufstockung auf mindestens 83 v. H. des bisherigen Arbeitsentgelts	370,74 Euro
Aufstockungsbetrag insgesamt	630,74 Euro
Gesamt-Netto in der Freistellungsphase	1 650,74 Euro

5.4 Überstundenpauschvergütung

75 Gemäß Nr. 5 der Anlage SR 2 s BAT/BAT-Ostdeutsche Sparkassen erhalten **Sparkassenangestellte** eine so genannte Überstundenpauschvergütung. Da mit dieser Pauschvergütung in der Vergangenheit abgeleistete Dienste – unabhängig von einer tatsächlich erbrachten Höhe von Überstunden – zusätzlich abgegolten werden sollen und die Pauschvergütung für die Arbeitnehmer fast den Charakter eines „vierzehnten Monatsgehaltes" eingenommen hat, ist von der Bundesagentur für Arbeit die Aussage getroffen worden, dass die Pauschvergütung nach Nr. 5 der Anlage SR 2 s BAT/BAT-Ostdeutsche Sparkassen keine durch Mehrarbeit erzielte Vergütung im Sinne des § 5 Abs. 4 AtG darstellt. Außerdem unterliegt die Pauschvergütung als dem Grunde nach versicherungspflichtiges Arbeitsentgelt der Aufstockung nach § 3 Abs. 1 Nr. 1 Buchst. a AtG. Die VKA hat daher mit Rundschreiben R 442/98 vom 20. Oktober 1998 die Aussage getroffen, dass im tariflichen Bereich entsprechend verfahren werden soll. Die Pauschvergütung nach Nr. 5 der Anlage SR 2s zum BAT/BAT-Ostdeutsche Sparkassen sollte somit im Rahmen des TV ATZ wie die allgemeine Zuwendung behandelt werden.

5.5 Wechselschicht- und Schichtzulagen

76 In Rn. 48 ist dargestellt worden, dass Teilzeitbeschäftigten aufgrund der Rechtsprechung des Bundesarbeitsgerichts Wechselschicht- und Schichtzulagen in voller Höhe zu zahlen sind, soweit die jeweiligen Tatbestandsvoraussetzungen auch von dem Teilzeitbeschäftigten erfüllt werden.

Die Berechnung des Aufstockungsbetrages nach § 5 Abs. 1 und Abs. 2 TV ATZ ist nachfolgend am Beispiel eines bisher vollzeitbeschäftigten Arbeitnehmers dargestellt:

Beispiel in vereinfachter Form:

Wechselschichtzulage	
Bruttobezüge bei Vollzeit	2 300,00 Euro
WS Zulage	102,26 Euro
Summe Brutto	2 402,26 Euro
Nettobezüge bei Vollzeit (Steuerkl. III)	1 670,00 Euro
Bruttobezüge bei Altersteilzeitarbeit	1 150,00 Euro
Wechselschichtzulage	102,26 Euro
Summe Brutto	1 252,26 Euro
Nettobezüge bei Altersteilzeitarbeit	970,00 Euro
Aufstockung um 20 v. H.	250,40 Euro
Summe aus Altersteilzeitnetto und „20-v.-H."-Aufstockung	1 220,40 Euro
„83-v.-H."-Aufstockung (errechnet aus Bruttobetrag von 2402,26 Euro)	1 469,90 Euro

Hinweis!

- Die Tatbestandsvoraussetzungen für die Wechselschichtzulage müssen in der Altersteilzeitarbeit jeweils erfüllt sein.
- Die Protokollerklärung zu §5 Abs. 2 TV ATZ enthält eine Vereinfachungsregelung für die Ermittlung der in die Bemessungsgrundlage eingehenden Bezügebestandteile.

Problematisch kann bei der Altersteilzeitarbeit im Blockmodell für den Fall der Freistellungsphase die Frage sein, in welcher Höhe Wechselschicht- oder Schichtzulagen beim Altersteilzeitbeschäftigten anfallen würden, wenn er mit der bisherigen Arbeitszeit beschäftigt wäre. In diesem Zusammenhang haben die Arbeitgebervertreter keine Bedenken erhoben, wenn die für die Freistellungsphase anzusetzenden Beträge aus dem Durchschnittsbetrag der in der Arbeitsphase erarbeiteten Wechselschicht- und Schichtzulagen ermittelt wird (vgl. Protokollerklärung zu §5 Abs. 2 TV ATZ und die Erläuterungen in Rn. 69 f.).

5.6 Zuwendungen nach den Zuwendungstarifverträgen

Es wird in §4 Abs. 2 TV ATZ ausdrücklich darauf hingewiesen, dass auch 77
Zuwendungen Bezüge im Sinne des §4 Abs. 1 TV ATZ darstellen. Eine Besonderheit ist für den Fall zu beachten, in dem der Arbeitnehmer im September noch als Vollzeitbeschäftigter tätig gewesen und erst danach in Altersteilzeit gegangen ist. Bemessungsgrundlage für die Zuwendung wäre hier nicht die halbierte Zuwendung, sondern die Zuwendung in voller Höhe, da der Arbeitnehmer im maßgebenden Monat September noch vollzeittätig war (vgl. z. B. §2 Abs. 1 TV Zuwendung für Angestellte).

5.7 Jubiläumszuwendungen

78 In §4 TV ATZ wird ausdrücklich klargestellt, dass auch die Jubiläumszuwendung zu den Bezügen für die Altersteilzeitarbeit gehört. Bei der Jubiläumszuwendung ist allerdings zu beachten, dass diese nach der Rechtsprechung des Bundesarbeitsgerichts auch Teilzeitbeschäftigten in voller Höhe zusteht (vgl. BAG, Urteil vom 22. Mai 1996, AP Nr. 1 zu §39 BAT). Sie kann daher nicht wie andere Altersteilzeitbezüge halbiert werden.

Beachte!

Aufstockungsleistungen sind nicht auf steuerfreie Bezüge zu erbringen. Für die Jubiläumszuwendungen ist zu beachten, dass die in der Vergangenheit gemäß §3 Nr. 52 EStG i. V. m. §3 LStDV bestehende Steuerfreiheit durch das Steuerentlastungsgesetz 1999/2000/2002 (BGBl. I S. 413) mit Wirkung vom 1. Januar 1999 aufgehoben worden ist.

5.8 Vollstreckungsdienstvergütung

79 Nach §33 Abs. 1 Satz 1 Buchst. b BAT/BAT-O erhält der Angestellte für die Zeit, für die ihm Vergütung zusteht, eine Zulage, wenn dem entsprechenden Beamten seines Arbeitgebers im Vollstreckungsdienst eine Entschädigung zu gewähren ist. Nach der Vollstreckungsvergütungsverordnung vom 8. Juli 1976 (BGBl. I S. 1783) wird für den Beamten für die Erledigung der Vollstreckungsaufträge ein Prozentsatz von den vereinnahmten Gebühren als Vergütung gewährt. Bereits das Bundesarbeitsgericht hat in seinem Urteil vom 14. Dezember 1993 – 10 AZR 494/92 – = ZTR 1994, 206 bzw. NZA 1994, 632, in seinen Entscheidungsgründen festgestellt, dass die aufgrund der Vollstreckungsvergütungsverordnung gezahlte Zulage keine Gefahrenzulage sei, sondern wie sich aus der amtlichen Begründung ergäbe, eine „Zuwendung eigener Art" für die die „Absicht maßgebend (ist), den Vollziehungsbeamten durch Gewährung einer nach dem Erfolg seiner Tätigkeit bemessenen Vergütung anzuspornen, durch Fleiß und Eigeninitiative dazu beizutragen, dass seine Aufträge möglichst zügig und erfolgreich erledigt werden".

Die Vollstreckungsdienstzulage, die steuerpflichtigen Arbeitslohn und damit auch sozialversicherungspflichtiges Entgelt darstellt, ist somit eine Form der Leistungsvergütung. Die Zulage steht dem Arbeitnehmer daher auch nicht in einem monatlich ständig gleich bleibenden Zahlbetrag zu. Es ist daher in der betrieblichen Praxis die Frage aufgeworfen worden, ob dem Altersteilzeitbeschäftigten diese Zulage neben seinen Altersteilzeitbezügen nach §4 TV ATZ in voller Höhe zu gewähren oder aber wie ein ständig gezahlter Vergütungsbestandteil in hälftiger Höhe zu zahlen ist.

Bei der Beantwortung dieser Frage ist zu bedenken, dass die Vollstreckungsdienstzulage entsprechend den beigebrachten Geldbeträgen gezahlt wird; sie fällt also in der Regel jeden Monat in unterschiedlicher Höhe an. Das Anfallen dieses Entgeltbestandteils in unterschiedlicher Höhe ist insofern mit einer Erschwerniszulage vergleichbar. Zu der Frage, wie hinsichtlich der Einbeziehung der Vollstreckungsdienstzulage im Rahmen der Berechnung des Altersteilzeitentgelts zu verfahren ist, hat sich die VKA mit Rundschreiben R 110/99 vom 3. März 1999 in Abstimmung mit dem Bundesministerium des Innern und der Tarifgemeinschaft deutscher Länder wie folgt geäußert:

> „Im Rahmen des § 4 TV ATZ wird die Vollstreckungsdienstzulage entsprechend dem Umfang der tatsächlich geleisteten Tätigkeit berücksichtigt. Das bedeutet für eine im Blockmodell durchgeführte Altersteilzeitarbeit im Rahmen des § 4 TV ATZ, dass die Vollstreckungsdienstzulage in der Arbeitsphase in der Höhe zu zahlen ist, wie sie aufgrund der tatsächlich geleisteten Tätigkeit angefallen ist. In der Freistellungsphase ist die Höhe der zu zahlenden Vollstreckungsdienstzulage damit ‚Null'.
>
> Im Rahmen des § 5 Abs. 1 TV ATZ ist dem Arbeitnehmer neben seinen nach § 4 TV ATZ zustehenden Bezügen ein Aufstockungsbetrag in Höhe von 20 v. H. dieser Bezüge zu zahlen. Im Rahmen der Aufstockungsberechnung nach § 5 Abs. 2 TV ATZ ist zu prüfen, was dem Altersteilzeitbeschäftigten als Vollzeitarbeitsentgelt[1]) zustehen würde. Ist der Arbeitnehmer im Teilzeitmodell tätig, so wird in der Regel anzunehmen sein, dass ihm im Falle der Vollzeittätigkeit eine Vollstreckungsdienstzulage in doppelter Höhe zustehen würde. Zu beachten ist an dieser Stelle jedoch, dass in der Vollstreckungsvergütungsverordnung für Beamte im Vollstreckungsdienst gewisse **Höchstbeträge** geregelt sind, über die der Altersteilzeitbeschäftigte auch nicht hinaus käme, wenn er als Vollzeitbeschäftigter tätig wäre. Diese Höchstbeträge sind also zu beachten.
>
> Für die Freistellungsphase des Blockmodells kann im Rahmen der Berechnung des Altersteilzeitentgelts gemäß der Protokollerklärung zu § 5 Abs. 2 TV ATZ ein Durchschnittsbetrag aus der Arbeitsphase ermittelt werden, da die Vollstreckungsdienstzulage einen nicht regelmäßig zustehenden Bezügebestandteil darstellt."

5.9 Persönliche Zulage

Vielfach üben Arbeitnehmer vorübergehend eine andere höherwertige 80
Tätigkeit aus. Häufigster Fall hierfür ist die Vertretung im Krankheits- oder Urlaubsfall. Für diese Vertretungstätigkeit wird bei Erfüllung der tariflichen Voraussetzungen (vgl. § 24 BAT/BAT-O, § 9 MTArb/MTArb-O) eine persönliche Zulage gezahlt. Die persönliche Zulage stellt gemäß § 4 TV ATZ einen Entgeltbestandteil dar, der dem Altersteilzeitbeschäftigten in hälftiger Höhe zu zahlen ist.

Arbeitet der Altersteilzeitbeschäftigte im Blockmodell, so ist bei der Frage, inwieweit die persönliche Zulage im Rahmen des § 5 Abs. 2 TV ATZ in der Freistellungsphase berücksichtigt werden muss, zu prüfen, ob ihm auch bei Beschäftigung in bisherigem Umfang noch die persönliche Zulage zustünde. Besteht der Grund für die Zahlung der persönlichen Zulage, also z. B. der Vertretungsfall wegen Urlaub oder Krankheit, nicht mehr, so ist die persönliche Zulage auch nicht mehr im Rahmen der Altersteilzeitentgeltberechnungen zu berücksichtigen.

---

1) **Anm. der Verf.:**
Nach Abschluss des Änderungs-TV Nr. 2 zum TV ATZ wäre der Begriff des Vollzeitarbeitsentgelts durch den Begriff des bisherigen Arbeitsentgelts zu ersetzen und anstelle der Vollzeittätigkeit die bisherige Tätigkeit zu Grunde zu legen.

5.10 Vorhandwerkerzulage

80 a Das Bundesarbeitsgericht hat sich in seinem Urteil vom 24. Juni 2003 – 9 AZR 2003 (= ZTR 2004, 414) mit der Frage der Berücksichtigung einer Vorhandwerkerzulage im Bereich des Manteltarifvertrages für die Arbeiterinnen und Arbeiter des Bundes und der Länder (MTArb) nach §3 Abs. 2 des Tarifvertrages über das Lohngruppenverzeichnis des Bundes zum MTArb im Rahmen der Ermittlung der Altersteilzeitbezüge eines im Blockmodell beschäftigten Arbeiters befasst. In dem der Entscheidung zugrunde liegenden Fall war der Kläger im Jahr 1989 widerruflich zum Vorhandwerker bestellt worden. Vom 1. Februar 2000 bis 31. Januar 2002 hatte er Altersteilzeitarbeit im Blockmodell geleistet und zwar vom 1. Februar 2000 bis 31. Januar 2001 in der Arbeitsphase. Der Übergang in die Freistellungsphase erfolgte dann zum 1. Februar 2001. Am 11. Februar 2000 war allerdings durch den Arbeitgeber die Vorhandwerkerbestellung zum Ablauf des Monats widerrufen worden, so dass wegen der erst in der Zukunft liegenden Wirkung des Widerrufs die Vorhandwerkerzulage noch für die beiden ersten Monate der Arbeitsphase, also für die Monate Januar und Februar 2000, gezahlt wurde. Der Kläger hatte mit seiner Klage die Berücksichtigung der Vorhandwerkerzulage auch für die ersten beiden Monate der Freistellungsphase verlangt. Das Bundesarbeitsgericht hätte richtigerweise anhand der tariflichen Regelung in §5 Abs. 2 TV ATZ für die Frage der Ermittlung der in der Freistellung zu zahlenden Bezüge prüfen müssen, was der Arbeitnehmer als bisheriges Arbeitsentgelt zu beanspruchen gehabt hätte, wenn er im Umfang der bisherigen wöchentlichen Arbeitszeit tätig gewesen wäre. Da die Vorhandwerkerzulage unstreitig wirksam widerrufen worden war, hätte der Arbeitnehmer nach den tariflichen Fortzahlungsvorschriften für das Altersteilzeitarbeitsentgelt in der Freistellungsphase die Zahlung der Vorhandwerkerzulage nicht beanspruchen können. Das Bundesarbeitsgericht hätte also richtigerweise die Klage als unbegründet abweisen müssen. Das Bundesarbeitsgericht hat allerdings eine Entscheidung zugunsten des klagenden Arbeitnehmers getroffen. Das Bundesarbeitsgericht konstruiert im konkreten Fall über das Instrument einer sog. spiegelbildlichen Betrachtungsweise eine Berücksichtigung der Vorhandwerkerzulage auch für die ersten beiden Monate der Freistellungsphase. Die Argumentation des BAG ist vor dem Hintergrund der tariflichen Vorgaben nur schwer nachvollziehbar (ausführliche Kritik an dem Urteil bei Weishaupt, ZTR 2003, 435 und Langenbrinck, ZTR 2004, 222, 225). Da sich das Bundesarbeitsgericht in dem genannten Urteil mit einer sehr spezifischen Fallgestaltung aus dem Bereich des Arbeiterrechts des Bundes und der Länder befasst hat, erscheint es sachgerecht über den konkreten Fall hinaus keine verallgemeinerbaren Konsequenzen für die Berücksichtigung anderer Entgeltbestandteile im Rahmen der Altersteilzeitbezüge zu ziehen.

5.11 Sachbezüge

Neben seiner regulären Vergütung werden dem Arbeitnehmer häufig auch Sachbezüge gewährt. Als Sachbezug kommt z. B. eine Dienstwohnung, Verpflegung oder auch die private Nutzung eines Dienstwagens in Betracht. Bereits frühzeitig ist die Frage, wie die Sachbezüge im Rahmen der Berechnung des Altersteilzeitentgelts zu berücksichtigen sind, kontrovers diskutiert worden. Vor allem dann, wenn ein Altersteilzeitbeschäftigter, der Altersteilzeitarbeit im Blockmodell leistet, auch in der Freistellungsphase Sachbezüge noch in voller Höhe gewährt erhält, stellt sich die Frage nach einer sachgerechten Berücksichtigung der Sachbezüge im Rahmen der Berechnung des Altersteilzeitarbeitsentgelts. **81**

Für den Bereich der gesetzlichen Altersteilzeitregelungen ist jedoch im Bereich der Arbeitsverwaltung stets darauf hingewiesen worden, dass Sachbezüge – soweit sie tatsächlich geleistet werden – grundsätzlich steuer- und sozialversicherungspflichtig sind und damit im Rahmen der Berechnung des Altersteilzeitarbeitsentgelts nicht unberücksichtigt bleiben dürften (vgl. hierzu Rn. 180). Dementsprechend hat z. B. das Bundesministerium des Inneren mit Rundschreiben vom 20.12.1999 - D II 2 – 220 770-1/18 – (GMBl. 2000, S. 124) ausdrücklich darauf hingewiesen, dass Sachbezüge/ geldwerte Vorteile bei der Berechnung der Bezüge nach §4 TV ATZ für die Altersteilzeitarbeit sowie bei der Ermittlung des Mindestnettobetrages nach §5 Abs. 2 TV ATZ und des zusätzlichen Rentenversicherungsbeitrages nach §5 Abs. 4 TV ATZ zu berücksichtigen sind. Das Bundesministerium des Inneren hat hierzu ein Beispiel **(in vereinfachter Form)** veröffentlicht, das vom Verf. allerdings zur Veranschaulichung mit Eurowerten versehen worden ist:

Ein Arbeitnehmer (Steuerklasse III) hat bei Vollzeitarbeit Anspruch auf ein Bruttogehalt von 4200,– Euro und außerdem Anspruch auf private Nutzung eines Firmen-Pkws, die nach der 1-v.-H.-Regelung mit 300 Euro/Monat zu bewerten ist.

Bei Vollzeitbeschäftigung berechnen sich seine Nettobezüge wie folgt (aus Vereinfachungsgründen ohne Berücksichtigung des Sozialversicherungspflichtigen Teils der Umlage zur Zusatzversorgung):

Bruttogehalt	4 200,00 Euro
./. Steuern und Sozialabgaben aus einer Bemessungsgrenze von 4500 Euro	1 844,00 Euro
Netto	2 656,00 Euro
zuzüglich Wert Firmen-Pkw	300,00 Euro
	2 956,00 Euro

Bei Altersteilzeitarbeit ergäbe sich folgende Berechnung des Aufstockungsbetrages nach §5 Abs. 1 und 2 TV ATZ:

Teilzeitbrutto (incl. Firmen-Pkw)	2 400,00 Euro
./. Steuern und Sozialabgaben aus 2400 Euro	733,00 Euro
Netto (incl. Wert Firmen-Pkw)	1 667,00 Euro

Aufstockung 20 v. H. auf 2400 Euro	480,00 Euro
Zwischensumme	2 147,00 Euro
Mindestnettobetrag 83 v. H. aus 4500 Euro	2356,71 Euro
Zusatzaufstockung	209,71 Euro
Gesamtaufstockung	**689,71 Euro**

Werden Sachbezüge/geldwerte Vorteile im Rahmen des Blockmodells nur in der Arbeitsphase, nicht aber in der Freistellungsphase gewährt, bestehen keine Bedenken, diese Leistungen – entsprechend der von der Bundesagentur für Arbeit für den gesetzlichen Bereich vertretenen Auffassung – in der Freistellungsphase nicht mehr in die Altersteilzeitberechnung einzubeziehen.

Tipp!

Um von vornherein Streitigkeiten über eine etwaige Einbeziehung von Sachbezügen (z. B. Dienstwagen) in die Altersteilzeitberechnung zu vermeiden, könnte zwischen Arbeitgeber und Arbeitnehmer im Zusammenhang mit dem Abschluss des Altersteilzeitvertrages vereinbart werden, dass der Arbeitnehmer ab einem bestimmten Zeitpunkt (z. B. Beginn der Freistellungsphase im Blockmodell) keinen Anspruch mehr auf diese Entgeltbestandteile hat. Bei der Frage, welche Entgeltbestandteile in der Freistellungsphase des Blockmodells zustehen würden, wenn der Arbeitnehmer mit der bisherigen Arbeitszeit arbeiten würde, könnte somit unter Hinweis auf die vertragliche Vereinbarung darauf verwiesen werden, dass ihm ein derartiger Anspruch nicht mehr zusteht.

5.12 Berechnung des Altersteilzeitarbeitsentgelts bei privat/freiwillig Krankenversicherten

82 Die Berechnung des Altersteilzeitarbeitsentgelts bei gesetzlich krankenversicherten Arbeitnehmern bereitet grundsätzlich keine Schwierigkeiten. Der Beitrag zur gesetzlichen Krankenversicherung stellt einen gesetzlichen Abzug dar, der im Rahmen der Berechnung entsprechend zu berücksichtigen ist. Bei privat Krankenversicherten (und entsprechend bei freiwillig Krankenversicherten) besteht die Besonderheit, dass hier keine gesetzlichen Abzüge vorliegen. Vielmehr müsste bei diesem Personenkreis die Berechnung des Altersteilzeitentgelts erst vollständig durchgeführt werden. Aus dem so errechneten Auszahlungsbetrag müsste der Arbeitnehmer dann seinen Krankenversicherungsbeitrag leisten und erhielte vom Arbeitgeber hierzu einen Beitragszuschuss in gesetzlicher Höhe nach § 257 SGB V.

Beachte!

An dieser Stelle ist jedoch ausdrücklich darauf hinzuweisen, dass die Bundesagentur für Arbeit im Rahmen der gesetzlichen Altersteilzeitregelungen zu dieser Problematik eine andere Berechnungsweise verfolgt. Die Bundesagentur für Arbeit fingiert im Rahmen der Berechnung des Altersteilzeitarbeitsentgelts den nach § 257 SGB V gewährten Beitragszuschuss als „gesetzlichen Abzug". Die Bundesagentur für Arbeit vertritt die entsprechende Auffassung für Arbeitnehmer, die von der gesetzlichen Rentenversicherung befreit sind. Der Arbeitgeberzuschuss nach §172 Abs.2 SGB VI ist also ebenfalls wie ein „gesetzlicher Abzug" zu behandeln. Die öffentlichen Arbeitgeber haben dementsprechend keine Bedenken erhoben, wenn im Bereich des TV ATZ ebenso verfahren wird (vgl. Rundschreiben des BMI vom 20. Dezember 1999 – D II 2 220 770 – 1/18 [GMBl. 2000, S. 124] – sowie Rundschreiben der VKA R 401/99 vom 15. September 1999).

5.13 Grenzgänger/Auslandsbezogene Entgeltbestandteile

Vor allem in grenznahen Regionen kann es häufiger vorkommen, dass Arbeitnehmer im Inland tätig sind, ihren Wohnsitz jedoch im benachbarten Ausland haben. Möchte ein Arbeitnehmer, der **Grenzgänger** ist, Altersteilzeit vereinbaren, stellt sich die Frage, wie bei diesem die Altersteilzeitberechnung durchzuführen ist. Die Bundesagentur für Arbeit hat aufgrund eines Auskunftsersuchens der VKA hierzu Hinweise für die Berechnung nach dem Altersteilzeitgesetz gegeben. **83a**

Zunächst hat der Arbeitgeber das Bruttoarbeitsentgelt für die Altersteilzeit zu nehmen und von diesem Betrag die Aufstockungsleistungen von 20 v. H. zu errechnen (siehe §3 Abs. 1 Nr. 1 Buchst. a AtG, sowie §5 Abs. 1 TV ATZ). Dieser Rechenschritt ist auch in Grenzgängerfällen unproblematisch.

Zusammen mit dem individuellen Nettoarbeitsentgelt muss dieser Aufstockungsbetrag von 20 v. H. aber den pauschalierten Mindestnettobetrag (nach §3 Abs. 1 Nr. 1 AtG = 70 v. H., im tariflichen Bereich nach §5 Abs. 2 TV ATZ = 83 v. H.) erreichen. Der individuelle Nettobetrag ist dabei grundsätzlich in der Weise zu errechnen, dass das Bruttoarbeitsentgelt um die gesetzlichen Abzüge (d. h. Steuern sowie Beiträge zur Sozialversicherung und zur Arbeitsförderung) zu vermindern ist. Bei einem Altersteilzeitbeschäftigten, der seinen Wohnsitz oder gewöhnlichen Aufenthalt nicht im Inland hat und daraufhin – aufgrund eines Doppelbesteuerungsabkommens – von einer Steuerpflicht im Inland befreit ist, ist die der deutschen Lohnsteuer entsprechende Steuer, die im Ausland tatsächlich erhoben wird, in Abzug zu bringen.

Der dargestellte Berechnungsansatz führt dazu, dass Arbeitnehmer, die im Inland nicht steuerpflichtig sind, im Ergebnis wie im Inland steuerpflichtige Arbeitnehmer behandelt werden.

Bei der Durchführung der Altersteilzeitberechnung ist im Weiteren der pauschalierte Mindestnettobetrag zu ermitteln. Bei der Ermittlung des Mindestnettobetrages anhand der Mindestnettobetragstabelle, die nach Steuerklassen eingeteilt ist, hat die Bundesagentur für Arbeit für den gesetzlichen Bereich die Auffassung vertreten, dass bei Grenzgängern grundsätzlich die Steuerklasse I zugrunde zu legen ist. Dies lässt sich sachgerecht in Anlehnung an §39 d Abs. 1 EStG begründen, wonach für die Durchführung des Lohnsteuerabzugs auch beschränkt einkommensteuerpflichtige Arbeitnehmer in diese Steuerklasse eingereiht werden (vgl. zum §39 d EStG z. B. das in der Verlagsgruppe Hüthig Jehle Rehm erschienene Steuerhandbuch für das Lohnbüro). Soweit Grenzgänger, die weder ihren Wohnsitz noch ihren gewöhnlichen Aufenthalt im Inland haben, aufgrund eines Doppelbesteuerungsabkommens von der deutschen Steuerpflicht befreit sind, so ist es aus dem Grundsatz der Gleichbehandlung vertretbar, sie nicht anders zu behandeln als beschränkt steuerpflichtige Arbeitnehmer und ihnen somit grundsätzlich die Steuerklasse I zuzuordnen. In entsprechender Anwendung des § 137 Abs. 2 Nr. 3 Buchst. b SGB III ist bei nicht dauernd getrennt lebenden Ehegatten allerdings die Leistungsgruppe der Steuerklasse III maßgebend, wenn der Arbeitslohn des Ehegatten weniger als 40 v. H. des Gesamtarbeitslohnes beider Ehegatten beträgt.

83 b Ins Ausland entsandte Arbeitnehmer, die Altersteilzeit vereinbart haben, erhalten zum Teil **auslandsbezogene** steuerfreie **Entgeltbestandteile.** Zur Behandlung von steuerfreien auslandsbezogenen Entgelten hat das Bundesministerium des Innern mit Schreiben vom 24. März 1999 – D II 4 220 770 – 1/18 – folgende Aussage getroffen:

> „Im Ausland tätige Beamte erhalten bei einer Altersteilzeit im Blockmodell die steuerfreien auslandsbezogenen Besoldungsbestandteile (Auslandszuschlag, Auslandskindergeldzuschlag, Mietzuschuss, Kaufkraftausgleich, ggf. auch Auslandsverwendungszuschlag) während der Arbeitsphase zu 100 v. H., in der Freistellungsphase dagegen nicht. Ein Arbeitnehmer erhält während des Altersteilzeitarbeitsverhältnisses auch im Blockmodell die vergleichbaren Bezügebestandteile nach dem TV ATZ durchgehend zu 50 v. H. Dies erscheint unter Berücksichtigung der unterschiedlichen finanziellen Belastungen während der Arbeits- und der Freistellungsphase wenig sinnvoll.
>
> Es bestehen daher keine Bedenken, entsandten Arbeitnehmern, die Altersteilzeitarbeit ausüben und nach dem deutschen Recht sozialversicherungspflichtig sind, während der Arbeitsphase im Blockmodell die auslandsbezogenen steuerfreien Bestandteile der Vergütung zu 100 v. H. zu zahlen. Ich bitte jedoch arbeitsvertraglich sicherzustellen, dass der tarifvertragliche Anspruch auf Zahlung dieser Bezügebestandteile in der Freistellungsphase bereits in der Arbeitsphase erfüllt wird."

5.14 Sterbegeld

83 c Beim Tode eines Altersteilzeitarbeitnehmers besteht auf Grund manteltarifvertraglicher Vorschriften (vgl. § 41 BAT/BAT-O, § 39 BMT-G/BMT-G-O, § 47 MTArb/MTArb-O, vgl. auch § 17 Abs. 3 TV-V) ein Anspruch der Hinterbliebenen auf Sterbegeld, der sich in der Höhe nach dem Entgelt richtet, das vor dem Tod gewährt worden wäre. Die Höhe des Sterbegeldes bei Tod eines Altersteilzeitarbeitnehmers bemisst sich somit nach den Teilzeitbezügen. Dies gilt unabhängig davon, ob der verstorbene Altersteilzeitarbeitnehmer Altersteilzeitarbeit im Teilzeit- oder im Blockmodell abgeleistet hat, denn er ist unabhängig vom vereinbarten Altersteilzeitmodell in jedem Fall ein teilzeitbeschäftigter Arbeitnehmer. Eine andere Sichtweise bedürfte einer tariflichen Änderung.

Das Sterbegeld gehört nicht zu dem Einkommen des Verstorbenen, vielmehr ist es beim Empfänger Arbeitslohn im steuerrechtlichen Sinne (vgl. §§ 1 Abs. 2 und 2 Abs. 2 Nr. 2 LStDV; Abschnitt 76 LStR). Es ist auch nicht

Arbeitsentgelt im Sinne des Sozialversicherungsrechts, da es nicht aus einem Arbeitsverhältnis des empfangsberechtigten Hinterbliebenen fließt. Auf das Sterbegeld werden, da es sich nicht um beitragspflichtiges Arbeitsentgelt handelt, folglich keine Aufstockungsleistungen erbracht.

Da das Sterbegeld nicht Einkommen des Verstorbenen darstellt, gehört es auch nicht zu den im Rahmen des §9 Abs. 3 TV ATZ zu berücksichtigenden Bezügen.

5.15 Berechnung für Teilmonate

Tritt der Fall ein, dass die Altersteilzeitarbeit nicht am ersten Tag des Kalen- **83 d**
dermonats aufgenommen wird oder besteht der Anspruch auf Bezüge bzw. Krankenbezüge (Entgeltfortzahlung und Krankengeldzuschuss) nicht für den gesamten Kalendermonat, stellt sich die Frage, wie zu verfahren ist. Das Bundesministerium des Innern hat hierzu im Rundschreiben vom 20. Dezember 1999 – D II 4 – 220 770 – 1/18 – (GMBl. 2000, 125, 126) besondere Hinweise gegeben. In Anknüpfung an diese Hinweise lassen sich folgende Aussagen treffen:

Beginnt Altersteilzeit nicht am ersten Tag des Kalendermonats oder besteht der Anspruch auf Bezüge bzw. Krankenbezüge (Entgeltfortzahlung und Krankengeldzuschuss) nicht für den gesamten Kalendermonat, ist wie folgt zu verfahren:

Die **Altersteilzeitbezüge** (§4) werden in Teilmonaten entsprechend der in den jeweiligen Manteltarifverträgen enthaltenen Regelungen ermittelt (z. B. §30 Abs. 3 Buchst. b MTArb/MTArb-O = arbeitstäglich; §36 Abs. 2 BAT/ BAT-O oder §6 KraftfahrerTV Bund/TV Kraftfahrer-O-Bund = kalendertäglich).

Das den Berechnungen des Mindestnettobetrages nach §5 Abs. 2 sowie der zusätzlichen RV-Beiträge nach § 5 Abs. 4 zugrunde liegende **bisherige Arbeitsentgelt** sowie der **Mindestnettobetrag** selbst sind zunächst auf Monatsbasis zu ermitteln. Erst dann sind die monatlichen Beträge (pauschal) durch dreißig zu dividieren (vgl. §15 Satz 3 AtG) und mit der Zahl der Kalendertage zu multiplizieren, an denen ATZ-Arbeit zu vergüten bzw. zu entlohnen ist.

Beispiel zur Veranschaulichung des Berechnungsverfahrens aus dem BAT-Bereich:

Ein Angestellter (BAT) in Altersteilzeit war über die Dauer der Fristen für die Zahlung von Krankenbezügen (Entgeltfortzahlung und Krankengeldzuschuss) hinaus erkrankt. Während des laufenden Monats Februar (28 Kalendertage) nimmt er die Arbeit wieder auf und verrichtet an den verbliebenen 15 Arbeitstagen Dienst.

Basisjahr

Steuerklasse III/0

bisheriges Bruttoentgelt	2 000,00 €
bisheriges SV-Bruttoentgelt	2 059,34 €

a) Berechnung der Bezüge nach §4 TV ATZ

$$\frac{1000\,€ \times 21 \text{ Kalendertage}}{28 \text{ Kalendertage}} = 750{,}00\,€ \text{ brutto}$$

750,00 € steuerpflichtiges Brutto (es fallen keine Steuern an)

755,45 € sv-pflichtiges Brutto

595,51 € Nettoentgelt

b) Berechnung des Mindestnettobetrages

Mindestnettobetrag nach Tabelle (Bemessungsgrundlage 2000 €) = 1274,81 €

$$\frac{1274{,}81\,€ \times 21 \text{ Kalendertage}}{30 \text{ Kalendertage (pauschal)}} = 892{,}37\,€$$

c) Berechnung der Aufstockungsleistungen nach §5 Abs. 1 und 2 TV ATZ

Nettoentgelt (siehe a)	595,51 €
Aufstockung nach §5 Abs. 1 TV ATZ (755,45 € × 20 v. H.)	151,09 €
Zwischensumme	746,60 €
Mindestnettobetrag (siehe b)	892,37 €
Zusatzaufstockung	145,77 €
Aufstockung insgesamt	296,86 €
Altersteilzeit-Nettoentgelt insgesamt	892,37 €

d) Berechnung der zusätzlichen Rentenversicherungsbeiträge nach §5 Abs. 4 TV ATZ

$$\frac{2059{,}34\,€ \times 21 \text{ Kalendertage}}{30 \text{ Kalendertage (pauschal)}} = 1441{,}54\,€$$

Vollzeitarbeitsentgelt (sv-pflichtiges)	1 441,45 €
davon 90 v. H.	1 297,39
./. verbeitragte Bezüge nach §4 TV ATZ (siehe a)	755,45 €
Bemessungsgrundlage (= Unterschiedsbetrag davon dann zusätzlicher RV-Beitrag zu entrichten)	541,94 €

5.16 Entgeltumwandlung

83e In dem am 1. Januar 2002 in Kraft getretenen Altersvermögensgesetz wird unter anderem der Aufbau einer zusätzlichen kapitalgedeckten Altersvorsorge geregelt und dem Arbeitnehmer ein Anspruch auf betriebliche Altersversorgung durch Entgeltumwandlung gewährt. Im Bereich des öffentlichen Dienstes bedarf es wegen der Regelung im §17 Abs. 5 BetrAVG für die auf Tarifvertrag beruhenden Entgelte allerdings einer tarifvertraglichen Öffnungsklausel für die Durchführung der Entgeltumwandlung. Im Bereich des kommunalen öffentlichen Dienstes ist eine tarifliche Öffnungsklausel für die Entgeltumwandlung durch den Tarifvertrag zur Entgeltumwandlung für Arbeitnehmer im kommunalen öffentlichen Dienst (TV-EUmw/VKA) vom 18. März 2003 geschaffen worden.

Generell ist zu beachten, dass in der vom Gesetzgeber im Altersvermögensgesetz beschriebenen Übergangszeit vom 1. Januar 2001 bis zum 31. Dezember 2008 bei einer Entgeltumwandlung zu Gunsten einer betrieblichen Altersversorgung bis zu vier v. H. der Beitragsbemessungsgrenze (West) der gesetzlichen Rentenversicherung beitragsfrei ist.

Zu den versicherungs-, beitrags-, melde- und leistungsrechtlichen Auswirkungen einer Entgeltumwandlung haben sich die Spitzenorganisationen der Sozialversicherungsträger in ihrem Rundschreiben vom 9. März 2004 – abgedruckt in Teil C 7 – unter Ziff. 3.1.3.4 geäußert. Zu der Vereinbarkeit von Altersteilzeit und Entgeltumwandlung ist vor dem Hintergrund der Auffassung der Spitzenorganisationen der Sozialversicherungsträger zusammenfassend auf Folgendes hinzuweisen:

- Altersteilzeitbeschäftigte, die Altersteilzeit im **Teilzeitmodell** vereinbart haben, können jederzeit Entgeltumwandlung vereinbaren.
- Altersteilzeitbeschäftigte, die Altersteilzeit im **Blockmodell** vereinbart haben, können eine vor Beginn der Altersteilzeit vereinbarte und vor Beginn der Arbeitsphase umgesetzte Entgeltumwandlung rechtlich problemlos fortführen.
- Beginnt die Entgeltumwandlung erst in der Arbeitsphase des Blockmodells war anfänglich anhand der einschlägigen Ausführungen der Spitzenorganisationen der Sozialversicherung nicht eindeutig abzuleiten, ob sich aufgrund der gesetzlichen Vorgaben für den ordnungsgemäßen Auf- und Abbau eines Wertguthabens bei dieser Fallgestaltung rechtliche Schwierigkeiten für die Umsetzung der Altersteilzeitvereinbarung ergeben könnten. Mit Schreiben vom 1. Juli 2004 hat der Verband Deutscher Rentenversicherungsträger auf eine entsprechende Anfrage der VKA aber daraufhin im Namen der Spitzenorganisationen der Sozialversicherung ausdrücklich erklärt, dass für die Fälle, in denen eine Entgeltumwandlung **innerhalb der Arbeitsphase** beginnt, es ausreichend ist, dass mit der Entgeltumwandlung (mindestens in einem Monat) begonnen wurde.
- Für den Fall, dass die Entgeltumwandlung **erst in der Freistellungsphase** des Blockmodells begonnen wird, liegt hingegen ein unzulässiges „Entsparen" aus dem Wertguthaben vor, wodurch ein Störfall produziert wird.

Das Berechnungsprinzip zur Entgeltumwandlung bei der Altersteilzeit ist schematisch in Ziff. 3.1.3 der Durchführungsanweisungen der Bundesagentur für Arbeit zu §3 des Altersteilzeitgesetzes und in Ziff. 3.1.3.4 des Rundschreibens der Spitzenorganisationen der Sozialversicherungsträger vom 9. März 2004 (abgedruckt in Teil C 7) dargestellt.

6. Unterschiedsbetrag nach § 5 Abs. 4 TV ATZ und entsprechende Zuschüsse nach § 5 Abs. 5 TV ATZ

84 Das Altersteilzeitgesetz fordert in § 3 Abs. 1 Nr. 1 Buchst. b AtG, dass der Arbeitgeber zusätzliche Rentenversicherungsbeiträge entrichtet. Entsprechend dieser Vorgabe des Gesetzes haben die Tarifvertragsparteien in § 5 Abs. 4 TV ATZ geregelt, dass der Arbeitgeber zusätzliche Beiträge zur Rentenversicherung in der Höhe entrichtet, dass der Unterschiedsbetrag zwischen 90 v. H. des auf die Beitragsbemessungsgrenze begrenzten fiktiven bisherigen Arbeitsentgelts und dem nach § 4 TV ATZ tatsächlichen erzielten Entgelt für die Altersteilzeitarbeit versichert ist (= sog. Unterschiedsbetrag, vgl. § 163 Abs. 5 SGB VI). Das verbeitragte Entgelt nach § 4 TV ATZ umfasst auch die beitragspflichtigen Entgelte, die nicht nach § 5 Abs. 1 und 2 TV ATZ aufgestockt werden können (also Überstunden- und Mehrarbeitsentgelte, geldwerte Vorteile, Sachbezüge usw.). Den zusätzlichen Gesamtbeitrag trägt der Arbeitgeber allein (vgl. § 168 Abs. 1 Nr. 6 SGB VI). Er trägt somit insoweit sowohl den Arbeitnehmer- als auch den Arbeitgeberanteil.

Aus dem Verweis auf das in § 5 Abs. 2 TV ATZ geregelte Arbeitsentgelt ergibt sich, dass die Tarifvertragsparteien bei der „90-%-Berechnung" nach § 5 Abs. 4 TV ATZ eine dem § 3 Abs. 1 Nr. 1 Buchst. b AtG entsprechende Berechnung der zusätzlichen Beiträge zur gesetzlichen Rentenversicherung vornehmen wollen. Auf Grund der Verweisung sind auch die Entgelte für Bereitschaftsdienst und Rufbereitschaft (letztere jedoch ohne Vergütungen für angefallene Arbeit einschließlich einer etwaigen Wegezeit) bei dem der Berechnung der zusätzlichen Rentenbeiträge zu Grunde zu legenden Arbeitsentgelt zu berücksichtigen.

Hinweis!

Da in § 5 Abs. 4 TV ATZ eine Begrenzung auf 90 v. H. der Beitragsbemessungsgrenze vorgenommen ist, kann die Berechnung des zusätzlichen Rentenversicherungsbeitrags 2004 höchstens bis 4635 Euro im Tarifgebiet West und 3915 Euro im Tarifgebiet Ost gehen.

Besonders zu beachten ist, dass in dem durch das Dritte Gesetz für moderne Dienstleistungen am Arbeitsmarkt vom 23. Dezember 2003 (BGBl. I S. 2848) geänderten § 3 Abs. 1 Nr. 1 Buchst. b AtG die dort geregelte Vorgabe zum zusätzlichen Beitrag zur gesetzlichen Rentenversicherung nun vorsieht, dass für den Altersteilzeitbeschäftigten zusätzlich Beiträge zur gesetzlichen Rentenversicherung mindestens in Höhe von 80 v. H. des Regelarbeitsentgelts für die Altersteilzeit geleistet werden müssen, allerdings begrenzt auf den Unterschiedsbetrag zwischen 90 v. H. der monatlichen Beitragsbemessungsgrenze und dem Regelarbeitsentgelt, höchstens bis zur Beitragsbemessungsgrenze. Die Regelung gilt im Hinblick auf die gesetzlichen Förderleistungen für ab 1. Juli 2004 beginnende Altersteilzeitarbeitsverhältnisse sowie in Altfällen auf Antrag des Arbeitgebers.

Da Voraussetzung für das Vorliegen von Altersteilzeit im gesetzlichen Sinne erforderlich ist, dass die Aufstockungsleistungen und der zusätzliche Rentenbeitrag mindestens in der gesetzlich geforderten Höhe erbracht werden, muss der nach der tariflichen Bestimmung des §5 Abs. 4 TV ATZ zu zahlende zusätzliche Rentenversicherungsbeitrag diese gesetzlich geforderte Höhe des zusätzlichen Rentenbeitrags erreichen.

Hinsichtlich **Einmalzahlungen** ist zu beachten, dass nach dem Rundschreiben der Spitzenverbände der Sozialversicherungsträger zu versicherungs-, beitrags-, melde- und leistungsrechtlichen Auswirkungen bei der Altersteilzeit einmalig gezahltes Arbeitsentgelt für Altersteilzeit, die ab dem 1. Juli 2004 beginnt, zwar noch bei der Berechnung des Aufstockungsbetrages nach §3 Abs. 1 Nr. 1 Buchst. a AtG berücksichtigt werden kann, jedoch für die Ermittlung der zusätzlichen beitragspflichtigen Einnahme nach §163 SGB Abs. 5 SGB VI **nicht** mehr **zu berücksichtigen** ist. Eine entsprechende rentenversicherungsrechtliche Absicherung könnte allenfalls durch Zwölftelung der Einmalzahlung oder durch Erhöhung des Regelarbeitsentgelts (z. B. auf 87 v. H.) erreicht werden. Beides ist aber in §5 Abs. 4 TV ATZ **tariflich nicht vorgesehen.**

Zu der Frage, inwieweit der sozialversicherungspflichtige Teil der Umlage zur Zusatzversorgung in die Bemessungsgrundlage einzubeziehen ist, wird auf die Ausführungen in Rn. 52 verwiesen. Zur Berücksichtigung der Beitragszahlung nach §5 Abs. 4 TV ATZ im Störfall vgl. Rn. 110 a.

Beispiel zur Berechnung eines zusätzlichen Rentenversicherungsbeitrages nach §5 Abs. 4 TV ATZ:

Das Altersteilzeitentgelt im Sinne des §4 TV ATZ beträgt 1330 Euro, in diesem Betrag sind 30 Euro steuerfreie Zuschläge und 50 Euro Vergütungen für Mehrarbeitsstunden enthalten. Das bisherige Arbeitsentgelt im Sinne des §5 Abs. 2 Unterabs. 1 Satz 2 TV ATZ beträgt 2500 Euro.

Die vom Arbeitgeber allein zu tragenden Rentenversicherungsbeiträge berechnen sich im Jahre 2004 wie folgt:

Vollzeitarbeitsentgelt	2 500,00 Euro
davon 90 v. H.	2 250,00 Euro
./. Bezüge nach §4 (beitragspflichtig)	1 300,00 Euro
Bemessungsgrundlage (= Unterschiedsbetrag)	950,00 Euro
davon 19,5 v. H. als zusätzlicher Beitrag	185,25 Euro

(Zur Berechnung des zusätzlichen Rentenversicherungsbeitrags nach den Regelungen des Altersteilzeitgesetzes für ab dem 1. Juli 2004 beginnende Altersteilzeitverhältnisse wird auf Ziffer 3.1.2 der Durchführungsanweisungen der Bundesagentur für Arbeit verwiesen.)

Für diejenigen Arbeitnehmer, die von der **Versicherungspflicht in der gesetzlichen Rentenversicherung befreit** sind, werden gemäß **§5 Abs. 5 TV ATZ** entsprechende Zuschüsse zu vergleichbaren Aufwendungen des 85

Arbeitnehmers bei seiner Versorgungseinrichtung gewährt (vgl. §4 Abs. 2 AtG und §6 Abs. 1 Nr. 1 oder §231 Abs. 1 und Abs. 2 SGB VI). Ebenso wie die zusätzlichen Rentenversicherungsbeiträge unterliegen auch solche vergleichbaren Aufwendungen nicht der Steuerpflicht und sind damit nicht sozialversicherungspflichtig.

7. Abfindungsregelung nach §5 Abs. 7 TV ATZ

86 In der gesetzlichen Rentenversicherung können bei einer vorzeitigen Inanspruchnahme einer Altersrente durch den Arbeitnehmer Rentenabschläge eintreten (siehe unten Rn. 106). Die Tarifvertragsparteien haben daher, um einen zusätzlichen Anreiz für den Abschluss von Altersteilzeitvereinbarungen zu geben, in §5 Abs. 7 TV ATZ die Zahlung einer linear gestaffelten Abfindung von bis zu **maximal drei Monatsbeträgen** nach bestimmten Maßgaben vorgesehen.

In der gesetzlichen Rentenversicherung betragen die Abschläge wegen vorzeitiger Renteninanspruchnahme 0,3 v. H. je Monat. Ausgehend von einer schrittweisen Anhebung der Altersgrenze vom 60. auf das 65. Lebensjahr (= Anhebung von 60 Monaten × 0,3 v. H.) kann sich ein maximaler Abschlag von 18 v. H. ergeben.

Die in §5 Abs. 7 TV ATZ geregelte Staffelung von 5 v. H. der Bemessungsgrundlage je 0,3 Rentenminderung ergibt sich aufgrund der folgenden Berechnung

$$\frac{\text{3 Monatsbezüge}}{\text{60 Monate}} = 5 \text{ v. H.}$$

87 Der sich aus §5 Abs. 7 TV ATZ ergebende gestaffelte Abfindungssatz je vorzeitiger Renteninanspruchnahme in der gesetzlichen Rentenversicherung ist in der nachfolgenden Tabelle aufgelistet worden:

Tabelle zur Abfindung gemäß §5 Abs. 7 TV ATZ

Höhe des Rentenabschlags	Höhe der Abfindung (in v. H. eines Monatsgehalts)
0,3 v. H.	25 v. H.
0,6 v. H.	10 v. H.
0,9 v. H.	15 v. H.
1,2 v. H.	20 v. H.
1,5 v. H.	25 v. H.
1,8 v. H.	30 v. H.
2,1 v. H.	35 v. H.
2,4 v. H.	40 v. H.
2,7 v. H.	45 v. H.
3,0 v. H.	50 v. H.
3,3 v. H.	55 v. H.
3,6 v. H.	60 v. H.
3,9 v. H.	65 v. H.
4,2 v. H.	70 v. H.
4,5 v. H.	75 v. H.
4,8 v. H.	80 v. H.
5,1 v. H.	85 v. H.
5,4 v. H.	90 v. H.
5,7 v. H.	95 v. H.
6,0 v. H.	100 v. H.
6,3 v. H.	105 v. H.
6,6 v. H.	110 v. H.
6,9 v. H.	115 v. H.
7,2 v. H.	120 v. H.
7,5 v. H.	125 v. H.
7,8 v. H.	130 v. H.
8,1 v. H.	135 v. H.
8,4 v. H.	140 v. H.
8,7 v. H.	145 v. H.
9,0 v. H.	150 v. H.

Höhe des Rentenabschlags	Höhe der Abfindung (in v. H. eines Monatsgehalts)
9,3 v. H.	155 v. H.
9,6 v. H.	160 v. H.
9,9 v. H.	165 v. H.
10,2 v. H.	170 v. H.
10,5 v. H.	175 v. H.
10,8 v. H.	180 v. H.
11,1 v. H.	185 v. H.
11,4 v. H.	190 v. H.
11,7 v. H.	195 v. H.
12,0 v. H.	200 v. H.
12,3 v. H.	205 v. H.
12,6 v. H.	210 v. H.
12,9 v. H.	215 v. H.
13,2 v. H.	220 v. H.
13,5 v. H.	225 v. H.
13,8 v. H.	230 v. H.
14,1 v. H.	235 v. H.
14,4 v. H.	240 v. H.
14,7 v. H.	245 v. H.
15,0 v. H.	250 v. H.
15,3 v. H.	255 v. H.
15,6 v. H.	260 v. H.
15,9 v. H.	265 v. H.
16,2 v. H.	270 v. H.
16,5 v. H.	275 v. H.
16,8 v. H.	280 v. H.
17,1 v. H.	285 v. H.
17,4 v. H.	290 v. H.
17,7 v. H.	295 v. H.
18,0 v. H.	300 v. H.

Sind Altersteilzeitbeschäftigte von der Versicherungspflicht in der gesetzlichen Rentenversicherung befreit und Mitglied einer anderen Versorgungseinrichtung (z. B. Ärzteversorgung), bei der auch Abschläge wegen vorzeitiger

Renteninanspruchnahme vorgesehen sind, so ergibt sich aus den Vorgaben in §5 Abs. 7 TV ATZ, dass auch in diesen Fällen 5 v. H. je Abschlagsmonat der maßgebenden Bemessungsgrundlage – bis maximal 3 Monatsgehältern (vgl. Rn. 86) – anzusetzen sind.

87a Für **Angestellte im Justizvollzugsdienst** (SR 2n BAT) und im **feuerwehrtechnischen Dienst** (SR 2x BAT) sind durch den 77. Änderungstarifvertrag zum BAT vom 29. Oktober 2001 zur Höhe der Abfindungsleistung spezielle Regelungen getroffen worden.

Hintergrund dieser Regelungen ist, dass für die Angestellten im Justizvollzugsdienst und im feuerwehrtechnischen Dienst das Arbeitsverhältnis auf deren schriftlichen Antrag, ohne dass es einer Kündigung bedarf, in demselben Zeitpunkt endet, in dem ein entsprechender vergleichbarer Beamter aufgrund der jeweiligen beamtenrechtlichen Bestimmungen in den Ruhestand tritt. Gehen die Arbeitnehmer bereits mit dem 60. Lebensjahr vorzeitig in Rente, müssten sie also sich hierbei ergebende Rentenabschläge aus der gesetzlichen Rentenversicherung in Kauf nehmen. Nach den durch den 77. Änderungstarifvertrag zum BAT vom 29. Oktober 2001 eingefügten Regelungen in Nr. 2 Abs. 2 SR 2n BAT und Nr. 2 Abs. 3 SR 2x BAT ist nun eine erleichterte Inanspruchnahmemöglichkeit für Altersteilzeit in der Weise eröffnet worden, dass einem Antrag des Angestellten im Justizvollzugsdienst oder im feuerwehrtechnischen Dienst auf Vereinbarung von Altersteilzeit auch schon vor Vollendung des 60. Lebensjahres entsprochen werden soll. Im Hinblick auf die Abschläge in der gesetzlichen Regelung, von denen Altersteilzeitbeschäftigte betroffen sein können, haben die Tarifvertragsparteien in diesem Zusammenhang eine verbesserte Abfindungsregelung geschaffen. Scheidet der Angestellte im Justizvollzugsdienst bzw. im feuerwehrtechnischen Dienst, der Altersteilzeit vereinbart hat, auf eigenen Wunsch vorzeitig unter Inkaufnahme von Rentenabschlägen aus dem Altersteilzeitarbeitsverhältnis aus und steht ihm deshalb dem Grunde nach die Abfindung nach §5 Abs. 7 TV ATZ zu, erhält er nun statt 5 v. H. der Bemessungsgrundlage je 0,3 v. H. Rentenminderung 8,33 v. H. der Bemessungsgrundlage, so dass sich eine Abfindung von bis zu fünf Monatsgehältern ergeben kann.

88 **Bemessungsgrundlage** für die Abfindung ist bei den Angestellten die Vergütung bestehend aus Grundvergütung und Ortszuschlag (§26 BAT/BAT-O/BAT-Ostdeutsche Sparkassen) und den in Monatsbeträgen festgelegten Zulagen, bei den Arbeitern im Bereich des Bundes und der Länder der Monatsregellohn, der Sozialzuschlag und die ständigen Lohnzuschläge (vgl. §§ 21 Abs. 4 und 41 MTArb/MTArb-O) und entsprechend wie bei Bund und Ländern im VKA-Bereich bei den Arbeitern der Monatsgrundlohn und die entsprechenden ständigen Lohnzuschläge (§67 Nr. 26b BMT-G/BMT-G-O).

Abzustellen ist hinsichtlich der Bemessungsgrundlage auf die oben genannten Entgelte des Arbeitnehmers, die ihm im letzten Monat vor dem Ende des Altersteilzeitarbeitsverhältnisses zugestanden hätten, wenn er mit der bisherigen wöchentlichen Arbeitszeit gearbeitet hätte.

Die Zahlung eines Abfindungsbetrages nach §5 Abs. 7 TV ATZ führt in dem neuen Zusatzversorgungssystem in Form des sog. Punktemodells nicht zum Ruhen der Versorgungsrente. Auch nach den bisherigen zusatzversorgungsrechtlichen Ruhensvorschriften des Gesamtversorgungssystems (vgl. § 41 Abs. 6 VersTV-G, §65 Abs. 6 VBL-Satzung a. F.) kam es nicht zum Ruhen der Versorgungsrente. Der Abfindungsbetrag nach §5 Abs. 7 TV ATZ war auch bereits im alten Zusatzversorgungssystem als tarifvertraglich zugesagte Leistung zu qualifizieren, die weder zweckbestimmt noch zweckgebunden zur Alterssicherung gezahlt wurde. Die Zahlung soll lediglich einen zusätzlichen Anreiz für die Vereinbarung von Altersteilzeitarbeit geben und dadurch Beschäftigungschancen für Auszubildende und Arbeitslose schaffen.

Bei der Abfindungszahlung nach §5 Abs. 7 TV ATZ handelt es sich im Übrigen grundsätzlich um eine einmalige Zahlung aus Anlass der Beendigung des Arbeitsverhältnisses, sodass dieses gemäß Anlage 3 Satz 1 Nr. 13 ATV bzw. Anlage 3 Satz 1 Buchst. d ATV-K auch **kein zusatzversorgungspflichtiges Entgelt** darstellt. 89

Zu der Frage der Steuer- und Sozialversicherungsfreiheit der Abfindung nach §5 Abs. 7 TV ATZ hat z. B. das Bundesministerium des Innern mit Rundschreiben vom 20. 12. 1999 – D II 2 – 220 770 – 1/18 – (GMBl. 2000, S. 124) darauf hingewiesen, dass das Bundesministerium der Finanzen in Abstimmung mit den obersten Finanzbehörden der Länder die Auffassung vertritt, dass die nach §5 Abs. 7 TV ATZ wegen der Auflösung des Arbeitsverhältnisses gezahlte linear gestaffelte Abfindung von bis zu 3 Monatsbezügen wegen vorzeitiger Inanspruchnahme der Rente eine Abfindung im Sinne von §3 Nr. 9 EStG ist. Nach dieser Vorschrift sind je nach Dauer des Beschäftigungsverhältnisses Abfindungsbeträge von 7000 Euro bis zu 11 000 Euro steuerfrei. Diese Steuerbefreiungsgrenzen reichen in der Regel aus, um zu einer Steuerfreiheit der Abfindung nach §5 Abs. 7 TV ATZ zu kommen. Sollte der Steuerbefreiungstatbestand des §3 Nr. 9 EStG im Einzelfall einmal nicht ausreichen, so könnte noch der Steuerbefreiungstatbestand des §3 Nr. 28 EStG in Betracht kommen; dieser erfordert allerdings, dass die Zahlung zur Übernahme von Beiträgen i. S. des §187 a SGB VI durch den Arbeitgeber erbracht wird. 90

§ 6
Nebentätigkeit

Der Arbeitnehmer darf während des Altersteilzeitarbeitsverhältnisses keine Beschäftigungen oder selbstständigen Tätigkeiten ausüben, die die Geringfügigkeitsgrenze des § 8 SGB IV überschreiten, es sei denn, diese Beschäftigungen oder selbstständigen Tätigkeiten sind bereits innerhalb der letzten fünf Jahre vor Beginn des Altersteilzeitarbeitsverhältnisses ständig ausgeübt worden. Bestehende tarifliche Regelungen über Nebentätigkeiten bleiben unberührt.

1. Allgemeines

91 §6 TV ATZ enthält ein Verbot, Beschäftigungen oder selbständige Tätigkeiten während des Altersteilzeitarbeitsverhältnisses auszuüben, die die Geringfügigkeitsgrenze des §8 SGB IV überschreiten. Der Altersteilzeitarbeitnehmer, der seine Arbeitszeit auf die Hälfte der tariflichen regelmäßigen Arbeitszeit reduziert, hat hierdurch mehr an Freizeit zur Verfügung. Dieser Effekt tritt besonders deutlich beim Blockmodell in der Freistellungsphase ein. Hier würde es sich für den Altersteilzeitbeschäftigten anbieten, in der gewonnenen Freizeit eine Nebentätigkeit auszuüben oder eine bestehende Nebentätigkeit auszubauen. Da dieses aber dem gewünschten beschäftigungspolitischen Effekt (Schaffung neuer Beschäftigungsmöglichkeiten für Arbeitslose und Auszubildende) entgegenstehen würde, haben der Gesetzgeber in §5 Abs. 3 AtG und die Tarifvertragsparteien in §6 TV ATZ eine Begrenzung derartiger Nebentätigkeiten festgeschrieben. Die Nebentätigkeit darf während des Altersteilzeitarbeitsverhältnisses die Geringfügigkeitsgrenze (400 Euro monatlich) nicht überschreiten.

Mit der Regelung des §6 TV ATZ wird im Übrigen auch sichergestellt, dass der Arbeitgeber nicht seinen Anspruch auf Erstattungsleistungen gegen die Bundesagentur für Arbeit verliert, weil der Altersteilzeitbeschäftigte eine mehr als geringfügige und damit unzulässige Nebentätigkeit ausübt.

2. Vertrauensschutzregelung

92 Die Einschränkung nach §6 TV ATZ zur Ausübung von Nebentätigkeiten greift dann nicht ein, wenn der Altersteilzeitbeschäftigte bereits innerhalb der letzten fünf Jahre vor Beginn des Altersteilzeitarbeitsverhältnisses die Nebentätigkeit ständig ausgeübt hat.

Beispiel:

Ein Altersteilzeitbeschäftigter hat in den letzten fünf Jahren ständig Kurse an der Volkshochschule gegeben. Auch wenn er sich nun in Altersteilzeit befindet, kann er also weiterhin eine solche Nebenbeschäftigung ausüben, auch wenn sein Verdienst hieraus über die Geringfügigkeitsgrenze nach §8 SGB IV hinausgeht.

3. Sonstige Regelungen über Nebentätigkeiten

93 Nach §6 Satz 3 TV ATZ bleiben bestehende tarifliche Regelungen über Nebentätigkeiten unberührt (vgl. z. B. §11 BAT/BAT-O/BAT-Ostdeutsche Sparkassen/BMT-G/BMT-G-O bzw. §13 MTArb/MTArb-O). In §11 BAT wird für Nebentätigkeiten von Angestellten z. B. auf die für die Beamten des Arbeitgebers jeweils geltenden Bestimmungen verwiesen. So sind nach den §§65, 66 BBG beispielsweise bestimmte Nebentätigkeiten genehmigungspflichtig. Hier muss der Arbeitnehmer sich also vor Aufnahme einer Nebentätigkeit die Genehmigung des Arbeitgebers einholen. Diese kann beispielsweise versagt werden, wenn die Nebentätigkeit dienstliche Interessen beeinträchtigt.

Zu der speziellen Fallgestaltung der Ausübung eines kommunalen Ehrenamtes durch einen Altersteilzeitbeschäftigten, für das eine Aufwandsentschädigung oberhalb der Geringfügigkeitsgrenze von 400 Euro bezogen wird, wird auf die Ausführungen in Rn. 102a verwiesen. 93 a

§ 7
Urlaub

Für den Arbeitnehmer, der im Rahmen der Altersteilzeit im Blockmodell (§ 3 Abs. 2 Buchst. a) beschäftigt wird, besteht kein Urlaubsanspruch für die Zeit der Freistellung von der Arbeit. Im Kalenderjahr des Übergangs von der Beschäftigung zur Freistellung hat der Arbeitnehmer für jeden vollen Beschäftigungsmonat Anspruch auf ein Zwölftel des Jahresurlaubs.

1. Urlaub bei Altersteilzeitarbeit im Teilzeitmodell

Die Regelungen über den tariflich zustehenden Urlaub gelten grundsätzlich 94
auch für die in einem Altersteilzeitarbeitsverhältnis stehenden Arbeitnehmer, da der TV ATZ ein ergänzender Tarifvertrag zu den in § 1 TV ATZ genannten Manteltarifverträgen ist. Bei einem im Teilzeitmodell gemäß § 3 Abs. 2 Buchst. b TV ATZ geleisteten Altersteilzeitarbeitsverhältnis, bei dem der Arbeitnehmer durchgehend mit der Hälfte der bisherigen Arbeitszeit arbeitet, bestehen in Bezug auf den Erholungsurlaub also keinerlei Besonderheiten. Arbeitet der Altersteilzeitbeschäftigte also z. B. in der Fünftagewoche durchgehend die Hälfte der bisherigen wöchentlichen Arbeitszeit (also z. B. durchgehend 19,25 Stunden im Tarifgebiet West oder durchgehend 20 Stunden im Tarifgebiet Ost), so hat er einen ungeminderten Anspruch auf den Urlaub (z. B. nach § 48 BAT/BAT-O/BAT-Ostdeutsche Sparkassen auf in der Regel 30 Arbeitstage).

Ist die durchschnittliche regelmäßige wöchentliche Arbeitszeit auf weniger als 5 Arbeitstage verteilt, so ist der Urlaub gemäß §48 Abs. 4 Unterabs. 3 BAT/BAT-O/BAT-Ostdeutsche Sparkassen zu vermindern (für den Arbeiterbereich vgl. §43 Abs. 2 BMT-G/BMT-G-O, §48 Abs. 8 Unterabs. 3 MTArb/MTArb-O).

2. Urlaub bei Altersteilzeitarbeit im Blockmodell/ Zwölftelungsregelung

Die Tarifvertragsparteien haben jedoch eine spezielle Regelung für diejeni- 95
gen Arbeitnehmer treffen müssen, die ein Altersteilzeitarbeitsverhältnis im Blockmodell (§ 3 Abs. 2 Buchst. a TV ATZ) vereinbart haben. Für den Zeitraum, in dem sich der Arbeitnehmer in der Freistellungsphase befindet, steht ihm kein Urlaub zu. Das ist sachgerecht, da er in der Freistellungsphase von seiner Arbeitsverpflichtung befreit ist.

Tritt ein im Rahmen eines Blockmodells beschäftigter Arbeitnehmer von der Arbeitsphase in die Freistellungsphase über, so ist in diesem Jahr des Übergangs von der Beschäftigung zur Freistellung der Urlaub zu zwölfteln. Für jeden Beschäftigungsmonat steht dem Beschäftigten also ein Zwölftel des Jahresurlaubs zu. Die in §7 Satz 2 TV ATZ geregelte Zwölftelung entspringt dem in §7 Satz 1 TV ATZ festgelegten Grundsatz, dass in einer Freistellungsphase kein Urlaub genommen werden kann. Befindet sich der Beschäftigte in der Freistellungsphase, kann im Übrigen auch kein gesetzlicher Urlaub gewährt werden.

Beispiel:

Ein Arbeitnehmer geht im Oktober von der Arbeits- in die Freistellungsphase über. Ihm stehen somit $^{10}/_{12}$ seines tariflichen Urlaubs zu. Dies wären, wenn ein tariflicher Anspruch von 30 Urlaubstagen bestünde, 25 Urlaubstage. Damit wäre auch der Urlaubsanspruch aufgrund des Bundesurlaubsgesetzes erfüllt.

3. Aufrunden von Bruchteilen

96 Ergeben sich bei der Berechnung Bruchteile eines Urlaubstages, so haben das BMI, die TdL und die VKA in ihren Durchführungshinweisen mangels ausdrücklicher Regelung im TV ATZ die Empfehlung ausgesprochen, die einschlägigen manteltarifvertraglichen Regelungen anzuwenden (vgl. § 48 Abs. 5 b BAT/BAT-O/BAT-Ostdeutsche Sparkassen, § 45 a Abs. 2 BMT-G/BMT-G-O, § 48 Abs. 13 MTArb/MTArb-O). Bruchteile von Urlaubstagen können somit auf einen vollen Urlaubstag aufgerundet werden.

4. Gesetzlicher Urlaubsanspruch

97 Hinsichtlich der Regelung zum gesetzlichen Urlaubsanspruch ist zu beachten, dass im Bundesurlaubsgesetz keine Zwölftelungsregelung für den Fall enthalten ist, dass der Arbeitnehmer in der zweiten Hälfte des Jahres von der Beschäftigung in die Freistellung wechselt. §5 Abs. 1 Buchst. c Bundesurlaubsgesetz regelt das „Zwölftelungsprinzip“ vielmehr nur für den Fall, dass ein Beschäftigter nach erfüllter Wartezeit in der ersten Hälfte eines Kalenderjahres aus dem Arbeitsverhältnis ausscheidet. Dies kann im Ergebnis in bestimmten Grenzfällen dazu führen, dass der errechnete Urlaubsanspruch nach §7 Satz 2 TV ATZ unter dem gesetzlich zustehenden Urlaub liegt. Der gesetzlich zustehende Urlaub ist aber immer zu gewähren.

5. Urlaubsabgeltung

97 a Im Rahmen eines Altersteilzeitarbeitsverhältnisses kann der Fall eintreten, dass ein Altersteilzeitarbeitnehmer, der sich in der Arbeitsphase des Blockmodells befindet, während der Arbeitsphase bis hin zum Beginn der Freistellungsphase erkrankt und den ihm zustehenden Urlaub nicht mehr vor Beginn

der Freistellungsphase in Anspruch nehmen kann (eine entsprechende Fallgestaltung ist auch im Teilzeitmodell denkbar). Da der Altersteilzeitarbeitnehmer in der Freistellungsphase von der Erbringung der Arbeitsleistung befreit ist, kommt eine Urlaubsgewährung in der Freistellungsphase nicht in Betracht. Auch eine „Nachgewährung" des Urlaubsanspruchs im Anschluss an die Freistellungsphase scheidet aus, da nach der Altersteilzeitvereinbarung mit dem Ende der Freistellungsphase das Altersteilzeitarbeitsverhältnis beendet ist und sich der Ruhestand unmittelbar an die Freistellungsphase anschließt. Auch eine finanzielle Abgeltung des Urlaubs kann in diesen Fällen nicht in Betracht kommen, da in den manteltariflichen Vorschriften (z. B. §51 BAT) ausdrücklich normiert ist, dass die Regelung über eine Urlaubsabgeltung nur für Fälle der Kündigung oder einer Beendigung des Arbeitsverhältnisses durch Auflösungsvertrag oder wegen verminderter Erwerbsunfähigkeit bzw. im Falle eines Ruhens bei befristeter Rente eingreift. Der Fall der Beendigung eines Arbeitsverhältnisses wegen Altersteilzeitarbeit ist von den Tarifvertragsparteien nicht als Fall einer möglichen Urlaubsabgeltung angesprochen.

Diese Rechtsauffassung ist auch vom Arbeitsgericht Berlin mit Urteil vom 18. Oktober 2001 – 60 Ca 8706/01 – vertreten worden. In dem der Entscheidung zugrunde liegenden Fall hatte ein Arbeitnehmer Altersteilzeitarbeit im Blockmodell vereinbart, konnte dann aber aufgrund einer Erkrankung bis zum Ende der Arbeitsphase einen Resturlaub von neun Arbeitstagen nicht mehr in Anspruch nehmen. Das Arbeitsgericht hat in seinem Urteil zutreffend festgestellt, dass sich mangels einer speziellen Regelung im TV ATZ ein Anspruch auf Urlaubsabgeltung allenfalls aus den einschlägigen manteltarifvertraglichen Regelungen (z. B. §§51 BAT/BAT-O) ergeben könne; diese Regelungen würden aber eine Urlaubsabgeltung nur in den dort ausdrücklich genannten Fällen vorsehen.

Bestätigt wird die in dem Urteil des Arbeitsgerichts Berlin vertretene Rechtsprechungslinie auch in einem Urteil des LAG Baden-Württemberg vom 11. Dezember 2000, 13 Sa 65/00. In dem der Entscheidung zugrunde liegenden Rechtsstreit aus dem Tarifbereich der Metallindustrie Südbaden hatte das LAG Baden-Württemberg zu beurteilen, ob einem Altersteilzeitarbeitnehmer, der in die Freistellungsphase seines Blockmodells übergeht, bis dahin nicht gewährte Urlaubstage abzugelten seien. Das LAG Baden-Württemberg hat im Ergebnis einen Anspruch des Klägers auf Urlaubsabgeltung oder Schadensersatz aus positiver Forderungsverletzung verneint. Ein Urlaubsanspruch bestehe nicht nach §7 Abs. 4 Bundesurlaubsgesetz, da dieser ein Ende des Arbeitsverhältnisses voraussetze. Auch nach den einschlägigen tarifvertraglichen Bestimmungen war kein Anspruch auf Urlaubsabgeltung zuzuerkennen.

§ 8

Nichtbestehen bzw. Ruhen der Aufstockungsleistungen

(1) In den Fällen krankheitsbedingter Arbeitsunfähigkeit besteht der Anspruch auf die Aufstockungsleistungen (§ 5) längstens für die Dauer der Entgeltfortzahlung (z. B. § 37 Abs. 2 BAT/BAT-O), der Anspruch auf die Aufstockungsleistungen nach § 5 Abs. 1 und 2 darüber hinaus längstens bis zum Ablauf der Fristen für die Zahlung von Krankenbezügen (Entgeltfortzahlung und Krankengeldzuschuss). Für die Zeit nach Ablauf der Entgeltfortzahlung wird der Aufstockungsbetrag in Höhe des kalendertäglichen Durchschnitts des nach § 5 Abs. 1 und 2 in den letzten drei abgerechneten Kalendermonaten maßgebenden Aufstockungsbetrages gezahlt; Einmalzahlungen bleiben unberücksichtigt.

Im Falle des Bezugs von Krankengeld (§§ 44 ff. SGB V), Versorgungskrankengeld (§§ 16 ff. BVG), Verletztengeld (§§ 45 ff. SGB VII), Übergangsgeld (§§ 49 ff. SGB VII) oder Krankentagegeld von einem privaten Krankenversicherungsunternehmen tritt der Arbeitnehmer für den nach Unterabsatz 1 maßgebenden Zeitraum seine gegen die Bundesanstalt für Arbeit bestehenden Ansprüche auf Altersteilzeitleistungen (§ 10 Abs. 2 des Altersteilzeitgesetzes) an den Arbeitgeber ab.

(2) Ist der Arbeitnehmer, der die Altersteilzeitarbeit im Blockmodell ableistet, während der Arbeitsphase über den Zeitraum der Entgeltfortzahlung (z. B. § 37 Abs. 2 BAT/BAT-O) hinaus arbeitsunfähig erkrankt, verlängert sich die Arbeitsphase um die Hälfte des den Entgeltfortzahlungszeitraum übersteigenden Zeitraums der Arbeitsunfähigkeit; in dem gleichen Umfang verkürzt sich die Freistellungsphase.

(3) Der Anspruch auf die Aufstockungsleistungen ruht während der Zeit, in der der Arbeitnehmer eine unzulässige Beschäftigung oder selbstständige Tätigkeit im Sinne des § 6 ausübt oder über die Altersteilzeitarbeit hinaus Mehrarbeit und Überstunden leistet, die den Umfang der Geringfügigkeitsgrenze des § 8 SGB IV überschreiten. Hat der Anspruch auf die Aufstockungsleistungen mindestens 150 Tage geruht, erlischt er; mehrere Ruhenszeiträume werden zusammengerechnet.

Protokollerklärung:

Wenn der Arbeitnehmer infolge Krankheit den Anspruch auf eine Rente nach Altersteilzeitarbeit nicht zum arbeitsvertraglich festgelegten Zeitpunkt erreicht, verhandeln die Arbeitsvertragsparteien über eine interessengerechte Vertragsanpassung.

1. Allgemeines

98 Der § 8 TV ATZ regelt zwei Fragestellungen, zum einen in Absatz 1 den Fall des Nichtbestehens des Anspruchs auf Aufstockungsleistungen, zum anderen in Absatz 3 den Fall des Ruhens der Aufstockungsleistungen. Im Altersteilzeitgesetz findet sich der Anknüpfungspunkt für die Nichtbestehens- und die Ruhensregelung im § 5 AtG.

2. Nichtbestehen

2.1 Rechtslage bis zum 31. März 1999

Nach der **ursprünglichen Regelung** des §8 Satz 1 TV ATZ in der **bis zum 31. März 1999** geltenden Fassung, die durch den Änderungstarifvertrag Nr. 1 zum TV ATZ abgelöst worden ist, hat ein Anspruch des Arbeitnehmers auf Aufstockungsleistungen dann nicht mehr bestanden, soweit die Voraussetzung des § 10 Abs. 2 AtG vorgelegen hat. Es hat somit kein Anspruch auf Aufstockungsleistungen des Arbeitgebers bestanden, wenn der Arbeitnehmer Anspruch auf Krankengeld (§§ 44 ff. SGB V), Versorgungskrankengeld (§§ 16 ff. BVG), Verletztengeld (§§ 45 ff. SGB VII) oder Übergangsgeld (§§ 49 ff. SGB VII) hatte (zum Krankentagegeld von einem privaten Krankenversicherungsunternehmen vgl. Rn. 100). Mit Ablauf der Krankenbezugsfristen im engeren Sinne (§ 37 Abs. 2 BAT/BAT-O/BAT-Ostdeutsche Sparkassen, § 71 Abs. 2 BAT, § 34 Abs. 2 BMT-G/BMT-G-O, § 42 Abs. 2 MTArb/MTArb-O) endeten somit die Aufstockungsleistungen des Arbeitgebers. 99

Nach Ablauf dieser Fristen hat dem Arbeitnehmer im Rahmen seiner Altersteilzeitbezüge noch ein Krankengeldzuschuss nach den manteltarifvertraglichen Vorschriften zugestanden, Aufstockungsleistungen des Arbeitgebers waren daneben nicht mehr zu erbringen. Ein Anspruch auf Aufstockungsleistungen in gesetzlicher Höhe konnte allenfalls noch gegen die Bundesagentur für Arbeit bestehen, falls eine Wiederbesetzung des durch Altersteilzeit frei gewordenen Arbeitsplatzes erfolgt wäre. Das Risiko der Wiederbesetzung lag somit beim Arbeitnehmer.

Nach der bis zum 31. März 1999 geltenden Rechtslage hatte sich für den Fall, dass nach Ablauf der oben genannten Engeltfortzahlungsfristen im engeren Sinne keine Aufstockungsleistungen durch den Arbeitgeber (bzw. die Bundesagentur für Arbeit) mehr erbracht wurden, auch kein Wertguthaben i. S. des §7 SGB IV aufgebaut, da keine Beschäftigung gegen Entgelt vorgelegen hat.

Der Regelungsgehalt des §8 TV ATZ, in seiner bis zum 31. März 1999 geltenden Fassung, ist von den Gewerkschaften kritisiert worden, da der Arbeitnehmer bei langfristigen Erkrankungen spürbare finanzielle Einbußen in Kauf nehmen musste.

2.2 Rechtslage ab dem 1. April 1999

Im Rahmen der Tarifverhandlungen, die zum Abschluss des **Änderungstarifvertrages Nr. 1 TV ATZ** führten, haben sich die Tarifvertragsparteien auf eine Neufassung des §8 TV ATZ geeinigt. 100

Die durch den Änderungstarifvertrag erfolgte Neuregelung des §8 Abs. 1 Unterabs. 1 TV ATZ führt dazu, dass die Aufstockungsleistungen nach **§5 Abs. 1 und Abs. 2 TV ATZ** also längstens bis zum Ablauf der **Fristen für die Fortzahlung von Entgelt** sowie dem Krankengeldzuschuss gezahlt werden können. Sie können somit nicht nur in den Fällen des §71 BAT, sondern generell bis zum Ablauf der 26. Woche der Arbeitsunfähigkeit gezahlt werden. Die finanziellen Einbußen, die nach der bisherigen Rechtslage den Altersteilzeitbeschäftigten getroffen hätten, werden nun für den Zeitraum bis längstens zum Ablauf der Fristen für den Anspruch auf Krankenbezüge (Entgeltfortzahlung und Krankengeldzuschuss), in der Regel also für bis zu 26 Wochen, vermieden, da für diesen Zeitraum ein Anspruch auf Aufstockungsleistungen nach §5 Abs. 1 und Abs. 2 TV ATZ besteht.

Da in den Fällen, in denen der Arbeitnehmer keine Entgeltfortzahlung, sondern nur noch Krankengeld und den Krankengeldzuschuss erhält, keine Nettobezüge mehr vorliegen, von denen aus auf 83 v. H. des bisherigen Arbeitsentgelts aufgestockt werden könnte, ist im neuen §8 Abs. 1 Satz 2 TV ATZ geregelt, dass für die Zeit nach Ablauf der Entgeltfortzahlung der Aufstockungsbetrag in Höhe des kalendertäglichen Durchschnitts des nach §5 Abs. 1 und Abs. 2 TV ATZ in den letzten drei abgerechneten Kalendermonaten maßgebenden Aufstockungsbetrages zu zahlen ist. Der für die Ermittlung herangezogene Durchschnitt eines Dreimonatszeitraumes lehnt sich dabei an die Regelung des §14 MuSchG an. Tarifvertraglich ist durch den letzten Halbsatz des §8 Abs. 1 Satz 2 TV ATZ klargestellt, dass Einmalzahlungen (z. B. Zuwendung, Urlaubsgeld) bei der Berechnung des Durchschnittsbetrages unberücksichtigt bleiben.

Für die Aufstockungsleistungen nach **§5 Abs. 4 TV ATZ** verbleibt es nach Ablauf der Krankenbezugsfristen im engeren Sinne jedoch dabei, dass keine Zahlung mehr durch den Arbeitgeber erfolgt.

Die Aufstockungsbeiträge zum Arbeitsentgelt und die zusätzlichen Beiträge zur Rentenversicherung sind nicht sozialversicherungspflichtig und werden bei der Bemessung des Krankengeldes, Versorgungskrankengeldes, Verletztengeldes und Übergangsgeldes nicht berücksichtigt (§10 Abs. 2 AtG). In den Fällen des Bezugs einer solchen Entgeltersatzleistung tritt die Bundesagentur unter bestimmten Voraussetzungen an die Stelle des Arbeitgebers. Durch das Gesetz zur Fortentwicklung der Altersteilzeit ist geregelt worden, dass Entsprechendes auch dann gilt, wenn ein Arbeitnehmer Krankentagegeld von einem privaten Krankenversicherungsunternehmen erhält. In §8 Abs. 1 Unterabs. 2 TV ATZ ist diesbezüglich eine Regelung enthalten, die der Verwaltungsvereinfachung dient. Sobald der Arbeitgeber Aufstockungsleistungen auch für Zeiträume zahlt, für die der Altersteilzeitbeschäftigte seinerseits Ansprüche gegen die Bundesagentur für Arbeit geltend machen kann, gelten die Leistungen der Bundesagentur als an den Arbeitgeber abgetreten. Dies gilt seit der Anpassung des §8 Abs. 1 Unterabs. 2 TV ATZ an die Änderung in §10 Abs. 2 AtG durch den Änderungstarifvertrag Nr. 2 zum TV ATZ auch im Falle des Krankentagegeldes von einem privaten Krankenversicherungsunternehmen.

Erkrankt ein Altersteilzeitbeschäftigter in der Arbeitsphase des **Blockmodells** über die Entgeltfortzahlungsfristen hinaus, so ergibt sich das Problem, dass für diesen Zeitraum kein **Wertguthaben im sozialversicherungsrechtlichen Sinn** (vgl. §7 Abs. 1a SGB IV) aufgebaut wird, welches vom Arbeitnehmer in der Freistellungsphase des Blockmodells zur Gewährleistung einer sozialversicherungspflichtigen Beschäftigung in Anspruch genommen werden kann. Bis zum Abschluss des Änderungstarifvertrages Nr. 1 zum TV ATZ war für diese Problematik keine Regelung im TV ATZ enthalten. Die Arbeitsvertragsparteien mussten also selbst nach geeigneten Wegen suchen, um sozialrechtliche Nachteile zu vermeiden. Mit der durch den Änderungstarifvertrag Nr. 1 zum TV ATZ für das Blockmodell erfolgten Neuregelung in §8 Abs. 2 TV ATZ haben die Tarifvertragsparteien nun für den Fall der über die Entgeltfortzahlungsfristen hinausgehenden Erkrankung des Altersteilzeitbeschäftigten festgelegt, dass sich der Zeitpunkt des Wechsels von der Arbeits- in die Freistellungsphase um die Hälfte der nach Ablauf der Entgeltfortzahlung ausgefallenen Arbeitszeit hinausschiebt. Der Arbeitnehmer kann also durch **Nacharbeit** das Wertguthaben wieder aufbauen. Mit der Vorgabe des tarifvertraglichen Standardmodells in §8 Abs. 2 TV ATZ entfällt hierzu somit die Notwendigkeit einer besonderen arbeitsvertraglichen Vereinbarung.

Da der Arbeitnehmer zum Aufbau des Wertguthabens die Hälfte des Ausfallzeitraums nacharbeiten muss, ist es möglich, dass sich ein halber Tag als nachzuarbeitender Zeitraum ergibt (Beispiel: Ausfallzeitraum von 17 Tagen; nachzuarbeiten wären 8,5 Tage). Im TV ATZ ist im Zusammenhang mit der Nacharbeit keine Rundungsvorschrift vorgesehen; es ist also gegebenenfalls ein halber Tag nachzuarbeiten. Dies bereitet in der betrieblichen Praxis aber keine Schwierigkeiten, da ein Arbeiten für halbe Tage (vgl. Teilzeitbeschäftigung) häufig vorkommt.

Für Arbeitnehmer, die wegen längerer Arbeitsunfähigkeit die für eine Rente nach Altersteilzeit erforderlichen 24 Kalendermonate Altersteilzeit bis zum vereinbarten Endtermin des Altersteilzeitarbeitsverhältnisses nicht mehr erreichen können, sieht die **Protokollerklärung zu §8 TV ATZ** einen Anspruch auf eine interessengerechte Vertragsanpassung vor.

Sollten vor dem In-Kraft-Treten des Änderungstarifvertrages Nr. 1 zum TV ATZ am 1. April 1999 schon Zeiten einer Arbeitsunfähigkeit vorgelegen haben, so sind diese mit zu berücksichtigen, damit die oben genannten sozialversicherungsrechtlichen Nachteile für den Arbeitnehmer vermieden werden.

3. Ruhen/Erlöschen

Nach §8 Abs. 3 Satz 1 TV ATZ ruht der Anspruch auf Aufstockungsleistun- **101**
gen während der Zeit, in der der Altersteilzeitbeschäftigte eine unzulässige Beschäftigung oder selbständige Tätigkeit im Sinne des §6 TV ATZ ausübt oder über die Altersteilzeit hinaus Mehrarbeit und Überstunden oberhalb der Geringfügigkeitsgrenze des §8 SGB IV leistet (400 Euro monatlich).

Hinweis!

Zu den entsprechenden Regelungen in §5 Abs. 3 und 4 AtG hat die Bundesagentur für Arbeit die Auffassung vertreten, dass – nicht zuletzt im Sinne einer flexiblen betrieblichen Handhabung – die beiden Tatbestände (einerseits Nebentätigkeiten, andererseits Mehrarbeit) getrennt zu betrachten und daher **nicht zusammenzurechnen** sind.

Mehrarbeit/Überstunden im Sinne des §8 TV ATZ sind nur solche Stunden, die der Arbeitnehmer über die Altersteilzeit hinaus leistet. Hinsichtlich des Überstundenbegriffs ist zu beachten, dass nur über die regelmäßige wöchentliche Arbeitszeit hinaus geleistete Arbeitsstunden bei Vorliegen der jeweiligen tariflichen Voraussetzungen (z. B. Anordnung durch den Arbeitgeber, vgl. beispielsweise § 17 BAT/BAT-O, § 19 Abs. 2 MTArb/MTArb-O) Überstunden darstellen (siehe Rn. 49). Aufgrund seiner Fürsorgepflicht sollte der Arbeitgeber bei der Anordnung von Mehrarbeits-/Überstunden bei Altersteilzeitbeschäftigten beachten, dass diese nicht über die Geringfügigkeitsgrenze hinausgehen.

Bei den in den Protokollerklärungen Nrn. 1 und 2 zu §3 Abs. 1 TV ATZ genannten Arbeitnehmern (also u. a. die **Kraftfahrer nach den Pauschallohn-Tarifverträgen**) ist zu beachten, dass diese keine Mehrarbeit über die Altersteilzeit hinaus leisten. Bei diesen ist die zu leistende Arbeit als regelmäßige Arbeit zu qualifizieren. Dies gilt also auch im Rahmen des §8 TV ATZ.

102 Keine Mehrarbeit im Sinne der Regelungen des §8 TV ATZ stellen Bereitschaftsdienst und Rufbereitschaft dar. Dies hat das Bundesministerium für Arbeit und Sozialordnung im Übrigen auch für den Bereich des Altersteilzeitgesetzes bereits schriftlich bestätigt. Nur die im Rahmen der Rufbereitschaft tatsächlich geleisteten Arbeitsstunden sind wie Mehrarbeit zu behandeln und führen zum Ruhen, wenn die in §8 SGB IV genannten Grenzen überschritten werden.

102 a Im Zusammenhang mit der Regelung des §8 Abs. 3 aber auch des §6 Satz 1 TV ATZ, die an den Regelungsgehalt des §5 Abs. 3 AtG anknüpfen, war die spezielle Frage aufgetaucht, ob für Altersteilzeitler, die ein **kommunales Ehrenamt** ausüben (z. B. als Ortsbürgermeister) und die hierfür eine Aufwandsentschädigung erhalten, die oberhalb der Geringfügigkeitsgrenze (400 Euro) liegt, die Vorschrift über ein Ruhen der Leistungen (§5 Abs. 3 AtG, §6 Satz 1 TV ATZ) Anwendung findet. Würde man bei einschränkender Normenauslegung eine derartige Aufwandsentschädigung für kommunale Ehrenämter als verbeitragtes Arbeitsentgelt im Sinne der genannten Regelungen ansehen, dann wäre dieser Personenkreis faktisch von der Möglichkeit der Vereinbarung von Altersteilzeitarbeit ausgeschlossen.

Auf Anfrage der VKA mit Schreiben vom 5. Oktober 2001 hat die Bundesagentur für Arbeit mit Antwortschreiben vom 14. Januar 2002 ausdrücklich darauf hingewiesen, dass die Ausübung einer ehrenamtlichen Tätigkeit als

Ortsbürgermeister keine Nebentätigkeit im Sinne des §5 Abs. 3 AtG darstellt und die für das kommunale Ehrenamt gewährte Aufwandsentschädigung auch keine sozialrechtlichen Auswirkungen auf die Altersteilzeitarbeit habe. Im Weiteren weist die Bundesagentur darauf hin, dass die Aufwandsentschädigung insoweit auch kein Arbeitsentgelt für die Altersteilzeitarbeit im Sinne von §3 Abs. 1 Nr. 1 Buchst. b AtG darstellt.

Nach §8 Abs. 3 Satz 2 TV ATZ erlischt der Anspruch auf die Aufstockungs- **103** leistungen, wenn der Anspruch **150 Kalendertage** geruht hat. Mehrere Ruhenszeiträume werden dabei zusammengerechnet.

4. Protokollerklärung zu §8 TV ATZ

Die Protokollerklärung zu §8 TV ATZ stellt bei Arbeitnehmern, die wegen **104** längerer Arbeitsunfähigkeitszeiten die für den Anspruch auf die Altersrente nach Altersteilzeitarbeit (§237 SGB VI; vormals §38 SGB VI) erforderlichen 24 Kalendermonate Altersteilzeitarbeit bis zu dem in der Altersteilzeitvereinbarung festgelegten Beendigungstermin für das Arbeitsverhältnis nicht mehr erfüllen können, sicher, dass diesen ein Anspruch auf eine interessengerechte Vertragsanpassung zusteht (vgl. auch Rn. 122).

§9
Ende des Arbeitsverhältnisses

(1) Das Arbeitsverhältnis endet zu dem in der Altersteilzeitvereinbarung festgelegten Zeitpunkt.

(2) Das Arbeitsverhältnis endet unbeschadet der sonstigen tariflichen Beendigungstatbestände (z. B. §§53 bis 60 BAT/BAT-O)

a) mit Ablauf des Kalendermonats vor dem Kalendermonat, für den der Arbeitnehmer eine Rente wegen Alters oder, wenn er von der Versicherungspflicht in der gesetzlichen Rentenversicherung befreit ist, eine vergleichbare Leistung einer Versicherungs- oder Versorgungseinrichtung oder eines Versicherungsunternehmens beanspruchen kann; dies gilt nicht für Renten, die vor dem für den Versicherten maßgebenden Rentenalter in Anspruch genommen werden können oder

b) mit Beginn des Kalendermonats, für den der Arbeitnehmer eine Rente wegen Alters, eine Knappschaftsausgleichsleistung, eine ähnliche Leistung öffentlich-rechtlicher Art oder, wenn er von der Versicherungspflicht in der gesetzlichen Rentenversicherung befreit ist, eine vergleichbare Leistung einer Versicherungs- oder Versorgungseinrichtung oder eines Versicherungsunternehmens bezieht.

(3) Endet bei einem Arbeitnehmer, der im Rahmen der Altersteilzeit nach dem Blockmodell (§3 Abs. 2 Buchst. a) beschäftigt wird, das Arbeitsverhält-

nis vorzeitig, hat er Anspruch auf eine etwaige Differenz zwischen den nach den §§4 und 5 erhaltenen Bezügen und Aufstockungsleistungen und den Bezügen für den Zeitraum seiner tatsächlichen Beschäftigung, die er ohne Eintritt in die Altersteilzeit erzielt hätte. Bei Tod des Arbeitnehmers steht dieser Anspruch seinen Erben zu.

Protokollerklärung zu Absatz 2 Buchst. a:

Das Arbeitsverhältnis einer Arbeitnehmerin endet nicht, solange die Inanspruchnahme einer Leistung im Sinne des Absatzes 2 Buchst. a zum Ruhen der Versorgungsrente nach §41 Abs. 7 VersTV-G, §65 Abs. 7 VBL-Satzung führen würde.

1. Allgemeines

105 §9 TV ATZ regelt verschiedene Tatbestände, nach denen das Arbeitsverhältnis des Altersteilzeitarbeitnehmers endet.

106 Nach §9 **Abs. 1** TV ATZ endet das Arbeitsverhältnis grundsätzlich mit dem in der zwischen Arbeitgeber und Arbeitnehmer abgeschlossenen Altersteilzeitvereinbarung festgelegten Zeitpunkt. In der Regel wird ein Beendigungszeitpunkt zwischen dem 60. und 65. Lebensjahr vereinbart worden sein. Der Zeitpunkt wird in der Praxis in der Regel so vereinbart, dass der Arbeitnehmer anschließend in Rente gehen kann.

106a Weiterhin finden auf das Arbeitsverhältnis des Altersteilzeitarbeitnehmers die allgemeinen manteltarifvertraglichen Beendigungsvorschriften Anwendung (vgl. z. B. §§53 bis 60 BAT). Da somit auch die allgemeinen manteltariflichen Kündigungsvorschriften im Altersteilzeitarbeitsverhältnis Anwendung finden, stellt sich die Frage, ob ggf. **Besonderheiten bei der Kündigung** eines Altersteilzeitarbeitnehmers bestehen. Dies ist im Grundsatz nicht der Fall. Weder aus dem Altersteilzeitgesetz noch aus dem TV ATZ ergeben sich begrenzende Regelungen für den Ausspruch einer Kündigung. Faktisch ist jedoch bei dem Ausspruch einer Kündigung zu berücksichtigen, ob Altersteilzeitarbeit im Blockmodell oder im Teilzeitmodell vereinbart worden ist.

Befindet sich ein Altersteilzeitarbeitnehmer in der Freistellungsphase des Blockmodells, wird in der Regel kein Grund für eine Kündigung gegeben sein. Personenbedingte Gründe (z. B. Krankheit), verhaltensbedingte Gründe (z. B. unrechtmäßige Arbeitsverweigerung) oder betriebsbedingte Gründe (z. B. Umstrukturierungen – diese könnten allenfalls einen Wiederbesetzer betreffen –) spielen keine Rolle, da der Arbeitnehmer bereits seine Vorleistung in der Arbeitsphase vollständig erbracht hat. Denkbar wäre allenfalls eine Kündigung wegen Verletzung von Pflichten aus dem Arbeitsverhältnis, die nichts mit der Pflicht zur Arbeitsleistung zu tun haben (z. B. Beleidigung des Arbeitgebers).

In der Arbeitsphase des Blockmodells können hingegen Kündigungen aus personen-, verhaltens- oder betriebsbedingten Gründen ohne Beachtung von Besonderheiten ausgesprochen werden. Allenfalls bei der Frage der Sozialauswahl kann der Umstand, dass ein Altersteilzeitarbeitsverhältnis vereinbart worden ist, besonders zu berücksichtigen sein (vgl. hierzu Stück, NZA 2000, S. 749 ff.). Bei der Kündigung eines im Blockmodell durchgeführten Altersteilzeitarbeitsverhältnisses muss wegen der vom Arbeitnehmer erbrachten Vorleistungen eine Rückabwicklung erfolgen (vgl. Rn. 109 ff.).

Bei einer Durchführung des Altersteilzeitarbeitsverhältnisses im Teilzeitmodell bestehen im Rahmen von personen-, verhaltens- und betriebsbedingten Kündigungen grundsätzlich keine Besonderheiten. Allenfalls kann wiederum bei dem Aspekt „Sozialauswahl" der Umstand, dass ein Altersteilzeitarbeitsverhältnis vereinbart worden ist, eine Rolle spielen. Probleme in Bezug auf eine Rückabwicklung des Altersteilzeitarbeitsverhältnisses stellen sich hier nicht.

Auch wenn in § 9 **Abs. 2** TV ATZ noch weitere Beendigungstatbestände **106 b**
geregelt sind, die ausdrücklich an Rententatbestände anknüpfen, ist es dennoch wichtig, einen klaren Beendigungszeitpunkt von vornherein in der Altersteilzeitvereinbarung festzulegen, da damit für beide Seiten von vornherein **Klarheit über den Ausscheidenszeitpunkt** besteht.

Unabhängig von dem in § 9 Abs. 1 TV ATZ geregelten Beendigungstatbestand endet das Arbeitsverhältnis in jedem Fall gemäß § 9 Abs. 2 Buchst. b TV ATZ, wenn der Altersteilzeitbeschäftigte eine Rente wegen Alters, eine Knappschaftsausgleichsleistung, eine ähnliche Versorgung öffentlich-rechtlicher Art oder, für den Fall, dass der Arbeitnehmer von der gesetzlichen Rentenversicherung befreit ist, eine vergleichbare Leistung einer Versicherungs- oder Versorgungseinrichtung bzw. eines Versicherungsunternehmens tatsächlich bezieht.

Anders als beim Beendigungstatbestand des § 9 Abs. 2 Buchst. b TV ATZ; bei dem das Arbeitsverhältnis zu dem Zeitpunkt endet, wenn der Altersteilzeitbeschäftigte eine Rente oder vergleichbare Leistung tatsächlich bezieht, regelt § 9 Abs. 2 Buchst. a TV ATZ, dass das Arbeitsverhältnis auch zu dem Zeitpunkt automatisch endet, wenn der Arbeitnehmer eine Rente wegen Alters ohne Inkaufnahme von Abschlägen in Anspruch nehmen könnte (vgl. hinsichtlich der Altersrente für Frauen Rn. 111). Der Möglichkeit der Inanspruchnahme einer abschlagsfreien Rente, steht für den Fall, dass der Arbeitnehmer in der gesetzlichen Rentenversicherung befreit ist, die Möglichkeit der Beanspruchung einer vergleichbaren Leistung einer Versicherungs- oder Versorgungseinrichtung bzw. eines Versicherungsunternehmens gleich.

Hinsichtlich der Beendigung der Altersteilzeit wegen Nichtvorliegens einer versicherungspflichtigen Beschäftigung in Fällen des § 27 Abs. 5 SGB III wird auf Rn. 10 verwiesen.

2. Rentenarten

107 Um den Zeitpunkt festzustellen, ab dem der Altersteilzeitbeschäftigte eine Altersrente ohne Rentenabschläge in Anspruch nehmen könnte, ist auf die in Betracht kommende **Rentenart** abzustellen.

- Die **Regelaltersrente** nach §35 SGB VI steht nach Erfüllung einer allgemeinen Wartezeit von fünf Jahren und ab Vollendung des 65. Lebensjahres zu.
- Die **Altersrente für langjährig Versicherte** nach §§36 bzw. 236 SGB VI steht nach einer Wartezeit von 35 Jahren zu. Die Altersgrenze von 62 Jahren (§36 SGB VI) bzw. 63 Jahren (§236 SGB VI) wird ab 1. Januar 2000 in Monatsschritten auf 65 Jahre angehoben. Dies gilt für die Jahrgänge 1937 und jünger.
- Die **Altersrente für schwerbehinderte Menschen** nach §§ 37, 236 a SGB VI steht nach einer Wartezeit von 35 Jahren zu und setzt die Anerkennung als schwerbehinderter Mensch bzw. das Vorliegen einer Berufsunfähigkeit oder Erwerbsunfähigkeit nach dem am 31. Dezember 2000 geltenden Recht voraus. Für Schwerbehinderte wird die Altersgrenze von bisher 60 Jahren auf 63 Jahre angehoben.

Hinweis!

Durch das Gesetz zur Reform der Renten wegen verminderter Erwerbsfähigkeit vom 20. Dezember 2000 (BGBl. I S. 1827) ist §236 a SGB VI neu gefasst worden, was nachfolgende Auswirkungen für eine Inanspruchnahme von Altersteilzeitarbeit durch schwerbehinderte Menschen hat.

- Mit der Fassung des §236 a SGB VI in der Fassung des Gesetzes zur Reform der Renten wegen verminderter Erwerbsfähigkeit wird die Altersgrenze von 60 Jahren nach Satz 2 dieser Regelung für die Geburtsjahrgänge ab 1941 schrittweise auf das 63. Lebensjahr angehoben. Die stufenweise Anhebung der Altersgrenze und die Möglichkeit der vorzeitiger Inanspruchnahme richtet sich nach der Tabelle 22 zum SGB VI (abgedruckt in Teil C, 8.7).
- Nach der in §236 a Satz 5 SGB VI getroffenen Vertrauensschutzregelung gilt die Anhebung der Altersgrenze von 60 Jahren allerdings nicht für Beschäftigte, die
  - bis zum 16. November 1950 geboren sind und am 16. November 2000 anerkannt schwerbehindert, berufsunfähig oder erwerbsunfähig nach dem am 31. Dezember 2000 geltenden Recht waren oder
  - vor dem 1. Januar 1942 geboren sind und 45 Jahre mit Pflichtbeiträgen für eine versicherte Beschäftigung oder Tätigkeit (ohne Pflichtbeiträge für Entgeltersatzleistungen bei Arbeitslosigkeit) haben.

Hinweis!

Arbeitnehmer, die unter die Regelung des §236a Satz 2 SGB VI fallen, müssen eine Anhebung der Altersgrenze hinnehmen. Einzelheiten sind der im Teil C unter Nr. 8 abgedruckten Tabelle zu entnehmen.

Verlagert sich bei Arbeitnehmern aufgrund des Gesetzes zur Reform der Renten wegen verminderter Erwerbsfähigkeit der frühestmögliche Zeitpunkt, zu dem eine abschlagsfreie Altersrente für schwerbehinderte Menschen in Anspruch genommen werden kann, nach vorne, so ist für bereits abgeschlossene Altersteilzeitarbeitsverträge zu beachten, dass sich der Zeitpunkt der Beendigung des Arbeitsverhältnisses gemäß §9 Abs. 2 Buchst. a TV ATZ nunmehr ebenfalls vorverlagert. Dies würde für eine im Blockmodell vereinbarte Altersteilzeitarbeit bedeuten, dass die Vereinbarung über die Lage der Arbeitsphase und der Freistellungsphase der neuen gesetzlichen Situation angepasst werden muss.

Darüber hinaus kann sich bei einem Arbeitnehmer, der eine Altersteilzeitvereinbarung abgeschlossen hat, um zu einem bestimmten Zeitpunkt ohne Rentenabschläge in den Ruhestand zu gehen, angesichts der politischen Diskussion zum Rentenrecht („Rente ab 60"), die Frage stellen, ob die Möglichkeit bestünde, das Altersteilzeitarbeitsverhältnis nach den Grundsätzen des Wegfalls der Geschäftsgrundlage aufzukündigen und gegebenenfalls die Beschäftigung zu den vor Abschluss der Altersteilzeitvereinbarung bestehenden Bedingungen zu verlangen, um damit Rentennachteilen zu entgehen.

Das BAG hat zu diesem Fragenkreis mit Urteilen vom 14. März 2000 – 9 AZR 204/99, 9 AZR 312/99, 9 AZR 493/99 – entschieden, dass der Arbeitgeber gegenüber dem Arbeitnehmer nicht verpflichtet ist, nach den Regelungen des Wegfalls der Geschäftsgrundlage etwaige sich aus Gesetzesänderungen ergebende Rentennachteile auszugleichen. Das Risiko der Änderung des gesetzlichen Rentenrechts hat allein der Arbeitnehmer zu tragen und nicht der Arbeitgeber. Dies ist bei etwaigen Gesprächen zwischen Arbeitgeber und Arbeitnehmer über eine Anpassung der Vertragsbedingungen an die neue Situation zu berücksichtigen.

Hinweis!

Für Altersteilzeitvereinbarungen folgt aus der BAG-Rechtsprechung, dass ein Arbeitnehmer, **soweit nicht vertraglich eine andere Aussage getroffen wird,** spätere Nachteile aus Änderungen im Rentenrecht in Kauf nehmen muss.

- Die **Altersrente wegen Arbeitslosigkeit oder nach Altersteilzeitarbeit** gemäß §237 SGB VI (bis zum 31. Dezember 1999: §38 SGB VI) steht nach einer Wartezeit von 15 Jahren zu und setzt insgesamt 52 Wochen – nach Vollendung eines Lebensalters von 58 Jahren und 6 Monaten – Arbeitslosigkeit vor Beginn der Rente bzw. mindestens 24 Kalendermonate Altersteilzeitarbeit voraus. Die Altersgrenze von bisher 60 Jahren wird seit

1. Januar 1997 in Monatsschritten auf 65 Jahre angehoben; betroffen sind die Jahrgänge 1937 und jünger.

Die Altersgrenze für die vorzeitige Inanspruchnahme der Altersrente wegen Arbeitslosigkeit oder nach Altersteilzeit wird nach § 237 Abs. 5 SGB VI in der Fassung des Gesetzes zur Sicherung der nachhaltigen Finanzierungsgrundlagen der gesetzlichen Rentenversicherung (RV-Nachhaltigkeitsgesetz) vom 21. 7. 2004 (BGBl. I S. 1791) allerdings für alle nach dem 31. Dezember 1945 geborenen Versicherten in der Zeit vom 1. Januar 2006 bis zum 31. Dezember 2008 vom 60. auf das 63. Lebensjahr angehoben. Für Versicherte, die bereits vor dem 1. Januar 2004 Altersteilzeitarbeit vereinbarte haben, wird die Altersgrenze hingegen nicht angehoben. Maßgebend für den Stichtag ist der Zeitpunkt des Abschlusses der Altersteilzeitvereinbarung, nicht der tatsächliche Beginn der Altersteilzeit.

- Die **Altersrente für Frauen** (§ 237 a SGB VI; bis zum 31. Dezember 1999: § 39 SGB VI) steht nach einer Wartezeit von 15 Jahren sowie unter der Voraussetzung zu, dass nach Vollendung des 40. Lebensjahres mehr als zehn Jahre Pflichtbeiträge geleistet worden sind. Die Altersgrenze von bisher 60 Jahren wird ab 1. Januar 2000 in Monatsschritten auf 65 Jahre angehoben; betroffen sind die Jahrgänge 1940 und jünger.

3. Zeitpunkt der Inanspruchnahme einer abschlagsfreien Rente

108 **Hinweis!**

Der bei einem einzelnen Arbeitnehmer frühestmögliche Zeitpunkt, zu der er ohne Abschläge eine Altersrente in Anspruch nehmen kann, lässt sich den Tabellen in Teil C, Nr. 8 entnehmen. Diese Tabellen unterscheiden zwischen Versicherten, bei denen ein Vertrauensschutztatbestand eingreift und solchen ohne Vertrauensschutz.

Ein Vertrauensschutz besteht für die Altersrente für langjährig Versicherte, für die Altersrente wegen Arbeitslosigkeit oder nach Altersteilzeitarbeit sowie für die Altersrente für Frauen. Vertrauensschutz genießen dabei diejenigen Versicherten, die vor dem 1. Januar 1942 geboren sind und 45 Jahre mit Pflichtbeiträgen für eine versicherte Beschäftigung oder Tätigkeit (ohne Zeiten des Bezugs von Arbeitslosengeld oder Arbeitslosenhilfe) belegt haben (vgl. § 236 Abs. 2 Nr. 1, § 237 Abs. 4 Nr. 3 und § 237 a Abs. 3 Nr. 3 SGB VI in der ab 1. Januar 2000 geltenden Fassung). Für diese Versicherten gelten besondere Tabellen über die Anhebung der Altersgrenze.

Tipp!

Zu den Einzelheiten im Zusammenhang mit den rentenrechtlichen Fragestellungen empfiehlt es sich, möglichst frühzeitig Kontakt mit dem Rentenversicherungsträger aufzunehmen, insbesondere wegen der Frage, ab wann im Einzelfall der maßgebende Zeitpunkt liegt, von dem an die Inanspruchnahme einer Altersrente ohne Inkaufnahme von Rentenabschlägen möglich ist.

4. Differenzbetrag nach §9 Abs. 3 TV ATZ/Behandlung von „Störfällen"

Im Verlauf eines Altersteilzeitarbeitsverhältnisses kann der Fall eintreten, dass dieses aus bestimmten Gründen (z. B. Tod oder Auflösung des Arbeitsverhältnisses) vorzeitig endet. Zur Abwicklung derartiger Störfälle sind sowohl im Tarifvertragsrecht als auch im Sozialversicherungs-, Steuer- und Zusatzversorgungsrecht Besonderheiten zu beachten. Insbesondere ist die in §9 Abs. 3 TV ATZ geregelte arbeitsrechtliche Abwicklung von Störfällen von der sozialversicherungsrechtlichen Behandlung zu unterscheiden. **109**

Die Tarifvertragsparteien haben in §9 Abs. 3 TV ATZ eine Regelung für den Fall getroffen, dass das **Altersteilzeitarbeitsverhältnis,** das im Rahmen des Blockmodells abgeleistet worden ist, in der Weise gestört wird, dass es vorzeitig endet. Es war durch die Tarifvertragsparteien zu regeln, was im Fall der vorzeitigen Beendigung des Altersteilzeitarbeitsverhältnisses dem Arbeitnehmer bzw. – wenn dieser verstorben ist – seinen Erben aus dem Arbeitsverhältnis tarifrechtlich noch an Leistungen zusteht. Da der Arbeitnehmer im Blockmodell in der Arbeitsphase mit der vollen regelmäßigen tariflichen Arbeitszeit weiterarbeitet, hierfür aber grundsätzlich nur 83 v. H. an Entgelt (Altersteilzeitbezüge und Aufstockungsleistungen) erhält, kann sich ein Nachzahlungsanspruch ergeben. **110**

Nach §9 Abs. 3 TV ATZ haben der Arbeitnehmer bzw. seine Erben daher einen Anspruch auf eine etwaige Differenz zwischen den Bezügen, die er nach §§4 und 5 TV ATZ (beachte aber Rn. 110 a) erhalten hat und den Bezügen, die er für den Zeitraum seiner tatsächlichen Beschäftigung ohne Eintritt in die Altersteilzeit erzielt hätte.

Beispiel (fiktiv):

Ein Arbeitnehmer hat 3 Jahre Altersteilzeitarbeit im Blockmodell vereinbart. An eine Arbeitsphase von 18 Monaten sollte sich also eine 18-monatige Freistellungsphase anschließen. Der Arbeitnehmer verstirbt bereits nach Ablauf von zehn Monaten Altersteilzeitarbeit, also noch während der Arbeitsphase. Für die Berechnung nach §9 Abs. 3 TV ATZ wird davon ausgegangen, dass das bisherige Brutto des Arbeitnehmers 2500 Euro und sein Altersteilzeitbrutto 1250 Euro beträgt. Außerdem steht ihm nach §5 Abs. 1 und 2 TV ATZ ein Aufstockungsbetrag von 400 Euro und ein zusätzlicher Rentenbetrag nach §5 Abs. 4 TV ATZ von 200 Euro zu. Um das Prinzip der Berechnung nach §9 Abs. 3 TV ATZ zum Nachzahlungsbetrag darzustellen, soll im Folgenden aus Vereinfachungsgründen die Berechnung ohne Berücksichtigung der Zuwendung und des Urlaubsgeldes erfolgen.

Bezüge für den Zeitraum der tatsächlichen Beschäftigung, die der Arbeitnehmer ohne Eintritt in die Altersteilzeit hätte	10 × 2 500 Euro =	25 000 Euro
abzüglich Altersteilzeitbezüge	10 × 1 250 Euro =	12 500 Euro

abzüglich Aufstockungsleistungen nach §5 Abs. 1, Abs. 2 und Abs. 4 TV ATZ (beachte aber Rn. 110 a) (10 × 400) + (10 × 200)	4 000 Euro + 2 000 Euro =	6 000 Euro
Nachzahlungsbetrag		6 500 Euro

Wäre der Arbeitnehmer z. B. nach 25 Monaten verstorben, also zu einem Zeitpunkt, wo er sich bereits in der Freistellungsphase befunden hat, so ergäbe sich folgende Berechnung:

Bezüge für den Zeitraum der tatsächlichen Beschäftigung, die der Arbeitnehmer ohne Eintritt in die Altersteilzeit hätte	18 × 2 500 Euro =	45 000 Euro
abzüglich Altersteilzeitbezüge	25 × 1 250 Euro =	31 250 Euro
abzüglich Aufstockungsleistungen nach §5 Abs. 1, Abs. 2 und Abs. 4 TV ATZ (25 × 400) + (25 × 200)	10 000 Euro + 5 000 Euro =	15 000 Euro
Nachzahlungsbetrag		0 Euro

(Eine vom Wortlaut des §9 Abs. 3 TV ATZ abweichende Berechnung für den Fall, dass sich der Arbeitnehmer bei Eintritt des Störfalls bereits in der Freistellungsphase befand, vertritt Clemens/Scheuring/Steingen/Wiese, Kommentar zum BAT-Kommentar, Teil VI, 20.2; dagegen ausdrücklich BAG in Urteilen vom 18. Oktober 2003 – 9 AZR 146/03 und 18. November 2003 – 9 AZR 270/03).

110 a Besonders zu beachten ist, dass das Bundesarbeitsgericht mit Urteil vom 18. November 2003 – 9 AZR 270/93 – die Aussage getroffen, der Arbeitgeber sei bei der Differenzberechnung nach §9 Abs. 3 TV ATZ nicht berechtigt, die von ihm allein zu tragenden zusätzlichen Beiträge zur gesetzlichen Rentenversicherung als „erhaltene" Aufstockungsleistung zu Lasten des Arbeitnehmers in Abzug zu bringen. Nach Auffassung des Bundesarbeitsgerichts soll §9 Abs. 3 TV ATZ nach seinem Regelungsgehalt den Arbeitgeber im Störfall möglichst so stellen, als sei das Altersteilzeitarbeitsverhältnis nicht begründet worden. Es sollen dem Arbeitnehmer die Bezüge seiner tatsächlichen Beschäftigung, die er ohne Eintritt in die Altersteilzeit erzielt hätte, erhalten bleiben. Dem widerspräche es, wenn der Altersteilzeitarbeitnehmer auch die Arbeitgeberanteile zur Rentenversicherung zu tragen hätte, während das ohne Altersteilzeit nicht so wäre. Sinn und Zweck des §9 Abs. 3 TV ATZ entspräche es zwar – so das BAG – bei der Differenzberechnung zu Lasten des Arbeitnehmers lediglich die Arbeitnehmeranteile (= hälftiger Rentenversicherungsbeitrag) zu berücksichtigen; diese gebe der Wortlaut des §9 Abs. 3 TV ATZ aber nicht her.

110 b Teilweise kann sich die vertragsmäßig vereinbarte Durchführung eines Altersteilzeitverhältnisses während der laufenden Altersteilzeit deshalb als nicht durchführbar erweisen, weil zu einem Zeitpunkt nach Abschluss der Altersteilzeitvereinbarung auf einmal (z. B. wegen einer geänderten Rechtslage oder wegen einer ursprünglich versehentlich falschen Rentenauskunft des Rentenversicherungsträgers) eine andere Rentenart für den Altersteilzeitler in Betracht kommt, aufgrund derer eine frühere Inanspruchnahme einer abschlagsfreien gesetzlichen Rente einschlägig ist. Bei Durchführung der Altersteilzeit im Teilzeitmodell ist ein Reagieren auf die veränderte Situation im Wege einer Vertragsanpassung unproblematisch. Befindet sich der Altersteilzeitler dagegen im Blockmodell und stellt sich im nachhinein heraus, dass er bereits zu einem früheren Zeitpunkt als bei Vertragsabschluss geplant, in eine abschlagsfreie Rente gehen kann, sollte geprüft werden, ob man im Wege einer Vertragsanpassung einen Neuzuschnitt von Arbeits- und Freistellungsphase vornehmen und insofern den Eintritt eines Störfalls vermeiden kann.

Im Sozialversicherungsrecht ist für die **beitragsrechtliche Behandlung des Wertguthabens (§7 Abs. 1a SGB VI) bei Störfällen** zwischen dem Bereich der Rentenversicherung und den Bereichen der Kranken-, Pflege- und Arbeitslosenversicherung zu unterscheiden.

Da **Rentenversicherungsbeiträge** bereits in der Phase der Arbeitsleistung in **110c**
Höhe von mindestens 90 v. H. des bisherigen Arbeitsentgelts bzw. der Beitragsbemessungsgrenze der Rentenversicherung gezahlt worden sind, gilt nach §10 Abs. 5 Satz 1 Erster Halbsatz AtG im Störfall nur noch die Differenz bis zu 100 v. H. des bis zum Störfall erarbeiteten bisherigen Arbeitsentgelts bzw. bis zur Beitragsbemessungsgrenze als beitragspflichtige Einnahme aus dem Wertguthaben. Im Kranken-, Pflege- und Arbeitslosenversicherungsbereich ist für die Berechnung der Beiträge entgegen §10 Abs. 5 Satz 1 zweiter Halbsatz AtG, §23b Abs. 2 und 3 SGB IV zu beachten.

Für den bis zum Störfall bereits abgelaufenen Zeitraum der Altersteilzeitbeschäftigung bleibt es bei der bisherigen beitragsrechtlichen Behandlung des Arbeitsentgeltes aus der Altersteilzeitarbeit sowie des Aufstockungsbetrages und der zusätzlichen Rentenversicherungsbeiträge aus dem Unterschiedsbetrag. Dies gilt selbst dann, wenn die vereinbarte Altersteilzeitarbeit im Blockmodell noch während der Arbeitsphase endet, ohne dass es zu einer Freistellung von Arbeitsleistung und damit im Durchschnitt gesehen zu einer Reduzierung der bisherigen wöchentlichen Arbeitszeit gekommen ist, und arbeitsrechtlich eine Minderung des Wertguthabens erfolgt ist.

Wichtig für den Arbeitgeber ist, dass er bei Eintritt von Störfällen keine Rückrechnung in Bezug auf die geschuldeten Sozialversicherungsbeiträge vornimmt. Eine solche Rückrechnung ist nicht zulässig. Eine Besonderheit kann nach §23b Abs. 3 SGB IV nur für Wertguthaben gelten, die vor dem 1. Januar 2001 erzielt wurden. Können für diese Wertguthaben nachträglich keine besonderen Bewertungen erfolgen, gilt im Störfall das Wertguthaben beitragsrechtlich als Einmalzahlung. Da die für die Beitragsrechnung aus Wertguthaben erforderliche sog. SV-Luft (siehe Rn. 110 c) nur im Rahmen der maschinellen Möglichkeiten des Arbeitgebers – also im Rahmen der Rückrechnungstiefe der Entgeltabrechnungssoftware –, mindestens jedoch seit dem 1. Januar 2000 festzustellen ist, gelten nur die Wertguthaben, für die nicht im Rahmen der Rückrechnungstiefe erfassten Zeiten vor dem 1. Januar 2000 beitragsrechtlich als Einmalzahlung.

Für den Fall, dass das Wertguthaben nicht wie vereinbart für eine laufende Freistellung von der Arbeit verwendet wird (Störfall), sieht § 23 b Abs. 2 SGB IV für die Kranken-, Pflege- und Arbeitslosenversicherung und § 10 Abs. 5 AtG für die Rentenversicherung für Störfälle, die seit dem 1. Januar 2001 eintreten, ein besonderes Beitragsrechnungsverfahren vor. Bisher erfolgte im Falle eines Störfalls die Beitragsentrichtung nach dem sog. „Krebsgangverfahren". Dies bedeutete, dass Arbeitsentgelt aus dem Wertguthaben einem Kalendermonat erst dann zugerechnet werden durfte, wenn alle späteren Kalendermonate bereits mit Arbeitsentgelt bis zur Beitragsbemessungsgrenze des jeweiligen Sozialversicherungszweigs belegt sind. Dieses Verfahren hatte sich in der Praxis als unpraktikabel erwiesen. Durch das 4. Euro-Einführungsgesetz vom 21. Dezember 2001 (BGBl. I S. 1983 ff.) ist der Arbeitgeber nun seit dem 1. Januar 2002 verpflichtet worden, das Wertguthaben im Sinne des Sozialversicherungsrechts – getrennt nach Sozialversicherungszweigen –, als Betrag bis zu dem das angesparte Wertguthaben bei Eintritt eines Störfalls beitragspflichtig ist, in den Entgeltunterlagen auszuweisen (sog. Summenfelder-Modell).

110 d Für die **Kranken-, Pflege- und Arbeitslosenversicherung** gilt in einem Störfall als beitragspflichtiges Arbeitsentgelt das Wertguthaben, höchstens jedoch die Differenz zwischen der für die Dauer der Arbeitsphase seit der ersten Bildung des Wertguthabens maßgebenden Beitragsbemessungsgrenze für den jeweiligen Versicherungszweig und dem in dieser Zeit beitragspflichtigen Arbeitsentgelt (Summenfelder-Modell). Vom Arbeitgeber sind die sich aus den Summenfelder-Modell ergebenden Beitragsbemessungsgrundlagen bereits während der Arbeitsphase einer diskontinuierlichen Teilzeitarbeit (z. B. im Blockmodell) in der Entgeltabrechnung (Entgeltkonto) mindestens kalenderjährlich darzustellen. Dies ist die Differenz zwischen dem beitragspflichtigen Arbeitsentgelt und der Beitragsbemessungsgrenze des jeweiligen Versicherungszweiges **(SV-Luft)** für die Dauer der Arbeitsphase seit der erstmaligen Bildung des Wertguthabens. Für die Freistellungsphase ist keine weitere SV-Luft zu bilden. Diese SV-Luft wird also nur für den Störfall benötigt.

In der Rentenversicherung ist für eine im Blockmodell ausgeübte Altersteilzeitarbeit für die Dauer der Altersteilzeitarbeit bis zum Eintritt des Störfalls die Differenz zwischen dem bisherigen laufenden Arbeitsentgelt (§ 6 Abs. 1 AtG) und dem laufenden Arbeitsentgelt für die Altersteilzeitarbeit einschließlich des Unterschiedsbetrags (dem Arbeitsentgelt, von dem tatsächlich Beiträge zur Rentenversicherung entrichtet wurden) als SV-Luft auszuweisen.

Im Falle der Insolvenz des Arbeitgebers stellt der im Störfall beitragspflichtige Teil des Wertguthabens nur insoweit beitragspflichtiges Arbeitsentgelt dar, als hiervon tatsächlich Beiträge entrichtet werden. Ist das Arbeitsentgelt also für den Fall der Insolvenz nicht oder nicht vollständig gesichert, so stellt es kein oder nur teilweise beitragspflichtiges Arbeitsentgelt dar.

Die durch das 4. Euro-Einführungsgesetz neu geregelten Regelungen zum Störfall führen im Ergebnis dazu, dass der Arbeitgeber sich um die sozialversicherungsrechtliche Abwicklung des Störfalls weitgehend selbst kümmern muss (vgl. Bergmann, Lohn und Gehalt 2001, Heft 3, S. 43). Insbesondere sind für den Arbeitgeber erhebliche Aufzeichnungszwänge geschaffen worden. Angesichts der Kompliziertheit der sozialversicherungsrechtlichen Abwicklung ist in Teil C, Nr. 9 das gemeinsame Rundschreiben der Spitzenorganisationen der Sozialversicherung vom 9. März 2004 zu den beitrags-, melde- und leistungsrechtlichen Auswirkungen des Altersteilzeitgesetzes mit seinen wesentlichen Teilen abgedruckt. In diesem Rundschreiben haben die Sozialversicherungsträger auch erläuternde **Berechnungsbeispiele** zur Umsetzung der neuen Störfallregelungen gegeben.

Gerade für kleinere und mittlere Verwaltungen und Betriebe des öffentlichen Dienstes wird die verwaltungsmäßige Abwicklung der komplizierten neuen sozialversicherungsrechtlichen Störfallregelungen nicht ohne Schwierigkeiten vonstatten gehen. Die zuständigen Sozialversicherungsträger sind daher besonders gefordert, mit beratender Hilfeleistung zur Verfügung zu stehen. Schwierigkeiten entstehen schließlich auch daraus, dass die im Vergleich einfachen arbeits- und tarifrechtlichen Differenzausgleichregelungen im Störfall nicht kompatibel mit den schwierigen sozialversicherungsrechtlichen Regelungen sind (ebenso Debler, NZA 2001, 1285 ff.). Es kann bei der Abwicklung eines Störfalls z. B. ohne weiteres vorkommen, dass aufgrund der arbeits- und tarifrechtlichen Regelungen nur ein geringer oder eventuell gar kein Anspruch mehr auf einen Differenzbetrag zusteht, sozialversicherungsrechtlich im Störfall aber noch Arbeitgeber- und Arbeitnehmerbeiträge aufgrund des sozialversicherungsrechtlich ermittelten Guthabens zu entrichten sind. Der Arbeitgeber muss hier beachten, dass er gemäß § 28 d SGB IV Gesamtschuldner für den Sozialversicherungsbeitrag ist und er im Rahmen des § 28 g SGB IV den Anteil vom Arbeitsentgelt des Arbeitnehmers geltend machen muss. Der Arbeitgeber müsste somit stets prüfen, inwieweit er Ansprüche auf Differenzausgleich oder andere Arbeitsentgeltansprüche gegenrechnen kann, um nicht womöglich den Gesamtsozialversicherungsbeitrag in voller Höhe tragen zu müssen.

Die vorzeitige Beendigung eines Altersteilzeitarbeitsverhältnisses im Block- **110 e**
modell wirft auch eine Reihe von **steuerrechtlichen Fragen** auf. Auf der 5./99 Tagung der Lohnsteuerreferenten der Länder vom 22. bis 24. November 1999 wurde u. a. auch die steuerrechtliche Behandlung sog. Störfälle erörtert.

Dem Vorschlag des Bundesministeriums der Finanzen, es in derartigen Störfällen bei der Steuerfreiheit der Aufstockungsbeträge und zusätzlichen Rentenversicherungsbeiträge zu belassen, soweit sie für den Zeitraum bis zur vorzeitigen Beendigung des Altersteilzeitarbeitsverhältnisses gezahlt wurden, hat die Ländermehrheit zugestimmt.

Die Lohnsteuerreferenten der Länder haben deshalb mehrheitlich für die Steuerfreiheit plädiert, weil der Steuerbefreiungstatbestand des § 3 Nr. 28 EStG nicht darauf abstelle, ob im Blockmodell die Freizeitphase verwirklicht werde und sich der Charakter der bis zum Störfall erbrachten Arbeitgeberleistungen durch die vorzeitige Beendigung der Altersteilzeitarbeit nicht ändere. Auf entsprechende Nachfragen gegenüber dem Bundesministerium für Finanzen hat dieses im Weiteren ausdrücklich dazu Stellung genommen, wie die steuerliche Behandlung von Zahlungen bei vorzeitiger Beendigung des Altersteilzeitarbeitsverhältnisses vorzunehmen ist. Das Bundesministerium der Finanzen hat hierbei nochmals Folgendes klargestellt:

- Wird ein Arbeitsverhältnis über die Altersteilzeit im Blockmodell vorzeitig beendet (sog. „Störfall"), sind Nachzahlungen, die keine Aufstockungsbeträge im Sinne des §3 Nr. 28 EStG sind, unabhängig von dem Grund der Beendigung dieses Arbeitsverhältnisses steuerpflichtiger Arbeitslohn. Die für den Zeitraum bis zur vorzeitigen Beendigung der Altersteilzeit gezahlten Aufstockungsbeträge sowie die Beiträge und Aufwendungen im Sinne des §3 Abs. 1 Nr. 1 Buchst. b und des §4 Abs. 2 AtG sind nach §3 Nr. 28 EStG steuerfrei (zu den entsprechenden tariflichen Vorschriften vgl. §5 Abs. 1, 2, 4 und 5 TV ATZ).
- Zahlt der Arbeitgeber bei sog. Störfällen auf Grund der Auflösung der in der Arbeitsphase angesparten und in der Freistellungsphase noch nicht verbrauchten Wertguthaben im Sinne der Sozialversicherung Beiträge zur Renten-, Arbeitslosen-, Kranken- oder Pflegeversicherung nach (§7 Abs. 1 a i. V. m. §23 b SGB IV), so sind diese Beitragsanteile des Arbeitgebers am Gesamtsozialversicherungsbeitrag nach Maßgabe des §3 Nr. 62 EStG steuerfrei. Für die Arbeitnehmer, die von der Versicherungspflicht in der gesetzlichen Rentenversicherung befreit sind oder freiwillig in der gesetzlichen Kranken- bzw. Pflegeversicherung versichert oder privat kranken- bzw. pflegeversichert sind, wird in dem Schreiben des Bundesministeriums der Finanzen auf die Lohnsteuer-Richtlinien (R 24 LStR) hingewiesen.
- Soweit für den steuerpflichtigen Arbeitslohn die Voraussetzungen des § 34 Abs. 2 Nr. 4 EStG vorliegen, ist eine ermäßigte Besteuerung als außerordentliche Einkünfte geboten.

110 f Im Bereich der **Zusatzversorgung des öffentlichen Dienstes** ist zu beachten, dass ein etwaiger nach §9 Abs. 3 TV ATZ zustehender Differenzbetrag grundsätzlich einmalig gezahltes Arbeitsentgelt darstellt, das kein zusatzversorgungspflichtiges Entgelt ist.

110 g Die Frage des Eintritts eines Störfalls stellt sich häufig auch im Zusammenhang mit dem Eintritt einer Rente wegen Erwerbsminderung. Hier ist nach der Art der Erwerbsminderungsrente zu differenzieren.

Wird während der Altersteilzeitarbeit eine **Rente wegen teilweiser Erwerbminderung** (vgl. §43 Abs. 1 SGB VI) zugebilligt und kann das Altersteilzeitverhältnis weiter als versicherungspflichtige Beschäftigung im Sinne des

SGB III durchgeführt werden, so ist zu prüfen, in wieweit hinsichtlich der weiteren rechtmäßigen Umsetzung der Altersteilzeitvereinbarung eine Anpassung erforderlich sein könnte. Hier ist in Fällen einer im Blockmodell durchgeführten Altersteilzeit darauf zu achten, dass die sozialversicherungsrechtlichen Vorgaben zum Wertguthaben erfüllt werden. Die Möglichkeiten zur Sicherstellung eines ordnungsgemäßen Entsparens des Wertguthabens haben die Spitzenorganisationen der Sozialversicherungsträger in ihrem Rundschreiben vom 9. März 2004 (abgedruckt in Teil C 7) unter Ziff. 2.1.7.3 dargestellt.

Ab dem Zeitpunkt der Zuerkennung einer **Rente wegen voller Erwerbsminderung** (vgl. §43 Abs. 2 SGB VI) kann gemäß §28 Nr. 2 SGB III keine Altersteilzeit mehr vorliegen, da ab diesem Zeitpunkt keine Versicherungspflicht mehr im Sinne des SGB III besteht. Der Arbeitnehmer ist nach §10 Abs. 1 TV ATZ verpflichtet, den Rentenbescheid dem Arbeitgeber unverzüglich vorzulegen (vgl. Rn. 112). Nach Ziffer 2.1.3 des Rundschreibens der Spitzenorganisationen der Sozialversicherungsträger vom 9. März 2004 (abgedruckt in Teil C 7) verbleibt es für die Zeit vom Rentenbeginn bis zum Zugang des Rentenbescheides allerdings beim Bestehen der Altersteilzeit. Da über den Zeitpunkt des Rentenbeginns hinaus kein Anspruch des Altersteilzeitbeschäftigten auf Krankenbezüge/Krankengeldzuschuss besteht, ist eine Rückforderung der Leistungen nach den maßgeblichen manteltariflichen Regelungen (vgl. z. B. §37 Abs. 7 BAT/BAT-O/BAT-Ostdeutsche Sparkassen und §71 Abs. 2 Unterabs. 5 BAT) durchzuführen. Die Berechnung zur Rückforderung von Krankenbezügen nach den einschlägigen manteltariflichen Bestimmungen und (soweit nicht vom Rückforderungszeitraum abgedeckt) die Differenzbetragsberechnung nach §9 Abs. 3 TV ATZ sind getrennt voneinander durchzuführen; das schließt eine spätere Verrechnung der Ansprüche nicht aus.

Solange das Arbeitsverhältnis wegen der Zuerkennung einer **befristeten Erwerbminderungsrente** (vgl. §102 i. V. m. §43 SGB VI) lediglich ruht (vgl. z. B. §59 BAT/BAT-O/BAT-Ostdeutsche Sparkassen), tritt eine Störfall nicht ein. Gerade bei Altersteilzeitarbeitsverhältnissen im Blockmodell ist aber zu prüfen, ob der vertragsmäßig vorgesehene Ablauf des Altersteilzeitarbeitsverhältnisses noch so durchgeführt werden kann, wie ursprünglich zwischen Arbeitnehmer und Arbeitgeber vereinbart (Zu der sozialversicherungsrechtlichen Rechtslage äußern sich die Spitzenorganisationen der Sozialversicherungsträger in ihrem Rundschreiben vom 9. März 2004 -abgedruckt in Teil C 7 – unter Ziff. 2.1.7.6)

Hinweis! **110h**

Der Gesetzgeber hat in §23b Abs. 3a SGB IV, der durch das 4. EuroEinführungsgesetz vom 21. Dezember 2000 (BGBl. I S. 1983) in das SGB IV eingefügt wurde, die Möglichkeit einer Verwendung des Wertguthabens für die **betriebliche Altersversorgung** geschaffen, wodurch der Eintritt eines Störfalls vermieden werden kann. Diese Möglichkeit besteht aber nur für Fälle der Beendigung der Beschäftigung aufgrund

- verminderter Erwerbsfähigkeit,
- Erreichens einer Altersgrenze, zu der eine Rente wegen Alters beansprucht werden kann, oder
- des Todes des Beschäftigten.

Insoweit liegt kein Arbeitsentgelt im Sinne der Sozialversicherung vor. Voraussetzung ist hierfür allerdings im Grundsatz, dass eine solche Verwendung zugunsten der betrieblichen Altersversorgung bereits bei Abschluss der Altersteilzeitvereinbarung als Option vorgesehen ist.

5. Protokollerklärung zu §9 Abs. 2 Buchst. a TV ATZ

111 Durch den Änderungstarifvertrag Nr. 1 zum TV ATZ war mit Wirkung vom 1. April 1999 die Protokollerklärung zu §9 Abs. 2 Buchst. a TV ATZ eingefügt worden. Die Protokollerklärung sollte der Tatsache Rechnung tragen, dass in der gesetzlichen Rentenversicherung die Altersrente für Frauen bereits ab dem 60. Lebensjahr gewährt wird, in der am sog. Gesamtversorgungsprinzip orientierten Zusatzversorgung des öffentlichen Dienstes die Versorgungsrente hingegen in bestimmter Höhe bis zur Vollendung des 63. Lebensjahres ruhte. Die Tarifvertragsparteien hatten mit der Protokollerklärung aufgrund der spezifischen zusatzversorgungsrechtlichen Gegebenheiten für Frauen die Möglichkeit geschaffen, bis zur Vollendung des 63. Lebensjahres Altersteilzeitarbeit zu vereinbaren. Im Tarifgebiet Ost, in dem erst ab dem 1. Januar 1997 die Zusatzversorgung des öffentlichen Dienstes eingeführt worden ist, konnte vor dem 1. Januar 2002 grundsätzlich kein Anspruch auf Versorgungsrente entstehen. Das bedeutete, dass für die Protokollerklärung bis zu diesem Zeitpunkt im Tarifgebiet Ost kein Anwendungsfall bestehen konnte. Die Protokollerklärung bezog sich im Übrigen immer nur aufgrund der zusatzversorgungsrechtlichen Besonderheiten auf die Fallgestaltung bei den Altersrenten für Frauen und war nicht auf andere Sachverhalte (z. B. Schwerbehinderte) übertragbar. Für den Arbeitgeber war zu beachten, dass in der von der Protokollerklärung erfassten Fallgestaltung Förderleistungen der Bundesanstalt für Arbeit ausschieden, sobald im gesetzlichen Bereich die Inanspruchnahme einer abschlagsfreien Rente möglich gewesen ist; die begünstigende tarifvertragliche Regelung der Protokollerklärung ging an dieser Stelle also über die gesetzliche Regelung hinaus.

Seit In-Kraft-Treten **der neuen zusatzversorgungsrechtlichen Regelungen des ATV und des ATV-K** ist ein Ruhen der Versorgungsleistung im Zusammenhang mit der Altersrente für Frauen nicht mehr vorgesehen, so dass **der Regelungsgehalt der Protokollerklärung gegenstandslos** geworden ist. Grundsätzlich enden also auch Altersteilzeitarbeitsverhältnisse von Frauen nach § 9 Abs. 2 Buchst. a TV ATZ nun zu dem Zeitpunkt, zu dem eine abschlagsfreie Rente aus der gesetzlichen Rentenversicherung oder eine vergleichbare Leistung bezogen werden kann. Zu den Auswirkungen, die das Tarifergebnis zur Reform der Zusatzversorgung auf den Anwendungsbereich der Protokollerklärung zu §9 Abs. 2 Buchst. a TV ATZ sowie insbesondere auf die Abwicklung bestehender und künftiger Altersteilzeitvereinbarungen hat, haben die öffentlichen Arbeitgeber Hinweise per Rundschreiben herausgegeben. So hat z. B. die VKA mit Rundschreiben R 171/2002 vom 23. April 2002 nachfolgende Hinweise veröffentlicht:

„I. Nach dem Regelungsgehalt der Protokollerklärung zu §9 Abs. 2 Buchst. a TV ATZ endet das Arbeitsverhältnis einer Arbeitnehmerin nicht, solange die Inanspruchnahme der Altersrente für Frauen (§ 237 a SGB VI) bzw. einer vergleichbaren Leistung einer Versicherungs- oder Versorgungseinrichtung oder eines Versicherungsunternehmens zum Ruhen der Versorgungsrente nach § 41 Abs. 7 VersTV-G, § 65 Abs. 7 VBL-Satzung führen würde.

Da das neue Zusatzversorgungsrecht (ATV bzw. ATV-K) hier ein Ruhen der Versorgungsrente bei künftigen Versicherungsfällen nicht mehr vorsieht, ist der **Regelungsgehalt der Protokollerklärung entfallen.** Die Protokollerklärung ist deshalb bei neu abzuschließenden Altersteilzeitarbeitsverträgen mit Arbeitnehmerinnen nicht mehr zu beachten. Für bereits abgeschlossene Altersteilzeitvereinbarungen, bei denen die Altersteilzeitarbeit noch nicht begonnen hat, ist ebenfalls grundsätzlich an die neue Rechtslage anzuknüpfen.

II. Der Wegfall des Regelungsgehalts der Protokollerklärung zu § 9 Abs. 2 Buchst. a TV ATZ hat **grundsätzlich auch bei bereits abgeschlossenen und noch nicht ausgelaufenen Altersteilzeitvereinbarungen zur Folge, dass das Arbeitsverhältnis mit der Bezugsmöglichkeit einer abschlagfreien Altersrente endet.** Zur Abwicklung dieser Fälle weisen wir in Anlehnung an frühere Empfehlungen der Geschäftsstelle (vgl. R 406/2000 vom 28. 12. 2000 hinsichtlich der Konsequenzen aus dem Gesetz zur Reform der Renten wegen verminderter Erwerbsfähigkeit vom 20. Dezember 2000) in Abstimmung mit Bund und TdL aber auf Folgendes hin:

1. Eine Überprüfungsnotwendigkeit ergibt sich nur bei Arbeitnehmerinnen, die bis zum 1. Dezember 1942 geboren sind, denn für die nach diesem Stichtag geborenen Arbeitnehmerinnen, die nach §237 a SGB VI eine abschlagfreie Altersrente ohnehin nicht vor der Vollendung des 63. Lebensjahres beziehen können, war die Protokollerklärung auch bisher schon nicht einschlägig.

2. Wird bei einer Arbeitnehmerin, die bis zum 1. Dezember 1942 geboren ist (siehe Nr. 1), das Altersteilzeitarbeitsverhältnis im **Teilzeitmodell** durchgeführt, sollte sein Ende grundsätzlich auf den Zeitpunkt des abschlagfreien Rentenbeginns vorgezogen werden.

   Liegt der Zeitpunkt des abschlagfreien Rentenbeginns bereits in der Vergangenheit, sollte das Altersteilzeitarbeitsverhältnis unter Einräumung einer angemessenen Auslauffrist beendet werden.

   In beiden Fällen sollte eine einvernehmliche Regelung mit der Arbeitnehmerin angestrebt werden.

3. Wird bei einer Arbeitnehmerin, die bis zum 1. Dezember 1942 geboren ist (siehe Nr. 1), das Altersteilzeitarbeitsverhältnis im **Blockmodell** durchgeführt, ist danach zu differenzieren, in welcher Phase der Altersteilzeit sie sich befindet.

a) Befindet sich die Arbeitnehmerin bereits in der Freistellungsphase, wird anheim gestellt, diese wie vorgesehen zu Ende zu führen. Andernfalls käme es zu einem Störfall mit den entsprechenden Konsequenzen (Ermittlung eines Differenzbetrages und Nachzahlung von Sozialversicherungsbeiträgen).

b) Befindet sich die Arbeitnehmerin noch in der Arbeitsphase, sollte ein Neuschnitt von Arbeits- und Freistellungsphase geprüft werden; ggf. käme in Betracht, die Arbeitsphase mit einer Auslauffrist zu beenden und eine gleich lange Freizeitphase anzuschließen.

Die Herbeiführung eines Störfalls ist auch hier nicht ausgeschlossen. Eine einvernehmliche Regelung mit der Arbeitnehmerin sollte aber auch hier angestrebt werden."

6. Sog. „Notfallklausel"

111 a Die Tarifvertragsparteien haben sich im TV ATZ nicht dazu geäußert, inwieweit aus sonstigen Gründen eine vorzeitige Beendigung eines Altersteilzeitarbeitsverhältnisses erfolgen könnte. Zu denken ist an Fälle einer im Lauf des Altersteilzeitarbeitsverhältnisses eintretenden sozialen Notlage des Arbeitnehmers oder betrieblicher Notwendigkeiten des Arbeitgebers. Tarifvertraglich stellen derartige Gründe keinen Anlass für eine vorzeitige Beendigung des Altersteilzeitarbeitsverhältnisses dar. Die individuelle Vertragsfreiheit wird hierdurch allerdings nicht eingeschränkt.

§ 10
Mitwirkungspflicht

(1) Der Arbeitnehmer hat Änderungen der ihn betreffenden Verhältnisse, die für den Anspruch auf Aufstockungsleistungen erheblich sind, dem Arbeitgeber unverzüglich mitzuteilen.

(2) Der Arbeitnehmer hat dem Arbeitgeber zu Unrecht gezahlte Leistungen, die die im Altersteilzeitgesetz vorgesehenen Leistungen übersteigen, zu erstatten, wenn er die unrechtmäßige Zahlung dadurch bewirkt hat, dass er Mitwirkungspflichten nach Absatz 1 verletzt hat.

112 Nach § 10 Abs. 1 TV ATZ muss der Arbeitnehmer Änderungen der ihn betreffenden Verhältnisse, die für den Anspruch auf Aufstockungsleistungen erheblich sind, dem Arbeitgeber unverzüglich mitteilen. In § 11 Abs. 1 AtG ist eine entsprechende Regelung getroffen worden.

Beispiel:

Ein Arbeitnehmer, der Altersteilzeitarbeit im Blockmodell vereinbart hat, nimmt in der Freistellungsphase erstmals eine Nebentätigkeit auf, bei der er 450 Euro monatlich hinzuverdient. Es läge hier eine unzulässige Nebentätigkeit vor, da diese die Geringfügigkeitsgrenze des § 8 SGB IV überschreitet. Nach § 8 TV ATZ würde ein Ruhen hinsichtlich der Leistung der tariflichen Aufstockungsbeträge eintreten und nach § 5 Abs. 3 AtG würden wegen des Eintritts des Ruhenstatbestandes auch keine Leistungen von der Bundesagentur mehr gezahlt werden. Es ist also wichtig, dass der Arbeitnehmer hier seiner Mitwirkungspflicht nachkommt und den Arbeitgeber über die Nebentätigkeit informiert.

Die Mitwirkungspflichten des Arbeitgebers als Empfänger der Leistungen der Bundesagentur für Arbeit nach dem Altersteilzeitgesetz haben ihre Rechtsgrundlage in den §§ 60 ff. SGB I.

Verletzt der Arbeitnehmer **seine Mitwirkungspflichten** und sind vom Arbeitgeber an den Arbeitnehmer dadurch gezahlte Leistungen zu Unrecht gezahlt worden, so regelt § 11 Abs. 2 TV ATZ einen speziellen Erstattungsanspruch des Arbeitgebers gegen den Arbeitnehmer.

Im Altersteilzeitgesetz findet sich die Erstattungsregelung bei Verletzung von Mitwirkungspflichten durch den Arbeitnehmer in § 11 Abs. 2 AtG.

§ 11
In-Kraft-Treten, Geltungsdauer

Dieser Tarifvertrag tritt mit Wirkung vom 1. Mai 1998 in Kraft. Vor dem 26. Juni 1997 abgeschlossene Vereinbarungen über den Eintritt in ein Altersteilzeitarbeitsverhältnis bleiben unberührt.

Der TV ATZ ist am 1. Mai 1998 in Kraft getreten und gilt daher ab diesem **113**
Zeitpunkt für alle unter die in § 1 TV ATZ aufgeführten Manteltarifverträge. Außerdem gilt er für alle ab dem 26. Juni 1997 abgeschlossenen Altersteilzeitvereinbarungen (vgl. im Einzelnen Rn. 7). Das Altersteilzeitarbeitsverhältnis, das auf Grundlage des TV ATZ abgeschlossen wird, muss gemäß § 2 Abs. 4 TV ATZ vor dem 1. Januar 2010 begonnen haben.

III. Sozialrechtliche Fragen

Nachfolgend wird eine Übersicht über sozialrechtliche Fragen gegeben. **114**

Tipp!

Zu einzelnen Fragen, wie z. B. den Auswirkungen der Altersteilzeitarbeit auf die Krankenversicherung, empfiehlt es sich für den Arbeitnehmer, sich vor Vereinbarung eines Altersteilzeitarbeitsverhältnisses über die hiermit im Zusammenhang stehenden sozialrechtlichen Auswirkungen von den jeweils zuständigen Sozialversicherungsträgern beraten zu lassen.

1. Krankenbezüge im Blockmodell

115 Bei Ableistung der Altersteilzeitarbeit im Blockmodell erbringt der Arbeitnehmer in der Arbeitsphase eine Vorleistung (bzw. er erarbeitet sozialversicherungsrechtlich ein Wertguthaben), die er dann in der Freistellungsphase abbauen kann. Es hat sich im Rahmen der Tarifverhandlungen zur Altersteilzeit die Frage gestellt, wie zu verfahren ist, wenn der Arbeitnehmer seine Altersteilzeitarbeit in der Arbeitsphase erbracht hat, dann aber in der Freistellungsphase erkrankt. Die Arbeitgebervertreter haben in den Redaktionsverhandlungen zum TV ATZ hierzu vertreten, dass eine krankheitsbedingte Arbeitsunfähigkeit in der Freistellungsphase unbeachtlich bleiben soll, weil eine Arbeitsverpflichtung nicht mehr besteht; der Anzeige der Arbeitsunfähigkeit nach § 37 a BAT/BAT-O/BAT-Ostdeutsche Sparkassen und den entsprechenden Vorschriften für die Arbeiter (§ 35 BMT-G/BMT-G-O, § 42 a MTArb/MTArb-O) bedarf es demnach nicht. Der Arbeitnehmer erhält daher auch bei Arbeitsunfähigkeit in der Freistellungsphase nicht etwa die Krankenbezüge, sondern seine Vergütung oder seinen Lohn weitergezahlt. Auf die Dauer der Arbeitsunfähigkeit in der Freistellungsphase kommt es nicht an (zu der Frage der Auswirkung der längeren Erkrankung des Arbeitnehmers in der Arbeitsphase auf das Bestehen eines Anspruchs auf Aufstockungsleistungen vgl. Rn. 99 f.).

In diesem Zusammenhang ist anzumerken, dass auch die gesetzliche Krankenkasse bei Arbeitsunfähigkeit in der Freistellungsphase kein Krankengeld zahlt, weil der Anspruch auf Krankengeld nach § 49 Abs. 1 Nr. 6 SGB V ruht, soweit und solange für Zeiten einer Freistellung von der Arbeitsleistung (§ 7 Abs. 1 a SGB IV) eine Arbeitsleistung nicht geschuldet wird.

2. Beihilfe

116 Soweit tarifvertraglich ein Anspruch auf Beihilfe vorgesehen ist (vgl. z. B. § 40 BAT) haben Arbeitnehmer grundsätzlich bei Vorliegen der Voraussetzungen Anspruch auf bestimmte Beihilfeleistungen. Von der errechneten Beihilfe erhalten nicht vollbeschäftigte Arbeitnehmer jeweils den Teil, der dem Verhältnis entspricht, in dem die regelmäßige wöchentliche Arbeitszeit eines entsprechenden vollbeschäftigten Arbeitnehmers zu der arbeitsvertraglich vereinbarten durchschnittlichen regelmäßigen Arbeitszeit steht. Ein Altersteilzeitbeschäftigter erhält somit nur die Hälfte der Beihilfeleistungen, die ihm bei bisheriger Arbeitszeit betragsmäßig zustünden. Eine Aufstockung nach § 5 TV ATZ erfolgt nicht.

3. Zuschuss zum Krankenversicherungsbeitrag

117 Der Zuschuss des Arbeitgebers zum Krankenversicherungsbeitrag nach § 257 SGB V, der sich während des Altersteilzeitarbeitsverhältnisses nach der Höhe der nach § 4 TV ATZ zustehenden (also grundsätzlichen halbierten Bezüge) bemisst, wird als steuerfreie Leistung (§ 3 Nr. 62 EStG) nicht aufgestockt.

4. Allgemeine Sozialversicherungsfragen

4.1 Allgemeines

Die sozialversicherungsrechtlichen Fragestellungen werden nachfolgend nur kurz dargestellt. Ergänzende Informationen lassen sich vor allem den gemeinsamen Verlautbarungen der Spitzenverbände der Sozialversicherungsträger entnehmen, die in Teil C, Nr. 9 auszugsweise abgedruckt sind. **118**

Der Arbeitnehmer, der Altersteilzeitarbeit vereinbart hat, steht während der Altersteilzeitarbeit in einem Beschäftigungsverhältnis gemäß § 7 SGB IV. Durch § 7 Abs. 1 a SGB IV, der durch das Gesetz zur sozialrechtlichen Absicherung flexibler Arbeitszeiten vom 6. April 1998 (BGBl. I S. 688 ff.) in das SGB IV eingefügt worden ist, wird sichergestellt, dass auch dann eine versicherungspflichtige Beschäftigung gegen Entgelt vorliegt, wenn der Arbeitnehmer in Zeiten einer Freistellung Entgelt erhält, das mit einer vor oder nach diesen Zeiten erbrachten Arbeitsleistung erzielt wird. Der § 7 Abs. 1 a SGB IV spricht hier vom so genannten Wertguthaben. Damit wird erreicht, dass auch beim Blockmodell (§ 3 Abs. 2 Buchst. a TV ATZ) ein durchgehender Versicherungsschutz in den Zweigen der gesetzlichen Sozialversicherung gewährleistet ist. Der Arbeitnehmer steht also sowohl in der Arbeits- als auch in Freistellungsphase in der Krankenversicherung, Pflegeversicherung, Renten- und Arbeitslosenversicherung unter Versicherungsschutz.

Ein Beschäftigungsverhältnis im Sinne des § 7 Abs. 1 SGB IV wird nach § 7 Abs. 1 a SGB IV für Zeiten einer Freistellung dann bejaht, wenn die Freistellung aufgrund einer schriftlichen Vereinbarung (d. h. Tarifvertrag, Betriebsvereinbarung, schriftlicher Arbeitsvertrag) und die Höhe des für die Zeit der Freistellung zustehenden Entgelts nicht unangemessen ist; das Arbeitsentgelt muss dabei die Geringfügigkeitsgrenze (§ 8 SGB IV) übersteigen.

Bemessungsgrundlage für die Berechnung der Sozialversicherungsbeiträge ist das Arbeitsentgelt des Arbeitnehmers aus der versicherungspflichtigen Beschäftigung (vgl. § 342 SGB III, § 226 Abs. 1 Nr. 1 SGB V i. V. m. § 161 SGB VI, § 57 SGB XI). Der hälftige Arbeitgeberanteil (ebenso wie der hälftige Arbeitnehmeranteil) an den Beiträgen zur gesetzlichen Krankenversicherung, Pflegeversicherung und zur Arbeitslosenversicherung richtet sich also nach der Höhe der nach § 4 TV ATZ zustehenden Teilzeitbezüge (ohne Aufstockungsleistungen). Dies gilt auch für den hälftigen Arbeitgeberanteil zur Rentenversicherung; insoweit hat der Arbeitgeber aber zusätzlich den sich aus § 5 Abs. 4 TV ATZ ergebenden weiteren Rentenversicherungsbeitrag allein zu tragen.

Die Aufstockungsleistungen nach § 3 Abs. 1 Nr. 1 a AtG bzw. § 5 Abs. 1 bis 3 TV ATZ sind gemäß § 3 Nr. 28 EStG nicht steuerpflichtig. Sie gehören somit nicht zum Arbeitsentgelt im Sinne des § 14 SGB IV (vgl. § 1 ArEVO) und können folglich auch nicht in die Bemessungsgrundlage für die Beitragsberechnung einfließen. Soweit der Arbeitgeber, wie beim TV ATZ der Fall, über die Leistungen des Altersteilzeitgesetzes hinaus Leistungen erbringt, sind auch diese steuer- und sozialversicherungsfrei.

Nach § 23 Abs. 1 SGB VI ist bei Vereinbarungen nach § 7 Abs. 1 a SGB VI für Zeiten der tatsächlichen Arbeitsleistung und der Freistellung (vgl. Blockmodell nach § 3 Abs. 2 Buchst. a TV ATZ) das in dem jeweiligen Zeitraum fällige Arbeitsentgelt maßgeblich (§ 23 b Abs. 1 SGB IV).

Das laufende Arbeitsentgelt in einem Abrechnungszeitraum unterliegt grundsätzlich bis zur Beitragsbemessungsgrenze der Beitragsberechnung. Erhält der Arbeitnehmer einmalig gezahltes Arbeitsentgelt, so unterliegt dieses im Rahmen der jahresanteiligen Beitragsbemessungsgrenze ebenfalls der Beitragspflicht (vgl. § 23 a SGB VI).

Die **Sozialversicherungsbeiträge** werden gemäß § 23 Abs. 1 Satz 2 SGB VI spätestens am Fünfzehnten des Monats **fällig,** der dem Monat folgt, in dem die Beschäftigung ausgeübt worden ist oder als ausgeübt gilt. Bei einer Arbeitszeitverteilung im Blockmodell kommt es nicht auf die tatsächliche Beschäftigung an, sondern die Fälligkeit richtet sich nach dem Fünfzehnten des Monats, der dem Monat folgt, für den das Arbeitsentgelt gezahlt wird. Im Zusammenhang mit der Erzielung eines Wertguthabens im sozialversicherungsrechtlichen Sinn stellt sich die Frage, ob derartige Wertguthaben für Freistellungen nur bei dem Arbeitgeber verwendet werden können, bei dem sie auch erwirtschaftet wurden, oder ob sozialversicherungsrechtlich auch eine **Übertragung von Wertguthaben** im Falle eines Arbeitgeberwechsels akzeptiert wird. In der Vergangenheit vertraten die Spitzenverbände der Sozialversicherung ursprünglich die Auffassung, dass lediglich bei einem Arbeitgeberwechsel innerhalb eines Konzerns eine Übertragung des Wertguthabens möglich sei. Nunmehr sind die Spitzenverbände der Sozialversicherung nach einer Besprechung am 16./17. November 1999 zu dem Ergebnis gelangt, dass auch im Fall eines Arbeitgeberwechsels eine Übertragung des Wertguthabens möglich sei. Im Grundsatz ist es denkbar, dass das bei einem Arbeitgeber erwirtschaftete Wertguthaben auch bei einem anderen Arbeitgeber verwendet werden kann, wenn der Arbeitnehmer zu einer Beschäftigung bei einem anderen Arbeitgeber gewechselt hat. Voraussetzung hierfür ist jedoch, dass mit dem neuen Arbeitgeber eine Vereinbarung nach § 7 Abs. 1 a SGB IV geschlossen wird und der Abgang des Wertguthabens beim alten sowie der Zugang des Wertguthabens beim neuen Arbeitgeber jeweils in den Lohngrundlagen dokumentiert wird. Es ist zu empfehlen, etwaige Einzelfälle mit der Arbeitsverwaltung im Voraus abzuklären.

Endet ein Altersteilzeitarbeitsverhältnis vorzeitig (z. B. bei Tod oder Auflösung des Arbeitsverhältnisses), so liegt ein so genannter **Störfall** vor. Zur sozialversicherungsrechtlichen Behandlung von Störfällen haben die Spitzenverbände der Sozialversicherung spezielle Hinweise herausgegeben, die auszugsweise in Teil C, Nr. 7 abgedruckt sind (vgl. hierzu auch Überblick in Rn. 109 ff.).

4.2 Krankenversicherung

Solange die Arbeitnehmer nicht die Jahresarbeitsentgeltgrenze (2004: 41 850 Euro im gesamten Bundesgebiet) nach § 6 Abs. 1 SGB V überschreiten, sind sie in der Regel nach § 5 Abs. 1 Nr. 1 SGB V versicherungspflichtig. Der Fall, dass Altersteilzeitbeschäftigte mit ihren Altersteilzeitbezügen die Grenze überschreiten, dürfte selten sein. **119**

Aufgrund der Vereinbarung von Altersteilzeit kann also die Situation eintreten, dass ein Arbeitnehmer, der bisher mit seinem bisherigen Arbeitsentgelt die Jahresarbeitsentgeltgrenze überschritten hat (monatlich 3487,50 Euro) nun mit seinem Entgelt unterhalb dieser Grenze liegt, da er während der Altersteilzeit die Bezüge nur in hälftiger Höhe erhält. Er wird somit grundsätzlich in der gesetzlichen Krankenversicherung versicherungspflichtig.

Für diesen Fall ist in § 8 Abs. 1 Nr. 3 SGB V die Regelung getroffen worden, dass der betroffene Arbeitnehmer von der Versicherungspflicht auf seinen Antrag befreit werden kann, wenn also seine Arbeitszeit auf die Hälfte herabgesetzt worden ist und er ferner seit mindestens fünf Jahren wegen Überschreitens der Jahresarbeitsentgeltgrenze versicherungsfrei ist.

Beachte!

Der Antrag auf Befreiung von der Krankenversicherungspflicht muss innerhalb von drei Monaten nach Eintritt der Versicherungspflicht bei der Krankenkasse gestellt werden (§ 8 Abs. 2 SGB V). Nach § 8 Abs. 2 SGB V kann die Befreiung von der Versicherungspflicht nicht widerrufen werden.

Arbeitnehmer, die vor Beginn der Altersteilzeit privat krankenversichert waren, nunmehr aufgrund der Altersteilzeit versicherungspflichtig werden und von dem Antrag zur Befreiung von der Versicherungspflicht keinen Gebrauch machen, können nach § 5 Abs. 9 SGB V den Versicherungsvertrag mit der privaten Krankenversicherung vorzeitig kündigen. Die Kündigung ist mit Wirkung vom Eintritt der Krankenversicherungspflicht möglich, d. h. gegebenenfalls auch rückwirkend. Das Recht zur vorzeitigen Kündigung steht auch Personen zu, die nach § 10 SGB V familienversichert sind.

Beachte!

Besonders hinzuweisen ist an dieser Stelle auf die Auswirkungen des Gesetzes zur Reform der gesetzlichen Krankenversicherung ab dem Jahr 2000 (GKV-Gesundheitsreformgesetz 2000) vom 22. September 1999 auf den Abschluss von Altersteilzeitvereinbarungen.

Auf Grund der ab 1. Juli 2000 geltenden Neuregelung des § 6 Abs. 3 a SGB V besteht für Arbeitnehmer, die nach Vollendung des 55. Lebensjahres versicherungspflichtig werden, der Zugang zur gesetzlichen Krankenversicherung nicht mehr, wenn sie unmittelbar zuvor keinen ausreichenden Bezug zur gesetzlichen Krankenversicherung nachweisen können. Für Personen, die sich bereits am 1. Juli 2000 in Altersteilzeit befinden und versicherungspflichtig sind, bleibt die Versicherungspflicht weiterhin erhalten.

Der in § 6 Abs. 3 a SGB V geregelte Ausschluss von der Versicherungspflicht, also die Versicherungsfreiheit, verhindert sowohl den erstmaligen Zugang in die gesetzliche Krankenversicherung als auch die Rückkehr in diese ohne ausreichende Vorversicherungszeiten. Die Versicherungsfreiheit für Personen, die nach Vollendung des 55. Lebensjahres versicherungspflichtig werden, tritt kraft Gesetzes ein, wenn in den letzten fünf Jahren vor Beginn der Versicherungspflicht zu keinem Zeitpunkt ein gesetzlicher Krankenversicherungsschutz (Pflichtversicherung, freiwillige Versicherung, Familienversicherung) bestand. Zeiten der „Nichtversicherung" in der gesetzlichen Krankenversicherung innerhalb des Fünfjahreszeitraumes führen allerdings nicht generell zur Versicherungsfreiheit nach § 6 Abs. 3 a SGB V bei Begründung eines Versicherungspflichttatbestandes. Weitere Voraussetzung für die Versicherungsfreiheit ist, dass diese Personen in dem Jahreszeitraum mindestens die Hälfte dieser Zeit

- versicherungsfrei,
- von der Versicherungspflicht befreit oder
- wegen § 5 Abs. 5 SGB V (= hauptberufliche Selbständigkeit)

nicht versicherungspflichtig waren.

Der Versicherungsfreiheit, der Befreiung von der Versicherungspflicht oder der Nichtversicherung wegen einer hauptberuflichen selbständigen Erwerbstätigkeit steht dabei die Ehe mit einer Person, die diese Voraussetzungen erfüllt, gleich. Hieraus folgt, dass z. B. auch Ehegatten von Beamten, hauptberuflichen Selbständigen und sonstigen versicherungsfreien Arbeitnehmern durch Aufnahme einer mehr als geringfügigen Beschäftigung nach dem 55. Lebensjahr in der Regel nicht nach § 5 Abs. 1 Nr. 1 SGB V versicherungspflichtig werden.

Wegen der Vorbehaltsklausel in § 20 Abs. 1 Satz 1 SGB XI wirkt sich die Versicherungsfreiheit nach § 6 Abs. 3 a SGB V auch auf die Versicherungspflicht in der Pflegeversicherung aus (vgl. Rn. 120).

Bei Arbeitnehmern, die bisher freiwillig in der gesetzlichen Krankenversicherung versichert waren (vgl. § 9 Abs. 1 SGB V) und nunmehr aufgrund der Altersteilzeit ein Entgelt erhalten, das zur Versicherungspflicht führt, endet die freiwillige Mitgliedschaft nach § 191 Nr. 2 SGB V und es beginnt eine Mitgliedschaft als versicherungspflichtiges Mitglied gemäß § 186 Abs. 1 SGB V.

Ist der Arbeitnehmer arbeitsunfähig erkrankt, steht ihm für die ersten sechs Wochen gegen den Arbeitnehmer ein Anspruch auf Entgeltfortzahlung zu (vgl. § 3 EFZG). Die tariflichen Entgeltfortzahlungsregelungen hierzu finden sich in § 37 Abs. 2 BAT/BAT-O/BAT-Ostdeutsche Sparkassen, § 71 Abs. 2 BAT, § 34 Abs. 2 BMT-G/BMT-G-O, § 13 Abs. 1 TV-V, § 42 MTArb/ MTArb-O. Während dieses Zeitraumes sind vom Arbeitgeber auch die Aufstockungsleistungen nach § 5 TV ATZ zu erbringen. In diesem Zeitraum wird auch das Wertguthaben des Arbeitnehmers bedient.

Wenn der Entgeltfortzahlungszeitraum abgelaufen ist, besteht für den Arbeitnehmer grundsätzlich nach sechs Wochen gemäß §§ 44 ff. SGB V (bzw. §§ 16 ff. BVG, 45 ff. SGB VII, 49 ff. SGB VII) ein Anspruch auf Krankengeld (bzw. Versorgungskrankengeld, Verletztengeld, Übergangsgeld oder Krankentagegeld von einem privaten Krankenversicherungsunternehmen). Die

Berechnungsgrundlage für das Krankengeld und die vergleichbaren Entgeltersatzleistungen sind lediglich die Altersteilzeitbezüge, da die Aufstockungsleistungen nicht beitragspflichtig sind (zu dem Zeitraum der Leistung von Aufstockungsbeträgen siehe auch Rn. 100).

Hinweis!

Zu der Frage der Krankenbezüge bei Arbeitszeitgestaltungen in Form des Blockmodells ist darauf hinzuweisen, dass nach Meinung der Arbeitgebervertreter in den Redaktionsverhandlungen zum TV ATZ, die auch Eingang in die Durchführungshinweise von BMI, TdL und VKA zur Altersteilzeit gefunden haben, eine krankheitsbedingte Arbeitsunfähigkeit in der Freistellungsphase des Blockmodells unbeachtlich bleibt. Wegen der „Vorleistung" in der Arbeitsphase des Blockmodells besteht eine Arbeitsverpflichtung nicht mehr. Der Altersteilzeitbeschäftigte erhält in diesem Fall also seine Altersteilzeitbezüge und die Aufstockungsleistungen weiter gezahlt (so z. B. VKA-Rundschreiben R 289/98 vom 22. Juli 1998, Abschnitt III, 1).

4.3 Pflegeversicherung

Die Ausführungen für den Bereich der gesetzlichen Krankenversicherung **120**
gelten im Grundsatz auch für den Bereich der gesetzlichen Pflegeversicherung. So sind z. B. krankenversicherungspflichtige Arbeitnehmer auch in der Pflegeversicherung versicherungspflichtig (vgl. § 20 Abs. 1 Nr. 1 SGB XI), sind Arbeitnehmer in der gesetzlichen Krankenversicherung freiwillig versichert, so sind sie in der Pflegeversicherung ebenfalls pflichtversichert. Ist ein Arbeitnehmer in der privaten Krankenversicherung versichert und wird er aufgrund der niedrigeren Altersteilzeitbezüge dadurch in der Krankenversicherung versicherungspflichtig, so besteht auch eine Pflichtmitgliedschaft in der gesetzlichen Pflegeversicherung. Auch hier besteht aber wiederum die Möglichkeit der Befreiung. Es besteht dann, soweit die private Krankenversicherung greift, nach § 23 Abs. 1 SGB XI eine Versicherungspflicht in der privaten Pflegeversicherung.

Beachte!

Zu beachten sind die Auswirkungen des Gesetzes zur Reform der gesetzlichen Krankenversicherung ab dem Jahr 2000 (GKV-Gesundheitsreformgesetz 2000) vom 22. Dezember 1999 auf den Abschluss von Altersteilzeitvereinbarungen, wonach der Zugang zur gesetzlichen Krankenversicherung nicht mehr besteht, wenn kein ausreichender Bezug zur gesetzlichen Krankenversicherung nachgewiesen wird (vgl. im Einzelnen Rn. 119). Die Versicherungsfreiheit nach § 6 Abs. 3 a SGB V wirkt sich wegen der Vorbehaltsklausel in § 20 Abs. 1 Satz 1 SGB XI entsprechend auf die Versicherungspflicht in der sozialen Pflegeversicherung aus (vgl. Rundschreiben des BMI vom 25. Februar 2000 – D II 2 – 220 770 – 1/18 – GMBl. 2000 S. 287).

4.4 Arbeitslosenversicherung

Während der Altersteilzeit befinden sich die Arbeitnehmer grundsätzlich in **121**
einem versicherungspflichtigen Beschäftigungsverhältnis (vgl. § 24 Abs. 1

SGB III). Zur Frage der Versicherungsfreiheit gemäß § 27 Abs. 5 SGB III wird auf die Rn. 10 verwiesen.

Wird die Altersteilzeit vor Eintritt in die Altersrente beendet und sind die Voraussetzungen für den Bezug von Arbeitslosengeld, Arbeitslosenhilfe und Unterhaltsgeld erfüllt, so regelt § 10 Abs. 1 AtG für die Leistungspflicht, dass bei der Bemessung der Entgeltersatzleistungen (§ 132 SGB III) das Entgelt zugrunde zu legen ist, das der Arbeitnehmer erzielt hätte, wenn er seine Arbeitszeit nicht im Rahmen der Altersteilzeitarbeit vermindert hätte. Verliert der Altersteilzeitbeschäftigte seinen Arbeitsplatz, so wird bei der **Berechnung der Entgeltersatzleistungen** also fingiert, dass er **in unvermindertem Umfang beschäftigt gewesen** wäre.

Kann der Arbeitnehmer eine **Rente wegen Alters** in Anspruch nehmen, so stellt gemäß § 10 Abs. 1 Satz 2 von dem Tage an, an dem die Rente erstmals beansprucht werden kann, das Altersteilzeitentgelt ohne Aufstockungsleistung das Bemessungsentgelt für die Entgeltersatzleistung dar. Wie sich der Beschlussempfehlung des Ausschusses für Arbeit und Sozialordnung (BT-Drs. 13/4877, S. 34) ausdrücklich entnehmen lässt, zählt zu der Möglichkeit der Inanspruchnahme einer Rente i. S. d. § 10 Abs. 1 AtG auch eine vorgezogene unter Inkaufnahme von Abschlägen (vgl. § 41 Abs. 1 und 2, § 77 Abs. 2 Nr. 1 SGB VI).

Für den Fall, dass der Arbeitnehmer **Kurzarbeitergeld** (§§ 169 ff. SGB III bezieht, regelt § 10 Abs. 4 AtG, dass für die Berechnung der Aufstockungsleistungen, die für die Altersteilzeit vereinbarte Arbeitszeit zugrunde zu legen ist, der Arbeitnehmer also so zu stellen ist, als ob er die vereinbarte Arbeitszeit in vollem Umfang erbracht hätte. Während des Zeitraums, in der der Arbeitnehmer Kurzarbeit leistet – auch wenn die Kurzarbeit „Null" ist – werden also die Aufstockungsleistungen unverändert weitergezahlt.

Die Ausführungen zum Kurzarbeitergeld gelten für das **Wintergeld** (§§ 212 ff. SGB III) entsprechend.

4.5 Rentenversicherung

121 a In der gesetzlichen Rentenversicherung wurde mit dem Gesetz zur Förderung eines gleitenden Übergangs in den Ruhestand der Versicherungsfall „Altersrente wegen Arbeitslosigkeit oder nach Altersteilzeitarbeit" eingeführt (der ursprünglich im SGB VI geregelte Versicherungsfall des § 38 SGB VI ist inzwischen durch Art. 1 RRG 1999 mit Wirkung zum 1. 1. 2000 aufgehoben worden. Jetzt ist diese nur für Versicherte der Geburtsjahre bis einschließlich 1951 noch vorgesehene Altersrentenart in § 237 SGB VI geregelt). Die Inanspruchnahme anderer Altersrenten (z. B. für langjährig Versicherte nach § 36 bzw. § 236 SGB VI und für Frauen nach § 237 a SGB VI) ist für Altersteilzeitarbeitnehmer weiterhin möglich.

Der Versicherungsfall „Altersrente nach Altersteilzeitarbeit" setzt gemäß § 237 Abs. 1 Nr. 3 Buchst. b SGB VI voraus, dass der Versicherte mindestens

24 Kalendermonate Altersteilzeitarbeit ausgeübt hat. Diese Altersteilzeitarbeit liegt vor, wenn für den Versicherten die in §§ 2, 3 Abs. 1 Nr. 1 AtG vorgeschriebenen Mindestaufstockungsleistung und der zusätzliche Rentenversicherungsbeitrag gezahlt worden sind. Unerheblich ist dagegen, ob Leistungen der Bundesagentur für Arbeit Förderleistungen nach § 4 AtG erbracht worden sind.

Die Altersgrenze für die Altersrente nach Arbeitslosigkeit oder nach Altersteilzeitarbeit wird stufenweise vom 60. Lebensjahr auf das 65. Lebensjahr heraufgesetzt. Trotz Anhebung der Altersgrenze ist den Versicherten weiterhin die Inanspruchnahme der Rente ab dem vollendeten 60. Lebensjahr möglich (§ 41 Abs. 1 Satz 2 SGB VI). Dies ist allerdings mit Abschlägen von 0,3 v. H. für jeden Monat der vorzeitigen Inanspruchnahme verbunden. Ebenfalls stufenweise angehoben werden die Altersgrenzen der Altersrente für langjährig Versicherte, der Altersrente für schwerbehinderte Menschen, und der Altersrente für Frauen. Auch hier bleibt aber die vorzeitige Inanspruchnahme mit Abschlägen möglich.

Die durch die Abschläge eintretende Rentenminderung kann nach § 187 a SGB VI durch die zusätzliche Zahlung von Beiträgen an die gesetzliche Rentenversicherung ganz oder teilweise ausgeglichen werden.

Bei rentenversicherungsrechtlichen Fragen sollte sich der Arbeitnehmer an den für ihn zuständigen Rentenversicherungsträger wenden.

5. Zusatzversorgungsrechtliche Fragen

5.1 Auskunftsanspruch

Bevor ein Arbeitnehmer eine Altersteilzeitvereinbarung abschließt, sollte er **122**
nicht nur rechtzeitig eine Auskunft beim zuständigen Rentenversicherungsträger eingeholt haben, um die Höhe der Leistungen aus der Rentenversicherung und den Zeitpunkt des für ihn möglichen Renteneintritts zu bestimmen, sondern er sollte auch die ausreichenden Auskünfte zur Zusatzversorgung bei der für ihn zuständigen Zusatzversorgungseinrichtung einholen. In der neuen Zusatzversorgung des Punktemodells sind Aussagen über die Höhe der eigenen Versorgungsanwartschaft aber regelmäßig schon aus den jährlichen Versicherungsnachweisen der Zusatzversorgungskassen ersichtlich (vgl. § 21 ATV/ATV-K).

Die zusatzversorgungsrechtlichen Voraussetzungen für die Umsetzung der Altersteilzeit sind im Rahmen des zusatzversorgungsrechtlichen Gesamtversorgungssystems, das mit Wirkung vom 31. Dezember 2000 durch ein Betriebsrentenmodell in Form des sog. Punktemodells abgelöst worden ist, vor allem durch den 30. Änderungstarifvertrag zum VersTV-G für den Bereich der kommunalen und kirchlichen Zusatzversorgungskassen und durch die entsprechenden Regelungen der 30. Änderung der VBL-Satzung geschaffen worden. Unter anderem war durch diesen 30. Änderungstarifvertrag und die genannte 30. Satzungsänderung in dem damaligen § 21 Abs. 1 Satz 1 Buchst. d und Abs. 2 Satz 1 Buchst. d VersTV-G, § 39 Abs. 1 Satz 1 Buchst. d und Abs. 2 Satz 1 Buchst. d VBL-Satzung der Versicherungsfall der Versicherungsrente „Altersrente nach Altersteilzeitarbeit" eingeführt worden.

Nachdem sich die Tarifvertragsparteien des öffentlichen Dienstes am 13. November 2001 auf eine Reform des Zusatzversorgungssystems verständigt haben, ist das bisherige zusatzversorgungsrechtliche Gesamtversorgungssystem zum 31. Dezember 2001 beendet worden. Das ab dem 1. Januar 2002 neue Betriebsrentenmodell in Form des so genannten Punktemodells ist für den Bereich der VBL und der ZVK Saar im ATV vom 1. März 2002 und für den Bereich der kommunalen Zusatzversorgungskassen im ATV-K vom 1. März 2002 geregelt. Da in § 5 ATV/ATV-K für die in der gesetzlichen Rentenversicherung Versicherten hinsichtlich der Versicherungsfälle in der Zusatzversorgung auf die entsprechenden Rententatbestände der gesetzlichen Rentenversicherung verwiesen wird, hat sich also für die Frage des Bestehens eines Versicherungsfalles „Altersrente nach Altersteilzeit" auch im neuen Recht nichts geändert. Für die nicht in der gesetzlichen Rentenversicherung versicherten Beschäftigten ergibt sich die Regelung zum Versicherungsfall aus dem § 14 ATV/ATV-K. Die Voraussetzungen einer Altersrente nach Altersteilzeitarbeit ergeben sich aus § 237 SGB VI. Nach dieser Regelung liegt Altersteilzeit nur dann vor, wenn für den Arbeitnehmer nach dem Altersteilzeitgesetz Aufstockungsbeträge zum Arbeitsentgelt und Beiträge zur gesetzlichen Rentenversicherung für den Unterschiedsbetrag zwischen dem Arbeitsentgelt für die Altersteilzeitarbeit und 90 v. H. des bisherigen Arbeitsentgelts gezahlt worden sind (vgl. § 237 SGB VI).

In der Vergangenheit ist immer wieder darauf hingewiesen worden, dass in den Fällen, in denen eine Altersteilzeitvereinbarung nicht zum Ende des Kalendermonats endet, ein Anspruch auf Versorgungsrente entfällt. Im Falle einer interessengerechten Vertragsanpassung nach der Protokollerklärung zu § 8 TV ATZ wäre daher zusatzversorgungsrechtlich zu beachten, dass die vereinbarte Nacharbeit zum Ende des Kalendermonats endet, damit ein Anspruch auf Versorgungsrente aus der Zusatzversorgung erhalten bleibt. Diese für die betriebliche Praxis ausgesprochenen Hinweise, werden aufgrund der Einführung des Betriebsrentenmodells in Form des Punktemodells entbehrlich. Die bisherige Rechtslage, dass einem Arbeitnehmer, der zum Zeitpunkt des Eintritts des Versicherungsfalles nicht mehr im Beschäftigungsverhältnis zu einem öffentlichen Arbeitgeber steht, nur noch eine regelmäßig niedrigere Versicherungsrente zusteht, gibt es nach den neuen Regelungen im ATV/ATV-K nicht mehr. Die bisherige Unterscheidung zwischen Versicherungs- und Versorgungsrente spielt keine Rolle mehr.

5.2 Versicherungsfall der Altersrente nach Altersteilzeitarbeit

123 In § 5 ATV/AV-K wird bei den Versicherungsfällen in der Zusatzversorgung an die Versicherungsfälle der gesetzlichen Rentenversicherung angeknüpft. Der bereits im früheren Zusatzversorgungssystem der Gesamtversorgung bestehende Versicherungsfall „der Altersrente wegen Arbeitslosigkeit oder nach Altersteilzeitarbeit" ist also in die Altersvorsorgetarifverträge ATV und ATV-K übernommen worden.

Für die nicht in der gesetzlichen Rentenversicherung versicherten Arbeitnehmer ist durch die Verweisung in § 14 ATV/ATV-K der entsprechende Versicherungstatbestand übernommen worden. Beitragsaufstockungen sind in diesen Fällen nach § 4 Abs. 2 AtG an die berufsständische Versorgungseinrichtung bzw. an das Lebensversicherungsunternehmen (vgl. § 15 ATV/ATV-K) zu leisten.

5.3 Gesamtbeschäftigungsquotient

5.3.1 Rechtslage vor In-Kraft-Treten des ATV und des ATV-K

In dem bisherigen Zusatzversorgungsrecht, das sich an einer Gesamtversor- **124**
gungssystematik orientiert hat, galt bei der Ermittlung des gesamtversorgungsfähigen Entgelts auch für die Altersteilzeitarbeit die generelle Regelung für Teilzeitarbeit (§ 25 a VersTV-G, § 43 a VBL-Satzung a. F.). Nach den durch den 36. Änderungstarifvertrag zum VersTV-G vom 30. Juni 2000 bzw. durch die 37. Änderung der VBL-Satzung vom 21. Juli 2000 neu getroffenen Regelungen zur Berechnung der Gesamtversorgung teilzeitbeschäftigter Arbeitnehmer, war im Rahmen der Berechnung des gesamtversorgungsfähigen Entgelts in der Zusatzversorgung tarifiert worden, dass das Teilzeitnetto mit dem Versorgungs-Vomhundertsatz und mit dem so genannten **Gesamtbeschäftigungsquotienten** zu multiplizieren war. Hinsichtlich des Entgelts für die Altersteilzeitarbeit war zu berücksichtigen, dass die Aufstockungsbeträge nicht ansetzbar waren, da diese nicht steuerpflichtig und damit auch nicht zusatzversorgungspflichtig gewesen sind. In Anlehnung an die Regelung der gesetzlichen Rentenversicherung, wonach der Arbeitgeber Beiträge für den Unterschiedsbetrag zwischen dem Arbeitsentgelt für die Altersteilzeit (50 v. H.) und 90 v. H. des Vollzeitentgelts zu zahlen hat, war bei der Ermittlung des Gesamtbeschäftigungsquotienten für die Altersteilzeit der Beschäftigungsquotient 0,9 zugrunde gelegt worden. Nachdem im Weiteren ermöglicht wurde, auch mit teilzeitbeschäftigten Arbeitnehmern Altersteilzeit zu vereinbaren, war durch den 36. Änderungstarifvertrag zum VersTV-G eine entsprechende Anpassung des § 25 a Abs. 3 Satz 4 VersTV-G im Hinblick auf den Beschäftigungsquotienten von 90 v. H. des aufgrund der bisherigen wöchentlichen Arbeitszeit ermittelten Beschäftigungsquotienten (§ 6 Abs. 2 AtG) erfolgt. Eine entsprechende Anpassung war in § 43 a Abs. 3 Satz 4 VBL-Satzung, § 34 a Abs. 3 Satz 4 MS erfolgt.

5.3.2 Rechtslage nach In-Kraft-Treten des ATV und des ATV-K

Durch die Regelungen des ATV und ATV-K, die das ab 1. Januar 2002 **124 a**
Anwendung findende Punktemodell näher regeln (Anmerkung: das alte zusatzversorgungsrechtliche Gesamtversorgungssystem ist zum 31. Dezem-

ber 2000 abgelöst worden, für das Jahr 2001 sind bestimmte Übergangsregelungen getroffen worden, ab dem 1. Januar 2002 können dann neue Versorgungspunkte nach dem Punktemodell erworben werden), ist die Altersteilzeit wie folgt geregelt.

Für alle Altersteilzeitvereinbarungen, die nach dem 31. Dezember 2002 vereinbart werden, wird als zusatzversorgungspflichtiges Entgelt, das der Umlage/dem Beitrag zur Zusatzversorgung zugrunde liegt, das 1,8fache der Altersteilzeitbezüge nach § 4 TV ATZ genommen. Da die Altersteilzeitbezüge grundsätzlich auf 50 v. H. während der Altersteilzeit halbiert sind, ergibt sich aus der Multiplikation von 50 × 1,8, dass dem Altersteilzeitbeschäftigten Versorgungspunkte zustehen, wie bei einer Beschäftigung zu 90 v. H. des bisherigen Entgelts. Durch diese Regelung wird also gewährleistet, dass die Basis für die Versorgungsleistung aus der Zusatzversorgung – entsprechend der Rechtslage im alten Zusatzversorgungsrecht – 90 v. H. seines bisherigen Arbeitsentgelts ist. Unter dem Gesichtspunkt der Höhe der versorgungsrechtlichen Absicherung orientiert sich das neue Recht somit am alten Zusatzversorgungsrecht. Neu ist allerdings, dass nun auch für Verträge ab dem 1. Januar 2003 mit Umlagen/Beiträgen aus 90 v. H. des zusatzversorgungspflichtigen Entgelts zu bezahlen sind. Hier ergibt sich also eine Verteuerung im Vergleich zum alten Recht, bei dem bekanntlich nur die Altersteilzeitbezüge (also 50 v. H. des bisherigen Entgelts) Bemessungsgrundlage für die Umlage waren. Hintergrund dieser Regelung ist, dass in dem neuen Zusatzversorgungsrecht eine Leistung gewährt wird, wie bei einer Kapitalfinanzierung von 4 v. H. Dieser Leitgedanke hat zur Folge, dass für Leistungen, für die ein Entgelt in Höhe von 90 v. H. des bisherigen Entgelts zugrunde gelegt wird, auch eine Finanzierung in dieser Höhe hinterlegt sein soll.

Die Tarifvertragsparteien wollten allerdings nicht in bestehende Vertragsgestaltungen eingreifen bzw. Vertragsgestaltungen die bereits angebahnt sind oder sich bis zum Stichtag 31. Dezember 2002 noch anbahnen, beeinträchtigen. Daher ist für Altersteilzeitvereinbarungen, die bis zum 31. Dezember 2002 getroffen werden, eine Übergangsregelung in § 8 Abs. 2 Satz 2 ATV/ATV-K geregelt. Bei einer vor dem 1. Januar 2003 vereinbarten Altersteilzeit auf der Grundlage des Altersteilzeitgesetzes werden demnach die Versorgungspunkte nach Satz 1 mit dem 1,8fachen berücksichtigt, auch wenn hier als zusatzversorgungspflichtiges Entgelt weiterhin (bis zum Stichtag 31. Dezember 2002) nur die halbierten Bezüge (also 50 v. H. des bisherigen Arbeitsentgelts) zugrunde liegen.

Soweit während der Altersteilzeit nicht nur die halbierten Bezügebestandteile, sondern auch volle Bezügebestandteile zustehen (z. B. die sog. unständigen Bezügebestandteile) liegen diese der zu ermittelnden Leistung und der Finanzierung zu Grunde. Hier erfolgt also keine Multiplikation mit dem Faktor 1,8.

Hinweis!

Die von den Tarifvertragsparteien gefundene Konstruktion führt dazu, dass Altersteilzeitvereinbarungen, die vor dem 1. Januar 2003 abgeschlossen werden, noch zu „günstigeren Konditionen" abgeschlossen werden können.

5.4 Rentenabschläge

In der gesetzlichen Rentenversicherung sind bei vorzeitiger Inanspruchnahme der Altersrente wegen Arbeitslosigkeit und nach Altersteilzeitarbeit Rentenabschläge eingeführt worden. Diese finden gemäß § 7 Abs. 3 ATV/ ATV-K im Grundsatz auch in der Zusatzversorgung Anwendung. Nach der Vorschrift des § 7 Abs. 3 ATV/ATV-K mindert sich die Betriebsrente für jeden Monat, für den der Zugangsfaktor nach § 77 SGB VI herabgesetzt ist, um 0,3 v. H., höchstens jedoch um insgesamt 10,8 v. H. **125**

5.5 Ausgleich von Abschlägen in der Rentenversicherung

In der gesetzlichen Rentenversicherung regelt § 187 a SGB VI die Möglichkeit, Beiträge an die gesetzliche Rentenversicherung zu zahlen, um etwaige Rentenabschläge auszugleichen. In dem bisherigen an der Gesamtversorgungssystematik orientierten System war vorgesehen, dass ein Arbeitnehmer, soweit er zum Ausgleich derartiger Abschläge wegen vorzeitiger Inanspruchnahme einer gesetzlichen Rente Beiträge an die gesetzliche Rentenversicherung zahlt, Entgeltpunkte aus solchen Zahlungen nicht auf die Gesamtversorgung angerechnet werden. Nach Ablösung des bisherigen Gesamtversorgungssystems durch das neue Punktemodell bedurfte es keiner speziellen Anrechnungsregelungen mehr, wie sie im alten Zusatzversorgungsrecht vorhanden waren. Nach den Regelungen des ATV/ATV-K stehen zukünftig die Renten aus der gesetzlichen Rentenversicherung und die Betriebsrente aus der Zusatzversorgung nebeneinander. Die Betriebsrente kommt somit additiv zur Rente aus der gesetzlichen Rentenversicherung hinzu. Eine Anrechnung findet insoweit nicht mehr statt. **126**

5.6 Erhöhungsbeträge

In § 5 Abs. 5 TV ATZ ist vorgesehen, dass sich bei einem von der Versicherungspflicht in der gesetzlichen Rentenversicherung befreiten Angestellten der Zuschuss zu einer anderweitigen Zukunftssicherung um den Betrag erhöht, den der Arbeitgeber bei 90 v. H. des bisherigen Arbeitsentgelts, höchstens aber der Beitragsbemessungsgrenze entrichten müsste. Erreicht der Zuschuss des Arbeitgebers nicht diesen Betrag, so fällt ein Erhöhungsbetrag bis zu dem Betrag an, der 90 v. H. des bisherigen Arbeitsentgelts entspricht. **127**

5.7 Abfindung nach § 5 Abs. 7 TV ATZ

Einem Arbeitnehmer, der nach Inanspruchnahme der Altersteilzeit Rentenabschläge wegen einer vorzeitigen Inanspruchnahme der Altersrente zu erwarten hat, steht gemäß § 5 Abs. 7 TV ATZ grundsätzlich ein Anspruch auf Abfin- **128** dung in Höhe von 5 v. H. der Vergütung je 0,3 v. H. Rentenminderung zu (vgl. Rn. 87 a zur Abfindungshöhe bei den Angestellten im Justizvollzugsdienst und im feuerwehrtechnischen Dienst). Eine derartige Abfindung führt in dem neuen Zusatzversorgungssystem in Form des sog. Punktemodells nicht zum Ruhen der Versorgungsrente.

Auch nach den bisherigen Ruhensvorschriften des Gesamtversorgungssystems (§ 41 Abs. 6 VersTV-G, § 65 Abs. 6 VBL-Satzung a. F.) kam es nicht zum Ruhen der Versorgungsrente. Die tarifliche Verpflichtung zur Zahlung des Abfindungsbetrages führte nach Sinn und Zweck der genannten im Gesamtversorgungssystem einschlägigen zusatzversorgungsrechtlichen Vorschriften auch dann nicht zum Ruhen der Versorgungsrente, wenn der Abfindungsbetrag nach dem Beginn der Versorgungsrente gezahlt wurde. Der Abfindungsbetrag nach § 5 Abs. 7 TV ATZ war auch bereits im alten Zusatzversorgungssystem als tarifvertraglich zugesagte Leistung zu qualifizieren, die weder zweckbestimmt noch zweckgebunden zur Alterssicherung gezahlt wurde. Die Zahlung soll lediglich einen zusätzlichen Anreiz für die Vereinbarung von Altersteilzeitarbeit geben und dadurch Beschäftigungschancen für Auszubildende und Arbeitlose schaffen.

Bei der Abfindungszahlung nach § 5 Abs. 7 TV ATZ handelt es sich grundsätzlich um eine einmalige nicht zusatzversorgungspflichtige Zahlung aus Anlass der Beendigung des Arbeitsverhältnisses (vgl. Anlage 3 Satz 1 Nr. 13 ATV bzw. Anlage 3 Satz 1 Buchst. d ATV-K).

5.8 Differenzbetrag nach § 9 Abs. 3 TV ATZ

129 Endet das Arbeitsverhältnis eines Arbeitnehmers, der im Rahmen der Altersteilzeit nach dem Blockmodell beschäftigt wird, vorzeitig, so hat der Arbeitnehmer nach § 9 Abs. 3 TV ATZ Anspruch auf eine etwaige Differenz zwischen den nach § 4 und § 5 TV ATZ erhaltenen Bezügen und Aufstockungsleistungen und den Bezügen für den Zeitraum seiner tatsächlichen Beschäftigung, die er ohne Eintritt in die Altersteilzeit erzielt hätte (vgl. zusammenfassend zur Störfallproblematik Rn. 109 ff.).

Dieser Differenzbetrag stellt grundsätzlich einmalig gezahltes Arbeitsentgelt im Sinne der Anlage 3 Satz 1 Nr. 13 ATV bzw. Anlage 3 Satz 1 Buchst. d ATV-K dar und ist somit kein zusatzversorgungspflichtiges Entgelt.

5.9 Arbeitnehmerbeitrag zur Zusatzversorgung

130 Im Rahmen der Lohn- und Vergütungstarifverhandlungen 1998 ist im Bereich der Zusatzversorgung des öffentlichen Dienstes eine Regelung über einen vom Arbeitnehmer zu zahlenden Beitrag zur Finanzierung der Zusatzversorgung getroffen worden. Durch das Verhandlungsergebnis zur Reform der Zusatzversorgung vom 13. November 2001 und die hierzu tarifierten Umsetzungstarifverträge ATV und ATV-K ist der Arbeitnehmerbeitrag im Bereich der Versorgungsanstalt des Bundes und der Länder auf 1,41 v. H. festgeschrieben. Bei den übrigen kommunalen Kassen gilt der

Arbeitnehmerbeitrag, der am 1. November 2001 bestanden hat (vgl. § 16 Abs. 1 Satz 3 ATV/ATV-K). Die Arbeitgebervertreter haben in ihren erläuternden Hinweisen zum TV ATZ darauf hingewiesen, dass der auf das Teilzeit-Bruttoentgelt entfallende Arbeitnehmerbeitrag zur Zusatzversorgung nicht zu den gesetzlichen Abzügen bei der Altersteilzeit gehört und seine Einbehaltung vom Arbeitsentgelt ebenso wie andere vom Bezügeempfänger veranlasste Einbehalte (z. B. Bausparbeiträge, Mitgliedsbeiträge) nicht zu einer entsprechenden Erhöhung des Aufstockungsbetrages führen kann. Diese Auffassung ist vom **Bundesarbeitsgericht** mit Urteil vom 9. Dezember 2003 – 9 AZR 671/02 – (= ZTR 2004, 253) bestätigt worden.

IV. Eingruppierungsrechtliche Fragen (Unterstellungsmerkmale)

Die Eingruppierung von Angestellten in eine bestimmte Vergütungsgruppe **131**
ist zum Teil an bestimmte Unterstellungsmerkmale geknüpft. Grundsätzlich wird bei der Frage der Unterstellung an die Vollbeschäftigteneigenschaft angeknüpft. Die Rechtfertigung hierfür liegt darin, dass die Eingruppierung vor allem der Vorgesetztenfunktion und den damit im Zusammenhang stehenden Leitungs- und Koordinierungsaufgaben Rechnung tragen soll, die mit zunehmendem Arbeitsumfang der Unterstellten komplexer wird und deshalb von einer bestimmten „Stichzahl" an eine höhere Eingruppierung zur Folge hat. Die Frage, inwieweit es sich im Rahmen der eingruppierungsrechtlichen Regelungen auswirkt, wenn der unterstellte Angestellte vollzeit- bzw. teilzeitbeschäftigt ist, stellt eine allgemeine Fragestellung dar, die stets bei Vorliegen einer Teilzeitbeschäftigung zu prüfen ist. Diese Fragestellung stellt sich aber nun insbesondere auch im Zusammenhang mit der Vereinbarung von Altersteilzeitarbeitsverhältnissen. Die VKA hat sich auf eine Anfrage ihrer Mitgliedverbände zur Eingruppierung von Angestellten im Rechnungswesen mit Rundschreiben R 469/98 vom 9. November 1998 sowie R 163/99 vom 26. März 1999 näher mit der Frage der Unterstellungsmerkmale im Rahmen von Altersteilzeitarbeitsverhältnissen befasst. In den VKA-Rundschreiben wird im Zusammenhang mit dem TV ATZ – generell für alle in der Vergütungsordnung vereinbarten Unterstellungsmerkmale – die Frage thematisiert, wie (vorgesetzte) Angestellte eingruppiert sind, deren Unterstellte die Altersteilzeitarbeit im Blockmodell leisten. Bei diesen Unterstellten beträgt die vereinbarte Arbeitszeit ebenso wie im Teilzeitmodell die Hälfte der bisherigen Arbeitszeit; tatsächlich sind sie aber in der ersten Hälfte des Altersteilzeitarbeitsverhältnisses im Umfang der bisherigen Arbeitszeit beschäftigt und anschließend von der Arbeit freigestellt.

Bei wörtlicher Auslegung der in diesem Zusammenhang einschlägigen Protokollerklärungen (vgl. z. B. Protokollerklärung Nr. 4 Buchst. c des Tarifvertrages vom 24. Juni 1975 – Fallgruppen 1 –; Protokollerklärung Nr. 4 Buchst. d des Tarifvertrages vom 26. Oktober 1979/15. Februar 1993 – Angestellte im Sparkassendienst –; Protokollerklärung Nr. 3 Buchst. c des Tarifvertrages vom 18. Februar 1981/26. Mai 1992 – Schwimmmeister und Schwimmmeistergehilfen –; Nr. 6 der Vorbemerkungen zu allen Vergütungsgruppen der Anlage 1 a zum BAT/BAT-O – Bund/TdL – und Protokollerklärung Nr. 6 Buchst. b zur Anlage 1 b BAT/BAT-O) zu den Unterstellungsmerkmalen müssten diese Angestellten in der Arbeitsphase des Blockmodells, auch wenn sie z. B. vom Beschäftigungsumfang wie Vollzeitbeschäftigte tätig sind, als mit der halben bisherigen Arbeitszeit tätige Unterstellte angesehen werden. In der Freistellungsphase des Blockmodells fehlt es hingegen an dem Merkmal der Unterstellung, so dass schon deshalb eine Berücksichtigung des Altersteilzeitbeschäftigten bei dem vorgesetzten Angestellten in dieser Phase ausscheidet.

Die Berücksichtigung von Altersteilzeitbeschäftigten während der Arbeitsphase des Blockmodells nur mit der arbeitsvertraglich vereinbarten hälftigen Arbeitszeit würde bei dem vorgesetzten Angestellten aber zu sachwidrigen Ergebnissen führen.

Die öffentlichen Arbeitgeber haben daher keine Bedenken erhoben, wenn der Unterstellte trotz seiner für die Gesamtdauer des Altersteilzeitarbeitsverhältnisses vereinbarten Teilzeitarbeit während der Arbeitsphase mit dem vollen tatsächlichen Beschäftigungsumfang berücksichtigt wird. Keine Besonderheiten ergeben sich während der Freistellungsphase, da der Altersteilzeitbeschäftigte in dieser Phase keinem anderen Arbeitnehmer mehr unterstellt ist und es somit bereits an dem Merkmal der Unterstellung fehlt (vgl. z. B. VKA-Rundschreiben R 163/99 vom 26. März 1999).

Eine tarifliche Klarstellung dieser Frage wäre sachgerecht und wünschenswert.

V. Betriebsverfassungs- und personalvertretungsrechtliche Fragen

132 Die Vereinbarung von Altersteilzeitarbeit hat auch zahlreiche Auswirkungen betriebsverfassungs- und personalvertretungsrechtlicher Art. Relativ unproblematisch ist hierbei das sog. Teilzeitmodell nach § 3 Abs. 2 Buchst. b TV ATZ, bei dem der Arbeitnehmer die Gesamtdauer des Altersteilzeitarbeitsverhältnisses weiterhin im Betrieb, allerdings mit reduzierter Arbeitszeit, verbleibt. Die Reduzierung der Arbeitszeit für sich allein betrachtet ändert nichts an der Betriebszugehörigkeit eines Arbeitnehmers. Zu den Arbeitnehmern im betriebsverfassungs- und personalvertretungsrechtlichen Sinn gehören also z. B. auch geringfügig beschäftigte Arbeitnehmer.

Probleme wirft hingegen die Freistellungsphase des Blockmodells (§3 Abs. 2 Buchst. a TV ATZ) auf. Betriebsverfassungs- und personalvertretungsrechtlich stellen sich vor allem die Fragen nach dem aktiven Wahlrecht, dem passiven Wahlrecht und dem Fortbestand der Mitgliedschaft im Betriebs- bzw. Personalrat, sowie die Auswirkungen auf die Größe des Betriebes und die Frage nach etwaigen Mitbestimmungsrechten des Betriebsrats/des Personalrats bei der Altersteilzeitarbeit.

1. Aktives Wahlrecht

1.1 Betriebsverfassungsrechtliche Lage

Nach dem Wortlaut des §7 des **BetrVG** ist das aktive Wahlrecht an den **133**
Arbeitnehmerbegriff geknüpft. Die Rechtsprechung des Bundesarbeitsgerichts und die herrschende Meinung betonen dabei den Gesichtspunkt **des „betriebsangehörigen Arbeitnehmers".** Von einem betriebsangehörigen Arbeitnehmer kann dann gesprochen werden, wenn eine Zuordnung des Arbeitnehmers zur Belegschaft des Betriebes gegeben ist. Das Bundesarbeitsgericht hat hierzu in seiner Rechtsprechung die Auffassung vertreten, dass „betriebsangehörige Arbeitnehmer" nur solche Personen sind, die in einem Arbeitsverhältnis zum Betriebsinhaber stehen und innerhalb der Betriebsorganisation des Arbeitgebers abhängige Arbeitsleistungen erbringen (vgl. z. B. BAG, Beschluss vom 14. Mai 1997 – 7 ABR 26/96 = AP Nr. 6 zu §8 BetrVG = BB 1997, 2116). An einer derartigen Betriebszugehörigkeit fehlt es bei einem Altersteilzeitbeschäftigten, der sich in der Freistellungsphase des Blockmodells befindet (ebenso Rieble/Gutzeit, BB 1998, 638 ff.). Der Fall der Freistellungsphase des Blockmodells ist richtigerweise auch nicht, worauf Rieble/Gutzeit (a. a. O.) zu Recht hinweisen, vergleichbar mit den Fällen des Erholungsurlaubs, der Kurzarbeit „Null", den Beschäftigungsverboten nach dem Mutterschutzgesetz, der Krankheit, dem Streik oder der Aussperrung. In diesen Fällen, in denen die tatsächliche Arbeitsleistung vorübergehend nicht erbracht wird, steht der Arbeitnehmer dennoch weiterhin für den Arbeitgeber bereit. Hier bleibt also seine Betriebszugehörigkeit erhalten. Anders als in den genannten Fällen schließt sich an die Freistellungsphase des Blockmodells bei einem Altersteilzeitbeschäftigten hingegen grundsätzlich der Eintritt in den Ruhestand an. Die Freistellungsphase beim Blockmodell dient für den Arbeitnehmer also gerade dazu, früher aus der Zeit der aktiven Beschäftigungsphase auszuscheiden. Der Arbeitgeber wird also mit dem Übergang in die Freistellungsphase des Blockmodells dauerhaft ausgegliedert.

Zu einer anderen Auslegung könnte man allenfalls dann kommen, wenn man die Zeit der Freistellungsphase entsprechend den oben genannten Ruhensregelungen (z. B. nach dem Mutterschutzgesetz) behandeln würde. Diese müsste dann aber durch den Gesetzgeber selbst erfolgen. Für den Fall der Freistellungsphase des Blockmodells ist somit im Ergebnis ein aktives Wahlrecht des Arbeitnehmers abzulehnen (ebenso Lindemann/Simon NZA 2002, 365, 370; **a. A.** Natzel, NZA 1998, 1262, 1265).

1.2 Personalvertretungsrechtliche Lage

134 In den **Personalvertretungsgesetzen** des Bundes und der Länder wird ebenfalls grundsätzlich an die Beschäftigteneigenschaft angeknüpft (vgl. z. B. § 13 BPersVG). Eine ungeschriebene systemimmanente Voraussetzung des Beschäftigungsverhältnisses ist die Dienststellenzugehörigkeit (vgl. BVerwG, Beschluss vom 29. Januar 1993 – 6 P 2.92 – = PersR 1993, 221 = PersV 1993, 371). In der Freistellungsphase des Blockmodells liegt keine tatsächliche Eingliederung mehr in das Betriebsgeschehen der Dienststelle vor. Die Zeit der Freistellungsphase des Blockmodells ist auch nicht mit einer Ableistung des Grundwehr- oder Zivildienstes oder z. B. der Zeit des Mutterschaftsurlaubs vergleichbar, da beim Blockmodell von vornherein feststeht, dass der Arbeitnehmer nicht in die aktive Beschäftigungsphase zurückgehen wird, sondern im Anschluss an die Freistellungsphase in den Ruhestand geht.

Das Bayerische Staatsministerium der Finanzen hat zum Vollzug des Bayerischen Personalvertretungsgesetzes in Bezug auf die für das aktive Wahlrecht einschlägige Vorschrift das Vorliegen einer Wahlberechtigung während der Freistellungsphase des Blockmodells bejaht (vgl. Schreiben des Bayer. Staatsministeriums der Finanzen vom 25. April 2000, der Personalrat 5/2000, S. 197, 213). Eine entsprechende Auffassung vertritt das Schleswig-Holsteinische Verwaltungsgericht in seinem Beschluss vom 7. März 2000 – PB 19/99 in Bezug auf das BPersVG (Arbeitsrecht im Betrieb, 6/2000, S. 350).

Die gegenteilige Auffassung vertritt der Bayerische VGH – bezogen auf die einschlägige Regelung des bayerischen Personalvertretungsgesetzes – mit Beschluss vom 14. November 2001 – 17 P 01.638 (vgl. Der Personalrat 2002, S. 173 ff.). Nach Ansicht des BayVGH erfüllt der Altersteilzeitler, der sich in der Freistellungsphase des Blockmodells befindet, nicht mehr das zur Bejahung eines Beschäftigungsverhältnisses im personalvertretungsrechtlichen Sinn erforderliche (ungeschriebene) Merkmal der Dienststellenzugehörigkeit (vgl. im Weiteren Rn. 136).

2. Passives Wahlrecht (Wählbarkeit)/Betriebsrats- und Personalratsamt

2.1 Betriebsverfassungsrechtliche Lage

135 Die Wählbarkeit des Arbeitnehmers ist in § 8 **BetrVG** geregelt. Hier wird das Wahlrecht grundsätzlich davon abhängig gemacht, dass der Arbeitnehmer dem Betrieb angehört. Es ist also erforderlich, dass der Arbeitnehmer in die Betriebsabläufe eingebunden ist. Für den Fall der Freistellungsphase des Blockmodells, in der der Arbeitnehmer aus der Betriebsorganisation ausscheidet und im Anschluss an die Freistellungsphase in den Ruhestand geht, **liegt also eine Betriebsangehörigkeit des Arbeitnehmers nicht mehr vor.** Da der Arbeitnehmer insofern dauerhaft aus der aktiven Arbeitsphase

ausscheidet, lässt sich auch nicht begründen, dass lediglich ein zeitweiliger Verhinderungsgrund gemäß §25 Abs. 1 BetrVG (so z. B. bei zeitweiliger Verhinderung wegen Krankheit oder Wehrdienst) in seiner Person gegeben ist. Die hier vertretene Auffassung erscheint auch unter dem Aspekt des Schutzzwecks des BetrVG und auch aus der Sicht der Arbeitnehmerschaft des Betriebes sachgerecht.

Würde sich beispielsweise ein Betriebsratsmitglied, der für 10 Jahre Altersteilzeitarbeit vereinbart hat (5 Jahre Arbeitsphase, 5 Jahre Freistellungsphase), kurz vor Ablauf der Arbeitsphase für 4 Jahre in den Betriebsrat wählen lassen, würden ihn z. B. neu eingestellte Arbeitnehmer, für die er an sich Ansprechpartner sein sollte, in der Regel gar nicht kennen. Nach einer gewissen Zeit der Abwesenheit aus der Betriebsorganisation verliert der in der Freistellungsphase befindliche Arbeitnehmer auch die Nähe zum betrieblichen Geschehen und ist für die Arbeitnehmer nicht mehr „in der Sache drin".

Dass diese Frage große praktische Relevanz haben wird, ist nicht anzunehmen, da Betriebsratsmitglieder bei Einbeziehung der gerade genannten Überlegungen in der Regel sich von sich aus nicht mehr zur Wahl aufstellen lassen werden (bzw. auf ihr Betriebsratsamt verzichten würden), sobald sie aufgrund der Freistellungsphase des Blockmodells dauerhaft aus dem Betriebsgeschehen (streitig, ebenso z. B. Lindemann/Simon, NZA 2002, 365, 370; **a. A.** Natzel, NZA 1998, 1262, 1265) ausscheiden.

2.2 Personalvertretungsrechtliche Lage

In den **Personalvertretungsgesetzen** des Bundes und der Länder wird für **136**
die Frage der Wählbarkeit wiederum grundsätzlich an die Dienststellenzugehörigkeit angeknüpft. Die Voraussetzungen der Wählbarkeit sind enger als die Voraussetzungen der Wahlberechtigung. Nicht jeder, der nach den Vorschriften der Personalvertretungsgesetze wahlberechtigt ist, ist auch wählbar. Umgekehrt setzt hingegen die Wählbarkeit die Wahlberechtigung voraus. Da die Dienststellenzugehörigkeit in der Freistellungsphase des Blockmodells zu verneinen ist, kann sich ein Altersteilzeitbeschäftigter in der Freistellungsphase des Blockmodells also nicht mehr in den Personalrat wählen lassen.

Zur Frage der Wahlberechtigung zur Personalvertretung in der Freistellungsphase des Blockmodells hat das Bundesministerium des Innern mit Rundschreiben vom 2. Juni 1999 – D I 3 – 212/16 Stellung genommen. Es hat dabei folgende Auffassung vertreten:

> „§ 13 Abs. 1 BPersVG setzt für die Wahlberechtigung zur Personalvertretung grundsätzlich die Beschäftigteneigenschaft voraus. Beschäftigter ist aber nur, wer auf Grundlage eines Beamten- oder Arbeitnehmerverhältnisses in eine Dienststelle eingegliedert ist und an der Erfüllung der dieser Einrichtung gestellten öffentlichen Aufgabe mitwirkt (Gemeins. Senat der obersten Gerichtshöfe des Bundes, Beschl. vom 11. März 1987 – Gms-OGB 6/86, PR 1987/263). Von einer Eingliederung ist regelmäßig auszugehen, wenn Dauer-

aufgaben der Dienststelle wahrgenommen werden, es sich insbesondere ihrer Art und Zielsetzung nach um Aufgaben handelt, die so auch anderen in der Dienststelle tätigen Mitarbeitern obliegen, zumal dann, wenn dadurch räumliche und sachliche Berührungspunkte bei der Arbeit entstehen. Hieran fehlt es, wenn keine betriebliche und soziale Bindung an die Dienststelle mehr besteht (BVerwG, Beschl. vom 25. September 1995 – 6 P 44.93 –, PersV 1996, 270).

Somit ist eine Eingliederung nicht mehr gegeben, sobald der Altersteilzeit leistende Beschäftigte in die Freistellungsphase eintritt. Der Dienststelle obliegende Aufgaben werden bis zum Übergang in den Ruhestand nicht mehr wahrgenommen. Die Wahlberechtigung endet daher mit Beginn der Freistellungsphase.“

Das Bayerische Staatsministerium der Finanzen hat zum Vollzug des Bayerischen Personalvertretungsgesetzes unter Heranziehung der für das passive Wahlrecht einschlägigen Vorschrift eine Wählbarkeit zum Personalrat in der Freistellungsphase des Blockmodells abgelehnt (vgl. Schreiben des Bayer. Staatsministeriums der Finanzen vom 25. April 2000, a. a. O.). Das Schleswig-Holsteinische Verwaltungsgericht hat hingegen in einem Beschluss vom 7. März 2000 – PB 19/99 (a. a. O.) bei einer entsprechenden Fragestellung eine Wählbarkeit bejaht.

Auch das OVG Schleswig-Holstein hat sich inzwischen mit der Fragestellung der Wählbarkeit befasst (Beschluss vom 30. November 2000 – 11 L 1/00) und ebenso wie die Vorinstanz die Frage nach der Wählbarkeit eines in der Freizeitphase des Blockmodells befindlichen Altersteilzeitbeschäftigten bejaht. Die Begründung des OVG Schleswig-Holstein, wonach auch ein Altersteilzeitarbeitsverhältnis wie ein normales Teilzeitarbeitsverhältnis anzusehen sei und deshalb die tatsächliche Heranziehung zur Arbeit ab Beginn der Freistellungsphase arbeitsrechtlich nicht ausgeschlossen sei, überzeugt nicht. Zweck der Freistellungsphase des Blockmodells ist es, nicht mehr einer aktiven Beschäftigung nachgehen zu müssen, da man bereits in der Arbeitsphase ein Wertguthaben erarbeitet hat, welches nun abgerufen wird. Der Gesetzgeber hat im Übrigen mit dem Instrument der Altersteilzeit das Ziel verfolgt, beschäftigungspolitische Effekte in Form einer Wiederbesetzung der durch Altersteilzeitarbeit frei gewordenen Stellen zu erreichen. Auch die Anforderung des Gesetzgebers, dass sich an die Arbeitsphase und die nachfolgende Freistellungsphase unmittelbar der Eintritt in den Ruhestand vollziehen muss, spricht dafür, die Frage der Wählbarkeit des in der Freistellungsphase des Blockmodells befindlichen Altersteilzeitbeschäftigten zu verneinen.

Eine andere Auffassung als in den vorgenannten Entscheidungen wird vom Bayerischen VGH mit Beschluss vom 14. November 2001 – 17 P 01.638 (vgl. Der Personalrat 2002, S. 173 ff.) vertreten. Der BayVGH vertritt – bezogen auf die einschlägige Regelung des bayerischen Personalvertretungsgesetzes – die Auffassung, dass der Altersteilzeitler, der sich in der Freistellungsphase des Blockmodells befindet, nicht mehr das zur Bejahung eines Beschäftigungsverhältnisses im personalvertretungsrechtlichen Sinn erforderliche (ungeschriebene) Merkmal der Dienststellenzugehörigkeit erfülle. Eine tatsächliche Eingliederung in die Dienststelle läge hier nicht mehr vor. Vielmehr sei nur noch rein statusrechtlich die Eigenschaft als Beschäftigter zu bejahen. Es sei daher von einem Verlust des aktiven und passiven Wahlrechts des Altersteilzeitbeschäftigten in der Freistellungsphase des Blockmodells auszugehen.

Die Rechtsunsicherheit zu dieser Frage (vgl. hierzu auch den Überblick von Rothländer, Der Personalrat 2002, S. 151 ff .), die aus den unterschiedlichen Entscheidungen der Gerichte deutlich wird, lässt eine de lege ferenda herzustellende gesetzgeberische Klarstellung dieser Problematik als sinnvoll und geboten erscheinen.

3. Betriebsgröße

3.1 Betriebsverfassungsrechtliche Lage

Die Altersteilzeitarbeitsmodelle werfen schließlich Fragen in Bezug auf die **137**
Auswirkungen auf die Betriebsgröße auf. Hinsichtlich der Modelle der durchgehenden Altersteilzeitbeschäftigung bestehen hier, ebenso wie bei der Frage des aktiven Wahlrechts und der Wählbarkeit, keine Schwierigkeiten. Der durchgehend mit der Hälfte der tariflichen regelmäßigen Arbeitszeit tätige Arbeitnehmer wird also wie jeder andere Teilzeitbeschäftigte voll mitgezählt. Probleme wirft an dieser Stelle wiederum das Blockmodell nach § 3 Abs. 2 Buchst. a TV ATZ auf.

Die Frage, wie sich Blockmodelle auf die Betriebsgröße auswirken, spielt an einer Reihe von Stellen eine Rolle. So hängt von der Betriebsgröße ab, ob überhaupt ein Betriebsrat gebildet werden kann und welche Größe der Betriebsrat hat. Die Amtszeit des Betriebsrats, die Zahl der im Betrieb freizustellenden Betriebsräte, die Frage, ob Einzelmaßnahmen mitbestimmungspflichtig sind, ob wirtschaftliche Maßnahmen mitbestimmungspflichtig sind, oder ob z. B. ein Wirtschaftsausschuss gebildet werden muss, ist ebenfalls von der Betriebsgröße abhängig.

Da die Beschäftigungszahl eines Betriebes einer ständigen Personalfluktuation, z. B. aufgrund von Neueinstellungen, Kündigungen oder Ausscheiden aus dem Erwerbsleben, unterliegt, stellt das BetrVG auf die Anzahl der „in der Regel" beschäftigten Arbeitnehmer ab. Das Bundesarbeitsgericht betrachtet dabei einmal rückwirkend die Beschäftigungszahl, also wie sie sich in der Vergangenheit dargestellt hat und mit einem Blick in die Zukunft, versucht es die voraussichtliche Entwicklung der Beschäftigtenzahl einzuschätzen (vgl. z. B. BAG, Urteil vom 22. Februar 1983 = BB 1984, 61).

Wie oben bereits ausgeführt, verlieren die Arbeitnehmer, die sich in der Freistellungsphase des Blockmodells befinden und sich auf den Ruhestand vorbereiten, nach Auffassung der Verf. ihre Betriebszugehörigkeit. Sie sind folglich nicht mitzuzählen. Andererseits spielt aus der Sichtweise des Bundesarbeitsgerichts für die Betriebsgröße eine Rolle, ob z. B. Wiederbesetzungen der durch Altersteilzeit frei gewordenen Stellen stattfinden. Durch die Auffassung des Bundesarbeitsgerichts, bei der Abschätzung der Beschäftigungszahl für die Feststellung der Betriebsgröße sowohl in die Vergangenheit zu schauen als auch eine Einschätzung für die Zukunft vorzunehmen, könnte es dann allerdings zu **Doppelzählungen** kommen (hierauf weisen z. B. Rieble/Gutzeit, BB 1998, 638, 643 hin). Es stellt sich hier die Frage, ob es nicht sinnvoll sein könnte, an dieser Stelle den in § 21 Abs. 7 BErzGG enthaltenen Rechtsgedanken entsprechend heranzuziehen. Dieser regelt, dass der Arbeitnehmer, der einen im Erziehungsurlaub befindlichen Arbeitnehmer vertritt, nicht mitzuzählen ist (keine „Doppelzählung" in Vertretungsfällen). Das **Bundesarbeitsgericht** hat sich aber nun inzwischen in seinem Beschluss vom 16. April 2003 – 7 ABR 53/02 (= ZTR 2003, 633) ausdrücklich mit der Frage befasst, ob bei im Blockmodell durchgeführten Altersteilzeitverhältnissen im Rahmen der Ermittlung der Betriebsgröße nach § 9 BetrVG die in der Freistellungsphase des Blockmodells befindlichen Arbeitnehmer mitzuzählen sind. Das Bundesarbeitsgericht hat hierzu entschieden, dass die in der Freistellungsphase befindlichen Arbeitnehmer für die Belegschaftsstärke nach § 9 BetrVG nicht zu berücksichtigen sind. Das Bundesarbeitsgericht stützt seine Entscheidung darauf, dass die Altersteilzeitler in der Freistellungsphase des Blockmodells nicht mehr in die Betriebsorganisation eingegliedert sind und eine Rückkehr in den Betrieb nicht vorgesehen ist. Mit dieser Auffassung hat das Gericht insoweit auch zum Ausdruck gebracht, dass eine Doppelzählung im vorgenannten Sinne nicht eintreten kann.

3.2 Personalvertretungsrechtliche Lage

138 Auch in den **Personalvertretungsgesetzen** des Bundes und der Länder spielt die Betriebsgröße an verschiedenen Stellen eine maßgebliche Rolle, z. B. für die Zahl der Personalratsmitglieder, für die Zahl des Verhältnisses der einzelnen Gruppen, die Frage der Amtszeit des Personalrats, die Wahl weiterer Personalratsmitglieder oder die Freistellung von Personalratsmitgliedern.

Bei der Feststellung der Beschäftigtenzahl einer Dienststelle wird auf die Zahl der regelmäßig Beschäftigten abgestellt. Hierbei ist nicht auf eine Durchschnittszahl oder auf eine Beschäftigtenzahl zu einem bestimmten Stichtag abzustellen, sondern auf einen **gewissen „Regelzustand"**. Bei der Feststellung der Zahl der regelmäßig Beschäftigten kann der Stellenplan als Anhaltspunkt herangezogen werden (vgl. BVerwG, Beschluss vom 3. Juli 1991 – 6 P 1.89 = PersR 1991, 369). Zu der Problematik etwaiger „Doppelzählungen" wird auf die Ausführungen in Rn. 137 verwiesen.

4. Betriebsvereinbarungen/Dienstvereinbarungen

139 In der Literatur ist teilweise der Abschluss von Betriebsvereinbarungen/ Dienstvereinbarungen im Zusammenhang mit der Altersteilzeitarbeit the-

matisiert worden. Die Problematik soll an dieser Stelle nicht vertieft erörtert werden. Hinzuweisen ist jedoch darauf, dass nach § 77 Abs. 3 BetrVG Arbeitsentgelte und sonstige Arbeitsbedingungen, die durch Tarifvertrag geregelt sind, bzw. üblicherweise geregelt werden, nicht Gegenstand einer Betriebsvereinbarung sein können. § 77 Abs. 3 BetrVG schreibt insofern den Vorrang des Tarifvertrages fest.

Beachte! 140

Im Bereich des Personalvertretungsrechts ist zu beachten, dass die in den Personalvertretungsgesetzen geregelten Sachverhalte, die Gegenstand einer Dienstvereinbarung sein können, **abschließend** aufgezählt sind.

5. Einzelne Mitbestimmungsrechte

5.1 Einzelvertragliche Vereinbarung

Es stellt sich die Frage, ob die einzelvertragliche Vereinbarung eines Alters- 141
teilzeitverhältnisses mitbestimmungspflichtig im Sinne des **Betriebsverfassungsgesetzes** ist. Es wäre daran zu denken, ein solches Mitbestimmungsrecht aus § 87 Abs. 1 Nr. 2 BetrVG abzuleiten. Es ist aber zu beachten, dass die mit der Vereinbarung von Altersteilzeitarbeit verbundenen Konsequenzen hinsichtlich der Verteilung der Arbeitszeit auf einer tariflichen Regelung beruhen und insoweit nach dem Eingangssatz des § 87 Abs. 1 BetrVG ein derartiges Mitbestimmungsrecht ausgeschlossen ist.

Hinsichtlich einer Mitbestimmung des **Personalrats** sind die jeweils ein- 142
schlägigen bundes- bzw. landesgesetzlichen personalvertretungsrechtlichen Vorschriften zu prüfen. Nach § 75 Abs. 3 BPersVG würde aber z. B. ein Mitbestimmungsrecht ebenso wie bei § 87 BetrVG abzulehnen sein, da eine tarifliche Regelung besteht.

Selbst wenn aber in einem Personalvertretungsgesetz ein weit gefasster Mitbestimmungstatbestand geregelt wäre, dürfte eine Zustimmung des Personalrates zur Altersteilzeitvereinbarung in der Praxis regelmäßig erfolgen, da kein Grund besteht, sich einer einvernehmlich von Arbeitnehmer und Arbeitgeber getroffenen Abrede entgegenzustellen.

Mit der Frage der Mitbestimmung des Personalrats unter dem Aspekt der Einstellung musste sich inzwischen auch bereits das Bundesverwaltungsgericht befassen (Beschluss des Bundesverwaltungsgericht vom 12. Juni 2001 – BVerwG P 11.00 = ZTR 2001, S. 531 f.)

In dem der Entscheidung zugrunde liegenden Fall hat der antragstellende Personalrat die Verletzung seines Mitbestimmungsrechts im Hinblick auf seine Nichtbeteiligung bei der Vereinbarung eines Altersteilzeitarbeitsverhältnisses zwischen dem Angestellten und dem Beteiligten gerügt. Während das Verwaltungsgericht den auf Verletzung seines Mitbestimmungsrechts gerichteten Feststellungsantrag des Personalrats abgelehnt hatte, war das auf Beschwerde des Antragstellers mit der Sache befasste Oberverwaltungsgericht der Auffassung, dass die Umwandlung eines Vollzeitbeschäftigungsverhältnisses in ein Teilzeitbeschäftigungsverhältnis nach dem Altersteilzeitgesetz, wenn nicht der Beschäftigte darauf einen Anspruch habe, der Mitbestimmung des Antragstellers gemäß §75 Abs. 1 Nr. 1 BPersVG unterliege.

Auf die vom Beteiligten erhobene Rechtsbeschwerde gegen den Beschluss des Oberverwaltungsgerichts hat das Bundesverwaltungsgericht mit dem oben zitierten Beschluss vom 12. Juni 2001 entschieden, dass die Umwandlung eines Vollzeitbeschäftigungsverhältnisses in ein Teilzeitbeschäftigungsverhältnis nach dem Altersteilzeitgesetz nicht der Mitbestimmung des Personalrats nach §75 Abs. 1 Nr. 1 BPersVG unterliegt.

Das Gericht begründet seine Entscheidung damit, dass nach §75 Abs. 1 Nr. 1 BPersVG ein Mitbestimmungsrecht des Personalrates bei der Einstellung eines Arbeitnehmers vorgesehen sei. Eine Einstellung, welche bei einer erstmaligen oder erneuten Eingliederung des Arbeitnehmers in eine Dienststelle zu bejahen ist, läge aber nicht vor, wenn ein älterer Arbeitnehmer das Arbeitsverhältnis bei reduzierter Arbeitszeit fortsetzt.

Der Bundesgesetzgeber habe in den §§ 75, 76 BPersVG diejenigen Tatbestände, in denen dem Personalrat ein Mitbestimmungsrecht zusteht, abschließend aufgeführt. Es würde sich daher verbieten, aus dem Sinn und Zweck einzelner normierter Mitbestimmungsrechte neue Tatbestände zu entwickeln, die im Gesetzeswortlaut nicht mehr angelegt seien.

Soweit das aufgrund der Reduzierung der Arbeitszeit eines älteren Arbeitnehmers frei gewordene Arbeitsvolumen die Einstellung eines sonst arbeitslosen Arbeitnehmers ermöglicht, wird hinsichtlich dieser durch die Altersteilzeit ausgelösten Veränderung in der Dienststelle allerdings eine mitbestimmungspflichtige Angelegenheit angenommen.

5.2 Ablehnung des Antrags auf Altersteilzeitarbeit

143 Fraglich ist, ob die ablehnende Entscheidung des Arbeitgebers auf einen vom Arbeitnehmer gestellten Antrag auf Altersteilzeitarbeit mitbestimmungspflichtig ist. Hier ist zu beachten, dass die Vereinbarung von Altersteilzeitarbeit eine Vereinbarung eigener Art darstellt, die sich z. B. von der Vereinbarung einer sonstigen Teilzeitarbeit unterscheidet. Der Arbeitnehmer, der eine Altersteilzeitvereinbarung abschließt, will damit vor allem den gleitenden Übergang in den Ruhestand regeln. Die Vereinbarung von Altersteilzeit ist daher weitgehend eher mit der Vereinbarung eines Auflösungsvertrages vergleichbar, der grundsätzlich nicht mitbestimmungspflichtig ist. Der Landtag von Nordrhein-Westfalen hat aber z. B. inzwischen durch das Neunte Gesetz zur Änderung dienstrechtlicher Vorschriften vom 20. April 1999 (GV NRW Nr. 18 vom 20. Mai 1999, S. 148) eine Neufassung des §72 Abs. 1 Satz 1 Nr. 13 LPVG beschlossen, wonach auch die Ablehnung von Anträgen auf Abschluss von Altersteilzeitarbeitsverträgen der Mitbestimmung der Personalräte unterliegt. Ob zu diesem Fragenkreis noch weitere gesetzliche Normierungen getroffen werden, bleibt abzuwarten.

Für den Bereich des Berliner Personalvertretungsrechts hat das Oberverwaltungsgericht Berlin mit Beschluss vom 27. Februar 2001 – OVG 6 O PV 9.00 – (= Der Personalrat 2001, 431) bereits ausdrücklich entschieden, dass die Ablehnung von Altersteilzeitarbeit nicht mitbestimmungspflichtig ist.

5.3 Einstellung eines Wiederbesetzers

Die Einstellung eines Wiederbesetzers stellt eine normale personelle Maß- **143 a**
nahme dar, bei der der Mitbestimmungstatbestand des § 99 BetrVG bzw. die entsprechenden personalvertretungsrechtlichen Regelungen (vgl. auch Beschluss des BVerwG vom 12. Juni 2001 BVerwG P 11.00 = ZTR 2001 S. 531 f.) eingreifen.

VI. Insolvenzschutz

Durch das Dritte Gesetz über Reformen am Arbeitsmarkt ist in das Altersteil- **143 b**
zeitgesetz ein neuer § 8 a AtG eingebaut worden, der für nach **dem 30. Juni 2004 beginnende Arbeitsverhältnisse** eine spezielle Regelung zur Insolvenzabsicherung von Altersteilzeitwertguthaben regelt. Bereits vor dieser nun in das Altersteilzeitgesetz eingefügten Regelung zur Insolvenzabsicherung hatte sich der Gesetzgeber in § 7 d SGB IV mit der Problematik des Insolvenzschutzes befasst. Der § 7 d Abs. 1 SGB IV enthält hierzu die Aussage, dass die Tarifvertragsparteien im Rahmen ihrer Vereinbarungen Vorkehrungen treffen sollen, die die Erfüllung der Ansprüche aus einem Wertguthaben gewährleisten sollen. Detailliertere Aussagen, wie der Insolvenzschutz erfolgen soll, enthält § 7 d SGB IV nicht. Die Vorschrift sieht auch keine Sanktion für den Fall vor, dass keine Vorkehrungen zum Insolvenzschutz getroffen werden. Vor dem Hintergrund, dass ein Altersteilzeitbeschäftigter in über mehrere Jahre im Blockmodell durchgeführter Altersteilzeitarbeit in seiner Arbeitsphase ein erhebliches Wertguthaben erarbeitet, hat der Gesetzgeber sich veranlasst gesehen, den Insolvenzschutz für derartige Wertguthaben zu verbessern und hat dementsprechend eine besondere Regelung hierzu in § 8 a AtG getroffen. Aus Sicht des Arbeitnehmers führt die neu getroffene Regelung des § 8 a AtG über einen umfassenden Insolvenzschutz zu einer verbesserten Absicherung der eigenen Lebensplanung. Für den Arbeitgeber ergibt sich hingegen, soweit die Voraussetzungen des § 8 a AtG vorliegen, eine Verteuerung der Altersteilzeit, da er eine Insolvenzabsicherung gegebenenfalls mit Hilfe eines Dritten (z. B. eines Versicherungsunternehmens) betreiben muss. Aus dem Blickwinkel des Arbeitgebers gibt der Gesetzgeber diesem zwar das personalpolitische Gestaltungsmittel der Altersteilzeit weiter an die Hand, über die „Kostenschiene“ wird dieses Instrument aber bewusst finanziell unattraktiver gemacht.

Für insolvenzfähige Unternehmen schreibt § 8 a AtG nunmehr eine verbindliche Insolvenzabsicherung vor. Diese Neuregelung gilt nach § 15 g AtG allerdings nur für Altersteilzeitverhältnisse, die nach dem 30. Juni 2004 beginnen. Abgestellt wird nicht auf den Zeitpunkt der Vereinbarung der Altersteilzeit sondern auf den Zeitpunkt des tatsächlichen Beginns.

Voraussetzung für den Eintritt der Insolvenzabsicherungspflicht nach § 8 a AtG ist, dass eine Altersteilzeitvereinbarung im Sinne des § 2 Abs. 2 AtG zum Aufbau eines Wertguthabens führt, das den Betrag des Dreifachen des Regelarbeitsentgelts nach § 6 Abs. 1 AtG einschließlich des darauf entfallenden Arbeitgeberanteils am Sozialversicherungsbeitrag übersteigt. Der Arbeitgeber ist hier verpflichtet, das Wertguthaben einschließlich des darauf entfallenden Arbeitgeberanteils am Gesamtsozialversicherungsbeitrag mit der ersten Gutschrift in geeigneter Weise gegen das Risiko der Zahlungsunfähigkeit abzusichern. Da die Absicherung **bereits** mit der **ersten Gutschrift** erfolgen muss, hat die Absicherung ab dem Zeitpunkt zu erfolgen, ab dem der zu sichernde Anspruch auf das in der Entsparphase auszuzahlende Arbeitsentgelt – also der Freistellungsphase des Blockmodells – besteht.

Die Absicherung muss in **geeigneter** Weise erfolgen. Eine abschließende Feststellung, was unter einer geeigneten Insolvenzabsicherung zu verstehen ist, enthält die gesetzliche Regelung allerdings nicht. Der Gesetzgeber begründet dies damit, dass eine abschließende Aufzählung solcher Modelle der Entwicklung weiterer innovativer Sicherungsmodelle entgegenstehen und den Erfordernissen der Praxis nach einer im jeweiligen Einzelfall optimalen Sicherungslösung widersprechen würde (vgl. BT-Drs. 15/1515).

Als nicht geeignete Sicherungsmittel gelten nach § 8 a AtG bilanzielle Rückstellungen sowie zwischen Konzernunternehmen (§ 18 Aktiengesetz) begründete Einstandspflichten insbesondere Bürgschaften, Patronatserklärungen. Eine Absicherung kann aber z. B. durch Absicherungsmodelle der Versicherungswirtschaft erfolgen. Denkbar wären Kapitalanlagemodelle der Versicherungswirtschaft oder aber sog. Kautionsversicherungen für Wertguthaben. Eine Absicherung kann beispielsweise aber auch über Fondsmodelle oder die Bestellung dinglicher Sicherheiten erfolgen. Zu den einzelnen Möglichkeiten der Absicherung von Wertguthaben sollte sich ein Arbeitgeber bei Instituten der Versicherungswirtschaft oder Kreditinstituten näher informieren.

Liegen die Voraussetzungen einer nach den gesetzlichen Vorgaben hinreichenden Insolvenzsicherung nicht vor, kann der Arbeitnehmer sein Sicherungsbedürfnis in einem gesonderten in § 8 a AtG geregelten Verfahren geltend machen und die Erbringung einer Sicherheitsleistung für das Wertguthaben durch den Arbeitgeber verlangen. Die Sicherheitsleistung kann dabei nur durch Hinterlegung des Geldes (§ 234 BGB) erfolgen.

Nach § 8 a Abs. 5 AtG sind Vereinbarungen über den Insolvenzschutz zum Nachteil des Arbeitnehmers von den in § 8 a AtG enthaltenen Bestimmungen ungültig. Hierdurch wird der zwingende Charakter der Regelung unterstrichen.

Keine Anwendung finden die Regelungen in § 8 a Abs. 1 bis 5 AtG gemäß Absatz 6 dieser Vorschrift allerdings für den Bund, die Länder, die Gemeinden, Körperschaften, Stiftungen und Anstalten des öffentlichen Rechts, über deren Vermögen die Eröffnung eines Insolvenzverfahrens nicht möglich ist, sowie solchen juristischen Personen des öffentlichen Rechts, bei denen der Bund, ein Bundesland oder eine Gemeinde **kraft Gesetzes** die Zahlungsfähigkeit sichert. Privatrechtliche Betriebe des öffentlichen Dienstes sind somit von den Regelungen in § 8 a Abs. 1 bis 5 AtG somit regelmäßig nicht befreit.

VII. Die Vorbereitung auf den Ruhestand

Die Diskussion zum Altersteilzeitgesetz und zum TV ATZ bewegt sich vor **144**
allem im Bereich der rechtlichen Umsetzung der gesetzlichen und tarifvertraglichen Regelungen. Zu kurz kommen in der Diskussion die außerhalb der rechtlichen und wirtschaftlichen Situation stehenden Aspekte. Bevor der Arbeitnehmer sich überlegt, eine Altersteilzeitvereinbarung abzuschließen, sollte er sich vor Augen führen, welche **Auswirkungen** sich für sein **persönliches Lebensumfeld** ergeben. Die persönliche Ausgangssituation wird sich dabei für jeden einzelnen Arbeitnehmer ganz unterschiedlich darstellen. Altersteilzeitbeschäftigte befinden sich in der Regel in der Schlussphase ihres beruflichen Lebens. Sie haben vielfach aufgrund ihrer beruflichen Erfahrung eine anerkannte Position im Betrieb bzw. in der Verwaltung erreicht. Andererseits werden im Rahmen ihrer beruflichen Tätigkeit an sie ebenso wie an die jüngeren Mitarbeiter ständig neue Anforderungen (z. B. EDV-Weiterbildung) gestellt. Der eine Arbeitnehmer ist z. B. mit seiner beruflichen Situation zufrieden und geht mit Engagement und einer positiven Grundeinstellung an die zu erledigenden Aufgaben heran, ein anderer Arbeitnehmer geht vielleicht, nicht zuletzt aufgrund der stetig wachsenden Forderung nach tätigkeitsbezogener oder auch örtlicher Flexibilität, eher mit einer negativeren Grundeinstellung oder gar mit Missmut zur Arbeit.

An dieser Stelle ist nicht der Ort, eine umfassende Analyse der mit der Vereinbarung von Altersteilzeit verbundenen psychologischen Auswirkungen vorzunehmen. Der Arbeitnehmer, der eine Altersteilzeitvereinbarung abschließt, sollte sich neben seiner finanziellen und wirtschaftlichen (= monetären) Situation, vor allem auch seine nicht monetäre Situation klar machen. Durch die Vereinbarung von Altersteilzeit gewinnt er ein **Mehr an persönlicher Freizeit.** Dies ist besonders augenfällig beim Blockmodell, bei dem er zu einem früheren Zeitpunkt vollständig aus dem Prozess des aktiven Arbeitslebens ausscheidet und damit z. B. auch eher die mit dem Berufsleben im Zusammenhang stehenden persönlichen Kontakte verliert. Auch ergeben sich Auswirkungen auf den persönlichen Lebensrhythmus. Die Notwendigkeit der Einhaltung von Dienstzeiten bestimmt nicht mehr den Lebensablauf. Der gewohnte tägliche Weg zur Arbeitsstätte fällt weg und auch Geschäfts- oder Dienstreisen entfallen. Hierzu ist es ratsam, sich frühzeitig Überlegungen zur Vorbereitung auf den Ruhestand zu machen und gegebenenfalls auch schon vorbereitende Maßnahmen im persönlichen Bereich zu treffen. Die bisherigen Ausführungen treffen natürlich auf jedes Ausscheiden aus dem Arbeitsleben zu, sie betreffen also auch den Fall des „normalen" Eintritts in den Ruhestand. Die Besonderheit bei der Altersteilzeit ist nur, dass hier eine bestimmte Gruppe von Arbeitnehmern früher aus dem aktiven Arbeitsleben ausscheidet (beim Blockmodell) bzw. eher ein größeres Maß an persönlicher Freizeit erhält (beim Teilzeitmodell). Ausgehend von den oben genannten Überlegungen könnten folgende Aspekte in die Überlegungen zur Vorbereitung auf den Ruhestand einfließen:

Tipp!

Aspekte, die bei einer Entscheidung über den möglichen Ruhestandseintritt berücksichtigt werden sollten:

- rechtliche Situation,
- finanzielle Situation,
- wie gehe ich mit der gewonnenen Freizeit um,
- wie ändert sich meine Lebenssituation,
- welche planerischen Überlegungen sind im Rahmen der familiären Situation zu treffen,
- wie stellt sich meine gesundheitliche Situation dar,
- neue Betätigungsfelder, Aufnahme einer Nebentätigkeit, Hobbys,
- welche Gelegenheiten an persönlichen Kontakten verliere ich bzw. wo erhalte ich Freiräume und Gelegenheiten zum Knüpfen neuer Kontakte.

Zum Teil werden wegen des tief greifenden Einschnitts, der mit der Vereinbarung von Altersteilzeitarbeit verbunden sein kann, auch schon Seminare zur Vorbereitung auf den Ruhestand angeboten (vgl. hierzu Sembdner PersV 1998, 430, 432), in denen die geschilderten Fragestellungen ausführlich behandelt werden.

VIII. Checkliste für Altersteilzeitarbeit

Vor Abschluss einer Vereinbarung über Altersteilzeitarbeit gibt es eine Reihe von Aspekten, die in die Überlegungen des Arbeitnehmers und des Arbeitgebers einfließen sollten. Die folgende Checkliste soll hierzu einen Überblick geben.

➤ **Arbeitnehmer**

Zeitpunkt der Altersteilzeit

- ☑ Wann will ich in Altersteilzeitarbeit gehen?

Anspruchsvoraussetzungen

- ☑ Habe ich zu dem gewünschten Eintrittsdatum in die Altersteilzeitarbeit aufgrund des Lebensalters einen Anspruch auf Altersteilzeit?
- ☑ Erfülle ich die einzelnen Anspruchsvoraussetzungen für Altersteilzeitarbeit?

Altersteilzeitmodell

- ☑ Welches Altersteilzeitmodell ist für mich sinnvoll? (Hinweis: kein Anspruch auf bestimmtes Modell)

Rente

- ☑ Ab wann kann ich eine Rente ohne Abschläge in der gesetzlichen Rentenversicherung beanspruchen?
- ☑ Einholung einer Auskunft des zuständigen Sozialversicherungsträgers (z. B. Bundesversicherungsanstalt für Angestellte).
- ☑ Welche Rentenart (z. B. Altersrente für langjährig Versicherte, Altersrente nach Altersteilzeitarbeit) kommt in Betracht?
- ☑ Will ich ggf. Rentenabschläge in Kauf nehmen, um eher in den Ruhestand zu gehen?

Zusatzversorgung des öffentlichen Dienstes

- ☑ Auskunft hinsichtlich Leistungen aus der Zusatzversorgung des öffentlichen Dienstes bei der zuständigen Zusatzversorgungseinrichtung einholen bzw. aktuellen Versicherungsnachweis prüfen.

Nebentätigkeit

- ☑ Ausübung einer Nebenbeschäftigung/selbständigen Tätigkeit – welche Hindernisse bestehen?
  - ▶ Geringfügigkeitsgrenze beachtet?
  - ▶ Ausübung der Nebenbeschäftigung/selbständigen Tätigkeit in den letzten fünf Jahren?

Steuern

- ☑ Steuerrechtliche Aspekte – z. B. Relevanz von Steuerfreibeträgen.

Krankenversicherungsschutz

- ☑ Kündigung der privaten Krankenkasse? Ggf. Antrag auf Verbleib in der privaten Krankenkasse.

➤ **Arbeitgeber**

Fragen zum konkreten Altersteilzeitantrag

Anspruchsvoraussetzungen

☑ Besteht ein Anspruch des Antragstellers (Vollendung 60. Lebensjahr)?

☑ Erfüllt er die weiteren einzelnen Anspruchsvoraussetzungen?

Ablehnungsgründe

☑ Welche dienstlichen/betrieblichen Gründe i. S. d. § 2 Abs. 3 TV ATZ stehen entgegen?

Altersteilzeitmodell

☑ Welches Altersteilzeitmodell ist mit dem Betriebsablauf vereinbar?

Kosten

☑ Welche Kosten kommen durch Altersteilzeit auf mich zu?

- ▶ Soll die durch Altersteilzeit freigesetzte Arbeitsstelle auf Dauer gestrichen werden? – Welche Ersparnisse ergeben sich hierdurch in der Zukunft?
- ▶ Kann die Stelle wiederbesetzt werden?
- ▶ Wäre bei einer Wiederbesetzung dem neuen Arbeitnehmer ein niedrigeres Entgelt aufgrund einer niedrigeren Vergütungsgruppe bzw. niedrigeren Stufe zu zahlen?
- ▶ Kann mit Erstattungsleistungen der Bundesagentur gerechnet werden? – Einstellung eines Arbeitslosen oder evtl. Übernahme eines Auszubildenden?
- ▶ Ist eine Abfindung nach § 5 Abs. 7 TV ATZ zu zahlen?
- ▶ Welche Kosten entstehen im Rahmen einer Insolvenzabsicherungspflicht?

Fragen zur Altersteilzeit allgemein

Potentielle Antragsteller

☑ Wie viel Beschäftigte könnten potentiell in Altersteilzeitarbeit gehen?

Personalpolitische Aspekte

☑ Kann sich die Vereinbarung von Altersteilzeit im Betrieb/in der Dienststelle eignen, um

- ▶ personelle Umstrukturierungen vorzunehmen (evtl. Personalabbau)?
- ▶ die Altersstruktur der Beschäftigten zu verbessern?
- ▶ Übernahmemöglichkeiten für innerbetrieblich Ausgebildete zu schaffen?

B. Altersteilzeitgesetz

I. Text AtG

Altersteilzeitgesetz

vom 23. 7. 1996 (BGBl. I S. 1078),
zuletzt geändert durch Art. 14 G vom 23. 7. 2004 (BGBl. I S. 1842)

§ 1
Grundsatz

(1) Durch Altersteilzeitarbeit soll älteren Arbeitnehmern ein gleitender Übergang vom Erwerbsleben in die Altersrente ermöglicht werden.

(2) Die Bundesagentur für Arbeit (Bundesagentur) fördert durch Leistungen nach diesem Gesetz die Teilzeitarbeit älterer Arbeitnehmer, die ihre Arbeitszeit ab Vollendung des 55. Lebensjahres, spätestens ab 31. Dezember 2009 vermindern, und damit die Einstellung eines sonst arbeitslosen Arbeitnehmers ermöglichen.

§ 2[1)]
Begünstigter Personenkreis

(1) Leistungen werden für Arbeitnehmer gewährt, die

1. das 55. Lebensjahr vollendet haben,
2. nach dem 14. Februar 1996 aufgrund einer Vereinbarung mit ihrem Arbeitgeber, die sich zumindest auf die Zeit erstrecken muss, bis eine Rente wegen Alters beansprucht werden kann, ihre Arbeitszeit auf die Hälfte der bisherigen wöchentlichen Arbeitszeit vermindert haben, und versicherungspflichtig beschäftigt im Sinne des Dritten Buches Sozialgesetzbuch sind (Altersteilzeitarbeit)

   und
3. innerhalb der letzten fünf Jahre vor Beginn der Altersteilzeitarbeit mindestens 1080 Kalendertage in einer versicherungspflichtigen Beschäftigung nach dem Dritten Buch Sozialgesetzbuch oder nach den Vorschriften eines Mitgliedstaates, in dem die Verordnung (EWG) Nr. 1408/71 des Rates der Europäischen Union Anwendung findet, gestanden haben. Zeiten mit Anspruch auf Arbeitslosengeld oder Arbeitslosenhilfe, sowie

1) Gemäß Art. 42 des Gesetzes vom 24. 12. 2003 (BGBl. I S. 2954) werden in § 2 Abs. 1 Nr. 3 Satz 2 mit Wirkung zum 1. 1. 2005 nach dem Wort „Arbeitslosenhilfe" ein Komma und die Wörter „Zeiten des Bezuges von Arbeitslosengeld II" eingefügt.

Zeiten, in denen Versicherungspflicht nach § 26 Abs. 2 des Dritten Buches Sozialgesetzbuch bestand, stehen der versicherungspflichtigen Beschäftigung gleich. § 427 Abs. 3 des Dritten Buches Sozialgesetzbuch gilt entsprechend.

(2) Sieht die Vereinbarung über die Altersteilzeitarbeit unterschiedliche wöchentliche Arbeitszeiten oder eine unterschiedliche Verteilung der wöchentlichen Arbeitszeit vor, ist die Voraussetzung nach Absatz 1 Nr. 2 auch erfüllt, wenn

1. die wöchentliche Arbeitszeit im Durchschnitt eines Zeitraums von bis zu drei Jahren oder bei Regelung in einem Tarifvertrag, auf Grund eines Tarifvertrages in einer Betriebsvereinbarung oder in einer Regelung der Kirchen und der öffentlich-rechtlichen Religionsgesellschaften im Durchschnitt eines Zeitraums von bis zu sechs Jahren die Hälfte der bisherigen wöchentlichen Arbeitszeit nicht überschreitet und der Arbeitnehmer versicherungspflichtig beschäftigt im Sinne des Dritten Buches Sozialgesetzbuch ist

   und

2. das Arbeitsentgelt für die Altersteilzeitarbeit sowie der Aufstockungsbetrag nach § 3 Abs. 1 Nr. 1 Buchstabe a fortlaufend gezahlt werden.

Im Geltungsbereich eines Tarifvertrages nach Satz 1 Nr. 1 kann die tarifvertragliche Regelung im Betrieb eines nicht tarifgebundenen Arbeitgebers durch Betriebsvereinbarung oder, wenn ein Betriebsrat nicht besteht, durch schriftliche Vereinbarung zwischen dem Arbeitgeber und dem Arbeitnehmer übernommen werden. Können auf Grund eines solchen Tarifvertrages abweichende Regelungen in einer Betriebsvereinbarung getroffen werden, kann auch in Betrieben eines nicht tarifgebundenen Arbeitgebers davon Gebrauch gemacht werden. Satz 1 Nr. 1, 2. Alternative gilt entsprechend. In einem Bereich, in dem tarifvertragliche Regelungen zur Verteilung der Arbeitszeit nicht getroffen sind oder üblicherweise nicht getroffen werden, kann eine Regelung im Sinne des Satzes 1 Nr. 1, 2. Alternative auch durch Betriebsvereinbarung oder, wenn ein Betriebsrat nicht besteht, durch schriftliche Vereinbarung zwischen Arbeitgeber und Arbeitnehmer getroffen werden.

(3) Sieht die Vereinbarung über die Altersteilzeitarbeit unterschiedliche wöchentliche Arbeitszeiten oder eine unterschiedliche Verteilung der wöchentlichen Arbeitszeit über einen Zeitraum von mehr als sechs Jahren vor, ist die Voraussetzung nach Absatz 1 Nr. 2 auch erfüllt, wenn die wöchentliche Arbeitszeit im Durchschnitt eines Zeitraums von sechs Jahren, der innerhalb des Gesamtzeitraums der vereinbarten Altersteilzeitarbeit liegt, die Hälfte der bisherigen wöchentlichen Arbeitszeit nicht überschreitet, der Arbeitnehmer versicherungspflichtig beschäftigt im Sinne des Dritten Buches Sozialgesetzbuch ist und die weiteren Voraussetzungen des Absatzes 2 vorliegen. Die Leistungen nach § 3 Abs. 1 Nr. 1 sind nur in dem in Satz 1 genannten Zeitraum von sechs Jahren zu erbringen.

§ 3[1])
Anspruchsvoraussetzungen

(1) Der Anspruch auf die Leistungen nach § 4 setzt voraus, dass

1. der Arbeitgeber aufgrund eines Tarifvertrages, einer Regelung der Kirchen und der öffentlich-rechtlichen Religionsgesellschaften, einer Betriebsvereinbarung oder einer Vereinbarung mit dem Arbeitnehmer
   a) das Regelarbeitsentgelt für die Altersteilzeitarbeit um mindestens 20 vom Hundert aufgestockt hat, wobei die Aufstockung auch weitere Entgeltbestandteile umfassen kann, und
   b) für den Arbeitnehmer zusätzlich Beiträge zur gesetzlichen Rentenversicherung mindestens in Höhe des Beitrags entrichtet hat, der auf 80 vom Hundert des Regelarbeitsentgelts für die Altersteilzeitarbeit, begrenzt auf den Unterschiedsbetrag zwischen 90 vom Hundert der monatlichen Beitragsbemessungsgrenze und dem Regelarbeitsentgelt, entfällt, höchstens bis zur Beitragsbemessungsgrenze, sowie
2. der Arbeitgeber aus Anlass des Übergangs des Arbeitnehmers in die Altersteilzeitarbeit
   a) einen bei einer Agentur für Arbeit arbeitslos gemeldeten Arbeitnehmer oder einen Arbeitnehmer nach Abschluss der Ausbildung auf dem freigemachten oder auf einem in diesem Zusammenhang durch Umsetzung frei gewordenen Arbeitsplatz versicherungspflichtig im Sinne des Dritten Buches Sozialgesetzbuch beschäftigt; bei Arbeitgebern, die in der Regel nicht mehr als 50 Arbeitnehmer beschäftigen, wird unwiderleglich vermutet, dass der Arbeitnehmer auf dem freigemachten oder auf einem in diesem Zusammenhang durch Umsetzung frei gewordenen Arbeitsplatz beschäftigt wird,
      oder
   b) einen Auszubildenden versicherungspflichtig im Sinne des Dritten Buches Sozialgesetzbuch beschäftigt, wenn der Arbeitgeber in der Regel nicht mehr als 50 Arbeitnehmer beschäftigt,
      und
3. die freie Entscheidung des Arbeitgebers bei einer über fünf vom Hundert der Arbeitnehmer des Betriebes hinausgehenden Inanspruchnahme sichergestellt ist oder eine Ausgleichskasse der Arbeitgeber oder eine gemeinsame Einrichtung der Tarifvertragsparteien besteht, wobei beide Voraussetzungen in Tarifverträgen verbunden werden können.

(1 a) Die Voraussetzungen des Absatzes 1 Nr. 1 Buchstabe a sind auch erfüllt, wenn Bestandteile des Arbeitsentgelts, die für den Zeitraum der vereinbarten Altersteilzeitarbeit nicht vermindert worden sind, bei der Aufstockung außer Betracht bleiben.

---

1) Gemäß Art. 42 des Gesetzes vom 24. 12. 2003 (BGBl. I S. 2954) wird dem § 3 Abs. 1 mit Wirkung zum 1. 1. 2005 folgender Satz 2 angefügt: „Die Beschäftigung eines Beziehers von Arbeitslosengeld II erfüllt die Voraussetzungen nach Satz 1 Nr. 2 Buchstabe a nur dann, wenn eine Zusage nach § 16 Abs. 2 Satz 2 Nr. 6 des Zweiten Buches Sozialgesetzbuch erfolgt ist.“

(2) Für die Zahlung der Beiträge nach Abs. 1 Nr. 1 Buchstabe b gelten die Bestimmungen des Sechsten Buches Sozialgesetzbuch über die Beitragszahlung aus dem Arbeitsentgelt.

(3) Hat der in Altersteilzeitarbeit beschäftigte Arbeitnehmer die Arbeitsleistung oder Teile der Arbeitsleistung im Voraus erbracht, so ist die Voraussetzung nach Absatz 1 Nr. 2 bei Arbeitszeiten nach § 2 Abs. 2 und 3 auch erfüllt, wenn die Beschäftigung eines bei einer Agentur für Arbeit arbeitslos gemeldeten Arbeitnehmers oder eines Arbeitnehmers nach Abschluss der Ausbildung auf dem freigemachten oder durch Umsetzung freigewordenen Arbeitsplatz erst nach Erbringung der Arbeitsleistung erfolgt.

§ 4
Leistungen

(1) Die Bundesagentur erstattet dem Arbeitgeber für längstens sechs Jahre

1. den Aufstockungsbetrag nach § 3 Abs. 1 Nr. 1 Buchstabe a in Höhe von 20 vom Hundert des für die Altersteilzeitarbeit gezahlten Regelarbeitsentgelts

   und

2. den Betrag, der nach § 3 Abs. 1 Nr. 1 Buchstabe b in Höhe des Beitrags geleistet worden ist, der auf den Betrag entfällt, der sich aus 80 vom Hundert des Regelarbeitsentgelts für die Altersteilzeit ergibt, jedoch höchstens des auf den Unterschiedsbetrag zwischen 90 vom Hundert der monatlichen Beitragsbemessungsgrenze und dem Regelarbeitsentgelt entfallenden Beitrags.

(2) Bei Arbeitnehmern, die nach § 6 Abs. 1 Satz 1 Nr. 1 oder § 231 Abs. 1 und Abs. 2 des Sechsten Buches Sozialgesetzbuch von der Versicherungspflicht befreit sind, werden Leistungen nach Absatz 1 auch erbracht, wenn die Voraussetzung des § 3 Abs. 1 Nr. 1 Buchstabe b nicht erfüllt ist. Dem Betrag nach Absatz 1 Nr. 2 stehen in diesem Fall vergleichbare Aufwendungen des Arbeitgebers bis zur Höhe des Beitrags gleich, den die Bundesagentur nach Abs. 1 Nr. 2 zu tragen hätte, wenn der Arbeitnehmer nicht von der Versicherungspflicht befreit wäre.

§ 5
Erlöschen und Ruhen des Anspruchs

(1) Der Anspruch auf Leistungen nach § 4 erlischt

1. mit Ablauf des Kalendermonats, in dem der Arbeitnehmer die Altersteilzeitarbeit beendet oder das 65. Lebensjahr vollendet hat,
2. mit Ablauf des Kalendermonats vor dem Kalendermonat, für den der Arbeitnehmer eine Rente wegen Alters oder, wenn er von der Versicherungspflicht in der gesetzlichen Rentenversicherung befreit ist, eine vergleichbare Leistung einer Versicherungs- oder Versorgungseinrichtung oder eines Versicherungsunternehmens beanspruchen kann; dies gilt

nicht für Renten, die vor dem für den Versicherten maßgebenden Rentenalter in Anspruch genommen werden können,

oder

3. mit Beginn des Kalendermonats, für den der Arbeitnehmer eine Rente wegen Alters, eine Knappschaftsausgleichsleistung, eine ähnliche Leistung öffentlich-rechtlicher Art oder, wenn er von der Versicherungspflicht in der gesetzlichen Rentenversicherung befreit ist, eine vergleichbare Leistung einer Versicherungs- oder Versorgungseinrichtung oder eines Versicherungsunternehmens bezieht.

(2) Der Anspruch auf die Leistungen besteht nicht, solange der Arbeitgeber auf dem freigemachten oder durch Umsetzung frei gewordenen Arbeitsplatz keinen Arbeitnehmer mehr beschäftigt, der bei Beginn der Beschäftigung die Voraussetzungen des § 3 Abs. 1 Nr. 2 erfüllt hat. Dies gilt nicht, wenn der Arbeitsplatz mit einem Arbeitnehmer, der die Voraussetzungen erfüllt, innerhalb von drei Monaten erneut wiederbesetzt wird oder der Arbeitgeber insgesamt für vier Jahre die Leistungen erhalten hat.

(3) Der Anspruch auf die Leistungen ruht während der Zeit, in der der Arbeitnehmer neben seiner Altersteilzeitarbeit Beschäftigungen oder selbstständige Tätigkeiten ausübt, die die Geringfügigkeitsgrenze des § 8 des Vierten Buches Sozialgesetzbuch überschreiten oder aufgrund solcher Beschäftigungen eine Entgeltersatzleistung erhält. Der Anspruch auf die Leistungen erlischt, wenn er mindestens 150 Kalendertage geruht hat. Mehrere Ruhenszeiträume sind zusammenzurechnen. Beschäftigungen oder selbstständige Tätigkeiten bleiben unberücksichtigt, soweit der altersteilzeitarbeitende Arbeitnehmer sie innerhalb der letzten fünf Jahre vor Beginn der Altersteilzeitarbeit ständig ausgeübt hat.

(4) Der Anspruch auf die Leistungen ruht während der Zeit, in der der Arbeitnehmer über die Altersteilzeitarbeit hinaus Mehrarbeit leistet, die den Umfang der Geringfügigkeitsgrenze des § 8 des Vierten Buches Sozialgesetzbuch überschreitet. Absatz 3 Satz 2 und 3 gilt entsprechend.

(5) § 48 Abs. 1 Nr. 3 des Zehnten Buches Sozialgesetzbuch findet keine Anwendung.

§ 6
Begriffsbestimmungen

(1) Das Regelarbeitsentgelt für die Altersteilzeitarbeit im Sinne dieses Gesetzes ist das auf einen Monat entfallende vom Arbeitgeber regelmäßig zu zahlende sozialversicherungpflichtige Arbeitsentgelt, soweit es die Beitragsbemessungsgrenze des Dritten Buches Sozialgesetzbuch nicht überschreitet. Entgeltbestandteile, die nicht laufend gezahlt werden, sind nicht berücksichtigungsfähig.

(2) Als bisherige wöchentliche Arbeitszeit ist die wöchentliche Arbeitszeit zugrunde zu legen, die mit dem Arbeitnehmer vor dem Übergang in die

Altersteilzeitarbeit vereinbart war. Zugrunde zu legen ist höchstens die Arbeitszeit, die im Durchschnitt der letzten 24 Monate vor dem Übergang in die Altersteilzeitarbeit vereinbart war. Die ermittelte durchschnittliche Arbeitszeit kann auf die nächste volle Stunde gerundet werden.

§ 7
Berechnungsvorschriften

(1) Ein Arbeitgeber beschäftigt in der Regel nicht mehr als 50 Arbeitnehmer, wenn er in dem Kalenderjahr, das demjenigen, für das die Feststellung zu treffen ist, vorausgegangen ist, für einen Zeitraum von mindestens acht Kalendermonaten nicht mehr als 50 Arbeitnehmer beschäftigt hat. Hat das Unternehmen nicht während des ganzen nach Satz 1 maßgebenden Kalenderjahrs bestanden, so beschäftigt der Arbeitgeber in der Regel nicht mehr als 50 Arbeitnehmer, wenn er während des Zeitraums des Bestehens des Unternehmens in der überwiegenden Zahl der Kalendermonate nicht mehr als 50 Arbeitnehmer beschäftigt hat. Ist das Unternehmen im Laufe des Kalenderjahrs errichtet worden, in dem die Feststellung nach Satz 1 zu treffen ist, so beschäftigt der Arbeitgeber in der Regel nicht mehr als 50 Arbeitnehmer, wenn nach der Art des Unternehmens anzunehmen ist, dass die Zahl der beschäftigten Arbeitnehmer während der überwiegenden Kalendermonate dieses Kalenderjahrs 50 nicht überschreiten wird.

(2) Für die Berechnung der Zahl der Arbeitnehmer nach § 3 Abs. 1 Nr. 3 ist der Durchschnitt der letzten zwölf Kalendermonate vor dem Beginn der Altersteilzeitarbeit des Arbeitnehmers maßgebend. Hat ein Betrieb noch nicht zwölf Monate bestanden, ist der Durchschnitt der Kalendermonate während des Zeitraums des Bestehens des Betriebes maßgebend.

(3) Bei der Feststellung der Zahl der beschäftigten Arbeitnehmer nach Absatz 1 und 2 bleiben schwerbehinderte Menschen und Gleichgestellte im Sinne des Neunten Buches Sozialgesetzbuch sowie Auszubildende außer Ansatz. Teilzeitbeschäftigte Arbeitnehmer mit einer regelmäßigen wöchentlichen Arbeitszeit von nicht mehr als 20 Stunden sind mit 0,5 und mit einer regelmäßigen wöchentlichen Arbeitszeit von nicht mehr als 30 Stunden mit 0,75 zu berücksichtigen.

(4) Bei der Ermittlung der Zahl der in Altersteilzeitarbeit beschäftigten Arbeitnehmer nach § 3 Abs. 1 Nr. 3 sind schwerbehinderte Menschen und Gleichgestellte im Sinne des Neunten Buches Sozialgesetzbuch zu berücksichtigen.

§ 8
Arbeitsrechtliche Regelungen

(1) Die Möglichkeit eines Arbeitnehmers zur Inanspruchnahme von Altersteilzeitarbeit gilt nicht als eine die Kündigung des Arbeitsverhältnisses durch den Arbeitgeber begründende Tatsache im Sinne des § 1 Abs. 2 Satz 1 des Kündigungsschutzgesetzes; sie kann auch nicht bei der sozialen

Auswahl nach §1 Abs. 3 Satz 1 des Kündigungsschutzgesetzes zum Nachteil des Arbeitnehmers berücksichtigt werden.

(2) Die Verpflichtung des Arbeitgebers zur Zahlung von Leistungen nach §3 Abs. 1 Nr. 1 kann nicht für den Fall ausgeschlossen werden, dass der Anspruch des Arbeitgebers auf die Leistungen nach §4 nicht besteht, weil die Voraussetzung des §3 Abs. 1 Nr. 2 nicht vorliegt. Das Gleiche gilt für den Fall, dass der Arbeitgeber die Leistungen nur deshalb nicht erhält, weil er den Antrag nach §12 nicht, nicht richtig, nicht vollständig oder nicht rechtzeitig gestellt hat oder seinen Mitwirkungspflichten nicht nachgekommen ist, ohne dass dafür eine Verletzung der Mitwirkungspflichten des Arbeitnehmers ursächlich war.

(3) Eine Vereinbarung zwischen Arbeitnehmer und Arbeitgeber über die Altersteilzeitarbeit, die die Beendigung der Arbeitsverhältnisse ohne Kündigung zu einem Zeitpunkt vorsieht, in dem der Arbeitnehmer Anspruch auf eine Rente nach Altersteilzeitarbeit hat, ist zulässig.

§8a
Insolvenzsicherung

(1) Führt eine Vereinbarung über die Altersteilzeitarbeit im Sinne von §2 Abs. 2 zum Aufbau eines Wertguthabens, das den Betrag des Dreifachen des Regelarbeitsentgelts nach §6 Abs. 1 einschließlich des darauf entfallenden Arbeitgeberanteils am Gesamtsozialversicherungsbeitrag übersteigt, ist der Arbeitgeber verpflichtet, das Wertguthaben einschließlich des darauf entfallenden Arbeitgeberanteils am Gesamtsozialversicherungsbeitrag mit der ersten Gutschrift in geeigneter Weise gegen das Risiko seiner Zahlungsunfähigkeit abzusichern. Bilanzielle Rückstellungen sowie zwischen Konzernunternehmen (§18 des Aktiengesetzes) begründete Einstandspflichten, insbesondere Bürgschaften, Patronatserklärungen oder Schuldbeitritte, gelten nicht als geeignete Sicherungsmittel im Sinne des Satzes 1.

(2) Bei der Ermittlung der Höhe des zu sichernden Wertguthabens ist eine Anrechnung der Leistungen nach §3 Abs. 1 Nr. 1 Buchstabe a und b und §4 Abs. 2 sowie der Zahlungen des Arbeitgebers zur Übernahme der Beiträge im Sinne des §187a des Sechsten Buches Sozialgesetzbuch unzulässig.

(3) Der Arbeitgeber hat dem Arbeitnehmer die zur Sicherung des Wertguthabens ergriffenen Maßnahmen mit der ersten Gutschrift und danach alle sechs Monate in Textform nachzuweisen. Die Betriebsparteien können eine andere gleichwertige Art und Form des Nachweises vereinbaren; Absatz 4 bleibt hiervon unberührt.

(4) Kommt der Arbeitgeber seiner Verpflichtung nach Absatz 3 nicht nach oder sind die nachgewiesenen Maßnahmen nicht geeignet und weist er auf schriftliche Aufforderung des Arbeitnehmers nicht innerhalb eines Monats eine geeignete Insolvenzsicherung des bestehenden Wertguthabens in Textform nach, kann der Arbeitnehmer verlangen, dass Sicherheit in Höhe des

bestehenden Wertguthabens geleistet wird. Die Sicherheitsleistung kann nur erfolgen durch Stellung eines tauglichen Bürgen oder Hinterlegung von Geld oder solchen Wertpapieren, die nach § 234 Abs. 1 und 3 des Bürgerlichen Gesetzbuchs zur Sicherheitsleistung geeignet sind. Die Vorschriften der §§ 233, 234 Abs. 2, §§ 235 und 239 des Bürgerlichen Gesetzbuchs sind entsprechend anzuwenden.

(5) Vereinbarungen über den Insolvenzschutz, die zum Nachteil des in Altersteilzeitarbeit beschäftigten Arbeitnehmers von den Bestimmungen dieser Vorschrift abweichen, sind unwirksam.

(6) Die Absätze 1 bis 5 finden keine Anwendung gegenüber dem Bund, den Ländern, den Gemeinden, Körperschaften, Stiftungen und Anstalten des öffentlichen Rechts, über deren Vermögen die Eröffnung eines Insolvenzverfahrens nicht zulässig ist, sowie solchen juristischen Personen des öffentlichen Rechts, bei denen der Bund, ein Land oder eine Gemeinde kraft Gesetzes die Zahlungsfähigkeit sichert.

§ 9
Ausgleichskassen, gemeinsame Einrichtungen

(1) Werden die Leistungen nach § 3 Abs. 1 Nr. 1 aufgrund eines Tarifvertrages von einer Ausgleichskasse der Arbeitgeber erbracht oder dem Arbeitgeber erstattet, gewährt die Bundesagentur auf Antrag der Tarifvertragsparteien die Leistungen nach § 4 der Ausgleichskasse.

(2) Für gemeinsame Einrichtungen der Tarifvertragsparteien gilt Absatz 1 entsprechend.

§ 10
Soziale Sicherung des Arbeitnehmers

(1) Beansprucht ein Arbeitnehmer, der Altersteilzeitarbeit (§ 2) geleistet hat und für den der Arbeitgeber Leistungen nach § 3 Abs. 1 Nr. 1 erbracht hat, Arbeitslosengeld oder Arbeitslosenhilfe, erhöht sich das Bemessungsentgelt, das sich nach den Vorschriften des Dritten Buches Sozialgesetzbuch ergibt, bis zu dem Betrag, der als Bemessungsentgelt zugrunde zu legen wäre, wenn der Arbeitnehmer seine Arbeitszeit nicht im Rahmen der Altersteilzeit vermindert hätte. Kann der Arbeitnehmer eine Rente wegen Alters in Anspruch nehmen, ist von dem Tage an, an dem die Rente erstmals beansprucht werden kann, das Bemessungsentgelt maßgebend, das ohne die Erhöhung nach Satz 1 zugrunde zu legen gewesen wäre. Änderungsbescheide werden mit dem Tag wirksam, an dem die Altersrente erstmals beansprucht werden konnte.

(2) Bezieht ein Arbeitnehmer, für den die Bundesagentur Leistungen nach § 4 erbracht hat, Krankengeld, Versorgungskrankengeld, Verletztengeld oder Übergangsgeld und liegt der Bemessung dieser Leistungen ausschließlich die Altersteilzeit zugrunde oder bezieht der Arbeitnehmer Krankentagegeld

von einem privaten Krankenversicherungsunternehmen, erbringt die Bundesagentur anstelle des Arbeitgebers die Leistungen nach § 3 Abs. 1 Nr. 1 in Höhe der Erstattungsleistungen nach § 4. Satz 1 gilt soweit und solange nicht, als Leistungen nach § 3 Abs. 1 Nr. 1 vom Arbeitgeber erbracht werden. Durch die Leistungen darf der Höchstförderzeitraum nach § 4 Abs. 1 nicht überschritten werden. § 5 Abs. 1 gilt entsprechend.

(3) Absatz 2 gilt entsprechend für Arbeitnehmer, die nur wegen Inanspruchnahme der Altersteilzeit nach § 2 Abs. 1 Nr. 1 und Nr. 2 des Zweiten Gesetzes über die Krankenversicherung der Landwirte versicherungspflichtig in der Krankenversicherung der Landwirte sind, soweit und solange ihnen Krankengeld gezahlt worden wäre, falls sie nicht Mitglied einer landwirtschaftlichen Krankenkasse geworden wären.

(4) Bezieht der Arbeitnehmer Kurzarbeitergeld oder Winterausfallgeld, gilt für die Berechnung der Leistungen des § 3 Abs. 1 Nr. 1 und des § 4 das Entgelt für die vereinbarte Arbeitszeit als Arbeitsentgelt für die Altersteilzeitarbeit.

(5) Sind für den Arbeitnehmer Aufstockungsleistungen nach § 3 Abs. 1 Nr. 1 Buchstabe a und b gezahlt worden, gilt in den Fällen der nicht zweckentsprechenden Verwendung von Wertguthaben für die Berechnung der Beiträge zur gesetzlichen Rentenversicherung der Unterschiedsbetrag zwischen dem Betrag, den der Arbeitgeber der Berechnung der Beiträge nach § 3 Abs. 1 Nr. 1 Buchstabe b zugrunde gelegt hat, und dem Doppelten des Regelarbeitsentgelts bis zum Zeitpunkt der nicht zweckentsprechenden Verwendung, höchstens bis zur Beitragsbemessungsgrenze, als beitragspflichtige Einnahme aus dem Wertguthaben; für die Beiträge zur Krankenversicherung, Pflegeversicherung oder nach dem Recht der Arbeitsförderung gilt § 23 b Abs. 2 bis 3 des Vierten Buches Sozialgesetzbuch. Im Falle der Zahlungsunfähigkeit des Arbeitgebers gilt Satz 1 entsprechend, soweit Beiträge gezahlt werden.

§ 11
Mitwirkungspflichten des Arbeitnehmers

(1) Der Arbeitnehmer hat Änderungen der ihn betreffenden Verhältnisse, die für die Leistungen nach § 4 erheblich sind, dem Arbeitgeber unverzüglich mitzuteilen. Werden im Fall des § 9 die Leistungen von der Ausgleichskasse der Arbeitgeber oder der gemeinsamen Einrichtung der Tarifvertragsparteien erbracht, hat der Arbeitnehmer Änderungen nach Satz 1 diesen gegenüber unverzüglich mitzuteilen.

(2) Der Arbeitnehmer hat der Bundesagentur die dem Arbeitgeber zu Unrecht gezahlten Leistungen zu erstatten, wenn der Arbeitnehmer die unrechtmäßige Zahlung dadurch bewirkt hat, dass er vorsätzlich oder grob fahrlässig

1. Angaben gemacht hat, die unrichtig oder unvollständig sind, oder
2. der Mitteilungspflicht nach Absatz 1 nicht nachgekommen ist.

Die zu erstattende Leistung ist durch schriftlichen Verwaltungsakt festzusetzen. Eine Erstattung durch den Arbeitgeber kommt insoweit nicht in Betracht.

§ 12
Verfahren

(1) Die Agentur für Arbeit entscheidet auf schriftlichen Antrag des Arbeitgebers, ob die Voraussetzungen für die Erbringung von Leistungen nach § 4 vorliegen. Der Antrag wirkt vom Zeitpunkt des Vorliegens der Anspruchsvoraussetzungen, wenn er innerhalb von drei Monaten nach deren Vorliegen gestellt wird, andernfalls wirkt er vom Beginn des Monats der Antragstellung. In den Fällen des § 3 Abs. 3 kann die Agentur für Arbeit auch vorab entscheiden, ob die Voraussetzungen des § 2 vorliegen. Mit dem Antrag sind die Namen, Anschriften und Versicherungsnummern der Arbeitnehmer mitzuteilen, für die Leistungen beantragt werden. Zuständig ist die Agentur für Arbeit, in deren Bezirk der Betrieb liegt, in dem der Arbeitnehmer beschäftigt ist. Die Bundesagentur erklärt eine andere Agentur für Arbeit für zuständig, wenn der Arbeitgeber dafür ein berechtigtes Interesse glaubhaft macht.

(2) Die Höhe der Leistungen nach § 4 wird zu Beginn des Erstattungsverfahrens in monatlichen Festbeträgen für die gesamte Förderdauer festgelegt. Die monatlichen Festbeträge werden nur angepasst, wenn sich das berücksichtigungsfähige Regelarbeitsentgelt um mindestens 10 Euro verringert. Leistungen nach § 4 werden auf Antrag erbracht und nachträglich jeweils für den Kalendermonat ausgezahlt, in dem die Anspruchsvoraussetzungen vorgelegen haben. Leistungen nach § 10 Abs. 2 werden auf Antrag des Arbeitnehmers oder, im Fall einer Leistungserbringung des Arbeitgebers an den Arbeitnehmer gemäß § 10 Abs. 2 Satz 2, auf Antrag des Arbeitgebers monatlich nachträglich ausgezahlt.

(3) In den Fällen des § 3 Abs. 3 werden dem Arbeitgeber die Leistungen nach Absatz 1 erst von dem Zeitpunkt an ausgezahlt, in dem der Arbeitgeber auf dem freigemachten oder durch Umsetzung freigewordenen Arbeitsplatz einen Arbeitnehmer beschäftigt, der bei Beginn der Beschäftigung die Voraussetzungen des § 3 Abs. 1 Nr. 2 erfüllt hat. Endet die Altersteilzeitarbeit in den Fällen des § 3 Abs. 3 vorzeitig, erbringt die Agentur für Arbeit dem Arbeitgeber die Leistungen für zurückliegende Zeiträume nach Satz 3, solange die Voraussetzungen des § 3 Abs. 1 Nr. 2 erfüllt sind und soweit dem Arbeitgeber entsprechende Aufwendungen für Aufstockungsleistungen nach § 3 Abs. 1 Nr. 1 und § 4 Abs. 2 verblieben sind. Die Leistungen für zurückliegende Zeiten werden zusammen mit den laufenden Leistungen jeweils in monatlichen Teilbeträgen ausgezahlt. Die Höhe der Leistungen für zurückliegende Zeiten bestimmt sich nach der Höhe der laufenden Leistungen.

(4) Über die Erbringung von Leistungen kann die Agentur für Arbeit vorläufig entscheiden, wenn die Voraussetzungen für den Anspruch mit hinreichender Wahrscheinlichkeit vorliegen und zu ihrer Feststellung voraussichtlich längere Zeit erforderlich ist. Auf Grund der vorläufigen Entscheidung erbrachte Leistungen sind auf die zustehende Leistung anzurechnen. Sie sind zu erstatten, soweit mit der abschließenden Entscheidung ein Anspruch nicht oder nur in geringerer Höhe zuerkannt wird.

§ 13
Auskünfte und Prüfung

Die §§ 315 und 319 des Dritten Buches und das Zweite Kapitel des Zehnten Buches Sozialgesetzbuch gelten entsprechend. § 2 Abs. 1 Nr. 3 des Schwarzarbeiterbekämpfungsgesetzes bleibt unberührt.

§ 14
Bußgeldvorschriften

(1) Ordnungswidrig handelt, wer vorsätzlich oder fahrlässig

1. entgegen § 11 Abs. 1 oder als Arbeitgeber entgegen § 60 Abs. 1 Nr. 2 des Ersten Buches Sozialgesetzbuch eine Mitteilung nicht, nicht richtig, nicht vollständig oder nicht rechtzeitig macht,
2. entgegen § 13 Satz 1 in Verbindung mit § 315 Abs. 1, 2 Satz 1, Abs. 3 oder 5 Satz 1 des Dritten Buches Sozialgesetzbuch eine Auskunft nicht, nicht richtig, nicht vollständig oder nicht rechtzeitig erteilt,
3. entgegen § 13 Satz 1 in Verbindung mit § 319 Abs. 1 Satz 1 des Dritten Buches Sozialgesetzbuch Einsicht oder Zutritt nicht gewährt oder
4. entgegen § 13 Satz 1 in Verbindung mit § 319 Abs. 2 Satz 1 des Dritten Buches Sozialgesetzbuch Daten nicht, nicht richtig, nicht vollständig, nicht in der vorgeschriebenen Weise oder nicht rechtzeitig zur Verfügung stellt.

(2) Die Ordnungswidrigkeit kann in den Fällen des Absatzes 1 Nr. 4 mit einer Geldbuße bis zu dreißigtausend Euro, in den übrigen Fällen mit einer Geldbuße bis zu tausend Euro geahndet werden.

(3) Verwaltungsbehörden im Sinne des § 36 Abs. 1 Nr. 1 des Gesetzes über Ordnungswidrigkeiten sind die Agenturen für Arbeit.

(4) Die Geldbußen fließen in die Kasse der Bundesagentur. § 66 des Zehnten Buches Sozialgesetzbuch gilt entsprechend.

(5) Die notwendigen Auslagen trägt abweichend von § 105 Abs. 2 des Gesetzes über Ordnungswidrigkeiten die Bundesagentur; diese ist auch ersatzpflichtig im Sinne des § 110 Abs. 4 des Gesetzes über Ordnungswidrigkeiten.

§ 15
Verordnungsermächtigung

Das Bundesministerium für Wirtschaft und Arbeit kann durch Rechtsverordnung die Mindestnettobeträge nach § 3 Abs. 1 Nr. 1 Buchstabe a in der bis zum 30. Juni 2004 gültigen Fassung bestimmen. Die Vorschriften zum Leistungsentgelt des Dritten Buches Sozialgesetzbuch gelten entsprechend. Das bisherige Arbeitsentgelt im Sinne des § 6 Abs. 1 in der bis zum 30. Juni 2004 gültigen Fassung ist auf den nächsten durch fünf teilbaren Euro-Betrag zu runden. Der Kalendermonat ist mit 30 Tagen anzusetzen.

§ 15 a
Übergangsregelung nach dem Gesetz zur Reform der Arbeitsförderung

Haben die Voraussetzungen für die Erbringung von Leistungen nach § 4 vor dem 1. April 1997 vorgelegen, erbringt die Bundesagentur die Leistungen nach § 4 auch dann, wenn die Voraussetzungen des § 2 Abs. 1 Nr. 2 und Abs. 2 Nr. 1 in der bis zum 31. März 1997 geltenden Fassung vorliegen.

§ 15 b
Übergangsregelung nach dem Gesetz zur Reform der gesetzlichen Rentenversicherung

Abweichend von § 5 Abs. 1 Nr. 2 erlischt der Anspruch auf die Leistungen nach § 4 nicht, wenn mit der Altersteilzeit vor dem 1. Juli 1998 begonnen worden ist und Anspruch auf eine ungeminderte Rente wegen Alters besteht, weil 45 Jahre mit Pflichtbeiträgen für eine versicherte Beschäftigung oder Tätigkeit vorliegen.

§ 15 c
Übergangsregelung nach dem Gesetz zur Fortentwicklung der Altersteilzeit

Ist eine Vereinbarung über Altersteilzeitarbeit vor dem 1. Januar 2000 abgeschlossen worden, erbringt die Bundesagentur die Leistungen nach § 4 auch dann, wenn die Voraussetzungen des § 2 Abs. 1 Nr. 2 und 3 in der bis zum 1. Januar 2000 geltenden Fassung vorliegen.

§ 15 d
Übergangsregelung zum Zweiten Gesetz zur Fortentwicklung der Altersteilzeit

Ist eine Vereinbarung über Altersteilzeitarbeit vor dem 1. Juli 2000 abgeschlossen worden, gelten § 5 Abs. 2 Satz 2 und § 6 Abs. 2 Satz 2 in der bis zum 1. Juli 2000 geltenden Fassung. Sollen bei einer Vereinbarung nach Satz 1 Leistungen nach § 4 für einen Zeitraum von länger als fünf Jahren beansprucht werden, gilt § 5 Abs. 2 Satz 2 in der ab dem 1. Juli 2000 geltenden Fassung.

§ 15 e
Übergangsregelung nach dem Gesetz zur Reform der Renten wegen verminderter Erwerbsfähigkeit

Abweichend von § 5 Abs. 1 Nr. 2 erlischt der Anspruch auf die Leistungen nach § 4 nicht, wenn mit der Altersteilzeit vor dem 17. November 2000 begonnen worden ist und Anspruch auf eine ungeminderte Rente wegen Alters besteht, weil die Voraussetzungen nach § 236 a Satz 5 Nr. 1 des Sechsten Buches Sozialgesetzbuch vorliegen.

§ 15 f
Übergangsregelung nach dem Zweiten Gesetz für moderne Dienstleistungen am Arbeitsmarkt

Wurde mit der Altersteilzeit vor dem 1. April 2003 begonnen, gelten Arbeitnehmer, die bis zu diesem Zeitpunkt in einer versicherungspflichtigen Beschäftigung nach dem Dritten Buch Sozialgesetzbuch gestanden haben, auch nach dem 1. April 2003 als versicherungspflichtig beschäftigt, wenn sie die bis zum 31. März 2003 geltenden Voraussetzungen für das Vorliegen einer versicherungspflichtigen Beschäftigung weiterhin erfüllen.

§ 15 g
Übergangsregelung zum Dritten Gesetz für moderne Dienstleistungen am Arbeitsmarkt

Wurde mit der Altersteilzeitarbeit vor dem 1. Juli 2004 begonnen, sind die Vorschriften in der bis zum 30. Juni 2004 geltenden Fassung mit Ausnahme des § 15 weiterhin anzuwenden. Auf Antrag des Arbeitgebers erbringt die Bundesagentur abweichend von Satz 1 Leistungen nach § 4 in der ab dem 1. Juli 2004 geltenden Fassung, wenn die hierfür ab dem 1. Juli 2004 maßgebenden Voraussetzungen erfüllt sind.

§ 16
Befristung der Förderungsfähigkeit

Für die Zeit ab dem 1. Januar 2010 sind Leistungen nach § 4 nur noch zu erbringen, wenn die Voraussetzungen des § 2 erstmals vor diesem Zeitpunkt vorgelegen haben.

II. Durchführungsanweisungen der Bundesagentur für Arbeit[1])

Die Durchführungsanweisungen zum Altersteilzeitgesetz wurden aufgrund der Rechtsänderungen durch das Dritte Gesetz für moderne Dienstleistungen am Arbeitsmarkt neu gefasst. Für die Abwicklung der Altersteilzeitfälle, die mit der Altersteilzeitarbeit noch vor dem 1. Juli 2004 begonnen haben. gelten die Durchführungsanweisungen in der vor diesem Zeitpunkt geltenden Fassung (siehe 3. Auflage).

AtG

§ 1
Grundsatz

(1) Durch Altersteilzeitarbeit soll älteren Arbeitnehmern ein gleitender Übergang vom Erwerbsleben in die Altersrente ermöglicht werden.

(2) Die Bundesagentur für Arbeit (Bundesagentur) fördert durch Leistungen nach diesem Gesetz die Teilzeitarbeit älterer Arbeitnehmer, die ihre Arbeitszeit ab Vollendung des 55. Lebensjahres, spätestens ab 31. Dezember 2009 vermindern, und damit die Einstellung eines sonst arbeitslosen Arbeitnehmers ermöglichen.

AtG

§ 2[2])
Begünstigter Personenkreis

(1) Leistungen werden für Arbeitnehmer gewährt, die

1. das 55. Lebensjahr vollendet haben,
2. nach dem 14. Februar 1996 aufgrund einer Vereinbarung mit ihrem Arbeitgeber, die sich zumindest auf die Zeit erstrecken muss, bis eine Rente wegen Alters beansprucht werden kann, ihre Arbeitszeit auf die Hälfte der bisherigen wöchentlichen Arbeitszeit vermindert haben, und versicherungspflichtig beschäftigt im Sinne des Dritten Buches Sozialgesetzbuch sind (Altersteilzeitarbeit)

   und
3. innerhalb der letzten fünf Jahre vor Beginn der Altersteilzeitarbeit mindestens 1080 Kalendertage in einer versicherungspflichtigen Beschäfti-

---

1) Die Durchführungsanweisungen der Bundesagentur für Arbeit sind **auszugsweise** abgedruckt. Soweit in den Durchführungsanweisungen Hinweise auf weitere Materialien oder interne Arbeitsanweisungen der Arbeitsverwaltung enthalten sind, wurde auf den Abdruck verzichtet, soweit sie für den Anwender nicht relevant sind.

2) Gemäß Art. 42 des Gesetzes vom 24. 12. 2003 (BGBl. I S. 2954) werden in § 2 Abs. 1 Nr. 3 Satz 2 mit Wirkung zum 1. 1. 2005 nach dem Wort „Arbeitslosenhilfe" ein Komma und die Wörter „Zeiten des Bezuges von Arbeitslosengeld II" eingefügt.

gung nach dem Dritten Buch Sozialgesetzbuch oder nach den Vorschriften eines Mitgliedstaates, in dem die Verordnung (EWG) Nr. 1408/71 des Rates der Europäischen Union Anwendung findet, gestanden haben. Zeiten mit Anspruch auf Arbeitslosengeld oder Arbeitslosenhilfe, sowie Zeiten, in denen Versicherungspflicht nach § 26 Abs. 2 des Dritten Buches Sozialgesetzbuch bestand, stehen der versicherungspflichtigen Beschäftigung gleich. § 427 Abs. 3 des Dritten Buches Sozialgesetzbuch gilt entsprechend.

(2) Sieht die Vereinbarung über die Altersteilzeitarbeit unterschiedliche wöchentliche Arbeitszeiten oder eine unterschiedliche Verteilung der wöchentlichen Arbeitszeit vor, ist die Voraussetzung nach Absatz 1 Nr. 2 auch erfüllt, wenn

1. die wöchentliche Arbeitszeit im Durchschnitt eines Zeitraums von bis zu drei Jahren oder bei Regelung in einem Tarifvertrag, auf Grund eines Tarifvertrages in einer Betriebsvereinbarung oder in einer Regelung der Kirchen und der öffentlich-rechtlichen Religionsgesellschaften im Durchschnitt eines Zeitraums von bis zu sechs Jahren die Hälfte der bisherigen wöchentlichen Arbeitszeit nicht überschreitet und der Arbeitnehmer versicherungspflichtig beschäftigt im Sinne des Dritten Buches Sozialgesetzbuch ist

   und

2. das Arbeitsentgelt für die Altersteilzeitarbeit sowie der Aufstockungsbetrag nach § 3 Abs. 1 Nr. 1 Buchstabe a fortlaufend gezahlt werden.

Im Geltungsbereich eines Tarifvertrages nach Satz 1 Nr. 1 kann die tarifvertragliche Regelung im Betrieb eines nicht tarifgebundenen Arbeitgebers durch Betriebsvereinbarung oder, wenn ein Betriebsrat nicht besteht, durch schriftliche Vereinbarung zwischen dem Arbeitgeber und dem Arbeitnehmer übernommen werden. Können auf Grund eines solchen Tarifvertrages abweichende Regelungen in einer Betriebsvereinbarung getroffen werden, kann auch in Betrieben eines nicht tarifgebundenen Arbeitgebers davon Gebrauch gemacht werden. Satz 1 Nr. 1, 2. Alternative gilt entsprechend. In einem Bereich, in dem tarifvertragliche Regelungen zur Verteilung der Arbeitszeit nicht getroffen sind oder üblicherweise nicht getroffen werden, kann eine Regelung im Sinne des Satzes 1 Nr. 1, 2. Alternative auch durch Betriebsvereinbarung oder, wenn ein Betriebsrat nicht besteht, durch schriftliche Vereinbarung zwischen Arbeitgeber und Arbeitnehmer getroffen werden.

(3) Sieht die Vereinbarung über die Altersteilzeitarbeit unterschiedliche wöchentliche Arbeitszeiten oder eine unterschiedliche Verteilung der wöchentlichen Arbeitszeit über einen Zeitraum von mehr als sechs Jahren vor, ist die Voraussetzung nach Absatz 1 Nr. 2 auch erfüllt, wenn die wöchentliche Arbeitszeit im Durchschnitt eines Zeitraums von sechs Jahren, der innerhalb des Gesamtzeitraums der vereinbarten Altersteilzeitarbeit liegt, die Hälfte der bisherigen wöchentlichen Arbeitszeit nicht überschrei-

tet, der Arbeitnehmer versicherungspflichtig beschäftigt im Sinne des Dritten Buches Sozialgesetzbuch ist und die weiteren Voraussetzungen des Absatzes 2 vorliegen. Die Leistungen nach § 3 Abs. 1 Nr. 1 sind nur in dem in Satz 1 genannten Zeitraum von sechs Jahren zu erbringen.

DA zu § 2 AtG

2. Begünstigter Personenkreis

2.1 Geltung des Gesetzes

(1) Für die Zeit ab dem 1. 1. 2010 werden Förderleistungen für Arbeitnehmer, die das 55. Lebensjahr vollendet haben, nur noch erbracht, wenn die Anspruchsvoraussetzungen bereits vor diesem Zeitpunkt vorgelegen haben (siehe auch DA zu § 16).

(2) Das AtG stellt ausschließlich auf den **Arbeitgeber** im arbeitsrechtlichen Sinne ab. Danach ist Arbeitgeber jede natürliche und juristische Person (Personen-/Kapitalgesellschaft; nicht jedoch der Konzern), die (mindestens) einen Arbeitnehmer gegen Arbeitsentgelt in einem Arbeitsverhältnis beschäftigt (oder beschäftigen will). Wer im konkreten Einzelfall als Arbeitgeber anzusehen ist, ergibt sich regelmäßig aus dem jeweiligen Arbeitsvertrag.

(3) **Arbeitnehmer** i. S. des AtG ist, wer eine Erwerbstätigkeit in persönlicher Abhängigkeit zu einem Arbeitgeber ausübt. Persönlich abhängig ist bei einer Beschäftigung in einem fremden Betrieb der Beschäftigte, der in den Betrieb eingegliedert ist und dem Weisungsrecht des Arbeitgebers unterliegt, das Zeit, Dauer, Ort und Art der Arbeitsausführung umfasst.

(4) Der in Altersteilzeit beschäftigte Arbeitnehmer muss innerhalb der letzten fünf Jahre vor Beginn der Altersteilzeit mindestens 1080 Kalendertage in einer versicherungspflichtigen Beschäftigung i. S. des SGB III (vgl. §§ 24 ff. SGB III) gestanden haben. Zeiten eines Beschäftigungsverhältnisses ohne Entgeltzahlung unterbrechen das Versicherungspflichtverhältnis, wenn ein Monat überschritten wird (§ 7 Abs. 3 Satz 1 SGB IV).

Im europäischen Ausland ausgeübte versicherungspflichtige Beschäftigungen sind zur Erfüllung der Vorbeschäftigungszeiten ebenfalls zu berücksichtigen.

(5) Deutsche Arbeitnehmer mit einem Arbeitsvertrag zu einem deutschen Arbeitgeber, die im Ausland beschäftigt sind, ohne dass eine Entsendung i. S. von § 4 SGB IV vorliegt (sog. Ortskräfte), unterliegen nicht der Versicherungspflicht nach dem SGB III und erfüllen daher allein aufgrund der Auslandsbeschäftigung nicht die Vorbeschäftigungszeiten.

(6) Hat der Arbeitnehmer innerhalb der Fünf-Jahres-Frist eine Entgeltersatzleistung i. S. des § 26 Abs. 2 SGB III (z. B. Krankengeld, Versorgungskrankengeld) oder Alg/Alhi bezogen, so werden auch diese Zeiten zur Erfüllung der Vorbeschäftigungszeiten herangezogen. Ab 1. 1. 2005 zählen auch Zeiten

des Bezuges von Arbeitslosengeld II zu den gleichgestellten Vorbeschäftigungszeiten. §427 Abs. 3 SGB III findet entsprechende Anwendung.

(7) Der Zugang zur Altersteilzeitarbeit ist seit 1.1.2000 auch Arbeitnehmern möglich, die bisher schon teilzeitbeschäftigt sind. Sie müssen dazu, wie Vollzeitarbeitnehmer, ihre bisherige Arbeitszeit halbieren (DA 2.2 Abs. 1) und auch nach der Verminderung der Arbeitszeit versicherungspflichtig i.S. des SGB III (vgl. DA 2.2 Abs. 6) beschäftigt sein.

(8) Ein Arbeitnehmer der mehrere sozialversicherungspflichtige Beschäftigungsverhältnisse ausübt, kann auch bei unterschiedlichen Arbeitgebern jeweils ein Altersteilzeitarbeitsverhältnis aufnehmen. Hinsichtlich der Ermittlung der zusätzlichen beitragspflichtigen Einnahme nach § 3 Abs. 1 Nr. 1 Buchst. b i.V.m. §163 Abs. 5 Satz 1 SGB VI ist §22 Abs. 2 SGB IV zu beachten.

(9) Die Altersteilzeitarbeit ist vor Eintritt in die Altersteilzeitarbeit zu vereinbaren (§2 Abs. 1 Nr. 2). Bereits abgelaufene Arbeitszeiten, in denen tatsächlich keine Altersteilzeitarbeit ausgeübt worden ist, können nachträglich nicht in ein Altersteilzeitarbeitsverhältnis umgewandelt werden. Für die Ansparung von Wertguthaben (für die Freistellungsphase im Blockmodell) bedarf es einer vorausgehenden Vereinbarung (§ 7 Abs. 1 a SGB IV). Die Rückdatierung einer Altersteilzeitvereinbarung ist nicht zulässig.

(10) Altersteilzeitarbeit im Sinne des AtG liegt nur vor, wenn die entsprechende Vereinbarung zumindest bis zum frühestmöglichen Zeitpunkt reicht, zu dem der Arbeitnehmer eine (ggf. auch geminderte) Altersrente aus der gesetzlichen Rentenversicherung in Anspruch nehmen kann (§ 2 Abs. 1 Nr. 2). Vereinbarungen, nach denen der Arbeitnehmer bereits vor Erreichen dieses Rentenalters ausscheiden soll, erfüllen demnach nicht die Voraussetzungen des AtG.

Die Altersrente nach mindestens 24 Kalendermonaten Altersteilzeitarbeit (§237 SGB VI) können nur Versicherte erhalten, die **vor 1952** geboren sind. Die **vorzeitige** Inanspruchnahme dieser Altersrente ab Vollendung des 60. Lebensjahres ist nur noch für bestimmte Altersgruppen möglich. Das sog. RV-Nachhaltigkeitsgesetz sieht vor, dass die Altersgrenze für die vorzeitige Inanspruchnahme dieser Altersrente für alle nach 1945 geborenen Versicherten in der Zeit von 2006 bis 2008 vom 60. auf das 63. Lebensjahr angehoben wird. Dies gilt jedoch nicht für Versicherte, die bereits vor dem 1.1.2004 rechtswirksam Altersteilzeitarbeit vereinbart haben.

Ein Anspruch auf Regelaltersrente nach Vollendung des 65. Lebensjahres besteht nach Erfüllung der allgemeinen Wartezeit von 5 Jahren (§50 Abs. 1 SGB VI).

2.2 Reduzierung der Arbeitszeit

(1) Die Arbeitszeit muss nach §2 Abs. 1 Nr. 2 in einer Vereinbarung mit dem Arbeitgeber auf die Hälfte der bisherigen wöchentlichen Arbeitszeit vermindert werden. Diese Voraussetzung kann auch erfüllt werden, wenn bei

einem **nahtlosen** Arbeitgeberwechsel ein Arbeitsverhältnis (mit dem neuen Arbeitgeber) begründet wird, dem bereits die reduzierte Arbeitszeit zu Grunde liegt. Voraussetzung hierfür ist, dass der neue Arbeitgeber tatsächlich eine entsprechende Beschäftigungsmöglichkeit mit höherem Arbeitszeitvolumen für den älteren Arbeitnehmer zur Verfügung hat, aber wegen der Beschäftigungseffekte des AtG eine entsprechende Verminderung vorgenommen wurde.

(2) Der Begriff der **bisherigen wöchentlichen Arbeitszeit** wird aus systematischen Gründen in DA 6.2 erläutert. Ist die nach § 6 Abs. 2 Satz 1 vereinbarte Arbeitszeit niedriger als der errechnete Durchschnittswert der letzten 24 Monate, ist nur die zuletzt vereinbarte Arbeitszeit Basis für die Halbierung der Arbeitszeit, da es sich bei der Regelung des § 6 Abs. 2 Satz 2 nur um eine **Höchstgrenze** handelt, die sich selbst nicht erhöhend auswirkt. Um zu erreichen, dass von einer betrieblich umsetzbaren Arbeitszeit ausgegangen werden kann, ist es zulässig, dass der errechnete Durchschnittswert nach § 6 Abs. 2 Satz 3 auf die nächste volle Stunde nach unten oder nach oben gerundet wird (die Regelungen der kaufmännischen Rundung finden keine Anwendung).

Beispiel 1:

(3) Beginn der Altersteilzeit:	1.8.2004
Vereinbarte Arbeitszeit am 31.7.2004	35 Std./wchtl.
Vereinbarte Arbeitszeit	
a) vom 1.8.2002 bis 31.12.2002 (5 Monate)	30 Std./wchtl.
b) vom 1.1.2003 bis 31.7.2004 (19 Monate)	35 Std./wchtl.
Vereinbarte Arbeitszeit im Durchschnitt der letzten 24 Monate (5 × 30 + 19 × 35 : 24)	33,958 Std./wchtl.

Ergebnis:

Obwohl die unmittelbar vor dem Übergang in die Altersteilzeit vereinbarte Arbeitszeit 35 Std./wchtl. betragen hat, können als bisherige Arbeitszeit nur **33,958 Std./wchtl.** zugrunde gelegt werden (durchschnittliche Arbeitszeit der letzten 24 Monate). Die ermittelte durchschnittliche Arbeitszeit kann auf die nächste volle Stunde gerundet werden; in diesem Fall kann die bisherige Arbeitszeit 33 **oder** 34 Std./wchtl. betragen.

Beispiel 2:

(4) Beginn der Altersteilzeit:	1.8.2004
Vereinbarte Arbeitszeit am 31.7.2004	30 Std./wchtl.
Vereinbarte Arbeitszeit	
a) vom 1.8.2002 bis 31.7.2003 (12 Monate)	35 Std./wchtl.
b) vom 1.8.2003 bis 31.7.2004 (12 Monate)	30 Std./wchtl.
Vereinbarte Arbeitszeit im Durchschnitt der letzten 24 Monate (12 × 35 + 12 × 30 : 24):	32,5 Std./wchtl.

Ergebnis:

Als bisherige Arbeitszeit ist die unmittelbar vor dem Übergang in die Altersteilzeit vereinbarte Arbeitszeit, also **30 Std./wchtl.** zugrunde zu legen. Dass die Arbeitszeit im Durchschnitt der letzten 24 Monate 32,5 Std./wchtl. betragen hat, führt zu keiner anderen Beurteilung des Sacherhalts, da § 6 Abs. 2 Satz 2 nur eine **Höchstgrenze** darstellt.

Beispiel 3:

(5) Beginn der Altersteilzeit:	1.8.2004
Vereinbarte Arbeitszeit am 31.7.2004 (Arbeitgeber ist nicht tarifgebunden)	40 Std./wchtl.
Tarifliche Arbeitszeit:	35 Std./wchtl.
Vereinbarte Arbeitszeit vom 1.8.2002 bis 31.7.2003 (12 Monate)	38 Std./wchtl.
vom 1.8.2003 bis 31.7.2004 (12 Monate)	40 Std./wchtl.
Vereinbarte Arbeitszeit im Durchschnitt der letzten 24 Monate	39 Std./wchtl.

Ergebnis:

Die bisherige Arbeitszeit beträgt **39 Std./wchtl**. Bei der Ermittlung der Höchstgrenze i. S. des § 6 Abs. 2 Satz 2 dürfen auch Arbeitszeiten, die **über** der tariflichen regelmäßigen wöchentlichen Arbeitszeit lagen, berücksichtigt werden.

(6) Die verminderte Arbeitszeit (§ 2 Abs. 1 Nr. 2) muss der Versicherungspflicht i. S. des SGB III unterliegen. Diese ist gegeben, wenn der Arbeitnehmer zum Personenkreis nach den §§ 24, 25 SGB III gehört und ein Befreiungstatbestand für eine versicherungsfreie Beschäftigung i. S. der §§ 27, 28 SGB III nicht erfüllt wird. Um versicherungspflichtig beschäftigt zu sein, muss der Arbeitnehmer eine mehr als geringfügige Beschäftigung i. S. des § 8 SGB IV ausüben. Damit wird sichergestellt, dass im Falle der vorzeitigen Beendigung der Altersteilzeitarbeit der Schutz der Arbeitslosenversicherung gewährleistet ist.

(7) Mehr als geringfügig ist eine Beschäftigung, deren Arbeitsentgelt **400 EUR** im Monat übersteigt (vgl. § 8 SGB IV).

(8) Zu beachten ist bei einer Altersteilzeitbeschäftigung von weniger als 15 Stunden wöchentlich, dass die Versicherungspflicht (vgl. Abs. 6) entfällt (und damit auch der Anspruch des Arbeitgebers auf die Erstattungsleistungen), wenn der ältere Arbeitnehmer – neben seiner Altersteilzeitbeschäftigung – Alg oder Alhi bezieht. Die Versicherungsfreiheit ergibt sich in diesem Fall aus § 27 Abs. 5 SGB III.

(9) Die Verbindung von Wertguthaben (§ 7 Abs. 1 a SGB IV), die durch **Vorarbeit** bereits **vor Beginn** der Altersteilzeitarbeit angespart wurden, mit Altersteilzeitarbeit ist aus förderungsrechtlicher Sicht grundsätzlich möglich.

Unter dem Begriff Wertguthaben sind alle Guthaben zu verstehen, die im Rahmen der vertraglich vereinbarten flexiblen Arbeitszeitregelungen erzielt werden. Dies gilt unabhängig davon, ob die Guthaben als Geldguthaben (Geldkonten) oder Zeitguthaben (Zeitkonten) geführt werden. Wertguthaben, die **vor** Beginn der Altersteilzeit angesammelt wurden (z. B. Zeitguthaben aus Langzeitkonten), können die Arbeitsphase im Blockmodell verkürzen oder im kontinuierlichen Arbeitszeitmodell zur Erhöhung des Freizeitanteils bei reduzierter Wochenarbeitszeit verwendet werden. Zur Wiederbesetzung im Blockmodell siehe DA 3.1.7 Abs. 15 letzter Unterabsatz.

(10) Zu den Auswirkungen einer (vorübergehenden bzw. dauerhaften) Freistellung des Arbeitnehmers von der Arbeitsleistung während einer im Rahmen der Altersteilzeitarbeit vertraglich vorgesehenen Arbeitsphase wird auf Ziffer 2.1.7.5 des gemeinsamen Rundschreibens der Spitzenorganisationen der Sozialversicherungsträger zu den versicherungs-, beitrags-, melde- und leistungsrechtlichen Auswirkungen der Altersteilzeitarbeit vom 9. 3. 2004 (siehe Intranet) verwiesen. Ist hiernach ein Beschäftigungsverhältnis i. S. des § 7 Abs. 1 bzw. Abs. 1 a SGB IV nicht gegeben, liegen auch die Voraussetzungen für eine förderfähige Altersteilzeit nicht vor.

(11) Wird in der Arbeitsphase des Blockmodells eine Entgeltersatzleistung (z. B. Krankengeld, Kug, WAG) bezogen, kann ein Wertguthaben für die Freistellungsphase nicht oder nur teilweise erarbeitet werden. Als Folge liegt ein Beschäftigungsverhältnis gegen Arbeitsentgelt in der Freistellungsphase insoweit nicht vor (§ 7 Abs. 1 a SGB IV), weil kein Arbeitsentgelt auf Grund einer erbrachten Arbeitsleistung fällig wird. Um das zu verhindern, kann arbeitsrechtlich vereinbart werden, dass Zeiten mit Entgeltersatzleistungen in der Freistellungsphase zur Hälfte nachgearbeitet werden. Das Ende der Arbeits- bzw. der Beginn der Freistellungsphase ändern sich entsprechend (vgl. auch Abs. 12).

(12) Wird für den Fall des Bezugs einer Entgeltersatzleistung Nacharbeit nicht vereinbart, kann dennoch in der Freistellungsphase entsprechend der Dauer des Zeitraums des Bezuges einer Entgeltersatzleistung ein Beschäftigungsverhältnis bestehen. Voraussetzung ist allerdings, dass der Arbeitgeber zur Auffüllung des Wertguthabens Leistungen in der Höhe in das Wertguthaben eingestellt hat, wie sie dem Arbeitnehmer (ohne den die Entgeltersatzleistung begründenden Tatbestand) gutgeschrieben worden wären (vgl. Abs. 11).

(13) Berechnungsbeispiele zu den Auswirkungen des Bezuges von Entgeltersatzleistungen mit und ohne Nacharbeit i. S. der Abs. 11 und 12 sind im Anhang 2 enthalten.

(14) Wird z. B. aus betriebstechnischen Gründen im Blockmodell in der Arbeitsphase Mehrarbeit im Sinne der maßgebenden arbeitsrechtlichen Regelung (z. B. Tarifvertrag) geleistet, ist diese grundsätzlich förderungsrechtlich unschädlich, wenn im Durchschnitt der gesamten Dauer der Altersteilzeitarbeit die Voraussetzung des § 2 Abs. 1 Nr. 2 erfüllt wird. D. h.,

dass die Arbeitszeit im Durchschnitt des gesamten Förderzeitraums unter Einbeziehung der Mehrarbeit die Hälfte der bisherigen wöchentlichen Arbeitszeit nicht überschreiten darf. Arbeitsrechtliche Regelungen, die für eine geleistete Mehrarbeitsstunde einen Freizeitausgleich von mehr als einer Stunde vorsehen (z. B. im Verhältnis 1:1,25) sind förderungsrechtlich unschädlich. DA 5.2 Abs. 2 ist zu beachten.

Zum Ausgleich von Mehrarbeit bieten sich beispielhaft die nachfolgenden Möglichkeiten an:

- der Arbeitgeber legt einen plausiblen Plan zum Abbau der Mehrarbeit vor,
- Verkürzung der Arbeitsphase wegen Zeitguthabens auf Grund Mehrarbeit nach Maßgabe der jeweiligen arbeitsrechtlichen Regelung,
- tarifvertragliche Regelung zum Abbau der Mehrarbeit.

(15) Kann ein Zeitausgleich in sachlich begründeten Einzelfällen **ausnahmsweise** nicht bis zum Ende der Vollarbeitsphase erfolgen (z. B. wegen Erkrankung des Mitarbeiters unmittelbar vor dem geplanten Zeitausgleich) und kommt auch eine Verlängerung der vereinbarten Altersteilzeit nicht in Betracht, bleibt der Erstattungsanspruch nach §4 dennoch bestehen, wenn der Zeitraum ab dem Eintritt des **unvorhergesehenen Ereignisses** bis zum Ende der Vollarbeitsphase für einen vollständigen Zeitausgleich ausgereicht hätte.

(16) Geringfügige Mehrarbeit, die im kontinuierlichen Teilzeitmodell oder in der Arbeitsphase des Blockmodells geleistet wird, ist förderungsrechtlich unschädlich. Mehrarbeit kann bei einer Altersteilzeitarbeit im Blockmodell grundsätzlich nur in der Arbeitsphase anfallen.

(17) **Ausnahmsweise** steht dem Vorliegen von Altersteilzeitarbeit eine vorübergehend geringfügige Arbeit in der Freistellungsphase des Blockmodells jedoch nicht entgegen, sofern dadurch im Hinblick auf §2 Abs. 1 Nr. 2 der Charakter der Altersteilzeitarbeit nicht verändert wird. Die Prüfung, in welchem Umfang in diesen Fällen von einer vorübergehenden geringfügigen Arbeit auszugehen ist, hat jeweils im Einzelfall zu erfolgen. Entscheidend ist ein betriebsbedingter wesentlicher Anlass, z. B., wenn eine projektbezogene Arbeit, die bei Beendigung der Arbeitsphase noch nicht abgeschlossen ist, mit dem in Altersteilzeitarbeit beschäftigten Arbeitnehmer zum Abschluss gebracht werden soll.

Anfragen hierzu sind an die jeweilige Agentur für Arbeit (in Förderfällen), im Übrigen an die zuständigen Rentenversicherungsträger zu richten.

(18) Kommt es während der Arbeitsphase des Blockmodells zu einer Reduzierung der wöchentlichen Arbeitszeit (z. B. durch Haustarifvertrag) und wird hiervon auch das Altersteilzeitarbeitsverhältnis erfasst, ist eine Anpassung der (reduzierten) Arbeitszeit i. S. des §2 Abs. 1 Nr. 2 möglich; eine Anpassung der Altersteilzeitvereinbarung ist aber nicht zwingend. Wird die Arbeitszeit angepasst, hat dies keine Auswirkung auf den Beginn der Freistellungsphase.

Wird dem Arbeitnehmer in der Arbeitsphase eine Rente wegen teilweiser Erwerbsminderung zugebilligt und wird die Beschäftigung in reduziertem Umfang weiterhin ausgeübt, besteht ab diesem Zeitpunkt eine neue Arbeitszeit i. S. des §2 Abs. 1 Nr. 2.

Demgegenüber hat eine tarifliche oder betriebliche Erhöhung der Arbeitszeit während der Altersteilzeit generell keinen Einfluss auf die reduzierte Arbeitszeit i. S. des §2 Abs. 1 Nr. 2.

(19) Eine Unterbrechung der Altersteilzeitarbeit ist im Altersteilzeitgesetz nicht vorgesehen, grundsätzlich im Blockmodell unter bestimmten Voraussetzungen jedoch in den folgenden Fällen möglich:

- (nicht von vornherein geplante) betriebsbedingt notwendige Rückkehr zur Beschäftigung mit bisheriger wöchentlicher Arbeitszeit in der Arbeits- oder Freistellungsphase für einen eng begrenzten Zeitraum bei Vorliegen eines sachlichen Grundes,
- Zubilligung einer Rente auf Zeit wegen voller Erwerbsminderung oder
- unbezahlter Urlaub (siehe auch Abs. 20 und 21) während der Arbeitsphase.

Die Freistellungsphase verschiebt sich entsprechend in die Zukunft, wobei das Prinzip der hälftigen Arbeitszeitreduzierung (ggf. über die in §5 Abs. 1 Nr. 2 oder 3 genannten Zeitpunkte hinaus) auch in diesem Fall gewahrt werden muss. Die begrenzte Unterbrechung ist sozialversicherungs- und förderungsrechtlich grundsätzlich unschädlich; Erlöschenstatbestände des § 5 Abs. 1 Nrn. 1 bis 3 (z. B. Vollendung des 65. Lebensjahres oder Anspruch auf eine ungeminderte Altersrente) sind jedoch zu beachten. Endet die förderfähige Altersteilzeitarbeit wegen der Verschiebung der Freistellungsphase vorzeitig, ist §12 Abs. 3 Satz 2 analog anzuwenden.

Aus Gründen der Rechtssicherheit sollte die vorübergehende Unterbrechung der Altersteilzeit schriftlich vereinbart werden.

(20) Nach §7 Abs. 3 Satz 1 SGB IV gilt eine Beschäftigung gegen Arbeitsentgelt als fortbestehend, solange das Beschäftigungsverhältnis ohne Anspruch auf Arbeitsentgelt fortdauert, jedoch nicht länger als ein Monat. Altersteilzeit liegt nur vor, wenn ein Arbeitnehmer zum begünstigten Personenkreis des § 2 gehört und sein Arbeitgeber nach Maßgabe des § 3 Abs. 1 Nr. 1 Buchst. a und b die Aufstockungsleistungen zahlt. Da für den Fortbestand des Beschäftigungsverhältnisses nach § 7 Abs. 3 SGB IV der fehlende Anspruch auf Arbeitsentgelt Voraussetzung ist, können aufgrund der fehlenden „Basis-Beiträge“ keine zusätzlichen Rentenversicherungsbeiträge nach §3 Abs. 1 Nr. 1 Buchst. b gezahlt werden. Altersteilzeitarbeit liegt somit während eines fortbestehenden Beschäftigungsverhältnisses nach §7 Abs. 3 SGB IV grundsätzlich nicht vor.

(21) Aufgrund des in der gesetzlichen Rentenversicherung bestehenden Monatsprinzips (Kalendermonat), nach dem ein angebrochener Monat als voller Monat zu berücksichtigen ist, liegt nach Auffassung der Spitzenorga-

nisationen der Sozialversicherung jedoch in jedem Monat ein Altersteilzeitarbeitsverhältnis vor, in dem dieses Arbeitsverhältnis mindestens an einem Tag bestand. Insoweit liegt keine Unterbrechung der Altersteilzeitarbeit vor; Wertguthaben für eine spätere Freistellung sind (ggf. ohne Berücksichtigung der Fehlzeiten) zu bilden. Zu einer Unterbrechung der Altersteilzeitarbeit kommt es somit erst, wenn z. B. ein unbezahlter Urlaub von mindestens einem Kalendermonat in Anspruch genommen wird; insoweit liegt auch keine Vorarbeit für eine spätere Freistellungsphase vor.

(22) Zeiten ohne Anspruch auf Arbeitsentgelt in der Arbeitsphase mindern den Erstattungsanspruch in der Freistellungsphase. Zu den förderungsrechtlichen Auswirkungen vgl. DA 12.3 Abs. 3 und 4.

2.3 Verteilung der Arbeitszeit

(1) Der höchstzulässige Verteilzeitraum für Altersteilzeitvereinbarungen **ohne tarifvertragliche Grundlage** beträgt grundsätzlich **drei** Jahre. Bei einer unterschiedlichen Verteilung der wöchentlichen Arbeitszeit (oder bei unterschiedlichen wöchentlichen Arbeitszeiten), darf diese daher im Durchschnitt von bis zu drei Jahren die Hälfte der bisherigen wöchentlichen Arbeitszeit (vgl. DA 2.2 Abs. 1) nicht überschreiten und ggf., um Versicherungspflicht i. S. des SGB III zu gewährleisten, die Grenzen des § 8 SGB IV nicht unterschreiten.

(2) Ein Tarifvertrag oder eine entsprechende kirchenrechtliche Regelung können einen bis zu 6-jährigen Verteilzeitraum ausdrücklich zulassen (§ 2 Abs. 2 Nr. 1, 2. Alternative). In Zweifelsfällen ist eine Stellungnahme aller beteiligten Tarifvertragsparteien einzuholen. Gleiches gilt für Betriebsvereinbarungen, denen ein entsprechender Tarifvertrag mit tariflicher Öffnungsklausel für Betriebsvereinbarungen zugrunde liegt. Im Übrigen gilt Abs. 1 entsprechend.

Arbeitnehmer, die auf der Grundlage eines Tarifvertrages mit ihrem Arbeitgeber Altersteilzeitarbeit mit einem mehr als 3-jährigen Verteilzeitraum (Blockmodell) vereinbart haben und die von der Ausgliederung eines Betriebsteils unter Anwendung des § 613 a BGB betroffen sind, können den Verteilzeitraum weiterhin in Anspruch nehmen; dies gilt auch dann, wenn beim neuen Arbeitgeber kein Tarifvertrag zur Altersteilzeitarbeit Anwendung findet. Entsprechendes gilt, wenn die Altersteilzeitarbeit rechtswirksam mit Wirkung für die Zukunft mit dem bisherigen Arbeitgeber vereinbart wurde, die Altersteilzeitarbeit aber erst beim neuen Arbeitgeber einsetzen soll.

(3) Altersteilzeitvereinbarungen auf der Grundlage eines Tarifvertrages können auch einen Gesamtzeitraum von mehr als sechs Jahren (bis zu zehn Jahren) umfassen (§ 2 Abs. 3). In diesem Fall kann die Altersteilzeitarbeit – wie sonst auch – für die Dauer von bis zu sechs Jahren gefördert werden. Der Förderzeitraum von sechs Jahren liegt dann innerhalb des Gesamtzeitraums der Altersteilzeitarbeit von bis zu zehn Jahren. Die Voraussetzung des § 2 Abs. 1 Nr. 2 ist in diesem Fall erfüllt, wenn die Arbeitszeit im Durchschnitt

des Förderzeitraums die Hälfte der bisherigen wöchentlichen Arbeitszeit nicht überschreitet und eine versicherungspflichtige Beschäftigung i. S. des SGB III vorliegt (vgl. DA 2.2 Abs. 6 und 7).

(4) Den nicht tarifgebundenen Arbeitgebern im Geltungsbereich eines Tarifvertrages zur Altersteilzeit wird nach § 2 Abs. 2 Satz 2 die Möglichkeit eingeräumt, die tarifvertragliche Regelung zur Altersteilzeit durch Betriebsvereinbarung bzw. in Betrieben ohne Betriebsrat einzelvertraglich zu übernehmen. Der Begriff „Geltungsbereich des Tarifvertrages" umfasst dabei grundsätzlich den räumlichen, fachlichen, persönlichen und zeitlichen Geltungsbereich des Tarifvertrages, der gelten würde, wenn die Parteien tarifgebunden wären. Lässt der Tarifvertrag Regelungen über Altersteilzeitarbeit auf der Betriebsebene zu (Öffnungsklausel), können entsprechende Regelungen auch in Betrieben nicht tarifgebundener Arbeitgeber auf der Grundlage eines Tarifvertrages durch Betriebsvereinbarung getroffen werden (§ 2 Abs. 2 Satz 3).

Sind in einer tarifvertraglichen Regelung zur Altersteilzeit i. S. § 2 Abs. 2 Satz 1 Nr. 1 auch Regelungsbereiche angesprochen, die zur Altersteilzeitregelung keinerlei Berührungspunkte aufweisen (z. B. reine Entgeltfragen), muss der Tarifvertrag insoweit nicht in Gänze übernommen werden. Es sind jedoch alle Regelungen des Tarifvertrages zur Altersteilzeit zu übernehmen, die die Altersteilzeitarbeit ihrem Wesen nach unmittelbar gestalten. Diese Regelungen müssen immer als Ganzes vereinbart werden.

(5) § 2 Abs. 2 Satz 5 bietet die Möglichkeit, in Bereichen, in denen tarifvertragliche Regelungen **zur Verteilung der Arbeitszeit** nicht getroffen sind oder üblicherweise nicht getroffen werden, Altersteilzeitregelungen mit bis zu 10-jährigen Verteilzeiträumen durch Betriebsvereinbarung oder, wenn ein Betriebsrat nicht besteht, einzelvertraglich zwischen Arbeitgeber und Arbeitnehmer zu vereinbaren. Zu den Branchen ohne tarifvertragliche Regelung über die Verteilung der Arbeitszeit zählen neben den Religionsgemeinschaften z. B.

- Rechtsanwälte (mit Ausnahme einiger regional begrenzter Tarifverträge),
- Notare,
- Steuerberater, Wirtschaftsprüfer, Unternehmensberater,
- politische Parteien (mit Ausnahme einiger SPD-Landesbezirke),
- Arbeitgeber- und Unternehmerverbände,
- Gewerkschaften,
- Industrie- und Handelskammern, Handwerkskammern,
- Makler, Handelsvertreter, Auskunfteien, Werbeagenturen,
- Privatschulen (mit Ausnahme der Bundesschulen des DGB und einiger Firmentarifverträge),
- Sportvereine (mit Ausnahme einiger Firmentarifverträge),
- Schaustellergewerbe, Zirkus- und Kirmesunternehmen (mit Ausnahme der Artisten und Unterhaltungskünstler in Varietés),

- Zahntechnische Laboratorien,
- Software-Entwicklung (mit Ausnahme einiger Firmentarifverträge),
- Bereiche der freien Wohlfahrtspflege, z. B. Mitgliedsorganisationen des PARITÄTISCHEN Wohlfahrtsverbandes, soweit dort keine Verbands- oder Firmentarifverträge gelten,
- Management-Holdings von Konzernen, die wegen der Vielfältigkeit der Konzernaktivitäten nicht eindeutig dem Geltungsbereich eines Tarifvertrages zugeordnet werden können.

Die übrigen Tarifbereiche bzw. Branchen, die von Tarifverträgen, die Regelungen über die Verteilung der Arbeitszeit enthalten, erfasst werden, können von der Ausnahmeregelung des §2 Abs. 2 Satz 5 keinen Gebrauch machen.

(6) Für sog. außertarifliche Angestellte können, wie in Branchen ohne tarifliche Regelungen zur Verteilung der Arbeitszeit, ebenfalls Verteilzeiträume für die Altersteilzeitarbeit i. S. des §2 Abs. 2 Nr. 1, 2. Alternative, Abs. 3 von bis zu zehn Jahren durch Betriebsvereinbarung oder, wenn ein Betriebsrat nicht besteht, einzelvertraglich vereinbart werden, da sie einem Bereich zuzuordnen sind, in dem die Arbeitsbedingungen nicht durch Tarifverträge geregelt sind. AT-Angestellte, die als leitende Angestellte vom Geltungsbereich des BetrVG nicht erfasst werden (vgl. §5 Abs. 3 i. V. m. Abs. 4 BetrVG) können solche Verteilzeiträume generell einzelvertraglich vereinbaren.

(7) Nicht tarifgebundene Arbeitgeber müssen übernehmen bzw. regeln (um Förderleistungen zu erhalten):

im Geltungsbereich eines Tarifvertrages (fachlicher, räumlicher, persönlicher, zeitlicher Geltungsbereich)	die **gesamte** tarifvertragliche Altersteilzeitregelung	durch Betriebsvereinbarung **oder** (wenn kein Betriebsrat besteht) durch Einzelvereinbarung mit dem Arbeitnehmer
im Geltungsbereich eines Tarifvertrages **mit tariflicher Öffnungsklausel**	die tariflichen Rahmenregelungen zur Altersteilzeit sowie deren Ausgestaltung im Einzelnen, soweit sie Gegenstand der tarifl. Öffnungsklausel ist	durch Betriebsvereinbarung
in Bereichen **ohne** tarifvertragliche Regelungen zur **Verteilung der Arbeitszeit**	Altersteilzeitregelung mit einem bis zu **6-jährigen Verteilzeitraum** oder Altersteilzeitregelung mit einem bis zu **6-jährigen Verteilzeitraum innerhalb eines bis zu 10-jährigen Gesamtzeitraums**	durch Betriebsvereinbarung **oder** (wenn kein Betriebsrat besteht) durch Einzelvereinbarung mit dem Arbeitnehmer

(8) Das Arbeitsentgelt für die Altersteilzeitarbeit sowie der Aufstockungsbetrag nach § 3 Abs. 1 Nr. 1 Buchst. a müssen für die gesamte Dauer der Altersteilzeitarbeit (also auch während der Freistellungsphase) fortlaufend gezahlt werden. Hierbei muss die Angemessenheit der Arbeitentgeltzahlung in der Freistellungsphase gewährleistet bleiben (vgl. hierzu § 7 Abs. 1 a Satz 1 Nr. 2 SGB IV). Im Falle des § 2 Abs. 3 ist es ausreichend, wenn der Arbeitgeber innerhalb des Gesamtzeitraums der vereinbarten Altersteilzeitarbeit die Aufstockungsleistungen nach § 3 Abs. 1 Nr. 1 nur für den förderungsfähigen 6-Jahres-Zeitraum erbringt. Wenn darüber hinaus die Altersteilzeitarbeit in der im AtG zugelassenen Weise in Arbeits- und Freistellungsphasen aufgeteilt wird, liegt nach § 7 SGB IV grundsätzlich auch ein Beschäftigungsverhältnis i. S. dieser Vorschrift vor; § 7 Abs. 1 a SGB IV bleibt unberührt.

AtG

§ 3[1)]

Anspruchsvoraussetzungen

(1) Der Anspruch auf die Leistungen nach § 4 setzt voraus, dass

1. der Arbeitgeber aufgrund eines Tarifvertrages, einer Regelung der Kirchen und der öffentlich-rechtlichen Religionsgesellschaften, einer Betriebsvereinbarung oder einer Vereinbarung mit dem Arbeitnehmer
   a) das Regelarbeitsentgelt für die Altersteilzeitarbeit um mindestens 20 vom Hundert aufgestockt hat, wobei die Aufstockung auch weitere Entgeltbestandteile umfassen kann, und
   b) für den Arbeitnehmer zusätzlich Beiträge zur gesetzlichen Rentenversicherung mindestens in Höhe des Beitrags entrichtet hat, der auf 80 vom Hundert des Regelarbeitsentgelts für die Altersteilzeitarbeit, begrenzt auf den Unterschiedsbetrag zwischen 90 vom Hundert der monatlichen Beitragsbemessungsgrenze und dem Regelarbeitsentgelt, entfällt, höchstens bis zur Beitragsbemessungsgrenze, sowie
2. der Arbeitgeber aus Anlass des Übergangs des Arbeitnehmers in die Altersteilzeitarbeit
   a) einen bei einer Agentur für Arbeit arbeitslos gemeldeten Arbeitnehmer oder einen Arbeitnehmer nach Abschluss der Ausbildung auf dem freigemachten oder auf einem in diesem Zusammenhang durch Umsetzung frei gewordenen Arbeitsplatz versicherungspflichtig im Sinne des Dritten Buches Sozialgesetzbuch beschäftigt; bei Arbeitgebern, die in der Regel nicht mehr als 50 Arbeitnehmer beschäftigen, wird unwiderleglich vermutet, dass der Arbeitnehmer auf dem freigemachten oder auf einem in diesem Zusammenhang durch Umsetzung frei gewordenen Arbeitsplatz beschäftigt wird,
   oder

1) Gemäß Art. 42 des Gesetzes vom 24. 12. 2003 (BGBl. I S. 2954) wird dem § 3 Abs. 1 mit Wirkung zum 1. 1. 2005 folgender Satz 2 angefügt: „Die Beschäftigung eines Beziehers von Arbeitslosengeld II erfüllt die Voraussetzungen nach Satz 1 Nr. 2 Buchstabe a nur dann, wenn eine Zusage nach § 16 Abs. 2 Satz 2 Nr. 6 des Zweiten Buches Sozialgesetzbuch erfolgt ist."

b) einen Auszubildenden versicherungspflichtig im Sinne des Dritten Buches Sozialgesetzbuch beschäftigt, wenn der Arbeitgeber in der Regel nicht mehr als 50 Arbeitnehmer beschäftigt,

und

3. die freie Entscheidung des Arbeitgebers bei einer über fünf vom Hundert der Arbeitnehmer des Betriebes hinausgehenden Inanspruchnahme sichergestellt ist oder eine Ausgleichskasse der Arbeitgeber oder eine gemeinsame Einrichtung der Tarifvertragsparteien besteht, wobei beide Voraussetzungen in Tarifverträgen verbunden werden können.

(1 a) Die Voraussetzungen des Absatzes 1 Nr. 1 Buchstabe a sind auch erfüllt, wenn Bestandteile des Arbeitsentgelts, die für den Zeitraum der vereinbarten Altersteilzeitarbeit nicht vermindert worden sind, bei der Aufstockung außer Betracht bleiben.

(2) Für die Zahlung der Beiträge nach Abs. 1 Nr. 1 Buchstabe b gelten die Bestimmungen des Sechsten Buches Sozialgesetzbuch über die Beitragszahlung aus dem Arbeitsentgelt.

(3) Hat der in Altersteilzeitarbeit beschäftigte Arbeitnehmer die Arbeitsleistung oder Teile der Arbeitsleistung im Voraus erbracht, so ist die Voraussetzung nach Absatz 1 Nr. 2 bei Arbeitszeiten nach § 2 Abs. 2 und 3 auch erfüllt, wenn die Beschäftigung eines bei einer Agentur für Arbeit arbeitslos gemeldeten Arbeitnehmers oder eines Arbeitnehmers nach Abschluss der Ausbildung auf dem freigemachten oder durch Umsetzung freigewordenen Arbeitsplatz erst nach Erbringung der Arbeitsleistung erfolgt.

DA zu § 3 AtG

3. Fördervoraussetzungen

3.1 Grundsatz

Der Arbeitgeber erhält von der BA Förderleistungen, wenn der freigemachte/freigewordene Arbeitsplatz wiederbesetzt oder in Kleinunternehmen ein Auszubildender versicherungspflichtig beschäftigt wird (DA 3.1.7) und auf arbeitsrechtlicher Anspruchsgrundlage (z. B. Tarifvertrag) Leistungen nach § 3 Abs. 1 Nr. 1 erbracht werden (DA 3.1.1 und 3.1.2).

3.1.1 Aufstockung des Regelarbeitsentgelts

(1) Der Arbeitgeber muss das Regelarbeitsentgelt für die Altersteilzeitarbeit um mindestens 20 v. H. aufstocken (§ 3 Abs. 1 Nr. 1 Buchst. a). Er kann auf **freiwilliger Basis** zusätzlich – nach § 3 Abs. 1 Nr. 1 Buchst. a zweiter Halbsatz – Arbeitsentgeltbestandteile aufstocken, die nicht zum Regelarbeitsentgelt gehören (z. B. Einmalzahlungen, unregelmäßige Zulagen) oder der Aufstockung einen höheren Prozentsatz zugrunde legen.

Auf Grund der Vorschrift des § 3 Abs. 1 Nr. 1 Buchst. a zweiter Halbsatz können bei über den 30. 6. 2004 hinaus gültigen Tarifverträgen oder Betriebsvereinbarungen der Berechnung des Aufstockungsbetrages auch weiterhin anstelle des Regelarbeitsentgelts das Altersteilzeitbruttoentgelt und das (bisherige) Vollzeitbruttoentgelt zugrunde gelegt werden, sofern die gesetzlichen Mindestvoraussetzungen des § 3 Abs. 1 Nr. 1 Buchst. a erfüllt werden.

(2) Das Regelarbeitsentgelt nach § 3 Abs. 1 Nr. 1 Buchst. a i. V. m. § 6 Abs. 1 ist das auf einen Monat entfallende **sozialversicherungspflichtige** Arbeitsentgelt, das der Arbeitnehmer im Rahmen des Altersteilzeitarbeitsverhältnisses regelmäßig erzielt (für ihn abgerechnetes zustehendes Arbeitsentgelt). Es handelt sich somit grundsätzlich um die Hälfte des ohne Altersteilzeitarbeit maßgeblichen laufenden Arbeitsentgelts (so genanntes Vollzeitarbeitsentgelt). Bei Vereinbarungen nach § 7 Abs. 1 a SGB IV ist für Zeiten der tatsächlichen Arbeitsleistung und der Freistellung grundsätzlich das in dem jeweiligen Zeitraum fällige laufende Arbeitsentgelt als Regelarbeitsentgelt maßgebend.

Das Regelarbeitsentgelt darf die **monatliche** Beitragsbemessungsgrenze des SGB III nicht überschreiten. Ändert sich die Höhe des Regelarbeitsentgelts während der Altersteilzeitarbeit (z. B. wegen variabler Grundvergütung oder variablen Zulagen, Lohnerhöhung, Höhergruppierung, Entgeltumwandlung), ist diese Änderung zu berücksichtigen und das Regelarbeitsentgelt neu festzusetzen.

(3) Zum sozialversicherungspflichtigen Regelarbeitsentgelt können – neben dem laufenden Arbeitsentgelt – z. B. gehören:

- vermögenswirksame Leistungen,
- Prämien und Zulagen,
- sozialversicherungspflichtige Zuschläge für Sonntags-, Feiertags- und Nachtarbeit,
- Sachbezüge und sonstige geldwerte Vorteile wie Kraftfahrzeugüberlassung zum privaten Gebrauch des Arbeitnehmers (nicht jedoch Jahreswagenrabatte),
- der sozialversicherungspflichtige Teil der ZVK-Umlage für die Zusatzversorgungskassen des öffentlichen Dienstes.

(4) Arbeitsentgelte, die **einmalig** (z. B. Jahressondervergütungen), **nicht regelmäßig** (unregelmäßige Zulagen) oder **nicht für die vereinbarte Arbeitszeit** (z. B. Mehrarbeitsvergütung) gezahlt werden, bleiben bei der Ermittlung des Regelarbeitsentgelts unberücksichtigt. **Einmalzahlungen,** die arbeitsrechtlich zulässig in jedem Kalendermonat **zu einem Zwölftel** ausgezahlt werden, verlieren ihren Charakter als Einmalzahlungen. Die entsprechenden Beträge erhöhen das laufende Regelarbeitsentgelt. Erhält der Arbeitnehmer – unabhängig von der tatsächlich geleisteten Mehrarbeit – regelmäßig jeden Monat eine Pauschale für die Abgeltung von Mehrarbeit, ist die Pauschale dem Regelarbeitsentgelt hinzuzurechnen.

(5) Zulagen gehören zum Regelarbeitsentgelt, wenn sie für bestimmte Arbeiten gewährt werden, die nach dem Arbeitsvertrag **regelmäßig (monatlich)** zu leisten sind und auch künftig durch den Arbeitgeber abge-

fordert werden sollen. Hierzu können z. B. gehören Schmutzzulagen, Leistungs- und Erschwerniszulagen, Zulagen für Rufbereitschaft, Zulagen für höherwertige Tätigkeiten, Versetzungszulagen. **Unschädlich** ist, wenn der Arbeitnehmer die Zulagen begründende Tätigkeit in einzelnen Monaten tatsächlich nicht ausübt.

(6) Zum regelmäßig zu zahlenden sozialversicherungspflichtigen Arbeitsentgelt gehören auch solche Zulagen, deren **Anfall nicht von vornherein feststeht,** wenn eine rückschauende Betrachtung ergibt, dass sie tatsächlich zuletzt regelmäßig erzielt worden sind. Hierfür ist Monat für Monat, in welchem jeweils eine versicherungspflichtige Zulage erzielt worden ist, festzustellen, ob diese Zulage in den jeweiligen zurückliegenden **drei** Monaten (**Referenzzeitraum** zur Feststellung des Charakters der Regelmäßigkeit) durchgehend als versicherungspflichtiger Entgeltbestandteil angefallen ist. Ist dies der Fall, zählt die im **jeweiligen** Abrechnungsmonat zu zahlende Zulage zum Regelarbeitsentgelt, andernfalls nicht. Volle Monate einer Abwesenheit des Arbeitnehmers (Urlaub, Krankheit) werden bei der Festlegung des jeweiligen Referenzzeitraumes von drei Monaten ausgeklammert (der Drei-Monats-Zeitraum verschiebt sich entsprechend).

Beispiel (kontinuierliches Teilzeitmodell) Beginn Januar 2005:

(7) **Unständige Zulage wurde gezahlt:**

Oktober 2004	nein		
November 2004	ja		
Dezember 2004	ja		
Januar 2005 (Beginn ATZ)	ja	Berücksichtigung	nein
Februar 2005	ja	Berücksichtigung	ja
März 2005	nein	Berücksichtigung	nein
April 2005	ja	Berücksichtigung	nein
Mai 2005	ja	Berücksichtigung	nein
Juni 2005	ja	Berücksichtigung	nein
Juli 2005	ja	Berücksichtigung	ja

Beispiel Altersteilzeit-Lohnabrechnung September 2004:

(8) Monatlich laufender Lohn	2250 EUR
SV-pflichtige Zulagen, die zwar monatlich, aber in unterschiedlicher Höhe anfallen	320 EUR
Jährliches Urlaubsgeld	1130 EUR
Einmalige Jubiläumsprämie	1500 EUR
Mehrarbeitsvergütung einschl. Zuschläge	180 EUR

Lösung:

Das **Regelarbeitsentgelt** beträgt in diesem Beispiel im September 2004 insgesamt 2570 EUR (2250 EUR + 320 EUR). Das Urlaubsgeld, die Jubiläumsprämie und die Mehrarbeitsvergütung (einschl. Zuschläge) sind nicht zu berücksichtigen, da diese Leistungen nicht regelmäßig jeden Monat bzw. nicht für die vereinbarte Arbeitszeit (Mehrarbeitsvergütung) gezahlt werden. Der gesetzliche **Aufstockungsbetrag** berechnet sich wie folgt: 20 % von 2570 EUR = 514 EUR.

3.1.2 Aufstockungsbeträge zur gesetzlichen Rentenversicherung

(1) Das **Regelarbeitsentgelt** (vgl. DA 3.1.1) ist auch die Berechnungsbasis zur Ermittlung der in der Altersteilzeit zusätzlich zu zahlenden Rentenversicherungsbeiträge i. S. des § 3 Abs. 1 Nr. 1 Buchst. b (zusätzliche beitragspflichtige Einnahme nach § 163 Abs. 5 Satz 1 SGB VI). Der Arbeitgeber muss, ausgehend vom Regelarbeitsentgelt, die Beiträge um **mindestens** 80 v. H. aufstocken, begrenzt auf den Unterschiedsbetrag zwischen 90 v. H. der **monatlichen** Beitragsbemessungsgrenze und dem Regelarbeitsentgelt.

Bei über den 30. 6. 2004 hinaus gültigen Tarifverträgen oder Betriebsvereinbarungen können der Berechnung der zusätzlichen beitragspflichtigen Einnahme nach § 163 Abs. 5 Satz 1 SGB VI weitere **laufende** Vergütungsbestandteile, die nicht zum Regelarbeitsentgelt gehören (z. B. unregelmäßige Zulagen), zugrunde gelegt werden, sofern auch in diesem Fall die Mindestvoraussetzungen nach § 3 Abs. 1 Nr. 1 Buchst. b erfüllt werden. D. h., dass die zusätzliche beitragspflichtige Einnahme zwischen mindestens 80 v. H. und höchstens 100 v. H. des Regelarbeitsentgelts, begrenzt auf die monatliche Beitragsbemessungsgrenze, betragen kann.

(2) Aus der zusätzlichen beitragspflichtigen Einnahme (vgl. DA Abs. 1) ist unter Berücksichtigung des Beitragssatzes der gesetzlichen Rentenversicherung der zusätzliche Rentenversicherungsbeitrag zu ermitteln. Der Arbeitgeber muss den zusätzlichen Gesamtbeitrag (Arbeitnehmer- und Arbeitgeberanteil) allein tragen (§ 168 Abs. 1 Nr. 6).

(3) Unregelmäßige Leistungen (z. B. einmalig gezahltes Arbeitsentgelt) gehören nicht zum Regelarbeitsentgelt (vgl. DA 3.1.1 Abs. 4). Anders als bei der Aufstockung des Arbeitsentgelts nach § 3 Abs. 1 Nr. 1 Buchst. a ist einmalig gezahltes Arbeitsentgelt bei der Berechnung der zusätzlichen Rentenversicherungsbeiträge nach § 3 Abs. 1 Nr. 1 Buchst. b **generell nicht** zu berücksichtigen.

(4) Die bisher durch die Einbeziehung von Einmalzahlungen in die Berechnung der zusätzlichen Rentenversicherungsbeiträge erzielte rentenversicherungsrechtliche Absicherung kann somit nur noch erlangt werden, wenn entweder durch die arbeitsrechtlich zulässige Zwölftelung das Regelarbeitsentgelt erhöht wird (vgl. DA 3.1.1 Abs. 4) oder ein Prozentsatz des Regelarbeitsentgelts zugrunde gelegt wird, der die bisherige zusätzliche beitragspflichtige Einnahme für die Einmalzahlung mit erfasst (z. B. Berechnungsgrundlage in Höhe von 87 v. H. des Regelarbeitsentgelts).

Beispiel 1 (West) 2004:

(5) Regelarbeitsentgelt	1500 EUR
90 v. H. der Beitragsbemessungsgrenze (5150)	4635 EUR
Differenz zum Regelarbeitsentgelt	3135 EUR
80 v. H. des Regelarbeitsentgelts	1200 EUR
Lösung: Zusätzliche beitragspflichtige Einnahme	1200 EUR

Beispiel 2 (West) 2004:

(6) Regelarbeitsentgelt	2750 EUR
90 v. H. der Beitragsbemessungsgrenze (5150)	4635 EUR
Differenz zum Regelarbeitsentgelt	1885 EUR
80 v. H. des Regelarbeitsentgelts	2200 EUR
Lösung: Zusätzliche beitragspflichtige Einnahme	1885 EUR

(7) Für die Verbeitragung ist neben dem Regelarbeitsentgelt die für die zusätzlichen Rentenversicherungsbeiträge maßgebliche beitragspflichtige Einnahme nach § 163 Abs. 5 Satz 1 SGB VI (80 v. H. des Regelarbeitsentgelts) vor evtl. tatsächlich zusätzlich gezahltem Arbeitsentgelt (z. B. Sonderzahlungen, Mehrarbeitsvergütung oder unregelmäßigen Zulagen) zu berücksichtigen.

Beispiel (Mehrarbeit):

(8) Regelarbeitsentgelt für Altersteilzeitarbeit	3000 EUR
80 v. H. des Regelarbeitsentgelts	2400 EUR
Mehrarbeitsvergütung	600 EUR

Die zusätzliche beitragspflichtige Einnahme in Höhe von 2400 EUR wird begrenzt auf die Differenz zwischen 90 v. H. der monatlichen Beitragsbemessungsgrenze (5150 EUR × 90 v. H. = 4635 EUR) und dem Regelarbeitsentgelt:

4635 EUR – 3000 EUR =	1635 EUR

Ergebnis:
Beitragspflichtige Einnahmen
in der Rentenversicherung
(3000 EUR + 1635 EUR + 515 EUR) 5150 EUR

(9) In den Fällen der Altersteilzeit finden die besonderen Regelungen zur Gleitzone keine Anwendung (vgl. Ziff. 4.3.6 Abs. 3 des Rundschreibens der Spitzenorganisationen der Sozialversicherungsträger vom 25. 2. 2003 zu den versicherungs-, beitrags- und melderechtlichen Auswirkungen auf Beschäftigungsverhältnisse in der Gleitzone (s. Intranet: Sozialversicherungspflichtiger Personenkreis – Arbeitsmittel).

Höchstgrenze für die Beitragsberechnung zur Rentenversicherung (§3 Abs. 1 Nr. 1 Buchst. b AtG = 90% der Beitragsbemessungsgrenze)					
Renten-/Arbeitslosenversicherung – **West**			Renten-/Arbeitslosenversicherung – **Ost**		
Jahr	Monatliche BBG	90 v. H. der monatlichen BBG	Jahr	Monatliche BBG	90 v. H. der monatlichen BBG
2004	5150	4635	2004	4350	3915

Beitragssätze der gesetzlichen Rentenversicherung			
Beitragssatz in der Rentenversicherung der Arbeiter und Angestellten		Beitragssatz der knappschaftlichen Rentenversicherung	
Jahr	%-Satz	Jahr	%-Satz
2004	19,5	2004	25,9

3.1.3 Entgeltumwandlung

(1) **Künftige** Entgeltansprüche können in eine wertgleiche Anwartschaft auf Versorgungsleistungen umgewandelt werden (Entgeltumwandlung). Die bis zum **31. Dezember 2008** für eine Entgeltumwandlung in eine Direktzusage/Unterstützungskassenversorgung sowie in eine Pensionskasse oder einen Pensionsfonds verwendeten Entgeltbestandteile sind bis zu einem Betrag in Höhe von 4 v. H. der jährlichen Beitragsbemessungsgrenze (West) der Rentenversicherung der Arbeiter und Angestellten (2004: 2472 EUR; mtl. 206 EUR) kein Arbeitsentgelt (§115 SGB IV, §2 Abs. 2 Nr. 5, 6 ArEV).

(2) Bei einer Entgeltumwandlung zu Gunsten einer **Direktzusage, Unterstützungskassenversorgung, Pensionskasse** oder einen **Pensionsfonds** vermindert sich somit auch in einer Altersteilzeitarbeit bis zum 31. Dezember 2008 das beitragspflichtige Arbeitsentgelt unter den Voraussetzungen des §115 SGB IV und des § 2 Abs. 2 Nr. 5, 6 ArEV. Bei der Ermittlung des Regelarbeitsentgelts (DA 3.1.1 Abs. 2) ist ausschließlich von den verminderten Arbeitsentgelten auszugehen.

(3) Beiträge zu einer **Direktversicherung** bzw. **Pensionskasse,** die aus einer **anteiligen Sonderzuwendung** finanziert werden, vermindern unter den Voraussetzungen des §2 Abs. 1 Satz 1 Nr. 3 ArEV bis zum 31. Dezember 2008 insoweit die Höhe der Sonderzuwendung. Da dem Regelarbeitsentgelt Einmalzahlungen nicht zuzurechnen sind (DA 3.1.1 Abs. 4), hat diese Entgeltumwandlung keine Auswirkungen auf die Festsetzung der Aufstockungsleistungen.

(4) Zu den sozialversicherungsrechtlichen Auswirkungen einer Entgeltumwandlung im Rahmen der Altersteilzeitarbeit wird auf das Rundschreiben der Spitzenorganisationen der Sozialversicherung zu den versicherungs-,

beitrags-, melde- und leistungsrechtlichen Auswirkungen des Altersteilzeitgesetzes vom 9. 3. 2004 (Ziffer 3.1.3.4) verwiesen.

Beispiel:

(5) Regelarbeitsentgelt der Altersteilzeit	1500,00 EUR
Entgeltbestandteil für Direktzusage	200,00 EUR
Regelarbeitsentgelt nach Entgeltumwandlung	1300,00 EUR
Aufstockungsbetrag (20 v. H. von 1300 EUR)	260,00 EUR
Zusätzliche beitragspflichtige Einnahme (80 v. H. von 1300 EUR)	1040,00 EUR
Zusätzlicher RV-Beitrag (2004: 19,5 %)	202,80 EUR

3.1.4 Ungemindertes Arbeitsentgelt

(1) Bestandteile des Arbeitsentgelts, die für den Zeitraum der vereinbarten Altersteilzeitarbeit nicht vermindert worden sind (sog. 100 %-Leistungen), sind nach arbeitsrechtlichen Regelungen (z. B. Tarifvertrag) im Allgemeinen von einer Aufstockungszahlung ausgenommen, um zu verhindern, dass Arbeitnehmer in Altersteilzeit gegenüber einem Vollzeitmitarbeiter insoweit besser gestellt werden. Hierbei handelt es sich um Leistungen, die der Arbeitnehmer auf Grund des Altersteilzeitvertrages während der gesamten Altersteilzeitphase – im Blockzeitmodell also auch während der Freistellungsphase – in voller Höhe – also zu 100 % – beanspruchen kann (z. B. vermögenswirksame Leistungen, bestimmte Sachbezüge oder Zulagen). Fallen Bestandteile der Vergütung in der Freistellungsphase nicht mehr an, weil sie z. B. an die Ausübung der tatsächlichen Beschäftigung geknüpft sind (z. B. Reisekosten, Auslösungen), liegen insoweit keine 100 %-Leistungen vor.

(2) Nach § 3 Abs. 1 a sind die Voraussetzungen des Absatzes 1 Nr. 1 Buchst. a auch erfüllt, wenn Bestandteile des Arbeitsentgelts, die für den Zeitraum der vereinbarten Altersteilzeitarbeit nicht vermindert worden sind, bei der **Aufstockung des Arbeitsentgelts** für die Altersteilzeitarbeit außer Betracht bleiben (sog. 100 %-Leistungen). Das bedeutet, dass solche (regelmäßigen) Entgeltbestandteile beim Regelarbeitsentgelt (DA 3.1.1 Abs. 2) **als Basis für den Aufstockungsbetrag von 20 v. H.** nicht zu berücksichtigen sind.

(3) Bei der der Ermittlung der **Beiträge zur Rentenversicherung** ist zu beachten, dass die Vorschrift des § 3 Abs. 1 a die Entrichtung der Rentenversicherungsbeiträge aus der zusätzlichen beitragspflichtigen Einnahme nach § 3 Abs. 1 Nr. 1 Buchst. b i. V. m. § 163 Abs. 5 Satz 1 SGB VI **nicht** erfasst. Das bedeutet, dass (regelmäßige) Bestandteile des Regelarbeitsentgelts, die nicht vermindert werden (sog. 100 %-Leistungen) bei der Ermittlung der zusätzlichen Rentenversicherungsbeiträge zu berücksichtigen sind.

Beispiel:

(4) Monatliche Grundvergütung	1800 EUR
Vermögenswirksame Leistung (sog. 100%-Leistung)	40 EUR
Regelarbeitsentgelt	
a) für die Entgeltaufstockung	1800 EUR
b) für die Entrichtung der zusätzlichen RV-Beiträge	1840 EUR
Hieraus ergibt sich in der RV folgende zusätzliche beitragspflichtige Einnahme:	
90 v. H. der Beitragsbemessungsgrenze (5150)	4635 EUR
Differenz zum Regelarbeitsentgelt	2795 EUR
80 v. H. des Regelarbeitsentgelts (1840 EUR)	1472 EUR
Lösung: Zusätzliche beitragspflichtige Einnahme	1472 EUR

3.1.5 Teilmonatsberechnung

(1) Wird die Altersteilzeitarbeit nicht am 1. Tag des Kalendermonats aufgenommen oder hat der ältere Arbeitnehmer innerhalb eines Monats Zeiten, für die kein Arbeitsentgelt gezahlt wurde, ist der Aufstockungsbetrag zum Arbeitsentgelt auf der Grundlage des arbeitsrechtlich zustehenden anteiligen Regelarbeitsentgelts und der entsprechenden anteiligen monatlichen Beitragsbemessungsgrenze zu ermitteln.

(2) DA Abs. 1 gilt für die anteilige Ermittlung des Regelarbeitsentgelts zur Berechnung der zusätzlichen Rentenversicherungsbeiträge entsprechend. Bei Zeiten unbezahlten Urlaubs ist §7 Abs. 3 SGB IV zu beachten.

3.1.6 Steuer- und Beitragsfreiheit

(1) Nach §3 Nr. 28 EStG unterliegen der Aufstockungsbetrag i. S. §3 Abs. 1 Nr. 1 Buchst. a sowie die Beiträge und Aufwendungen i. S. §3 Abs. 1 Nr. 1 Buchst. b und des §4 Abs. 2 nicht der Steuerpflicht und demzufolge nach §1 ArEV auch nicht der Beitragspflicht. Der Aufstockungsbetrag kann sich jedoch im Rahmen des sog. Progressionsvorbehalts nach §32b EStG auswirken.

(2) Aufstockungsbeträge sind auch dann steuerfrei, soweit sie die im AtG genannten Mindestbeträge übersteigen. Steuerfrei sind auch freiwillige Aufstockungsbeträge des Arbeitgebers für Arbeitsentgeltbestandteile, die nicht zum Regelarbeitsentgelt gehören (vgl. §3 Abs. 1 Nr. 1 Buchst. a zweiter Halbsatz und DA 3.1.1 Abs. 1). Dies gilt jedoch nur, soweit die Aufstockungsbeträge zusammen mit dem während der Altersteilzeit bezogenen Nettoarbeitsentgelt monatlich das Nettoentgelt nicht übersteigen, das der Arbeitnehmer ohne Altersteilzeitarbeit erzielen würde. Steuerfreiheit ist auch gegeben, wenn der Anspruch des Arbeitgebers auf die Erstattungsleistungen erlischt, ruht oder nicht besteht, weil z. B. der freigemachte Arbeitsplatz nicht wieder-

besetzt wird. Die Steuerfreiheit kommt dagegen nicht mehr in Betracht, wenn die Altersteilzeitarbeit beendet wird oder der Arbeitnehmer das 65. Lebensjahr vollendet hat.

(3) Steuerfreiheit kommt dagegen nicht in Betracht, wenn der Arbeitgeber zwar Arbeitsentgelt für die Altersteilzeitarbeit aufstockt, aber die Voraussetzungen des § 2 (z. B. Reduzierung auf die Hälfte der bisherigen wöchentlichen Arbeitszeit) nicht erfüllt sind.

(4) Die Aufstockungsbeträge zum Arbeitsentgelt nach § 3 Abs. 1 Nr. 1 Buchst. a unterliegen dem Progressionsvorbehalt nach § 32 b EStG, nicht jedoch die zusätzlichen Beiträge zur Rentenversicherung gem. § 3 Abs. 1 Nr. 1 Buchst b. Gleiches gilt für den Aufstockungsbeitrag für Arbeitnehmer, die von der gesetzlichen Rentenversicherung befreit sind. Wurde der Aufstockungsbetrag zum Arbeitsentgelt nach § 10 Abs. 2 Satz 2 durch den Arbeitgeber vorgeleistet, hat der Arbeitgeber diese Leistungen auf der Lohnsteuerkarte einzutragen.

3.1.7 Wiederbesetzung

(1) Das Altersteilzeitgesetz hat primär auch eine arbeitsmarktpolitische Zielsetzung. Zum einen soll der gleitende Übergang in den Ruhestand gefördert werden; gleichzeitig soll mit dem AtG aber auch arbeitslos gemeldeten Arbeitnehmern der Zugang in den Arbeitsmarkt sowie Ausgebildeten an der sog. Zweiten Schwelle der Übergang in das Erwerbsleben erleichtert werden. Durch die Öffnung der Altersteilzeit für schon bisher Teilzeitbeschäftigte und durch Verfahrensänderungen bzw. -vereinfachungen sowie durch die erweiterte Kleinunternehmenregelung werden zusätzliche Anreize zur Nutzung dieses Gesetzes und zur Schaffung von Ausbildungsplätzen gegeben. Bei der Umsetzung des AtG sind die arbeitsmarktpolitischen Zielsetzungen zu beachten.

(2) Der Arbeitgeber muss den durch die Altersteilzeit freigemachten bzw. einen durch Umsetzung freigewordenen Arbeitsplatz mit

- einem bei der Agentur für Arbeit arbeitslos gemeldeten Arbeitnehmer (vorzugsweise Leistungsbezieher) oder
- einem Ausgebildeten

wiederbesetzen. Zeiten ohne Beschäftigung aufgrund von Beschäftigungsverboten (z. B. Mutterschutzgesetz), Ableistung von Wehr- oder Zivildienst oder Elternzeit sind für die Wiederbesetzung unschädlich, auch wenn diese Zeiten direkt zu Beginn der Wiederbesetzung liegen (vgl. auch DA 5.1 Abs. 5).

Eine Arbeitszeit-Volumenbetrachtung reicht zum Nachweis der Wiederbesetzung nicht aus. Für Kleinunternehmen bis zu 50 Arbeitnehmer sieht das Gesetz eine erleichterte Wiederbesetzung vor (siehe Abs. 9), zusätzlich ist bei Kleinunternehmen anstelle der Wiederbesetzung auch die versicherungspflichtige Beschäftigung eines Auszubildenden förderungsbegründend (siehe Abs. 18).

(3) Die Wiederbesetzung muss stets aus Anlass (sachliche und zeitliche Kausalität) des Übergangs des älteren Arbeitnehmers in die Altersteilzeit erfolgen. Je größer der zeitliche Abstand zwischen Übergang in die Altersteilzeitarbeit und Wiederbesetzung ist, desto höhere Anforderungen sind an die Darlegung des Arbeitgebers bezüglich der Kausalität zu stellen. Die Wiederbesetzung kann erst ab dem Zeitpunkt erfolgen, zu dem der in Altersteilzeit beschäftigte Arbeitnehmer den Arbeitsplatz im Rahmen der Altersteilzeit ganz oder teilweise freimacht oder ein anderer Arbeitsplatz durch Umsetzung frei wird. Beim Blockzeitmodell ist dies der Beginn der Freistellungsphase nach Ablauf der Arbeitsphase. Bei kontinuierlicher (auch degressiver) Verteilung der Arbeitszeit, muss die Wiederbesetzung ab Beginn der Altersteilzeit unabhängig von der individuellen Gestaltung erfolgen (siehe Abs. 15).

In Ausnahmefällen ist auch eine Verlagerung des Arbeitsplatzes ab Beginn der Freistellungsphase zulässig, wenn die Verlagerung z. B. mit Rücksicht auf den in Altersteilzeit beschäftigten Arbeitnehmer noch nicht vollzogen wurde. In dem neuen Betriebsteil muss dann ein Arbeitsplatz mit vergleichbaren Qualifikationsanforderungen zusätzlich vorhanden sein.

(4) Soll die Wiederbesetzung (siehe Abs. 2) durch Einstellung eines arbeitslos gemeldeten Arbeitnehmers oder eines Ausgebildeten nach innerbetrieblicher Umsetzung erfolgen, gilt Folgendes:

Wird der freigewordene Arbeitsplatz des Altersteilzeiters nicht unmittelbar mit einem arbeitslos gemeldeten Arbeitnehmer oder Ausgebildeten wiederbesetzt, können die Voraussetzungen des § 3 Abs. 1 Nr. 2 Buchst. a stets durch eine Einzelkette nachgewiesen werden. Dabei spielt es keine Rolle, ob die Wiederbesetzung innerhalb eines Unternehmens funktions-, abteilungs- oder betriebsstättenübergreifend erfolgt. Eine konzernbezogene Wiederbesetzung ist hingegen nicht zulässig.

(5) In größeren Unternehmen kann durch die Bestimmung von (ggf. betriebsstättenübergreifenden) Funktionsbereichen (z. B. Produktion, Forschung, Verwaltung) der Nachweis einer Wiederbesetzungskette erleichtert werden.

In großen Unternehmen/Betrieben wird in der Regel eine weitere Untergliederung der Funktionsbereiche nach internen Betriebszwecken geboten sein (z. B. wenn mehrere Produktionsbereiche bestehen). Der interne Betriebszweck wird z. B. von der Art der Produkte (z. B. Mikro-Chips, Elektroanlagenbau, Motorenbau, PKW, LKW, Lackiererei oder Dünger, Arzneimittel usw.) geprägt. Einzelne Betriebsstätten sind i. d. R. keine Funktionsbereiche, sie können aber sehr wohl eigenständige Organisationseinheiten i. S. der DA 3.1.7 Abs. 10 sein.

Die Funktionsbereiche und ihre Untergliederungen sind mit dem Arbeitgeber im Voraus gemeinsam festzulegen. Bei überregional tätigen Arbeitgebern empfiehlt sich eine zentrale Festlegung der Funktionsbereiche.

So ist insbesondere in größeren Unternehmen/Betrieben eine Wiederbesetzung als erfüllt anzusehen, wenn der freigewordene Arbeitsplatz des Altersteilzeiters funktionsadäquat mit einem Mitarbeiter nachbesetzt wird (Nachrücker) und ein Ausgebildeter/arbeitslos gemeldeter Arbeitnehmer einmündet (Wiederbesetzer). Voraussetzung ist, dass dieser Wiederbesetzer demselben Funktionsbereich angehört wie der in Altersteilzeit wechselnde Mitarbeiter. Innerhalb eines Funktionsbereichs bzw. seiner Untergliederung ist für diesen Fall kein Nachweis einer Umsetzungskette erforderlich.

Die Wiederbesetzung ist jeweils dann abgeschlossen, wenn der Arbeitsplatz des Altersteilzeiters nachbesetzt und ein Ausgebildeter oder arbeitslos gemeldeter Arbeitnehmer eingestellt bzw. übernommen worden ist (bei Umsetzung/Austausch des Wiederbesetzers vgl. DA 5.1 Abs. 1).

Bei funktionsbereichsübergreifender Wiederbesetzung ist stets der **Wechsel eines Mitarbeiters zwischen** den Funktionsbereichen nachzuweisen; im Übrigen bleibt es beim vorgeschilderten Verfahren.

Beispiel:

Geht ein Mitarbeiter aus dem Funktionsbereich Forschung in Altersteilzeit und soll der arbeitslos gemeldete Arbeitnehmer/Ausgebildete im Funktionsbereich Produktion beschäftigt werden, muss zusätzlich ein Mitarbeiter von der Produktion in die Forschung wechseln; der Nachweis weiterer Kettenglieder ist entbehrlich.

(6) Werden unter Anwendung des § 613 a BGB Geschäftsbereiche aus einem Unternehmen (auch öffentlicher Dienst) ausgegliedert (neuer Arbeitgeber), ist für die Erfüllung der Wiederbesetzung beim ausgegliederten Unternehmen erforderlich, dass der Arbeitsplatz des in Altersteilzeit beschäftigten Arbeitnehmers tatsächlich erhalten bleibt. In diesen Fällen ist der neue Arbeitgeber sowohl Arbeitgeber des Altersteilzeitbeschäftigten als auch des Wiederbesetzers.

(7) Ändern sich die arbeitsplatzbezogenen Tätigkeitsmerkmale insbesondere aufgrund

- der Veränderung in der Funktionalität des Arbeitsplatzes infolge der technischen Entwicklung oder
- des strukturellen Wandels,

besteht der Anspruch auf die Förderleistungen auch, wenn der mit der Tätigkeit verbundene übergeordnete arbeitstechnische Zweck erhalten bleibt und auf dem veränderten Arbeitsplatz im Wesentlichen die gleichen Kenntnisse und Fertigkeiten verlangt werden.

Das gilt beispielsweise dann, wenn

- der veränderte Arbeitsplatz in einem sachlich-funktionalen Zusammenhang mit der Altersteilzeit steht und als Folge einer innerbetrieblichen Funktionsverlagerung entstanden ist (Beispiel: Zwei Abteilungssekretärinnen gehen in Altersteilzeit, im separaten Schreibbüro wird dafür eine neue Ganztagsstelle eingerichtet),

- Arbeitsplätze im Unternehmen wegfallen, die unter Weiterbeschäftigung der Wiederbesetzer zeitgleich an anderer Stelle des Unternehmens im gleichen funktionalen Zusammenhang neu entstehen (Beispiel: Produktionsanlage A wird abgerissen, technisch verbesserte Produktionsanlage B wird in Betrieb genommen). Der betriebsbedingte Wegfall des Arbeitsplatzes kann dagegen nicht mehr anerkannt werden, wenn der Betrieb A nach Ablauf der Arbeitsphase des älteren Arbeitnehmers (sog. Blockmodell) geschlossen wird und die Wiederbesetzung ab Beginn der Freistellungsphase im schon bestehenden Betrieb B erfolgen soll, ohne dass ein adäquater Arbeitsplatzersatz vorliegt. Ein solcher ist hingegen förderungsrechtlich anzuerkennen, wenn unter Beibehaltung des übergeordneten arbeitstechnischen Zwecks der veränderte Arbeitsplatz von A nach B verlagert oder in B neu aufgebaut wird.

Fälle nach Abs. 6 und 7 bedürfen vor einer Entscheidung eingehender Feststellungen vor Ort.

(8) Soweit versicherungspflichtig beschäftigte Lehrkräfte im Angestelltenverhältnis bei einem Bundesland (= Arbeitgeber) beschäftigt werden, wird eine Umsetzungskette in der Regel nur dann darstellbar sein, wenn ein freigewordener Arbeitsplatz an einer Schule des gleichen Schultyps in diesem Bundesland besetzt wird. Ausnahmsweise erscheint es noch vorstellbar, dass z. B. ein auf der Ebene eines Gymnasiums oder einer berufsbildenden Schule freigemachter Arbeitsplatz mit einem Angestellten aus dem Bereich z. B. einer Grund-/Hauptschule besetzt wird (soweit dieser die erforderliche höhere Lehrqualifikation besitzt!) und in der Folge ein Ausgebildeter oder arbeitslos gemeldeter Arbeitnehmer an seiner Stelle beschäftigt wird.

(9) Bei Arbeitgebern mit in der Regel bis zu 50 Arbeitnehmern ist die Wiederbesetzung unter erleichterten Bedingungen möglich. Es muss nicht mehr nachgewiesen werden, dass ein bei der Agentur für Arbeit gemeldeter Arbeitnehmer oder Ausgebildeter (Wiederbesetzer) auf dem durch die Altersteilzeit freigemachten oder auf einem in diesem Zusammenhang durch Umsetzung freigewordenen Arbeitsplatz versicherungspflichtig beschäftigt wird.

Bei diesen Arbeitgebern wird unwiderleglich vermutet, dass es sich um eine Wiederbesetzung aus Anlass des Übergangs eines älteren Arbeitnehmers in Altersteilzeit handelt, unabhängig davon, auf welchem Arbeitsplatz ein arbeitslos gemeldeter Arbeitnehmer oder Ausgebildeter als Wiederbesetzer versicherungspflichtig beschäftigt wird. Es entfällt das Erfordernis des Nachweises der konkreten Wiederbesetzung des Altersteilzeitplatzes. Allein die Einstellung/Übernahme verbunden mit der Beschäftigung entsprechend der freigewordenen Arbeitszeit reicht aus, soweit sie in einem sachlichen und zeitlichen Zusammenhang mit der Altersteilzeit erfolgt.

(10) Auf eigenständige Organisationseinheiten mit nicht mehr als 50 Arbeitnehmern innerhalb von größeren Betrieben und von Funktionsbereichen größerer Unternehmen finden die Grundsätze der Kleinunternehmenregelung entsprechende Anwendung, soweit Wiederbesetzer bei der Agentur für Arbeit arbeitslos gemeldete Arbeitnehmer oder Ausgebildete sind. Eine eigenständige Organisationseinheit ist in der Regel gekennzeichnet durch einen abgeschlossenen Aufgabenbereich, der sich nach seinem Zweck nicht mit anderen Aufgabenbereichen überschneidet und sich von diesen deutlich abgrenzt. Indizien können sein: eigene Leitung, ein vom Umfeld abtrennbarer arbeitstechnischer Zweck, eine durch Aufgabenstellung in sich geschlossene Organisationseinheit. Bei der Beurteilung können die Durchführungsanweisungen zum Begriff der Betriebsabteilung im Kug-Bereich (DA zu § 171 SGB III) herangezogen werden.

Eigenständige Organisationseinheiten können z. B. eine Lackiererei eines Kraftfahrzeugherstellers, eine Schreibkanzlei (auch wenn sie auf verschiedene Bereiche aufgegliedert ist, aber einheitlich geführt wird), eine Rechtsabteilung oder die Fahrbereitschaft sein. Nichteigenständige organisatorische Unterteilungen, die sich nur von der Aufgabenmenge unterscheiden, wie z. B. in der Produktion bei der Serien- bzw. Fließfertigung, können in diesem Sinne nicht anerkannt werden.

Der Arbeitgeber kann das Vorliegen von eigenständigen Organisationseinheiten durch konkrete Organisationspläne/Organigramme glaubhaft machen.

(11) Arbeitgeber mit in der Regel bis zu 50 Arbeitnehmern erhalten auch dann die Förderung nach dem AtG, wenn sie einen Auszubildenden aus Anlass des Übergangs eines älteren Arbeitnehmers in Altersteilzeit beschäftigen (zu Auszubildenden siehe Abs. 18).

(12) Wegen der Feststellung der Unternehmensgröße bzw. der Größe der Organisationseinheit für die Anwendung der Kleinunternehmenregelung siehe DA 7.

(13) Die Wiederbesetzung muss stets in einem zeitlichen Umfang erfolgen, in dem der ältere Arbeitnehmer seinen Arbeitsplatz freigemacht hat. Das Gesamtvolumen der bisherigen Arbeitszeit muss daher grundsätzlich erhalten bleiben. Geringfügige Abweichungen von dem Gesamtvolumen der bisherigen Arbeitszeit sind jedoch unschädlich. Als geringfügig sind jedenfalls Abweichungen von bis zu 10 % anzusehen, wobei die zu übernehmende Stundenzahl auf die nächste volle Stunde abgerundet werden kann. Die geringfügige Abweichung vom Gesamtvolumen der bisherigen Arbeitszeit sollte aus arbeitsmarktpolitischen Gründen allerdings nicht dazu führen, dass die Grenze von 15 Stunden wöchentlich unterschritten wird.

Beispiel 1 (Blockmodell)

Wird der Wiederbesetzer im Blockmodell beschäftigt, muss er im Rahmen der bisherigen Arbeitszeit des Altersteilzeiters beschäftigt sein. Eine geringfügige Abweichung kann z. B. wie folgt akzeptiert werden:

	Stunden/ wöchentlich
Bisherige Arbeitszeit	35
davon Abweichung 10 %	3,5
Zwischenergebnis	31,5
Untere Grenze des Arbeitszeitvolumens für die Wiederbesetzung nach Rundung	31

Beispiel 2 (Kontinuierliches, auch degressives Arbeitszeitmodell)

Bisherige Arbeitszeit wie Beispiel 1.

Der Wiederbesetzer müsste mit 17,5 Stunden wöchentlich beschäftigt werden. Es wird jedoch eine Abweichung von bis zu 2,5 Stunden akzeptiert.

	Stunden/ wöchentlich
Bisherige Arbeitszeit	35
Reduzierung der bisherigen Arbeitszeit auf die Hälfte	17,5
davon Abweichung 10 %	1,75
Zwischenergebnis	15,75
Untere Grenze des Arbeitszeitvolumens für die Wiederbesetzung nach Rundung	15

Ist einzelvertraglich eine höhere als die tarifliche Vollarbeitszeit vereinbart oder üblich gewesen (z. B. bei leitenden Angestellten), so kann für die Wiederbesetzung die ggf. niedrigere (tarifliche) Vollarbeitszeit des Wiederbesetzers zugrunde gelegt werden. Eine weitere Reduzierung (geringfügige Abweichung i. S. der DA Abs. 13) kommt in diesem Fall nicht in Betracht.

(14) Der neu eingestellte/übernommene Arbeitnehmer (Wiederbesetzer) muss wie auch der Auszubildende versicherungspflichtig im Sinne des SGB III, also mit einem Arbeitsentgelt von mehr als 400 EUR monatlich beschäftigt werden (vgl. auch DA 2.2 Abs. 6 und 7).

Bei Wiederbesetzungen mit Arbeitszeiten unter 15 Wochenstunden sollte eine Auffüllung auf 15 Stunden angeregt werden, um arbeitslos gemeldete Leistungsbezieher in die Wiederbesetzung einbeziehen und Arbeitslosigkeit des Wiederbesetzers vermeiden zu können. Erfolgt die Beschäftigung dennoch mit weniger als 15 Stunden wöchentlich und meldet sich der Wiederbesetzer bei der Agentur für Arbeit arbeitslos, entfällt dessen Versicherungspflicht nach § 27 Abs. 5 SGB III.

(15) Eine Wiederbesetzung ist bei kontinuierlichen Arbeitszeitmodellen ab dem ersten Tag der Altersteilzeit unabhängig von der Verteilung der Arbeitszeit erforderlich.

Die halbe Arbeitszeit kann in der Altersteilzeitarbeit in unterschiedlicher Weise eingebracht werden. Als besondere Form der kontinuierlichen Reduzierung der Arbeitszeit ist aber auch denkbar, dass sich Arbeits- und Freizeitphasen abwechseln. In Bereichen wie Bau- und Forstwirtschaft können auch witterungsbedingte Arbeitsausfälle als Freistellungsphasen herangezogen werden, soweit das Arbeitsverhältnis fortbesteht.

Als eine Form kontinuierlicher Arbeitszeitverkürzung ist auch die degressive Arbeitszeitverteilung anzusehen. Bei einer solchen stufenweisen Reduzierung der Arbeitszeit des älteren Arbeitnehmers innerhalb eines tariflich zulässigen 5-jährigen Verteilzeitraums um z. B.

20 % im 1. und 2. Jahr,

50 % im 3. Jahr und um

80 % im 4. und 5. Jahr

sind die Voraussetzungen der Wiederbesetzung bereits ab Beginn des 1. Jahres erfüllt, wenn die Wiederbesetzung unmittelbar ab Beginn der Altersteilzeitarbeit erfolgt, diese Beschäftigung die Entgeltgrenze i. S. des § 8 SGB IV übersteigt und nach der vertraglich vorgesehenen Regelung über die Verteilung der Arbeitszeit des Wiederbesetzers im Durchschnitt des Verteilzeitraums die freigemachte/freigewordene Arbeitszeit erreicht wird.

Bei sog. Blockmodellen (z. B. 3 Jahre Arbeitsphase mit anschließender 3-jähriger Freistellungsphase) kann die Wiederbesetzung rechtswirksam erst ab Beginn der Freistellungsphase nach Ablauf der Arbeitsphase erfolgen (das gilt auch bei Fallgestaltungen nach Abs. 9 und 10).

Die Änderung einer Wiederbesetzungsplanung innerhalb der Arbeitsphase ist möglich. Es obliegt dem Arbeitgeber, zum Zeitpunkt der Wiederbesetzung die leistungsbegründenden Tatsachen, also auch den Zeitpunkt der Einstellung, glaubhaft darzulegen, ggf. voll zu beweisen (siehe auch DA 3.1.7.1 Abs. 2).

Werden im Blockmodell Arbeitszeitguthaben (vgl. DA 2.2 Abs. 9) eingebracht oder wird die Arbeitsphase durch Arbeitszeitflexibilisierungsregelungen verkürzt und liegen die weiteren Voraussetzungen für eine sachlich und zeitlich kausale Wiederbesetzung des durch die Altersteilzeitarbeit freigemachten bzw. freigewordenen Arbeitsplatzes vor, kann die Wiederbesetzung auch bereits mit Ablauf des letzten aktiven Arbeitstages des älteren Arbeitnehmers erfolgen.

(16) Die Wiederbesetzungspflicht im Sinne des § 3 Abs. 1 Nr. 2 Buchst. a ist erfüllt, wenn zum Beispiel

- bei kontinuierlicher (auch degressiver) Verteilung der Arbeitszeit der freie (Teil-)Arbeitsplatz durch eine Teilzeitkraft besetzt wird (bei schon bisheriger Teilzeitbeschäftigung des Altersteilzeiters durch eine der halben Arbeitszeit entsprechende Teilzeitkraft)
- oder zwei freie (Teil-)Arbeitsplätze durch eine Kraft besetzt werden, die das Arbeitszeitvolumen der beiden freien (Teil-)Arbeitsplätze übernimmt,

- beim Blockmodell ein freier Arbeitsplatz während der Freistellungsphase durch eine Vollzeitkraft oder zwei Teilzeitkräfte besetzt wird, die das bisherige Arbeitszeitvolumen des älteren Arbeitnehmers übernehmen.

Ein Wiederbesetzer kann auch (im Rahmen des Arbeitszeitgesetzes) die freiwerdenden Arbeitszeitvolumina mehrerer freiwerdender Arbeitsplätze übernehmen. Bei degressiver Arbeitszeitverteilung kann so z. B. die Arbeitszeit von fünf in Altersteilzeit beschäftigten Arbeitnehmern, die ihre Arbeitszeit zunächst jeweils um 20 % vermindert haben, für einen Wiederbesetzer bereitgestellt werden. Hier ist jedoch entscheidend, dass mit fortschreitender Reduzierung der Arbeitszeit der älteren Arbeitnehmer weitere Wiederbesetzer eingestellt bzw. übernommen werden müssen, die das weitere Arbeitszeitvolumen der älteren Arbeitnehmer übernehmen.

Der Wiederbesetzer muss nicht zwingend in einem unbefristeten Arbeitsverhältnis beschäftigt werden.

(17) Die Einstellung eines arbeitslos gemeldeten Arbeitnehmers zum Zwecke der Einarbeitung ist beim kontinuierlichen Arbeitszeitmodell im notwendigen Umfang auch vor Beginn der Altersteilzeit und damit vor der wirksamen Wiederbesetzung möglich.

Erfolgt die Einstellung/Übernahme des arbeitslos gemeldeten Arbeitnehmers bzw. des Ausgebildeten mehr als 12 Monate vor Beginn der Altersteilzeit, ist in der Regel nicht mehr von einem kausalen Zusammenhang mit der Einarbeitung auszugehen.

Beim Blockmodell kann eine Einstellung bzw. Übernahme des künftigen Wiederbesetzers bei entsprechender Zuordnung schon ab Beginn der Altersteilzeit erfolgen. Eine Einstellung vor diesem Zeitpunkt kommt jedoch grundsätzlich nicht in Betracht.

3.1.7.1 Arbeitslos gemeldeter Arbeitnehmer

(1) Die Arbeitslosmeldung **im Sinne des § 3 Abs. 1 Nr. 2 Buchst. a** kann persönlich, schriftlich oder telefonisch erfolgen. „Arbeitslos gemeldet" im Sinne des § 3 Abs. 1 Nr. 2 Buchst. a erfordert nicht, dass Arbeitslosigkeit tatsächlich eingetreten ist. Die Arbeitslosmeldung bei der Agentur für Arbeit ist auch zulässig, wenn der Eintritt der Arbeitslosigkeit innerhalb der nächsten drei Monate zu erwarten ist (eine Kündigung bereits ausgesprochen oder ein entsprechender Aufhebungsvertrag abgeschlossen ist oder ein befristetes Arbeitsverhältnis ausläuft).

Kündigungen und Aufhebungsverträge, die offensichtlich lediglich der formalen Erfüllung der gesetzlichen Voraussetzungen dienen, bleiben außer Betracht, es sei denn, ein befristet beschäftigter Arbeitnehmer (erster oder auch geförderter Arbeitsmarkt) kann dadurch als Wiederbesetzer in ein Arbeitsverhältnis im ersten Arbeitsmarkt mit vergleichsweise längerer Dauer einmünden. Dem ersten Arbeitsmarkt kommt insoweit immer ein Vorrang zu.

Die Teilarbeitslosmeldung i. S. von § 150 SGB III kann nicht als Arbeitslosmeldung i. S. des AtG gewertet werden, da der Arbeitnehmer weiterhin eine versicherungspflichtige Beschäftigung ausübt.

(2) Erfolgt die Einstellung des bei der Agentur für Arbeit arbeitslos gemeldeten Arbeitnehmers insbesondere beim Blockmodell bereits zu Beginn der Altersteilzeit und liegen der Agentur keine Unterlagen mehr vor, obliegt es dem Arbeitgeber, eine behauptete Arbeitslosmeldung bei der Agentur für Arbeit bzw. Arbeitslosigkeit glaubhaft darzulegen. Der Arbeitgeber ist bei sich bietender Gelegenheit in Gesprächen auf diese Situation aufmerksam zu machen, damit er entsprechend handeln kann (z. B. Bescheinigung der Arbeitslosmeldung, Benennung des Vermittlers).

(3) Die Arbeitslosmeldung bei der Agentur für Arbeit i. S. des § 3 Abs. 1 Nr. 2 Buchst. a **wirkt fort** bei:

- Beschäftigung in einer Personal-Service-Agentur gem. § 37 c SGB III,
- Teilnahme an Trainingsmaßnahmen nach §§ 48 ff. SGB III,
- Beschäftigung in einer Arbeitsbeschaffungsmaßnahme nach §§ 260 ff. SGB III; das gilt nicht, wenn der Arbeitnehmer bis zu 24 bzw. 36 Monate in solchen Maßnahmen beschäftigt und für eine Übernahme in eine Dauerbeschäftigung vorgesehen ist (§ 267 a Abs. 2 und 3 SGB III),
- Beschäftigung zur Eingliederung älterer Arbeitnehmer nach § 421 f Abs. 1 und 2 i. V. m. § 218 bzw. § 219 SGB III,
- Beschäftigung als Vertreter i. R. d. Förderung der beruflichen Weiterbildung nach §§ 229 ff. SGB III,
- Beschäftigungen in einer Maßnahme zur Strukturanpassung nach §§ 272 ff. SGB III (nur noch Übergangsfälle),
- Beschäftigung in einer Maßnahme zur Förderung von Beschäftigung schaffenden Infrastrukturmaßnahmen (§ 279 a SGB III),
- Teilnahme an einer beruflichen Weiterbildungsmaßnahme, wenn diese notwendig ist (§ 77 Abs. 1 Nr. 1 SGB III),
- Teilnahme an einer Maßnahme zur Förderung der Teilhabe am Arbeitsleben behinderter Menschen nach §§ 97 ff. SGB III,
- Teilnahme an einem individuell geförderten Deutsch-Sprachlehrgang nach §§ 417 ff. SGB III,
- Zeiten der krankheitsbedingten Arbeitsunfähigkeit (einschließlich der Zeiten der Teilnahme an einer Kur-/Heilmaßnahme),
- Freistellung nach dem Bundeserziehungsgeldgesetz und Zeiten während eines Beschäftigungsverbotes nach dem Mutterschutzgesetz,
- Zeiten des Wehr- und Ersatzdienstes,
- Zeiten kurzzeitig unbezahlter Ortsabwesenheit,

wenn sie sich an Arbeitslosigkeit anschließen oder Arbeitslosigkeit unterbrechen.

(4) Die Arbeitslosmeldung bei der Agentur für Arbeit i. S. des § 3 Abs. 1 Nr. 2 Buchst. a gilt auch als erfüllt unmittelbar nach der:

- Teilnahme an einer Maßnahme, die nach § 216 a SGB III gefördert wird,
- Beschäftigung in einer Struktur-Kug-Maßnahme nach § 175 SGB III (nur noch Übergangsfälle),
- Beschäftigung in einer Transfer-Kug-Maßnahme nach § 216 b SGB III.

(5) Ab 1. 1. 2005 werden auch Bezieher von Arbeitslosengeld II (arbeitslose erwerbsfähige Hilfebedürftige) als arbeitslos gemeldete Arbeitnehmer i. S. des § 3 Abs. 1 Nr. 2 Buchst. a anerkannt, sofern eine Kostenzusage nach § 16 Abs. 2 Satz 2 Nr. 6 SGB II erfolgt ist.

(6) Als Wiederbesetzer i. S. des § 3 Abs. 1 Nr. 2 Buchst. a kann grundsätzlich auch ein in einem anderen Staat der Europäischen Union arbeitslos gemeldeter Arbeitnehmer anerkannt werden; das zu begründende Beschäftigungsverhältnis muss aber der Versicherungspflicht zur BA unterliegen.

(7) Bei Wiederbesetzung des freigemachten bzw. freigewordenen Arbeitsplatzes mit einem älteren Arbeitnehmer können grundsätzlich auch Eingliederungszuschüsse i. S. der §§ 218, 219 SGB III gewährt werden, wenn die sonstigen Voraussetzungen erfüllt sind. Voraussetzung ist jedoch, dass das arbeitsmarktpolitische Interesse an der Beschäftigung des Arbeitnehmers größer ist als das Interesse des Arbeitgebers. Dabei ist nicht entscheidend, dass ein zusätzlicher Arbeitsplatz eingerichtet wird, sondern dass ein älterer Arbeitnehmer auf Initiative der Agentur für Arbeit beschäftigt wird.

3.1.7.2 Ausgebildeter

(1) Ausgebildete i. S. des § 3 Abs. 1 Nr. 2 Buchst. a sind alle Absolventen von Erstausbildungen, insbesondere

- in einem anerkannten Ausbildungsberuf i. S. d. Berufsbildungsgesetzes (BBiG), der Handwerksordnung (HwO), der Schiffsmechaniker-Ausbildungsverordnung (SMAusbV),
- Absolventen einer Erstausbildung i. S. d. bundesgesetzlichen und landesrechtlichen Ausbildungsregelungen für Berufe im Gesundheitswesen,
- Ausbildungsabschlüsse nach landesrechtlichen Ausbildungsregelungen für sozialpflegerische und sozialpädagogische Berufe sowie
- Absolventen eines anerkannten Studienganges an einer Hochschule oder Fachhochschule,

wenn sie grundsätzlich innerhalb kurzer Zeit nach dem Abschluss auf einem freigemachten/freigewordenen Arbeitsplatz eingestellt bzw. übernommen werden (siehe auch Abs. 2 und DA 3.1.7 Abs. 17).

Die Ausbildungsdauer muss mindestens 24 Monate betragen (§ 25 Abs. 2 Nr. 2 BBiG und § 77 Abs. 2 Nr. 2 SGB III).

(2) Als Ausgebildete gelten auch Personen, die noch nicht dauerhaft berufsadäquat eingemündet sind und noch eine entsprechende Stelle suchen.

Nach Abschluss einer Ausbildung ist eine übliche Suchzeit unschädlich. Sie sollte in der Regel nicht länger als ein Jahr dauern. In diesem Zeitraum sind befristete ausbildungsadäquate Zwischenbeschäftigungen unschädlich.

(3) Die übliche Zeit zur Suche eines ausbildungsadäquaten Arbeitsplatzes verlängert sich um folgende unschädliche Unterbrechungszeiten:

- Zeiten der krankheitsbedingten Arbeitsunfähigkeit (einschließlich der Zeiten der Teilnahme an einer Kur- oder Heilmaßnahme),
- Freistellung nach dem Bundeserziehungsgeldgesetz und Zeiten während des Beschäftigungsverbots nach dem Mutterschutzgesetz,
- Zeiten des Wehr- und Ersatzdienstes aufgrund der Wehrpflicht,
- bei Studienabsolventen um Zeiten eines weiteren Studienganges, auch wenn am Ende die Promotion angestrebt wird. Dies gilt nicht, wenn nach dem Studienabschluss die Zeit bis zur Promotion z. B. im wissenschaftlichen Angestelltenverhältnis überbrückt wird.

(4) Nach „Abschluss der Ausbildung" bedeutet bei anerkannten Ausbildungsberufen, dass die Ausbildung entweder erfolgreich abgeschlossen oder die Prüfung endgültig nicht bestanden ist. Der Ausbildungsvertrag nach dem BBiG muss ausgelaufen sein. Es darf kein Abbruch der Ausbildung vorliegen.

Soweit im Anschluss an Prüfungen zur Anerkennung berufspraktische Tätigkeiten vorgeschrieben sind, ist die Frage der Beendigung der Ausbildung nach den jeweiligen speziellen rechtlichen Regelungen zu beurteilen. In Zweifelsfällen zählt die praktische Tätigkeit zur Ausbildung.

Insbesondere bei universitären Ausbildungen, bei denen sich üblicherweise ein Referendariat anschließt, kann der Universitätsabschluss auch der Ausbildungsabschluss sein, soweit auf die Referendarzeit verzichtet wird.

(5) Daneben gelten auch alle Absolventen von Maßnahmen der beruflichen Weiterbildung i. S. der §§ 77, 85 Abs. 3 Nr. 2 und 3 SGB III (i. S. von Umschulung) oder einer zweiten Ausbildung in einem unter Absatz 1 genannten Ausbildungs- oder Studienberuf als Ausgebildete, unabhängig davon, ob eine Förderung (z. B. nach dem SGB III) gewährt wurde.

(6) Absolventen von betrieblich oder überbetrieblich durchgeführten beruflichen Weiterbildungsmaßnahmen können Ausgebildeten gleichgesetzt werden, wenn die abgeschlossene Maßnahme nach Inhalt und Form mit einer Ausbildung im Sinne des BBiG vergleichbar ist und folgende Kriterien erfüllt:

- für die vorgesehene berufliche Tätigkeit existiert kein vorgeschriebener oder allgemein anerkannter Ausbildungsweg,
- der Abschluss der Maßnahme bietet nicht nur betriebsinterne berufliche Einsatzmöglichkeiten,
- die Maßnahme umfasst einen erheblichen Anteil theoretischer Unterweisung, unterscheidet sich deutlich von einem normalen Beschäftigungs-

verhältnis und orientiert sich an einem bestimmten Ausbildungsziel. Dazu gehört, dass ein sachkundiger, verantwortlicher Ausbilder bestellt ist, der die Teilnehmer anleitet und mit dem Ziel unterweist, ihnen die für die vorgesehene berufliche Tätigkeit erforderlichen Kenntnisse und Fertigkeiten zu vermitteln,

- es wird eine Dauer von regelmäßig mindestens 18 Monaten vereinbart,
- es wird ein schriftlicher Vertrag abgeschlossen, der u. a. die Ausbildungsvergütung regelt,
- die Maßnahme schließt mit einer Beurteilung/Bewertung ab, die Aussagen über die durchlaufenen Ausbildungsabschnitte und deren Erfolg zulässt.

Diese Kriterien können z. B. – vorbehaltlich einer Prüfung und Entscheidung im Einzelfall – folgende Maßnahmen erfüllen:

- Volontariate bei Presse, Rundfunk und Fernsehen,
- die Ausbildung von Nachwuchssekretären bei der Industriegewerkschaft Bauen-Agrar-Umwelt,
- die Ausbildung von Nachwuchs- bzw. Gewerkschaftssekretären bei der IG-Metall.

Die Zuständigkeit für die Grundentscheidung, ob ein Ausbildungsgang die o. a. Voraussetzungen erfüllt, liegt bei den Regionaldirektionen. Die Zentrale ist über die Entscheidung von überregionaler Bedeutung zu unterrichten.

(7) Maßnahmen der beruflichen Weiterbildung nach §§ 77, 85 Abs. 3 Nr. 1 SGB III (insbesondere Kenntnisse, Fertigkeiten und Fähigkeiten erhalten oder anpassen) erfüllen dagegen nicht die Voraussetzungen für die Anerkennung als Ausgebildeter im Sinne des AtG. Darunter fallen auch Absolventen, die zum „Geprüften Pharmareferenten“ u. Ä. weitergebildet wurden. Gleiches gilt für Arbeitnehmer, die bereits im Unternehmen beschäftigt waren und zum Zwecke der persönlichen Weiterbildung „ausgebildet“ wurden, ohne dass die Voraussetzungen nach Abs. 2 vorliegen.

(8) Für die Wiederbesetzung durch einen Ausgebildeten ist es rechtlich unerheblich, ob der Betreffende im eigenen Betrieb des Antragstellers oder in einem fremden Betrieb ausgebildet wurde. Auch im Ausland absolvierte Ausbildungen können grundsätzlich als solche im Sinne des § 3 Abs. 1 Nr. 2 Buchst. a anerkannt werden. Gleiches gilt beim Nachholen einer Ausbildung innerhalb eines bestehenden Arbeitsverhältnisses. Das Gesetz verlangt die Beschäftigung.

(9) Ausgebildete mit einer arbeitsrechtlich (z. B. tariflich) zugesicherten Übernahmegarantie können ebenfalls als Wiederbesetzer gelten. An die Übernahme des Ausgebildeten sind keine weiteren Voraussetzungen geknüpft; die Motivation zur Einstellung ist unerheblich.

3.1.7.3 Auszubildender

(1) Auszubildende i. S. des § 3 Abs. 1 Nr. 2 Buchstabe b sind in Berufsausbildung beschäftigte Jugendliche oder Erwachsene, die eine berufliche Erstausbildung in Betrieben der Wirtschaft, in vergleichbaren Einrichtungen außerhalb der Wirtschaft (insbesondere des öffentlichen Dienstes) oder bei Angehörigen freier Berufe in einem nach dem Berufsbildungsgesetz (BBiG), nach der Handwerksordnung (HwO) oder nach der Schiffsmechaniker-Ausbildungsverordnung (SMAusbV) anerkannten Ausbildungsberuf absolvieren.

DA 3.1.7.2 Abs. 5 und 6 gilt entsprechend.

Der Auszubildende muss nicht auf einem freigemachten/freigewordenen Arbeitsplatz zur Berufsausbildung eingestellt werden. Voraussetzung ist jedoch, dass der Arbeitgeber in der Regel nicht mehr als 50 Arbeitnehmer ausschließlich der Auszubildenden und Schwerbehinderten beschäftigt. Teilzeitbeschäftigte werden anteilig gerechnet.

Zur Berechnung der Unternehmensgröße wird auf DA 7 verwiesen.

(2) Die Berücksichtigung eines Auszubildenden ist auch dann möglich, wenn die Ausbildung in einem Zeitraum von bis zu 6 Monaten vor oder nach dem Übergang des älteren Arbeitnehmers in die Altersteilzeit beginnt und die Einstellung des Auszubildenden in kausalem Zusammenhang mit dem Übergang in Altersteilzeit steht. Bei einem über 6 Monate hinausgehenden Zeitraum ist der ursächliche Zusammenhang zwischen der Einstellung des Auszubildenden und dem Übergang des älteren Arbeitnehmers in die Altersteilzeit durch den Arbeitgeber besonders darzulegen und zu begründen. Erfolgt die Einstellung mehr als 12 Monate vorher, ist in der Regel nicht mehr von einem kausalen Zusammenhang auszugehen. Wird der Auszubildende erst nach Beginn der Altersteilzeit beschäftigt, ist eine Förderung frühestens ab dem Beschäftigungsbeginn möglich.

(3) Sollen die Voraussetzungen nach dem AtG durch die Beschäftigung eines Auszubildenden erfüllt werden (§ 3 Abs. 1 Nr. 2 Buchst. b), muss dieser bereits **ab Beginn der Altersteilzeitarbeit** (also im Blockzeitmodell auch zu Beginn der Arbeitsphase des älteren Arbeitnehmers) beschäftigt werden, um die Förderleistungen in vollem Umfang erhalten zu können.

Die Regelung des § 12 Abs. 3 Satz 1 ist in diesem Fall nicht anzuwenden, da die Beschäftigung des Auszubildenden nicht auf dem freigemachten/freigewordenen Arbeitsplatz erfolgen muss (vgl. DA 12.3 Abs. 1).

(4) § 3 Abs. 1 Nr. 2 Buchst. b ist erfüllt, wenn jeweils ein Auszubildender für einen Altersteilzeitfall beschäftigt wird. Die Berücksichtigung ist bis zum Ende der Ausbildung möglich.

AtG

§ 4
Leistungen

(1) Die Bundesagentur erstattet dem Arbeitgeber für längstens sechs Jahre

1. den Aufstockungsbetrag nach § 3 Abs. 1 Nr. 1 Buchstabe a in Höhe von 20 vom Hundert des für die Altersteilzeitarbeit gezahlten Regelarbeitsentgelts

   und

2. den Betrag, der nach § 3 Abs. 1 Nr. 1 Buchstabe b in Höhe des Beitrags geleistet worden ist, der auf den Betrag entfällt, der sich aus 80 vom Hundert des Regelarbeitsentgelts für die Altersteilzeit ergibt, jedoch höchstens des auf den Unterschiedsbetrag zwischen 90 vom Hundert der monatlichen Beitragsbemessungsgrenze und dem Regelarbeitsentgelt entfallenden Beitrags.

(2) Bei Arbeitnehmern, die nach § 6 Abs. 1 Satz 1 Nr. 1 oder § 231 Abs. 1 und Abs. 2 des Sechsten Buches Sozialgesetzbuch von der Versicherungspflicht befreit sind, werden Leistungen nach Absatz 1 auch erbracht, wenn die Voraussetzung des § 3 Abs. 1 Nr. 1 Buchstabe b nicht erfüllt ist. Dem Betrag nach Absatz 1 Nr. 2 stehen in diesem Fall vergleichbare Aufwendungen des Arbeitgebers bis zur Höhe des Beitrags gleich, den die Bundesagentur nach Abs. 1 Nr. 2 zu tragen hätte, wenn der Arbeitnehmer nicht von der Versicherungspflicht befreit wäre.

DA zu § 4 AtG

4. Leistungen der BA

4.1 Aufstockungsbeträge

(1) Die BA erstattet dem Arbeitgeber für **längstens sechs Jahre** die Aufwendungen, die ihm entstehen durch

- die Aufstockung des Regelarbeitsentgelts für die Altersteilzeitarbeit in Höhe von 20 v. H. (§ 4 Abs. 1 Nr. 1) und
- die Entrichtung der zusätzlichen Beiträge zur Rentenversicherung in Höhe des Beitrags, der auf 80 v. H. des Regelarbeitsentgelts, begrenzt auf den Unterschiedsbetrag zwischen 90 v. H. der monatlichen Beitragsbemessungsgrenze und dem Regelarbeitsentgelt, entfällt (§ 4 Abs. 1 Nr. 2).

(2) Ist der in Altersteilzeitarbeit stehende Arbeitnehmer von der Versicherungspflicht in der gesetzlichen Rentenversicherung befreit, können z. B. Beitragszuschüsse zu vergleichbaren Aufwendungen des Arbeitgebers zugunsten des Arbeitnehmers in einer Versorgungseinrichtung gewährt werden, die allerdings gem. § 4 Abs. 2 Satz 2 der Höhe nach begrenzt sind.

Beispiel für das Jahr 2004:

Regelarbeitsentgelt	3000,00 EUR
80 v. H. des Regelarbeitsentgelts	2400,00 EUR
Aufwendungen für Versorgungseinrichtung	350,00 EUR
Bemessungsgrundlage bei gesetzlicher Rentenversicherung maximal (90 v. H. der BBG ./. Regelarbeitsentgelt = 4635 EUR – 3000 EUR)	1635,00 EUR
davon ges. Beitragsanteil (19,5 %)	318,83 EUR

Ergebnis: Obwohl die tatsächlichen Aufwendungen des Arbeitgebers 350,00 EUR monatlich betragen, kann nur der gesetzliche Höchstbetrag, in diesem Fall 318,83 EUR, erstattet werden.

(3) Voraussetzung für die Erstattung der Leistungen ist, dass der Arbeitgeber die Aufstockungsleistungen in der gesetzlich vorgesehenen Mindesthöhe tatsächlich erbracht und die (zusätzlichen) Beiträge zur gesetzlichen Rentenversicherung abgeführt hat. Erbringt der Arbeitgeber z. B. aufgrund eines Tarifvertrages höhere Leistungen, werden Zuschüsse nur in Höhe der gesetzlichen Mindestleistungen gewährt. Dies gilt auch, soweit der Arbeitgeber auf der Grundlage des § 3 Abs. 1 Nr. 1 Buchst. a 2. Halbsatz weitere Entgeltbestandteile aufgestockt hat, die nicht zum Regelarbeitsentgelt gehören (z. B. Einmalzahlungen).

(4) Wurden Bestandteile des Regelarbeitsentgelts, die für den gesamten Zeitraum der vereinbarten Altersteilzeitarbeit – ungeachtet der reduzierten Arbeitszeit – nicht vermindert worden sind (sog. 100 %-Leistungen i. S. DA 3.1.4), auf arbeitsrechtlicher Grundlage tatsächlich aufgestockt, gehören auch diese Aufstockungsleistungen zu den erstattungsfähigen Aufwendungen des Arbeitgebers.

4.2 Ermittlung der Förderfestbeträge

(1) Die Höhe der Erstattungsleistungen, die die BA an den Arbeitgeber nach § 4 AtG im Falle der Wiederbesetzung des freigemachten Arbeitsplatzes (DA 4.3) erbringt, wird zu Beginn des Erstattungsverfahrens in **monatlichen Festbeträgen** für die **gesamte Förderdauer** festgelegt (§ 12 Abs. 2 AtG). Diese Festbeträge werden nur angepasst, wenn sich das berücksichtigungsfähige Regelarbeitsentgelt (DA 3.1.1 Abs. 2) in einer bestimmten Größenordnung **verringert** (DA 4.2.3 Abs. 5).

(2) Die Festbeträge dienen ausschließlich der Festsetzung der Erstattungsleistungen. Die Ermittlung der gesetzlich erforderlichen Aufstockungsleistungen richtet sich demgegenüber nach DA 3.1.1 und DA 3.1.2. Die gesetzlich erforderlichen Aufstockungsbeträge können daher von den Förderfestbeträgen abweichen.

(3) Die Grundlage für die Festsetzung der Festbeträge bildet das Regelarbeitsentgelt im Basismonat zu Beginn der durchzuführenden Wiederbesetzung des freigemachten Arbeitsplatzes (DA Abs. 4 und 5). Enthält das Regelarbeitsentgelt variable Entgeltbestandteile (z. B. Grundvergütung, Zulagen), werden diese auf der Grundlage eines (zwölfmonatigen) **Referenzzeitraums** für die Erstattung auf Dauer besonders festgelegt (DA 4.2.1 Abs. 2 und 3, DA 4.2.2 Abs. 2 und 3, DA 4.2.3 Abs. 1).

(4) Wird die Altersteilzeitarbeit im kontinuierlichen **Teilzeitmodell** durchgeführt, erfolgt die Wiederbesetzung bereits zu Beginn der Altersteilzeit. In diesem Fall werden die Erstattungsleistungen auf der Basis des Regelarbeitsentgelts festgelegt, das der Arbeitnehmer für den **ersten Monat der Altersteilzeit** (Basismonat) zu beanspruchen hat. Bei einer im **Blockmodell** durchgeführten Altersteilzeitarbeit erfolgt die Wiederbesetzung hingegen erst mit Beginn der Freistellungsphase. Basismonat ist in diesem Fall daher der **erste Monat der Freistellungsphase.**

(5) Erfolgt die Wiederbesetzung nicht am ersten, sondern erst **im Laufe** dieses Monats (für den Teilmonat erhält der Arbeitgeber die anteilige Leistung, vgl. DA 4.2.3 Abs. 4), ist Basismonat der auf den in Abs. 4 genannten folgende (volle) Abrechnungsmonat. Findet die Wiederbesetzung erst in einem **späteren Monat** statt und beginnt folglich das Erstattungsverfahren ebenfalls erst später, verschieben sich die Basismonate entsprechend. Gleiches gilt, wenn der Anerkennungsantrag (§ 12 Abs. 1 Satz 2) verspätet gestellt wird.

4.2.1 Berücksichtigung von Zulagen im Blockmodell

(1) Regelmäßige Zulagen, die zum Regelarbeitsentgelt gehören, in der Arbeitsphase monatlich in unterschiedlicher Höhe anfallen und in der **Freistellungsphase** in **gleich bleibender Höhe** gezahlt werden (sog. verstetigte Zulagen), sind im Basismonat mit dem Durchschnittswert anzusetzen, der sich aus dem Tarifvertrag oder aus dem Einzelarbeitsvertrag ergibt (Berücksichtigung nach arbeitsrechtlichen Vorgaben).

(2) Werden regelmäßige Zulagen in der **Freistellungsphase** in **unterschiedlicher Höhe** gezahlt (sog. variable Zulagen), sind diese als Regelarbeitsentgelt im Basismonat mit ihrem Durchschnittswert zu berücksichtigen. Hierfür ist ein Referenzzeitraum von zwölf Monaten zu bilden, der den Basismonat sowie die zurückliegenden elf Monate umfasst.

(3) Unständige Zulagen, die nur in **einzelnen** Abrechnungsmonaten zum **Regelarbeitsentgelt** gehören (vgl. DA 3.1.1 Abs. 6), können nur dann in die Erstattung einbezogen werden, wenn sie im Basismonat sowie in den jeweiligen zurückliegenden drei Monaten erzielt worden sind. Die Höhe richtet sich nach dem Durchschnittswert des Referenzzeitraums von zwölf Monaten einschließlich des Basismonats (vgl. DA Abs. 2).

(4) Zulagen, die in der Arbeitsphase des Blockmodells **nicht** zum Regelarbeitsentgelt gehören, aber zur Hälfte in das Wertguthaben eingestellt und in der Freistellungsphase mit einem Durchschnittsbetrag **in jedem Monat** ausgezahlt werden, sind beim Regelarbeitsentgelt im Basismonat zu berücksichtigen. Die Höhe richtet sich auch hier nach dem arbeitsrechtlichen Durchschnittswert (vgl. DA Abs. 1).

(5) Zulagen, die der Arbeitnehmer in der **Arbeitsphase in voller Höhe** beanspruchen kann und die daher auch nicht das Wertguthaben eingestellt werden, sind – unabhängig von ihrer Fälligkeit – im Erstattungsverfahren nicht zu berücksichtigen.

4.2.2 Berücksichtigung von Zulagen im Teilzeitmodell

(1) Regelmäßige Zulagen, die nach arbeitsrechtlichen Vorgaben für die gesamte Dauer der Altersteilzeitarbeit mit einem **verstetigten** Betrag gezahlt werden (sog. verstetigte Zulagen), werden im Basismonat mit diesem Durchschnittswert berücksichtigt.

(2) Regelmäßige Zulagen, die monatlich in **unterschiedlicher** Höhe anfallen (sog. variable Zulagen), sind als Regelarbeitsentgelt im Basismonat mit ihrem **Durchschnittswert** zu berücksichtigen. Hierfür ist ein Referenzzeitraum von zwölf Monaten zu bilden, der den Basismonat umfasst (vgl. DA 4.2.1 Abs. 2). Da der Referenzzeitraum im Teilzeitmodell Zeiten vor Beginn der Altersteilzeitarbeit umfasst, sind die Zulagen bei der Ermittlung des Durchschnittsbetrages nur mit dem Anteil zu berücksichtigen, der der verminderten Arbeitszeit entspricht.

(3) Unständige Zulagen, die nur in einzelnen Abrechnungsmonaten zum **Regelarbeitsentgelt** gehören (vgl. DA 3.1.1 Abs. 6), können nur dann in die Erstattung einbezogen werden, wenn sie im Basismonat sowie in den jeweiligen zurückliegenden drei Monaten (vor Beginn der Altersteilzeit) erzielt worden sind. Die Höhe richtet sich nach dem Durchschnittswert des Referenzzeitraums von zwölf Monaten einschließlich des Basismonats (vgl. DA 4.2.1 Abs. 2 und Abs. 3). DA Abs. 2 Satz 3 gilt entsprechend.

4.2.3 Sonstige Regelungen

(1) Erhält der Arbeitnehmer bei kontinuierlicher Altersteilzeit oder in der Freistellungsphase des Blockmodells eine laufende **Grundvergütung** in monatlich **unterschiedlicher Höhe** (z. B. bei Zeitlöhnen ohne festen Monatslohn, Leistungs- bzw. Akkordlohn, Beschäftigung auf Provisionsbasis), ist ebenfalls ein Referenzzeitraum von zwölf Monaten (vgl. DA 4.2.1 Abs. 2) zu bilden und der Durchschnittswert zu ermitteln.

(2) Unregelmäßige Arbeitsentgeltbestandteile, wie z. B. Jahressondervergütungen, bleiben – wie auch bei der Feststellung des für die gesetzlichen Aufstockungsleistungen maßgebenden Regelarbeitsentgelts (vgl. DA 3.1.1 Abs. 4 und DA 3.1.2 Abs. 3) – im Erstattungsverfahren unberücksichtigt.

(3) Um den Verwaltungsaufwand möglichst gering zu halten, empfiehlt es sich, die Grundvergütung sowie etwaige Zulagen für die gesamte Dauer der kontinuierlichen Altersteilzeit sowie für die Freistellungsphase des Blockmodells auf **arbeitsrechtlicher** Basis zu **verstetigen.**

(4) Besteht der Anspruch auf die Erstattungsleistungen nur für einen Teilmonat, ist der monatliche Festbetrag durch 30 zu dividieren und mit der Zahl der Kalendertage zu multiplizieren in denen Altersteilzeitarbeit zu vergüten ist (entsprechende Anwendung des § 15 Satz 4).

(5) Die Festbeträge werden nur **angepasst,** wenn sich das berücksichtigungsfähige Regelarbeitsentgelt um mindestens 10 Euro verringert (§ 12 Abs. 2 Satz 2 AtG). Die Vorschrift ist anzuwenden, wenn das Regelarbeitsentgelt **vertraglich** vermindert wird.

(6) Von der **Anpassung ausgenommen** sind hingegen Schwankungen des Regelarbeitsentgelts auf Grund monatlich variabler Grundvergütungen sowie sonstiger variabler Lohnbestandteile, wie z. B. regelmäßige Zulagen in monatlich unterschiedlicher Höhe, die mit einem Durchschnittswert beim Regelarbeitsentgelt für den Basismonat berücksichtigt wurden (vgl. DA 4.2.1 Abs. 2 und 3, DA 4.2.2 Abs. 2 und 3 sowie DA 4.2.3 Abs. 1).

4.3 Beginn der Förderung

(1) Der Anspruch auf Förderleistungen entsteht frühestens mit der rechtswirksamen Wiederbesetzung des freigemachten/freigewordenen Arbeitsplatzes (DA 3.1.7 Abs. 15) oder der tatsächlichen Beschäftigung eines Auszubildenden (DA 3.1.7.3 Abs. 3). Das Auszahlungsverfahren nach § 12 Abs. 3 im Blockmodell (vgl. DA 12.3) bleibt hiervon unberührt.

(2) Erfolgt die rechtswirksame Wiederbesetzung im kontinuierlichen Arbeitszeitmodell mit längeren Verteilzeiträumen (z. B. wiederholter Wechsel von Arbeit und Freizeit im Rhythmus von jeweils 6 Monaten) oder bei degressiver Arbeitszeitverteilung bereits mit Beginn der Altersteilzeitarbeit (DA 3.1.7 Abs. 15 1. bis 3. Unterabsatz), besteht auch ab diesem Zeitpunkt der Anspruch auf die Förderleistungen (in einfacher Höhe). Wird der Arbeitsplatz (mit einer Vollzeitkraft) dagegen erst nach Ablauf der ersten Arbeitsphase (z. B. 6 Monate) des in Altersteilzeit beschäftigten Arbeitnehmers wiederbesetzt, findet § 3 Abs. 3 i. V. m. § 12 Abs. 3 Satz 1 für die ersten beiden spiegelbildlichen Zeitblöcke (Arbeitsphase und Freistellungsphase) Anwendung. Danach besteht bei Weiterbeschäftigung des Wiederbesetzers (ggf. als Teilzeitkraft) der Förderanspruch in einfacher Höhe.

(3) Im Falle der Beschäftigung eines Auszubildenden (§ 3 Abs. 1 Nr. 2 Buchst. b) findet § 3 Abs. 3 i. V. m. § 12 Abs. 3 Satz 1 generell **keine** Anwendung. Für Zeiten vor der tatsächlichen Beschäftigung können daher keine Leistungen erbracht werden; dies gilt auch für das Blockmodell (vgl. DA 3.1.7.3 Abs. 3).

AtG

§ 5
Erlöschen und Ruhen des Anspruchs

(1) Der Anspruch auf Leistungen nach § 4 erlischt

1. mit Ablauf des Kalendermonats, in dem der Arbeitnehmer die Altersteilzeitarbeit beendet oder das 65. Lebensjahr vollendet hat,
2. mit Ablauf des Kalendermonats vor dem Kalendermonat, für den der Arbeitnehmer eine Rente wegen Alters oder, wenn er von der Versicherungspflicht in der gesetzlichen Rentenversicherung befreit ist, eine vergleichbare Leistung einer Versicherungs- oder Versorgungseinrichtung oder eines Versicherungsunternehmens beanspruchen kann; dies gilt nicht für Renten, die vor dem für den Versicherten maßgebenden Rentenalter in Anspruch genommen werden können,

   oder
3. mit Beginn des Kalendermonats, für den der Arbeitnehmer eine Rente wegen Alters, eine Knappschaftsausgleichsleistung, eine ähnliche Leistung öffentlich-rechtlicher Art oder, wenn er von der Versicherungspflicht in der gesetzlichen Rentenversicherung befreit ist, eine vergleichbare Leistung einer Versicherungs- oder Versorgungseinrichtung oder eines Versicherungsunternehmens bezieht.

(2) Der Anspruch auf die Leistungen besteht nicht, solange der Arbeitgeber auf dem freigemachten oder durch Umsetzung frei gewordenen Arbeitsplatz keinen Arbeitnehmer mehr beschäftigt, der bei Beginn der Beschäftigung die Voraussetzungen des § 3 Abs. 1 Nr. 2 erfüllt hat. Dies gilt nicht, wenn der Arbeitsplatz mit einem Arbeitnehmer, der die Voraussetzungen erfüllt, innerhalb von drei Monaten erneut wiederbesetzt wird oder der Arbeitgeber insgesamt für vier Jahre die Leistungen erhalten hat.

(3) Der Anspruch auf die Leistungen ruht während der Zeit, in der der Arbeitnehmer neben seiner Altersteilzeitarbeit Beschäftigungen oder selbstständige Tätigkeiten ausübt, die die Geringfügigkeitsgrenze des § 8 des Vierten Buches Sozialgesetzbuch überschreiten oder aufgrund solcher Beschäftigungen eine Entgeltersatzleistung erhält. Der Anspruch auf die Leistungen erlischt, wenn er mindestens 150 Kalendertage geruht hat. Mehrere Ruhenszeiträume sind zusammenzurechnen. Beschäftigungen oder selbstständige Tätigkeiten bleiben unberücksichtigt, soweit der altersteilzeitarbeitende Arbeitnehmer sie innerhalb der letzten fünf Jahre vor Beginn der Altersteilzeitarbeit ständig ausgeübt hat.

(4) Der Anspruch auf die Leistungen ruht während der Zeit, in der der Arbeitnehmer über die Altersteilzeitarbeit hinaus Mehrarbeit leistet, die den Umfang der Geringfügigkeitsgrenze des § 8 des Vierten Buches Sozialgesetzbuch überschreitet. Absatz 3 Satz 2 und 3 gilt entsprechend.

(5) § 48 Abs. 1 Nr. 3 des Zehnten Buches Sozialgesetzbuch findet keine Anwendung.

DA zu § 5 AtG

5. Erlöschen und Ruhen des Anspruchs

5.1 Wegfall des Anspruchs

(1) § 5 Abs. 2 umschreibt die näheren Voraussetzungen für das Bestehen des Anspruchs. Wird der Arbeitnehmer innerhalb des 4-Jahres-Zeitraumes umgesetzt oder ausgetauscht und besetzt der Arbeitgeber den Arbeitsplatz innerhalb von 3 Monaten erneut mit einem Arbeitnehmer, der die Voraussetzung des § 3 Abs. 1 Nr. 2 erfüllt, ist dies für die Leistungsgewährung unschädlich. Bei Umsetzungsketten bzw. funktionsbereichsbezogener Wiederbesetzung gilt das Gleiche für die Besetzung des Arbeitsplatzes des Altersteilzeiters mit einem Nachrücker sowie die Beschäftigung des Wiederbesetzers.

Bei Arbeitgebern mit in der Regel bis zu 50 Arbeitnehmern kann der Wiederbesetzer auch an einer anderen Stelle im Unternehmen beschäftigt werden. Wird der Wiederbesetzer innerhalb des 4-Jahres-Zeitraumes umgesetzt oder ausgetauscht, ist dies für die Leistungsgewährung unschädlich, wenn der bisherige Wiederbesetzer weiterhin entsprechend der bisherigen Arbeitzeit beschäftigt wird.

Bei eigenständigen Organisationseinheiten innerhalb von Funktionsbereichen größerer Unternehmen mit nicht mehr als 50 Arbeitnehmern reicht es für die Wiederbesetzung aus, dass der Wiederbesetzer aus Anlass des Übergangs eines Arbeitnehmers in Altersteilzeit in derselben Organisationseinheit beschäftigt wird. Erfolgt innerhalb des 4-Jahres-Zeitraumes eine Umsetzung oder ein Austausch des Wiederbesetzers, ist dies für die Leistungsgewährung unschädlich, wenn der Wiederbesetzer weiterhin entsprechend der bisherigen Arbeitszeit und in derselben Organisationseinheit beschäftigt wird.

(2) Fällt der zunächst wiederbesetzte Arbeitsplatz aus innerbetrieblichen Gründen weg und werden der ältere Arbeitnehmer **und** der Wiederbesetzer auf einen **gemeinsamen** anderen Arbeitsplatz umgesetzt, steht dies der Förderung dann nicht entgegen, wenn auch auf dem neuen Arbeitsplatz der mit der bisherigen Tätigkeit verfolgte übergeordnete Arbeitszweck weiterverfolgt wird (z. B. der Arbeitsplatz an einer konventionellen Drehmaschine fällt weg, dafür wird ein Arbeitsplatz an einem CNC-Bearbeitungszentrum eingerichtet). Im Übrigen ist die **alleinige** Umsetzung des älteren Arbeitnehmers grundsätzlich förderungsrechtlich unschädlich.

Einen notwendigen Strukturwandel kann der wiederbesetzte Arbeitsplatz mitvollziehen. Im Falle einer Besetzungskette ist aber Voraussetzung, dass der Arbeitsplatz erhalten und der Wiederbesetzer ebenso beschäftigt bleibt wie der eingemündete Arbeitnehmer am Ende der Kette. Ein Strukturwandel zeichnet sich in der Regel längerfristig ab; er ist von einer einfachen Umsetzung im täglichen Betriebsleben zu unterscheiden.

(3) Werden aus einem Unternehmen Geschäftsbereiche ausgegliedert (sog. Outsourcing) und sind davon sowohl der Arbeitnehmer in Altersteilzeit als auch der Wiederbesetzer betroffen, gelten die Voraussetzungen des AtG (weiterhin) als erfüllt, wenn der übernehmende Arbeitgeber mit dem jeweiligen Arbeitnehmer die Altersteilzeit bzw. die Wiederbesetzung unter Beibehaltung des bisherigen übergeordneten arbeitstechnischen Zwecks weiterführt (vgl. DA 3.1.7 Abs. 6).

(4) Das Ausscheiden des Wiederbesetzers ist unschädlich, wenn der Arbeitgeber insgesamt für 4 Jahre die Leistungen nach dem Altersteilzeitgesetz erhalten hat.

Werden im sog. Blockmodell die Förderleistungen in doppelter Höhe erbracht (§ 12 Abs. 3), weil der Arbeitnehmer die Arbeitsleistung im Voraus erbracht hat (z. B. zunächst 3-jährige Arbeitsphase, der sich eine entsprechend lange Freizeitphase anschließt), liegen die Voraussetzungen des mindestens 4-jährigen Leistungsbezugs bereits vor, wenn der Arbeitgeber 2 Jahre lang sowohl laufende Leistungen als auch Leistungen für zurückliegende Zeiten erhalten hat.

(5) Zeiten ohne Beschäftigung aufgrund von Beschäftigungsverboten (z. B. Mutterschutzgesetz), Ableistung von Wehr- oder Zivildienst oder Erziehungsurlaub sind keine Unterbrechungstatbestände i. S. des § 5 Abs. 2 (vgl. auch DA 3.1.3 Abs. 2).

5.2 Ruhen des Anspruchs

(1) Der Anspruch auf Leistungen nach dem AtG ruht nach § 5 Abs. 3, wenn der ältere Arbeitnehmer neben seiner Altersteilzeitarbeit eine Beschäftigung oder selbständige Tätigkeit ausübt,

- die die Geringfügigkeitsgrenze des § 8 SGB IV überschreitet oder
- aufgrund einer solchen Beschäftigung eine Entgeltersatzleistung erhält.

Von der Privilegierung des § 5 Abs. 3 Satz 4 können insbesondere Nebenerwerbslandwirte betroffen sein.

Die Vorschriften des § 5 Abs. 3 und 4 nehmen lediglich die Geringfügigkeits**grenze** bzw. den **Umfang** der Geringfügigkeitsgrenze in § 8 SGB IV in Bezug. Eine unmittelbare und vollinhaltliche Anwendung des § 8 SGB IV in Verbindung mit den Geringfügigkeitsrichtlinien ist nicht geboten. Die Geringfügigkeit hängt daher von der Höhe des Arbeitsentgelts aus dieser Beschäftigung ab, das regelmäßig im **Monat 400 €** nicht übersteigen darf.

Als Arbeitseinkommen ist gem. § 15 SGB IV der nach den allgemeinen Gewinnermittlungsvorschriften des Einkommensteuerrechts ermittelte Gewinn zu sehen. Einkommen ist als Arbeitseinkommen zu werten, wenn es als solches nach dem Einkommensteuerrecht zu bewerten ist. Das Einkommen wird in der Regel durch entsprechende steuerrechtliche Unterlagen nachzuweisen sein (z. B. Einkommensteuerbescheid). Jährliche Beträge werden für das Bestehen der selbständigen Tätigkeit auf monatliche umgerechnet.

Ehrenämter, die im Rahmen der Aufgabenwahrnehmung der öffentlichen Hand durch Wahl oder Delegation übertragen werden, fallen generell nicht unter die Vorschrift des § 5 Abs. 3, wenn sie keinen Bezug zur Altersteilzeitbeschäftigung aufweisen und auch arbeitsmarktlich nicht relevant sind. Hierzu gehören z. B. kommunale Ehrenämter wie das des Ortsbürgermeisters oder aber die Mandatsausübung eines Landtagsabgeordneten.

Ausgenommen von der Vorschrift des § 5 Abs. 3 sind ferner ehrenamtliche Betätigungen, die

1. unentgeltlich ausgeübt werden,
2. dem Gemeinwohl dienen und
3. bei einer Organisation erfolgen, die ohne Gewinnerzielungsabsicht Aufgaben ausführt, welche im öffentlichen Interesse liegen oder gemeinnützige, mildtätige oder kirchliche Zwecke fördern.

Der Ersatz der **tatsächlichen** Auslagen (z. B. Reisekosten), die dem ehrenamtlich Tätigen durch Ausübung der ehrenamtlichen Tätigkeit entstehen, berührt die Unentgeltlichkeit generell nicht.

Daneben sind andere Einnahmen (z. B. eine Aufwandsentschädigung) bis zu einer Höhe von 554,00 € im Monat (400,00 € geringfügiges Entgelt nach § 8 SGB IV zuzüglich 154,00 € in Anlehnung an die Vorschrift des § 3 Nr. 26 EStG) ebenfalls unschädlich. Erhält der ehrenamtlich Tätige den Auslagenersatz in pauschalierter Form, darf dieser (ggf. zusammen mit anderen Einnahmen) den Höchstbetrag von monatlich 554,00 € nicht übersteigen.

Handelt es sich demgegenüber um Ehrenämter, die die o. a. Kriterien nicht oder nur teilweise aufweisen und im Rahmen einer Beschäftigung oder selbständigen Tätigkeit ausgeübt werden, kommt die Vorschrift des § 5 Abs. 3 (i. V. m. § 8 SGB IV) zur Anwendung. Die ehrenamtliche Tätigkeit wäre in diesem Fall nur dann unschädlich, wenn das hieraus erzielte Entgelt nicht mehr als 400,00 € monatlich beträgt.

(2) Der Anspruch ruht auch, wenn der ältere Arbeitnehmer Mehrarbeit leistet, die die Geringfügigkeitsgrenze des § 8 SGB IV übersteigt. Zu den Auswirkungen von Mehrarbeit bzw. zusätzlicher Arbeit in **geringfügigem** Umfang im Teilzeitmodell sowie in der Arbeits- bzw. Freistellungsphase des Blockmodells wird auf DA 2.2 Abs. 16 und 17 verwiesen.

Bereitschaftsdienst- und Rufbereitschaftsentgelte, die im Bereich des öffentlichen Dienstes gezahlt werden, führen nicht zum Ruhen des Anspruchs nach § 5 Abs. 4, da sie aufgrund der maßgebenden tarifvertraglichen Bestimmungen nicht unter den Begriff der Mehrarbeit fallen. Die im Rahmen der Rufbereitschaft geleisteten Arbeitsstunden bzw. erzielten Entgelte sind dagegen wie Mehrarbeit zu behandeln und führen zum Ruhen der Erstattungsleistungen, wenn die in § 8 SGB IV genannten Grenzen überschritten werden; es sei denn, dass bis zum Ende der Arbeitsphase ein entsprechender Zeitausgleich erfolgt. Vgl. auch DA 2.2 Abs. 14.

(3) Wird sowohl eine Nebentätigkeit (Abs. 1) ausgeübt, als auch Mehrarbeit (Abs. 2) geleistet, sind diese unterschiedlichen Sachverhalte bei der Anwendung der Geringfügigkeitsgrenze (§ 8 SGB IV) **nicht** zusammenzurechnen. Die Dauer des Ruhens richtet sich nach der Dauer der Beschäftigung/selbständigen Tätigkeit bzw. geleisteten Mehrarbeit.

(4) Die Aufnahme einer **weiteren** geringfügigen Beschäftigung neben einer der Schutznorm des § 5 Abs. 3 Satz 4 unterliegenden **mehr** als geringfügigen Beschäftigung ist förderungsunschädlich, da letztere bei der Prüfung der Ruhensvorschrift außer Betracht bleibt.

(5) Wird aufgrund einer Nebenbeschäftigung oder Mehrarbeit innerhalb eines Kalendermonats die Grenze des § 8 SGB IV in Höhe von 400 € überschritten, ruht der Anspruch auf Förderleistungen im entsprechenden Monat an den Tagen der Ausübung der Nebenbeschäftigung/Mehrarbeit.

Im Falle der Ausübung einer selbständigen Tätigkeit ruht der Anspruch auf Erstattungsleistungen für den gesamten Zeitraum.

5.3 Erlöschen des Anspruchs

(1) Der Anspruch auf Leistungen nach dem AtG erlischt, wenn der Arbeitnehmer

- die Altersteilzeitarbeit beendet (§ 5 Abs. 1 Nr. 1),
- das 65. Lebensjahr vollendet hat (§ 5 Abs. 1 Nr. 1),
- eine ungeminderte Altersrente **beanspruchen** kann (§ 5 Abs. 1 Nr. 2),
- eine ungeminderte/geminderte Altersrente oder Teilrente nach § 42 SGB VI **bezieht** (§ 5 Abs. 1 Nr. 3),
- eine Knappschaftsausgleichsleistung **bezieht** (§ 5 Abs. 1 Nr. 3),
- eine der Altersrente ähnliche Leistung öffentlich-rechtlicher Art (z. B. eine ausländische Altersrente) **bezieht** (§ 5 Abs. 1 Nr. 3),
- eine mehr als geringfügige Beschäftigung oder selbständige Tätigkeit von 150 Kalendertagen und mehr ausgeübt oder in entsprechendem Umfang Mehrarbeit geleistet hat.

Wegen der Erfüllung bereits entstandener Ansprüche auf Förderleistungen – für zurückliegende Zeiten des Blockmodells – im Falle der vorzeitigen Beendigung der Altersteilzeitarbeit wird auf DA 12.3 Abs. 5 verwiesen. Endet – entgegen ursprünglichen Planungen – die förderfähige Altersteilzeitarbeit nach § 5 Abs. 1 Nr. 2 oder 3 vorzeitig (z. B. wegen späterer Anerkennung der Schwerbehinderteneigenschaft und Zuerkennung einer Altersrente für schwerbehinderte Menschen), ist § 12 Abs. 3 Satz 2 analog anzuwenden.

(2) Den Altersrenten der gesetzlichen Rentenversicherung stehen Leistungen einer Versicherungs-/Versorgungseinrichtung oder eines Versicherungsunternehmens gleich, wenn der Arbeitnehmer von der Versicherungspflicht in der gesetzlichen Rentenversicherung befreit ist.

(3) Da die Rente wegen voller Erwerbsminderung (§ 43 Abs. 2 SGB VI) in § 5 Abs. 1 nicht genannt ist, führt **allein** der Bezug einer solchen Rente auch nicht zum Erlöschen des Anspruchs auf die Leistungen nach § 4. Bezieher einer Rente wegen voller Erwerbsminderung sind jedoch nach § 28 Nr. 2 SGB III in der Arbeitslosenversicherung versicherungsfrei; die Arbeitslosenversicherungsfreiheit besteht für die Zeit, für die die Rente tatsächlich zuerkannt ist.

Versicherungsfreiheit nach § 28 Nr. 2 SGB III tritt grundsätzlich mit Beginn der Rente ein. Für die Zeit vom Rentenbeginn bis zum **Zugang** des Rentenbescheids beim Arbeitgeber verbleibt es jedoch bei dem Bestehen von Altersteilzeitarbeit. (Der Arbeitnehmer ist nach § 11 Abs. 1 verpflichtet, den Rentenbescheid dem Arbeitgeber unverzüglich vorzulegen, s. a. Vordruck AtG 7, S. 2.)

Wird die Rente wegen voller Erwerbsminderung zuerkannt und liegt daher eine versicherungspflichtige Beschäftigung i. S. des SGB III nicht mehr vor (vgl. § 2 Abs. 1 Nr. 2), ist der Anerkennungsbescheid mit Wirkung für die Zukunft nach § 48 Abs. 1 Satz 1 SGB X aufzuheben; § 37 Abs. 2 SGB X ist zu beachten. (Arbeitgeber und Arbeitnehmer werden in den jeweiligen Bewilligungsbescheiden auf ihre Mitwirkungspflichten hingewiesen.) Leistungen nach § 4 können ab diesem Zeitpunkt an den Arbeitgeber nicht mehr erbracht werden. Die Erstattung der Leistungen für zurückliegende Zeiträume richtet sich nach § 12 Abs. 3 Satz 2. Zu den Auswirkungen der Zuerkennung einer Rente wegen voller Erwerbsminderung auf den Anspruch des Arbeitnehmers auf die Aufstockungsleistungen nach § 10 Abs. 2 für die Dauer des Bezuges von Krankengeld oder einer vergleichbaren Entgeltersatzleistung wird auf DA 10.2.3 verwiesen.

AtG

§ 6
Begriffsbestimmungen

(1) Das Regelarbeitsentgelt für die Altersteilzeitarbeit im Sinne dieses Gesetzes ist das auf einen Monat entfallende vom Arbeitgeber regelmäßig zu zahlende sozialversicherungpflichtige Arbeitsentgelt, soweit es die Beitragsbemessungsgrenze des Dritten Buches Sozialgesetzbuch nicht überschreitet. Entgeltbestandteile, die nicht laufend gezahlt werden, sind nicht berücksichtigungsfähig.

(2) Als bisherige wöchentliche Arbeitszeit ist die wöchentliche Arbeitszeit zugrunde zu legen, die mit dem Arbeitnehmer vor dem Übergang in die Altersteilzeitarbeit vereinbart war. Zugrunde zu legen ist höchstens die Arbeitszeit, die im Durchschnitt der letzten 24 Monate vor dem Übergang in die Altersteilzeitarbeit vereinbart war. Die ermittelte durchschnittliche Arbeitszeit kann auf die nächste volle Stunde gerundet werden.

DA zu §6 AtG

6. Begriffsbestimmungen

(1) Infolge des Wegfalls der sog. Mindestnettoaufstockung sowie der Vereinfachung der Regelungen zur Aufstockung des Arbeitsentgelts bzw. der Entrichtung der zusätzlichen Beiträge zur Rentenversicherung ist die Bezugsgröße „bisheriges wöchentliches Arbeitsentgelt" weggefallen. Als Basis für die Ermittlung der zusätzlich vom Arbeitgeber zu erbringenden Leistungen wurde der Begriff des Regelarbeitsentgelts eingeführt.

(2) Da die Begrenzung der zu halbierenden Arbeitszeit auf vergleichbare Arbeitszeiten eines Tarifbereichs entfallen ist, wurden die Regelungen zur Auslegung des Begriffs „tarifliche regelmäßige wöchentliche Arbeitszeit" ersatzlos aufgehoben.

6.1 Regelarbeitsentgelt für die Altersteilzeitarbeit

(1) Der Begriff „Regelarbeitsentgelt" wird aus systematischen Gründen in DA 3.1.1 erläutert.

(2) Das Regelarbeitsentgelt darf nur solche Entgeltbestandteile enthalten, die der Arbeitnehmer in Altersteilzeit in dem konkreten Lohnabrechnungszeitraum dem Grunde nach tatsächlich beanspruchen kann. Hat der Arbeitnehmer z. B. in der Freistellungsphase keinen Anspruch auf bestimmte Vergütungsbestandteile (z. B. geldwerte Vorteile wie Kraftfahrzeugüberlassung zum privaten Gebrauch), können sie auch nicht als Regelarbeitsentgelt i. S. des §6 Abs. 1 berücksichtigt werden.

6.2 Bisherige wöchentliche Arbeitszeit

(1) Bisherige wöchentliche Arbeitszeit ist nach §6 Abs. 2 Satz 1 zunächst die **zuletzt vertraglich vereinbarte** Arbeitszeit, jedoch keine höhere als die im Durchschnitt der letzten 24 Monate vor dem Übergang in die Altersteilzeit vereinbarte Arbeitszeit (§6 Abs. 2 Satz 2). Arbeitsrechtliche Regelungen über die Einbringung bzw. Verteilung der vereinbarten Arbeitszeit (z. B. regelmäßig wechselnde tatsächliche Arbeitszeiten) bleiben außer Betracht. Arbeitszeiten, die über die tarifliche regelmäßige wöchentliche Arbeitszeit hinausgegangen sind, sind ebenfalls zu berücksichtigen. Mehrarbeitsstunden bleiben hingegen außer Betracht. Zum Begriff der bisherigen wöchentlichen Arbeitszeit (mit Beispielen) siehe auch DA 2.2 Abs. 1 bis 5.

(2) Der Bezug einer Entgeltersatzleistung i. S. des §26 Abs. 2 SGB III (z. B. Krankengeld, Versorgungskrankengeld) oder Alg/Alhi sowie Zeiten eines unbezahlten (Sonder-)Urlaubs oder die Durchführung von Kurzarbeit bleiben bei der Ermittlung der bisherigen Arbeitszeit im Sinne des §6 Abs. 2 unberücksichtigt. Der Zeitraum von 24 Monaten gem. Satz 2 bleibt unverändert.

AtG

§ 7
Berechnungsvorschriften

(1) Ein Arbeitgeber beschäftigt in der Regel nicht mehr als 50 Arbeitnehmer, wenn er in dem Kalenderjahr, das demjenigen, für das die Feststellung zu treffen ist, vorausgegangen ist, für einen Zeitraum von mindestens acht Kalendermonaten nicht mehr als 50 Arbeitnehmer beschäftigt hat. Hat das Unternehmen nicht während des ganzen nach Satz 1 maßgebenden Kalenderjahrs bestanden, so beschäftigt der Arbeitgeber in der Regel nicht mehr als 50 Arbeitnehmer, wenn er während des Zeitraums des Bestehens des Unternehmens in der überwiegenden Zahl der Kalendermonate nicht mehr als 50 Arbeitnehmer beschäftigt hat. Ist das Unternehmen im Laufe des Kalenderjahrs errichtet worden, in dem die Feststellung nach Satz 1 zu treffen ist, so beschäftigt der Arbeitgeber in der Regel nicht mehr als 50 Arbeitnehmer, wenn nach der Art des Unternehmens anzunehmen ist, dass die Zahl der beschäftigten Arbeitnehmer während der überwiegenden Kalendermonate dieses Kalenderjahrs 50 nicht überschreiten wird.

(2) Für die Berechnung der Zahl der Arbeitnehmer nach § 3 Abs. 1 Nr. 3 ist der Durchschnitt der letzten zwölf Kalendermonate vor dem Beginn der Altersteilzeitarbeit des Arbeitnehmers maßgebend. Hat ein Betrieb noch nicht zwölf Monate bestanden, ist der Durchschnitt der Kalendermonate während des Zeitraums des Bestehens des Betriebes maßgebend.

(3) Bei der Feststellung der Zahl der beschäftigten Arbeitnehmer nach Absatz 1 und 2 bleiben schwerbehinderte Menschen und Gleichgestellte im Sinne des Neunten Buches Sozialgesetzbuch sowie Auszubildende außer Ansatz. Teilzeitbeschäftigte Arbeitnehmer mit einer regelmäßigen wöchentlichen Arbeitszeit von nicht mehr als 20 Stunden sind mit 0,5 und mit einer regelmäßigen wöchentlichen Arbeitszeit von nicht mehr als 30 Stunden mit 0,75 zu berücksichtigen.

(4) Bei der Ermittlung der Zahl der in Altersteilzeitarbeit beschäftigten Arbeitnehmer nach § 3 Abs. 1 Nr. 3 sind schwerbehinderte Menschen und Gleichgestellte im Sinne des Neunten Buches Sozialgesetzbuch zu berücksichtigen.

DA zu § 7 AtG

7. Berechnungsvorschriften

7.1 Zahl der Beschäftigten des Unternehmens i. S. des § 3 Abs. 1 Nr. 2 Buchst. a und b

(1) Der maßgebende Beurteilungszeitraum für die Feststellung der Beschäftigtenzahl ist in den Fällen des § 7 Abs. 1 Satz 1 und Satz 2 das Kalenderjahr, das demjenigen vorausgeht, in dem die rechtswirksame Wiederbesetzung

erfolgt. In Fällen nach §7 Abs. 1 Satz 3 ist Beurteilungszeitraum dagegen das Kalenderjahr, in dem die rechtswirksame Wiederbesetzung erfolgt.

(2) Die maßgebende Beschäftigtenzahl ist unter Beachtung der Berechnungsvorschriften des § 7 Abs. 3 zu ermitteln. Grundsätzlich sind alle Beschäftigte einzubeziehen, unabhängig von ihrer Stellung. Damit sind z. B. im öffentlichen Dienst auch Beamte bei der Berechnung zu berücksichtigen. Schwerbehinderte Menschen und Gleichgestellte im Sinne des SGB IX sowie Auszubildende bleiben bei der Feststellung der Beschäftigtenzahl außer Betracht. Teilzeitbeschäftigte Arbeitnehmer mit einer regelmäßigen wöchentlichen Arbeitszeit von bis zu 20 Stunden werden mit 0,5 und von mehr als 20 bis 30 Stunden mit 0,75 in Ansatz gebracht. Altersteilzeitarbeitnehmer im Blockmodell werden in der Arbeitsphase voll berücksichtigt, in der Freistellungsphase hingegen nicht.

Im Falle des §7 Abs. 1 Satz 1 dürfen im Beurteilungszeitraum (vgl. DA 7.1 Satz 1) für einen Zeitraum (oder mehrere Zeiträume) von (insgesamt) mindestens acht Kalendermonaten nicht mehr als 50 Arbeitnehmer beschäftigt worden sein.

Bestand im Falle des §7 Abs. 1 Satz 2 das Unternehmen nicht während des ganzen maßgebenden Kalenderjahres (vgl. DA 7.1 Satz 1), darf der Arbeitgeber in der überwiegenden Zahl der Kalendermonate während des Zeitraumes des Bestehens des Unternehmens nicht mehr als 50 Arbeitnehmer beschäftigt haben. Wurde das Unternehmen erst in dem Kalenderjahr gegründet, in dem die rechtswirksame Wiederbesetzung erfolgt (vgl. § 7 Abs. 1 Satz 3) hat der Arbeitgeber für dieses Kalenderjahr (vgl. DA 7.1 Satz 2) der Agentur für Arbeit für die Feststellung der maßgebenden Unternehmensgröße glaubhaft darzulegen, dass er von der Art seines Unternehmens während der überwiegenden Zahl der Kalendermonate nicht mehr als 50 Arbeitnehmer beschäftigen wird.

Zur Feststellung der Beschäftigtenzahl bei Kleinunternehmen sowie eigenständigen Organisationseinheiten mit in der Regel nicht mehr als 50 Arbeitnehmern im maßgeblichen Beurteilungszeitraum steht der Vordruck AtG 3 zur Verfügung.

7.2 Zahl der in Altersteilzeit Beschäftigten i. S. des §3 Abs. 1 Nr. 3

(1) Bei der Festlegung der Quote des Überforderungsschutzes gem. § 3 Abs. 1 Nr. 3 ist für die Berechnung der Zahl der im Betrieb beschäftigten Arbeitnehmer grundsätzlich der Durchschnitt der Zahl der Arbeitnehmer der letzten zwölf Kalendermonate vor Beginn der Altersteilzeitarbeit des Arbeitnehmers maßgebend (vgl. § 7 Abs. 2). Schwerbehinderte Menschen und Gleichgestellte im Sinne des SGB IX sowie Auszubildende bleiben bei der Feststellung der Beschäftigtenzahl außer Betracht. Teilzeitbeschäftigte Arbeitnehmer mit einer regelmäßigen wöchentlichen Arbeitszeit von bis zu 20 Stunden werden mit 0,5 und von mehr als 20 bis 30 Stunden mit 0,75 in Ansatz gebracht (vgl. §7 Abs. 3).

(2) Bei der Ermittlung der Zahl der in Altersteilzeitarbeit beschäftigten Arbeitnehmer sind schwerbehinderte Menschen und diesen Gleichgestellte im Sinne des SGB IX jedoch zu berücksichtigen.

AtG

§ 8
Arbeitsrechtliche Regelungen

(1) Die Möglichkeit eines Arbeitnehmers zur Inanspruchnahme von Altersteilzeitarbeit gilt nicht als eine die Kündigung des Arbeitsverhältnisses durch den Arbeitgeber begründende Tatsache im Sinne des § 1 Abs. 2 Satz 1 des Kündigungsschutzgesetzes; sie kann auch nicht bei der sozialen Auswahl nach § 1 Abs. 3 Satz 1 des Kündigungsschutzgesetzes zum Nachteil des Arbeitnehmers berücksichtigt werden.

(2) Die Verpflichtung des Arbeitgebers zur Zahlung von Leistungen nach § 3 Abs. 1 Nr. 1 kann nicht für den Fall ausgeschlossen werden, dass der Anspruch des Arbeitgebers auf die Leistungen nach § 4 nicht besteht, weil die Voraussetzung des § 3 Abs. 1 Nr. 2 nicht vorliegt. Das Gleiche gilt für den Fall, dass der Arbeitgeber die Leistungen nur deshalb nicht erhält, weil er den Antrag nach § 12 nicht, nicht richtig, nicht vollständig oder nicht rechtzeitig gestellt hat oder seinen Mitwirkungspflichten nicht nachgekommen ist, ohne dass dafür eine Verletzung der Mitwirkungspflichten des Arbeitnehmers ursächlich war.

(3) Eine Vereinbarung zwischen Arbeitnehmer und Arbeitgeber über die Altersteilzeitarbeit, die die Beendigung der Arbeitsverhältnisse ohne Kündigung zu einem Zeitpunkt vorsieht, in dem der Arbeitnehmer Anspruch auf eine Rente nach Altersteilzeitarbeit hat, ist zulässig.

AtG

§ 8a
Insolvenzsicherung

(1) Führt eine Vereinbarung über die Altersteilzeitarbeit im Sinne von § 2 Abs. 2 zum Aufbau eines Wertguthabens, das den Betrag des Dreifachen des Regelarbeitsentgelts nach § 6 Abs. 1 einschließlich des darauf entfallenden Arbeitgeberanteils am Gesamtsozialversicherungsbeitrag übersteigt, ist der Arbeitgeber verpflichtet, das Wertguthaben einschließlich des darauf entfallenden Arbeitgeberanteils am Gesamtsozialversicherungsbeitrag mit der ersten Gutschrift in geeigneter Weise gegen das Risiko seiner Zahlungsunfähigkeit abzusichern. Bilanzielle Rückstellungen sowie zwischen Konzernunternehmen (§ 18 des Aktiengesetzes) begründete Einstandspflichten, insbesondere Bürgschaften, Patronatserklärungen oder Schuldbeitritte, gelten nicht als geeignete Sicherungsmittel im Sinne des Satzes 1.

(2) Bei der Ermittlung der Höhe des zu sichernden Wertguthabens ist eine Anrechnung der Leistungen nach § 3 Abs. 1 Nr. 1 Buchstabe a und b und § 4 Abs. 2 sowie der Zahlungen des Arbeitgebers zur Übernahme der Beiträge im Sinne des § 187 a des Sechsten Buches Sozialgesetzbuch unzulässig.

(3) Der Arbeitgeber hat dem Arbeitnehmer die zur Sicherung des Wertguthabens ergriffenen Maßnahmen mit der ersten Gutschrift und danach alle sechs Monate in Textform nachzuweisen. Die Betriebsparteien können eine andere gleichwertige Art und Form des Nachweises vereinbaren; Absatz 4 bleibt hiervon unberührt.

(4) Kommt der Arbeitgeber seiner Verpflichtung nach Absatz 3 nicht nach oder sind die nachgewiesenen Maßnahmen nicht geeignet und weist er auf schriftliche Aufforderung des Arbeitnehmers nicht innerhalb eines Monats eine geeignete Insolvenzsicherung des bestehenden Wertguthabens in Textform nach, kann der Arbeitnehmer verlangen, dass Sicherheit in Höhe des bestehenden Wertguthabens geleistet wird. Die Sicherheitsleistung kann nur erfolgen durch Stellung eines tauglichen Bürgen oder Hinterlegung von Geld oder solchen Wertpapieren, die nach § 234 Abs. 1 und 3 des Bürgerlichen Gesetzbuchs zur Sicherheitsleistung geeignet sind. Die Vorschriften der §§ 233, 234 Abs. 2, §§ 235 und 239 des Bürgerlichen Gesetzbuchs sind entsprechend anzuwenden.

(5) Vereinbarungen über den Insolvenzschutz, die zum Nachteil des in Altersteilzeitarbeit beschäftigten Arbeitnehmers von den Bestimmungen dieser Vorschrift abweichen, sind unwirksam.

(6) Die Absätze 1 bis 5 finden keine Anwendung gegenüber dem Bund, den Ländern, den Gemeinden, Körperschaften, Stiftungen und Anstalten des öffentlichen Rechts, über deren Vermögen die Eröffnung eines Insolvenzverfahrens nicht zulässig ist, sowie solchen juristischen Personen des öffentlichen Rechts, bei denen der Bund, ein Land oder eine Gemeinde kraft Gesetzes die Zahlungsfähigkeit sichert.

DA zu § 8 a AtG

8 a. Einführung einer zwingenden Insolvenzsicherung

(1) Um einen noch besseren Schutz der Wertguthaben der im sog. Blockmodell (Arbeitsphase mit anschließender gleichlanger Freistellungsphase) beschäftigten Arbeitnehmer zu gewährleisten, wurde eine spezielle Insolvenzsicherung im Altersteilzeitgesetz verbindlich vorgeschrieben. Hierbei handelt es sich um einen Anspruch des Arbeitnehmers, der ggf. durch Sicherheitsleistung auf arbeitsrechtlicher Basis durchsetzbar ist. Wird die Insolvenzsicherung durch den Arbeitgeber nicht beachtet, ergeben sich hieraus jedoch **keine förderrechtlichen** Konsequenzen.

8 a.1 Absicherung des Wertguthabens

(1) Ergibt sich aus der Vereinbarung zur Einführung der Altersteilzeitarbeit, dass ein Wertguthaben aufgebaut wird, das den Betrag des **dreifachen Regelarbeitsentgelts** (vgl. DA 3.1.1) einschließlich des darauf entfallenden Arbeitgeberanteils zur Gesamtsozialversicherung überschreitet, muss der Arbeitgeber das Wertguthaben in geeigneter Weise gegen das Risiko seiner Zahlungsunfähigkeit absichern. Eine Verrechnung von steuer- und beitragsfreien Aufstockungsleistungen mit den beitragspflichtigen Entgelten im Wertguthaben ist nicht zulässig. Für die Aufstockungsleistungen ist eine Insolvenzabsicherung nicht erforderlich.

(2) Die Verpflichtung zur Absicherung des Wertguthabens besteht mit **der ersten Gutschrift,** das heißt, ab dem Zeitpunkt, in dem der zu sichernde Anspruch auf das in der Freistellungsphase auszuzahlende Arbeitsentgelt entsteht.

8 a.2 Nachweis und Sicherheitsleistung des Arbeitgebers

(1) Der Arbeitgeber hat gegenüber dem Arbeitnehmer erstmals mit der ersten Gutschrift und anschließend alle sechs Monate die zur Sicherung ergriffenen Maßnahmen in Textform (§ 126 b BGB) **nachzuweisen.** Die Betriebsparteien können eine andere gleichwertige Art und Form des Nachweises vereinbaren.

(2) Kommt der Arbeitgeber seiner gesetzlichen Sicherungsverpflichtung nicht nach, hat der Arbeitnehmer einen gesetzlichen Anspruch auf **Sicherheitsleistung** in Höhe des bestehenden Wertguthabens gegen seinen Arbeitgeber.

8 a.3 Insolvenzsicherungsmodelle

(1) **Geeignete** Insolvenzsicherungsmodelle können z. B. sein:

- Bankbürgschaften,
- Absicherung im Wege dinglicher Sicherheiten (z. B. Verpfändung von Wertpapieren, insbesondere Fonds) zu Gunsten der Arbeitnehmer,
- bestimmte Versicherungsmodelle der Versicherungswirtschaft oder
- das Modell der doppelseitigen Treuhand.

(2) **Nicht zulässig** sind dagegen:

- bilanzielle Rückstellungen,
- zwischen Konzernunternehmen (§ 18 Aktiengesetz) begründete Einstandspflichten, insbesondere Bürgschaften, Patronatserklärungen oder Schuldbeitritte.

AtG

§ 9
Ausgleichskassen, gemeinsame Einrichtungen

(1) Werden die Leistungen nach § 3 Abs. 1 Nr. 1 aufgrund eines Tarifvertrages von einer Ausgleichskasse der Arbeitgeber erbracht oder dem Arbeitgeber erstattet, gewährt die Bundesagentur auf Antrag der Tarifvertragsparteien die Leistungen nach § 4 der Ausgleichskasse.

(2) Für gemeinsame Einrichtungen der Tarifvertragsparteien gilt Absatz 1 entsprechend.

AtG

§ 10
Soziale Sicherung des Arbeitnehmers

(1) Beansprucht ein Arbeitnehmer, der Altersteilzeitarbeit (§ 2) geleistet hat und für den der Arbeitgeber Leistungen nach § 3 Abs. 1 Nr. 1 erbracht hat, Arbeitslosengeld oder Arbeitslosenhilfe, erhöht sich das Bemessungsentgelt, das sich nach den Vorschriften des Dritten Buches Sozialgesetzbuch ergibt, bis zu dem Betrag, der als Bemessungsentgelt zugrunde zu legen wäre, wenn der Arbeitnehmer seine Arbeitszeit nicht im Rahmen der Altersteilzeit vermindert hätte. Kann der Arbeitnehmer eine Rente wegen Alters in Anspruch nehmen, ist von dem Tage an, an dem die Rente erstmals beansprucht werden kann, das Bemessungsentgelt maßgebend, das ohne die Erhöhung nach Satz 1 zugrunde zu legen gewesen wäre. Änderungsbescheide werden mit dem Tag wirksam, an dem die Altersrente erstmals beansprucht werden konnte.

(2) Bezieht ein Arbeitnehmer, für den die Bundesagentur Leistungen nach § 4 erbracht hat, Krankengeld, Versorgungskrankengeld, Verletztengeld oder Übergangsgeld und liegt der Bemessung dieser Leistungen ausschließlich die Altersteilzeit zugrunde oder bezieht der Arbeitnehmer Krankentagegeld von einem privaten Krankenversicherungsunternehmen, erbringt die Bundesagentur anstelle des Arbeitgebers die Leistungen nach § 3 Abs. 1 Nr. 1 in Höhe der Erstattungsleistungen nach § 4. Satz 1 gilt soweit und solange nicht, als Leistungen nach § 3 Abs. 1 Nr. 1 vom Arbeitgeber erbracht werden. Durch die Leistungen darf der Höchstförderzeitraum nach § 4 Abs. 1 nicht überschritten werden. § 5 Abs. 1 gilt entsprechend.

(3) Absatz 2 gilt entsprechend für Arbeitnehmer, die nur wegen Inanspruchnahme der Altersteilzeit nach § 2 Abs. 1 Nr. 1 und Nr. 2 des Zweiten Gesetzes über die Krankenversicherung der Landwirte versicherungspflichtig in der Krankenversicherung der Landwirte sind, soweit und solange ihnen Krankengeld gezahlt worden wäre, falls sie nicht Mitglied einer landwirtschaftlichen Krankenkasse geworden wären.

(4) Bezieht der Arbeitnehmer Kurzarbeitergeld oder Winterausfallgeld, gilt für die Berechnung der Leistungen des § 3 Abs. 1 Nr. 1 und des § 4 das Entgelt für die vereinbarte Arbeitszeit als Arbeitsentgelt für die Altersteilzeitarbeit.

(5) Sind für den Arbeitnehmer Aufstockungsleistungen nach § 3 Abs. 1 Nr. 1 Buchstabe a und b gezahlt worden, gilt in den Fällen der nicht zweckentsprechenden Verwendung von Wertguthaben für die Berechnung der Beiträge zur gesetzlichen Rentenversicherung der Unterschiedsbetrag zwischen dem Betrag, den der Arbeitgeber der Berechnung der Beiträge nach § 3 Abs. 1 Nr. 1 Buchstabe b zugrunde gelegt hat, und dem Doppelten des Regelarbeitsentgelts bis zum Zeitpunkt der nicht zweckentsprechenden Verwendung, höchstens bis zur Beitragsbemessungsgrenze, als beitragspflichtige Einnahme aus dem Wertguthaben; für die Beiträge zur Krankenversicherung, Pflegeversicherung oder nach dem Recht der Arbeitsförderung gilt § 23 b Abs. 2 bis 3 des Vierten Buches Sozialgesetzbuch. Im Falle der Zahlungsunfähigkeit des Arbeitgebers gilt Satz 1 entsprechend, soweit Beiträge gezahlt werden.

DA zu § 10 AtG

10. Soziale Sicherung des älteren Arbeitnehmers

10.1 Entgeltersatzleistungen nach dem SGB III

(1) Wird die Altersteilzeitarbeit vor Eintritt in die Altersrente beendet (z. B. Insolvenz des Arbeitgebers) und sind die Voraussetzungen für den Bezug von Arbeitslosengeld oder Arbeitslosenhilfe erfüllt, werden die Entgeltersatzleistungen nach dem Arbeitsentgelt bemessen, das der Arbeitnehmer erzielt hätte, wenn er seine Arbeitszeit nicht im Rahmen der Altersteilzeitarbeit vermindert hätte (§ 10 Abs. 1). Das gilt aber nur bis zu jenem Zeitpunkt, zu dem der Arbeitnehmer eine Rente wegen Alters (ggf. auch mit einer Rentenminderung) in Anspruch nehmen kann. Wird die Rente nicht in Anspruch genommen, ist das Bemessungsentgelt ohne Berücksichtigung der genannten Sonderregelung neu festzusetzen (DA 1.2.5 zu § 134 SGB III). Von einem höheren Bemessungsentgelt als dem für die Altersteilzeitarbeit ist immer bei Eintritt der Arbeitslosigkeit in der **Arbeitsphase** des Altersteilzeitblockmodells auszugehen. Bei Anwendung der §§ 131 Abs. 2 Nr. 2 (ab 1. 1. 2005: § 130 Abs. 2 Nr. 4 SGB III) sowie 134 Abs. 2 Nr. 4 SGB III (ab 1. 1. 2005: § 131 Abs. 3 Nr. 2 SGB III) besteht keine Begrenzung des Bemessungsprivilegs auf den Zeitpunkt mit Anspruch auf eine (geminderte) Rente.

(2) Wird während der Altersteilzeitarbeit Kurzarbeitergeld oder Winterausfallgeld bezogen (§ 10 Abs. 4), hat der Arbeitgeber die Aufstockungsleistungen nach dem AtG in dem Umfang zu erbringen, als ob der Arbeitnehmer die vereinbarte Arbeitszeit gearbeitet hätte.

10.2 Entgeltersatzleistungen anderer Leistungsträger

10.2.1 BA tritt bei Bezug von Krankengeld (u. a. Leistungen) an die Stelle des Arbeitgebers

(1) Die Aufstockungsbeträge zum Arbeitsentgelt und die zusätzlichen Beiträge zur Rentenversicherung sind nicht sozialversicherungspflichtig. Sie werden bei der Bemessung des

- Krankengeldes
- Versorgungskrankengeldes
- Verletztengeldes
- Übergangsgeldes

nicht berücksichtigt. Deshalb tritt in Fällen des Bezuges einer solchen Entgeltersatzleistung die BA an die Stelle des Arbeitgebers (§ 10 Abs. 2 Satz 1) und leistet den Aufstockungsbetrag zum Arbeitsentgelt unmittelbar an den Arbeitnehmer.

(2) Versicherungsfreie und von der Versicherungspflicht befreite Arbeitnehmer (vgl. insbesondere § 6 Abs. 1 Nr. 1 und § 8 Abs. 1 Nr. 1 SGB V), die bei einem privaten Krankenversicherungsunternehmen versichert sind, können – in Abhängigkeit vom jeweiligen Versicherungsvertrag – eine dem Krankengeld vergleichbare Entgeltersatzleistung **(Krankentagegeld)** erhalten. Die Aufstockungsleistungen (§ 3 Abs. 1 Nr. 1) sind unter den Voraussetzungen des § 10 Abs. 2 auch an Arbeitnehmer zu erbringen, die bei Arbeitsunfähigkeit während der Altersteilzeitarbeit Krankentagegeld von einem privaten Krankenversicherungsunternehmen erhalten. Sieht der private Versicherungsvertrag keinen Anspruch auf Krankentagegeld vor, scheidet die Anwendung des § 10 Abs. 2 aus. Zu den rentenrechtlichen Besonderheiten vgl. DA Abs. 3.

(3) Zusätzliche Beiträge aus dem Unterschiedsbetrag gem. § 163 Abs. 5 Satz 2 i. V. m. Satz 1 SGB VI für Bezieher von Krankentagegeld (vgl. DA Abs. 2) erfordern einen Grundbeitrag. Für einen arbeitsunfähigen Arbeitnehmer, der Krankengeld von der gesetzlichen Krankenversicherung erhält, zahlt die Krankenkasse Pflichtbeiträge aufgrund des Krankengeldbezuges. Ein Arbeitnehmer, der kein Krankengeld aus der gesetzlichen Krankenversicherung erhält, muss daher über die Antragspflichtversicherung nach § 4 Abs. 3 Satz 1 Nr. 2 SGB VI für den Grundbeitrag sorgen, damit die BA oder der Arbeitgeber den für die Altersteilzeit maßgebenden zusätzlichen Beitrag aus dem Unterschiedsbetrag zahlen kann. Der Grundbeitrag ist vom Versicherten allein zu tragen (§ 170 Abs. 1 Nr. 5 SGB VI). Für Arbeitnehmer, die Krankentagegeld beziehen und keinen Antrag nach § 4 Abs. 3 Satz 1 Nr. 2 SGB VI stellen, können – bei Vorliegen der sonstigen Voraussetzungen – allein die Aufstockungsleistungen nach § 3 Abs. 1 Nr. 1 Buchst. a) erbracht werden.

(4) § 10 Abs. 2 Satz 1 findet grundsätzlich entsprechende Anwendung für ältere Arbeitnehmer, die nach § 2 Abs. 1 Nr. 1 und Nr. 2 des Zweiten Gesetzes

über die Krankenversicherung der Landwirte versicherungspflichtig in der Krankenversicherung der Landwirte sind und Krankengeld deshalb nicht erhalten (§ 10 Abs. 3).

(5) § 10 Abs. 2 kommt nur zur Anwendung, wenn die BA für den Arbeitnehmer bereits einmal Leistungen nach § 4 an den Arbeitgeber erbracht hat (d. h., dass u. a. die Wiederbesetzung rechtswirksam erfolgt sein muss). Bei Bezug von Krankengeld bzw. einer dem Krankengeld vergleichbaren Leistung (nicht Krankentagegeld) darf für die Bemessung dieser Leistung ausschließlich das Entgelt für die Altersteilzeit herangezogen worden sein. Aufstockungsleistungen nach § 10 Abs. 2 sind auch dann weiterhin von der BA zu erbringen, wenn während der Zeit des Bezuges von Krankengeld (einer vergleichbaren Leistung) oder Krankentagegeld die ursprünglich rechtswirksam erfolgte Wiederbesetzung nicht mehr aufrechterhalten werden kann.

(6) Im Übrigen darf durch die Leistungen nach § 10 Abs. 2 der Höchstförderungszeitraum von 6 Jahren nicht überschritten werden.

(7) Die Beiträge zur gesetzlichen Rentenversicherung werden dem individuellen Versichertenkonto beim zuständigen Rentenversicherungsträger direkt gutgeschrieben.

(8) Trägt im Falle des Bezuges von Krankengeld (einer vergleichbaren Leistung) oder Krankentagegeld allein die BA die Leistungen nach § 3 Abs. 1 Nr. 1, sind diese im Erstattungsverfahren nach § 12 Abs. 2 und 3 i. V. m. § 4 auszuklammern (zum Antragsverfahren siehe DA 12.2 Abs. 4). Dies geschieht bei vereinbarter Nacharbeit automatisch, da erst im Anschluss hieran die förderrechtlich wirksame Wiederbesetzung vorgenommen werden kann und erst im Anschluss an die Nacharbeit Leistungen gem. § 4 gewährt werden. In Fällen, in denen keine Nacharbeit vereinbart wurde, der Arbeitgeber also Wertguthaben für die Freistellungsphase des Altersteilzeitarbeitnehmers einstellt, beginnt die Freistellungsphase grundsätzlich zum vereinbarten Zeitpunkt, zu dem auch die rechtswirksame Wiederbesetzung vorgenommen werden muss. Um den Zeitraum mit Bezug von Krankengeld in der Arbeitsphase und Gewährung von Leistungen gem. § 10 Abs. 2 in der Freistellungsphase unberücksichtigt zu lassen, ist der Krankengeldzeitraum in die Freistellungsphase zu spiegeln. Für den entsprechenden Zeitraum werden dann Leistungen gem. § 4 lediglich in einfacher Höhe gewährt.

Beispiele:

I. Nacharbeit wurde vereinbart

(9) Blockmodell mit Verteilzeitraum	4 Jahre
Arbeitsphase	18 Monate
daran anschließender KG-Bezug	6 Monate
Nacharbeit	3 Monate
Freistellungsphase	21 Monate

Der Arbeitgeber erhält Erstattungsleistungen gem. § 4 für die verbleibende Dauer der Freistellungsphase von 21 Monaten in doppelter Höhe. Insgesamt also für 42 Monate Altersteilzeitarbeit. Der Zeitraum mit KG-Bezug (6 Monate) und Leistungen nach § 10 Abs. 2 ist ausgeklammert.

II. Nacharbeit wurde nicht vereinbart

Blockmodell (je 2 Jahre Arbeits- u. Freistellungsphase)	1. 1. 2001 – 31. 12. 2004
KG-Bezug	1. 5. 2001 – 31. 10. 2001
Freistellungsphase ab	1. 1. 2003
Spiegelung KG-Bezug in Freistellungsphase	1. 5. 2003 – 31. 10. 2003

Der Arbeitgeber erhält Erstattungsleistungen ab 1. 1. 2003 gem. § 4 in doppelter Höhe und für die Zeit vom 1.5. – 31. 10. 2003 in einfacher Höhe, insgesamt also für 42 Monate.

Zur Darstellung von spiegelbildlichen Zeiträumen in der Abrechnungsliste (Vordruck AtG 300) siehe DA 12.3.

(10) Erbringt die BA im Falle des Bezuges von Krankengeld (einer vergleichbaren Leistung) oder Krankentagegeld auf der Grundlage des § 10 Abs. 2 Satz 1 Leistungen nach § 3 Abs. 1 Nr. 1 Buchst. a, bemessen sich diese nach der **Höhe der Erstattungsleistungen i. S. des § 4.**

Maßgebend für die Höhe dieser Leistungen sind die für den jeweiligen Basismonat festgelegten Förderfestbeträge (vgl. hierzu insbesondere DA 4.2 Abs. 1 und 4).

10.2.2 Arbeitgeber erbringt auch bei Bezug von Krankengeld (u. a. Leistungen) Leistungen nach § 3 Abs. 1 Nr. 1

(1) Die Neuregelung in § 10 Abs. 2 Satz 2 sieht vor, dass bei Bezug von Krankengeld einer vergleichbaren Leistung oder Krankentagegeld nicht mehr nur die BA die Aufstockungsleistungen direkt an den in Altersteilzeit Beschäftigten zu erbringen hat, sondern diese Leistungen zukünftig der Arbeitgeber – anstelle der BA – übernehmen kann. Einer besonderen Abtretung der Ansprüche durch den Arbeitnehmer bedarf es nicht. Macht der Arbeitgeber von dieser Regelung Gebrauch, hat er – neben den Aufstockungsleistungen zum Arbeitsentgelt (§ 3 Abs. 1 Nr. 1 Buchst. a) auch die zusätzlichen Beiträge zur gesetzlichen Rentenversicherung (§ 3 Abs. 1 Nr. 1 Buchst. b) an den Rentenversicherungsträger zu entrichten.

(2) Hat der Arbeitgeber die Leistungen nach § 10 Abs. 2 Satz 2 anstelle der BA erbracht, hat er im Falle der Wiederbesetzung des freigemachten Arbeitsplatzes einen entsprechenden Erstattungsanspruch gegen diese nach § 12 Abs. 2 Satz 4 i. V. m. § 4; vgl. hierzu auch DA 12.2 Abs. 5 (der Arbeitnehmer erhält von der BA darüber hinaus keine weiteren Leistungen). DA 10.2 Abs. 5 Satz 3 findet keine Anwendung. Die Höhe der Leistungen, die der

Arbeitgeber an den **Arbeitnehmer** erbringen muss, richtet sich nach dem aktuellen Regelarbeitsentgelt (vgl. DA 3.1.1), die Erstattungsleistungen des **Arbeitgebers** nach der Höhe der Leistungen i. S. des § 4 (vgl. hierzu insbesondere DA 4.2 Abs. 1 und 4).

10.2.3 Zuerkennung einer Rente wegen voller Erwerbsminderung

(1) Fällt der Anspruch auf Krankengeld (bzw. auf eine vergleichbare Leistung i. S. des § 10 Abs. 2) wegen der (rückwirkenden) Zuerkennung einer Rente wegen voller Erwerbsminderung (§ 43 Abs. 2 SGB VI) nach § 50 Abs. 1 Satz 1 Nr. 1 SGB V weg, entfällt auch (rückwirkend) der Anspruch auf die Aufstockungsbeträge i. S. des § 10 Abs. 2.

Gleichwohl ist der Bewilligungsbescheid (Vordruck BA II AtG 18 – 6.00) **nur mit Wirkung für die Zukunft** nach § 48 Abs. 1 Satz 1 SGB X aufzuheben; § 37 Abs. 2 SGB X ist zu beachten. Vgl. auch DA 5.3 Abs. 3.

(2) Die Aufstockungsbeträge zum Arbeitsentgelt, die die BA an Stelle des Arbeitgebers gem. § 10 Abs. 2 erbringt, zählen zu den Sozialleistungen i. S. des § 19 b SGB I. Damit steht der BA grundsätzlich ein Erstattungsanspruch nach § 103 SGB X zu, der gleichrangig neben dem Erstattungsanspruch der Krankenkasse besteht (vgl. § 106 Abs. 2 Satz 1 SGB X).

(3) Im Falle des Bezugs von Übergangsgeld gem. § 20 SGB VI findet § 103 SGB X keine Anwendung, da das Übergangsgeld auf die Rente wegen voller Erwerbsminderung (§ 33 Abs. 3 SGB VI) **angerechnet** wird; der Anspruch auf Übergangsgeld bleibt dem Grunde und der Höhe nach weiter bestehen (§ 116 Abs. 3 SGB VI).

(4) Auf Grund der Erfüllungsfiktion des § 107 SGB X gelten die zum Krankengeld gezahlten Aufstockungsbeträge als Leistung des vorrangigen Leistungsträgers. Das bedeutet, dass ein Ausgleich der gleichzeitig gezahlten Sozialleistungen zwischen den Leistungsträgern stattfindet, und zwar ohne **rückwirkende** Aufhebung des die Aufstockungsleistungen bewilligenden Verwaltungsaktes.

(5) Der Erstattungsanspruch der BA nach § 103 SGB X ist dem Rentenversicherungsträger – nach Mitteilung, dass Rente wegen voller Erwerbsminderung beantrag wurde – zunächst dem Grunde nach anzuzeigen (Vordruck AtG 504) und nach Zuerkennung der Rente mit dem Vordruck AtG 510 der Höhe nach geltend zu machen. Der Erstattungsanspruch umfasst den Zeitraum, für den gleichzeitig sowohl Rente wegen voller Erwerbsminderung zuerkannt wurde als auch Leistungen nach § 10 Abs. 2 erbracht wurden.

(6) Reicht der Nachzahlungsanspruch aus der Rente nicht aus, um den Erstattungsanspruch der BA vollständig erfüllen zu können, hat es damit sein Bewenden. Das bedeutet, dass der Anspruchsberechtigte zur Erstattung des nichterfüllten Betrages **nicht** herangezogen werden kann.

(7) Der Erstattungsanspruch der BA bezieht sich nicht auf die zusätzlich entrichteten Beiträge aus dem Regelarbeitsentgelt i. S. des § 3 Abs. 1 Nr. 1

Buchst. b; die Beiträge gelten für den Fall der rückwirkenden Zuerkennung der Rente wegen voller Erwerbsminderung als zu Recht entrichtet (vgl. RdErl 52/96 – 7155.2/... – DA 3.3).

Weitere Ausführungen zum Bezug einer Rente wegen voller Erwerbsminderung siehe DA 5.3 Abs. 3.

AtG

§ 11
Mitwirkungspflichten des Arbeitnehmers

(1) Der Arbeitnehmer hat Änderungen der ihn betreffenden Verhältnisse, die für die Leistungen nach § 4 erheblich sind, dem Arbeitgeber unverzüglich mitzuteilen. Werden im Fall des § 9 die Leistungen von der Ausgleichskasse der Arbeitgeber oder der gemeinsamen Einrichtung der Tarifvertragsparteien erbracht, hat der Arbeitnehmer Änderungen nach Satz 1 diesen gegenüber unverzüglich mitzuteilen.

(2) Der Arbeitnehmer hat der Bundesagentur die dem Arbeitgeber zu Unrecht gezahlten Leistungen zu erstatten, wenn der Arbeitnehmer die unrechtmäßige Zahlung dadurch bewirkt hat, dass er vorsätzlich oder grob fahrlässig

1. Angaben gemacht hat, die unrichtig oder unvollständig sind, oder
2. der Mitteilungspflicht nach Absatz 1 nicht nachgekommen ist.

Die zu erstattende Leistung ist durch schriftlichen Verwaltungsakt festzusetzen. Eine Erstattung durch den Arbeitgeber kommt insoweit nicht in Betracht.

DA zu § 11 AtG

11. Erstattungsansprüche

(1) Der Arbeitnehmer hat alle Änderungen, die die Höhe der Leistung und deren Dauer beeinflussen können, dem Arbeitgeber bzw. der Ausgleichskasse/gemeinsamen Einrichtung der Tarifvertragsparteien unverzüglich anzuzeigen (§ 11 Abs. 1). Der Arbeitgeber bestätigt mit dem Antrag auf Anerkennung der Voraussetzungen bzw. auf Vorabentscheidung, den in Altersteilzeit beschäftigten Arbeitnehmer auf die Mitwirkungspflichten hingewiesen zu haben. Die Mitwirkungspflichten des Arbeitgebers als Empfänger der Leistungen nach dem AtG ergeben sich aus den §§ 60 ff. Erstes Buch Sozialgesetzbuch (SGB I). Gleiches gilt, wenn der Arbeitnehmer Leistungen nach § 10 Abs. 2 unmittelbar von der BA erhält.

(2) § 11 Abs. 2 Satz 1 bestimmt die Voraussetzungen für eine Erstattungspflicht des Arbeitnehmers. Zwischen dem pflichtwidrigen Verhalten des Arbeitnehmers und der unrechtmäßigen Leistungsgewährung an den Arbeitgeber muss ein adäquater Kausalzusammenhang bestehen. Leichte Fahrlässigkeit verpflichtet den Arbeitnehmer nicht zur Erstattung der Leis-

tung. Wurden Leistungen nach § 10 Abs. 2 Satz 1 durch die BA unmittelbar an den Arbeitnehmer zu Unrecht erbracht, finden die §§ 45, 48, 50 SGB X (und nicht § 11 Abs. 2) Anwendung.

(3) Ist der Arbeitnehmer seiner Anzeigepflicht nach § 11 Abs. 1 nachgekommen und hat der Arbeitgeber/die Ausgleichskasse versäumt, die sich hieraus ergebenden Verpflichtungen gegenüber der BA zu erfüllen, finden in Bezug auf den Arbeitgeber die §§ 45, 48, 50 SGB X Anwendung. Gleiches gilt, wenn der Arbeitgeber den ihm nach § 60 SGB I obliegenden Mitwirkungspflichten nicht nachkommt und deshalb Leistungen nach § 4 zu Unrecht gewährt werden.

AtG

§ 12
Verfahren

(1) Die Agentur für Arbeit entscheidet auf schriftlichen Antrag des Arbeitgebers, ob die Voraussetzungen für die Erbringung von Leistungen nach § 4 vorliegen. Der Antrag wirkt vom Zeitpunkt des Vorliegens der Anspruchsvoraussetzungen, wenn er innerhalb von drei Monaten nach deren Vorliegen gestellt wird, andernfalls wirkt er vom Beginn des Monats der Antragstellung. In den Fällen des § 3 Abs. 3 kann die Agentur für Arbeit auch vorab entscheiden, ob die Voraussetzungen des § 2 vorliegen. Mit dem Antrag sind die Namen, Anschriften und Versicherungsnummern der Arbeitnehmer mitzuteilen, für die Leistungen beantragt werden. Zuständig ist die Agentur für Arbeit, in deren Bezirk der Betrieb liegt, in dem der Arbeitnehmer beschäftigt ist. Die Bundesagentur erklärt eine andere Agentur für Arbeit für zuständig, wenn der Arbeitgeber dafür ein berechtigtes Interesse glaubhaft macht.

(2) Die Höhe der Leistungen nach § 4 wird zu Beginn des Erstattungsverfahrens in monatlichen Festbeträgen für die gesamte Förderdauer festgelegt. Die monatlichen Festbeträge werden nur angepasst, wenn sich das berücksichtigungsfähige Regelarbeitsentgelt um mindestens 10 Euro verringert. Leistungen nach § 4 werden auf Antrag erbracht und nachträglich jeweils für den Kalendermonat ausgezahlt, in dem die Anspruchsvoraussetzungen vorgelegen haben. Leistungen nach § 10 Abs. 2 werden auf Antrag des Arbeitnehmers oder, im Fall einer Leistungserbringung des Arbeitgebers an den Arbeitnehmer gemäß § 10 Abs. 2 Satz 2, auf Antrag des Arbeitgebers monatlich nachträglich ausgezahlt.

(3) In den Fällen des § 3 Abs. 3 werden dem Arbeitgeber die Leistungen nach Absatz 1 erst von dem Zeitpunkt an ausgezahlt, in dem der Arbeitgeber auf dem freigemachten oder durch Umsetzung freigewordenen Arbeitsplatz einen Arbeitnehmer beschäftigt, der bei Beginn der Beschäftigung die Voraussetzungen des § 3 Abs. 1 Nr. 2 erfüllt hat. Endet die Altersteilzeitarbeit in den Fällen des § 3 Abs. 3 vorzeitig, erbringt die Agentur für Arbeit dem

Arbeitgeber die Leistungen für zurückliegende Zeiträume nach Satz 3, solange die Voraussetzungen des § 3 Abs. 1 Nr. 2 erfüllt sind und soweit dem Arbeitgeber entsprechende Aufwendungen für Aufstockungsleistungen nach § 3 Abs. 1 Nr. 1 und § 4 Abs. 2 verblieben sind. Die Leistungen für zurückliegende Zeiten werden zusammen mit den laufenden Leistungen jeweils in monatlichen Teilbeträgen ausgezahlt. Die Höhe der Leistungen für zurückliegende Zeiten bestimmt sich nach der Höhe der laufenden Leistungen.

(4) Über die Erbringung von Leistungen kann die Agentur für Arbeit vorläufig entscheiden, wenn die Voraussetzungen für den Anspruch mit hinreichender Wahrscheinlichkeit vorliegen und zu ihrer Feststellung voraussichtlich längere Zeit erforderlich ist. Auf Grund der vorläufigen Entscheidung erbrachte Leistungen sind auf die zustehende Leistung anzurechnen. Sie sind zu erstatten, soweit mit der abschließenden Entscheidung ein Anspruch nicht oder nur in geringerer Höhe zuerkannt wird.

DA zu § 12 AtG

12. Antragstellung und Auszahlung der Leistungen

12.1 Antragstellung

(1) Leistungen können nur auf Antrag gewährt werden. Die Agentur für Arbeit entscheidet, ob die Voraussetzungen für die Förderleistungen (§§ 2 und 3) vorliegen. Der Arbeitgeber hat die erforderliche Wiederbesetzung darzulegen.

(2) Da die Wiederbesetzung im Blockmodell erst in der Freistellungsphase des älteren Arbeitnehmers erfolgt, kann die Agentur für Arbeit auf Antrag des Arbeitgebers auch vorab entscheiden, ob die Voraussetzungen des § 2 vorliegen und der Arbeitnehmer zum Personenkreis der begünstigten älteren Arbeitnehmer gehört (§ 12 Abs. 1 Satz 3). Änderungen, die im Zeitraum von der Vorabentscheidung bis zur tatsächlichen Wiederbesetzung eintreten, können den Bestand der Vorabentscheidung beeinflussen.

(3) Zuständig für die Entscheidung über den Anerkennungsantrag (und den Antrag auf Vorabentscheidung) ist grundsätzlich die Agentur für Arbeit, in deren Bezirk der Betrieb liegt, in dem der Arbeitnehmer beschäftigt ist. Wendet sich der Arbeitgeber bei Vorliegen sachlicher Gründe an eine andere Agentur, erklärt die BA diese Agentur für zuständig, wenn der Arbeitgeber dafür ein berechtigtes Interesse glaubhaft macht (§ 12 Abs. 1 Satz 6). Ein berechtigtes Interesse wird in aller Regel vorliegen, wenn ein überregional (z. B. bundesweit) tätiger Arbeitgeber seine Anträge zentral bei einer Agentur bearbeiten und entscheiden lassen will und durch die besondere Zuständigkeit der Verwaltungsaufwand (auch im Hinblick auf eine einheitliche Entscheidungspraxis) reduziert werden kann.

Die Entscheidungsbefugnis für die Erklärung der Zuständigkeit nach § 12 Abs. 1 Satz 6 wird bis auf Weiteres auf die Agentur für Arbeit übertragen, bei der der Arbeitgeber die zentrale Bearbeitungs- und Entscheidungszuständigkeit beantragt. Die Erklärung der Zuständigkeit kann mit Vordruck AtG 102 erfolgen.

In Zweifelsfällen entscheiden die Regionaldirektionen. Sind von der Entscheidung mehrere Regionaldirektionen betroffen und kommt eine Einigung nicht zustande, ergeht die Zuständigkeitserklärung durch die Zentrale.

(4) Die Entscheidung über Anerkennungsanträge von Arbeitgebern, deren (für den Beschäftigungsbetrieb) zuständige Lohnabrechnungsstelle im Bezirk einer anderen Agentur für Arbeit liegt, ist der für die Bearbeitung des Antrages nach § 4 zuständigen Agentur mitzuteilen (vgl. DA 12.2 Abs. 1). Dabei kann die Übersendung wichtiger Unterlagen zweckmäßig sein wie z. B. Anerkennungsantrag mit Anlagen, Verfügung, Bescheid. Das weitere Verfahren sollte sich insoweit an den für das Arbeitsgebiet Kurzarbeitergeld bestehenden Rahmenregelungen orientieren.

(5) Der Antrag ist innerhalb von **drei** Monaten nach Vorliegen der Fördervoraussetzungen zu stellen. Wird der Antrag danach gestellt, wirkt er erst vom Beginn des Monats der Antragstellung an (§ 12 Abs. 1 Satz 2). Bei der in § 12 Abs. 1 Satz 2 genannten Dreimonatsfrist handelt es sich um eine Verfahrensfrist, bei der die Wiedereinsetzung in den vorigen Stand in Fällen unverschuldeter Fristversäumnis nach § 27 SGB X zu beurteilen ist.

12.2 Auszahlung der Leistungen

(1) § 12 enthält keine Zuständigkeitsregelung für die Bearbeitung und Entscheidung von Leistungsanträgen i. S. des § 12 Abs. 2. In Anlehnung an die Vorschrift des § 327 Abs. 3 SGB III sollten die Leistungsanträge grundsätzlich bei der Agentur für Arbeit gestellt werden, in deren Bezirk die für den Arbeitgeber zuständige Lohnabrechnungsstelle liegt.

(2) Die Förderleistungen nach § 4 sind durch den Arbeitgeber zu beantragen (§ 12 Abs. 2 Satz 3 AtG). Der Antrag, der an keine Frist gebunden ist, wirkt für die **gesamte** Förderdauer. Der Erstattungsanspruch unterliegt der Verjährung (vgl. § 45 SGB I). Die Leistungen, deren Höhe zu Beginn der Förderung in monatlichen Festbeträgen festgelegt werden (vgl. DA 4.2), werden nachträglich jeweils für einen Kalendermonat ausgezahlt, in dem die Anspruchsvoraussetzungen vorgelegen haben.

(3) Die Festbeträge werden nur angepasst, wenn sich das berücksichtigungsfähige Regelarbeitsentgelt auf vertraglicher Grundlage um mindestens 10 Euro vermindert (vgl. DA 4.2.3 Abs. 5 und 6).

(4) Die Leistungen nach § 10 Abs. 2 Satz 1 i. V. m. § 3 Abs. 1 Nr. 1 die die BA für die Dauer des Bezuges von Krankengeld, einer vergleichbaren Leistung oder des Bezuges von Krankentagegeld anstelle des Arbeitgebers erbringt (vgl. DA 10.2.1), werden auf Antrag des Arbeitnehmers monatlich nachträglich ausgezahlt. Der Antrag ist an keine Frist gebunden. Der Anspruch unterliegt jedoch der Verjährung (vgl. § 45 SGB I).

(5) Werden in den Fällen des § 10 Abs. 2 die Leistungen nach § 3 Abs. 1 Nr. 1 vom Arbeitgeber erbracht (vgl. DA 10.2.2), sind sie durch diesen zu beantragen (der Vordruck AtG 300 A enthält bereits den entsprechenden Antrag). Die Leistungen werden monatlich nachträglich ausgezahlt. Der Antrag ist an keine Frist gebunden. DA Abs. 2 gilt entsprechend.

12.3 Auszahlung der Leistungen im Blockmodell

(1) Wird die Altersteilzeitarbeit im Blockmodell durchgeführt und erfolgt die rechtswirksame Wiederbesetzung des freigemachten/freigewordenen Arbeitsplatzes demzufolge erst nach Ablauf der Arbeitsphase, werden Leistungen der BA erst ab dem Zeitpunkt der Wiederbesetzung gezahlt (§ 12 Abs. 3). In diesem Fall erfassen die monatlichen Förderleistungen, die für Zeiten der Freistellung erbracht werden, auch den jeweils ältesten Monat der Arbeitsphase und werden immer für die Zeit erbracht, die durch die Wiederbesetzung abgedeckt ist. Die Förderleistungen werden daher im Blockmodell grundsätzlich in doppelter Höhe gezahlt, sofern dem Arbeitgeber für die Arbeitsphase tatsächlich Aufwendungen entstanden sind. Die Höhe der Leistung für zurückliegende Zeiten bestimmt sich nach der Höhe der laufenden Leistung in der Freistellungsphase.

(2) DA Abs. 1 gilt auch für Fälle des § 10 Abs. 2 Satz 2, wenn der Arbeitgeber bei Bezug von Krankengeld, einer vergleichbaren Leistung oder Krankentagegeld Leistungen nach § 3 Abs. 1 Nr. 1 erbringt (vgl. DA 10.2.2). Werden diese Leistungen hingegen von der BA gewährt (vgl. DA 10.2.1), sind sie im Erstattungsverfahren nach § 12 Abs. 3 auszuklammern (vgl. DA 10.2.1 Abs. 8).

(3) In Fällen, in denen im Blockmodell unbezahlte Fehlzeiten vorliegen (vgl. DA 2.2 Abs. 19), mindern Zeiten ohne Anspruch auf Arbeitsentgelt in der Arbeitsphase den Erstattungsanspruch in der Freistellungsphase. Die Teilmonatsberechnung richtet sich nach DA 4.2.3 Abs. 4.

Beispiele:

(4) Blockmodell:	1. 1. 2005 – 31. 12. 2006
Regelarbeitsentgelt monatlich:	1500 EUR
unbezahlter Urlaub:	15. 10. 2005 – 14. 11. 2005

I. Aufstockung des Regelarbeitsentgelts:

Aufstockungsbetrag Okt./Nov. 2006

= je 300 EUR

Teilmonatsberechnung für Okt. 2005

= 300 EUR : 30 × 14 = 140 EUR

Teilmonatsberechnung für Nov. 2005

= 300 EUR : 30 × 16 = 160 EUR

Erstattung für Oktober 2006
= 300 EUR + 140 EUR = 440 EUR
Erstattung für November 2006
= 300 EUR + 160 EUR = 460 EUR

II. Zusätzliche Beiträge zur Rentenversicherung:
80 v. H. des Regelarbeitsentgelts Okt./Nov. 2006
= je 1200 EUR
Teilmonatsberechnung für Okt. 2005
= 1200 EUR : 30 × 14 = 560 EUR
Teilmonatsberechnung für Nov. 2005
= 1200 EUR : 30 × 16 = 640 EUR
Erstattung für Oktober 2006
= 1760 EUR × 19,5% = 343,20 EUR
Erstattung für November 2006
= 1840 EUR × 19,5% = 358,80 EUR

(5) § 12 Abs. 3 Satz 2 stellt sicher, dass der Arbeitgeber den Anspruch auf Förderleistungen für zurückliegende Zeiten im Blockmodell nicht dadurch verliert, dass die Altersteilzeitarbeit vorzeitig beendet wird. Dem Arbeitgeber müssen aber die entsprechenden Aufwendungen für die Aufstockungsleistungen tatsächlich verblieben sein. Die Aufstockungsbeträge dürfen daher nicht mit fälligen Arbeitsentgeltansprüchen des Arbeitnehmers aufgerechnet worden sein.

(6) Der Anspruch auf die Förderleistungen i. S. des § 12 Abs. 3 Satz 2 setzt die Wiederbesetzung (§ 3 Abs. 1 Nr. 2) voraus. Sie muss zeitlich mindestens der Dauer des zurückliegenden Zeitraums entsprechen, für den Leistungen beansprucht werden. DA 5.1 Abs. 4 bleibt unberührt.

(7) § 12 Abs. 3 Satz 2 findet analog Anwendung, wenn der Anspruch auf Förderleistungen aufgrund eines Tatbestands nach § 5 AtG vorzeitig erlischt, die Altersteilzeitarbeit jedoch fortgeführt wird (z. B. bei Zuerkennung einer Schwerbehinderteneigenschaft mit ungeminderten Rentenzugang vor Beendigung der Altersteilzeit).

12.4 Vorläufige Entscheidung über die Auszahlung der Leistungen

(1) Die Erstattungsleistungen nach § 4 können durch eine vorläufige Entscheidung vor Prüfung der Abrechnungslisten im Betrieb gezahlt werden, wenn

- eine örtliche Listenprüfung vor Auszahlung der Leistungen nicht möglich ist,
- die Voraussetzungen für die Gewährung von Leistungen nach dem AtG dem Grunde nach (vgl. § 12 Abs. 1) vorliegen und

- in der Anlage zum Erstattungsantrag (Vordruck AtG 300.A) keine Leistungszeiträume angegeben sind, für die offensichtlich kein Anspruch auf Leistungen besteht.

(2) Soweit Leistungen, die mit einer vorläufigen Entscheidung bewilligt wurden, zu Unrecht gewährt worden sind, richtet sich die Erstattung nach § 12 Abs. 4. Im Übrigen sind die zur vorläufigen Entscheidung ergangenen Weisungen (RdErl 5/94 – 7147 – und RdErl 36/97 – 7031.1 –) sinngemäß anzuwenden, wenn die Besonderheiten der AtG-Regelung nicht entgegenstehen.

(3) Bei Zahlungen aufgrund einer vorläufigen Entscheidung ist der rechnerisch ermittelte und zur Überzeugung des Sachbearbeiters/Entscheidungsbefugten feststehende Betrag des eingereichten Erstattungsantrags in voller Höhe anzuweisen; Abschlagszahlungen sind zu berücksichtigen.

AtG

§ 13
Auskünfte und Prüfung

Die §§ 315 und 319 des Dritten Buches und das Zweite Kapitel des Zehnten Buches Sozialgesetzbuch gelten entsprechend. § 2 Abs. 1 Nr. 3 des Schwarzarbeiterbekämpfungsgesetzes bleibt unberührt.

AtG

§ 14
Bußgeldvorschriften

(1) Ordnungswidrig handelt, wer vorsätzlich oder fahrlässig

1. entgegen § 11 Abs. 1 oder als Arbeitgeber entgegen § 60 Abs. 1 Nr. 2 des Ersten Buches Sozialgesetzbuch eine Mitteilung nicht, nicht richtig, nicht vollständig oder nicht rechtzeitig macht,
2. entgegen § 13 Satz 1 in Verbindung mit § 315 Abs. 1, 2 Satz 1, Abs. 3 oder 5 Satz 1 des Dritten Buches Sozialgesetzbuch eine Auskunft nicht, nicht richtig, nicht vollständig oder nicht rechtzeitig erteilt,
3. entgegen § 13 Satz 1 in Verbindung mit § 319 Abs. 1 Satz 1 des Dritten Buches Sozialgesetzbuch Einsicht oder Zutritt nicht gewährt oder
4. entgegen § 13 Satz 1 in Verbindung mit § 319 Abs. 2 Satz 1 des Dritten Buches Sozialgesetzbuch Daten nicht, nicht richtig, nicht vollständig, nicht in der vorgeschriebenen Weise oder nicht rechtzeitig zur Verfügung stellt.

(2) Die Ordnungswidrigkeit kann in den Fällen des Absatzes 1 Nr. 4 mit einer Geldbuße bis zu dreißigtausend Euro, in den übrigen Fällen mit einer Geldbuße bis zu tausend Euro geahndet werden.

(3) Verwaltungsbehörden im Sinne des § 36 Abs. 1 Nr. 1 des Gesetzes über Ordnungswidrigkeiten sind die Agenturen für Arbeit.

(4) Die Geldbußen fließen in die Kasse der Bundesagentur. § 66 des Zehnten Buches Sozialgesetzbuch gilt entsprechend.

(5) Die notwendigen Auslagen trägt abweichend von § 105 Abs. 2 des Gesetzes über Ordnungswidrigkeiten die Bundesagentur; diese ist auch ersatzpflichtig im Sinne des § 110 Abs. 4 des Gesetzes über Ordnungswidrigkeiten.

AtG

§ 15
Verordnungsermächtigung

Das Bundesministerium für Wirtschaft und Arbeit kann durch Rechtsverordnung die Mindestnettobeträge nach § 3 Abs. 1 Nr. 1 Buchstabe a in der bis zum 30. Juni 2004 gültigen Fassung bestimmen. Die Vorschriften zum Leistungsentgelt des Dritten Buches Sozialgesetzbuch gelten entsprechend. Das bisherige Arbeitsentgelt im Sinne des § 6 Abs. 1 in der bis zum 30. Juni 2004 gültigen Fassung ist auf den nächsten durch fünf teilbaren Euro-Betrag zu runden. Der Kalendermonat ist mit 30 Tagen anzusetzen.

DA zu § 15 AtG

Verordnungsermächtigung

§ 15 stellt sicher, dass das BMWA weiterhin für die Fälle, in denen die Altersteilzeitarbeit vor dem 1. Juli 2004 begonnen wurde, die Mindestnettobetragsverordnung mit den Werten der Mindestnettobeträge erlassen kann. Dabei sind die jeweils geltenden Vorschriften nach dem SGB III zur Bestimmung des Leistungsentgelts zu beachten.

AtG

§ 15 a
Übergangsregelung nach dem Gesetz zur Reform der Arbeitsförderung

Haben die Voraussetzungen für die Erbringung von Leistungen nach § 4 vor dem 1. April 1997 vorgelegen, erbringt die Bundesagentur die Leistungen nach § 4 auch dann, wenn die Voraussetzungen des § 2 Abs. 1 Nr. 2 und Abs. 2 Nr. 1 in der bis zum 31. März 1997 geltenden Fassung vorliegen.

AtG

§ 15 b
Übergangsregelung nach dem Gesetz zur Reform der gesetzlichen Rentenversicherung

Abweichend von § 5 Abs. 1 Nr. 2 erlischt der Anspruch auf die Leistungen nach § 4 nicht, wenn mit der Altersteilzeit vor dem 1. Juli 1998 begonnen worden ist und Anspruch auf eine ungeminderte Rente wegen Alters besteht, weil 45 Jahre mit Pflichtbeiträgen für eine versicherte Beschäftigung oder Tätigkeit vorliegen.

AtG

§ 15 c
Übergangsregelung nach dem Gesetz zur Fortentwicklung der Altersteilzeit

Ist eine Vereinbarung über Altersteilzeitarbeit vor dem 1. Januar 2000 abgeschlossen worden, erbringt die Bundesagentur die Leistungen nach § 4 auch dann, wenn die Voraussetzungen des § 2 Abs. 1 Nr. 2 und 3 in der bis zum 1. Januar 2000 geltenden Fassung vorliegen.

AtG

§ 15 d
Übergangsregelung zum Zweiten Gesetz zur Fortentwicklung der Altersteilzeit

Ist eine Vereinbarung über Altersteilzeitarbeit vor dem 1. Juli 2000 abgeschlossen worden, gelten § 5 Abs. 2 Satz 2 und § 6 Abs. 2 Satz 2 in der bis zum 1. Juli 2000 geltenden Fassung. Sollen bei einer Vereinbarung nach Satz 1 Leistungen nach § 4 für einen Zeitraum von länger als fünf Jahren beansprucht werden, gilt § 5 Abs. 2 Satz 2 in der ab dem 1. Juli 2000 geltenden Fassung.

AtG

§ 15 e
Übergangsregelung nach dem Gesetz zur Reform der Renten wegen verminderter Erwerbsfähigkeit

Abweichend von § 5 Abs. 1 Nr. 2 erlischt der Anspruch auf die Leistungen nach § 4 nicht, wenn mit der Altersteilzeit vor dem 17. November 2000 begonnen worden ist und Anspruch auf eine ungeminderte Rente wegen Alters besteht, weil die Voraussetzungen nach § 236 a Satz 5 Nr. 1 des Sechsten Buches Sozialgesetzbuch vorliegen.

AtG

§ 15 f
Übergangsregelung nach dem Zweiten Gesetz für moderne Dienstleistungen am Arbeitsmarkt

Wurde mit der Altersteilzeit vor dem 1. April 2003 begonnen, gelten Arbeitnehmer, die bis zu diesem Zeitpunkt in einer versicherungspflichtigen Beschäftigung nach dem Dritten Buch Sozialgesetzbuch gestanden haben, auch nach dem 1. April 2003 als versicherungspflichtig beschäftigt, wenn sie die bis zum 31. März 2003 geltenden Voraussetzungen für das Vorliegen einer versicherungspflichtigen Beschäftigung weiterhin erfüllen.

AtG

§ 15g
Übergangsregelung zum Dritten Gesetz für moderne Dienstleistungen am Arbeitsmarkt

Wurde mit der Altersteilzeitarbeit vor dem 1. Juli 2004 begonnen, sind die Vorschriften in der bis zum 30. Juni 2004 geltenden Fassung mit Ausnahme des § 15 weiterhin anzuwenden. Auf Antrag des Arbeitgebers erbringt die Bundesagentur abweichend von Satz 1 Leistungen nach § 4 in der ab dem 1. Juli 2004 geltenden Fassung, wenn die hierfür ab dem 1. Juli 2004 maßgebenden Voraussetzungen erfüllt sind.

DA zu § 15g AtG

Übergangsregelungen

(1) Wurde mit der Altersteilzeitarbeit **vor dem 1. Juli 2004** begonnen, sind die Vorschriften des Altersteilzeitgesetzes in der bis zum 30. Juni 2004 geltenden Fassung weiterhin anzuwenden. Damit ist sichergestellt, dass Arbeitnehmer, die mit ihren Arbeitgebern vor den Änderungen des Altersteilzeitgesetzes eine Altersteilzeitvereinbarung geschlossen haben, ihre Altersteilzeitarbeit zu den **bisherigen Bedingungen** planmäßig abwickeln können.

(2) Der Arbeitgeber kann jedoch auch bereits in laufenden Fällen, die nach altem Recht abzuwickeln sind, beantragen, dass die **Erstattungsleistungen** ab Juli 2004 **nach neuer Rechtslage** durch die BA erbracht werden. Diese Regelung betrifft aber ausschließlich das Verhältnis zwischen dem Arbeitgeber und der BA für das laufende Erstattungsverfahren. Macht der Arbeitgeber von dieser Regelung Gebrauch, bleibt es ihm überlassen, ab welchem Zeitpunkt das neue Erstattungsverfahren gelten soll. Basismonat für die Ermittlung der monatlichen Förderfestbeträge (DA 4.2 Abs. 2) ist in diesem Fall der Monat, ab dem Leistungen gem. § 4 nach neuem Recht bewilligt werden. Die Erstattung der Leistungen bei Bezug von Krankengeld (oder vergleichbarer Leistungen) bzw. Krankentagegeld an den Arbeitgeber richtet sich ebenfalls nach neuer Rechtslage (vgl. DA 10.2.2). DA 12.2 findet entsprechende Anwendung.

AtG

§ 16
Befristung der Förderungsfähigkeit

Für die Zeit ab dem 1. Januar 2010 sind Leistungen nach § 4 nur noch zu erbringen, wenn die Voraussetzungen des § 2 erstmals vor diesem Zeitpunkt vorgelegen haben.

DA zu § 16 AtG

16. Befristung der Förderungsfähigkeit

§ 16 regelt, dass alle Altersteilzeitmodelle durch die BA gefördert werden können, die vor dem 1. Januar 2010 begonnen wurden. Die Voraussetzungen des § 3 Abs. 1 Nr. 2 müssen hingegen nicht vor diesem Stichtag vorliegen. Dadurch wird die Förderung der Altersteilzeit in den Fällen verblockter Altersteilzeitbeschäftigungen, bei denen die Wiederbesetzung erst mit Beginn der Freistellungsphase erfolgt, nicht ausgeschlossen.

C. Arbeitshilfen und Tabellen

1. Mindestnettobetragstabelle TV ATZ 2004 (83 v. H.)[1])

Bisheriges Arbeitsentgelt Monat bis Euro gerundet:	Mindestnettobetrag in Steuerklasse Euro				
	I/IV	II	III	V	VI
5,00	4,15	4,15	4,15	4,15	3,48
10,00	8,30	8,30	8,30	8,30	6,88
15,00	12,45	12,45	12,45	12,45	10,36
20,00	16,60	16,60	16,60	16,60	13,77
25,00	20,75	20,75	20,75	20,75	17,16
30,00	24,90	24,90	24,90	24,90	20,64
35,00	29,05	29,05	29,05	29,05	24,05
40,00	33,20	33,20	33,20	33,20	27,52
45,00	37,35	37,35	37,35	37,35	30,93
50,00	41,50	41,50	41,50	41,50	34,33
55,00	45,65	45,65	45,65	45,65	37,81
60,00	49,80	49,80	49,80	49,80	41,21
65,00	53,95	53,95	53,95	53,95	44,69
70,00	58,10	58,10	58,10	58,10	48,10
75,00	62,25	62,25	62,25	62,25	51,49
80,00	66,40	66,40	66,40	65,95	54,97
85,00	70,55	70,55	70,55	69,35	58,37
90,00	74,70	74,70	74,70	72,83	61,85
95,00	78,85	78,85	78,85	76,24	65,26
100,00	83,00	83,00	83,00	79,72	68,66
105,00	87,15	87,15	87,15	83,12	72,14
110,00	91,30	91,30	91,30	86,52	75,54
115,00	95,45	95,45	95,45	90,00	79,02
120,00	99,60	99,60	99,60	93,41	82,43
125,00	103,75	103,75	103,75	96,89	85,82
130,00	107,90	107,90	107,90	100,28	89,30
135,00	112,05	112,05	112,05	103,68	92,70
140,00	116,20	116,20	116,20	107,16	96,18
145,00	120,35	120,35	120,35	110,57	99,59
150,00	124,50	124,50	124,50	114,05	102,99
155,00	128,65	128,65	128,65	117,45	106,46
160,00	132,80	132,80	132,80	120,85	109,87
165,00	136,95	136,95	136,95	124,33	113,34
170,00	141,10	141,10	141,10	127,74	116,76
175,00	145,25	145,25	145,25	131,21	120,15
180,00	149,40	149,40	149,40	134,61	123,63

1) Auszug aus dem Rundschreiben R 498/2003 der VKA vom 23. 12. 2003:
„Sehr geehrte Damen und Herren,
die Verordnung über die Mindestnettobeträge nach dem Altersteilzeitgesetz für das Jahr 2004 (Mindestnettobetrags-Verordnung 2004) wird in den nächsten Tagen im Bundesgesetzblatt veröffentlicht.
Auf der Grundlage dieser Mindestnettobetrags-Verordnung hat das Bundesministerium des Innern wieder eine 83 v. H.-Tabelle erstellen lassen, die als Anlage beigefügt ist. Diese Tabelle gilt ab dem 1. Januar 2004."

Bisheriges Arbeitsentgelt Monat bis Euro gerundet:	Mindestnettobetrag in Steuerklasse Euro				
	I/IV	II	III	V	VI
185,00	153,55	153,55	153,55	138,01	127,03
190,00	157,70	157,70	157,70	141,49	130,51
195,00	161,85	161,85	161,85	144,90	133,92
200,00	166,00	166,00	166,00	148,38	137,32
205,00	170,15	170,15	170,15	151,77	140,79
210,00	174,30	174,30	174,30	155,18	144,20
215,00	178,45	178,45	178,45	158,65	147,67
220,00	182,60	182,60	182,60	162,07	151,08
225,00	186,75	186,75	186,75	165,54	154,48
230,00	190,90	190,90	190,90	168,94	157,96
235,00	195,05	195,05	195,05	172,34	161,36
240,00	199,20	199,20	199,20	175,82	164,84
245,00	203,35	203,35	203,35	179,23	168,25
250,00	207,50	207,50	207,50	182,71	171,64
255,00	211,65	211,65	211,65	186,10	175,12
260,00	215,80	215,80	215,80	189,51	178,52
265,00	219,95	219,95	219,95	192,98	182,00
270,00	224,10	224,10	224,10	196,39	185,41
275,00	228,25	228,25	228,25	199,87	188,81
280,00	232,40	232,40	232,40	203,27	192,29
285,00	236,55	236,55	236,55	206,67	195,69
290,00	240,70	240,70	240,70	210,15	199,17
295,00	244,85	244,85	244,85	213,56	202,58
300,00	249,00	249,00	249,00	217,04	205,97
305,00	253,15	253,15	253,15	220,43	209,45
310,00	257,30	257,30	257,30	223,83	212,85
315,00	261,45	261,45	261,45	227,31	216,33
320,00	265,60	265,60	265,60	230,72	219,74
325,00	269,75	269,75	269,75	234,20	223,14
330,00	216,40	216,40	216,40	180,09	169,11
335,00	219,68	219,68	219,68	182,63	171,65
340,00	222,96	222,96	222,96	185,24	174,26
345,00	226,25	226,25	226,25	187,79	176,81
350,00	229,51	229,51	229,51	190,38	179,31
355,00	232,80	232,80	232,80	192,91	181,93
360,00	236,09	236,09	236,09	195,45	184,47
365,00	239,36	239,36	239,36	198,05	187,07
370,00	242,63	242,63	242,63	200,58	189,60
375,00	245,91	245,91	245,91	203,19	192,13
380,00	249,20	249,20	249,20	205,72	194,74
385,00	252,48	252,48	252,48	208,26	197,27
390,00	255,74	255,74	255,74	210,84	199,86
395,00	259,03	259,03	259,03	213,40	202,42
400,00	262,31	262,31	262,31	216,01	204,94
405,00	265,59	265,59	265,59	218,53	207,55
410,00	268,86	268,86	268,86	221,05	210,07
415,00	272,15	272,15	272,15	223,67	212,69
420,00	275,43	275,43	275,43	226,21	215,23
425,00	278,71	278,71	278,71	228,81	217,75
430,00	281,98	281,98	281,98	231,33	220,35
435,00	285,26	285,26	285,26	233,87	222,89
440,00	288,54	288,54	288,54	236,48	225,49
445,00	291,83	291,83	291,83	239,02	228,04
450,00	295,09	295,09	295,09	241,61	230,55
455,00	298,38	298,38	298,38	244,14	233,16
460,00	301,66	301,66	301,66	246,68	235,70
465,00	304,94	304,94	304,94	249,29	238,31

Bisheriges Arbeitsentgelt Monat bis Euro gerundet:	Mindestnettobetrag in Steuerklasse Euro				
	I/IV	II	III	V	VI
470,00	308,20	308,20	308,20	251,81	240,83
475,00	311,49	311,49	311,49	254,43	243,36
480,00	314,78	314,78	314,78	256,96	245,98
485,00	318,06	318,06	318,06	259,49	248,51
490,00	321,32	321,32	321,32	262,08	251,10
495,00	324,61	324,61	324,61	264,64	253,66
500,00	327,89	327,89	327,89	267,24	256,18
505,00	331,17	331,17	331,17	269,77	258,79
510,00	334,44	334,44	334,44	272,29	261,22
515,00	337,73	337,73	337,73	274,90	263,71
520,00	341,01	341,01	341,01	277,44	266,11
525,00	344,28	344,28	344,28	280,05	268,49
530,00	347,55	347,55	347,55	282,57	270,96
535,00	350,84	350,84	350,84	285,11	273,37
540,00	354,12	354,12	354,12	287,71	275,85
545,00	357,41	357,41	357,41	290,26	278,26
550,00	360,67	360,67	360,67	292,85	280,62
555,00	363,96	363,96	363,96	295,38	283,11
560,00	367,24	367,24	367,24	297,92	285,52
565,00	370,52	370,52	370,52	300,53	288,00
570,00	373,78	373,78	373,78	303,05	290,38
575,00	377,07	377,07	377,07	305,66	292,77
580,00	380,36	380,36	380,36	308,20	295,26
585,00	383,63	383,63	383,63	310,68	297,66
590,00	386,90	386,90	386,90	313,14	300,13
595,00	390,19	390,19	390,19	315,56	302,54
600,00	393,47	393,47	393,47	318,04	304,93
605,00	396,75	396,75	396,75	320,42	307,41
610,00	400,02	400,02	400,02	322,81	309,80
615,00	403,31	403,31	403,31	325,30	312,29
620,00	406,58	406,58	406,58	327,70	314,69
625,00	409,86	409,86	409,86	330,18	317,07
630,00	413,13	413,13	413,13	332,56	319,54
635,00	416,42	416,42	416,42	334,96	321,95
640,00	419,70	419,70	419,70	337,44	324,43
645,00	422,98	422,98	422,98	339,85	326,84
650,00	426,25	426,25	426,25	342,32	329,20
655,00	429,53	429,53	429,53	344,71	331,69
660,00	432,82	432,82	432,82	347,11	334,10
665,00	436,10	436,10	436,10	349,60	336,58
670,00	439,36	439,36	439,36	351,98	338,96
675,00	442,65	442,65	442,65	354,47	341,35
680,00	445,93	445,93	445,93	356,86	343,84
685,00	449,21	449,21	449,21	359,26	346,24
690,00	452,47	452,47	452,47	361,72	348,71
695,00	455,77	455,77	455,77	364,14	351,12
700,00	459,05	459,05	459,05	366,62	353,54
705,00	462,33	462,33	462,33	369,00	356,11
710,00	465,60	465,60	465,60	371,39	358,60
715,00	468,88	468,88	468,88	373,88	361,18
720,00	472,16	472,16	472,16	376,28	363,68
725,00	475,44	475,44	475,44	378,76	366,16
730,00	478,71	478,71	478,71	381,14	368,73
735,00	482,00	482,00	482,00	383,54	371,23
740,00	485,28	485,28	485,28	386,02	373,81
745,00	488,56	488,56	488,56	388,43	376,31
750,00	491,82	491,82	491,82	390,90	378,78

Bisheriges Arbeitsentgelt Monat bis Euro gerundet:	**Mindestnettobetrag in Steuerklasse** Euro				
	I/IV	II	III	V	VI
755,00	495,11	495,11	495,11	393,29	381,36
760,00	498,40	498,40	498,40	395,69	383,87
765,00	501,68	501,68	501,68	398,18	386,44
770,00	504,94	504,94	504,94	400,56	388,69
775,00	508,23	508,23	508,23	403,05	389,85
780,00	511,51	511,51	511,51	405,54	391,02
785,00	514,79	514,79	514,79	408,03	392,18
790,00	518,05	518,05	518,05	410,58	393,32
795,00	521,35	521,35	521,35	413,10	394,50
800,00	524,63	524,63	524,63	415,67	395,65
805,00	527,90	527,90	527,90	418,16	396,81
810,00	531,18	531,18	531,18	420,64	397,97
815,00	534,46	534,46	534,46	423,23	399,13
820,00	537,74	537,74	537,74	425,72	400,29
825,00	541,02	541,02	541,02	428,30	401,45
830,00	544,29	544,29	544,29	430,78	402,60
835,00	547,58	547,58	547,58	433,28	403,77
840,00	550,85	550,85	550,85	435,85	404,92
845,00	554,14	554,14	554,14	438,36	406,09
850,00	557,40	557,40	557,40	439,73	407,24
855,00	560,69	560,69	560,69	440,90	408,40
860,00	563,98	563,98	563,98	442,07	409,57
865,00	567,26	567,26	567,26	443,23	410,73
870,00	570,52	570,52	570,52	444,37	411,87
875,00	573,80	573,80	573,80	445,54	413,04
880,00	577,09	577,09	577,09	446,71	414,20
885,00	580,37	580,37	580,37	447,87	415,37
890,00	583,63	583,63	583,63	449,01	416,51
895,00	586,93	586,93	586,93	450,18	417,68
900,00	589,98	590,20	590,20	451,35	418,84
905,00	592,74	593,48	593,48	452,50	420,00
910,00	595,41	596,75	596,75	453,65	421,15
915,00	598,11	600,04	600,04	454,82	422,32
920,00	600,78	603,32	603,32	455,98	423,47
925,00	603,46	606,60	606,60	457,14	424,64
930,00	606,14	609,87	609,87	458,28	425,79
935,00	608,90	613,15	613,15	459,45	426,95
940,00	611,59	616,43	616,43	460,62	428,11
945,00	614,27	619,72	619,72	461,78	429,28
950,00	616,93	622,98	622,98	462,92	430,42
955,00	619,55	626,27	626,27	464,09	431,59
960,00	622,24	629,56	629,56	465,26	432,75
965,00	624,92	632,83	632,83	466,42	433,92
970,00	627,58	636,10	636,10	467,56	435,06
975,00	630,28	639,38	639,38	468,73	436,53
980,00	632,89	642,67	642,67	469,90	438,25
985,00	635,56	645,95	645,95	471,05	439,80
990,00	638,23	649,21	649,21	472,20	441,34
995,00	640,85	652,50	652,50	473,37	442,90
1 000,00	643,54	655,78	655,78	474,53	444,46
1 005,00	646,21	659,06	659,06	475,69	446,16
1 010,00	648,81	662,33	662,33	476,84	447,70
1 015,00	651,50	665,62	665,62	478,01	449,27
1 020,00	654,11	668,90	668,90	479,17	450,81
1 025,00	656,57	672,18	672,18	480,32	452,53
1 030,00	659,09	675,45	675,45	481,47	454,07
1 035,00	661,56	678,28	678,73	482,65	455,63

Bisheriges Arbeitsentgelt Monat bis Euro gerundet:	Mindestnettobetrag in Steuerklasse Euro				
	I/IV	II	III	V	VI
1 040,00	664,01	680,82	682,01	483,80	457,34
1 045,00	666,56	683,43	685,30	484,97	458,74
1 050,00	668,99	685,95	688,56	486,35	460,44
1 055,00	671,45	688,57	691,85	487,90	461,99
1 060,00	673,93	691,10	695,13	489,46	463,71
1 065,00	676,38	693,63	698,41	491,02	465,11
1 070,00	678,82	696,15	701,67	492,70	466,79
1 075,00	681,29	698,69	704,96	494,27	468,36
1 080,00	683,75	701,30	708,25	495,97	469,91
1 085,00	686,20	703,83	711,53	497,54	471,63
1 090,00	688,57	706,27	714,79	499,06	473,01
1 095,00	691,05	708,82	718,08	500,63	474,73
1 100,00	693,50	711,36	721,36	502,19	476,29
1 105,00	695,88	713,88	724,64	503,74	477,98
1 110,00	698,33	716,41	727,91	505,28	479,53
1 115,00	700,72	718,95	731,20	506,99	481,08
1 120,00	703,18	721,40	734,48	508,54	482,64
1 125,00	705,57	723,94	737,75	510,25	484,20
1 130,00	708,01	726,38	741,02	511,64	485,89
1 135,00	710,40	728,93	744,31	513,36	487,46
1 140,00	712,78	731,38	747,59	514,91	489,00
1 145,00	715,17	733,93	750,88	516,63	490,56
1 150,00	717,54	736,36	754,14	518,01	492,25
1 155,00	719,93	738,82	757,42	519,72	493,97
1 160,00	722,32	741,30	760,71	521,29	495,53
1 165,00	724,70	743,82	763,99	522,83	497,08
1 170,00	727,06	746,27	767,25	524,36	498,62
1 175,00	729,45	748,73	770,54	526,08	500,17
1 180,00	731,84	751,19	773,83	527,64	501,90
1 185,00	734,16	753,66	777,10	529,35	503,44
1 190,00	736,53	756,09	780,37	530,73	504,98
1 195,00	738,92	758,49	783,66	532,46	506,70
1 200,00	741,22	760,94	786,94	534,01	508,25
1 205,00	743,61	763,41	790,22	535,56	509,96
1 210,00	745,90	765,85	793,49	537,11	511,35
1 215,00	748,23	768,24	796,78	538,81	513,07
1 220,00	750,61	770,70	800,05	540,37	514,62
1 225,00	752,91	773,08	803,33	541,92	516,33
1 230,00	755,21	775,54	806,60	543,63	517,72
1 235,00	757,53	777,93	809,89	545,18	519,43
1 240,00	759,91	780,31	813,17	546,90	521,13
1 245,00	762,22	782,76	816,45	548,45	522,69
1 250,00	764,51	785,13	819,72	549,98	524,24
1 255,00	766,84	787,52	823,00	551,69	525,79
1 260,00	769,07	789,91	826,29	553,25	527,51
1 265,00	771,39	792,29	829,57	554,81	529,06
1 270,00	773,67	794,66	832,83	556,34	530,76
1 275,00	775,98	797,05	836,12	557,90	532,16
1 280,00	778,31	799,44	839,40	559,62	533,87
1 285,00	780,53	801,82	842,68	561,17	535,43
1 290,00	782,83	804,19	845,94	562,86	536,95
1 295,00	785,07	806,52	849,24	564,43	538,69
1 300,00	787,39	808,90	852,52	565,99	540,23
1 305,00	789,61	811,28	855,80	567,53	541,95
1 310,00	791,84	813,57	859,07	569,24	543,48
1 315,00	794,15	815,96	862,35	570,79	545,21
1 320,00	796,39	818,27	865,63	572,34	546,75

Bisheriges Arbeitsentgelt Monat bis Euro gerundet:	Mindestnettobetrag in Steuerklasse Euro				
	I/IV	II	III	V	VI
1 325,00	798,63	820,59	868,91	574,05	548,31
1 330,00	800,78	822,88	872,18	575,60	550,00
1 335,00	802,86	825,04	875,47	577,31	551,56
1 340,00	804,64	827,20	878,75	578,71	553,12
1 345,00	806,42	829,29	882,03	580,44	554,67
1 350,00	808,27	831,44	885,29	581,95	556,37
1 355,00	810,05	833,60	888,58	583,68	557,93
1 360,00	811,82	835,70	891,87	585,23	559,65
1 365,00	813,69	837,86	895,15	586,79	561,20
1 370,00	815,44	839,92	898,41	588,48	562,90
1 375,00	817,23	842,01	901,70	590,04	564,44
1 380,00	819,01	844,18	904,98	591,61	566,00
1 385,00	820,78	846,27	908,26	593,15	567,56
1 390,00	822,55	848,33	911,52	594,85	569,25
1 395,00	824,33	850,43	914,82	596,56	570,97
1 400,00	826,10	852,52	918,10	598,12	572,37
1 405,00	827,88	854,59	921,37	599,67	574,09
1 410,00	829,64	856,67	924,64	601,21	575,78
1 415,00	831,42	858,77	927,93	602,93	577,35
1 420,00	833,20	860,77	931,21	604,48	578,88
1 425,00	834,97	862,86	934,49	606,04	580,44
1 430,00	836,73	864,80	937,76	607,73	582,14
1 435,00	838,42	866,58	941,05	609,30	583,70
1 440,00	840,21	868,45	944,32	611,00	585,41
1 445,00	842,03	870,22	947,61	612,56	586,97
1 450,00	843,95	872,07	950,87	614,25	588,66
1 455,00	845,91	873,85	954,16	615,82	590,06
1 460,00	847,79	875,64	957,45	617,37	591,62
1 465,00	849,72	877,41	960,73	619,09	593,33
1 470,00	851,57	879,16	963,99	620,62	594,86
1 475,00	853,52	880,95	967,27	622,18	596,43
1 480,00	855,49	882,81	970,56	623,89	597,98
1 485,00	857,35	884,50	973,84	625,44	599,53
1 490,00	859,27	886,35	977,10	626,98	601,23
1 495,00	861,15	888,13	980,40	628,70	602,80
1 500,00	863,09	889,82	983,67	630,26	604,36
1 505,00	864,96	891,69	986,95	631,80	605,90
1 510,00	866,90	893,36	990,22	633,35	607,44
1 515,00	868,78	895,14	993,51	635,07	609,01
1 520,00	870,71	896,92	996,79	636,62	610,55
1 525,00	872,58	898,69	1 000,07	638,32	612,10
1 530,00	874,44	900,45	1 003,34	639,86	613,65
1 535,00	876,31	902,24	1 006,62	641,43	615,20
1 540,00	878,26	904,09	1 009,90	643,13	616,60
1 545,00	880,13	905,95	1 013,19	644,70	618,33
1 550,00	881,97	907,89	1 016,45	646,23	619,85
1 555,00	883,94	909,85	1 019,74	647,63	621,41
1 560,00	885,81	911,72	1 023,02	649,36	622,82
1 565,00	887,68	913,66	1 026,30	650,90	624,38
1 570,00	889,53	915,51	1 029,57	652,44	625,90
1 575,00	891,40	917,46	1 032,85	654,01	627,31
1 580,00	893,27	919,42	1 036,14	655,55	629,03
1 585,00	895,14	921,28	1 039,42	657,10	630,57
1 590,00	896,99	923,20	1 042,68	658,65	631,95
1 595,00	898,87	925,08	1 045,97	660,21	633,51
1 600,00	900,81	927,11	1 049,25	661,93	634,91
1 605,00	902,91	929,13	1 052,53	663,47	636,62

Bisheriges Arbeitsentgelt Monat bis Euro gerundet:	Mindestnettobetrag in Steuerklasse Euro				
	I/IV	II	III	V	VI
1 610,00	904,93	931,22	1 055,80	665,01	638,00
1 615,00	906,95	933,33	1 059,09	666,58	639,41
1 620,00	909,05	935,43	1 062,37	668,13	640,96
1 625,00	911,07	937,53	1 065,65	669,52	642,52
1 630,00	913,17	939,54	1 068,92	671,06	643,91
1 635,00	915,21	941,65	1 072,20	672,63	645,46
1 640,00	917,22	943,75	1 075,48	674,17	646,85
1 645,00	919,25	945,87	1 078,77	675,57	648,41
1 650,00	921,33	947,88	1 082,03	677,27	649,79
1 655,00	923,38	949,98	1 085,32	678,82	651,36
1 660,00	925,40	952,09	1 088,60	680,23	652,91
1 665,00	927,42	954,11	1 091,88	681,78	654,31
1 670,00	929,50	956,19	1 095,14	683,16	655,68
1 675,00	931,54	958,23	1 098,43	684,87	657,24
1 680,00	933,57	960,33	1 101,72	686,28	658,65
1 685,00	935,58	962,43	1 105,00	687,83	660,21
1 690,00	937,60	964,45	1 108,26	689,21	661,58
1 695,00	939,63	966,57	1 111,55	690,78	663,00
1 700,00	941,65	968,59	1 114,83	692,33	664,53
1 705,00	943,69	970,69	1 117,66	693,72	665,93
1 710,00	945,69	972,69	1 120,34	695,11	667,31
1 715,00	947,80	974,74	1 123,02	696,83	668,71
1 720,00	949,83	976,84	1 125,70	698,23	670,27
1 725,00	951,77	978,85	1 128,39	699,62	671,66
1 730,00	953,78	980,94	1 131,06	701,15	673,05
1 735,00	955,82	982,98	1 133,75	702,55	674,45
1 740,00	957,84	985,00	1 136,44	703,95	676,01
1 745,00	959,86	987,11	1 139,27	705,67	677,25
1 750,00	961,88	989,11	1 141,93	707,05	678,79
1 755,00	963,90	991,14	1 144,62	708,45	680,03
1 760,00	965,93	993,25	1 147,32	710,01	681,60
1 765,00	967,96	995,29	1 149,99	711,40	682,99
1 770,00	969,88	997,28	1 152,65	712,78	684,37
1 775,00	971,92	999,31	1 155,35	714,18	685,77
1 780,00	973,95	1 001,35	1 158,03	715,58	687,17
1 785,00	975,96	1 003,45	1 160,71	717,14	688,57
1 790,00	977,98	1 005,45	1 163,39	718,51	689,95
1 795,00	979,93	1 007,49	1 166,08	720,09	691,36
1 800,00	981,96	1 009,52	1 168,76	721,32	692,75
1 805,00	983,97	1 011,53	1 171,45	722,88	693,98
1 810,00	985,92	1 013,55	1 174,11	724,27	695,53
1 815,00	987,94	1 015,59	1 176,80	725,82	696,93
1 820,00	989,97	1 017,60	1 179,49	727,06	698,16
1 825,00	991,91	1 019,62	1 182,16	728,61	699,56
1 830,00	993,93	1 021,65	1 184,83	729,84	700,94
1 835,00	995,88	1 023,66	1 187,37	731,40	702,35
1 840,00	997,90	1 025,69	1 190,05	732,79	703,58
1 845,00	999,85	1 027,73	1 192,75	734,19	704,99
1 850,00	1 001,86	1 029,72	1 195,41	735,57	706,36
1 855,00	1 003,81	1 031,76	1 198,10	736,97	707,77
1 860,00	1 005,84	1 033,80	1 200,79	738,38	709,03
1 865,00	1 007,79	1 035,81	1 203,47	739,77	710,42
1 870,00	1 009,79	1 037,82	1 206,13	741,15	711,80
1 875,00	1 011,75	1 039,77	1 208,83	742,55	713,20
1 880,00	1 013,70	1 041,80	1 211,36	743,80	714,44
1 885,00	1 015,71	1 043,83	1 214,05	745,35	715,83
1 890,00	1 017,65	1 045,82	1 216,71	746,73	717,05

Bisheriges Arbeitsentgelt Monat bis Euro gerundet:	Mindestnettobetrag in Steuerklasse Euro				
	I/IV	II	III	V	VI
1 895,00	1 019,68	1 047,87	1 219,40	747,99	718,46
1 900,00	1 021,64	1 049,81	1 222,09	749,38	719,86
1 905,00	1 023,57	1 051,83	1 224,62	750,78	721,10
1 910,00	1 025,51	1 053,85	1 227,30	752,16	722,49
1 915,00	1 027,54	1 055,80	1 229,98	753,40	723,89
1 920,00	1 029,48	1 057,83	1 232,66	754,79	724,96
1 925,00	1 031,43	1 059,84	1 235,19	756,19	726,36
1 930,00	1 033,36	1 061,79	1 237,86	757,57	727,59
1 935,00	1 035,40	1 063,81	1 240,56	758,82	729,00
1 940,00	1 037,33	1 065,76	1 243,23	760,21	730,23
1 945,00	1 039,28	1 067,79	1 245,78	761,62	731,63
1 950,00	1 041,23	1 069,79	1 248,44	762,99	732,85
1 955,00	1 043,17	1 071,75	1 251,13	764,40	734,10
1 960,00	1 045,12	1 073,77	1 253,67	765,65	735,50
1 965,00	1 047,07	1 075,71	1 256,35	766,88	736,73
1 970,00	1 048,99	1 077,72	1 259,02	768,26	737,95
1 975,00	1 050,95	1 079,67	1 261,55	769,66	739,36
1 980,00	1 052,90	1 081,64	1 264,25	771,06	740,62
1 985,00	1 054,84	1 083,65	1 266,92	772,30	741,85
1 990,00	1 056,76	1 085,58	1 269,44	773,68	743,07
1 995,00	1 058,73	1 087,62	1 272,13	774,78	744,33
2 000,00	1 060,67	1 089,57	1 274,81	776,17	745,56
2 005,00	1 062,62	1 091,51	1 277,35	777,41	746,79
2 010,00	1 064,56	1 093,53	1 280,02	778,80	748,18
2 015,00	1 066,50	1 095,47	1 282,56	780,05	749,43
2 020,00	1 068,44	1 097,42	1 285,24	781,45	750,66
2 025,00	1 070,31	1 099,37	1 287,93	782,67	751,90
2 030,00	1 072,25	1 101,37	1 290,44	784,06	753,13
2 035,00	1 074,20	1 103,34	1 293,14	785,30	754,37
2 040,00	1 076,14	1 105,27	1 295,66	786,55	755,61
2 045,00	1 078,10	1 107,22	1 298,05	787,95	756,87
2 050,00	1 079,95	1 109,15	1 300,57	789,16	758,25
2 055,00	1 081,90	1 111,10	1 302,96	790,41	759,33
2 060,00	1 083,85	1 113,14	1 305,51	791,66	760,58
2 065,00	1 085,71	1 115,07	1 307,89	792,89	761,81
2 070,00	1 087,65	1 117,01	1 310,40	794,27	763,19
2 075,00	1 089,59	1 118,96	1 312,79	795,51	764,28
2 080,00	1 091,47	1 120,91	1 315,33	796,78	765,52
2 085,00	1 093,41	1 122,85	1 317,71	798,00	766,60
2 090,00	1 095,35	1 124,78	1 320,23	799,38	767,98
2 095,00	1 097,23	1 126,74	1 322,63	800,63	769,23
2 100,00	1 099,17	1 128,68	1 325,01	801,88	770,32
2 105,00	1 101,03	1 130,63	1 327,54	803,11	771,39
2 110,00	1 102,96	1 132,56	1 329,91	804,34	772,78
2 115,00	1 104,84	1 134,51	1 332,30	805,42	773,87
2 120,00	1 106,79	1 136,38	1 334,83	806,66	775,10
2 125,00	1 108,66	1 138,33	1 337,21	808,05	776,35
2 130,00	1 110,58	1 140,26	1 339,59	809,29	777,41
2 135,00	1 112,46	1 142,21	1 342,13	810,53	778,66
2 140,00	1 114,32	1 144,16	1 344,52	811,62	779,89
2 145,00	1 116,28	1 146,11	1 346,91	812,86	781,00
2 150,00	1 118,13	1 147,96	1 349,27	814,24	782,21
2 155,00	1 120,00	1 149,91	1 351,80	815,33	783,45
2 160,00	1 121,96	1 151,87	1 354,19	816,57	784,54
2 165,00	1 123,83	1 153,81	1 356,58	817,66	785,78
2 170,00	1 125,67	1 155,65	1 358,94	819,04	786,84
2 175,00	1 127,62	1 157,61	1 361,33	820,27	788,09

Bisheriges Arbeitsentgelt Monat bis Euro gerundet:	Mindestnettobetrag in Steuerklasse Euro				
	I/IV	II	III	V	VI
2 180,00	1 129,49	1 159,57	1 363,87	821,37	789,26
2 185,00	1 131,36	1 161,44	1 366,25	822,60	790,41
2 190,00	1 133,21	1 163,35	1 368,62	823,82	791,55
2 195,00	1 135,17	1 165,31	1 371,02	824,92	792,73
2 200,00	1 137,03	1 167,18	1 373,40	826,31	793,89
2 205,00	1 138,89	1 169,13	1 375,78	827,40	795,05
2 210,00	1 140,75	1 170,99	1 378,16	828,46	796,20
2 215,00	1 142,63	1 172,93	1 380,55	829,72	797,36
2 220,00	1 144,50	1 174,80	1 382,93	830,95	798,53
2 225,00	1 146,35	1 176,74	1 385,31	832,03	799,68
2 230,00	1 148,21	1 178,60	1 387,69	833,25	800,83
2 235,00	1 150,09	1 180,56	1 390,08	834,36	802,00
2 240,00	1 151,96	1 182,43	1 392,46	835,59	803,16
2 245,00	1 153,82	1 184,37	1 394,85	836,68	804,33
2 250,00	1 155,68	1 186,22	1 397,21	837,97	805,47
2 255,00	1 157,55	1 188,09	1 399,60	839,14	806,64
2 260,00	1 159,43	1 190,04	1 401,99	840,31	807,81
2 265,00	1 161,29	1 191,90	1 404,38	841,46	808,96
2 270,00	1 163,14	1 193,76	1 406,74	842,61	810,10
2 275,00	1 165,01	1 195,71	1 409,13	843,77	811,28
2 280,00	1 166,89	1 197,59	1 411,52	844,94	812,44
2 285,00	1 168,75	1 199,46	1 413,91	846,10	813,60
2 290,00	1 170,52	1 201,30	1 416,12	847,24	814,74
2 295,00	1 172,41	1 203,26	1 418,52	848,42	815,91
2 300,00	1 174,27	1 205,12	1 420,90	849,58	817,08
2 305,00	1 176,13	1 206,99	1 423,28	850,73	818,23
2 310,00	1 177,92	1 208,85	1 425,66	851,89	819,38
2 315,00	1 179,80	1 210,72	1 428,05	853,05	820,55
2 320,00	1 181,66	1 212,58	1 430,29	854,21	821,71
2 325,00	1 183,53	1 214,45	1 432,67	855,37	822,87
2 330,00	1 185,30	1 216,38	1 435,05	856,52	824,02
2 335,00	1 187,17	1 218,26	1 437,44	857,69	825,19
2 340,00	1 189,03	1 220,12	1 439,66	858,85	826,35
2 345,00	1 190,83	1 222,00	1 442,05	860,01	827,51
2 350,00	1 192,68	1 223,84	1 444,42	861,16	828,66
2 355,00	1 194,49	1 225,72	1 446,66	862,32	829,83
2 360,00	1 196,35	1 227,59	1 449,05	863,49	830,99
2 365,00	1 198,14	1 229,46	1 451,43	864,65	832,15
2 370,00	1 199,98	1 231,31	1 453,65	865,79	833,30
2 375,00	1 201,78	1 233,11	1 456,04	866,96	834,46
2 380,00	1 203,66	1 234,97	1 458,43	868,13	835,63
2 385,00	1 205,45	1 236,84	1 460,66	869,28	836,78
2 390,00	1 207,30	1 238,69	1 463,02	870,43	837,93
2 395,00	1 209,09	1 240,58	1 465,27	871,60	839,11
2 400,00	1 210,96	1 242,44	1 467,66	872,76	840,26
2 405,00	1 212,75	1 244,30	1 469,90	873,92	841,42
2 410,00	1 214,53	1 246,09	1 472,27	875,07	842,57
2 415,00	1 216,41	1 247,96	1 474,50	876,24	843,74
2 420,00	1 218,18	1 249,83	1 476,89	877,40	844,90
2 425,00	1 219,98	1 251,70	1 479,12	878,56	846,05
2 430,00	1 221,83	1 253,47	1 481,49	879,71	847,21
2 435,00	1 223,64	1 255,34	1 483,74	880,87	848,38
2 440,00	1 225,41	1 257,20	1 486,12	882,03	849,53
2 445,00	1 227,20	1 259,00	1 488,36	883,20	850,70
2 450,00	1 229,06	1 260,85	1 490,72	884,34	851,85
2 455,00	1 230,86	1 262,65	1 492,96	885,51	853,01
2 460,00	1 232,64	1 264,53	1 495,35	886,68	854,18

Bisheriges Arbeitsentgelt Monat bis Euro gerundet:	Mindestnettobetrag in Steuerklasse Euro				
	I/IV	II	III	V	VI
2 465,00	1 234,43	1 266,39	1 497,59	887,83	855,33
2 470,00	1 236,21	1 268,16	1 499,80	888,98	856,48
2 475,00	1 237,99	1 270,02	1 502,04	890,14	857,65
2 480,00	1 239,80	1 271,83	1 504,43	891,31	858,81
2 485,00	1 241,59	1 273,68	1 506,67	892,47	859,97
2 490,00	1 243,44	1 275,47	1 508,88	893,61	861,12
2 495,00	1 245,23	1 277,35	1 511,28	894,79	862,29
2 500,00	1 247,02	1 279,13	1 513,51	895,95	863,45
2 505,00	1 248,82	1 280,91	1 515,75	897,11	864,60
2 510,00	1 250,59	1 282,77	1 518,13	898,26	865,76
2 515,00	1 252,38	1 284,57	1 520,36	899,42	866,93
2 520,00	1 254,09	1 286,44	1 522,59	900,58	868,08
2 525,00	1 255,87	1 288,22	1 524,83	901,75	869,24
2 530,00	1 257,67	1 289,99	1 527,05	902,89	870,40
2 535,00	1 259,45	1 291,87	1 529,44	904,06	871,56
2 540,00	1 261,23	1 293,66	1 531,67	905,22	872,72
2 545,00	1 263,04	1 295,46	1 533,92	906,38	873,88
2 550,00	1 264,80	1 297,22	1 536,13	907,53	875,03
2 555,00	1 266,60	1 299,10	1 538,37	908,69	876,20
2 560,00	1 268,31	1 300,90	1 540,62	909,86	877,36
2 565,00	1 270,10	1 302,68	1 542,85	911,02	878,52
2 570,00	1 271,88	1 304,45	1 545,21	912,16	879,67
2 575,00	1 273,67	1 306,25	1 547,31	913,33	880,83
2 580,00	1 275,39	1 308,04	1 549,70	914,50	882,00
2 585,00	1 277,17	1 309,91	1 551,93	915,66	883,15
2 590,00	1 278,94	1 311,67	1 554,14	916,80	884,30
2 595,00	1 280,67	1 313,49	1 556,37	917,97	885,48
2 600,00	1 282,45	1 315,27	1 558,41	919,13	886,63
2 605,00	1 284,25	1 317,05	1 560,44	920,30	887,79
2 610,00	1 285,94	1 318,84	1 562,48	921,44	888,95
2 615,00	1 287,75	1 320,63	1 564,53	922,61	890,11
2 620,00	1 289,45	1 322,41	1 566,56	923,77	891,27
2 625,00	1 291,24	1 324,21	1 568,43	924,93	892,42
2 630,00	1 292,93	1 325,98	1 570,63	926,08	893,58
2 635,00	1 294,73	1 327,78	1 572,68	927,24	894,75
2 640,00	1 296,44	1 329,49	1 574,73	928,40	895,90
2 645,00	1 298,24	1 331,28	1 576,77	929,58	897,07
2 650,00	1 299,92	1 333,05	1 578,62	930,71	898,22
2 655,00	1 301,72	1 334,85	1 580,66	931,88	899,38
2 660,00	1 303,43	1 336,64	1 582,54	933,05	900,55
2 665,00	1 305,14	1 338,43	1 584,39	934,21	901,70
2 670,00	1 306,91	1 340,12	1 586,06	935,35	902,85
2 675,00	1 308,63	1 341,92	1 587,93	936,51	904,02
2 680,00	1 310,35	1 343,71	1 589,62	937,68	905,18
2 685,00	1 312,13	1 345,50	1 591,49	938,85	906,34
2 690,00	1 313,83	1 347,19	1 593,33	939,98	907,49
2 695,00	1 315,55	1 348,99	1 595,03	941,16	908,66
2 700,00	1 317,34	1 350,78	1 596,90	942,32	909,82
2 705,00	1 319,04	1 352,49	1 598,58	943,48	910,97
2 710,00	1 320,75	1 354,27	1 600,44	944,63	912,13
2 715,00	1 322,47	1 356,06	1 602,13	945,79	913,30
2 720,00	1 324,17	1 357,78	1 603,98	946,96	914,45
2 725,00	1 325,97	1 359,56	1 605,67	948,12	915,61
2 730,00	1 327,66	1 361,27	1 607,53	949,26	916,77
2 735,00	1 329,37	1 363,05	1 609,22	950,43	917,93
2 740,00	1 331,09	1 364,77	1 611,09	951,60	919,09
2 745,00	1 332,80	1 366,55	1 612,78	952,76	920,25

Bisheriges Arbeitsentgelt Monat bis Euro gerundet:	Mindestnettobetrag in Steuerklasse Euro				
	I/IV	II	III	V	VI
2 750,00	1 334,49	1 368,26	1 614,62	953,90	921,40
2 755,00	1 336,22	1 370,04	1 616,31	955,06	922,57
2 760,00	1 337,93	1 371,77	1 618,18	956,23	923,73
2 765,00	1 339,63	1 373,54	1 619,87	957,40	924,89
2 770,00	1 341,33	1 375,24	1 621,54	958,53	926,04
2 775,00	1 343,04	1 377,03	1 623,41	959,70	927,20
2 780,00	1 344,76	1 378,75	1 625,27	960,87	928,37
2 785,00	1 346,48	1 380,46	1 626,96	962,03	929,53
2 790,00	1 348,16	1 382,23	1 628,63	963,17	930,67
2 795,00	1 349,88	1 383,95	1 630,51	964,34	931,85
2 800,00	1 351,60	1 385,66	1 632,20	965,51	933,00
2 805,00	1 353,23	1 387,38	1 634,06	966,67	934,17
2 810,00	1 354,92	1 389,15	1 635,74	967,81	935,32
2 815,00	1 356,64	1 390,87	1 637,43	968,98	936,48
2 820,00	1 358,35	1 392,57	1 639,28	970,15	937,64
2 825,00	1 360,05	1 394,28	1 641,10	971,30	938,80
2 830,00	1 361,67	1 395,99	1 643,11	972,45	939,95
2 835,00	1 363,39	1 397,78	1 644,99	973,61	941,12
2 840,00	1 365,11	1 399,50	1 646,85	974,78	942,27
2 845,00	1 366,82	1 401,21	1 648,89	975,95	943,44
2 850,00	1 368,43	1 402,89	1 650,74	977,08	944,59
2 855,00	1 370,15	1 404,62	1 652,61	978,25	945,75
2 860,00	1 371,87	1 406,33	1 654,64	979,42	946,92
2 865,00	1 373,50	1 408,04	1 656,50	980,58	948,08
2 870,00	1 375,19	1 409,74	1 658,35	981,72	949,22
2 875,00	1 376,82	1 411,45	1 660,22	982,89	950,39
2 880,00	1 378,54	1 413,16	1 662,26	984,06	951,55
2 885,00	1 380,17	1 414,88	1 664,12	985,22	952,72
2 890,00	1 381,87	1 416,56	1 665,97	986,36	953,86
2 895,00	1 383,59	1 418,29	1 668,02	987,53	955,03
2 900,00	1 385,22	1 420,01	1 669,89	988,70	956,19
2 905,00	1 386,85	1 421,71	1 671,74	989,85	957,35
2 910,00	1 388,55	1 423,40	1 673,75	991,00	958,50
2 915,00	1 390,18	1 425,04	1 675,63	992,17	959,67
2 920,00	1 391,90	1 426,76	1 677,49	993,33	960,82
2 925,00	1 393,53	1 428,45	1 679,36	994,49	961,99
2 930,00	1 395,22	1 430,16	1 681,37	995,63	963,14
2 935,00	1 396,87	1 431,88	1 683,25	996,81	964,30
2 940,00	1 398,49	1 433,51	1 685,11	997,97	965,46
2 945,00	1 400,21	1 435,22	1 686,98	999,13	966,63
2 950,00	1 401,82	1 436,91	1 688,83	1 000,27	967,77
2 955,00	1 403,46	1 438,64	1 690,88	1 001,44	968,94
2 960,00	1 405,10	1 440,27	1 692,74	1 002,61	970,10
2 965,00	1 406,82	1 441,98	1 694,61	1 003,77	971,27
2 970,00	1 408,43	1 443,59	1 696,46	1 004,91	972,41
2 975,00	1 410,07	1 445,30	1 698,34	1 006,08	973,57
2 980,00	1 411,71	1 447,03	1 700,35	1 007,25	974,74
2 985,00	1 413,33	1 448,67	1 702,22	1 008,40	975,90
2 990,00	1 414,95	1 450,34	1 704,07	1 009,55	977,04
2 995,00	1 416,67	1 451,99	1 705,95	1 010,72	978,22
3 000,00	1 418,30	1 453,70	1 707,82	1 011,88	979,38
3 005,00	1 419,92	1 455,33	1 709,84	1 013,04	980,54
3 010,00	1 421,55	1 457,04	1 711,70	1 014,19	981,69
3 015,00	1 423,18	1 458,68	1 713,57	1 015,36	982,85
3 020,00	1 424,81	1 460,38	1 715,44	1 016,52	984,01
3 025,00	1 426,45	1 462,00	1 717,30	1 017,67	985,17
3 030,00	1 428,06	1 463,71	1 719,16	1 018,83	986,32

Bisheriges Arbeitsentgelt Monat bis Euro gerundet:	Mindestnettobetrag in Steuerklasse Euro				
	I/IV	II	III	V	VI
3 035,00	1 429,71	1 465,35	1 721,03	1 019,99	987,49
3 040,00	1 431,34	1 466,98	1 722,90	1 021,15	988,65
3 045,00	1 432,97	1 468,70	1 724,94	1 022,32	989,82
3 050,00	1 434,59	1 470,31	1 726,79	1 023,46	990,96
3 055,00	1 436,22	1 471,96	1 728,66	1 024,63	992,12
3 060,00	1 437,79	1 473,66	1 730,53	1 025,80	993,29
3 065,00	1 439,42	1 475,29	1 732,40	1 026,95	994,45
3 070,00	1 441,04	1 476,90	1 734,25	1 028,10	995,59
3 075,00	1 442,67	1 478,55	1 736,12	1 029,26	996,76
3 080,00	1 444,31	1 480,26	1 738,00	1 030,43	997,93
3 085,00	1 445,94	1 481,89	1 739,86	1 031,59	999,09
3 090,00	1 447,47	1 483,50	1 741,71	1 032,73	1 000,23
3 095,00	1 449,11	1 485,14	1 743,59	1 033,91	1 001,40
3 100,00	1 450,74	1 486,78	1 745,46	1 035,07	1 002,57
3 105,00	1 452,29	1 488,41	1 747,32	1 036,22	1 003,72
3 110,00	1 453,92	1 490,12	1 749,18	1 037,38	1 004,87
3 115,00	1 455,55	1 491,75	1 751,05	1 038,54	1 006,04
3 120,00	1 457,11	1 493,39	1 752,92	1 039,70	1 007,20
3 125,00	1 458,74	1 495,01	1 754,79	1 040,86	1 008,36
3 130,00	1 460,37	1 496,64	1 756,65	1 042,01	1 009,51
3 135,00	1 461,92	1 498,27	1 758,51	1 043,18	1 010,67
3 140,00	1 463,55	1 499,90	1 760,38	1 044,34	1 011,84
3 145,00	1 465,11	1 501,54	1 762,26	1 045,50	1 013,00
3 150,00	1 466,72	1 503,15	1 764,11	1 046,65	1 014,14
3 155,00	1 468,29	1 504,79	1 765,97	1 047,81	1 015,31
3 160,00	1 469,93	1 506,34	1 767,85	1 048,98	1 016,48
3 165,00	1 471,47	1 507,98	1 769,72	1 050,14	1 017,64
3 170,00	1 473,08	1 509,59	1 771,57	1 051,28	1 018,78
3 175,00	1 474,64	1 511,22	1 773,44	1 052,45	1 019,95
3 180,00	1 476,28	1 512,87	1 775,31	1 053,62	1 021,12
3 185,00	1 477,84	1 514,49	1 777,18	1 054,77	1 022,27
3 190,00	1 479,37	1 516,11	1 779,03	1 055,92	1 023,41
3 195,00	1 481,01	1 517,68	1 780,91	1 057,09	1 024,59
3 200,00	1 482,56	1 519,31	1 782,77	1 058,25	1 025,75
3 205,00	1 484,12	1 520,93	1 784,95	1 059,41	1 026,91
3 210,00	1 485,75	1 522,56	1 786,97	1 060,56	1 028,06
3 215,00	1 487,30	1 524,13	1 788,99	1 061,73	1 029,22
3 220,00	1 488,85	1 525,76	1 791,02	1 062,89	1 030,39
3 225,00	1 490,48	1 527,38	1 793,04	1 064,04	1 031,54
3 230,00	1 492,03	1 528,92	1 795,05	1 065,20	1 032,69
3 235,00	1 493,59	1 530,56	1 797,08	1 066,36	1 033,86
3 240,00	1 495,14	1 532,11	1 799,11	1 067,52	1 035,02
3 245,00	1 496,71	1 533,75	1 801,29	1 068,69	1 036,19
3 250,00	1 498,22	1 535,36	1 803,31	1 069,83	1 037,33
3 255,00	1 499,87	1 536,93	1 805,32	1 071,00	1 038,50
3 260,00	1 501,43	1 538,57	1 807,36	1 072,17	1 039,67
3 265,00	1 502,99	1 540,11	1 809,39	1 073,32	1 040,82
3 270,00	1 504,52	1 541,73	1 811,38	1 074,47	1 041,97
3 275,00	1 506,08	1 543,29	1 813,42	1 075,63	1 043,14
3 280,00	1 507,64	1 544,92	1 815,46	1 076,80	1 044,30
3 285,00	1 509,18	1 546,48	1 817,47	1 077,96	1 045,46
3 290,00	1 510,72	1 548,01	1 819,48	1 079,10	1 046,61
3 295,00	1 512,29	1 549,65	1 821,53	1 080,28	1 047,78
3 300,00	1 513,84	1 551,20	1 823,53	1 081,44	1 048,94
3 305,00	1 515,39	1 552,76	1 825,73	1 082,59	1 050,09
3 310,00	1 516,94	1 554,39	1 827,73	1 083,75	1 051,24
3 315,00	1 518,49	1 555,93	1 829,76	1 084,91	1 052,42

Bisheriges Arbeitsentgelt Monat bis Euro gerundet:	Mindestnettobetrag in Steuerklasse Euro				
	I/IV	II	III	V	VI
3 320,00	1 520,05	1 557,49	1 831,79	1 086,07	1 053,57
3 325,00	1 521,51	1 559,12	1 833,80	1 087,23	1 054,73
3 330,00	1 523,06	1 560,67	1 835,82	1 088,38	1 055,88
3 335,00	1 524,63	1 562,23	1 837,86	1 089,55	1 057,05
3 340,00	1 526,17	1 563,78	1 839,87	1 090,71	1 058,21
3 345,00	1 527,73	1 565,41	1 841,90	1 091,87	1 059,37
3 350,00	1 529,18	1 566,96	1 843,92	1 093,02	1 060,52
3 355,00	1 530,74	1 568,51	1 845,94	1 094,18	1 061,69
3 360,00	1 532,31	1 570,07	1 847,97	1 095,35	1 062,85
3 365,00	1 533,86	1 571,63	1 850,00	1 096,51	1 064,01
3 370,00	1 535,33	1 573,15	1 852,00	1 097,65	1 065,16
3 375,00	1 536,87	1 574,71	1 854,03	1 098,82	1 066,32
3 380,00	1 538,43	1 576,35	1 856,07	1 099,99	1 067,49
3 385,00	1 539,91	1 577,91	1 858,08	1 101,14	1 068,64
3 390,00	1 541,44	1 579,44	1 860,09	1 102,29	1 069,79
3 395,00	1 542,93	1 581,01	1 862,14	1 103,46	1 070,97
3 400,00	1 544,48	1 582,56	1 864,15	1 104,62	1 072,12
3 405,00	1 546,04	1 584,10	1 866,17	1 105,78	1 073,28
3 410,00	1 547,50	1 585,65	1 868,20	1 106,93	1 074,44
3 415,00	1 549,06	1 587,13	1 870,21	1 108,10	1 075,60
3 420,00	1 550,53	1 588,69	1 872,08	1 109,26	1 076,76
3 425,00	1 552,09	1 590,25	1 874,11	1 110,42	1 077,91
3 430,00	1 553,54	1 591,77	1 876,13	1 111,57	1 079,07
3 435,00	1 555,03	1 593,33	1 878,15	1 112,73	1 080,24
3 440,00	1 556,58	1 594,89	1 880,17	1 113,89	1 081,39
3 445,00	1 558,06	1 596,45	1 882,22	1 115,06	1 082,56
3 450,00	1 559,59	1 597,92	1 884,21	1 116,20	1 083,71
3 455,00	1 561,07	1 599,47	1 886,24	1 117,37	1 084,87
3 460,00	1 562,57	1 601,03	1 888,28	1 118,54	1 086,04
3 465,00	1 564,11	1 602,58	1 890,29	1 119,69	1 087,19
3 470,00	1 565,57	1 604,03	1 892,30	1 120,84	1 088,34
3 475,00	1 567,05	1 605,60	1 894,34	1 122,00	1 089,51
3 480,00	1 568,62	1 607,15	1 896,21	1 123,17	1 090,67
3 485,00	1 570,08	1 608,63	1 898,23	1 124,33	1 091,83
3 490,00	1 571,71	1 610,33	1 900,41	1 125,65	1 093,15
3 495,00	1 573,53	1 612,23	1 902,78	1 127,15	1 094,65
3 500,00	1 575,33	1 614,03	1 905,12	1 128,64	1 096,14
3 505,00	1 577,22	1 615,91	1 907,48	1 130,13	1 097,63
3 510,00	1 579,01	1 617,79	1 909,83	1 131,61	1 099,11
3 515,00	1 580,82	1 619,60	1 912,19	1 133,11	1 100,61
3 520,00	1 582,64	1 621,50	1 914,39	1 134,60	1 102,10
3 525,00	1 584,43	1 623,29	1 916,74	1 136,10	1 103,59
3 530,00	1 586,23	1 625,17	1 919,09	1 137,57	1 105,08
3 535,00	1 588,05	1 626,98	1 921,45	1 139,08	1 106,57
3 540,00	1 589,85	1 628,87	1 923,80	1 140,57	1 108,07
3 545,00	1 591,65	1 630,67	1 926,16	1 142,06	1 109,55
3 550,00	1 593,46	1 632,46	1 928,36	1 143,54	1 111,04
3 555,00	1 595,26	1 634,35	1 930,70	1 145,03	1 112,54
3 560,00	1 597,06	1 636,16	1 933,06	1 146,53	1 114,03
3 565,00	1 598,88	1 638,05	1 935,43	1 148,02	1 115,52
3 570,00	1 600,66	1 639,84	1 937,76	1 149,50	1 117,01
3 575,00	1 602,48	1 641,67	1 939,97	1 151,00	1 118,50
3 580,00	1 604,29	1 643,46	1 942,32	1 152,50	1 119,99
3 585,00	1 606,09	1 645,35	1 944,69	1 153,98	1 121,48
3 590,00	1 607,88	1 647,14	1 947,02	1 155,47	1 122,97
3 595,00	1 609,62	1 648,95	1 949,39	1 156,96	1 124,47
3 600,00	1 611,44	1 650,76	1 951,59	1 158,46	1 125,95

Bisheriges Arbeitsentgelt Monat bis Euro gerundet:	Mindestnettobetrag in Steuerklasse Euro				
	I/IV	II	III	V	VI
3 605,00	1 613,23	1 652,64	1 953,94	1 159,95	1 127,45
3 610,00	1 615,03	1 654,45	1 956,29	1 161,43	1 128,93
3 615,00	1 616,85	1 656,25	1 958,65	1 162,93	1 130,43
3 620,00	1 618,57	1 658,06	1 960,84	1 164,42	1 131,92
3 625,00	1 620,38	1 659,87	1 963,21	1 165,91	1 133,41
3 630,00	1 622,17	1 661,66	1 965,55	1 167,40	1 134,89
3 635,00	1 623,90	1 663,55	1 967,91	1 168,89	1 136,39
3 640,00	1 625,71	1 665,35	1 970,10	1 170,38	1 137,88
3 645,00	1 627,51	1 667,15	1 972,47	1 171,88	1 139,37
3 650,00	1 629,23	1 668,96	1 974,80	1 173,35	1 140,86
3 655,00	1 631,04	1 670,77	1 977,01	1 174,86	1 142,35
3 660,00	1 632,77	1 672,57	1 979,37	1 176,35	1 143,85
3 665,00	1 634,59	1 674,38	1 981,73	1 177,84	1 145,33
3 670,00	1 636,37	1 676,18	1 984,07	1 179,32	1 146,82
3 675,00	1 638,10	1 677,99	1 986,27	1 180,82	1 148,32
3 680,00	1 639,91	1 679,71	1 988,63	1 182,31	1 149,81
3 685,00	1 641,64	1 681,53	1 990,99	1 183,80	1 151,30
3 690,00	1 643,44	1 683,31	1 993,18	1 185,28	1 152,79
3 695,00	1 645,18	1 685,12	1 995,54	1 186,78	1 154,28
3 700,00	1 646,90	1 686,94	1 997,88	1 188,28	1 155,78
3 705,00	1 648,70	1 688,73	2 000,08	1 189,76	1 157,26
3 710,00	1 650,42	1 690,54	2 002,44	1 191,25	1 158,75
3 715,00	1 652,23	1 692,27	2 004,79	1 192,74	1 160,25
3 720,00	1 653,96	1 694,08	2 006,99	1 194,24	1 161,73
3 725,00	1 655,68	1 695,88	2 009,35	1 195,73	1 163,23
3 730,00	1 657,49	1 697,67	2 011,70	1 197,21	1 164,71
3 735,00	1 659,23	1 699,41	2 013,90	1 198,71	1 166,21
3 740,00	1 660,95	1 701,23	2 016,25	1 200,20	1 167,70
3 745,00	1 662,68	1 703,02	2 018,61	1 201,69	1 169,19
3 750,00	1 664,47	1 704,74	2 020,79	1 203,18	1 170,67
3 755,00	1 666,20	1 706,55	2 023,17	1 204,67	1 172,18
3 760,00	1 667,93	1 708,36	2 025,52	1 206,16	1 173,66
3 765,00	1 669,65	1 710,09	2 027,71	1 207,66	1 175,16
3 770,00	1 671,37	1 711,88	2 030,06	1 209,14	1 176,64
3 775,00	1 673,11	1 713,62	2 032,26	1 210,64	1 178,14
3 780,00	1 674,91	1 715,42	2 034,63	1 212,13	1 179,63
3 785,00	1 676,63	1 717,15	2 036,97	1 213,62	1 181,11
3 790,00	1 678,35	1 718,95	2 039,16	1 215,10	1 182,60
3 795,00	1 680,09	1 720,68	2 041,53	1 216,60	1 184,10
3 800,00	1 681,81	1 722,48	2 043,72	1 218,09	1 185,59
3 805,00	1 683,54	1 724,21	2 046,08	1 219,59	1 187,08
3 810,00	1 685,26	1 726,00	2 048,27	1 221,06	1 188,57
3 815,00	1 686,99	1 727,74	2 050,62	1 222,57	1 190,06
3 820,00	1 688,72	1 729,46	2 052,98	1 224,06	1 191,56
3 825,00	1 690,44	1 731,28	2 055,18	1 225,54	1 193,04
3 830,00	1 692,16	1 733,00	2 057,54	1 227,03	1 194,53
3 835,00	1 693,90	1 734,73	2 059,74	1 228,52	1 196,03
3 840,00	1 695,62	1 736,53	2 062,09	1 230,02	1 197,52
3 845,00	1 697,28	1 738,25	2 064,28	1 231,51	1 199,01
3 850,00	1 698,99	1 739,97	2 066,63	1 232,99	1 200,50
3 855,00	1 700,73	1 741,79	2 068,83	1 234,49	1 201,99
3 860,00	1 702,45	1 743,51	2 071,20	1 235,99	1 203,48
3 865,00	1 704,18	1 745,24	2 073,40	1 237,47	1 204,97
3 870,00	1 705,83	1 746,96	2 075,73	1 238,96	1 206,45
3 875,00	1 707,57	1 748,69	2 077,94	1 240,45	1 207,96
3 880,00	1 709,29	1 750,50	2 080,30	1 241,95	1 209,44
3 885,00	1 711,02	1 752,23	2 082,49	1 243,44	1 210,94

Bisheriges Arbeitsentgelt Monat bis Euro gerundet:	Mindestnettobetrag in Steuerklasse Euro				
	I/IV	II	III	V	VI
3 890,00	1 712,65	1 753,95	2 084,84	1 244,92	1 212,42
3 895,00	1 714,38	1 755,68	2 087,05	1 246,42	1 213,92
3 900,00	1 716,11	1 757,41	2 089,39	1 247,91	1 215,41
3 905,00	1 717,76	1 759,14	2 091,59	1 249,40	1 216,90
3 910,00	1 719,48	1 760,85	2 093,94	1 250,88	1 218,38
3 915,00	1 721,21	1 762,59	2 096,15	1 252,38	1 219,88
3 920,00	1 722,86	1 764,31	2 098,51	1 253,87	1 221,37
3 925,00	1 724,59	1 766,04	2 100,71	1 255,37	1 222,86
3 930,00	1 726,23	1 767,76	2 103,05	1 256,84	1 224,35
3 935,00	1 727,96	1 769,49	2 105,25	1 258,35	1 225,84
3 940,00	1 729,60	1 771,22	2 107,60	1 259,84	1 227,34
3 945,00	1 731,33	1 772,95	2 109,80	1 261,33	1 228,82
3 950,00	1 732,98	1 774,66	2 112,16	1 262,81	1 230,31
3 955,00	1 734,72	1 776,40	2 114,36	1 264,31	1 231,81
3 960,00	1 736,35	1 778,04	2 116,56	1 265,80	1 233,30
3 965,00	1 738,08	1 779,77	2 118,91	1 267,29	1 234,79
3 970,00	1 739,72	1 781,49	2 121,09	1 268,77	1 236,28
3 975,00	1 741,38	1 783,22	2 123,46	1 270,27	1 237,77
3 980,00	1 743,11	1 784,95	2 125,65	1 271,77	1 239,26
3 985,00	1 744,75	1 786,59	2 127,85	1 273,25	1 240,75
3 990,00	1 746,39	1 788,31	2 130,20	1 274,74	1 242,24
3 995,00	1 748,13	1 790,04	2 132,41	1 276,23	1 243,74
4 000,00	1 749,78	1 791,70	2 134,76	1 277,73	1 245,22
4 005,00	1 751,42	1 793,43	2 136,95	1 279,22	1 246,72
4 010,00	1 753,06	1 795,15	2 139,14	1 280,70	1 248,20
4 015,00	1 754,79	1 796,79	2 141,51	1 282,20	1 249,70
4 020,00	1 756,45	1 798,52	2 143,71	1 283,69	1 251,19
4 025,00	1 758,09	1 800,25	2 145,90	1 285,18	1 252,68
4 030,00	1 759,73	1 801,89	2 148,26	1 286,67	1 254,16
4 035,00	1 761,39	1 803,62	2 150,46	1 288,16	1 255,67
4 040,00	1 763,04	1 805,27	2 152,80	1 289,65	1 257,15
4 045,00	1 764,68	1 807,00	2 155,00	1 291,15	1 258,65
4 050,00	1 766,40	1 808,64	2 157,19	1 292,63	1 260,13
4 055,00	1 768,07	1 810,37	2 159,56	1 294,13	1 261,62
4 060,00	1 769,70	1 812,02	2 161,75	1 295,62	1 263,12
4 065,00	1 771,35	1 813,75	2 163,95	1 297,11	1 264,60
4 070,00	1 773,00	1 815,39	2 166,31	1 298,59	1 266,09
4 075,00	1 774,65	1 817,13	2 168,52	1 300,09	1 267,59
4 080,00	1 776,30	1 818,77	2 170,71	1 301,58	1 269,08
4 085,00	1 777,95	1 820,41	2 173,06	1 303,08	1 270,57
4 090,00	1 779,59	1 822,13	2 175,25	1 304,55	1 272,06
4 095,00	1 781,17	1 823,80	2 177,45	1 306,05	1 273,55
4 100,00	1 782,81	1 825,44	2 179,65	1 307,55	1 275,05
4 105,00	1 784,46	1 827,16	2 182,00	1 309,03	1 276,53
4 110,00	1 786,10	1 828,81	2 184,19	1 310,52	1 278,02
4 115,00	1 787,75	1 830,47	2 186,39	1 312,01	1 279,52
4 120,00	1 789,41	1 832,11	2 188,76	1 313,51	1 281,01
4 125,00	1 791,06	1 833,84	2 190,96	1 315,00	1 282,50
4 130,00	1 792,61	1 835,47	2 193,15	1 316,48	1 283,99
4 135,00	1 794,28	1 837,14	2 195,35	1 317,98	1 285,48
4 140,00	1 795,91	1 838,77	2 197,70	1 319,48	1 286,97
4 145,00	1 797,56	1 840,43	2 199,90	1 320,96	1 288,46
4 150,00	1 799,12	1 842,08	2 202,08	1 322,45	1 289,94
4 155,00	1 800,78	1 843,72	2 204,29	1 323,94	1 291,45
4 160,00	1 802,44	1 845,45	2 206,65	1 325,44	1 292,93
4 165,00	1 804,00	1 847,10	2 208,85	1 326,93	1 294,43
4 170,00	1 805,65	1 848,74	2 211,03	1 328,41	1 295,91

Bisheriges Arbeitsentgelt Monat bis Euro gerundet:	Mindestnettobetrag in Steuerklasse Euro				
	I/IV	II	III	V	VI
4 175,00	1 807,22	1 850,39	2 213,24	1 329,91	1 297,41
4 180,00	1 808,87	1 852,04	2 215,44	1 331,40	1 298,90
4 185,00	1 810,51	1 853,70	2 217,80	1 332,89	1 300,39
4 190,00	1 812,08	1 855,32	2 219,98	1 334,37	1 301,87
4 195,00	1 813,72	1 856,98	2 222,19	1 335,87	1 303,37
4 200,00	1 815,30	1 858,64	2 224,39	1 337,36	1 304,86
4 205,00	1 816,94	1 860,20	2 226,59	1 338,86	1 306,35
4 210,00	1 818,51	1 861,85	2 228,92	1 340,33	1 307,84
4 215,00	1 820,17	1 863,50	2 231,13	1 341,84	1 309,33
4 220,00	1 821,74	1 865,14	2 233,33	1 343,33	1 310,83
4 225,00	1 823,30	1 866,80	2 235,52	1 344,82	1 312,31
4 230,00	1 824,95	1 868,43	2 237,71	1 346,30	1 313,80
4 235,00	1 826,51	1 870,01	2 240,08	1 347,80	1 315,30
4 240,00	1 828,17	1 871,66	2 242,28	1 349,29	1 316,79
4 245,00	1 829,74	1 873,30	2 244,47	1 350,78	1 318,28
4 250,00	1 831,30	1 874,95	2 246,66	1 352,26	1 319,77
4 255,00	1 832,96	1 876,52	2 248,87	1 353,76	1 321,26
4 260,00	1 834,52	1 878,18	2 251,07	1 355,26	1 322,75
4 265,00	1 836,10	1 879,82	2 253,26	1 356,74	1 324,24
4 270,00	1 837,65	1 881,46	2 255,62	1 358,23	1 325,73
4 275,00	1 839,31	1 883,04	2 257,82	1 359,72	1 327,23
4 280,00	1 840,88	1 884,68	2 260,02	1 361,22	1 328,71
4 285,00	1 842,45	1 886,25	2 262,21	1 362,71	1 330,21
4 290,00	1 844,02	1 887,89	2 264,41	1 364,19	1 331,69
4 295,00	1 845,59	1 889,55	2 266,61	1 365,69	1 333,19
4 300,00	1 847,16	1 891,12	2 268,81	1 367,18	1 334,68
4 305,00	1 848,80	1 892,77	2 271,00	1 368,67	1 336,17
4 310,00	1 850,36	1 894,33	2 273,20	1 370,16	1 337,65
4 315,00	1 851,95	1 895,99	2 275,55	1 371,65	1 339,16
4 320,00	1 853,51	1 897,55	2 277,74	1 373,14	1 340,64
4 325,00	1 855,08	1 899,21	2 279,94	1 374,64	1 342,13
4 330,00	1 856,65	1 900,76	2 282,13	1 376,12	1 343,62
4 335,00	1 858,22	1 902,34	2 284,34	1 377,62	1 345,11
4 340,00	1 859,79	1 903,99	2 286,53	1 379,11	1 346,61
4 345,00	1 861,37	1 905,56	2 288,73	1 380,60	1 348,09
4 350,00	1 862,92	1 907,12	2 290,92	1 382,08	1 349,58
4 355,00	1 864,50	1 908,78	2 293,13	1 383,58	1 351,08
4 360,00	1 865,99	1 910,35	2 295,32	1 385,07	1 352,57
4 365,00	1 867,57	1 911,91	2 297,52	1 386,56	1 354,06
4 370,00	1 869,12	1 913,56	2 299,71	1 388,04	1 355,55
4 375,00	1 870,70	1 915,13	2 301,92	1 389,54	1 357,04
4 380,00	1 872,27	1 916,70	2 304,11	1 391,04	1 358,54
4 385,00	1 873,83	1 918,28	2 306,31	1 392,52	1 360,02
4 390,00	1 875,32	1 919,91	2 308,50	1 394,01	1 361,51
4 395,00	1 876,90	1 921,49	2 310,71	1 395,50	1 363,01
4 400,00	1 878,47	1 923,05	2 312,90	1 397,00	1 364,50
4 405,00	1 880,03	1 924,62	2 315,10	1 398,49	1 365,99
4 410,00	1 881,52	1 926,20	2 317,29	1 399,97	1 367,47
4 415,00	1 883,10	1 927,77	2 319,50	1 401,47	1 368,97
4 420,00	1 884,67	1 929,34	2 321,69	1 402,97	1 370,46
4 425,00	1 886,17	1 930,98	2 323,89	1 404,45	1 371,95
4 430,00	1 887,72	1 932,54	2 326,08	1 405,94	1 373,43
4 435,00	1 889,30	1 934,12	2 328,29	1 407,43	1 374,94
4 440,00	1 890,78	1 935,69	2 330,48	1 408,93	1 376,42
4 445,00	1 892,36	1 937,26	2 332,68	1 410,42	1 377,92
4 450,00	1 893,84	1 938,83	2 334,87	1 411,90	1 379,40
4 455,00	1 895,41	1 940,40	2 337,08	1 413,40	1 380,90

Bisheriges Arbeitsentgelt Monat bis Euro gerundet:	Mindestnettobetrag in Steuerklasse Euro				
	I/IV	II	III	V	VI
4 460,00	1 896,91	1 941,88	2 339,27	1 414,89	1 382,39
4 465,00	1 898,48	1 943,45	2 341,47	1 416,38	1 383,88
4 470,00	1 899,95	1 945,03	2 343,66	1 417,86	1 385,36
4 475,00	1 901,55	1 946,60	2 345,87	1 419,36	1 386,86
4 480,00	1 903,03	1 948,17	2 348,06	1 420,85	1 388,35
4 485,00	1 904,59	1 949,74	2 350,26	1 422,35	1 389,84
4 490,00	1 906,08	1 951,30	2 352,45	1 423,82	1 391,33
4 495,00	1 907,66	1 952,80	2 354,66	1 425,33	1 392,82
4 500,00	1 909,15	1 954,37	2 356,71	1 426,82	1 394,32
4 505,00	1 910,64	1 955,94	2 358,90	1 428,31	1 395,80
4 510,00	1 912,20	1 957,50	2 361,09	1 429,79	1 397,29
4 515,00	1 913,71	1 958,99	2 363,30	1 431,29	1 398,79
4 520,00	1 915,20	1 960,56	2 365,50	1 432,78	1 400,28
4 525,00	1 916,69	1 962,14	2 367,69	1 434,27	1 401,77
4 530,00	1 918,24	1 963,62	2 369,88	1 435,75	1 403,26
4 535,00	1 919,74	1 965,19	2 372,09	1 437,25	1 404,75
4 540,00	1 921,23	1 966,76	2 374,29	1 438,75	1 406,24
4 545,00	1 922,72	1 968,25	2 376,31	1 440,23	1 407,73
4 550,00	1 924,21	1 969,82	2 378,51	1 441,72	1 409,22
4 555,00	1 925,78	1 971,39	2 380,71	1 443,21	1 410,72
4 560,00	1 927,27	1 972,89	2 382,91	1 444,71	1 412,20
4 565,00	1 928,76	1 974,45	2 385,10	1 446,20	1 413,70
4 570,00	1 930,25	1 975,93	2 387,30	1 447,68	1 415,18
4 575,00	1 931,74	1 977,52	2 389,50	1 449,18	1 416,68
4 580,00	1 933,24	1 979,01	2 391,55	1 450,67	1 418,17
4 585,00	1 934,73	1 980,57	2 393,74	1 452,16	1 419,66
4 590,00	1 936,21	1 982,06	2 395,93	1 453,65	1 421,14
4 595,00	1 937,71	1 983,56	2 398,14	1 455,14	1 422,64
4 600,00	1 939,20	1 985,13	2 400,34	1 456,63	1 424,13
4 605,00	1 940,69	1 986,61	2 402,39	1 458,13	1 425,62
4 610,00	1 942,18	1 988,18	2 404,57	1 459,60	1 427,11
4 615,00	1 943,67	1 989,68	2 406,78	1 461,11	1 428,60
4 620,00	1 945,16	1 991,18	2 408,98	1 462,60	1 430,10
4 625,00	1 946,66	1 992,74	2 411,17	1 464,09	1 431,58
4 630,00	1 948,13	1 994,22	2 413,19	1 465,57	1 433,07
4 635,00	1 949,64	1 995,72	2 415,40	1 467,07	1 434,57
4 640,00	1 951,12	1 997,21	2 417,60	1 468,56	1 436,06
4 645,00	1 952,62	1 998,78	2 419,80	1 470,05	1 437,55
4 650,00	1 954,10	2 000,26	2 421,98	1 471,53	1 439,04
4 655,00	1 955,60	2 001,76	2 424,03	1 473,03	1 440,53
4 660,00	1 957,09	2 003,25	2 426,23	1 474,53	1 442,03
4 665,00	1 958,58	2 004,74	2 428,43	1 476,01	1 443,51
4 670,00	1 960,06	2 006,23	2 430,61	1 477,50	1 445,00
4 675,00	1 961,56	2 007,72	2 432,67	1 478,99	1 446,50
4 680,00	1 963,05	2 009,30	2 434,87	1 480,49	1 447,98
4 685,00	1 964,54	2 010,79	2 437,07	1 481,98	1 449,48
4 690,00	1 966,03	2 012,28	2 439,26	1 483,46	1 450,96
4 695,00	1 967,52	2 013,77	2 441,30	1 484,96	1 452,46
4 700,00	1 969,02	2 015,26	2 443,50	1 486,46	1 453,95
4 705,00	1 970,51	2 016,76	2 445,69	1 487,94	1 455,44
4 710,00	1 971,99	2 018,24	2 447,73	1 489,43	1 456,92
4 715,00	1 973,49	2 019,74	2 449,93	1 490,92	1 458,43
4 720,00	1 974,98	2 021,22	2 452,13	1 492,41	1 459,91
4 725,00	1 976,47	2 022,72	2 454,33	1 493,91	1 461,41
4 730,00	1 977,96	2 024,20	2 456,37	1 495,39	1 462,89
4 735,00	1 979,45	2 025,70	2 458,58	1 496,89	1 464,39
4 740,00	1 980,94	2 027,19	2 460,77	1 498,38	1 465,88

Bisheriges Arbeitsentgelt Monat bis Euro gerundet:	Mindestnettobetrag in Steuerklasse Euro				
	I/IV	II	III	V	VI
4 745,00	1 982,44	2 028,69	2 462,80	1 499,87	1 467,37
4 750,00	1 983,92	2 030,16	2 464,99	1 501,35	1 468,85
4 755,00	1 985,42	2 031,67	2 467,20	1 502,85	1 470,35
4 760,00	1 986,90	2 033,15	2 469,23	1 504,34	1 471,84
4 765,00	1 988,40	2 034,65	2 471,43	1 505,84	1 473,33
4 770,00	1 989,88	2 036,13	2 473,62	1 507,31	1 474,82
4 775,00	1 991,38	2 037,63	2 475,68	1 508,82	1 476,31
4 780,00	1 992,87	2 039,12	2 477,88	1 510,31	1 477,81
4 785,00	1 994,37	2 040,61	2 479,91	1 511,80	1 479,29
4 790,00	1 995,84	2 042,09	2 482,10	1 513,28	1 480,78
4 795,00	1 997,35	2 043,59	2 484,31	1 514,77	1 482,28
4 800,00	1 998,83	2 045,08	2 486,35	1 516,27	1 483,77
4 805,00	2 000,32	2 046,57	2 488,54	1 517,76	1 485,26
4 810,00	2 001,81	2 048,06	2 490,73	1 519,24	1 486,75
4 815,00	2 003,30	2 049,55	2 492,79	1 520,74	1 488,24
4 820,00	2 004,80	2 051,05	2 494,99	1 522,24	1 489,73
4 825,00	2 006,29	2 052,54	2 497,02	1 523,72	1 491,22
4 830,00	2 007,77	2 054,02	2 499,20	1 525,21	1 492,71
4 835,00	2 009,27	2 055,52	2 501,41	1 526,70	1 494,21
4 840,00	2 010,76	2 057,01	2 503,45	1 528,20	1 495,69
4 845,00	2 012,25	2 058,50	2 505,65	1 529,69	1 497,19
4 850,00	2 013,74	2 059,99	2 507,70	1 531,17	1 498,67
4 855,00	2 015,23	2 061,48	2 509,90	1 532,67	1 500,17
4 860,00	2 016,73	2 062,97	2 511,93	1 534,16	1 501,66
4 865,00	2 018,22	2 064,47	2 514,13	1 535,65	1 503,15
4 870,00	2 019,70	2 065,94	2 516,32	1 537,14	1 504,63
4 875,00	2 021,20	2 067,45	2 518,36	1 538,63	1 506,13
4 880,00	2 022,69	2 068,93	2 520,56	1 540,12	1 507,62
4 885,00	2 024,18	2 070,43	2 522,61	1 541,62	1 509,11
4 890,00	2 025,66	2 071,91	2 524,80	1 543,09	1 510,60
4 895,00	2 027,16	2 073,41	2 526,84	1 544,60	1 512,09
4 900,00	2 028,65	2 074,90	2 529,03	1 546,09	1 513,59
4 905,00	2 030,15	2 076,39	2 531,08	1 547,58	1 515,07
4 910,00	2 031,62	2 077,87	2 533,27	1 549,06	1 516,56
4 915,00	2 033,13	2 079,37	2 535,33	1 550,56	1 518,06
4 920,00	2 034,61	2 080,86	2 537,53	1 552,05	1 519,55
4 925,00	2 036,11	2 082,35	2 539,55	1 553,54	1 521,04
4 930,00	2 037,59	2 083,84	2 541,74	1 555,02	1 522,53
4 935,00	2 039,09	2 085,33	2 543,79	1 556,52	1 524,02
4 940,00	2 040,58	2 086,83	2 545,99	1 558,02	1 525,52
4 945,00	2 042,07	2 088,32	2 548,04	1 559,50	1 527,00
4 950,00	2 043,55	2 089,80	2 550,22	1 560,99	1 528,49
4 955,00	2 045,05	2 091,30	2 552,27	1 562,48	1 529,99
4 960,00	2 046,54	2 092,79	2 554,47	1 563,98	1 531,47
4 965,00	2 048,03	2 094,28	2 556,51	1 565,47	1 532,97
4 970,00	2 049,52	2 095,77	2 558,69	1 566,95	1 534,45
4 975,00	2 051,01	2 097,26	2 560,75	1 568,45	1 535,95
4 980,00	2 052,51	2 098,75	2 562,95	1 569,95	1 537,44
4 985,00	2 054,00	2 100,25	2 564,98	1 571,43	1 538,93
4 990,00	2 055,48	2 101,73	2 567,17	1 572,92	1 540,41
4 995,00	2 056,98	2 103,23	2 569,22	1 574,41	1 541,92
5 000,00	2 058,47	2 104,71	2 571,27	1 575,90	1 543,40
5 005,00	2 059,96	2 106,21	2 573,46	1 577,40	1 544,90
5 010,00	2 061,45	2 107,69	2 575,49	1 578,88	1 546,38
5 015,00	2 062,94	2 109,19	2 577,70	1 580,38	1 547,88
5 020,00	2 064,43	2 110,68	2 579,73	1 581,87	1 549,37
5 025,00	2 065,93	2 112,18	2 581,93	1 583,36	1 550,86

Bisheriges Arbeitsentgelt Monat bis Euro gerundet:	Mindestnettobetrag in Steuerklasse Euro				
	I/IV	II	III	V	VI
5 030,00	2 067,41	2 113,65	2 583,97	1 584,84	1 552,34
5 035,00	2 068,91	2 115,16	2 586,01	1 586,34	1 553,84
5 040,00	2 070,39	2 116,64	2 588,21	1 587,83	1 555,33
5 045,00	2 071,89	2 118,14	2 590,25	1 589,33	1 556,82
5 050,00	2 073,37	2 119,62	2 592,29	1 590,80	1 558,31
5 055,00	2 074,87	2 121,11	2 594,50	1 592,31	1 559,80
5 060,00	2 076,36	2 122,61	2 596,53	1 593,80	1 561,30
5 065,00	2 077,86	2 124,10	2 598,73	1 595,28	1 562,78
5 070,00	2 079,33	2 125,58	2 600,76	1 596,77	1 564,27
5 075,00	2 080,83	2 127,08	2 602,81	1 598,26	1 565,77
5 080,00	2 082,32	2 128,57	2 605,01	1 599,76	1 567,26
5 085,00	2 083,81	2 130,06	2 607,05	1 601,25	1 568,75
5 090,00	2 085,30	2 131,55	2 609,08	1 602,73	1 570,24
5 095,00	2 086,79	2 133,04	2 611,28	1 604,23	1 571,73
5 100,00	2 088,29	2 134,54	2 613,33	1 605,73	1 573,22
5 105,00	2 089,78	2 136,03	2 615,36	1 607,21	1 574,71
5 110,00	2 091,26	2 137,51	2 617,55	1 608,70	1 576,19
5 115,00	2 092,76	2 139,01	2 619,60	1 610,19	1 577,70
5 120,00	2 094,25	2 140,50	2 621,65	1 611,69	1 579,18
5 125,00	2 095,74	2 141,99	2 623,85	1 613,18	1 580,68
5 130,00	2 097,23	2 143,48	2 625,87	1 614,66	1 582,16
5 135,00	2 098,72	2 144,97	2 627,92	1 616,16	1 583,66
5 140,00	2 100,22	2 146,46	2 630,12	1 617,65	1 585,15
5 145,00	2 101,71	2 147,96	2 632,17	1 619,14	1 586,64
5 150,00	2 103,19	2 149,43	2 634,19	1 620,62	1 588,12
5 155,00	2 105,22	2 151,47	2 636,77	1 622,65	1 590,16
5 160,00	2 107,25	2 153,49	2 639,51	1 624,68	1 592,18
5 165,00	2 109,28	2 155,53	2 642,10	1 626,72	1 594,21
5 170,00	2 111,31	2 157,56	2 644,67	1 628,74	1 596,25
5 175,00	2 113,34	2 159,59	2 647,40	1 630,78	1 598,27
5 180,00	2 115,37	2 161,62	2 649,98	1 632,81	1 600,31
5 185,00	2 117,40	2 163,65	2 652,57	1 634,83	1 602,33
5 190,00	2 119,43	2 165,68	2 655,15	1 636,87	1 604,37
5 195,00	2 121,46	2 167,71	2 657,88	1 638,89	1 606,40
5 200,00	2 123,49	2 169,74	2 660,46	1 640,93	1 608,42
5 205,00	2 125,52	2 171,77	2 663,05	1 642,96	1 610,46
5 210,00	2 127,56	2 173,80	2 665,62	1 644,99	1 612,49
5 215,00	2 129,58	2 175,83	2 668,36	1 647,02	1 614,52
5 220,00	2 131,61	2 177,86	2 670,94	1 649,05	1 616,55
5 225,00	2 133,65	2 179,90	2 673,53	1 651,08	1 618,57
5 230,00	2 135,67	2 181,92	2 676,09	1 653,11	1 620,61
5 235,00	2 137,71	2 183,95	2 678,68	1 655,14	1 622,64
5 240,00	2 139,73	2 185,98	2 681,41	1 657,17	1 624,67
5 245,00	2 141,77	2 188,01	2 684,00	1 659,20	1 626,70
5 250,00	2 143,80	2 190,05	2 686,58	1 661,23	1 628,73
5 255,00	2 145,82	2 192,07	2 689,15	1 663,26	1 630,76
5 260,00	2 147,86	2 194,11	2 691,74	1 665,30	1 632,79
5 265,00	2 149,89	2 196,14	2 694,48	1 667,32	1 634,82
5 270,00	2 151,92	2 198,16	2 697,05	1 669,35	1 636,85
5 275,00	2 153,95	2 200,20	2 699,63	1 671,38	1 638,88
5 280,00	2 155,97	2 202,22	2 702,22	1 673,41	1 640,91
5 285,00	2 158,01	2 204,26	2 704,79	1 675,45	1 642,94
5 290,00	2 160,04	2 206,29	2 707,37	1 677,47	1 644,98
5 295,00	2 162,07	2 208,31	2 710,11	1 679,51	1 647,00
5 300,00	2 164,10	2 210,35	2 712,70	1 681,54	1 649,04
5 305,00	2 166,13	2 212,38	2 715,27	1 683,56	1 651,06
5 310,00	2 168,16	2 214,41	2 717,84	1 685,60	1 653,09

Bisheriges Arbeitsentgelt Monat bis Euro gerundet:	Mindestnettobetrag in Steuerklasse Euro				
	I/IV	II	III	V	VI
5 315,00	2 170,19	2 216,44	2 720,43	1 687,62	1 655,13
5 320,00	2 172,22	2 218,47	2 723,01	1 689,66	1 657,15
5 325,00	2 174,25	2 220,50	2 725,59	1 691,69	1 659,19
5 330,00	2 176,28	2 222,53	2 728,18	1 693,71	1 661,22
5 335,00	2 178,31	2 224,56	2 730,92	1 695,75	1 663,25
5 340,00	2 180,34	2 226,59	2 733,48	1 697,78	1 665,28
5 345,00	2 182,38	2 228,62	2 736,06	1 699,81	1 667,30
5 350,00	2 184,40	2 230,65	2 738,65	1 701,84	1 669,34
5 355,00	2 186,44	2 232,68	2 741,22	1 703,87	1 671,37
5 360,00	2 188,46	2 234,71	2 743,81	1 705,90	1 673,40
5 365,00	2 190,49	2 236,74	2 746,40	1 707,93	1 675,43
5 370,00	2 192,53	2 238,78	2 748,96	1 709,96	1 677,46
5 375,00	2 194,55	2 240,80	2 751,54	1 711,99	1 679,49
5 380,00	2 196,59	2 242,83	2 754,13	1 714,02	1 681,52
5 385,00	2 198,62	2 244,87	2 756,70	1 716,05	1 683,55
5 390,00	2 200,65	2 246,89	2 759,29	1 718,08	1 685,58
5 395,00	2 202,68	2 248,93	2 762,02	1 720,11	1 687,61
5 400,00	2 204,70	2 250,95	2 764,61	1 722,14	1 689,64
5 405,00	2 206,74	2 252,99	2 767,18	1 724,18	1 691,67
5 410,00	2 208,77	2 255,02	2 769,76	1 726,20	1 693,71
5 415,00	2 210,80	2 257,04	2 772,35	1 728,23	1 695,73
5 420,00	2 212,83	2 259,08	2 774,92	1 730,27	1 697,77
5 425,00	2 214,86	2 261,11	2 777,50	1 732,29	1 699,79
5 430,00	2 216,89	2 263,14	2 780,09	1 734,33	1 701,82
5 435,00	2 218,92	2 265,17	2 782,66	1 736,35	1 703,86
5 440,00	2 220,95	2 267,19	2 785,24	1 738,39	1 705,88
5 445,00	2 222,98	2 269,23	2 787,83	1 740,42	1 707,92
5 450,00	2 225,01	2 271,26	2 790,40	1 742,44	1 709,95
5 455,00	2 227,04	2 273,29	2 792,97	1 744,48	1 711,97
5 460,00	2 229,07	2 275,32	2 795,56	1 746,51	1 714,01
5 465,00	2 231,11	2 277,35	2 798,14	1 748,54	1 716,03
5 470,00	2 233,13	2 279,38	2 800,72	1 750,57	1 718,07
5 475,00	2 235,17	2 281,41	2 803,31	1 752,59	1 720,10
5 480,00	2 237,19	2 283,44	2 805,88	1 754,63	1 722,13
5 485,00	2 239,22	2 285,47	2 808,45	1 756,66	1 724,16
5 490,00	2 241,26	2 287,50	2 811,04	1 758,69	1 726,19
5 495,00	2 243,28	2 289,53	2 813,62	1 760,72	1 728,22
5 500,00	2 245,32	2 291,56	2 816,20	1 762,75	1 730,25
5 505,00	2 247,35	2 293,60	2 818,79	1 764,78	1 732,28
5 510,00	2 249,37	2 295,62	2 821,20	1 766,81	1 734,31
5 515,00	2 251,41	2 297,66	2 823,79	1 768,84	1 736,34
5 520,00	2 253,43	2 299,68	2 826,36	1 770,87	1 738,37
5 525,00	2 255,47	2 301,71	2 828,94	1 772,90	1 740,40
5 530,00	2 257,50	2 303,75	2 831,53	1 774,93	1 742,44
5 535,00	2 259,53	2 305,77	2 834,10	1 776,96	1 744,46
5 540,00	2 261,56	2 307,81	2 836,68	1 779,00	1 746,49
5 545,00	2 263,59	2 309,84	2 839,27	1 781,02	1 748,52
5 550,00	2 265,62	2 311,87	2 841,84	1 783,06	1 750,55
5 555,00	2 267,65	2 313,90	2 844,42	1 785,08	1 752,59
5 560,00	2 269,68	2 315,92	2 847,01	1 787,11	1 754,61
5 565,00	2 271,71	2 317,96	2 849,58	1 789,15	1 756,65
5 570,00	2 273,74	2 319,99	2 852,01	1 791,17	1 758,68
5 575,00	2 275,77	2 322,02	2 854,59	1 793,21	1 760,70
5 580,00	2 277,80	2 324,05	2 857,16	1 795,24	1 762,74
5 585,00	2 279,84	2 326,08	2 859,75	1 797,27	1 764,76
5 590,00	2 281,86	2 328,11	2 862,32	1 799,30	1 766,80
5 595,00	2 283,89	2 330,14	2 864,90	1 801,32	1 768,83

Bisheriges Arbeitsentgelt Monat bis Euro gerundet:	Mindestnettobetrag in Steuerklasse Euro				
	I/IV	II	III	V	VI
5 600,00	2 285,92	2 332,17	2 867,49	1 803,36	1 770,85
5 605,00	2 287,95	2 334,20	2 870,07	1 805,39	1 772,89
5 610,00	2 289,99	2 336,23	2 872,50	1 807,42	1 774,92
5 615,00	2 292,01	2 338,26	2 875,06	1 809,45	1 776,95
5 620,00	2 294,05	2 340,29	2 877,64	1 811,48	1 778,98
5 625,00	2 296,08	2 342,33	2 880,23	1 813,51	1 781,01
5 630,00	2 298,10	2 344,35	2 882,81	1 815,54	1 783,04
5 635,00	2 300,14	2 346,39	2 885,39	1 817,57	1 785,07
5 640,00	2 302,16	2 348,41	2 887,81	1 819,60	1 787,10
5 645,00	2 304,20	2 350,44	2 890,38	1 821,63	1 789,13
5 650,00	2 306,23	2 352,48	2 892,97	1 823,66	1 791,16
5 655,00	2 308,25	2 354,50	2 895,55	1 825,69	1 793,19
5 660,00	2 310,29	2 356,54	2 898,13	1 827,73	1 795,22
5 665,00	2 312,32	2 358,57	2 900,55	1 829,75	1 797,25
5 670,00	2 314,35	2 360,59	2 903,13	1 831,79	1 799,28
5 675,00	2 316,38	2 362,63	2 905,72	1 833,81	1 801,32
5 680,00	2 318,41	2 364,65	2 908,29	1 835,84	1 803,34
5 685,00	2 320,44	2 366,69	2 910,87	1 837,88	1 805,37
5 690,00	2 322,47	2 368,72	2 913,29	1 839,90	1 807,41
5 695,00	2 324,50	2 370,75	2 915,87	1 841,94	1 809,43
5 700,00	2 326,53	2 372,78	2 918,46	1 843,97	1 811,47
5 705,00	2 328,57	2 374,81	2 921,04	1 845,99	1 813,49
5 710,00	2 330,59	2 376,84	2 923,47	1 848,03	1 815,53
5 715,00	2 332,62	2 378,87	2 926,03	1 850,05	1 817,56
5 720,00	2 334,65	2 380,90	2 928,61	1 852,09	1 819,58
5 725,00	2 336,68	2 382,93	2 931,20	1 854,12	1 821,62
5 730,00	2 338,72	2 384,96	2 933,62	1 856,15	1 823,65
5 735,00	2 340,74	2 386,99	2 936,21	1 858,18	1 825,68
5 740,00	2 342,77	2 389,02	2 938,78	1 860,21	1 827,71
5 745,00	2 344,81	2 391,06	2 941,21	1 862,24	1 829,74
5 750,00	2 346,83	2 393,08	2 943,78	1 864,27	1 831,77
5 755,00	2 348,87	2 395,11	2 946,36	1 866,30	1 833,80
5 760,00	2 350,89	2 397,14	2 948,95	1 868,33	1 835,83
5 765,00	2 352,93	2 399,17	2 951,36	1 870,36	1 837,86
5 770,00	2 354,96	2 401,21	2 953,95	1 872,39	1 839,89
5 775,00	2 356,98	2 403,23	2 956,53	1 874,42	1 841,92
5 780,00	2 359,02	2 405,27	2 958,96	1 876,46	1 843,95
5 785,00	2 361,05	2 407,30	2 961,52	1 878,48	1 845,98
5 790,00	2 363,08	2 409,32	2 964,10	1 880,51	1 848,01
5 795,00	2 365,11	2 411,36	2 966,53	1 882,54	1 850,05
5 800,00	2 367,14	2 413,38	2 969,11	1 884,57	1 852,07
5 805,00	2 369,17	2 415,42	2 971,70	1 886,61	1 854,10
5 810,00	2 371,20	2 417,45	2 974,11	1 888,63	1 856,14
5 815,00	2 373,23	2 419,47	2 976,70	1 890,67	1 858,16
5 820,00	2 375,26	2 421,51	2 979,27	1 892,70	1 860,20
5 825,00	2 377,29	2 423,54	2 981,70	1 894,72	1 862,22
5 830,00	2 379,32	2 425,57	2 984,27	1 896,76	1 864,25
5 835,00	2 381,35	2 427,60	2 986,85	1 898,78	1 866,29
5 840,00	2 383,38	2 429,63	2 989,28	1 900,82	1 868,31
5 845,00	2 385,41	2 431,66	2 991,86	1 902,85	1 870,35
5 850,00	2 387,45	2 433,69	2 994,28	1 904,87	1 872,38
5 855,00	2 389,47	2 435,72	2 996,86	1 906,91	1 874,41
5 860,00	2 391,50	2 437,75	2 999,45	1 908,94	1 876,44
5 865,00	2 393,54	2 439,79	3 001,86	1 910,97	1 878,46
5 870,00	2 395,56	2 441,81	3 004,45	1 913,00	1 880,50
5 875,00	2 397,60	2 443,84	3 007,02	1 915,03	1 882,53
5 880,00	2 399,62	2 445,87	3 009,46	1 917,06	1 884,56

Bisheriges Arbeitsentgelt Monat bis Euro gerundet:	Mindestnettobetrag in Steuerklasse Euro				
	I/IV	II	III	V	VI
5 885,00	2 401,65	2 447,90	3 012,03	1 919,09	1 886,59
5 890,00	2 403,69	2 449,94	3 014,46	1 921,12	1 888,62
5 895,00	2 405,71	2 451,96	3 017,03	1 923,15	1 890,65
5 900,00	2 407,75	2 453,99	3 019,46	1 925,19	1 892,68
5 905,00	2 409,78	2 456,03	3 022,03	1 927,21	1 894,71
5 910,00	2 411,81	2 458,05	3 024,61	1 929,24	1 896,74
5 915,00	2 413,84	2 460,09	3 027,03	1 931,27	1 898,77
5 920,00	2 415,86	2 462,11	3 029,62	1 933,30	1 900,80
5 925,00	2 417,90	2 464,15	3 032,04	1 935,34	1 902,83
5 930,00	2 419,93	2 466,18	3 034,61	1 937,36	1 904,87
5 935,00	2 421,96	2 468,20	3 037,04	1 939,39	1 906,89
5 940,00	2 423,99	2 470,24	3 039,62	1 941,43	1 908,93
5 945,00	2 426,02	2 472,27	3 042,04	1 943,45	1 910,95
5 950,00	2 428,05	2 474,30	3 044,62	1 945,49	1 912,98
5 955,00	2 430,08	2 476,33	3 047,05	1 947,51	1 915,02
5 960,00	2 432,11	2 478,36	3 049,63	1 949,55	1 917,04
5 965,00	2 434,14	2 480,39	3 052,05	1 951,58	1 919,08
5 970,00	2 436,17	2 482,42	3 054,62	1 953,60	1 921,11
5 975,00	2 438,20	2 484,45	3 057,05	1 955,64	1 923,13
5 980,00	2 440,23	2 486,48	3 059,63	1 957,67	1 925,17
5 985,00	2 442,27	2 488,51	3 062,05	1 959,70	1 927,19
5 990,00	2 444,29	2 490,54	3 064,63	1 961,73	1 929,23
5 995,00	2 446,33	2 492,57	3 067,06	1 963,76	1 931,26
6 000,00	2 448,35	2 494,60	3 069,64	1 965,79	1 933,29
6 005,00	2 450,38	2 496,63	3 072,06	1 967,82	1 935,32
6 010,00	2 452,42	2 498,67	3 074,64	1 969,85	1 937,35
6 015,00	2 454,44	2 500,69	3 077,06	1 971,88	1 939,38
6 020,00	2 456,48	2 502,72	3 079,64	1 973,91	1 941,41
6 025,00	2 458,51	2 504,76	3 082,06	1 975,94	1 943,44
6 030,00	2 460,54	2 506,78	3 084,65	1 977,97	1 945,47
6 035,00	2 462,57	2 508,82	3 087,07	1 980,00	1 947,50
6 040,00	2 464,59	2 510,84	3 089,65	1 982,03	1 949,53
6 045,00	2 466,63	2 512,87	3 092,07	1 984,07	1 951,56
6 050,00	2 468,66	2 514,91	3 094,51	1 986,09	1 953,60
6 055,00	2 470,69	2 516,93	3 097,07	1 988,12	1 955,62
6 060,00	2 472,72	2 518,97	3 099,50	1 990,16	1 957,65
6 065,00	2 474,75	2 521,00	3 102,08	1 992,18	1 959,68
6 070,00	2 476,78	2 523,03	3 104,51	1 994,22	1 961,71
6 075,00	2 478,81	2 525,06	3 106,92	1 996,24	1 963,75
6 080,00	2 480,84	2 527,08	3 109,51	1 998,27	1 965,77
6 085,00	2 482,87	2 529,12	3 111,93	2 000,31	1 967,81
6 090,00	2 484,90	2 531,15	3 114,52	2 002,33	1 969,84
6 095,00	2 486,93	2 533,18	3 116,92	2 004,37	1 971,86
6 100,00	2 488,96	2 535,21	3 119,35	2 006,40	1 973,90
6 105,00	2 491,00	2 537,24	3 121,93	2 008,43	1 975,92
6 110,00	2 493,02	2 539,27	3 124,35	2 010,46	1 977,96
6 115,00	2 495,05	2 541,30	3 126,78	2 012,48	1 979,99
6 120,00	2 497,08	2 543,33	3 129,36	2 014,52	1 982,02
6 125,00	2 499,11	2 545,36	3 131,79	2 016,55	1 984,05
6 130,00	2 501,15	2 547,39	3 134,36	2 018,58	1 986,08
6 135,00	2 503,17	2 549,42	3 136,79	2 020,61	1 988,11
6 140,00	2 505,21	2 551,45	3 139,20	2 022,64	1 990,14
6 145,00	2 507,24	2 553,49	3 141,79	2 024,67	1 992,17
6 150,00	2 509,26	2 555,51	3 144,21	2 026,70	1 994,20
6 155,00	2 511,30	2 557,55	3 146,63	2 028,73	1 996,23
6 160,00	2 513,32	2 559,57	3 149,21	2 030,76	1 998,26
6 165,00	2 515,36	2 561,60	3 151,63	2 032,79	2 000,29

Bisheriges Arbeitsentgelt Monat bis Euro gerundet:	Mindestnettobetrag in Steuerklasse Euro				
	I/IV	II	III	V	VI
6 170,00	2 517,39	2 563,64	3 154,07	2 034,82	2 002,33
6 175,00	2 519,42	2 565,66	3 156,64	2 036,85	2 004,35
6 180,00	2 521,45	2 567,70	3 159,07	2 038,89	2 006,38
6 185,00	2 523,48	2 569,73	3 161,48	2 040,91	2 008,41
6 190,00	2 525,51	2 571,76	3 163,90	2 042,95	2 010,44
6 195,00	2 527,54	2 573,79	3 166,48	2 044,97	2 012,48
6 200,00	2 529,57	2 575,81	3 168,91	2 047,00	2 014,50
6 205,00	2 531,60	2 577,85	3 171,34	2 049,04	2 016,53
6 210,00	2 533,63	2 579,88	3 173,91	2 051,06	2 018,57
6 215,00	2 535,66	2 581,91	3 176,34	2 053,10	2 020,59
6 220,00	2 537,69	2 583,94	3 178,76	2 055,13	2 022,63
6 225,00	2 539,73	2 585,97	3 181,18	2 057,16	2 024,65
6 230,00	2 541,75	2 588,00	3 183,76	2 059,19	2 026,69
6 235,00	2 543,78	2 590,03	3 186,18	2 061,21	2 028,72
6 240,00	2 545,81	2 592,06	3 188,61	2 063,25	2 030,74
6 245,00	2 547,84	2 594,09	3 191,03	2 065,28	2 032,78
6 250,00	2 549,88	2 596,12	3 193,62	2 067,31	2 034,81
6 255,00	2 551,90	2 598,15	3 196,03	2 069,34	2 036,84
6 260,00	2 553,93	2 600,18	3 198,45	2 071,37	2 038,87
6 265,00	2 555,97	2 602,22	3 200,89	2 073,40	2 040,90
6 270,00	2 557,99	2 604,24	3 203,30	2 075,43	2 042,93
6 275,00	2 560,03	2 606,27	3 205,89	2 077,46	2 044,96
6 280,00	2 562,05	2 608,30	3 208,30	2 079,49	2 046,99
6 285,00	2 564,09	2 610,33	3 210,72	2 081,52	2 049,02
6 290,00	2 566,12	2 612,37	3 213,15	2 083,55	2 051,05
6 295,00	2 568,14	2 614,39	3 215,57	2 085,58	2 053,08
6 300,00	2 570,18	2 616,43	3 218,16	2 087,62	2 055,11
6 305,00	2 572,21	2 618,46	3 220,57	2 089,64	2 057,14
6 310,00	2 574,24	2 620,48	3 223,00	2 091,67	2 059,17
6 315,00	2 576,27	2 622,52	3 225,43	2 093,70	2 061,21
6 320,00	2 578,30	2 624,54	3 227,85	2 095,73	2 063,23
6 325,00	2 580,33	2 626,58	3 230,43	2 097,77	2 065,26
6 330,00	2 582,36	2 628,61	3 232,84	2 099,79	2 067,30
6 335,00	2 584,39	2 630,64	3 235,27	2 101,83	2 069,32
6 340,00	2 586,42	2 632,67	3 237,70	2 103,86	2 071,36
6 345,00	2 588,45	2 634,70	3 240,11	2 105,88	2 073,38
6 350,00	2 590,48	2 636,73	3 242,54	2 107,92	2 075,42
6 355,00	2 592,51	2 638,76	3 244,97	2 109,94	2 077,45
6 360,00	2 594,54	2 640,79	3 247,54	2 111,98	2 079,47
6 365,00	2 596,57	2 642,82	3 249,97	2 114,01	2 081,51
6 370,00	2 598,61	2 644,85	3 252,39	2 116,04	2 083,54
6 375,00	2 600,63	2 646,88	3 254,81	2 118,07	2 085,57
6 380,00	2 602,66	2 648,91	3 257,24	2 120,10	2 087,60
6 385,00	2 604,70	2 650,95	3 259,65	2 122,13	2 089,62
6 390,00	2 606,72	2 652,97	3 262,07	2 124,16	2 091,66
6 395,00	2 608,76	2 655,00	3 264,51	2 126,19	2 093,69
6 400,00	2 610,78	2 657,03	3 266,92	2 128,22	2 095,72
6 405,00	2 612,82	2 659,06	3 269,51	2 130,25	2 097,75
6 410,00	2 614,85	2 661,10	3 271,93	2 132,28	2 099,78
6 415,00	2 616,87	2 663,12	3 274,35	2 134,31	2 101,81
6 420,00	2 618,91	2 665,15	3 276,78	2 136,35	2 103,84
6 425,00	2 620,94	2 667,19	3 279,20	2 138,37	2 105,87
6 430,00	2 622,97	2 669,21	3 281,62	2 140,40	2 107,90
6 435,00	2 625,00	2 671,25	3 284,05	2 142,43	2 109,93
6 440,00	2 627,02	2 673,27	3 286,46	2 144,46	2 111,96
6 445,00	2 629,06	2 675,31	3 288,88	2 146,50	2 113,99
6 450,00	2 631,09	2 677,34	3 291,32	2 148,52	2 116,03

Bisheriges Arbeitsentgelt Monat bis Euro gerundet:	Mindestnettobetrag in Steuerklasse Euro				
	I/IV	II	III	V	VI
6 455,00	2 633,12	2 679,36	3 293,73	2 150,55	2 118,05
6 460,00	2 635,15	2 681,40	3 296,15	2 152,59	2 120,09
6 465,00	2 637,18	2 683,43	3 298,59	2 154,61	2 122,11
6 470,00	2 639,21	2 685,46	3 301,00	2 156,65	2 124,14
6 475,00	2 641,24	2 687,49	3 303,42	2 158,67	2 126,18
6 480,00	2 643,27	2 689,52	3 305,86	2 160,71	2 128,20
6 485,00	2 645,30	2 691,55	3 308,27	2 162,74	2 130,24
6 490,00	2 647,33	2 693,58	3 310,70	2 164,76	2 132,27
6 495,00	2 649,36	2 695,61	3 313,13	2 166,80	2 134,30
6 500,00	2 651,39	2 697,64	3 315,53	2 168,83	2 136,33
6 505,00	2 653,43	2 699,67	3 317,96	2 170,86	2 138,35
6 510,00	2 655,45	2 701,70	3 320,39	2 172,89	2 140,39
6 515,00	2 657,49	2 703,73	3 322,81	2 174,92	2 142,42
6 520,00	2 659,51	2 705,76	3 325,23	2 176,95	2 144,45
6 525,00	2 661,54	2 707,79	3 327,66	2 178,98	2 146,48
6 530,00	2 663,58	2 709,83	3 330,08	2 181,01	2 148,51
6 535,00	2 665,60	2 711,85	3 332,50	2 183,04	2 150,54
6 540,00	2 667,64	2 713,88	3 334,93	2 185,07	2 152,57
6 545,00	2 669,67	2 715,92	3 337,35	2 187,10	2 154,60
6 550,00	2 671,70	2 717,94	3 339,77	2 189,13	2 156,63
6 555,00	2 673,73	2 719,98	3 342,20	2 191,16	2 158,66
6 560,00	2 675,75	2 722,00	3 344,61	2 193,19	2 160,69
6 565,00	2 677,79	2 724,04	3 347,03	2 195,23	2 162,72
6 570,00	2 679,82	2 726,07	3 349,47	2 197,25	2 164,76
6 575,00	2 681,85	2 728,09	3 351,88	2 199,28	2 166,78
6 580,00	2 683,88	2 730,13	3 354,30	2 201,32	2 168,81
6 585,00	2 685,91	2 732,16	3 356,74	2 203,34	2 170,84
6 590,00	2 687,94	2 734,19	3 359,00	2 205,38	2 172,87
6 595,00	2 689,97	2 736,22	3 361,42	2 207,40	2 174,91
6 600,00	2 692,00	2 738,24	3 363,84	2 209,44	2 176,93
6 605,00	2 694,03	2 740,28	3 366,27	2 211,47	2 178,97
6 610,00	2 696,06	2 742,31	3 368,69	2 213,49	2 181,00
6 615,00	2 698,09	2 744,34	3 371,11	2 215,53	2 183,02
6 620,00	2 700,12	2 746,37	3 373,54	2 217,56	2 185,06
6 625,00	2 702,16	2 748,40	3 375,95	2 219,59	2 187,08
6 630,00	2 704,18	2 750,43	3 378,37	2 221,62	2 189,12
6 635,00	2 706,22	2 752,46	3 380,64	2 223,64	2 191,15
6 640,00	2 708,24	2 754,49	3 383,07	2 225,68	2 193,18
6 645,00	2 710,27	2 756,52	3 385,49	2 227,71	2 195,21
6 650,00	2 712,31	2 758,55	3 387,91	2 229,74	2 197,24
6 655,00	2 714,33	2 760,58	3 390,34	2 231,77	2 199,27
6 660,00	2 716,37	2 762,61	3 392,76	2 233,80	2 201,30
6 665,00	2 718,40	2 764,65	3 395,18	2 235,83	2 203,33
6 670,00	2 720,42	2 766,67	3 397,45	2 237,86	2 205,36
6 675,00	2 722,46	2 768,71	3 399,88	2 239,89	2 207,39
6 680,00	2 724,48	2 770,73	3 402,29	2 241,92	2 209,42
6 685,00	2 726,52	2 772,76	3 404,72	2 243,95	2 211,45
6 690,00	2 728,55	2 774,80	3 407,15	2 245,98	2 213,49
6 695,00	2 730,58	2 776,82	3 409,56	2 248,01	2 215,51
6 700,00	2 732,61	2 778,86	3 411,82	2 250,05	2 217,54
6 705,00	2 734,64	2 780,89	3 414,25	2 252,07	2 219,57
6 710,00	2 736,67	2 782,92	3 416,68	2 254,11	2 221,60
6 715,00	2 738,70	2 784,95	3 419,09	2 256,13	2 223,64
6 720,00	2 740,73	2 786,97	3 421,36	2 258,16	2 225,66
6 725,00	2 742,76	2 789,01	3 423,78	2 260,20	2 227,70
6 730,00	2 744,79	2 791,04	3 426,22	2 262,22	2 229,73
6 735,00	2 746,82	2 793,07	3 428,63	2 264,26	2 231,75

Bisheriges Arbeitsentgelt Monat bis Euro gerundet:	Mindestnettobetrag in Steuerklasse Euro				
	I/IV	II	III	V	VI
6 740,00	2 748,85	2 795,10	3 431,05	2 266,29	2 233,79
6 745,00	2 750,89	2 797,13	3 433,32	2 268,32	2 235,81
6 750,00	2 752,91	2 799,16	3 435,75	2 270,35	2 237,85
6 755,00	2 754,94	2 801,19	3 438,17	2 272,37	2 239,88
6 760,00	2 756,97	2 803,22	3 440,59	2 274,41	2 241,90
6 765,00	2 759,00	2 805,25	3 442,86	2 276,44	2 243,94
6 770,00	2 761,04	2 807,28	3 445,29	2 278,47	2 245,97
6 775,00	2 763,06	2 809,31	3 447,70	2 280,50	2 248,00
6 780,00	2 765,10	2 811,34	3 450,12	2 282,53	2 250,03
6 785,00	2 767,13	2 813,38	3 452,39	2 284,56	2 252,06
6 790,00	2 769,15	2 815,40	3 454,82	2 286,59	2 254,09
6 795,00	2 771,19	2 817,44	3 457,23	2 288,62	2 256,12
6 800,00	2 773,21	2 819,46	3 459,50	2 290,65	2 258,15
6 805,00	2 775,25	2 821,49	3 461,92	2 292,68	2 260,18
6 810,00	2 777,28	2 823,53	3 464,35	2 294,71	2 262,21
6 815,00	2 779,30	2 825,55	3 466,77	2 296,74	2 264,24
6 820,00	2 781,34	2 827,59	3 469,03	2 298,78	2 266,27
6 825,00	2 783,37	2 829,62	3 471,46	2 300,80	2 268,30
6 830,00	2 785,40	2 831,64	3 473,89	2 302,84	2 270,33
6 835,00	2 787,43	2 833,68	3 476,16	2 304,86	2 272,37
6 840,00	2 789,46	2 835,70	3 478,57	2 306,89	2 274,39
6 845,00	2 791,49	2 837,74	3 481,00	2 308,93	2 276,42
6 850,00	2 793,52	2 839,77	3 483,26	2 310,95	2 278,46
6 855,00	2 795,55	2 841,80	3 485,69	2 312,99	2 280,48
6 860,00	2 797,58	2 843,83	3 488,10	2 315,02	2 282,52
6 865,00	2 799,61	2 845,86	3 490,37	2 317,04	2 284,54
6 870,00	2 801,64	2 847,89	3 492,79	2 319,08	2 286,58
6 875,00	2 803,67	2 849,92	3 495,22	2 321,10	2 288,61
6 880,00	2 805,70	2 851,95	3 497,49	2 323,14	2 290,63
6 885,00	2 807,73	2 853,98	3 499,90	2 325,17	2 292,67
6 890,00	2 809,77	2 856,01	3 502,17	2 327,20	2 294,70
6 895,00	2 811,79	2 858,04	3 504,59	2 329,23	2 296,73
6 900,00	2 813,82	2 860,07	3 507,02	2 331,26	2 298,76
6 905,00	2 815,86	2 862,11	3 509,29	2 333,29	2 300,78
6 910,00	2 817,88	2 864,13	3 511,71	2 335,32	2 302,82
6 915,00	2 819,92	2 866,16	3 513,97	2 337,35	2 304,85
6 920,00	2 821,94	2 868,19	3 516,39	2 339,38	2 306,88
6 925,00	2 823,98	2 870,22	3 518,83	2 341,41	2 308,91
6 930,00	2 826,01	2 872,26	3 521,09	2 343,44	2 310,94
6 935,00	2 828,03	2 874,28	3 523,51	2 345,47	2 312,97
6 940,00	2 830,07	2 876,32	3 525,77	2 347,51	2 315,00
6 945,00	2 832,10	2 878,35	3 528,20	2 349,53	2 317,03
6 950,00	2 834,13	2 880,37	3 530,63	2 351,56	2 319,06
6 955,00	2 836,16	2 882,41	3 532,90	2 353,59	2 321,10
6 960,00	2 838,19	2 884,43	3 535,30	2 355,62	2 323,12
6 965,00	2 840,22	2 886,47	3 537,57	2 357,66	2 325,15
6 970,00	2 842,25	2 888,50	3 539,99	2 359,68	2 327,19
6 975,00	2 844,28	2 890,52	3 542,26	2 361,72	2 329,21
6 980,00	2 846,31	2 892,56	3 544,69	2 363,75	2 331,25
6 985,00	2 848,34	2 894,59	3 546,96	2 365,77	2 333,27
6 990,00	2 850,37	2 896,62	3 549,37	2 367,81	2 335,30
6 995,00	2 852,40	2 898,65	3 551,64	2 369,83	2 337,34
7 000,00	2 854,43	2 900,68	3 554,06	2 371,87	2 339,36
7 005,00	2 856,46	2 902,71	3 556,33	2 373,90	2 341,40
7 010,00	2 858,50	2 904,74	3 558,76	2 375,92	2 343,43
7 015,00	2 860,52	2 906,77	3 561,02	2 377,96	2 345,46
7 020,00	2 862,55	2 908,80	3 563,44	2 379,99	2 347,49

Bisheriges Arbeitsentgelt Monat bis Euro gerundet:	Mindestnettobetrag in Steuerklasse Euro				
	I/IV	II	III	V	VI
7 025,00	2 864,59	2 910,83	3 565,70	2 382,02	2 349,51
7 030,00	2 866,61	2 912,86	3 568,13	2 384,05	2 351,55
7 035,00	2 868,65	2 914,89	3 570,39	2 386,08	2 353,58
7 040,00	2 870,67	2 916,92	3 572,83	2 388,11	2 355,61
7 045,00	2 872,70	2 918,95	3 575,09	2 390,14	2 357,64
7 050,00	2 874,74	2 920,99	3 577,51	2 392,17	2 359,67
7 055,00	2 876,76	2 923,01	3 579,77	2 394,20	2 361,70
7 060,00	2 878,80	2 925,04	3 582,20	2 396,23	2 363,73
7 065,00	2 880,83	2 927,08	3 584,46	2 398,26	2 365,76
7 070,00	2 882,86	2 929,10	3 586,89	2 400,29	2 367,79
7 075,00	2 884,89	2 931,14	3 589,16	2 402,32	2 369,82
7 080,00	2 886,91	2 933,16	3 591,57	2 404,35	2 371,85
7 085,00	2 888,95	2 935,20	3 593,83	2 406,39	2 373,88
7 090,00	2 890,98	2 937,23	3 596,10	2 408,41	2 375,92
7 095,00	2 893,01	2 939,25	3 598,52	2 410,44	2 377,94
7 100,00	2 895,04	2 941,29	3 600,79	2 412,48	2 379,98
7 105,00	2 897,07	2 943,32	3 603,22	2 414,50	2 382,00
7 110,00	2 899,10	2 945,35	3 605,49	2 416,54	2 384,03
7 115,00	2 901,13	2 947,38	3 607,90	2 418,56	2 386,07
7 120,00	2 903,16	2 949,41	3 610,17	2 420,60	2 388,09
7 125,00	2 905,19	2 951,44	3 612,43	2 422,63	2 390,13
7 130,00	2 907,22	2 953,47	3 614,86	2 424,65	2 392,16
7 135,00	2 909,25	2 955,50	3 617,12	2 426,69	2 394,18
7 140,00	2 911,28	2 957,53	3 619,56	2 428,72	2 396,22
7 145,00	2 913,32	2 959,56	3 621,82	2 430,75	2 398,24
7 150,00	2 915,34	2 961,59	3 624,09	2 432,78	2 400,28
7 155,00	2 917,38	2 963,62	3 626,50	2 434,81	2 402,31
7 160,00	2 919,40	2 965,65	3 628,77	2 436,84	2 404,34
7 165,00	2 921,43	2 967,68	3 631,03	2 438,87	2 406,37
7 170,00	2 923,47	2 969,72	3 633,46	2 440,90	2 408,40
7 175,00	2 925,49	2 971,74	3 635,72	2 442,93	2 410,43
7 180,00	2 927,53	2 973,77	3 637,99	2 444,96	2 412,46
7 185,00	2 929,56	2 975,81	3 640,42	2 446,99	2 414,49
7 190,00	2 931,58	2 977,83	3 642,69	2 449,02	2 416,52
7 195,00	2 933,62	2 979,87	3 644,95	2 451,05	2 418,55
7 200,00	2 935,64	2 981,89	3 647,37	2 453,08	2 420,58
7 205,00	2 937,68	2 983,92	3 649,63	2 455,12	2 422,61
7 210,00	2 939,71	2 985,96	3 651,90	2 457,14	2 424,65
7 215,00	2 941,74	2 987,98	3 654,32	2 459,17	2 426,67
7 220,00	2 943,77	2 990,02	3 656,59	2 461,21	2 428,70
7 225,00	2 945,80	2 992,05	3 658,86	2 463,23	2 430,73
7 230,00	2 947,83	2 994,08	3 661,29	2 465,27	2 432,76
7 235,00	2 949,86	2 996,11	3 663,55	2 467,29	2 434,80
7 240,00	2 951,89	2 998,13	3 665,82	2 469,32	2 436,82
7 245,00	2 953,92	3 000,17	3 668,23	2 471,36	2 438,86
7 250,00	2 955,95	3 002,20	3 670,49	2 473,38	2 440,89
7 255,00	2 957,98	3 004,23	3 672,76	2 475,42	2 442,91
7 260,00	2 960,01	3 006,26	3 675,02	2 477,45	2 444,95
7 265,00	2 962,05	3 008,29	3 677,45	2 479,48	2 446,97
7 270,00	2 964,07	3 010,32	3 679,71	2 481,51	2 449,01
7 275,00	2 966,10	3 012,35	3 681,98	2 483,53	2 451,04
7 280,00	2 968,13	3 014,38	3 684,25	2 485,57	2 453,07
7 285,00	2 970,16	3 016,41	3 686,68	2 487,60	2 455,10
7 290,00	2 972,20	3 018,44	3 688,94	2 489,63	2 457,13
7 295,00	2 974,22	3 020,47	3 691,21	2 491,66	2 459,16
7 300,00	2 976,26	3 022,50	3 693,48	2 493,69	2 461,19
7 305,00	2 978,29	3 024,54	3 695,89	2 495,72	2 463,22

Bisheriges Arbeitsentgelt Monat bis Euro gerundet:	Mindestnettobetrag in Steuerklasse Euro				
	I/IV	II	III	V	VI
7 310,00	2 980,31	3 026,56	3 698,16	2 497,75	2 465,25
7 315,00	2 982,35	3 028,60	3 700,42	2 499,78	2 467,28
7 320,00	2 984,37	3 030,62	3 702,69	2 501,81	2 469,31
7 325,00	2 986,41	3 032,65	3 704,95	2 503,84	2 471,34
7 330,00	2 988,44	3 034,69	3 707,38	2 505,87	2 473,38
7 335,00	2 990,47	3 036,71	3 709,64	2 507,90	2 475,40
7 340,00	2 992,50	3 038,75	3 711,91	2 509,94	2 477,43
7 345,00	2 994,53	3 040,78	3 714,18	2 511,96	2 479,46
7 350,00	2 996,56	3 042,80	3 716,44	2 514,00	2 481,49
7 355,00	2 998,59	3 044,84	3 718,87	2 516,02	2 483,53
7 360,00	3 000,62	3 046,86	3 721,14	2 518,05	2 485,55
7 365,00	3 002,65	3 048,90	3 723,40	2 520,09	2 487,58
7 370,00	3 004,68	3 050,93	3 725,67	2 522,11	2 489,62
7 375,00	3 006,71	3 052,96	3 727,94	2 524,15	2 491,64
7 380,00	3 008,74	3 054,99	3 730,20	2 526,18	2 493,68
7 385,00	3 010,78	3 057,02	3 732,62	2 528,20	2 495,70
7 390,00	3 012,80	3 059,05	3 734,88	2 530,24	2 497,74
7 395,00	3 014,83	3 061,08	3 737,15	2 532,26	2 499,77
7 400,00	3 016,86	3 063,11	3 739,42	2 534,30	2 501,79
7 405,00	3 018,89	3 065,14	3 741,68	2 536,33	2 503,83
7 410,00	3 020,93	3 067,17	3 743,95	2 538,36	2 505,86
7 415,00	3 022,95	3 069,20	3 746,21	2 540,39	2 507,89
7 420,00	3 024,98	3 071,23	3 748,48	2 542,42	2 509,92
7 425,00	3 027,02	3 073,27	3 750,90	2 544,45	2 511,95
7 430,00	3 029,04	3 075,29	3 753,17	2 546,48	2 513,98
7 435,00	3 031,08	3 077,32	3 755,43	2 548,51	2 516,01
7 440,00	3 033,10	3 079,35	3 757,70	2 550,54	2 518,04
7 445,00	3 035,14	3 081,38	3 759,97	2 552,57	2 520,07
7 450,00	3 037,17	3 083,42	3 762,23	2 554,60	2 522,10
7 455,00	3 039,19	3 085,44	3 764,50	2 556,63	2 524,13
7 460,00	3 041,23	3 087,48	3 766,76	2 558,67	2 526,16
7 465,00	3 043,26	3 089,51	3 769,03	2 560,69	2 528,19
7 470,00	3 045,29	3 091,53	3 771,30	2 562,72	2 530,22
7 475,00	3 047,32	3 093,57	3 773,56	2 564,75	2 532,26
7 480,00	3 049,35	3 095,59	3 775,99	2 566,78	2 534,28
7 485,00	3 051,38	3 097,63	3 778,26	2 568,82	2 536,31
7 490,00	3 053,41	3 099,66	3 780,53	2 570,84	2 538,35
7 495,00	3 055,44	3 101,69	3 782,79	2 572,88	2 540,37
7 500,00	3 057,47	3 103,72	3 785,06	2 574,91	2 542,41
7 505,00	3 059,50	3 105,75	3 787,32	2 576,93	2 544,43
7 510,00	3 061,53	3 107,78	3 789,59	2 578,97	2 546,46
7 515,00	3 063,56	3 109,81	3 791,86	2 580,99	2 548,50
7 520,00	3 065,59	3 111,84	3 794,12	2 583,03	2 550,52
7 525,00	3 067,62	3 113,87	3 796,39	2 585,06	2 552,56
7 530,00	3 069,66	3 115,90	3 798,65	2 587,09	2 554,59
7 535,00	3 071,68	3 117,93	3 800,92	2 589,12	2 556,62
7 540,00	3 073,71	3 119,96	3 803,18	2 591,15	2 558,65
7 545,00	3 075,75	3 122,00	3 805,45	2 593,18	2 560,67
7 550,00	3 077,77	3 124,02	3 807,72	2 595,21	2 562,71
7 555,00	3 079,81	3 126,05	3 809,98	2 597,24	2 564,74
7 560,00	3 081,83	3 128,08	3 812,25	2 599,27	2 566,77
7 565,00	3 083,87	3 130,11	3 814,51	2 601,30	2 568,80
7 570,00	3 085,90	3 132,15	3 816,78	2 603,33	2 570,83
7 575,00	3 087,92	3 134,17	3 819,05	2 605,36	2 572,86
7 580,00	3 089,96	3 136,20	3 821,31	2 607,40	2 574,89
7 585,00	3 091,99	3 138,24	3 823,58	2 609,42	2 576,92
7 590,00	3 094,02	3 140,26	3 825,84	2 611,45	2 578,95

Bisheriges Arbeitsentgelt Monat bis Euro gerundet:	Mindestnettobetrag in Steuerklasse Euro				
	I/IV	II	III	V	VI
7 595,00	3 096,05	3 142,30	3 828,11	2 613,48	2 580,98
7 600,00	3 098,07	3 144,32	3 830,38	2 615,51	2 583,01
7 605,00	3 100,11	3 146,36	3 832,48	2 617,55	2 585,04
7 610,00	3 102,14	3 148,39	3 834,74	2 619,57	2 587,08
7 615,00	3 104,17	3 150,41	3 837,01	2 621,60	2 589,10
7 620,00	3 106,20	3 152,45	3 839,27	2 623,64	2 591,14
7 625,00	3 108,23	3 154,48	3 841,54	2 625,66	2 593,16
7 630,00	3 110,26	3 156,51	3 843,80	2 627,70	2 595,19
7 635,00	3 112,29	3 158,54	3 846,07	2 629,72	2 597,23
7 640,00	3 114,32	3 160,57	3 848,34	2 631,76	2 599,25
7 645,00	3 116,35	3 162,60	3 850,60	2 633,79	2 601,29
7 650,00	3 118,38	3 164,63	3 852,87	2 635,81	2 603,32
7 655,00	3 120,41	3 166,66	3 855,13	2 637,85	2 605,35
7 660,00	3 122,44	3 168,69	3 857,40	2 639,88	2 607,38
7 665,00	3 124,48	3 170,72	3 859,51	2 641,91	2 609,40
7 670,00	3 126,50	3 172,75	3 861,77	2 643,94	2 611,44
7 675,00	3 128,54	3 174,78	3 864,04	2 645,97	2 613,47
7 680,00	3 130,56	3 176,81	3 866,31	2 648,00	2 615,50
7 685,00	3 132,59	3 178,84	3 868,57	2 650,03	2 617,53
7 690,00	3 134,63	3 180,88	3 870,84	2 652,06	2 619,56
7 695,00	3 136,65	3 182,90	3 873,10	2 654,09	2 621,59
7 700,00	3 138,69	3 184,93	3 875,22	2 656,12	2 623,62
7 705,00	3 140,72	3 186,97	3 877,49	2 658,15	2 625,65
7 710,00	3 142,75	3 188,99	3 879,75	2 660,18	2 627,68
7 715,00	3 144,78	3 191,03	3 882,02	2 662,21	2 629,71
7 720,00	3 146,80	3 193,05	3 884,28	2 664,24	2 631,74
7 725,00	3 148,84	3 195,09	3 886,55	2 666,28	2 633,77
7 730,00	3 150,87	3 197,12	3 888,65	2 668,30	2 635,81
7 735,00	3 152,90	3 199,14	3 890,92	2 670,33	2 637,83
7 740,00	3 154,93	3 201,18	3 893,18	2 672,37	2 639,86
7 745,00	3 156,96	3 203,21	3 895,45	2 674,39	2 641,89
7 750,00	3 158,99	3 205,24	3 897,71	2 676,43	2 643,92
7 755,00	3 161,02	3 207,27	3 899,82	2 678,45	2 645,96
7 760,00	3 163,05	3 209,29	3 902,09	2 680,49	2 647,98
7 765,00	3 165,08	3 211,33	3 904,35	2 682,52	2 650,02
7 770,00	3 167,11	3 213,36	3 906,62	2 684,54	2 652,05
7 775,00	3 169,14	3 215,39	3 908,89	2 686,58	2 654,07
7 780,00	3 171,17	3 217,42	3 911,00	2 688,61	2 656,11
7 785,00	3 173,21	3 219,45	3 913,27	2 690,64	2 658,13
7 790,00	3 175,23	3 221,48	3 915,53	2 692,67	2 660,17
7 795,00	3 177,26	3 223,51	3 917,80	2 694,69	2 662,20
7 800,00	3 179,29	3 225,54	3 919,90	2 696,73	2 664,23
7 805,00	3 181,32	3 227,57	3 922,17	2 698,76	2 666,26
7 810,00	3 183,36	3 229,60	3 924,43	2 700,79	2 668,29
7 815,00	3 185,38	3 231,63	3 926,70	2 702,82	2 670,32
7 820,00	3 187,42	3 233,66	3 928,81	2 704,85	2 672,35
7 825,00	3 189,45	3 235,70	3 931,07	2 706,88	2 674,38
7 830,00	3 191,47	3 237,72	3 933,34	2 708,91	2 676,41
7 835,00	3 193,51	3 239,76	3 935,60	2 710,94	2 678,44
7 840,00	3 195,53	3 241,78	3 937,73	2 712,97	2 680,47
7 845,00	3 197,57	3 243,81	3 939,99	2 715,00	2 682,50
7 850,00	3 199,60	3 245,85	3 942,26	2 717,03	2 684,54
7 855,00	3 201,63	3 247,87	3 944,36	2 719,06	2 686,56
7 860,00	3 203,66	3 249,91	3 946,63	2 721,10	2 688,59
7 865,00	3 205,69	3 251,94	3 948,89	2 723,12	2 690,62
7 870,00	3 207,72	3 253,97	3 951,00	2 725,16	2 692,65
7 875,00	3 209,75	3 256,00	3 953,27	2 727,18	2 694,69

Bisheriges Arbeitsentgelt Monat bis Euro gerundet:	Mindestnettobetrag in Steuerklasse Euro				
	I/IV	II	III	V	VI
7 880,00	3 211,78	3 258,02	3 955,53	2 729,21	2 696,71
7 885,00	3 213,81	3 260,06	3 957,80	2 731,25	2 698,75
7 890,00	3 215,84	3 262,09	3 959,91	2 733,27	2 700,78
7 895,00	3 217,87	3 264,12	3 962,18	2 735,31	2 702,80
7 900,00	3 219,90	3 266,15	3 964,45	2 737,34	2 704,84
7 905,00	3 221,94	3 268,18	3 966,55	2 739,37	2 706,86
7 910,00	3 223,96	3 270,21	3 968,81	2 741,40	2 708,90
7 915,00	3 225,99	3 272,24	3 970,92	2 743,42	2 710,93
7 920,00	3 228,02	3 274,27	3 973,19	2 745,46	2 712,95
7 925,00	3 230,05	3 276,30	3 975,45	2 747,49	2 714,99
7 930,00	3 232,09	3 278,33	3 977,57	2 749,52	2 717,02
7 935,00	3 234,11	3 280,36	3 979,83	2 751,55	2 719,05
7 940,00	3 236,15	3 282,39	3 982,10	2 753,58	2 721,08
7 945,00	3 238,18	3 284,43	3 984,20	2 755,61	2 723,11
7 950,00	3 240,20	3 286,45	3 986,47	2 757,64	2 725,14
7 955,00	3 242,24	3 288,48	3 988,57	2 759,67	2 727,17
7 960,00	3 244,26	3 290,51	3 990,84	2 761,70	2 729,20
7 965,00	3 246,30	3 292,54	3 993,11	2 763,73	2 731,23
7 970,00	3 248,33	3 294,58	3 995,22	2 765,76	2 733,26
7 975,00	3 250,35	3 296,60	3 997,49	2 767,79	2 735,29
7 980,00	3 252,39	3 298,64	3 999,59	2 769,83	2 737,32
7 985,00	3 254,42	3 300,67	4 001,85	2 771,85	2 739,35
7 990,00	3 256,45	3 302,69	4 004,12	2 773,88	2 741,38
7 995,00	3 258,48	3 304,73	4 006,23	2 775,91	2 743,42
8 000,00	3 260,51	3 306,75	4 008,49	2 777,94	2 745,44
8 005,00	3 262,54	3 308,79	4 010,62	2 779,98	2 747,47
8 010,00	3 264,57	3 310,82	4 012,88	2 782,00	2 749,51
8 015,00	3 266,60	3 312,85	4 014,98	2 784,04	2 751,53
8 020,00	3 268,63	3 314,88	4 017,25	2 786,07	2 753,57
8 025,00	3 270,66	3 316,91	4 019,36	2 788,09	2 755,59
8 030,00	3 272,69	3 318,94	4 021,62	2 790,13	2 757,63
8 035,00	3 274,72	3 320,97	4 023,74	2 792,15	2 759,66
8 040,00	3 276,75	3 323,00	4 026,01	2 794,19	2 761,68
8 045,00	3 278,78	3 325,03	4 028,27	2 796,22	2 763,72
8 050,00	3 280,82	3 327,06	4 030,37	2 798,25	2 765,75
8 055,00	3 282,84	3 329,09	4 032,64	2 800,28	2 767,78
8 060,00	3 284,87	3 331,12	4 034,75	2 802,31	2 769,81
8 065,00	3 286,91	3 333,16	4 037,01	2 804,34	2 771,83
8 070,00	3 288,93	3 335,18	4 039,13	2 806,37	2 773,87
8 075,00	3 290,97	3 337,21	4 041,39	2 808,40	2 775,90
8 080,00	3 292,99	3 339,24	4 043,49	2 810,43	2 777,93
8 085,00	3 295,03	3 341,27	4 045,60	2 812,46	2 779,96
8 090,00	3 297,06	3 343,31	4 047,87	2 814,49	2 781,99
8 095,00	3 299,08	3 345,33	4 049,99	2 816,52	2 784,02
8 100,00	3 301,12	3 347,37	4 052,25	2 818,56	2 786,05
8 105,00	3 303,15	3 349,40	4 054,35	2 820,58	2 788,08
8 110,00	3 305,18	3 351,42	4 056,62	2 822,61	2 790,11
8 115,00	3 307,21	3 353,46	4 058,72	2 824,64	2 792,14
8 120,00	3 309,23	3 355,48	4 060,99	2 826,67	2 794,17
8 125,00	3 311,27	3 357,52	4 063,12	2 828,71	2 796,20
8 130,00	3 313,30	3 359,55	4 065,38	2 830,73	2 798,24
8 135,00	3 315,33	3 361,57	4 067,48	2 832,77	2 800,26
8 140,00	3 317,36	3 363,61	4 069,59	2 834,80	2 802,30
8 145,00	3 319,39	3 365,64	4 071,86	2 836,82	2 804,32
8 150,00	3 321,42	3 367,67	4 073,97	2 838,86	2 806,35
8 155,00	3 323,45	3 369,70	4 076,24	2 840,88	2 808,39
8 160,00	3 325,48	3 371,73	4 078,34	2 842,92	2 810,41

Bisheriges Arbeitsentgelt Monat bis Euro gerundet:	Mindestnettobetrag in Steuerklasse Euro				
	I/IV	II	III	V	VI
8 165,00	3 327,51	3 373,76	4 080,60	2 844,95	2 812,45
8 170,00	3 329,55	3 375,79	4 082,71	2 846,97	2 814,48
8 175,00	3 331,57	3 377,82	4 084,83	2 849,01	2 816,51
8 180,00	3 333,60	3 379,85	4 087,09	2 851,04	2 818,54
8 185,00	3 335,64	3 381,88	4 089,19	2 853,07	2 820,56
8 190,00	3 337,66	3 383,91	4 091,30	2 855,10	2 822,60
8 195,00	3 339,70	3 385,94	4 093,57	2 857,13	2 824,63
8 200,00	3 341,72	3 387,97	4 095,68	2 859,16	2 826,66
8 205,00	3 343,75	3 390,00	4 097,95	2 861,19	2 828,69
8 210,00	3 345,79	3 392,04	4 100,05	2 863,22	2 830,72
8 215,00	3 347,81	3 394,06	4 102,16	2 865,25	2 832,75
8 220,00	3 349,85	3 396,09	4 104,42	2 867,28	2 834,78
8 225,00	3 351,88	3 398,13	4 106,55	2 869,31	2 836,81
8 230,00	3 353,91	3 400,15	4 108,65	2 871,34	2 838,84
8 235,00	3 355,94	3 402,19	4 110,92	2 873,37	2 840,87
8 240,00	3 357,96	3 404,21	4 113,02	2 875,40	2 842,90
8 245,00	3 360,00	3 406,25	4 115,14	2 877,44	2 844,93
8 250,00	3 362,03	3 408,28	4 117,41	2 879,46	2 846,97
8 255,00	3 364,06	3 410,30	4 119,51	2 881,49	2 848,99
8 260,00	3 366,09	3 412,34	4 121,61	2 883,53	2 851,03
8 265,00	3 368,12	3 414,37	4 123,88	2 885,55	2 853,05
8 270,00	3 370,15	3 416,40	4 126,00	2 887,59	2 855,08
8 275,00	3 372,18	3 418,43	4 128,10	2 889,61	2 857,12
8 280,00	3 374,21	3 420,45	4 130,36	2 891,65	2 859,14
8 285,00	3 376,24	3 422,49	4 132,47	2 893,68	2 861,18
8 290,00	3 378,27	3 424,52	4 134,59	2 895,70	2 863,21
8 295,00	3 380,30	3 426,55	4 136,69	2 897,74	2 865,23
8 300,00	3 382,33	3 428,58	4 138,95	2 899,77	2 867,27
8 305,00	3 384,37	3 430,61	4 141,06	2 901,80	2 869,29
8 310,00	3 386,39	3 432,64	4 143,19	2 903,83	2 871,33
8 315,00	3 388,43	3 434,67	4 145,29	2 905,85	2 873,36
8 320,00	3 390,45	3 436,70	4 147,55	2 907,89	2 875,39
8 325,00	3 392,48	3 438,73	4 149,66	2 909,92	2 877,42
8 330,00	3 394,52	3 440,77	4 151,78	2 911,95	2 879,45
8 335,00	3 396,54	3 442,79	4 153,88	2 913,98	2 881,48
8 340,00	3 398,58	3 444,82	4 156,14	2 916,01	2 883,51
8 345,00	3 400,61	3 446,86	4 158,25	2 918,04	2 885,54
8 350,00	3 402,63	3 448,88	4 160,37	2 920,07	2 887,57
8 355,00	3 404,67	3 450,92	4 162,47	2 922,10	2 889,60
8 360,00	3 406,69	3 452,94	4 164,73	2 924,13	2 891,63
8 365,00	3 408,73	3 454,97	4 166,84	2 926,17	2 893,66
8 370,00	3 410,76	3 457,01	4 168,96	2 928,19	2 895,70
8 375,00	3 412,79	3 459,03	4 171,06	2 930,22	2 897,72
8 380,00	3 414,82	3 461,07	4 173,17	2 932,26	2 899,75
8 385,00	3 416,85	3 463,10	4 175,43	2 934,28	2 901,78
8 390,00	3 418,88	3 465,13	4 177,56	2 936,32	2 903,81
8 395,00	3 420,91	3 467,16	4 179,66	2 938,34	2 905,85
8 400,00	3 422,94	3 469,18	4 181,76	2 940,37	2 907,87
8 405,00	3 424,97	3 471,22	4 183,88	2 942,41	2 909,91
8 410,00	3 427,00	3 473,25	4 186,15	2 944,43	2 911,94
8 415,00	3 429,03	3 475,28	4 188,25	2 946,47	2 913,96
8 420,00	3 431,06	3 477,31	4 190,35	2 948,50	2 916,00
8 425,00	3 433,10	3 479,34	4 192,47	2 950,53	2 918,02
8 430,00	3 435,12	3 481,37	4 194,57	2 952,56	2 920,06
8 435,00	3 437,15	3 483,40	4 196,68	2 954,58	2 922,09
8 440,00	3 439,18	3 485,43	4 198,80	2 956,62	2 924,11
8 445,00	3 441,21	3 487,46	4 201,06	2 958,65	2 926,15

Bisheriges Arbeitsentgelt Monat bis Euro gerundet:	**Mindestnettobetrag in Steuerklasse** Euro				
	I/IV	II	III	V	VI
8 450,00	3 443,25	3 489,49	4 203,16	2 960,68	2 928,18
8 455,00	3 445,27	3 491,52	4 205,27	2 962,71	2 930,21
8 460,00	3 447,31	3 493,55	4 207,39	2 964,74	2 932,24
8 465,00	3 449,34	3 495,59	4 209,49	2 966,77	2 934,27
8 470,00	3 451,36	3 497,61	4 211,60	2 968,80	2 936,30
8 475,00	3 453,40	3 499,65	4 213,72	2 970,83	2 938,33
8 480,00	3 455,42	3 501,67	4 215,82	2 972,86	2 940,36
8 485,00	3 457,46	3 503,70	4 217,93	2 974,89	2 942,39
8 490,00	3 459,49	3 505,74	4 220,19	2 976,92	2 944,43
8 495,00	3 461,52	3 507,76	4 222,31	2 978,95	2 946,45
8 500,00	3 463,55	3 509,80	4 224,41	2 980,99	2 948,48
8 505,00	3 465,58	3 511,83	4 226,52	2 983,01	2 950,51
8 510,00	3 467,61	3 513,85	4 228,63	2 985,05	2 952,54
8 515,00	3 469,64	3 515,89	4 230,73	2 987,07	2 954,58
8 520,00	3 471,67	3 517,91	4 232,84	2 989,10	2 956,60
8 525,00	3 473,70	3 519,95	4 234,97	2 991,14	2 958,63
8 530,00	3 475,73	3 521,98	4 237,07	2 993,16	2 960,67
8 535,00	3 477,76	3 524,01	4 239,18	2 995,20	2 962,69
8 540,00	3 479,79	3 526,04	4 241,29	2 997,23	2 964,73
8 545,00	3 481,83	3 528,07	4 243,39	2 999,25	2 966,75
8 550,00	3 483,85	3 530,10	4 245,50	3 001,29	2 968,79
8 555,00	3 485,88	3 532,13	4 247,62	3 003,31	2 970,82
8 560,00	3 487,91	3 534,16	4 249,72	3 005,35	2 972,84
8 565,00	3 489,94	3 536,19	4 251,82	3 007,38	2 974,88
8 570,00	3 491,98	3 538,22	4 253,94	3 009,41	2 976,91
8 575,00	3 494,00	3 540,25	4 256,04	3 011,44	2 978,94
8 580,00	3 496,03	3 542,28	4 258,15	3 013,47	2 980,97
8 585,00	3 498,07	3 544,32	4 260,27	3 015,50	2 983,00
8 590,00	3 500,09	3 546,34	4 262,37	3 017,53	2 985,03
8 595,00	3 502,13	3 548,37	4 264,48	3 019,56	2 987,06
8 600,00	3 504,15	3 550,40	4 266,60	3 021,59	2 989,09
8 605,00	3 506,19	3 552,43	4 268,70	3 023,62	2 991,12
8 610,00	3 508,22	3 554,47	4 270,81	3 025,65	2 993,15
8 615,00	3 510,24	3 556,49	4 272,92	3 027,68	2 995,18
8 620,00	3 512,28	3 558,53	4 275,02	3 029,72	2 997,21
8 625,00	3 514,31	3 560,56	4 277,13	3 031,74	2 999,24
8 630,00	3 516,34	3 562,58	4 279,25	3 033,77	3 001,27
8 635,00	3 518,37	3 564,62	4 281,35	3 035,80	3 003,31
8 640,00	3 520,40	3 566,64	4 283,46	3 037,83	3 005,33
8 645,00	3 522,43	3 568,68	4 285,58	3 039,87	3 007,36
8 650,00	3 524,46	3 570,71	4 287,68	3 041,89	3 009,40
8 655,00	3 526,49	3 572,74	4 289,79	3 043,93	3 011,42
8 660,00	3 528,52	3 574,77	4 291,91	3 045,96	3 013,46
8 665,00	3 530,55	3 576,80	4 294,01	3 047,98	3 015,48
8 670,00	3 532,58	3 578,83	4 296,11	3 050,02	3 017,51
8 675,00	3 534,61	3 580,86	4 298,23	3 052,04	3 019,55
8 680,00	3 536,64	3 582,89	4 300,33	3 054,08	3 021,57
8 685,00	3 538,67	3 584,92	4 302,44	3 056,11	3 023,61
8 690,00	3 540,71	3 586,95	4 304,39	3 058,14	3 025,64
8 695,00	3 542,73	3 588,98	4 306,50	3 060,17	3 027,67
8 700,00	3 544,76	3 591,01	4 308,62	3 062,20	3 029,70
8 705,00	3 546,80	3 593,05	4 310,72	3 064,23	3 031,72
8 710,00	3 548,82	3 595,07	4 312,83	3 066,26	3 033,76
8 715,00	3 550,86	3 597,10	4 314,95	3 068,29	3 035,79
8 720,00	3 552,88	3 599,13	4 317,05	3 070,32	3 037,82
8 725,00	3 554,91	3 601,16	4 319,15	3 072,35	3 039,85
8 730,00	3 556,95	3 603,20	4 321,10	3 074,38	3 041,88

Bisheriges Arbeitsentgelt Monat bis Euro gerundet:	Mindestnettobetrag in Steuerklasse Euro				
	I/IV	II	III	V	VI
8 735,00	3 558,97	3 605,22	4 323,21	3 076,41	3 043,91
8 740,00	3 561,01	3 607,25	4 325,33	3 078,45	3 045,94
8 745,00	3 563,04	3 609,29	4 327,43	3 080,47	3 047,97
8 750,00	3 565,07	3 611,31	4 329,54	3 082,50	3 050,00
8 755,00	3 567,10	3 613,35	4 331,66	3 084,53	3 052,03
8 760,00	3 569,12	3 615,37	4 333,76	3 086,56	3 054,06
8 765,00	3 571,16	3 617,41	4 335,72	3 088,60	3 056,09
8 770,00	3 573,19	3 619,44	4 337,82	3 090,62	3 058,13
8 775,00	3 575,22	3 621,46	4 339,93	3 092,65	3 060,15
8 780,00	3 577,25	3 623,50	4 342,05	3 094,69	3 062,19
8 785,00	3 579,28	3 625,53	4 344,15	3 096,71	3 064,21
8 790,00	3 581,31	3 627,56	4 346,10	3 098,75	3 066,24
8 795,00	3 583,34	3 629,59	4 348,20	3 100,77	3 068,28
8 800,00	3 585,37	3 631,62	4 350,31	3 102,81	3 070,30
8 805,00	3 587,40	3 633,65	4 352,44	3 104,84	3 072,34
8 810,00	3 589,43	3 635,68	4 354,54	3 106,86	3 074,37
8 815,00	3 591,46	3 637,71	4 356,50	3 108,90	3 076,40
8 820,00	3 593,49	3 639,74	4 358,60	3 110,93	3 078,43
8 825,00	3 595,53	3 641,77	4 360,70	3 112,96	3 080,45
8 830,00	3 597,55	3 643,80	4 362,82	3 114,99	3 082,49
8 835,00	3 599,59	3 645,83	4 364,92	3 117,02	3 084,52
8 840,00	3 601,61	3 647,86	4 366,88	3 119,05	3 086,55
8 845,00	3 603,64	3 649,89	4 368,98	3 121,08	3 088,58
8 850,00	3 605,68	3 651,93	4 371,09	3 123,11	3 090,61
8 855,00	3 607,70	3 653,95	4 373,21	3 125,14	3 092,64
8 860,00	3 609,74	3 655,98	4 375,15	3 127,17	3 094,67
8 865,00	3 611,77	3 658,02	4 377,27	3 129,20	3 096,70
8 870,00	3 613,80	3 660,04	4 379,37	3 131,23	3 098,73
8 875,00	3 615,83	3 662,08	4 381,33	3 133,26	3 100,76
8 880,00	3 617,85	3 664,10	4 383,43	3 135,29	3 102,79
8 885,00	3 619,89	3 666,13	4 385,54	3 137,33	3 104,82
8 890,00	3 621,92	3 668,17	4 387,65	3 139,35	3 106,86
8 895,00	3 623,95	3 670,19	4 389,60	3 141,38	3 108,88
8 900,00	3 625,98	3 672,23	4 391,72	3 143,42	3 110,91
8 905,00	3 628,01	3 674,26	4 393,82	3 145,44	3 112,94
8 910,00	3 630,04	3 676,29	4 395,78	3 147,48	3 114,97
8 915,00	3 632,07	3 678,32	4 397,88	3 149,50	3 117,01
8 920,00	3 634,10	3 680,34	4 399,99	3 151,53	3 119,03
8 925,00	3 636,13	3 682,38	4 401,94	3 153,57	3 121,07
8 930,00	3 638,16	3 684,41	4 404,05	3 155,59	3 123,10
8 935,00	3 640,19	3 686,44	4 406,16	3 157,63	3 125,12
8 940,00	3 642,22	3 688,47	4 408,11	3 159,66	3 127,16
8 945,00	3 644,26	3 690,50	4 410,23	3 161,69	3 129,18
8 950,00	3 646,28	3 692,53	4 412,33	3 163,72	3 131,22
8 955,00	3 648,31	3 694,56	4 414,29	3 165,74	3 133,25
8 960,00	3 650,34	3 696,59	4 416,39	3 167,78	3 135,28
8 965,00	3 652,37	3 698,62	4 418,50	3 169,81	3 137,31
8 970,00	3 654,41	3 700,65	4 420,45	3 171,84	3 139,34
8 975,00	3 656,43	3 702,68	4 422,56	3 173,87	3 141,37
8 980,00	3 658,47	3 704,71	4 424,67	3 175,90	3 143,40
8 985,00	3 660,50	3 706,75	4 426,61	3 177,93	3 145,43
8 990,00	3 662,52	3 708,77	4 428,74	3 179,96	3 147,46
8 995,00	3 664,56	3 710,81	4 430,68	3 181,99	3 149,49
9 000,00	3 666,58	3 712,83	4 432,80	3 184,02	3 151,52
9 005,00	3 668,62	3 714,86	4 434,90	3 186,05	3 153,55
9 010,00	3 670,65	3 716,90	4 436,86	3 188,08	3 155,59
9 015,00	3 672,68	3 718,92	4 438,96	3 190,11	3 157,61

Bisheriges Arbeitsentgelt Monat bis Euro gerundet:	Mindestnettobetrag in Steuerklasse Euro				
	I/IV	II	III	V	VI
9 020,00	3 674,71	3 720,96	4 440,92	3 192,15	3 159,64
9 025,00	3 676,74	3 722,99	4 443,01	3 194,17	3 161,67
9 030,00	3 678,77	3 725,02	4 445,12	3 196,21	3 163,70
9 035,00	3 680,80	3 727,05	4 447,08	3 198,23	3 165,74
9 040,00	3 682,83	3 729,07	4 449,19	3 200,26	3 167,76
9 045,00	3 684,86	3 731,11	4 451,14	3 202,30	3 169,79
9 050,00	3 686,89	3 733,14	4 453,25	3 204,32	3 171,83
9 055,00	3 688,92	3 735,17	4 455,20	3 206,36	3 173,85
9 060,00	3 690,95	3 737,20	4 457,31	3 208,39	3 175,89
9 065,00	3 692,99	3 739,23	4 459,26	3 210,42	3 177,91
9 070,00	3 695,01	3 741,26	4 461,37	3 212,45	3 179,95
9 075,00	3 697,04	3 743,29	4 463,49	3 214,47	3 181,98
9 080,00	3 699,07	3 745,32	4 465,43	3 216,51	3 184,00
9 085,00	3 701,10	3 747,35	4 467,55	3 218,54	3 186,04
9 090,00	3 703,14	3 749,38	4 469,49	3 220,57	3 188,07
9 095,00	3 705,16	3 751,41	4 471,61	3 222,60	3 190,10
9 100,00	3 707,20	3 753,44	4 473,55	3 224,63	3 192,13
9 105,00	3 709,23	3 755,48	4 475,67	3 226,66	3 194,16
9 110,00	3 711,25	3 757,50	4 477,61	3 228,69	3 196,19
9 115,00	3 713,29	3 759,53	4 479,73	3 230,72	3 198,22
9 120,00	3 715,31	3 761,56	4 481,68	3 232,75	3 200,25
9 125,00	3 717,35	3 763,59	4 483,79	3 234,78	3 202,28
9 130,00	3 719,38	3 765,63	4 485,74	3 236,81	3 204,31
9 135,00	3 721,40	3 767,65	4 487,85	3 238,84	3 206,34
9 140,00	3 723,44	3 769,69	4 489,79	3 240,88	3 208,37
9 145,00	3 725,47	3 771,72	4 491,91	3 242,90	3 210,40
9 150,00	3 727,50	3 773,74	4 493,85	3 244,93	3 212,43
9 155,00	3 729,53	3 775,78	4 495,98	3 246,96	3 214,47
9 160,00	3 731,56	3 777,80	4 497,92	3 248,99	3 216,49
9 165,00	3 733,59	3 779,84	4 500,04	3 251,03	3 218,52
9 170,00	3 735,62	3 781,87	4 501,98	3 253,05	3 220,56
9 175,00	3 737,65	3 783,90	4 504,09	3 255,09	3 222,58
9 180,00	3 739,68	3 785,93	4 506,04	3 257,12	3 224,62
9 185,00	3 741,71	3 787,96	4 508,15	3 259,14	3 226,64
9 190,00	3 743,74	3 789,99	4 510,10	3 261,18	3 228,68
9 195,00	3 745,77	3 792,02	4 512,22	3 263,20	3 230,71
9 200,00	3 747,80	3 794,05	4 514,16	3 265,24	3 232,73
9 205,00	3 749,83	3 796,08	4 516,28	3 267,27	3 234,77
9 210,00	3 751,87	3 798,11	4 518,22	3 269,30	3 236,80
9 215,00	3 753,89	3 800,14	4 520,34	3 271,33	3 238,83
9 220,00	3 755,92	3 802,17	4 522,28	3 273,36	3 240,86
9 225,00	3 757,96	3 804,21	4 524,40	3 275,39	3 242,88
9 230,00	3 759,98	3 806,23	4 526,34	3 277,42	3 244,92
9 235,00	3 762,02	3 808,26	4 528,46	3 279,45	3 246,95
9 240,00	3 764,04	3 810,29	4 530,41	3 281,48	3 248,98
9 245,00	3 766,08	3 812,32	4 532,52	3 283,51	3 251,01
9 250,00	3 768,11	3 814,36	4 534,46	3 285,54	3 253,04
9 255,00	3 770,13	3 816,38	4 536,58	3 287,57	3 255,07
9 260,00	3 772,17	3 818,42	4 538,52	3 289,61	3 257,10
9 265,00	3 774,20	3 820,45	4 540,64	3 291,63	3 259,13
9 270,00	3 776,23	3 822,47	4 542,58	3 293,66	3 261,16
9 275,00	3 778,26	3 824,51	4 544,71	3 295,69	3 263,19
9 280,00	3 780,28	3 826,53	4 546,65	3 297,72	3 265,22
9 285,00	3 782,32	3 828,57	4 548,77	3 299,76	3 267,25
9 290,00	3 784,35	3 830,60	4 550,71	3 301,78	3 269,29
9 295,00	3 786,38	3 832,62	4 552,82	3 303,82	3 271,31
9 300,00	3 788,41	3 834,66	4 554,77	3 305,85	3 273,35

Bisheriges Arbeitsentgelt Monat bis Euro gerundet:	Mindestnettobetrag in Steuerklasse Euro				
	I/IV	II	III	V	VI
9 305,00	3 790,44	3 836,69	4 556,88	3 307,87	3 275,37
9 310,00	3 792,47	3 838,72	4 558,82	3 309,91	3 277,40
9 315,00	3 794,50	3 840,75	4 560,95	3 311,93	3 279,44
9 320,00	3 796,53	3 842,78	4 562,89	3 313,97	3 281,46
9 325,00	3 798,56	3 844,81	4 565,01	3 316,00	3 283,50
9 330,00	3 800,59	3 846,84	4 566,95	3 318,02	3 285,53
9 335,00	3 802,62	3 848,87	4 569,07	3 320,06	3 287,56
9 340,00	3 804,65	3 850,90	4 571,01	3 322,09	3 289,59
9 345,00	3 806,69	3 852,93	4 573,13	3 324,12	3 291,61
9 350,00	3 808,71	3 854,96	4 575,07	3 326,15	3 293,65
9 355,00	3 810,75	3 856,99	4 577,19	3 328,18	3 295,68
9 360,00	3 812,77	3 859,02	4 579,13	3 330,21	3 297,71
9 365,00	3 814,80	3 861,05	4 581,25	3 332,24	3 299,74
9 370,00	3 816,84	3 863,09	4 583,19	3 334,27	3 301,77
9 375,00	3 818,86	3 865,11	4 585,31	3 336,30	3 303,80
9 380,00	3 820,90	3 867,14	4 587,25	3 338,33	3 305,83
9 385,00	3 822,93	3 869,18	4 589,37	3 340,36	3 307,86
9 390,00	3 824,96	3 871,20	4 591,31	3 342,39	3 309,89
9 395,00	3 826,99	3 873,24	4 593,44	3 344,42	3 311,92
9 400,00	3 829,01	3 875,26	4 595,38	3 346,45	3 313,95
9 405,00	3 831,05	3 877,30	4 597,49	3 348,49	3 315,98
9 410,00	3 833,08	3 879,33	4 599,44	3 350,51	3 318,02
9 415,00	3 835,11	3 881,35	4 601,55	3 352,54	3 320,04
9 420,00	3 837,14	3 883,39	4 603,50	3 354,58	3 322,08
9 425,00	3 839,17	3 885,42	4 605,61	3 356,60	3 324,10
9 430,00	3 841,20	3 887,45	4 607,55	3 358,64	3 326,13
9 435,00	3 843,23	3 889,48	4 609,68	3 360,66	3 328,17
9 440,00	3 845,26	3 891,50	4 611,62	3 362,70	3 330,19
9 445,00	3 847,29	3 893,54	4 613,74	3 364,73	3 332,23
9 450,00	3 849,32	3 895,57	4 615,68	3 366,75	3 334,26
9 455,00	3 851,35	3 897,60	4 617,80	3 368,79	3 336,28
9 460,00	3 853,38	3 899,63	4 619,74	3 370,82	3 338,32
9 465,00	3 855,42	3 901,66	4 621,86	3 372,85	3 340,34
9 470,00	3 857,44	3 903,69	4 623,80	3 374,88	3 342,38
9 475,00	3 859,48	3 905,72	4 625,92	3 376,90	3 344,41
9 480,00	3 861,50	3 907,75	4 627,86	3 378,94	3 346,44
9 485,00	3 863,53	3 909,78	4 629,98	3 380,97	3 348,47
9 490,00	3 865,57	3 911,81	4 631,92	3 383,00	3 350,50
9 495,00	3 867,59	3 913,84	4 634,04	3 385,03	3 352,53
9 500,00	3 869,63	3 915,87	4 635,98	3 387,06	3 354,56
9 505,00	3 871,66	3 917,91	4 638,10	3 389,09	3 356,59
9 510,00	3 873,68	3 919,93	4 640,04	3 391,12	3 358,62
9 515,00	3 875,72	3 921,97	4 642,17	3 393,15	3 360,65
9 520,00	3 877,74	3 923,99	4 644,11	3 395,18	3 362,68
9 525,00	3 879,78	3 926,02	4 646,22	3 397,21	3 364,71
9 530,00	3 881,81	3 928,06	4 648,17	3 399,24	3 366,75
9 535,00	3 883,84	3 930,08	4 650,28	3 401,27	3 368,77
9 540,00	3 885,87	3 932,12	4 652,22	3 403,31	3 370,80
9 545,00	3 887,90	3 934,15	4 654,34	3 405,33	3 372,83
9 550,00	3 889,93	3 936,18	4 656,28	3 407,37	3 374,86
9 555,00	3 891,96	3 938,21	4 658,41	3 409,39	3 376,90
9 560,00	3 893,99	3 940,23	4 660,35	3 411,42	3 378,92
9 565,00	3 896,02	3 942,27	4 662,47	3 413,46	3 380,96
9 570,00	3 898,05	3 944,30	4 664,41	3 415,48	3 382,99
9 575,00	3 900,08	3 946,33	4 666,53	3 417,52	3 385,01
9 580,00	3 902,11	3 948,36	4 668,47	3 419,55	3 387,05
9 585,00	3 904,15	3 950,39	4 670,58	3 421,58	3 389,07

Bisheriges Arbeitsentgelt Monat bis Euro gerundet:	Mindestnettobetrag in Steuerklasse Euro				
	I/IV	II	III	V	VI
9 590,00	3 906,17	3 952,42	4 672,53	3 423,61	3 391,11
9 595,00	3 908,20	3 954,45	4 674,65	3 425,63	3 393,14
9 600,00	3 910,23	3 956,48	4 676,59	3 427,67	3 395,16
9 605,00	3 912,26	3 958,51	4 678,71	3 429,70	3 397,20
9 610,00	3 914,30	3 960,54	4 680,65	3 431,73	3 399,23
9 615,00	3 916,32	3 962,57	4 682,77	3 433,76	3 401,26
9 620,00	3 918,36	3 964,60	4 684,71	3 435,79	3 403,29
9 625,00	3 920,39	3 966,64	4 686,83	3 437,82	3 405,32
9 630,00	3 922,41	3 968,66	4 688,77	3 439,85	3 407,35
9 635,00	3 924,45	3 970,70	4 690,89	3 441,88	3 409,38
9 640,00	3 926,47	3 972,72	4 692,84	3 443,91	3 411,41
9 645,00	3 928,51	3 974,75	4 694,95	3 445,94	3 413,44
9 650,00	3 930,54	3 976,79	4 696,90	3 447,97	3 415,47
9 655,00	3 932,56	3 978,81	4 699,01	3 450,00	3 417,50
9 660,00	3 934,60	3 980,85	4 700,95	3 452,04	3 419,53
9 665,00	3 936,63	3 982,88	4 703,07	3 454,06	3 421,56
9 670,00	3 938,66	3 984,90	4 705,01	3 456,10	3 423,59
9 675,00	3 940,69	3 986,94	4 707,14	3 458,12	3 425,63
9 680,00	3 942,72	3 988,96	4 709,08	3 460,15	3 427,65
9 685,00	3 944,75	3 991,00	4 711,20	3 462,19	3 429,68
9 690,00	3 946,78	3 993,03	4 713,14	3 464,21	3 431,72
9 695,00	3 948,81	3 995,06	4 715,25	3 466,25	3 433,74
9 700,00	3 950,84	3 997,09	4 717,20	3 468,28	3 435,78
9 705,00	3 952,88	3 999,12	4 719,31	3 470,30	3 437,80
9 710,00	3 954,90	4 001,15	4 721,26	3 472,34	3 439,84
9 715,00	3 956,93	4 003,18	4 723,38	3 474,36	3 441,87
9 720,00	3 958,96	4 005,21	4 725,32	3 476,40	3 443,89
9 725,00	3 960,99	4 007,24	4 727,44	3 478,43	3 445,93
9 730,00	3 963,03	4 009,27	4 729,38	3 480,46	3 447,96
9 735,00	3 965,05	4 011,30	4 731,50	3 482,49	3 449,99
9 740,00	3 967,08	4 013,33	4 733,44	3 484,52	3 452,02
9 745,00	3 969,12	4 015,37	4 735,56	3 486,55	3 454,05
9 750,00	3 971,14	4 017,39	4 737,50	3 488,58	3 456,08
9 755,00	3 973,18	4 019,42	4 739,62	3 490,61	3 458,11
9 760,00	3 975,20	4 021,45	4 741,57	3 492,64	3 460,14
9 765,00	3 977,24	4 023,48	4 743,68	3 494,67	3 462,17
9 770,00	3 979,27	4 025,52	4 745,62	3 496,70	3 464,20
9 775,00	3 981,29	4 027,54	4 747,74	3 498,73	3 466,23
9 780,00	3 983,33	4 029,58	4 749,68	3 500,77	3 468,26
9 785,00	3 985,36	4 031,61	4 751,80	3 502,79	3 470,29
9 790,00	3 987,39	4 033,63	4 753,74	3 504,82	3 472,32
9 795,00	3 989,42	4 035,67	4 755,87	3 506,85	3 474,36
9 800,00	3 991,45	4 037,69	4 757,81	3 508,88	3 476,38
9 805,00	3 993,48	4 039,73	4 759,93	3 510,92	3 478,41
9 810,00	3 995,51	4 041,76	4 761,87	3 512,94	3 480,45
9 815,00	3 997,54	4 043,78	4 763,98	3 514,98	3 482,47
9 820,00	3 999,57	4 045,82	4 765,93	3 517,01	3 484,51
9 825,00	4 001,60	4 047,85	4 768,04	3 519,03	3 486,53
9 830,00	4 003,63	4 049,88	4 769,99	3 521,07	3 488,56
9 835,00	4 005,66	4 051,91	4 772,11	3 523,09	3 490,60
9 840,00	4 007,69	4 053,94	4 774,05	3 525,13	3 492,62
9 845,00	4 009,72	4 055,97	4 776,17	3 527,16	3 494,66
9 850,00	4 011,76	4 058,00	4 778,11	3 529,18	3 496,69
9 855,00	4 013,78	4 060,03	4 780,23	3 531,22	3 498,72
9 860,00	4 015,81	4 062,06	4 782,17	3 533,25	3 500,75
9 865,00	4 017,85	4 064,10	4 784,29	3 535,28	3 502,77
9 870,00	4 019,87	4 066,12	4 786,23	3 537,31	3 504,81

Bisheriges Arbeitsentgelt Monat bis Euro gerundet:	Mindestnettobetrag in Steuerklasse Euro				
	I/IV	II	III	V	VI
9 875,00	4 021,91	4 068,15	4 788,35	3 539,34	3 506,84
9 880,00	4 023,93	4 070,18	4 790,30	3 541,37	3 508,87
9 885,00	4 025,96	4 072,21	4 792,41	3 543,40	3 510,90
9 890,00	4 028,00	4 074,25	4 794,35	3 545,43	3 512,93
9 895,00	4 030,02	4 076,27	4 796,47	3 547,46	3 514,96
9 900,00	4 032,06	4 078,30	4 798,41	3 549,50	3 516,99
9 905,00	4 034,09	4 080,34	4 800,53	3 551,52	3 519,02
9 910,00	4 036,12	4 082,36	4 802,47	3 553,55	3 521,05
9 915,00	4 038,15	4 084,40	4 804,60	3 555,58	3 523,08
9 920,00	4 040,17	4 086,42	4 806,54	3 557,61	3 525,11
9 925,00	4 042,21	4 088,46	4 808,65	3 559,65	3 527,14
9 930,00	4 044,24	4 090,49	4 810,60	3 561,67	3 529,18
9 935,00	4 046,27	4 092,51	4 812,71	3 563,70	3 531,20
9 940,00	4 048,30	4 094,55	4 814,66	3 565,74	3 533,24
9 945,00	4 050,33	4 096,58	4 816,77	3 567,76	3 535,26
9 950,00	4 052,36	4 098,61	4 818,71	3 569,80	3 537,29
9 955,00	4 054,39	4 100,64	4 820,84	3 571,82	3 539,33
9 960,00	4 056,42	4 102,67	4 822,78	3 573,86	3 541,35
9 965,00	4 058,45	4 104,70	4 824,90	3 575,89	3 543,39
9 970,00	4 060,48	4 106,73	4 826,84	3 577,91	3 545,42
9 975,00	4 062,51	4 108,76	4 828,96	3 579,95	3 547,44
9 980,00	4 064,54	4 110,79	4 830,90	3 581,98	3 549,48
9 985,00	4 066,58	4 112,82	4 833,02	3 584,01	3 551,50
9 990,00	4 068,60	4 114,85	4 834,96	3 586,04	3 553,54
9 995,00	4 070,64	4 116,88	4 837,08	3 588,07	3 555,57
10 000,00	4 072,66	4 118,91	4 839,02	3 590,10	3 557,60
10 005,00	4 074,69	4 120,94	4 841,14	3 592,13	3 559,63
10 010,00	4 076,73	4 122,98	4 843,08	3 594,16	3 561,66
10 015,00	4 078,75	4 125,00	4 845,20	3 596,19	3 563,69
10 020,00	4 080,79	4 127,03	4 847,14	3 598,22	3 565,72
10 025,00	4 082,82	4 129,07	4 849,26	3 600,25	3 567,75
10 030,00	4 084,85	4 131,09	4 851,20	3 602,28	3 569,78
10 035,00	4 086,88	4 133,13	4 853,33	3 604,31	3 571,81
10 040,00	4 088,90	4 135,15	4 855,27	3 606,34	3 573,84
10 045,00	4 090,94	4 137,18	4 857,38	3 608,38	3 575,87
10 050,00	4 092,97	4 139,22	4 859,33	3 610,40	3 577,91
10 055,00	4 095,00	4 141,24	4 861,44	3 612,43	3 579,93
10 060,00	4 097,03	4 143,28	4 863,39	3 614,47	3 581,96
10 065,00	4 099,06	4 145,31	4 865,50	3 616,49	3 583,99
10 070,00	4 101,09	4 147,34	4 867,44	3 618,53	3 586,02
10 075,00	4 103,12	4 149,37	4 869,57	3 620,55	3 588,06
10 080,00	4 105,15	4 151,39	4 871,51	3 622,58	3 590,08
10 085,00	4 107,18	4 153,43	4 873,63	3 624,62	3 592,12
10 090,00	4 109,21	4 155,46	4 875,57	3 626,64	3 594,15
10 095,00	4 111,24	4 157,49	4 877,69	3 628,68	3 596,17
10 100,00	4 113,27	4 159,52	4 879,63	3 630,71	3 598,21
10 105,00	4 115,31	4 161,55	4 881,74	3 632,74	3 600,23
10 110,00	4 117,33	4 163,58	4 883,69	3 634,77	3 602,27
10 115,00	4 119,36	4 165,61	4 885,81	3 636,79	3 604,30
10 120,00	4 121,39	4 167,64	4 887,75	3 638,83	3 606,33
10 125,00	4 123,42	4 169,67	4 889,87	3 640,86	3 608,36
10 130,00	4 125,46	4 171,70	4 891,81	3 642,89	3 610,39
10 135,00	4 127,48	4 173,73	4 893,93	3 644,92	3 612,42
10 140,00	4 129,52	4 175,76	4 895,87	3 646,95	3 614,45
10 145,00	4 131,55	4 177,80	4 897,99	3 648,98	3 616,48
10 150,00	4 133,57	4 179,82	4 899,93	3 651,01	3 618,51
10 155,00	4 135,61	4 181,86	4 902,05	3 653,04	3 620,54

Bisheriges Arbeitsentgelt Monat bis Euro gerundet:	Mindestnettobetrag in Steuerklasse Euro				
	I/IV	II	III	V	VI
10 160,00	4 137,63	4 183,88	4 904,00	3 655,07	3 622,57
10 165,00	4 139,67	4 185,91	4 906,11	3 657,10	3 624,60
10 170,00	4 141,70	4 187,95	4 908,06	3 659,13	3 626,64
10 175,00	4 143,73	4 189,97	4 910,17	3 661,16	3 628,66
10 180,00	4 145,76	4 192,01	4 912,11	3 663,20	3 630,69
10 185,00	4 147,79	4 194,04	4 914,23	3 665,22	3 632,72
10 190,00	4 149,82	4 196,07	4 916,17	3 667,26	3 634,75
10 195,00	4 151,85	4 198,10	4 918,30	3 669,28	3 636,79
10 200,00	4 153,88	4 200,12	4 920,24	3 671,31	3 638,81
10 205,00	4 155,91	4 202,16	4 922,36	3 673,35	3 640,84
10 210,00	4 157,94	4 204,19	4 924,30	3 675,37	3 642,88
10 215,00	4 159,97	4 206,22	4 926,42	3 677,41	3 644,90
10 220,00	4 162,00	4 208,25	4 928,36	3 679,44	3 646,94
10 225,00	4 164,04	4 210,28	4 930,47	3 681,47	3 648,96
10 230,00	4 166,06	4 212,31	4 932,42	3 683,50	3 651,00
10 235,00	4 168,09	4 214,34	4 934,54	3 685,52	3 653,03
10 240,00	4 170,12	4 216,37	4 936,48	3 687,56	3 655,05
10 245,00	4 172,15	4 218,40	4 938,60	3 689,59	3 657,09
10 250,00	4 174,19	4 220,43	4 940,54	3 691,62	3 659,12
10 255,00	4 176,21	4 222,46	4 942,66	3 693,65	3 661,15
10 260,00	4 178,24	4 224,49	4 944,60	3 695,68	3 663,18
10 265,00	4 180,28	4 226,53	4 946,72	3 697,71	3 665,21
10 270,00	4 182,30	4 228,55	4 948,66	3 699,74	3 667,24
10 275,00	4 184,34	4 230,58	4 950,78	3 701,77	3 669,27
10 280,00	4 186,36	4 232,61	4 952,73	3 703,80	3 671,30
10 285,00	4 188,40	4 234,64	4 954,84	3 705,83	3 673,33
10 290,00	4 190,43	4 236,68	4 956,78	3 707,86	3 675,36
10 295,00	4 192,45	4 238,70	4 958,90	3 709,89	3 677,39
10 300,00	4 194,49	4 240,74	4 960,84	3 711,93	3 679,42
10 305,00	4 196,52	4 242,77	4 962,96	3 713,95	3 681,45
10 310,00	4 198,55	4 244,79	4 964,90	3 715,98	3 683,48
10 315,00	4 200,58	4 246,83	4 967,03	3 718,01	3 685,52
10 320,00	4 202,61	4 248,85	4 968,97	3 720,04	3 687,54
10 325,00	4 204,64	4 250,89	4 971,09	3 722,08	3 689,57
10 330,00	4 206,67	4 252,92	4 973,03	3 724,10	3 691,61
10 335,00	4 208,70	4 254,95	4 975,14	3 726,14	3 693,63
10 340,00	4 210,73	4 256,98	4 977,09	3 728,17	3 695,67
10 345,00	4 212,76	4 259,01	4 979,20	3 730,19	3 697,69
10 350,00	4 214,79	4 261,04	4 981,15	3 732,23	3 699,73
10 355,00	4 216,82	4 263,07	4 983,27	3 734,25	3 701,76
10 360,00	4 218,85	4 265,10	4 985,21	3 736,29	3 703,78
10 365,00	4 220,88	4 267,13	4 987,33	3 738,32	3 705,82
10 370,00	4 222,92	4 269,16	4 989,27	3 740,35	3 707,85
10 375,00	4 224,94	4 271,19	4 991,39	3 742,38	3 709,88
10 380,00	4 226,97	4 273,22	4 993,33	3 744,41	3 711,91
10 385,00	4 229,01	4 275,26	4 995,45	3 746,44	3 713,93
10 390,00	4 231,03	4 277,28	4 997,39	3 748,47	3 715,97
10 395,00	4 233,07	4 279,31	4 999,51	3 750,50	3 718,00
10 400,00	4 235,09	4 281,34	5 001,46	3 752,53	3 720,03
10 405,00	4 237,13	4 283,37	5 003,57	3 754,56	3 722,06
10 410,00	4 239,16	4 285,41	5 005,51	3 756,59	3 724,09
10 415,00	4 241,18	4 287,43	5 007,63	3 758,62	3 726,12
10 420,00	4 243,22	4 289,46	5 009,57	3 760,66	3 728,15
10 425,00	4 245,25	4 291,50	5 011,69	3 762,68	3 730,18
10 430,00	4 247,28	4 293,52	5 013,63	3 764,71	3 732,21
10 435,00	4 249,31	4 295,56	5 015,76	3 766,74	3 734,24
10 440,00	4 251,33	4 297,58	5 017,70	3 768,77	3 736,27

Bisheriges Arbeitsentgelt Monat bis Euro gerundet:	Mindestnettobetrag in Steuerklasse Euro				
	I/IV	II	III	V	VI
10 445,00	4 253,37	4 299,62	5 019,82	3 770,81	3 738,30
10 450,00	4 255,40	4 301,65	5 021,76	3 772,83	3 740,34
10 455,00	4 257,43	4 303,67	5 023,87	3 774,86	3 742,36
10 460,00	4 259,46	4 305,71	5 025,82	3 776,90	3 744,40
10 465,00	4 261,49	4 307,74	5 027,93	3 778,92	3 746,42
10 470,00	4 263,52	4 309,77	5 029,87	3 780,96	3 748,45
10 475,00	4 265,55	4 311,80	5 032,00	3 782,98	3 750,49
10 480,00	4 267,58	4 313,83	5 033,94	3 785,02	3 752,51
10 485,00	4 269,61	4 315,86	5 036,06	3 787,05	3 754,55
10 490,00	4 271,64	4 317,89	5 038,00	3 789,07	3 756,58
10 495,00	4 273,67	4 319,92	5 040,12	3 791,11	3 758,61
10 500,00	4 275,70	4 321,95	5 042,06	3 793,14	3 760,64
10 505,00	4 277,74	4 323,98	5 044,18	3 795,17	3 762,66
10 510,00	4 279,76	4 326,01	5 046,12	3 797,20	3 764,70
10 515,00	4 281,80	4 328,04	5 048,24	3 799,23	3 766,73
10 520,00	4 283,82	4 330,07	5 050,18	3 801,26	3 768,76
10 525,00	4 285,85	4 332,10	5 052,30	3 803,29	3 770,79
10 530,00	4 287,89	4 334,14	5 054,24	3 805,32	3 772,82
10 535,00	4 289,91	4 336,16	5 056,36	3 807,35	3 774,85
10 540,00	4 291,95	4 338,19	5 058,30	3 809,38	3 776,88
10 545,00	4 293,98	4 340,23	5 060,42	3 811,41	3 778,91
10 550,00	4 296,01	4 342,25	5 062,36	3 813,44	3 780,94
10 555,00	4 298,04	4 344,29	5 064,49	3 815,47	3 782,97
10 560,00	4 300,06	4 346,31	5 066,43	3 817,50	3 785,00
10 565,00	4 302,10	4 348,35	5 068,54	3 819,54	3 787,03
10 570,00	4 304,13	4 350,38	5 070,49	3 821,56	3 789,07
10 575,00	4 306,16	4 352,40	5 072,60	3 823,59	3 791,09
10 580,00	4 308,19	4 354,44	5 074,55	3 825,63	3 793,12
10 585,00	4 310,22	4 356,47	5 076,66	3 827,65	3 795,15
10 590,00	4 312,25	4 358,50	5 078,60	3 829,69	3 797,18
10 595,00	4 314,28	4 360,53	5 080,73	3 831,71	3 799,22
10 600,00	4 316,31	4 362,55	5 082,67	3 833,75	3 801,24
10 605,00	4 318,34	4 364,59	5 084,79	3 835,78	3 803,28
10 610,00	4 320,37	4 366,62	5 086,73	3 837,80	3 805,31
10 615,00	4 322,40	4 368,65	5 088,85	3 839,84	3 807,33
10 620,00	4 324,43	4 370,68	5 090,79	3 841,87	3 809,37
10 625,00	4 326,47	4 372,71	5 092,90	3 843,90	3 811,39
10 630,00	4 328,49	4 374,74	5 094,85	3 845,93	3 813,43
10 635,00	4 330,53	4 376,77	5 096,97	3 847,95	3 815,46
10 640,00	4 332,55	4 378,80	5 098,91	3 849,99	3 817,49
10 645,00	4 334,58	4 380,83	5 101,03	3 852,02	3 819,52
10 650,00	4 336,62	4 382,86	5 102,97	3 854,05	3 821,55
10 655,00	4 338,64	4 384,89	5 105,09	3 856,08	3 823,58
10 660,00	4 340,68	4 386,92	5 107,03	3 858,11	3 825,61
10 665,00	4 342,71	4 388,96	5 109,15	3 860,14	3 827,64
10 670,00	4 344,73	4 390,98	5 111,09	3 862,17	3 829,67
10 675,00	4 346,77	4 393,02	5 113,22	3 864,20	3 831,70
10 680,00	4 348,79	4 395,04	5 115,16	3 866,23	3 833,73
10 685,00	4 350,83	4 397,07	5 117,27	3 868,26	3 835,76
10 690,00	4 352,86	4 399,11	5 119,22	3 870,29	3 837,80
10 695,00	4 354,89	4 401,13	5 121,33	3 872,32	3 839,82
10 700,00	4 356,92	4 403,17	5 123,27	3 874,36	3 841,85
10 705,00	4 358,95	4 405,20	5 125,39	3 876,38	3 843,88
10 710,00	4 360,98	4 407,23	5 127,33	3 878,42	3 845,91
10 715,00	4 363,01	4 409,26	5 129,46	3 880,44	3 847,95
10 720,00	4 365,04	4 411,28	5 131,40	3 882,47	3 849,97
10 725,00	4 367,07	4 413,32	5 133,52	3 884,51	3 852,01

Bisheriges Arbeitsentgelt Monat bis Euro gerundet:	Mindestnettobetrag in Steuerklasse Euro				
	I/IV	II	III	V	VI
10 730,00	4 369,10	4 415,35	5 135,46	3 886,53	3 854,04
10 735,00	4 371,13	4 417,38	5 137,58	3 888,57	3 856,06
10 740,00	4 373,16	4 419,41	5 139,52	3 890,60	3 858,10
10 745,00	4 375,20	4 421,44	5 141,63	3 892,63	3 860,12
10 750,00	4 377,22	4 423,47	5 143,58	3 894,66	3 862,16
10 755,00	4 379,25	4 425,50	5 145,70	3 896,68	3 864,19
10 760,00	4 381,28	4 427,53	5 147,64	3 898,72	3 866,21
10 765,00	4 383,31	4 429,56	5 149,76	3 900,75	3 868,25
10 770,00	4 385,35	4 431,59	5 151,70	3 902,78	3 870,28
10 775,00	4 387,37	4 433,62	5 153,82	3 904,81	3 872,31
10 780,00	4 389,41	4 435,65	5 155,76	3 906,84	3 874,34
10 785,00	4 391,44	4 437,69	5 157,88	3 908,87	3 876,37
10 790,00	4 393,46	4 439,71	5 159,82	3 910,90	3 878,40
10 795,00	4 395,50	4 441,75	5 161,94	3 912,93	3 880,43
10 800,00	4 397,52	4 443,77	5 163,89	3 914,96	3 882,46
10 805,00	4 399,56	4 445,80	5 166,00	3 916,99	3 884,49
10 810,00	4 401,59	4 447,84	5 167,95	3 919,02	3 886,52
10 815,00	4 403,61	4 449,86	5 170,06	3 921,05	3 888,55
10 820,00	4 405,65	4 451,90	5 172,00	3 923,09	3 890,58
10 825,00	4 407,68	4 453,93	5 174,12	3 925,11	3 892,61
10 830,00	4 409,71	4 455,95	5 176,06	3 927,15	3 894,64
10 835,00	4 411,74	4 457,99	5 178,19	3 929,17	3 896,68
10 840,00	4 413,77	4 460,01	5 180,13	3 931,20	3 898,70
10 845,00	4 415,80	4 462,05	5 182,25	3 933,24	3 900,73
10 850,00	4 417,83	4 464,08	5 184,19	3 935,26	3 902,77
10 855,00	4 419,86	4 466,11	5 186,30	3 937,30	3 904,79
10 860,00	4 421,89	4 468,14	5 188,25	3 939,33	3 906,83
10 865,00	4 423,92	4 470,17	5 190,36	3 941,35	3 908,85
10 870,00	4 425,95	4 472,20	5 192,31	3 943,39	3 910,89
10 875,00	4 427,98	4 474,23	5 194,43	3 945,41	3 912,92
10 880,00	4 430,01	4 476,26	5 196,37	3 947,45	3 914,94
10 885,00	4 432,04	4 478,29	5 198,49	3 949,48	3 916,98
10 890,00	4 434,08	4 480,32	5 200,43	3 951,51	3 919,01
10 895,00	4 436,10	4 482,35	5 202,55	3 953,54	3 921,04
10 900,00	4 438,13	4 484,38	5 204,49	3 955,57	3 923,07
10 905,00	4 440,17	4 486,42	5 206,61	3 957,60	3 925,09
10 910,00	4 442,19	4 488,44	5 208,55	3 959,63	3 927,13
10 915,00	4 444,23	4 490,47	5 210,67	3 961,66	3 929,16
10 920,00	4 446,25	4 492,50	5 212,62	3 963,69	3 931,19
10 925,00	4 448,29	4 494,53	5 214,73	3 965,72	3 933,22
10 930,00	4 450,32	4 496,57	5 216,67	3 967,75	3 935,25
10 935,00	4 452,34	4 498,59	5 218,79	3 969,78	3 937,28
10 940,00	4 454,38	4 500,63	5 220,73	3 971,82	3 939,31
10 945,00	4 456,41	4 502,66	5 222,85	3 973,84	3 941,34
10 950,00	4 458,44	4 504,68	5 224,79	3 975,87	3 943,37
10 955,00	4 460,47	4 506,72	5 226,92	3 977,90	3 945,41
10 960,00	4 462,50	4 508,74	5 228,86	3 979,93	3 947,43
10 965,00	4 464,53	4 510,78	5 230,98	3 981,97	3 949,46
10 970,00	4 466,56	4 512,81	5 232,92	3 983,99	3 951,50
10 975,00	4 468,59	4 514,83	5 235,03	3 986,03	3 953,52
10 980,00	4 470,62	4 516,87	5 236,98	3 988,06	3 955,56
10 985,00	4 472,65	4 518,90	5 239,09	3 990,08	3 957,58
10 990,00	4 474,68	4 520,93	5 241,04	3 992,12	3 959,61
10 995,00	4 476,71	4 522,96	5 243,16	3 994,14	3 961,65
11 000,00	4 478,74	4 524,99	5 245,10	3 996,18	3 963,67
11 005,00	4 480,77	4 527,02	5 247,22	3 998,21	3 965,71
11 010,00	4 482,81	4 529,05	5 249,16	4 000,23	3 967,74

Bisheriges Arbeitsentgelt Monat bis Euro gerundet:	Mindestnettobetrag in Steuerklasse Euro				
	I/IV	II	III	V	VI
11 015,00	4 484,83	4 531,08	5 251,28	4 002,27	3 969,77
11 020,00	4 486,86	4 533,11	5 253,22	4 004,30	3 971,80
11 025,00	4 488,90	4 535,14	5 255,34	4 006,33	3 973,82
11 030,00	4 490,92	4 537,17	5 257,28	4 008,36	3 975,86
11 035,00	4 492,96	4 539,20	5 259,40	4 010,39	3 977,89
11 040,00	4 494,98	4 541,23	5 261,35	4 012,42	3 979,92
11 045,00	4 497,01	4 543,26	5 263,46	4 014,45	3 981,95
11 050,00	4 499,05	4 545,30	5 265,40	4 016,48	3 983,98
11 055,00	4 501,07	4 547,32	5 267,52	4 018,51	3 986,01
11 060,00	4 503,11	4 549,35	5 269,46	4 020,54	3 988,04
11 065,00	4 505,14	4 551,39	5 271,58	4 022,57	3 990,07
11 070,00	4 507,17	4 553,41	5 273,52	4 024,60	3 992,10
11 075,00	4 509,20	4 555,45	5 275,65	4 026,63	3 994,13
11 080,00	4 511,22	4 557,47	5 277,59	4 028,66	3 996,16
11 085,00	4 513,26	4 559,51	5 279,70	4 030,70	3 998,19
11 090,00	4 515,29	4 561,54	5 281,65	4 032,72	4 000,23
11 095,00	4 517,32	4 563,56	5 283,76	4 034,75	4 002,25
11 100,00	4 519,35	4 565,60	5 285,71	4 036,79	4 004,29
11 105,00	4 521,38	4 567,63	5 287,82	4 038,81	4 006,31
11 110,00	4 523,41	4 569,66	5 289,76	4 040,85	4 008,34
11 115,00	4 525,44	4 571,69	5 291,89	4 042,87	4 010,38
11 120,00	4 527,47	4 573,72	5 293,83	4 044,91	4 012,40
11 125,00	4 529,50	4 575,75	5 295,95	4 046,94	4 014,44
11 130,00	4 531,53	4 577,78	5 297,89	4 048,96	4 016,47
11 135,00	4 533,56	4 579,81	5 300,01	4 051,00	4 018,49
11 140,00	4 535,59	4 581,84	5 301,95	4 053,03	4 020,53
11 145,00	4 537,63	4 583,87	5 304,07	4 055,06	4 022,55
11 150,00	4 539,65	4 585,90	5 306,01	4 057,09	4 024,59
11 155,00	4 541,69	4 587,93	5 308,13	4 059,12	4 026,62
11 160,00	4 543,71	4 589,96	5 310,07	4 061,15	4 028,65
11 165,00	4 545,74	4 591,99	5 312,19	4 063,18	4 030,68
11 170,00	4 547,78	4 594,03	5 314,13	4 065,21	4 032,71
11 175,00	4 549,80	4 596,05	5 316,25	4 067,24	4 034,74
11 180,00	4 551,84	4 598,08	5 318,19	4 069,27	4 036,77
11 185,00	4 553,87	4 600,12	5 320,31	4 071,30	4 038,80
11 190,00	4 555,89	4 602,14	5 322,25	4 073,33	4 040,83
11 195,00	4 557,93	4 604,18	5 324,38	4 075,36	4 042,86
11 200,00	4 559,95	4 606,20	5 326,32	4 077,39	4 044,89
11 205,00	4 561,99	4 608,23	5 328,43	4 079,43	4 046,92
11 210,00	4 564,02	4 610,27	5 330,38	4 081,45	4 048,96
11 215,00	4 566,05	4 612,29	5 332,49	4 083,48	4 050,98
11 220,00	4 568,08	4 614,33	5 334,43	4 085,52	4 053,01
11 225,00	4 570,11	4 616,36	5 336,55	4 087,54	4 055,04
11 230,00	4 572,14	4 618,39	5 338,49	4 089,58	4 057,07
11 235,00	4 574,17	4 620,42	5 340,62	4 091,60	4 059,11
11 240,00	4 576,20	4 622,44	5 342,56	4 093,63	4 061,13
11 245,00	4 578,23	4 624,48	5 344,68	4 095,67	4 063,17
11 250,00	4 580,26	4 626,51	5 346,62	4 097,69	4 065,20
11 255,00	4 582,29	4 628,54	5 348,74	4 099,73	4 067,22
11 260,00	4 584,32	4 630,57	5 350,68	4 101,76	4 069,26
11 265,00	4 586,36	4 632,60	5 352,79	4 103,79	4 071,28
11 270,00	4 588,38	4 634,63	5 354,74	4 105,82	4 073,32
11 275,00	4 590,41	4 636,66	5 356,86	4 107,84	4 075,35
11 280,00	4 592,44	4 638,69	5 358,80	4 109,88	4 077,38
11 285,00	4 594,47	4 640,72	5 360,92	4 111,91	4 079,41
11 290,00	4 596,51	4 642,75	5 362,86	4 113,94	4 081,44
11 295,00	4 598,53	4 644,78	5 364,98	4 115,97	4 083,47

Bisheriges Arbeitsentgelt Monat bis Euro gerundet:	Mindestnettobetrag in Steuerklasse Euro				
	I/IV	II	III	V	VI
11 300,00	4 600,57	4 646,81	5 366,92	4 118,00	4 085,50
11 305,00	4 602,60	4 648,85	5 369,04	4 120,03	4 087,53
11 310,00	4 604,62	4 650,87	5 370,98	4 122,06	4 089,56
11 315,00	4 606,66	4 652,91	5 373,10	4 124,09	4 091,59
11 320,00	4 608,68	4 654,93	5 375,05	4 126,12	4 093,62
11 325,00	4 610,72	4 656,96	5 377,16	4 128,15	4 095,65
11 330,00	4 612,75	4 659,00	5 379,11	4 130,18	4 097,69
11 335,00	4 614,78	4 661,02	5 381,22	4 132,21	4 099,71
11 340,00	4 616,81	4 663,06	5 383,16	4 134,25	4 101,74
11 345,00	4 618,84	4 665,09	5 385,28	4 136,27	4 103,77
11 350,00	4 620,87	4 667,11	5 387,22	4 138,31	4 105,80
11 355,00	4 622,90	4 669,15	5 389,35	4 140,33	4 107,84
11 360,00	4 624,93	4 671,17	5 391,29	4 142,36	4 109,86
11 365,00	4 626,96	4 673,21	5 393,41	4 144,40	4 111,89
11 370,00	4 628,99	4 675,24	5 395,35	4 146,42	4 113,93
11 375,00	4 631,02	4 677,27	5 397,47	4 148,46	4 115,95
11 380,00	4 633,05	4 679,30	5 399,41	4 150,49	4 117,99
11 385,00	4 635,09	4 681,33	5 401,52	4 152,51	4 120,01
11 390,00	4 637,11	4 683,36	5 403,47	4 154,55	4 122,05
11 395,00	4 639,14	4 685,39	5 405,59	4 156,57	4 124,08
11 400,00	4 641,17	4 687,42	5 407,53	4 158,61	4 126,10
11 405,00	4 643,20	4 689,45	5 409,65	4 160,64	4 128,14
11 410,00	4 645,24	4 691,48	5 411,59	4 162,67	4 130,17
11 415,00	4 647,26	4 693,51	5 413,71	4 164,70	4 132,20
11 420,00	4 649,29	4 695,54	5 415,65	4 166,73	4 134,23
11 425,00	4 651,33	4 697,58	5 417,77	4 168,76	4 136,26
11 430,00	4 653,35	4 699,60	5 419,71	4 170,79	4 138,29
11 435,00	4 655,39	4 701,63	5 421,83	4 172,82	4 140,32
11 440,00	4 657,41	4 703,66	5 423,78	4 174,85	4 142,35
11 445,00	4 659,45	4 705,69	5 425,89	4 176,88	4 144,38
11 450,00	4 661,48	4 707,73	5 427,83	4 178,91	4 146,41
11 455,00	4 663,50	4 709,75	5 429,95	4 180,94	4 148,44
11 460,00	4 665,54	4 711,79	5 431,89	4 182,98	4 150,47
11 465,00	4 667,57	4 713,82	5 434,01	4 185,00	4 152,50
11 470,00	4 669,60	4 715,84	5 435,95	4 187,03	4 154,53
11 475,00	4 671,63	4 717,88	5 438,08	4 189,06	4 156,57
11 480,00	4 673,66	4 719,90	5 440,02	4 191,09	4 158,59
11 485,00	4 675,69	4 721,94	5 442,14	4 193,13	4 160,62
11 490,00	4 677,72	4 723,97	5 444,08	4 195,15	4 162,66
11 495,00	4 679,75	4 726,00	5 446,19	4 197,19	4 164,68
11 500,00	4 681,78	4 728,03	5 448,14	4 199,22	4 166,72
11 505,00	4 683,81	4 730,06	5 450,25	4 201,24	4 168,74
11 510,00	4 685,84	4 732,09	5 452,20	4 203,28	4 170,77
11 515,00	4 687,87	4 734,12	5 454,32	4 205,30	4 172,81
11 520,00	4 689,90	4 736,15	5 456,26	4 207,34	4 174,83
11 525,00	4 691,93	4 738,18	5 458,38	4 209,37	4 176,87
11 530,00	4 693,97	4 740,21	5 460,32	4 211,40	4 178,90
11 535,00	4 695,99	4 742,24	5 462,44	4 213,43	4 180,93
11 540,00	4 698,02	4 744,27	5 464,38	4 215,46	4 182,96
11 545,00	4 700,06	4 746,31	5 466,50	4 217,49	4 184,98
11 550,00	4 702,08	4 748,33	5 468,44	4 219,52	4 187,02
11 555,00	4 704,12	4 750,36	5 470,56	4 221,55	4 189,05
11 560,00	4 706,14	4 752,39	5 472,51	4 223,58	4 191,08
11 565,00	4 708,18	4 754,42	5 474,62	4 225,61	4 193,11
11 570,00	4 710,21	4 756,46	5 476,56	4 227,64	4 195,14
11 575,00	4 712,23	4 758,48	5 478,68	4 229,67	4 197,17
11 580,00	4 714,27	4 760,51	5 480,62	4 231,71	4 199,20

Bisheriges Arbeitsentgelt Monat bis Euro gerundet:	Mindestnettobetrag in Steuerklasse Euro				
	I/IV	II	III	V	VI
11 585,00	4 716,30	4 762,55	5 482,74	4 233,73	4 201,23
11 590,00	4 718,33	4 764,57	5 484,68	4 235,76	4 203,26
11 595,00	4 720,36	4 766,61	5 486,81	4 237,79	4 205,29
11 600,00	4 722,38	4 768,63	5 488,75	4 239,82	4 207,32
11 605,00	4 724,42	4 770,67	5 490,87	4 241,86	4 209,35
11 610,00	4 726,45	4 772,70	5 492,81	4 243,88	4 211,39
11 615,00	4 728,48	4 774,72	5 494,92	4 245,91	4 213,41
11 620,00	4 730,51	4 776,76	5 496,87	4 247,95	4 215,45
11 625,00	4 732,54	4 778,79	5 498,98	4 249,97	4 217,47
11 630,00	4 734,57	4 780,82	5 500,92	4 252,01	4 219,50
11 635,00	4 736,60	4 782,85	5 503,05	4 254,03	4 221,54
11 640,00	4 738,63	4 784,88	5 504,99	4 256,07	4 223,56
11 645,00	4 740,66	4 786,91	5 507,11	4 258,10	4 225,60
11 650,00	4 742,69	4 788,94	5 509,05	4 260,12	4 227,63
11 655,00	4 744,72	4 790,97	5 511,17	4 262,16	4 229,66
11 660,00	4 746,75	4 793,00	5 513,11	4 264,19	4 231,69
11 665,00	4 748,79	4 795,03	5 515,23	4 266,22	4 233,71
11 670,00	4 750,81	4 797,06	5 517,17	4 268,25	4 235,75
11 675,00	4 752,85	4 799,09	5 519,29	4 270,28	4 237,78
11 680,00	4 754,87	4 801,12	5 521,23	4 272,31	4 239,81
11 685,00	4 756,90	4 803,15	5 523,35	4 274,34	4 241,84
11 690,00	4 758,94	4 805,19	5 525,29	4 276,37	4 243,87
11 695,00	4 760,96	4 807,21	5 527,41	4 278,40	4 245,90
11 700,00	4 763,00	4 809,24	5 529,35	4 280,43	4 247,93
11 705,00	4 765,03	4 811,28	5 531,47	4 282,46	4 249,96
11 710,00	4 767,06	4 813,30	5 533,41	4 284,49	4 251,99
11 715,00	4 769,09	4 815,34	5 535,54	4 286,52	4 254,02
11 720,00	4 771,11	4 817,36	5 537,48	4 288,55	4 256,05
11 725,00	4 773,15	4 819,40	5 539,59	4 290,59	4 258,08
11 730,00	4 775,18	4 821,43	5 541,54	4 292,61	4 260,12
11 735,00	4 777,21	4 823,45	5 543,65	4 294,64	4 262,14
11 740,00	4 779,24	4 825,49	5 545,60	4 296,68	4 264,17
11 745,00	4 781,27	4 827,52	5 547,71	4 298,70	4 266,20
11 750,00	4 783,30	4 829,55	5 549,65	4 300,74	4 268,23
11 755,00	4 785,33	4 831,58	5 551,78	4 302,76	4 270,27
11 760,00	4 787,36	4 833,60	5 553,72	4 304,80	4 272,29
11 765,00	4 789,39	4 835,64	5 555,84	4 306,83	4 274,33
11 770,00	4 791,42	4 837,67	5 557,78	4 308,85	4 276,36
11 775,00	4 793,45	4 839,70	5 559,90	4 310,89	4 278,38
11 780,00	4 795,48	4 841,73	5 561,84	4 312,92	4 280,42
11 785,00	4 797,52	4 843,76	5 563,95	4 314,95	4 282,44
11 790,00	4 799,54	4 845,79	5 565,90	4 316,98	4 284,48
11 795,00	4 801,57	4 847,82	5 568,02	4 319,00	4 286,51
11 800,00	4 803,60	4 849,85	5 569,96	4 321,04	4 288,54
11 805,00	4 805,63	4 851,88	5 572,08	4 323,07	4 290,57
11 810,00	4 807,67	4 853,91	5 574,02	4 325,10	4 292,60
11 815,00	4 809,69	4 855,94	5 576,14	4 327,13	4 294,63
11 820,00	4 811,73	4 857,97	5 578,08	4 329,16	4 296,66
11 825,00	4 813,76	4 860,01	5 580,20	4 331,19	4 298,69
11 830,00	4 815,78	4 862,03	5 582,14	4 333,22	4 300,72
11 835,00	4 817,82	4 864,07	5 584,26	4 335,25	4 302,75
11 840,00	4 819,84	4 866,09	5 586,21	4 337,28	4 304,78
11 845,00	4 821,88	4 868,12	5 588,32	4 339,31	4 306,81
11 850,00	4 823,91	4 870,16	5 590,27	4 341,34	4 308,85
11 855,00	4 825,94	4 872,18	5 592,38	4 343,37	4 310,87
11 860,00	4 827,97	4 874,22	5 594,32	4 345,41	4 312,90
11 865,00	4 830,00	4 876,25	5 596,44	4 347,43	4 314,93

Bisheriges Arbeitsentgelt Monat bis Euro gerundet:	Mindestnettobetrag in Steuerklasse Euro				
	I/IV	II	III	V	VI
11 870,00	4 832,03	4 878,28	5 598,38	4 349,47	4 316,96
11 875,00	4 834,06	4 880,31	5 600,51	4 351,49	4 319,00
11 880,00	4 836,09	4 882,33	5 602,45	4 353,52	4 321,02
11 885,00	4 838,12	4 884,37	5 604,57	4 355,56	4 323,06
11 890,00	4 840,15	4 886,40	5 606,51	4 357,58	4 325,09
11 895,00	4 842,18	4 888,43	5 608,63	4 359,62	4 327,11
11 900,00	4 844,21	4 890,46	5 610,57	4 361,65	4 329,15
11 905,00	4 846,25	4 892,49	5 612,68	4 363,68	4 331,17
11 910,00	4 848,27	4 894,52	5 614,63	4 365,71	4 333,21
11 915,00	4 850,30	4 896,55	5 616,75	4 367,73	4 335,24
11 920,00	4 852,33	4 898,58	5 618,69	4 369,77	4 337,26
11 925,00	4 854,36	4 900,61	5 620,81	4 371,80	4 339,30
11 930,00	4 856,40	4 902,64	5 622,75	4 373,83	4 341,33
11 935,00	4 858,42	4 904,67	5 624,87	4 375,86	4 343,36
11 940,00	4 860,46	4 906,70	5 626,81	4 377,89	4 345,39
11 945,00	4 862,49	4 908,74	5 628,93	4 379,92	4 347,42
11 950,00	4 864,51	4 910,76	5 630,87	4 381,95	4 349,45
11 955,00	4 866,55	4 912,79	5 632,99	4 383,98	4 351,48
11 960,00	4 868,57	4 914,82	5 634,94	4 386,01	4 353,51
11 965,00	4 870,61	4 916,85	5 637,05	4 388,04	4 355,54
11 970,00	4 872,64	4 918,89	5 639,00	4 390,07	4 357,57
11 975,00	4 874,66	4 920,91	5 641,11	4 392,10	4 359,60
11 980,00	4 876,70	4 922,95	5 643,05	4 394,14	4 361,63
11 985,00	4 878,73	4 924,98	5 645,17	4 396,16	4 363,66
11 990,00	4 880,76	4 927,00	5 647,11	4 398,19	4 365,69
11 995,00	4 882,79	4 929,04	5 649,24	4 400,22	4 367,73
12 000,00	4 884,82	4 931,06	5 651,18	4 402,25	4 369,75
12 005,00	4 886,85	4 933,10	5 653,30	4 404,29	4 371,78
12 010,00	4 888,88	4 935,13	5 655,24	4 406,31	4 373,82
12 015,00	4 890,91	4 937,16	5 657,35	4 408,35	4 375,84
12 020,00	4 892,94	4 939,19	5 659,30	4 410,38	4 377,88
12 025,00	4 894,97	4 941,22	5 661,41	4 412,40	4 379,90
12 030,00	4 897,00	4 943,25	5 663,36	4 414,44	4 381,94
12 035,00	4 899,03	4 945,28	5 665,48	4 416,46	4 383,97
12 040,00	4 901,06	4 947,31	5 667,42	4 418,50	4 385,99
12 045,00	4 903,09	4 949,34	5 669,54	4 420,53	4 388,03
12 050,00	4 905,13	4 951,37	5 671,48	4 422,56	4 390,06
12 055,00	4 907,15	4 953,40	5 673,60	4 424,59	4 392,09
12 060,00	4 909,18	4 955,43	5 675,54	4 426,62	4 394,12
12 065,00	4 911,22	4 957,47	5 677,66	4 428,65	4 396,14
12 070,00	4 913,24	4 959,49	5 679,60	4 430,68	4 398,18
12 075,00	4 915,28	4 961,52	5 681,72	4 432,71	4 400,21
12 080,00	4 917,30	4 963,55	5 683,67	4 434,74	4 402,24
12 085,00	4 919,34	4 965,58	5 685,78	4 436,77	4 404,27
12 090,00	4 921,37	4 967,62	5 687,72	4 438,80	4 406,30
12 095,00	4 923,39	4 969,64	5 689,84	4 440,83	4 408,33
12 100,00	4 925,43	4 971,68	5 691,78	4 442,87	4 410,36
12 105,00	4 927,46	4 973,71	5 693,90	4 444,89	4 412,39
12 110,00	4 929,49	4 975,73	5 695,84	4 446,92	4 414,42
12 115,00	4 931,52	4 977,77	5 697,97	4 448,95	4 416,45
12 120,00	4 933,54	4 979,79	5 699,91	4 450,98	4 418,48
12 125,00	4 935,58	4 981,83	5 702,03	4 453,02	4 420,51
12 130,00	4 937,61	4 983,86	5 703,97	4 455,04	4 422,55
12 135,00	4 939,64	4 985,88	5 706,08	4 457,08	4 424,57
12 140,00	4 941,67	4 987,92	5 708,03	4 459,11	4 426,61
12 145,00	4 943,70	4 989,95	5 710,14	4 461,13	4 428,63
12 150,00	4 945,73	4 991,98	5 712,08	4 463,17	4 430,66

Bisheriges Arbeitsentgelt Monat bis Euro gerundet:	Mindestnettobetrag in Steuerklasse Euro				
	I/IV	II	III	V	VI
12 155,00	4 947,76	4 994,01	5 714,21	4 465,19	4 432,70
12 160,00	4 949,79	4 996,04	5 716,15	4 467,23	4 434,72
12 165,00	4 951,82	4 998,07	5 718,27	4 469,26	4 436,76
12 170,00	4 953,86	5 000,10	5 720,21	4 471,28	4 438,79
12 175,00	4 955,88	5 002,13	5 722,33	4 473,32	4 440,82
12 180,00	4 957,91	5 004,16	5 724,27	4 475,35	4 442,85
12 185,00	4 959,95	5 006,19	5 726,39	4 477,38	4 444,87
12 190,00	4 961,97	5 008,22	5 728,33	4 479,41	4 446,91
12 195,00	4 964,01	5 010,25	5 730,45	4 481,44	4 448,94
12 200,00	4 966,03	5 012,28	5 732,40	4 483,47	4 450,97
12 205,00	4 968,06	5 014,31	5 734,51	4 485,50	4 453,00
12 210,00	4 970,10	5 016,35	5 736,45	4 487,53	4 455,03
12 215,00	4 972,12	5 018,37	5 738,57	4 489,56	4 457,06
12 220,00	4 974,16	5 020,40	5 740,51	4 491,59	4 459,09
12 225,00	4 976,19	5 022,44	5 742,63	4 493,62	4 461,12
12 230,00	4 978,22	5 024,46	5 744,57	4 495,65	4 463,15
12 235,00	4 980,25	5 026,50	5 746,70	4 497,68	4 465,18
12 240,00	4 982,27	5 028,52	5 748,64	4 499,71	4 467,21
12 245,00	4 984,31	5 030,56	5 750,75	4 501,75	4 469,24
12 250,00	4 986,34	5 032,59	5 752,70	4 503,77	4 471,28
12 255,00	4 988,37	5 034,61	5 754,81	4 505,80	4 473,30
12 260,00	4 990,40	5 036,65	5 756,76	4 507,84	4 475,34
12 265,00	4 992,43	5 038,68	5 758,87	4 509,86	4 477,36
12 270,00	4 994,46	5 040,71	5 760,81	4 511,90	4 479,39
12 275,00	4 996,49	5 042,74	5 762,94	4 513,92	4 481,43
12 280,00	4 998,52	5 044,76	5 764,88	4 515,96	4 483,45
12 285,00	5 000,55	5 046,80	5 767,00	4 517,99	4 485,49
12 290,00	5 002,58	5 048,83	5 768,94	4 520,01	4 487,52
12 295,00	5 004,61	5 050,86	5 771,06	4 522,05	4 489,54
12 300,00	5 006,64	5 052,89	5 773,00	4 524,08	4 491,58
12 305,00	5 008,68	5 054,92	5 775,12	4 526,11	4 493,60
12 310,00	5 010,70	5 056,95	5 777,06	4 528,14	4 495,64
12 315,00	5 012,74	5 058,98	5 779,18	4 530,16	4 497,67
12 320,00	5 014,76	5 061,01	5 781,12	4 532,20	4 499,70
12 325,00	5 016,79	5 063,04	5 783,24	4 534,23	4 501,73
12 330,00	5 018,83	5 065,08	5 785,18	4 536,26	4 503,76
12 335,00	5 020,85	5 067,10	5 787,30	4 538,29	4 505,79
12 340,00	5 022,89	5 069,13	5 789,24	4 540,32	4 507,82
12 345,00	5 024,92	5 071,17	5 791,36	4 542,35	4 509,85
12 350,00	5 026,94	5 073,19	5 793,30	4 544,38	4 511,88
12 355,00	5 028,98	5 075,23	5 795,43	4 546,41	4 513,91
12 360,00	5 031,00	5 077,25	5 797,37	4 548,44	4 515,94
12 365,00	5 033,04	5 079,28	5 799,48	4 550,48	4 517,97
12 370,00	5 035,07	5 081,32	5 801,43	4 552,50	4 520,01
12 375,00	5 037,10	5 083,34	5 803,54	4 554,53	4 522,03
12 380,00	5 039,13	5 085,38	5 805,48	4 556,57	4 524,06
12 385,00	5 041,16	5 087,41	5 807,60	4 558,59	4 526,09
12 390,00	5 043,19	5 089,44	5 809,54	4 560,63	4 528,12
12 395,00	5 045,22	5 091,47	5 811,67	4 562,65	4 530,16
12 400,00	5 047,25	5 093,49	5 813,61	4 564,68	4 532,18
12 405,00	5 049,28	5 095,53	5 815,73	4 566,72	4 534,22
12 410,00	5 051,31	5 097,56	5 817,67	4 568,74	4 536,25
12 415,00	5 053,34	5 099,59	5 819,79	4 570,78	4 538,27
12 420,00	5 055,37	5 101,62	5 821,73	4 572,81	4 540,31
12 425,00	5 057,41	5 103,65	5 823,84	4 574,84	4 542,33
12 430,00	5 059,43	5 105,68	5 825,79	4 576,87	4 544,37
12 435,00	5 061,46	5 107,71	5 827,91	4 578,89	4 546,40

Bisheriges Arbeitsentgelt Monat bis Euro gerundet:	Mindestnettobetrag in Steuerklasse Euro				
	I/IV	II	III	V	VI
12 440,00	5 063,49	5 109,74	5 829,85	4 580,93	4 548,42
12 445,00	5 065,52	5 111,77	5 831,97	4 582,96	4 550,46
12 450,00	5 067,56	5 113,80	5 833,91	4 584,99	4 552,49
12 455,00	5 069,58	5 115,83	5 836,03	4 587,02	4 554,52
12 460,00	5 071,62	5 117,86	5 837,97	4 589,05	4 556,55
12 465,00	5 073,65	5 119,90	5 840,09	4 591,08	4 558,58
12 470,00	5 075,67	5 121,92	5 842,03	4 593,11	4 560,61
12 475,00	5 077,71	5 123,96	5 844,15	4 595,14	4 562,64
12 480,00	5 079,73	5 125,98	5 846,10	4 597,17	4 564,67
12 485,00	5 081,77	5 128,01	5 848,21	4 599,20	4 566,70
12 490,00	5 083,80	5 130,05	5 850,16	4 601,23	4 568,74
12 495,00	5 085,83	5 132,07	5 852,27	4 603,26	4 570,76
12 500,00	5 087,86	5 134,11	5 854,21	4 605,30	4 572,79
12 505,00	5 089,89	5 136,14	5 856,33	4 607,32	4 574,82
12 510,00	5 091,92	5 138,16	5 858,27	4 609,36	4 576,85
12 515,00	5 093,95	5 140,20	5 860,40	4 611,38	4 578,89
12 520,00	5 095,98	5 142,22	5 862,34	4 613,41	4 580,91
12 525,00	5 098,01	5 144,26	5 864,46	4 615,45	4 582,94
12 530,00	5 100,04	5 146,29	5 866,40	4 617,47	4 584,98
12 535,00	5 102,07	5 148,32	5 868,52	4 619,51	4 587,00
12 540,00	5 104,10	5 150,35	5 870,46	4 621,54	4 589,04
12 545,00	5 106,14	5 152,38	5 872,57	4 623,56	4 591,06
12 550,00	5 108,16	5 154,41	5 874,52	4 625,60	4 593,10
12 555,00	5 110,19	5 156,44	5 876,64	4 627,62	4 595,13
12 560,00	5 112,22	5 158,47	5 878,58	4 629,66	4 597,15
12 565,00	5 114,25	5 160,50	5 880,70	4 631,69	4 599,19
12 570,00	5 116,29	5 162,53	5 882,64	4 633,72	4 601,22
12 575,00	5 118,31	5 164,56	5 884,76	4 635,75	4 603,25
12 580,00	5 120,34	5 166,59	5 886,70	4 637,78	4 605,28
12 585,00	5 122,38	5 168,63	5 888,82	4 639,81	4 607,31
12 590,00	5 124,40	5 170,65	5 890,76	4 641,84	4 609,34
12 595,00	5 126,44	5 172,68	5 892,88	4 643,87	4 611,37
12 600,00	5 128,46	5 174,71	5 894,83	4 645,90	4 613,40
12 605,00	5 130,50	5 176,74	5 896,94	4 647,93	4 615,43
12 610,00	5 132,53	5 178,78	5 898,88	4 649,96	4 617,46
12 615,00	5 134,55	5 180,80	5 901,00	4 651,99	4 619,49
12 620,00	5 136,59	5 182,84	5 902,94	4 654,03	4 621,52
12 625,00	5 138,62	5 184,87	5 905,06	4 656,05	4 623,55
12 630,00	5 140,65	5 186,89	5 907,00	4 658,08	4 625,58
12 635,00	5 142,68	5 188,93	5 909,13	4 660,11	4 627,62
12 640,00	5 144,71	5 190,95	5 911,07	4 662,14	4 629,64
12 645,00	5 146,74	5 192,99	5 913,19	4 664,18	4 631,67
12 650,00	5 148,77	5 195,02	5 915,13	4 666,20	4 633,71
12 655,00	5 150,80	5 197,05	5 917,24	4 668,24	4 635,73
12 660,00	5 152,83	5 199,08	5 919,19	4 670,27	4 637,77
12 665,00	5 154,86	5 201,11	5 921,30	4 672,29	4 639,79
12 670,00	5 156,89	5 203,14	5 923,25	4 674,33	4 641,82
12 675,00	5 158,92	5 205,17	5 925,37	4 676,35	4 643,86
12 680,00	5 160,95	5 207,20	5 927,31	4 678,39	4 645,88
12 685,00	5 162,98	5 209,23	5 929,43	4 680,42	4 647,92
12 690,00	5 165,02	5 211,26	5 931,37	4 682,45	4 649,95
12 695,00	5 167,04	5 213,29	5 933,49	4 684,48	4 651,98
12 700,00	5 169,07	5 215,32	5 935,43	4 686,51	4 654,01
12 705,00	5 171,11	5 217,36	5 937,55	4 688,54	4 656,03
12 710,00	5 173,13	5 219,38	5 939,49	4 690,57	4 658,07
12 715,00	5 175,17	5 221,41	5 941,61	4 692,60	4 660,10
12 720,00	5 177,19	5 223,44	5 943,56	4 694,63	4 662,13

Bisheriges Arbeitsentgelt Monat bis Euro gerundet:	Mindestnettobetrag in Steuerklasse Euro				
	I/IV	II	III	V	VI
12 725,00	5 179,22	5 225,47	5 945,67	4 696,66	4 664,16
12 730,00	5 181,26	5 227,51	5 947,61	4 698,69	4 666,19
12 735,00	5 183,28	5 229,53	5 949,73	4 700,72	4 668,22
12 740,00	5 185,32	5 231,56	5 951,67	4 702,76	4 670,25
12 745,00	5 187,35	5 233,60	5 953,79	4 704,78	4 672,28
12 750,00	5 189,38	5 235,62	5 955,73	4 706,81	4 674,31
12 755,00	5 191,41	5 237,66	5 957,86	4 708,84	4 676,34
12 760,00	5 193,43	5 239,68	5 959,80	4 710,87	4 678,37
12 765,00	5 195,47	5 241,72	5 961,91	4 712,91	4 680,40
12 770,00	5 197,50	5 243,75	5 963,86	4 714,93	4 682,44
12 775,00	5 199,53	5 245,77	5 965,97	4 716,96	4 684,46
12 780,00	5 201,56	5 247,81	5 967,92	4 719,00	4 686,50
12 785,00	5 203,59	5 249,84	5 970,03	4 721,02	4 688,52
12 790,00	5 205,62	5 251,87	5 971,97	4 723,06	4 690,55
12 795,00	5 207,65	5 253,90	5 974,10	4 725,08	4 692,59
12 800,00	5 209,68	5 255,93	5 976,04	4 727,12	4 694,61
12 805,00	5 211,71	5 257,96	5 978,16	4 729,15	4 696,65
12 810,00	5 213,74	5 259,99	5 980,10	4 731,17	4 698,68
12 815,00	5 215,77	5 262,02	5 982,22	4 733,21	4 700,71
12 820,00	5 217,80	5 264,05	5 984,16	4 735,24	4 702,74
12 825,00	5 219,84	5 266,08	5 986,28	4 737,27	4 704,76
12 830,00	5 221,86	5 268,11	5 988,22	4 739,30	4 706,80
12 835,00	5 223,90	5 270,14	5 990,34	4 741,33	4 708,83
12 840,00	5 225,92	5 272,17	5 992,28	4 743,36	4 710,86
12 845,00	5 227,95	5 274,20	5 994,40	4 745,39	4 712,89
12 850,00	5 229,99	5 276,24	5 996,34	4 747,42	4 714,92
12 855,00	5 232,01	5 278,26	5 998,46	4 749,45	4 716,95
12 860,00	5 234,05	5 280,29	6 000,40	4 751,48	4 718,98
12 865,00	5 236,08	5 282,33	6 002,52	4 753,51	4 721,01
12 870,00	5 238,11	5 284,35	6 004,46	4 755,54	4 723,04
12 875,00	5 240,14	5 286,39	6 006,59	4 757,57	4 725,07
12 880,00	5 242,16	5 288,41	6 008,53	4 759,60	4 727,10
12 885,00	5 244,20	5 290,44	6 010,64	4 761,64	4 729,13
12 890,00	5 246,23	5 292,48	6 012,59	4 763,66	4 731,17
12 895,00	5 248,26	5 294,50	6 014,70	4 765,69	4 733,19
12 900,00	5 250,29	5 296,54	6 016,65	4 767,73	4 735,22
12 905,00	5 252,32	5 298,57	6 018,76	4 769,75	4 737,25
12 910,00	5 254,35	5 300,60	6 020,70	4 771,79	4 739,28
12 915,00	5 256,38	5 302,63	6 022,83	4 773,81	4 741,32
12 920,00	5 258,41	5 304,65	6 024,77	4 775,84	4 743,34
12 925,00	5 260,44	5 306,69	6 026,89	4 777,88	4 745,38
12 930,00	5 262,47	5 308,72	6 028,83	4 779,90	4 747,41
12 935,00	5 264,50	5 310,75	6 030,95	4 781,94	4 749,43
12 940,00	5 266,53	5 312,78	6 032,89	4 783,97	4 751,47
12 945,00	5 268,57	5 314,81	6 035,00	4 786,00	4 753,49
12 950,00	5 270,59	5 316,84	6 036,95	4 788,03	4 755,53
12 955,00	5 272,62	5 318,87	6 039,07	4 790,05	4 757,56
12 960,00	5 274,65	5 320,90	6 041,01	4 792,09	4 759,59
12 965,00	5 276,68	5 322,93	6 043,13	4 794,12	4 761,62
12 970,00	5 278,72	5 324,96	6 045,07	4 796,15	4 763,65
12 975,00	5 280,74	5 326,99	6 047,19	4 798,18	4 765,68
12 980,00	5 282,78	5 329,02	6 049,13	4 800,21	4 767,71
12 985,00	5 284,81	5 331,06	6 051,25	4 802,24	4 769,74
12 990,00	5 286,83	5 333,08	6 053,19	4 804,27	4 771,77
12 995,00	5 288,87	5 335,12	6 055,31	4 806,30	4 773,80
13 000,00	5 290,89	5 337,14	6 057,26	4 808,33	4 775,83
13 005,00	5 292,93	5 339,17	6 059,37	4 810,36	4 777,86

Bisheriges Arbeitsentgelt Monat bis Euro gerundet:	Mindestnettobetrag in Steuerklasse Euro				
	I/IV	II	III	V	VI
13 010,00	5 294,96	5 341,21	6 061,32	4 812,39	4 779,90
13 015,00	5 296,99	5 343,23	6 063,43	4 814,42	4 781,92
13 020,00	5 299,02	5 345,27	6 065,37	4 816,46	4 783,95
13 025,00	5 301,05	5 347,30	6 067,49	4 818,48	4 785,98
13 030,00	5 303,08	5 349,33	6 069,43	4 820,52	4 788,01
13 035,00	5 305,11	5 351,36	6 071,56	4 822,54	4 790,05
13 040,00	5 307,14	5 353,38	6 073,50	4 824,57	4 792,07
13 045,00	5 309,17	5 355,42	6 075,62	4 826,61	4 794,10
13 050,00	5 311,20	5 357,45	6 077,56	4 828,63	4 796,14
13 055,00	5 313,23	5 359,48	6 079,68	4 830,67	4 798,16
13 060,00	5 315,26	5 361,51	6 081,62	4 832,70	4 800,20
13 065,00	5 317,30	5 363,54	6 083,73	4 834,73	4 802,22
13 070,00	5 319,32	5 365,57	6 085,68	4 836,76	4 804,26
13 075,00	5 321,35	5 367,60	6 087,80	4 838,78	4 806,29
13 080,00	5 323,38	5 369,63	6 089,74	4 840,82	4 808,31
13 085,00	5 325,41	5 371,66	6 091,86	4 842,85	4 810,35
13 090,00	5 327,45	5 373,69	6 093,80	4 844,88	4 812,38
13 095,00	5 329,47	5 375,72	6 095,92	4 846,91	4 814,41
13 100,00	5 331,51	5 377,75	6 097,86	4 848,94	4 816,44
13 105,00	5 333,54	5 379,79	6 099,98	4 850,97	4 818,47
13 110,00	5 335,56	5 381,81	6 101,92	4 853,00	4 820,50
13 115,00	5 337,60	5 383,84	6 104,04	4 855,03	4 822,53
13 120,00	5 339,62	5 385,87	6 105,99	4 857,06	4 824,56
13 125,00	5 341,66	5 387,90	6 108,10	4 859,09	4 826,59
13 130,00	5 343,69	5 389,94	6 110,05	4 861,12	4 828,62
13 135,00	5 345,71	5 391,96	6 112,16	4 863,15	4 830,65
13 140,00	5 347,75	5 394,00	6 114,10	4 865,19	4 832,68
13 145,00	5 349,78	5 396,03	6 116,22	4 867,21	4 834,71
13 150,00	5 351,81	5 398,05	6 118,16	4 869,24	4 836,74
13 155,00	5 353,84	5 400,09	6 120,29	4 871,27	4 838,78
13 160,00	5 355,87	5 402,11	6 122,23	4 873,30	4 840,80
13 165,00	5 357,90	5 404,15	6 124,35	4 875,34	4 842,83
13 170,00	5 359,93	5 406,18	6 126,29	4 877,36	4 844,87
13 175,00	5 361,96	5 408,21	6 128,40	4 879,40	4 846,89
13 180,00	5 363,99	5 410,24	6 130,35	4 881,43	4 848,93
13 185,00	5 366,02	5 412,27	6 132,46	4 883,45	4 850,95
13 190,00	5 368,05	5 414,30	6 134,41	4 885,49	4 852,99
13 195,00	5 370,08	5 416,33	6 136,53	4 887,51	4 855,02
13 200,00	5 372,11	5 418,36	6 138,47	4 889,55	4 857,04
13 205,00	5 374,14	5 420,39	6 140,59	4 891,58	4 859,08
13 210,00	5 376,18	5 422,42	6 142,53	4 893,61	4 861,11
13 215,00	5 378,20	5 424,45	6 144,65	4 895,64	4 863,14
13 220,00	5 380,23	5 426,48	6 146,59	4 897,67	4 865,17
13 225,00	5 382,27	5 428,52	6 148,71	4 899,70	4 867,19
13 230,00	5 384,29	5 430,54	6 150,65	4 901,73	4 869,23
13 235,00	5 386,33	5 432,57	6 152,77	4 903,76	4 871,26
13 240,00	5 388,35	5 434,60	6 154,72	4 905,79	4 873,29
13 245,00	5 390,39	5 436,63	6 156,83	4 907,82	4 875,32
13 250,00	5 392,42	5 438,67	6 158,77	4 909,85	4 877,35
13 255,00	5 394,44	5 440,69	6 160,89	4 911,88	4 879,38
13 260,00	5 396,48	5 442,73	6 162,83	4 913,92	4 881,41
13 265,00	5 398,51	5 444,76	6 164,95	4 915,94	4 883,44
13 270,00	5 400,54	5 446,78	6 166,89	4 917,97	4 885,47
13 275,00	5 402,57	5 448,82	6 169,02	4 920,00	4 887,50
13 280,00	5 404,59	5 450,84	6 170,96	4 922,03	4 889,53
13 285,00	5 406,63	5 452,88	6 173,08	4 924,07	4 891,56
13 290,00	5 408,66	5 454,91	6 175,02	4 926,09	4 893,60

Bisheriges Arbeitsentgelt Monat bis Euro gerundet:	Mindestnettobetrag in Steuerklasse Euro				
	I/IV	II	III	V	VI
13 295,00	5 410,69	5 456,93	6 177,13	4 928,13	4 895,62
13 300,00	5 412,72	5 458,97	6 179,08	4 930,16	4 897,66
13 305,00	5 414,75	5 461,00	6 181,19	4 932,18	4 899,68
13 310,00	5 416,78	5 463,03	6 183,13	4 934,22	4 901,71
13 315,00	5 418,81	5 465,06	6 185,26	4 936,24	4 903,75
13 320,00	5 420,84	5 467,09	6 187,20	4 938,28	4 905,77
13 325,00	5 422,87	5 469,12	6 189,32	4 940,31	4 907,81
13 330,00	5 424,90	5 471,15	6 191,26	4 942,33	4 909,84
13 335,00	5 426,93	5 473,18	6 193,38	4 944,37	4 911,87
13 340,00	5 428,96	5 475,21	6 195,32	4 946,40	4 913,90
13 345,00	5 431,00	5 477,24	6 197,44	4 948,43	4 915,92
13 350,00	5 433,02	5 479,27	6 199,38	4 950,46	4 917,96
13 355,00	5 435,06	5 481,30	6 201,50	4 952,49	4 919,99
13 360,00	5 437,08	5 483,33	6 203,44	4 954,52	4 922,02
13 365,00	5 439,11	5 485,36	6 205,56	4 956,55	4 924,05
13 370,00	5 441,15	5 487,40	6 207,50	4 958,58	4 926,08
13 375,00	5 443,17	5 489,42	6 209,62	4 960,61	4 928,11
13 380,00	5 445,21	5 491,45	6 211,56	4 962,64	4 930,14
13 385,00	5 447,24	5 493,49	6 213,68	4 964,67	4 932,17
13 390,00	5 449,27	5 495,51	6 215,62	4 966,70	4 934,20
13 395,00	5 451,30	5 497,55	6 217,75	4 968,73	4 936,23
13 400,00	5 453,32	5 499,57	6 219,69	4 970,76	4 938,26
13 405,00	5 455,36	5 501,61	6 221,80	4 972,80	4 940,29
13 410,00	5 457,39	5 503,64	6 223,75	4 974,82	4 942,33
13 415,00	5 459,42	5 505,66	6 225,86	4 976,85	4 944,35
13 420,00	5 461,45	5 507,70	6 227,81	4 978,89	4 946,39
13 425,00	5 463,48	5 509,73	6 229,92	4 980,91	4 948,41
13 430,00	5 465,51	5 511,76	6 231,86	4 982,95	4 950,44
13 435,00	5 467,54	5 513,79	6 233,99	4 984,97	4 952,48
13 440,00	5 469,57	5 515,81	6 235,93	4 987,01	4 954,50
13 445,00	5 471,60	5 517,85	6 238,05	4 989,04	4 956,54
13 450,00	5 473,63	5 519,88	6 239,99	4 991,06	4 958,57
13 455,00	5 475,66	5 521,91	6 242,11	4 993,10	4 960,59
13 460,00	5 477,69	5 523,94	6 244,05	4 995,13	4 962,63
13 465,00	5 479,73	5 525,97	6 246,17	4 997,16	4 964,65
13 470,00	5 481,75	5 528,00	6 248,11	4 999,19	4 966,69
13 475,00	5 483,79	5 530,03	6 250,23	5 001,21	4 968,72
13 480,00	5 485,81	5 532,06	6 252,17	5 003,25	4 970,75
13 485,00	5 487,84	5 534,09	6 254,29	5 005,28	4 972,78
13 490,00	5 489,88	5 536,12	6 256,23	5 007,31	4 974,81
13 495,00	5 491,90	5 538,15	6 258,35	5 009,34	4 976,84
13 500,00	5 493,94	5 540,18	6 260,29	5 011,37	4 978,87
13 505,00	5 495,97	5 542,22	6 262,41	5 013,40	4 980,90
13 510,00	5 497,99	5 544,24	6 264,35	5 015,43	4 982,93
13 515,00	5 500,03	5 546,28	6 266,48	5 017,46	4 984,96
13 520,00	5 502,05	5 548,30	6 268,42	5 019,49	4 986,99
13 525,00	5 504,09	5 550,33	6 270,53	5 021,52	4 989,02
13 530,00	5 506,12	5 552,37	6 272,48	5 023,55	4 991,06
13 535,00	5 508,15	5 554,39	6 274,59	5 025,58	4 993,08
13 540,00	5 510,18	5 556,43	6 276,53	5 027,62	4 995,11
13 545,00	5 512,21	5 558,46	6 278,65	5 029,64	4 997,14
13 550,00	5 514,24	5 560,49	6 280,59	5 031,68	4 999,17
13 555,00	5 516,27	5 562,52	6 282,72	5 033,70	5 001,21
13 560,00	5 518,30	5 564,54	6 284,66	5 035,73	5 003,23
13 565,00	5 520,33	5 566,58	6 286,78	5 037,77	5 005,27
13 570,00	5 522,36	5 568,61	6 288,72	5 039,79	5 007,30
13 575,00	5 524,39	5 570,64	6 290,84	5 041,83	5 009,32

Bisheriges Arbeitsentgelt Monat bis Euro gerundet:	Mindestnettobetrag in Steuerklasse Euro				
	I/IV	II	III	V	VI
13 580,00	5 526,42	5 572,67	6 292,78	5 043,86	5 011,36
13 585,00	5 528,46	5 574,70	6 294,89	5 045,89	5 013,38
13 590,00	5 530,48	5 576,73	6 296,84	5 047,92	5 015,42
13 595,00	5 532,51	5 578,76	6 298,96	5 049,94	5 017,45
13 600,00	5 534,54	5 580,79	6 300,90	5 051,98	5 019,47
13 605,00	5 536,57	5 582,82	6 303,02	5 054,01	5 021,51
13 610,00	5 538,61	5 584,85	6 304,96	5 056,04	5 023,54
13 615,00	5 540,63	5 586,88	6 307,08	5 058,07	5 025,57
13 620,00	5 542,67	5 588,91	6 309,02	5 060,10	5 027,60
13 625,00	5 544,70	5 590,95	6 311,14	5 062,13	5 029,63
13 630,00	5 546,72	5 592,97	6 313,08	5 064,16	5 031,66
13 635,00	5 548,76	5 595,01	6 315,20	5 066,19	5 033,69
13 640,00	5 550,78	5 597,03	6 317,15	5 068,22	5 035,72
13 645,00	5 552,82	5 599,06	6 319,26	5 070,25	5 037,75
13 650,00	5 554,85	5 601,10	6 321,21	5 072,28	5 039,78
13 655,00	5 556,87	5 603,12	6 323,32	5 074,31	5 041,81
13 660,00	5 558,91	5 605,16	6 325,26	5 076,35	5 043,84
13 665,00	5 560,94	5 607,19	6 327,38	5 078,37	5 045,87
13 670,00	5 562,97	5 609,21	6 329,32	5 080,41	5 047,90
13 675,00	5 565,00	5 611,25	6 331,45	5 082,43	5 049,94
13 680,00	5 567,03	5 613,27	6 333,39	5 084,46	5 051,96
13 685,00	5 569,06	5 615,31	6 335,51	5 086,50	5 053,99
13 690,00	5 571,09	5 617,34	6 337,45	5 088,52	5 056,03
13 695,00	5 573,12	5 619,37	6 339,56	5 090,56	5 058,05
13 700,00	5 575,15	5 621,40	6 341,51	5 092,59	5 060,09
13 705,00	5 577,19	5 623,43	6 343,62	5 094,61	5 062,11
13 710,00	5 579,21	5 625,46	6 345,57	5 096,65	5 064,15
13 715,00	5 581,24	5 627,49	6 347,69	5 098,67	5 066,18
13 720,00	5 583,27	5 629,52	6 349,63	5 100,71	5 068,20
13 725,00	5 585,30	5 631,55	6 351,75	5 102,74	5 070,24
13 730,00	5 587,34	5 633,58	6 353,69	5 104,77	5 072,27
13 735,00	5 589,36	5 635,61	6 355,81	5 106,80	5 074,30
13 740,00	5 591,39	5 637,64	6 357,75	5 108,83	5 076,33
13 745,00	5 593,43	5 639,68	6 359,87	5 110,86	5 078,36
13 750,00	5 595,45	5 641,70	6 361,81	5 112,89	5 080,39
13 755,00	5 597,49	5 643,73	6 363,93	5 114,92	5 082,42
13 760,00	5 599,51	5 645,76	6 365,88	5 116,95	5 084,45
13 765,00	5 601,55	5 647,79	6 367,99	5 118,98	5 086,48
13 770,00	5 603,58	5 649,83	6 369,93	5 121,01	5 088,51
13 775,00	5 605,60	5 651,85	6 372,05	5 123,04	5 090,54
13 780,00	5 607,64	5 653,89	6 373,99	5 125,08	5 092,57
13 785,00	5 609,67	5 655,92	6 376,11	5 127,10	5 094,60
13 790,00	5 611,70	5 657,94	6 378,05	5 129,13	5 096,63
13 795,00	5 613,73	5 659,98	6 380,18	5 131,16	5 098,67
13 800,00	5 615,76	5 662,00	6 382,12	5 133,19	5 100,69
13 805,00	5 617,79	5 664,04	6 384,24	5 135,23	5 102,72
13 810,00	5 619,82	5 666,07	6 386,18	5 137,25	5 104,76
13 815,00	5 621,85	5 668,09	6 388,29	5 139,29	5 106,78
13 820,00	5 623,88	5 670,13	6 390,24	5 141,32	5 108,82
13 825,00	5 625,91	5 672,16	6 392,35	5 143,34	5 110,84
13 830,00	5 627,94	5 674,19	6 394,30	5 145,38	5 112,87
13 835,00	5 629,97	5 676,22	6 396,42	5 147,40	5 114,91
13 840,00	5 632,00	5 678,25	6 398,36	5 149,44	5 116,93
13 845,00	5 634,03	5 680,28	6 400,48	5 151,47	5 118,97
13 850,00	5 636,07	5 682,31	6 402,42	5 153,49	5 121,00
13 855,00	5 638,09	5 684,34	6 404,54	5 155,53	5 123,03
13 860,00	5 640,12	5 686,37	6 406,48	5 157,56	5 125,06

Bisheriges Arbeitsentgelt Monat bis Euro gerundet:	Mindestnettobetrag in Steuerklasse Euro				
	I/IV	II	III	V	VI
13 865,00	5 642,16	5 688,41	6 408,60	5 159,59	5 127,08
13 870,00	5 644,18	5 690,43	6 410,54	5 161,62	5 129,12
13 875,00	5 646,22	5 692,46	6 412,66	5 163,65	5 131,15
13 880,00	5 648,24	5 694,49	6 414,61	5 165,68	5 133,18
13 885,00	5 650,27	5 696,52	6 416,72	5 167,71	5 135,21
13 890,00	5 652,31	5 698,56	6 418,66	5 169,74	5 137,24
13 895,00	5 654,33	5 700,58	6 420,78	5 171,77	5 139,27
13 900,00	5 656,37	5 702,61	6 422,72	5 173,81	5 141,30
13 905,00	5 658,40	5 704,65	6 424,84	5 175,83	5 143,33
13 910,00	5 660,43	5 706,67	6 426,78	5 177,86	5 145,36
13 915,00	5 662,46	5 708,71	6 428,91	5 179,89	5 147,39
13 920,00	5 664,48	5 710,73	6 430,85	5 181,92	5 149,42
13 925,00	5 666,52	5 712,77	6 432,96	5 183,96	5 151,45
13 930,00	5 668,55	5 714,80	6 434,91	5 185,98	5 153,49
13 935,00	5 670,58	5 716,82	6 437,02	5 188,01	5 155,51
13 940,00	5 672,61	5 718,86	6 438,97	5 190,05	5 157,55
13 945,00	5 674,64	5 720,89	6 441,08	5 192,07	5 159,57
13 950,00	5 676,67	5 722,92	6 443,02	5 194,11	5 161,60
13 955,00	5 678,70	5 724,95	6 445,15	5 196,13	5 163,64
13 960,00	5 680,73	5 726,98	6 447,09	5 198,17	5 165,66
13 965,00	5 682,76	5 729,01	6 449,21	5 200,20	5 167,70
13 970,00	5 684,79	5 731,04	6 451,15	5 202,22	5 169,73
13 975,00	5 686,82	5 733,07	6 453,27	5 204,26	5 171,75
13 980,00	5 688,85	5 735,10	6 455,21	5 206,29	5 173,79
13 985,00	5 690,89	5 737,13	6 457,33	5 208,32	5 175,81
13 990,00	5 692,91	5 739,16	6 459,27	5 210,35	5 177,85
13 995,00	5 694,95	5 741,19	6 461,39	5 212,38	5 179,88
14 000,00	5 696,97	5 743,22	6 463,33	5 214,41	5 181,91
14 005,00	5 699,00	5 745,25	6 465,45	5 216,44	5 183,94
14 010,00	5 701,04	5 747,29	6 467,39	5 218,47	5 185,97
14 015,00	5 703,06	5 749,31	6 469,51	5 220,50	5 188,00
14 020,00	5 705,10	5 751,34	6 471,45	5 222,53	5 190,03
14 025,00	5 707,13	5 753,38	6 473,57	5 224,56	5 192,06
14 030,00	5 709,16	5 755,40	6 475,51	5 226,59	5 194,09
14 035,00	5 711,19	5 757,44	6 477,64	5 228,62	5 196,12
14 040,00	5 713,21	5 759,46	6 479,58	5 230,65	5 198,15
14 045,00	5 715,25	5 761,49	6 481,69	5 232,69	5 200,18
14 050,00	5 717,28	5 763,53	6 483,64	5 234,71	5 202,22
14 055,00	5 719,31	5 765,55	6 485,75	5 236,74	5 204,24
14 060,00	5 721,34	5 767,59	6 487,70	5 238,78	5 206,27
14 065,00	5 723,37	5 769,62	6 489,81	5 240,80	5 208,30
14 070,00	5 725,40	5 771,65	6 491,75	5 242,84	5 210,33
14 075,00	5 727,43	5 773,68	6 493,88	5 244,86	5 212,37
14 080,00	5 729,46	5 775,70	6 495,82	5 246,89	5 214,39
14 085,00	5 731,49	5 777,74	6 497,94	5 248,93	5 216,43
14 090,00	5 733,52	5 779,77	6 499,88	5 250,95	5 218,46
14 095,00	5 735,55	5 781,80	6 502,00	5 252,99	5 220,48
14 100,00	5 737,58	5 783,83	6 503,94	5 255,02	5 222,52
14 105,00	5 739,62	5 785,86	6 506,05	5 257,05	5 224,54
14 110,00	5 741,64	5 787,89	6 508,00	5 259,08	5 226,58
14 115,00	5 743,67	5 789,92	6 510,12	5 261,10	5 228,61
14 120,00	5 745,70	5 791,95	6 512,06	5 263,14	5 230,64
14 125,00	5 747,73	5 793,98	6 514,18	5 265,17	5 232,67
14 130,00	5 749,77	5 796,01	6 516,12	5 267,20	5 234,70
14 135,00	5 751,79	5 798,04	6 518,24	5 269,23	5 236,73
14 140,00	5 753,83	5 800,07	6 520,18	5 271,26	5 238,76
14 145,00	5 755,86	5 802,11	6 522,30	5 273,29	5 240,79

Bisheriges Arbeitsentgelt Monat bis Euro gerundet:	Mindestnettobetrag in Steuerklasse Euro				
	I/IV	II	III	V	VI
14 150,00	5 757,88	5 804,13	6 524,24	5 275,32	5 242,82
14 155,00	5 759,92	5 806,17	6 526,36	5 277,35	5 244,85
14 160,00	5 761,94	5 808,19	6 528,31	5 279,38	5 246,88
14 165,00	5 763,98	5 810,22	6 530,42	5 281,41	5 248,91
14 170,00	5 766,01	5 812,26	6 532,37	5 283,44	5 250,95
14 175,00	5 768,04	5 814,28	6 534,48	5 285,47	5 252,97
14 180,00	5 770,07	5 816,32	6 536,42	5 287,51	5 255,00
14 185,00	5 772,10	5 818,35	6 538,54	5 289,53	5 257,03
14 190,00	5 774,13	5 820,38	6 540,48	5 291,57	5 259,06
14 195,00	5 776,16	5 822,41	6 542,61	5 293,59	5 261,10
14 200,00	5 778,19	5 824,43	6 544,55	5 295,62	5 263,12
14 205,00	5 780,22	5 826,47	6 546,67	5 297,66	5 265,15
14 210,00	5 782,25	5 828,50	6 548,61	5 299,68	5 267,19
14 215,00	5 784,28	5 830,53	6 550,73	5 301,72	5 269,21
14 220,00	5 786,31	5 832,56	6 552,67	5 303,75	5 271,25
14 225,00	5 788,35	5 834,59	6 554,78	5 305,78	5 273,27
14 230,00	5 790,37	5 836,62	6 556,73	5 307,81	5 275,31
14 235,00	5 792,40	5 838,65	6 558,85	5 309,83	5 277,34
14 240,00	5 794,43	5 840,68	6 560,79	5 311,87	5 279,36
14 245,00	5 796,46	5 842,71	6 562,91	5 313,90	5 281,40
14 250,00	5 798,50	5 844,74	6 564,85	5 315,93	5 283,43
14 255,00	5 800,52	5 846,77	6 566,97	5 317,96	5 285,46
14 260,00	5 802,55	5 848,80	6 568,91	5 319,99	5 287,49
14 265,00	5 804,59	5 850,84	6 571,03	5 322,02	5 289,52
14 270,00	5 806,61	5 852,86	6 572,97	5 324,05	5 291,55
14 275,00	5 808,65	5 854,89	6 575,09	5 326,08	5 293,58
14 280,00	5 810,67	5 856,92	6 577,04	5 328,11	5 295,61
14 285,00	5 812,71	5 858,95	6 579,15	5 330,14	5 297,64
14 290,00	5 814,74	5 860,99	6 581,09	5 332,17	5 299,67
14 295,00	5 816,76	5 863,01	6 583,21	5 334,20	5 301,70
14 300,00	5 818,80	5 865,05	6 585,15	5 336,24	5 303,73
14 305,00	5 820,83	5 867,08	6 587,27	5 338,26	5 305,76
14 310,00	5 822,86	5 869,10	6 589,21	5 340,29	5 307,79
14 315,00	5 824,89	5 871,14	6 591,34	5 342,32	5 309,83
14 320,00	5 826,92	5 873,16	6 593,28	5 344,35	5 311,85
14 325,00	5 828,95	5 875,20	6 595,40	5 346,39	5 313,88
14 330,00	5 830,98	5 877,23	6 597,34	5 348,41	5 315,92
14 335,00	5 833,01	5 879,26	6 599,45	5 350,45	5 317,94
14 340,00	5 835,04	5 881,29	6 601,40	5 352,48	5 319,98
14 345,00	5 837,07	5 883,32	6 603,51	5 354,50	5 322,00
14 350,00	5 839,10	5 885,35	6 605,46	5 356,54	5 324,04
14 355,00	5 841,13	5 887,38	6 607,58	5 358,56	5 326,07
14 360,00	5 843,16	5 889,41	6 609,52	5 360,60	5 328,09
14 365,00	5 845,19	5 891,44	6 611,64	5 362,63	5 330,13
14 370,00	5 847,23	5 893,47	6 613,58	5 364,66	5 332,16
14 375,00	5 849,25	5 895,50	6 615,70	5 366,69	5 334,19
14 380,00	5 851,28	5 897,53	6 617,64	5 368,72	5 336,22
14 385,00	5 853,32	5 899,57	6 619,76	5 370,75	5 338,24
14 390,00	5 855,34	5 901,59	6 621,70	5 372,78	5 340,28
14 395,00	5 857,38	5 903,62	6 623,82	5 374,81	5 342,31
14 400,00	5 859,40	5 905,65	6 625,77	5 376,84	5 344,34
14 405,00	5 861,44	5 907,68	6 627,88	5 378,87	5 346,37
14 410,00	5 863,47	5 909,72	6 629,82	5 380,90	5 348,40
14 415,00	5 865,49	5 911,74	6 631,94	5 382,93	5 350,43
14 420,00	5 867,53	5 913,77	6 633,88	5 384,97	5 352,46
14 425,00	5 869,56	5 915,81	6 636,00	5 386,99	5 354,49
14 430,00	5 871,59	5 917,83	6 637,94	5 389,02	5 356,52

Bisheriges Arbeitsentgelt Monat bis Euro gerundet:	Mindestnettobetrag in Steuerklasse Euro				
	I/IV	II	III	V	VI
14 435,00	5 873,62	5 919,87	6 640,07	5 391,05	5 358,55
14 440,00	5 875,64	5 921,89	6 642,01	5 393,08	5 360,58
14 445,00	5 877,68	5 923,93	6 644,13	5 395,12	5 362,61
14 450,00	5 879,71	5 925,96	6 646,07	5 397,14	5 364,65
14 455,00	5 881,74	5 927,98	6 648,18	5 399,17	5 366,67
14 460,00	5 883,77	5 930,02	6 650,13	5 401,21	5 368,71
14 465,00	5 885,80	5 932,05	6 652,24	5 403,23	5 370,73
14 470,00	5 887,83	5 934,08	6 654,18	5 405,27	5 372,76
14 475,00	5 889,86	5 936,11	6 656,31	5 407,29	5 374,80
14 480,00	5 891,89	5 938,14	6 658,25	5 409,33	5 376,82
14 485,00	5 893,92	5 940,17	6 660,37	5 411,36	5 378,86
14 490,00	5 895,95	5 942,20	6 662,31	5 413,38	5 380,89
14 495,00	5 897,98	5 944,23	6 664,43	5 415,42	5 382,92
14 500,00	5 900,01	5 946,26	6 666,37	5 417,45	5 384,95
14 505,00	5 902,05	5 948,29	6 668,49	5 419,48	5 386,97
14 510,00	5 904,07	5 950,32	6 670,43	5 421,51	5 389,01
14 515,00	5 906,11	5 952,35	6 672,55	5 423,54	5 391,04
14 520,00	5 908,13	5 954,38	6 674,49	5 425,57	5 393,07
14 525,00	5 910,16	5 956,41	6 676,61	5 427,60	5 395,10
14 530,00	5 912,20	5 958,45	6 678,55	5 429,63	5 397,13
14 535,00	5 914,22	5 960,47	6 680,67	5 431,66	5 399,16
14 540,00	5 916,26	5 962,50	6 682,61	5 433,69	5 401,19
14 545,00	5 918,29	5 964,54	6 684,73	5 435,72	5 403,22
14 550,00	5 920,32	5 966,56	6 686,67	5 437,75	5 405,25
14 555,00	5 922,35	5 968,60	6 688,80	5 439,78	5 407,28
14 560,00	5 924,37	5 970,62	6 690,74	5 441,81	5 409,31
14 565,00	5 926,41	5 972,66	6 692,85	5 443,85	5 411,34
14 570,00	5 928,44	5 974,69	6 694,80	5 445,87	5 413,38
14 575,00	5 930,47	5 976,71	6 696,91	5 447,90	5 415,40
14 580,00	5 932,50	5 978,75	6 698,86	5 449,94	5 417,43
14 585,00	5 934,53	5 980,78	6 700,97	5 451,96	5 419,46
14 590,00	5 936,56	5 982,81	6 702,91	5 454,00	5 421,49
14 595,00	5 938,59	5 984,84	6 705,04	5 456,02	5 423,53
14 600,00	5 940,62	5 986,86	6 706,98	5 458,06	5 425,55
14 605,00	5 942,65	5 988,90	6 709,10	5 460,09	5 427,59
14 610,00	5 944,68	5 990,93	6 711,04	5 462,11	5 429,62
14 615,00	5 946,71	5 992,96	6 713,16	5 464,15	5 431,64
14 620,00	5 948,74	5 994,99	6 715,10	5 466,18	5 433,68
14 625,00	5 950,78	5 997,02	6 717,21	5 468,21	5 435,70
14 630,00	5 952,80	5 999,05	6 719,16	5 470,24	5 437,74
14 635,00	5 954,84	6 001,08	6 721,28	5 472,26	5 439,77
14 640,00	5 956,86	6 003,11	6 723,22	5 474,30	5 441,80
14 645,00	5 958,89	6 005,14	6 725,34	5 476,33	5 443,83
14 650,00	5 960,93	6 007,17	6 727,28	5 478,36	5 445,86
14 655,00	5 962,95	6 009,20	6 729,40	5 480,39	5 447,89
14 660,00	5 964,99	6 011,23	6 731,34	5 482,42	5 449,92
14 665,00	5 967,02	6 013,27	6 733,46	5 484,45	5 451,95
14 670,00	5 969,04	6 015,29	6 735,40	5 486,48	5 453,98
14 675,00	5 971,08	6 017,33	6 737,53	5 488,51	5 456,01
14 680,00	5 973,10	6 019,35	6 739,47	5 490,54	5 458,04
14 685,00	5 975,14	6 021,38	6 741,58	5 492,57	5 460,07
14 690,00	5 977,17	6 023,42	6 743,53	5 494,60	5 462,11
14 695,00	5 979,20	6 025,44	6 745,64	5 496,63	5 464,13
14 700,00	5 981,23	6 027,48	6 747,58	5 498,67	5 466,16
14 705,00	5 983,26	6 029,51	6 749,70	5 500,69	5 468,19
14 710,00	5 985,29	6 031,54	6 751,64	5 502,73	5 470,22
14 715,00	5 987,32	6 033,57	6 753,77	5 504,75	5 472,26

Bisheriges Arbeitsentgelt Monat bis Euro gerundet:	Mindestnettobetrag in Steuerklasse Euro				
	I/IV	II	III	V	VI
14 720,00	5 989,35	6 035,59	6 755,71	5 506,78	5 474,28
14 725,00	5 991,38	6 037,63	6 757,83	5 508,82	5 476,32
14 730,00	5 993,41	6 039,66	6 759,77	5 510,84	5 478,35
14 735,00	5 995,44	6 041,69	6 761,89	5 512,88	5 480,37
14 740,00	5 997,47	6 043,72	6 763,83	5 514,91	5 482,41
14 745,00	5 999,51	6 045,75	6 765,94	5 516,94	5 484,43
14 750,00	6 001,53	6 047,78	6 767,89	5 518,97	5 486,47
14 755,00	6 003,56	6 049,81	6 770,01	5 520,99	5 488,50
14 760,00	6 005,59	6 051,84	6 771,95	5 523,03	5 490,52
14 765,00	6 007,62	6 053,87	6 774,07	5 525,06	5 492,56
14 770,00	6 009,66	6 055,90	6 776,01	5 527,09	5 494,59
14 775,00	6 011,68	6 057,93	6 778,13	5 529,12	5 496,62
14 780,00	6 013,72	6 059,96	6 780,07	5 531,15	5 498,65
14 785,00	6 015,75	6 062,00	6 782,19	5 533,18	5 500,68
14 790,00	6 017,77	6 064,02	6 784,13	5 535,21	5 502,71
14 795,00	6 019,81	6 066,06	6 786,25	5 537,24	5 504,74
14 800,00	6 021,83	6 068,08	6 788,20	5 539,27	5 506,77
14 805,00	6 023,87	6 070,11	6 790,31	5 541,30	5 508,80
14 810,00	6 025,90	6 072,15	6 792,26	5 543,33	5 510,83
14 815,00	6 027,92	6 074,17	6 794,37	5 545,36	5 512,86
14 820,00	6 029,96	6 076,21	6 796,31	5 547,40	5 514,89
14 825,00	6 031,99	6 078,24	6 798,43	5 549,42	5 516,92
14 830,00	6 034,02	6 080,26	6 800,37	5 551,46	5 518,95
14 835,00	6 036,05	6 082,30	6 802,50	5 553,48	5 520,99
14 840,00	6 038,08	6 084,32	6 804,44	5 555,51	5 523,01
14 845,00	6 040,11	6 086,36	6 806,56	5 557,55	5 525,04
14 850,00	6 042,14	6 088,39	6 808,50	5 559,57	5 527,08
14 855,00	6 044,17	6 090,42	6 810,61	5 561,61	5 529,10
14 860,00	6 046,20	6 092,45	6 812,56	5 563,64	5 531,14
14 865,00	6 048,23	6 094,48	6 814,67	5 565,66	5 533,16
14 870,00	6 050,26	6 096,51	6 816,62	5 567,70	5 535,20
14 875,00	6 052,29	6 098,54	6 818,74	5 569,72	5 537,23
14 880,00	6 054,32	6 100,57	6 820,68	5 571,76	5 539,25
14 885,00	6 056,35	6 102,60	6 822,80	5 573,79	5 541,29
14 890,00	6 058,39	6 104,63	6 824,74	5 575,82	5 543,32
14 895,00	6 060,41	6 106,66	6 826,86	5 577,85	5 545,35
14 900,00	6 062,44	6 108,69	6 828,80	5 579,88	5 547,38
14 905,00	6 064,48	6 110,73	6 830,92	5 581,91	5 549,40
14 910,00	6 066,50	6 112,75	6 832,86	5 583,94	5 551,44
14 915,00	6 068,54	6 114,78	6 834,98	5 585,97	5 553,47
14 920,00	6 070,56	6 116,81	6 836,93	5 588,00	5 555,50
14 925,00	6 072,60	6 118,84	6 839,04	5 590,03	5 557,53
14 930,00	6 074,63	6 120,88	6 840,98	5 592,06	5 559,56
14 935,00	6 076,65	6 122,90	6 843,10	5 594,09	5 561,59
14 940,00	6 078,69	6 124,94	6 845,04	5 596,13	5 563,62
14 945,00	6 080,72	6 126,97	6 847,16	5 598,15	5 565,65
14 950,00	6 082,75	6 128,99	6 849,10	5 600,18	5 567,68
14 955,00	6 084,78	6 131,03	6 851,23	5 602,21	5 569,72
14 960,00	6 086,81	6 133,05	6 853,17	5 604,24	5 571,74
14 965,00	6 088,84	6 135,09	6 855,29	5 606,28	5 573,77
14 970,00	6 090,87	6 137,12	6 857,23	5 608,30	5 575,81
14 975,00	6 092,90	6 139,14	6 859,34	5 610,34	5 577,83
14 980,00	6 094,93	6 141,18	6 861,29	5 612,37	5 579,87
14 985,00	6 096,96	6 143,21	6 863,40	5 614,39	5 581,89
14 990,00	6 098,99	6 145,24	6 865,35	5 616,43	5 583,92
14 995,00	6 101,02	6 147,27	6 867,47	5 618,45	5 585,96
15 000,00	6 103,05	6 149,30	6 869,41	5 620,49	5 587,98

2. Musterverträge zum TV ATZ

2.1 Mustervertrag Bund

Mustervertrag für Arbeitsverträge über die Vereinbarung eines Altersteilzeitverhältnisses[1])

Zwischen

der Bundesrepublik Deutschland
vertreten durch .... (Arbeitgeber)

und

Frau/Herrn

....

wohnhaft in .... (Arbeitnehmer/in)
wird zum Arbeitsvertrag vom ....
auf der Grundlage

a) des Altersteilzeitgesetzes vom 23. Juli 1996 (BGBl. I S. 1078),
b) des Tarifvertrages zur Regelung der Altersteilzeitarbeit (TV ATZ) vom 5. Mai 1998,

in der jeweils geltenden Fassung folgender

Änderungsvertrag

geschlossen:

§ 1

Das Arbeitsverhältnis wird nach Maßgabe der folgenden Vereinbarungen ab .... als Altersteilzeitarbeitsverhältnis fortgeführt.

Das Arbeitsverhältnis endet unbeschadet des § 9 Abs. 2 TV ATZ am ....

§ 2

Die durchschnittliche wöchentliche Arbeitszeit während des Altersteilzeitarbeitsverhältnisses beträgt ...... Stunden (Hälfte der bisherigen wöchentlichen Arbeitszeit gemäß § 3 Abs. 1 TV ATZ); sie wird geleistet

☐ im Blockmodell[2])
Arbeitsphase vom .... bis ....
Freistellungsphase vom .... bis ....

☐ im Teilzeitmodell[2])

1) Schreiben des Bundesministeriums des Innern vom 25. September 2000 (D II 4 – 220 700 – 1/18).
2) Zutreffendes bitte ankreuzen.

§ 3

Für die Anwendung dieses Vertrages gilt der TV ATZ in seiner jeweils geltenden Fassung.

§ 4

Änderungen und Ergänzungen dieses Vertrages einschließlich der Vereinbarung von Nebenabreden sind nur wirksam, wenn sie schriftlich vereinbart werden.

………………………, den ………………………

……………………………………	……………………………………
(Für den Arbeitgeber)	(Arbeitnehmer/in)

2.2 Mustervertrag Länder

Mustervertrag für Arbeitsverträge über die Vereinbarung eines Altersteilzeitverhältnisses[1])

Zwischen

....

vertreten durch .... (Arbeitgeber)

und

Frau/Herrn

....

wohnhaft in .... (Arbeitnehmer/in)

wird zum Arbeitsvertrag vom ....

auf der Grundlage

a) des Altersteilzeitgesetzes vom 23. Juli 1996 (BGBl. I S. 1078),

b) des Tarifvertrages zur Regelung der Altersteilzeitarbeit (TV ATZ) vom 5. Mai 1998,

in der jeweils geltenden Fassung folgender

Änderungsvertrag

geschlossen:

§ 1

Das Arbeitsverhältnis wird nach Maßgabe der folgenden Vereinbarungen ab .... als Altersteilzeitarbeitsverhältnis fortgeführt.

Das Arbeitsverhältnis endet unbeschadet des § 9 Abs. 2 TV ATZ am ....

§ 2

Die durchschnittliche wöchentliche Arbeitszeit während des Altersteilzeitarbeitsverhältnisses beträgt ...... Stunden (Hälfte der bisherigen wöchentlichen Arbeitszeit gemäß § 3 Abs. 1 TV ATZ); sie wird geleistet

☐ im Blockmodell[2])

Arbeitsphase vom .... bis ....

Freistellungsphase vom .... bis ....

☐ im Teilzeitmodell[2])

1) TdL Schreiben vom 22. 9. 2000 (1 – 06/09/03/1624/00 – B/2 –).

2) Zutreffendes bitte ankreuzen.

§ 3

Für die Anwendung dieses Vertrages gilt der TV ATZ in seiner jeweils geltenden Fassung.

§ 4

Änderungen und Ergänzungen dieses Vertrages einschließlich der Vereinbarung von Nebenabreden sind nur wirksam, wenn sie schriftlich vereinbart werden.

........................., den ....

....	....
(Für den Arbeitgeber)	(Arbeitnehmer/in)

2.3 Mustervertrag VKA

Mustervertrag für Altersteilzeit[1])

Zwischen

....

vertreten durch .... (Arbeitgeber)

und

Frau/Herrn

....

wohnhaft in .... (Arbeitnehmer/in)

wird auf der Grundlage

a) des Altersteilzeitgesetzes vom 23. Juli 1996 (BGBl. I S. 1078),

b) des Tarifvertrages zur Regelung der Altersteilzeitarbeit (TV ATZ) vom 5. Mai 1998 – in der jeweils geltenden Fassung –

zum Arbeitsvertrag vom .... folgender

Änderungsvertrag

geschlossen:

§ 1
Altersteilzeitarbeitsverhältnis

Das Arbeitsverhältnis wird nach Maßgabe der folgenden Vereinbarungen ab .... als Altersteilzeitarbeitsverhältnis fortgeführt.

§ 2
Arbeitszeit

Die durchschnittliche wöchentliche Arbeitszeit während des Altersteilzeitarbeitsverhältnisses beträgt ...... Stunden (Hälfte der bisherigen wöchentlichen Arbeitszeit gemäß § 3 Abs. 1 TV ATZ); sie wird geleistet

☐ im Blockmodell[2])

Arbeitsphase vom .... bis ....

Freistellungsphase vom .... bis ....

☐ im Teilzeitmodell[2])

1) Rundschreiben R 280/2000 vom 22. 9. 2000.

2) Zutreffendes bitte ankreuzen.

§ 3
Arbeitsentgelt, Aufstockungsleistungen

(1) Der Arbeitnehmer erhält für die Dauer des Altersteilzeitarbeitsverhältnisses Entgelt nach Maßgabe der reduzierten Arbeitszeit. Das Arbeitsentgelt ist unabhängig von der Verteilung der Arbeitszeit fortlaufend zu zahlen.

(2) Außerdem erhält der Arbeitnehmer Aufstockungsleistungen nach Maßgabe des § 5 TV ATZ.

§ 4
Mitwirkungs- und Erstattungspflichten

(1) Der Arbeitnehmer hat Änderungen der ihn betreffenden Verhältnisse, die für die Altersteilzeitleistungen erheblich sind, dem Arbeitgeber unverzüglich mitzuteilen (§ 11 Abs. 1 des Altersteilzeitgesetzes).

(2) Zu Unrecht erbrachte Leistungen der Bundesagentur für Arbeit an den Arbeitgeber hat der Arbeitnehmer gemäß § 11 Abs. 2 des Altersteilzeitgesetzes der Bundesanstalt für Arbeit zu erstatten.

(3) Der Arbeitnehmer hat dem Arbeitgeber zu Unrecht gezahlte Leistungen, die die im Altersteilzeitgesetz vorgesehenen Leistungen übersteigen, zu erstatten, wenn er die unrechtmäßige Zahlung dadurch bewirkt hat, dass er Mitwirkungspflichten nach Absatz 1 verletzt hat.

§ 5
Ende des Arbeitsverhältnisses

Das Arbeitsverhältnis endet, unbeschadet des § 9 Abs. 2 TV ATZ, am ....

....
(Ort, Datum)

....
(Arbeitgeber) (Arbeitnehmer/in)

2.4 Erläuterungen zum Mustervertrag für Altersteilzeitarbeit (VKA)

➤ **Zu § 1:**

Das einzusetzende Datum darf nicht vor der Vollendung des 55. Lebensjahres des Arbeitnehmers liegen. Außerdem sind die in § 2 Abs. 1 TV ATZ nannten Voraussetzungen zu beachten.

➤ **Zu § 2:**

Zu beachten ist, dass gemäß § 3 TV ATZ bei der bisherigen wöchentlichen Arbeitszeit grundsätzlich die zuletzt vereinbarte, höchstens aber diejenige Arbeitszeit zu Grunde zu legen ist, die im Durchschnitt der letzten 24 Monate vor dem Übergang in die Altersteilzeitarbeit vereinbart war. Nach § 3 Abs. 1 Unterabs. 2 Satz 4 TV ATZ kann die ermittelte durchschnittliche Arbeitszeit auf die nächste volle Stunde gerundet werden, wenn sich bei der Ermittlung der durchschnittlichen Arbeitszeit keine vollen Stunden ergeben; dieser Fall kann eintreten, wenn mit dem Arbeitnehmer in den letzten 24 Monaten unterschiedliche Arbeitszeiten vereinbart waren.

➤ **Zu § 3:**

Die Altersteilzeitleistungen sind steuer- und sozialabgabenfrei, auch soweit sie über die gesetzlichen Mindestleistungen hinausgehen.

Für den Vergleich, ob der Aufstockungsbetrag zusammen mit dem individuellen Nettoarbeitsentgelt für die Altersteilzeitarbeit den Mindestnettobetrag (= 83 v. H. des pauschalierten Nettoentgelts) erreicht, ist von den durch das Bundesministerium für Arbeit und Sozialordnung durch Rechtsverordnung (§ 15 Altersteilzeitgesetzes) bestimmten Tabellenwerten – umgerechnet auf 83 v. H. – auszugehen.

Auf § 5 Abs. 7 TV ATZ, der die Regelung einer Abfindungszahlung bei vorzeitiger Inanspruchnahme einer Rente enthält, wird hingewiesen.

➤ **Zu § 5:**

Eine Vereinbarung über Altersteilzeitarbeit entspricht nur dann dem Zweck des Gesetzes, nämlich einem gleitenden Übergang in den Ruhestand, wenn der Arbeitnehmer im Anschluss an die Altersteilzeitarbeit in Rente gehen kann (§ 1 Abs. l und § 2 Abs. 1 Nr. 2 des Altersteilzeitgesetzes sowie Präambel des TV ATZ).

Dabei ist zu beachten, dass das Altersteilzeitarbeitsverhältnis mindestens 24 Monate bestanden haben muss, wenn der Arbeitnehmer die Altersrente nach Altersteilzeitarbeit in Anspruch nehmen will (§ 237 SGB VI).

Aus § 8 Abs. 3 des Altersteilzeitgesetzes ergibt sich die Zulässigkeit der Vereinbarung eines Beendigungstatbestandes, wenn der Beendigungszeitpunkt so gewählt ist, dass der Arbeitnehmer im Anschluss an die Altersteilzeit eine Altersrente in Anspruch nimmt.

2.5 Merkblatt der VKA zur Altersteilzeitarbeit

Mit der Vereinbarung von Altersteilzeitarbeit soll ein gleitender Übergang in den Ruhestand ermöglicht werden. Mit dem Abschluss einer Vereinbarung über Altersteilzeitarbeit ergeben sich rechtliche Auswirkungen unterschiedlichster Art. Das folgende Merkblatt soll einen ersten Überblick über die tariflichen Vorgaben zur Altersteilzeitarbeit und die damit im Zusammenhang stehenden rechtlichen Fragen geben.

1. **Ab wann kann Altersteilzeit in Anspruch genommen werden?**

   Die Voraussetzungen für die Inanspruchnahme von Altersteilzeitarbeit sind in § 2 Abs. 1 TV ATZ geregelt. Danach kann ein Arbeitnehmer des öffentlichen Dienstes nach dem Tarifvertrag zur Regelung der Altersteilzeitarbeit (TV ATZ) Altersteilzeit in Anspruch nehmen, wenn er

   - das 55. Lebensjahr vollendet hat,
   - innerhalb der letzten fünf Jahre mindestens 1080 Kalendertage in einer versicherungspflichtigen Beschäftigung im Sinne des SGB III gestanden hat,
   - eine Beschäftigungszeit von fünf Jahren zurückgelegt hat.

   Bei dem Altersteilzeitarbeitsverhältnis muss es sich um ein versicherungspflichtiges Arbeitsverhältnis im Sinne des SGB III (Arbeitsförderung) handeln. Es darf also keine geringfügige Beschäftigung vorliegen. Eine Beschäftigung ist dann geringfügig, wenn das Arbeitsentgelt aus dieser Beschäftigung regelmäßig im Monat 400 Euro nicht übersteigt (§ 8 Abs. 1 Nr. 1 SGB IV).

   Zu beachten ist, dass nach **§ 27 Abs. 5 SGB III** eine Versicherungsfreiheit auch in den Fällen besteht, in denen ein Arbeitnehmer zwar weniger als 15 Stunden wöchentlich arbeitet, jedoch mehr als 400 Euro verdient **und** sich bei der Agentur für Arbeit arbeitslos meldet. Mit dem Vorliegen einer versicherungsfreien Beschäftigung sind nachteilige arbeits-, steuer-, sozialversicherungs- und zusatzversorgungsrechtliche Folgen (Nichtvorliegen von Altersteilzeit im Sinne des Gesetzes und des Tarifvertrages) verbunden.

2. **Für welchen Zeitraum kann Altersteilzeit in Anspruch genommen werden?**

   Eine Altersteilzeitarbeitsvereinbarung kann zwischen Arbeitgeber und Arbeitnehmer für einen Zeitraum von bis zu zehn Jahren vereinbart werden. Altersteilzeit soll in der Regel mindestens für zwei Jahre vereinbart werden (§ 2 Abs. 4 Satz 1 TV ATZ). Die Vereinbarung eines kürzeren Zeitraumes ist aber möglich. Ein Anspruch auf eine bestimmte Dauer des Altersteilzeitarbeitsverhältnisses besteht nicht. Die abgeschlossene Altersteilzeitvereinbarung muss sich zumindest auf die Zeit erstrecken, bis eine Rente wegen Alters beansprucht werden kann (§ 2 Abs. 1 Nr. 2 des Altersteilzeitgesetzes). Soll sich an die Altersteilzeitarbeit die Rente nach Altersteilzeitarbeit anschließen, so sind hierfür 24 Monate Altersteilzeitarbeit erforderlich (§ 237 Abs. 1 SGB VI). Eine Vereinbarung von Altersteilzeit für bereits zurückliegende Zeiträume ist nicht möglich.

3. **Wann kann der Arbeitgeber eine Vereinbarung von Altersteilzeitarbeit ablehnen?**

   Ein Arbeitnehmer hat ab dem vollendeten 55. Lebensjahr die Möglichkeit, Altersteilzeitarbeit zu vereinbaren. Ab dem vollendeten 60. Lebensjahr ist ein Anspruch auf Altersteilzeitarbeit eingeräumt (§ 2 Abs. 1 und 2 TV ATZ). Der Arbeitgeber kann die Altersteilzeitarbeit jedoch unter bestimmten Voraussetzungen auch ablehnen. Selbst einem Arbeitnehmer, der grundsätzlich einen Anspruch auf Vereinbarung von Altersteilzeitarbeit hat, kann Altersteilzeitarbeit versagt werden, wenn dringende dienstliche oder betriebliche Gründe der Altersteilzeit entgegenstehen (§ 2 Abs. 3 TV ATZ).[1])

4. **Wie kann die Arbeitszeit innerhalb des Altersteilzeitarbeitsverhältnisses verteilt werden?**

   Die durchschnittliche wöchentliche Arbeitszeit während des Altersteilzeitarbeitsverhältnisses beträgt die Hälfte der bisherigen wöchentlichen Arbeitszeit, die in § 3 Abs. 1 TV ATZ definiert ist.[2]) Die Verteilung dieser Arbeitszeit auf den Gesamtzeitraum des Altersteilzeitarbeitsverhältnisses kann in unterschiedlicher Form geschehen.

   Nach dem so genannten **Blockmodell** (§ 3 Abs. 2 Buchst. a TV ATZ) arbeitet der Arbeitnehmer in der ersten Hälfte des Altersteilzeitarbeitsverhältnisses im bisherigen Umfang weiter (Arbeitsphase) und wird in der zweiten Hälfte des Altersteilzeitarbeitsverhältnisses (Freistellungsphase) von der Verpflichtung zur Erbringung von Arbeitsleistungen befreit.

   Die Altersteilzeitarbeit kann auch im Rahmen eines **Teilzeitmodells** (§ 3 Abs. 2 Buchst. b TV ATZ) geleistet werden. Die Arbeitszeit wird dann während der gesamten Laufzeit des Altersteilzeitarbeitsverhältnisses durchgehend in Höhe der Hälfte der bisherigen wöchentlichen Arbeitszeit erbracht.

   Auf ein bestimmtes Modell der Arbeitszeitverteilung besteht kein Anspruch des Arbeitnehmers (§ 3 Abs. 3 TV ATZ).

5. **Welches Entgelt steht während der Altersteilzeit zu?**

   Das Entgelt für die Altersteilzeitarbeit setzt sich aus zwei Bestandteilen zusammen. Zum einen erhält ein Arbeitnehmer **Bezüge** (§ 4 TV ATZ), wie sie für entsprechende Teilzeitkräfte bezahlt würden, also grundsätzlich die Hälfte des bisherigen Entgelts. Nur bestimmte Bezügebestand-

---

1) Für Angestellte im feuerwehrtechnischen Dienst sind die Sonderegelungen nach Nr. 2 Abs. 3 SR 2 x BAT zu beachten.

2) Für die Ermittlung der Arbeitszeit ist bei unterschiedlichem Arbeitszeitumfang innerhalb der letzten 24 Monate vor Beginn der Altersteilzeitarbeit eine gesonderte Berechnung erforderlich. Einzelheiten hierzu können bei der Personalstelle nachgefragt werden.

teile (z. B. Erschwerniszuschläge oder Überstundenentgelte) werden in der Höhe ihres tatsächlichen Anfalls gezahlt (§ 4 Abs. 1 TV ATZ).

Erhöht werden die Bezüge um einen **Aufstockungsbetrag**, der sich in zwei Rechenschritten ermittelt.

Erster Rechenschritt:

Die Aufstockungsleistungen müssen in einem ersten Rechenschritt 20 v. H. der Altersteilzeitbruttobezüge betragen.

Zweiter Rechenschritt:

Der im ersten Rechenschritt ermittelte Aufstockungsbetrag muss jedoch so hoch sein, dass der Arbeitnehmer insgesamt 83 v. H. eines **pauschalierten** Nettobetrages erhält, der sich aufgrund einer auf Basis der Mindestnettobetrags-Verordnung erstellten „83-v.-H.-Tabelle" ergibt (§ 5 Abs. 2 TV ATZ). Es ist besonders darauf hinzuweisen, dass diese „83-v.-H.-Tabelle" bestimmte Abzüge vom Bruttoentgelt nur in pauschalierter Form berücksichtigt. Der anhand dieser Tabelle errechnete pauschalierte „83-v.-H.-Betrag" entspricht also **in der Regel nicht 83 v. H. des jeweiligen individuellen Nettoentgelts** des Arbeitnehmers. Das nachfolgende Beispiel gibt einen ersten Überblick zur Berechnung des Entgelts für die Altersteilzeitarbeit.

Beispiel – in vereinfachter Form –

(Basisjahr 2004, Steuerklasse III, bisheriges Brutto-Arbeitsentgelt 2600,00 Euro)

Bruttoentgelt bei Altersteilzeit (Teilzeitbezüge)	1300,00 Euro
Nettoentgelt (individuell)	1020,00 Euro
Aufstockung + 20 v. H. von Altersteilzeit-Brutto	260,00 Euro
Zwischensumme	1280,00 Euro
Mindestnettobetrag nach der 83-v.-H.-Tabelle bei einer Bemessungsgrundlage von 2600 Euro = 1558,41 Euro	
Zusatzaufstockung auf mindestens 83 v. H. des pauschalierten bisherigen Nettoentgelts	278,41 Euro
Altersteilzeit-Nettoentgelt insgesamt	1558,41 Euro
(Aufstockungsbetrag insgesamt 538,41 Euro)	

Zu beachten ist, dass hinsichtlich bestimmter Entgeltbestandteile (z. B. Überstundenentgelte, Rufbereitschafts- oder Bereitschaftsvergütungen) Besonderheiten gelten. Soweit in diesem Zusammenhang weitere Fragen zu Einzelheiten der Entgeltberechnung bestehen, stehen die Personalstellen als Ansprechpartner zur Verfügung.

6. **Wie werden die Aufstockungsbeträge steuerrechtlich behandelt?**

Die Aufstockungsleistungen sind grundsätzlich steuer- und sozialversicherungsfrei. Nach den einkommensteuerrechtlichen Regelungen besteht jedoch die Besonderheit, dass bei bestimmten Entgeltbestandteilen wie z. B. dem Krankengeld oder der Arbeitslosenhilfe, aber auch bei den Aufstockungsleistungen nach dem TV ATZ, der so genannte **Pro-**

gressionsvorbehalt zu beachten ist. Im Rahmen des so genannten steuerrechtlichen Progressionsvorbehalts wirken sich die Aufstockungsleistungen in der Weise aus, dass sie bei der Bestimmung des Steuertarifs mitberücksichtigt werden. Die etwaigen Auswirkungen werden von der Steuerverwaltung im Rahmen des Veranlagungsverfahrens berücksichtigt. In der Regel wird es aufgrund dieser steuerrechtlichen Regelung auch zu Steuernachforderungen kommen. Zu den steuerrechtlichen Auswirkungen, die sich beim einzelnen Arbeitnehmer ergeben können, wird empfohlen, sich an einen Steuerberater, eine Beratungsstelle des Finanzamtes oder einen Lohnsteuerhilfeverein zu wenden.

7. **Welche Besonderheiten sind bei einer längeren Erkrankung zu beachten?**

Bei einer Erkrankung des Arbeitnehmers erhält er im Rahmen seiner Altersteilzeitbezüge zum einen eine Fortzahlung des Entgelts nach den allgemeinen tarifvertraglichen Vorschriften (z. B. §§ 37, 71 BAT).

Für den Zeitraum, in dem der Arbeitnehmer Entgeltfortzahlung im engeren Sinne (also bis zur Dauer von sechs Wochen bzw. in den Fällen des § 71 BAT bis zum Ende der 26. Woche seit dem Beginn der Arbeitsunfähigkeit) erhält, sind Aufstockungsbeträge nach § 5 Abs. 1, 2 und 4 TV ATZ zu zahlen. Für den Zeitraum, in dem der Arbeitnehmer einen Anspruch auf Krankengeldzuschuss (dies können grundsätzlich bis zu 26 Wochen sein[1])) hat, stehen ihm lediglich die Aufstockungsbeträge nach § 5 Abs. 1 und 2 TV ATZ zu; während dieses Zeitraums muss der Arbeitgeber keine zusätzlichen Beiträge zur gesetzlichen Rentenversicherung nach § 5 Abs. 4 TV ATZ abführen. Nach Ablauf dieser Fristen erhält ein Arbeitnehmer nur noch Krankengeld auf Basis der Altersteilzeitbezüge, es sei denn, dass die Bundesagentur für Arbeit im Fall einer förderungsfähigen Wiederbesetzung noch für einen längeren Zeitraum Aufstockungsleistungen in gesetzlicher Höhe erbringt.

Wenn der Arbeitnehmer über die Entgeltfortzahlungsfristen im engeren Sinne (also ohne die Zeit, in der er nur noch einen Krankengeldzuschuss erhält) hinaus erkrankt ist, verschiebt sich beim Blockmodell der Endpunkt seiner Arbeitsphase um die Hälfte dieses Zeitraumes nach hinten (§ 8 Abs. 2 TV ATZ). Diese Regelung dient dazu, sozialversicherungsrechtliche Nachteile für den Arbeitnehmer zu vermeiden.

8. **Wie hoch ist der an die Rentenversicherung zu zahlende Zusatzbeitrag?**

Über die Altersteilzeitbezüge und die Aufstockungsleistungen hinaus entrichtet der Arbeitgeber für die Dauer des Altersteilzeitarbeitsverhältnisses auch einen zusätzlichen Beitrag zur gesetzlichen Rentenversicherung auf den Unterschiedsbetrag zwischen den zustehenden Bezügen und 90 v. H. des bisherigen Arbeitsentgelts (§ 5 Abs. 4 TV ATZ). Bei längerer Erkrankung gelten Besonderheiten (vgl. vorstehende Nr. 7 Abs. 2 und 3).

---

1) Im Geltungsbereich des TV-V kann gemäß § 13 Abs. 2 Satz 2 ein Krankengeldzuschuss längstens bis zu 39 Wochen zustehen.

Bei Beginn der Altersteilzeit nach dem 30. Juni 2004 ist zu berücksichtigen, dass die Berechnung des zusätzlichen Rentenversicherungsbeitrags von 80 v. H. des Regelarbeitsentgelts nicht unterschritten werden darf (vgl. § 3 Abs. 1 Nr. 1 Buchst. b des Altersteilzeitgesetzes i. V. m. § 3 Nr. 28 EStG, § 1 ArEV).

Aus beitragsrechtlichen Gründen ist im Übrigen für nach dem 30. Juni 2004 beginnende Altersteilzeitarbeitsverhältnisse eine Rentenversicherungsaufstockung von Einmalzahlungen (z. B Zuwendung, Urlaubsgeld) nicht mehr möglich.

9. **Wie wirkt sich Altersteilzeit auf die zusätzliche Altersvorsorge aus?**

Für einen Arbeitnehmer, der seine Arbeitszeit im Rahmen eines Altersteilzeitarbeitsverhältnisses auf 50 v. H. der bisherigen wöchentlichen Arbeitszeit vermindert, wird für alle nach dem 31. Dezember 2002 abgeschlossenen Altersteilzeitvereinbarungen als zusatzversorgungspflichtiges Entgelt das 1,8fache der Bezüge für die Altersteilzeitarbeit zugrunde gelegt, soweit Entgeltbestandteile nicht in voller Höhe zustehen. Dies führt zu entsprechend höheren Aufwendungen (Umlagen/Beiträgen) und höheren Versorgungspunkten; diese werden auf Basis eines zusatzversorgungspflichtigen Entgelts von (50 × 1,8 =) 90 v. H. des bisherigen Arbeitsentgelts erworben.

10. **Welche Zusatzleistung wird bei vorzeitiger Inanspruchnahme einer Rente gewährt?**

Arbeitnehmer, die nach Beendigung der Altersteilzeit eine Rentenkürzung in der gesetzlichen Rentenversicherung wegen vorzeitiger Inanspruchnahme einer Rente zu erwarten haben, erhalten hierfür eine gestaffelte Abfindung gemäß § 5 Abs. 7 TV ATZ von höchstens drei Monatsgehältern.[1])

11. **Welche Einschränkungen bestehen für die Ausübung von Nebentätigkeiten bzw. Mehrarbeit und Überstunden?**

Während des Altersteilzeitarbeitsverhältnisses dürfen keine Beschäftigungen oder selbständigen Tätigkeiten ausgeübt werden, die den Umfang der geringfügigen Beschäftigung nach § 8 SGB IV (400 Euro monatlich) übersteigen (§ 5 Abs. 2 des Altersteilzeitgesetzes sowie § 8 Abs. 3 TV ATZ). Diese Einschränkung gilt dann nicht, wenn der Arbeitnehmer die Beschäftigung innerhalb der letzten fünf Jahre vor Beginn der Altersteilzeitarbeit ständig ausgeübt hat. Die übrigen allgemeinen Voraussetzungen, die für die Aufnahme einer Nebentätigkeit bestehen (z. B. Genehmigung) sind zu beachten.

Solange der Arbeitnehmer eine wegen Überschreitens der Geringfügigkeitsgrenze unzulässige Nebentätigkeit ausübt, ruht der Anspruch auf Aufstockungsleistungen.

1) Für Angestellte im feuerwehrtechnischen Dienst sind die Sonderregelungen nach der Nr. 2 Abs. 3 SR 2 x BAT zu beachten.

Der Anspruch auf Aufstockungsleistungen ruht auch dann, wenn der Arbeitnehmer über den Umfang der Geringfügigkeitsgrenze hinaus Mehrarbeit und Überstunden leistet (§ 8 Abs. 3 TV ATZ).

12. **Welche Mitwirkungspflichten sind zu beachten?**

Änderungen, die für den Anspruch auf Aufstockungsleistungen erheblich sind, sind dem Arbeitgeber unverzüglich mitzuteilen (z. B. Ausübung einer Nebentätigkeit). Zu Unrecht gezahlte Leistungen müssen dem Arbeitgeber zurückerstattet werden, wenn die unrechtmäßige Zahlung auf einer Verletzung der Mitwirkungspflichten beruht (§ 10 TV ATZ).

13. **Wann endet das Arbeitsverhältnis?**

Das Arbeitsverhältnis des Altersteilzeitbeschäftigten endet gemäß § 9 TV ATZ

- zu dem in der Altersteilzeitvereinbarung festgelegten Zeitpunkt,
- wenn eine Rente aus der gesetzlichen Rentenversicherung oder eine vergleichbare Leistung **tatsächlich** bezogen wird,
- wenn eine Rente aus der gesetzlichen Rentenversicherung oder eine vergleichbare Leistung **ohne Abschläge** in Anspruch genommen werden **könnte,**
- nach den allgemeinen tarifvertraglichen Voraussetzungen (z. B. §§ 53 bis 60 BAT/BAT-O).

Neben den in § 9 TV ATZ genannten Tatbestandsvoraussetzungen endet das Arbeitsverhältnis auch dann, wenn ein Fall einer nicht versicherungspflichtigen Beschäftigung gemäß § 27 Abs. 5 SGB III vorliegt, d. h., wenn ein Arbeitnehmer zwar weniger als 15 Stunden wöchentlich arbeitet, jedoch mehr als 400 Euro verdient **und** sich bei der Agentur für Arbeit arbeitslos meldet (vgl. in Bezug auf damit verbundene nachteilige Auswirkungen auch Ziffer 1 dieses Merkblatts).

14. **Was ist vom Arbeitnehmer im Einzelnen vor Abschluss einer Altersteilzeitvereinbarung zu tun?**

Bevor ein Arbeitnehmer einen Antrag auf Abschluss einer Altersteilzeitvereinbarung stellt, sind folgende Punkte abzuklären:

- Bei dem zuständigen Rentenversicherungsträger (Bundesversicherungsanstalt für Angestellte oder Landesversicherungsanstalt) ist eine aktuelle Bescheinigung einzuholen, ab welchem Zeitpunkt eine Rente ohne Abschläge bezogen werden kann[1]) und wie hoch voraussichtlich die Rentenleistung sein wird bzw. wie hoch die Abschläge bei einer beabsichtigten vorzeitigen Inanspruchnahme einer Altersrente sein würden.
- Bei der Zusatzversorgungskasse ist zu erfragen, welche voraussichtliche Höhe die Leistungen nach dem ATV-K bzw. ATV haben werden.

1) Diese Information ist wichtig für die Festlegung der Höchstdauer eines Altersteilzeitarbeitsverhältnisses (vgl. Ziffern 2 und 13).

- Mit der Krankenkasse ist abzuklären, ob sich Auswirkungen hinsichtlich der Versicherungspflicht ergeben.
- Mögliche steuerrechtliche Auswirkungen der Altersteilzeit sollten vorab mit einem Steuerberater, mit einer Beratungsstelle des Finanzamtes oder mit einem Lohnsteuerhilfeverein besprochen werden.

Von Seiten des Arbeitgebers können zu renten-, zusatzversorgungs-, sozialversicherungs- und steuerrechtlichen Fragen keine verbindlichen Auskünfte gegeben werden.

Von diesem Merkblatt habe ich Kenntnis genommen. Eine Fotokopie des Merkblattes habe ich erhalten.

....
(Datum, Ort) (Unterschrift des Arbeitnehmers)

3. Berechnungsbeispiele zur Altersteilzeit

Die öffentlichen Arbeitgeber haben in ihren Durchführungsanweisungen zum TV ATZ ausführliche Berechnungsbeispiele für die Bereiche Bund/ Länder und VKA beigefügt (vgl. Schreiben des BMI vom 24. März 1999 – D II 4 –220 770 – 1/18 – bzw. Schreiben des BMI vom 24. März 1999 – 1 – 06 – 03/630/99 – D/2 – bzw. VKA-Rundschreiben R 163/99 vom 26. Mai 1999).

Aus den Berechnungsbeispielen lassen sich die Rechenschritte bei der Berechnung der Altersteilzeitleistungen im Einzelnen nachvollziehen. Die in den genannten Rundschreiben enthaltenen Beispiele sind jeweils in aktualisierter Form auf Basis des Jahres 2004 berechnet. Die Berechnungsbeispiele, die sowohl die Altersteilzeit im Teilzeitmodell, wie auch die Alterszeit im Blockmodell darstellen, berücksichtigen jeweils die Rechtslage 2004 im Tarifgebiet West und im Tarifgebiet Ost. Außerdem wird in den Beispielen wegen der zusatzversorgungsrechtlichen Bestimmung des § 15 ATV/ATV-K berücksichtigt, ob ein Altersteilzeitverhältnis vor dem 31. Dezember 2002 vereinbart worden ist. Schließlich wird bei den Berechnungsbeispielen auch die Variante dargestellt, dass bei einem nach dem 30. Juni 2004 vereinbarten Altersteilzeitgesetz die ab 1. Juli 2004 geltenden gesetzlichen Maßgaben zum Regelarbeitsentgelt Anwendung finden.

3.1 Bund/Länder

3.1.1 Tarifgebiet West

3.1.1.1 Beispiel 1

Altersteilzeit im Teilzeitmodell Basismonat Mai 2004, Steuerklasse III/0

„Altfall" nach § 15 Abs. 2 Satz 2 ATV, d. h. Altersteilzeit wurde vor dem 1. Januar 2003 vereinbart,

VergGr. III BAT (B/L), Endstufe, verheiratet ohne Kinder, Ehegatte **nicht** im öffentlichen Dienst,

die bisherige wöchentliche Arbeitszeit vor Übergang in die Altersteilzeitarbeit betrug 38,5 Stunden/Woche,

indiv. ArbN-Beitrag zur Krankenversicherung 7,4 v. H., kirchensteuerpflichtig (9 v. H.), VBL Abrechnungsverband West,

100 € Vergütungen für Mehrarbeit/Überstunden, 50 € steuerfreie Zeitzuschläge, Vermögenswirksame Leistungen.

		fiktives bisheriges Arbeitsentgelt	tatsächliches ATZ-Netto-Arbeitsentgelt	Nebenrechnung zur Ermittlung der Aufstockungsbeträge
1. Berechnung der Brutto-Bezüge für Altersteilzeitarbeit nach § 4 TV ATZ:				
1.1 steuerpflichtige Bezüge:				
1.1.1 Grundgehalt (Endstufe)		3 085,60 €	1 542,80 €	1 542,80 €
1.1.2 Ortszuschlag (Stufe 2)		609,26 €	304,63 €	304,63 €
1.1.3 allgemeine Zulage		114,60 €	57,30 €	57,30 €
1.1.4 Mehrarbeit/Überstunden		*entfällt*	100,00 €	*entfällt*
1.1.5 Vermögenswirksame Leistungen *[kein ZVE]*		6,65 €	3,33 €	3,33 €
1.2 Summe Brutto		**3 816,11 €**	**2 008,06 €**	**1 908,06 €**
1.3 Berücksichtigung der Umlage und des Beitrags im Kapitaldeckungsverfahren der VBL:				
1.3.1 **Summe zusatzversorgungspflichtiges Brutto** *[ZVE]* § 15 Abs. 2 Satz 2 ATV: 1,8fache der Bezüge nach § 4 TV ATZ, soweit diese nicht in voller Höhe zustehen *[(Nr. 1.1.1 + Nr. 1.1.2 + Nr. 1.1.3) × 1,8] + Nr. 1.1.4*		**3 809,46 €**	**2 004,73 €**	**1 904,73 €**
1.3.2 Umlage	**7,86 %**			
1.3.2.1 davon Umlage-Beitrag des Arbeitnehmers	**1,41 %**		28,27 €	
1.3.2.2 davon Arbeitgeber-Umlage	**6,45 %**	245,71 €	129,31 €	122,86 €
1.3.2.3 durch Arbeitgeber pauschal zu versteuern		92,03 €	92,03 €	92,03 €
1.3.2.4 Zusatzbetrag für steuerpflichtiges Brutto		153,68 €	37,28 €	30,83 €
1.3.2.5 Hinzurechnungsbetrag (§ 2 Abs. 1 Satz 2 ArEV)		22,37 €	22,37 €	22,37 €
1.3.3 Beitrag im Kapitaldeckungsverfahren	**1,41 %**			
1.3.3.1 davon Arbeitnehmeranteil	**1,41 %**		28,27 €	
1.3.3.2 davon Arbeitgeberanteil	**0,00 %**		0,00 €	

Nr.			fiktives bisheriges Arbeitsentgelt	tatsächliches ATZ-Netto-Arbeitsentgelt	Nebenrechnung zur Ermittlung der Aufstockungsbeträge
1.4	**Summe Steuer-Brutto** [Nr. 1.2 + 1.3.2.4]			**2 045,34 €**	**1 938,89 €**
1.5	**Summe SV-Brutto** [Nr. 1.4 + 1.3.2.5]	**mtl. BBG**			
	a) RV/AV	**5 150,00 €**	**3 992,16 €**	**2 067,71 €**	**1 961,26 €**
	b) KV/PV	**3 487,50 €**		2 067,71 €	1 961,26 €
1.6	**individuelle Abzüge:**				
1.6.1	Lohnsteuer (Steuerklasse III/0)			48,00 €	32,16 €
1.6.2	Solidaritätszuschlag			0,00 €	0,00 €
1.6.3	Kirchensteuer (*nur wenn KiSt-pflichtig*)	**9,00 %**		4,32 €	2,89 €
1.6.4	ArbN-Beitrag zur Rentenversicherung	**9,75 %**		201,60 €	191,22 €
1.6.5	ArbN-Beitrag zur Arbeitslosenversicherung	**3,25 %**		67,20 €	63,74 €
1.6.6	ArbN-Beitrag zur Krankenversicherung	**7,40 %**	*(indiv. Satz)*	153,01 €	145,13 €
1.6.7	ArbN-Beitrag zur Pflegeversicherung	**0,85 %**		17,58 €	16,67 €
1.7	**Nettoarbeitsentgelt** (vor Abzug des Umlage-Beitrags des ArbN)			**1 516,35 €**	**1 456,25 €**
2.	**Berechnung der Aufstockungsbeträge nach § 5 Abs. 1 und 2 TV ATZ:**				
2.1	Bruttoentgelt für Altersteilzeitarbeit [Nr. 1.2 oder 1.5] (bis zur mtl. Beitragsbemessungsgrenze AV/RV von 5 150,00 € ist vom sv-pflichtigen, darüber vom arbeitsrechtlichen Bruttoentgelt für Altersteilzeitarbeit auszugehen)				1 961,26 €
2.2	Nettoentgelt (individuell)				1 456,25 €
2.3	**20%-Aufstockung** (vom o. a. Bruttoentgelt für Altersteilzeit [Nr. 2.1])				**392,25 €**
2.4	Zwischensumme 1				1 848,50 €
2.5	**Mindestnettobetrag gem. 83%-Tabelle** – Bemessungsgrundlage ist das **fiktive bisherige Brutto-Arbeitsentgelt** [Nr. 1.2] (**ohne** Zusatzbeträge zum sv-pflichtigen Brutto [Nr. 1.3.2.4 + 1.3.2.5])		3 816,11 €		
	auf-/abgerundet auf den nächsten durch 5 € teilbaren Betrag		3 815,00 €		**2 050,62 €**
2.6	**Zusatzaufstockung** (auf 83 % des pauschalierten bisherigen Nettos)				202,12 €
2.7	**Gesamtaufstockung**			**594,37 €**	<< 594,37 €
2.8	Zwischensumme 2			2 110,72 €	
2.9	abzüglich Umlage-Beitrag des ArbN zur Zusatzversorgung [Nr. 1.3.2.1]			28,27 €	
2.10	zuzüglich **steuerfreie Bezüge**			50,00 €	
2.11	**Auszahlungsbetrag** (einschließlich Aufstockung)			**2 132,45 €**	
3.	**Berechnung der zusätzlichen Rentenversicherungsbeiträge nach § 5 Abs. 4 TV ATZ:**				
3.1	fiktives bisheriges, sv-pflichtiges Brutto-Arbeitsentgelt [Nr. 1.5] – maximal bis zur monatlichen Beitragsbemessungsgrenze AV/RV von		5 150,00 €	3 992,16 €	
3.2	davon 90 %			3 592,94 €	
3.3	abzüglich bereits verbeitragte Bezüge für Altersteilzeitarbeit [Nr. 1.5]			2 067,71 €	

		fiktives bisheriges Arbeitsentgelt	tatsächliches ATZ-Netto-Arbeitsentgelt	Nebenrechnung zur Ermittlung der Aufstockungsbeträge
3.4	Bemessungsgrundlage (= Unterschiedsbetrag)		1 525,23 €	
3.5	davon als **zusätzlicher RV-Beitrag** (**nur** Arbeitgeber)	**19,50 %**	**297,42 €**	
4.	**Berechnung der erstattungsfähigen Aufstockungsleistungen bei Wiederbesetzung (§ 4 Altersteilzeitgesetz):**			
4.1	**Aufstockungsbeträge nach § 3 Abs. 1 Nr. 1 Buchst. a Altersteilzeitgesetz:**			
4.1.1	Bruttoentgelt für Altersteilzeitarbeit [Nr. 1.2 oder 1.5] (bis zur monatlichen Beitragsbemessungsgrenze AV/RV von 5 150,00 € ist vom sv-pflichtigen, darüber vom arbeitsrechtlichen Bruttoentgelt für Altersteilzeitarbeit auszugehen)			1 961,26 €
4.1.2	Nettoentgelt (individuell)			1 456,25 €
4.1.3	**20%-Aufstockung** (vom o. a. Bruttoentgelt für Altersteilzeit [Nr. 4.1.1])			**392,25 €**
4.1.4	Zwischensumme 1			1 848,50 €
4.1.5	**Mindestnettobetrag nach Mindestnettobetrags-Verordnung 2004** vom 22. Dezember 2003 (BGBl. I 2003 S. 3114)			
	Bemessungsgrundlage ist das **fiktive bisherige, sv-pflichtige Brutto-Arbeitsentgelt** [Nr. 1.5 Buchst. a],	3 992,16 €		
	begrenzt auf die monatl. BBG AV/RV von 5 150,00 €			
	auf-/abgerundet auf den nächsten durch 5 € teilbaren Betrag	3 990,00 €		**1 796,56 €**
4.1.6	**Zusatzaufstockung** (auf 70 % des pauschalierten bisherigen Nettos)			**0,00 €**
4.1.7	**Gesamtaufstockung**		**392,25 €**	<< 392,25 €
4.2	**Zusätzliche Rentenversicherungsbeiträge nach § 3 Abs. 1 Nr. 1 Buchst. b Altersteilzeitgesetz:**			
	Berechnung siehe Nr. 3		**297,42 €**	
4.3	**Insgesamt erstattungsfähige Aufstockungsleistungen durch die Bundesagentur für Arbeit** [Summen Nr. 4.1.7 + 4.2]		**689,67 €**	

3.1.1.2 Beispiel 2

Altersteilzeit im Teilzeitmodell Basismonat Mai 2004, Steuerklasse III/0

„Neufall“ nach § 15 Abs. 2 Satz 2 ATV, d. h. Altersteilzeit wurde nach dem 31. Dezember 2002 vereinbart,

VergGr. III BAT (B/L), Endstufe, verheiratet ohne Kinder, Ehegatte **nicht** im öffentlichen Dienst,

die bisherige wöchentliche Arbeitszeit vor Übergang in die Altersteilzeitarbeit betrug 38,5 Stunden/Woche,

indiv. ArbN-Beitrag zur Krankenversicherung 7,4 v. H., kirchensteuerpflichtig (9 v. H.), VBL Abrechnungsverband West,

100 € Vergütungen für Mehrarbeit/Überstunden, 50 € steuerfreie Zeitzuschläge, Vermögenswirksame Leistungen.

		fiktives bisheriges Arbeitsentgelt	tatsächliches ATZ-Netto-Arbeitsentgelt	Nebenrechnung zur Ermittlung der Aufstockungsbeträge
1. Berechnung der Brutto-Bezüge für Altersteilzeitarbeit nach §4 TV ATZ:				
1.1 steuerpflichtige Bezüge:				
1.1.1 Grundgehalt (Endstufe)		3 085,60 €	1 542,80 €	1 542,80 €
1.1.2 Ortszuschlag (Stufe 2)		609,26 €	304,63 €	304,63 €
1.1.3 allgemeine Zulage		114,60 €	57,30 €	57,30 €
1.1.4 Mehrarbeit/Überstunden		*entfällt*	100,00 €	*entfällt*
1.1.5 Vermögenswirksame Leistungen *[kein ZVE]*		6,65 €	3,33 €	3,33 €
1.2 Summe Brutto		**3 816,11 €**	**2 008,06 €**	**1 908,06 €**
1.3 Berücksichtigung der Umlage zur VBL:				
1.3.1 **Summe zusatzversorgungspflichtiges Brutto** *[ZVE]* §15 Abs. 2 Satz 2 ATV: 1,8fache der Bezüge nach §4 TV ATZ, soweit diese nicht in voller Höhe zustehen *[(Nr. 1.1.1 + Nr. 1.1.2 + Nr. 1.1.3) × 1,8] + Nr. 1.1.4*		**3 809,46 €**	**3 528,51 €**	**3 428,51 €**
1.3.2 Umlage	**7,86 %**			
1.3.2.1 davon Umlage-Beitrag des Arbeitnehmers	**1,41 %**		49,75 €	
1.3.2.2 davon Arbeitgeber-Umlage	**6,45 %**	245,71 €	227,59 €	221,14 €
1.3.2.3 durch Arbeitgeber pauschal zu versteuern		92,03 €	92,03 €	92,03 €
1.3.2.4 Zusatzbetrag für steuerpflichtiges Brutto		153,68 €	135,56 €	129,11 €
1.3.2.5 Hinzurechnungsbetrag (§2 Abs. 1 Satz 2 ArEV)		22,37 €	22,37 €	22,37 €
1.4 Summe Steuer-Brutto [Nr. 1.2 + 1.3.2.4]			**2 143,62 €**	**2 037,17 €**
1.5 Summe SV-Brutto [Nr. 1.4 + 1.3.2.5]	**mtl. BBG**			
a) RV/AV	**5 150,00 €**	**3 992,16 €**	**2 165,99 €**	**2 059,54 €**
b) KV/PV	**3 487,50 €**		2 165,99 €	2 059,54 €
1.6 individuelle Abzüge:				
1.6.1 Lohnsteuer (Steuerklasse III/0)			66,33 €	46,50 €
1.6.2 Solidaritätszuschlag			0,00 €	0,00 €
1.6.3 Kirchensteuer (***nur** wenn KiSt-pflichtig*)	**9,00 %**		5,96 €	4,18 €
1.6.4 ArbN-Beitrag zur Rentenversicherung	**9,75 %**		211,18 €	200,81 €
1.6.5 ArbN-Beitrag zur Arbeitslosenversicherung	**3,25 %**		70,39 €	66,94 €
1.6.6 ArbN-Beitrag zur Krankenversicherung	**7,40 %**	*(indiv. Satz)*	160,28 €	152,41 €
1.6.7 ArbN-Beitrag zur Pflegeversicherung	**0,85 %**		18,41 €	17,51 €
1.7 Nettoarbeitsentgelt (**vor** Abzug des Umlage-Beitrags des ArbN)			**1 475,51 €**	**1 419,71 €**
2. Berechnung der Aufstockungsbeträge nach §5 Abs. 1 und 2 TV ATZ:				
2.1 Bruttoentgelt für Altersteilzeitarbeit [Nr. 1.2 oder 1.5] (bis zur mtl. Beitragsbemessungsgrenze AV/RV von 5 150,00 € ist vom sv-pflichtigen, darüber vom arbeitsrechtlichen Bruttoentgelt für Altersteilzeitarbeit auszugehen)				2 059,54 €

		fiktives bisheriges Arbeitsentgelt	tatsächliches ATZ-Netto-Arbeitsentgelt	Nebenrechnung zur Ermittlung der Aufstockungsbeträge
2.2	Nettoentgelt (individuell)			1 419,71 €
2.3	**20%-Aufstockung** (vom o. a. Bruttoentgelt für Altersteilzeit [Nr. 2.1])			**411,91 €**
2.4	Zwischensumme 1			1 831,62 €
2.5	**Mindestnettobetrag gem. 83%-Tabelle** – Bemessungsgrundlage ist das **fiktive bisherige Brutto-Arbeitsentgelt** [Nr. 1.2] (**ohne** Zusatzbeträge zum sv-pflichtigen Brutto [Nr. 1.3.2.4 + 1.3.2.5])	3 816,11 €		
	auf-/abgerundet auf den nächsten durch 5 € teilbaren Betrag	3 815,00 €		**2 050,62 €**
2.6	**Zusatzaufstockung** (auf 83 % des pauschalierten bisherigen Nettos)			219,00 €
2.7	**Gesamtaufstockung**		**630,91 €**	<< 630,91 €
2.8	Zwischensumme 2		2 106,42 €	
2.9	abzüglich Umlage-Beitrag des ArbN zur Zusatzversorgung [Nr. 1.3.2.1]		49,75 €	
2.10	zuzüglich **steuerfreie Bezüge**		50,00 €	
2.11	**Auszahlungsbetrag** (einschließlich Aufstockung)		**2 106,67 €**	
3.	**Berechnung der zusätzlichen Rentenversicherungsbeiträge nach § 5 Abs. 4 TV ATZ:**			
3.1	fiktives bisheriges, sv-pflichtiges Brutto-Arbeitsentgelt [Nr. 1.5] – maximal bis zur monatlichen Beitragsbemessungsgrenze AV/RV von	5 150,00 €	3 992,16 €	
3.2	davon 90 %		3 592,94 €	
3.3	abzüglich bereits verbeitragte Bezüge für Altersteilzeitarbeit [Nr. 1.5]		2 165,99 €	
3.4	Bemessungsgrundlage (= Unterschiedsbetrag)		1 426,95 €	
3.5	davon als **zusätzlicher RV-Beitrag** (**nur** Arbeitgeber)	**19,50 %**	**278,26 €**	
4.	**Berechnung der erstattungsfähigen Aufstockungsleistungen bei Wiederbesetzung (§ 4 Altersteilzeitgesetz):**			
4.1	**Aufstockungsbeträge nach § 3 Abs. 1 Nr. 1 Buchst. a Altersteilzeitgesetz:**			
4.1.1	Bruttoentgelt für Altersteilzeitarbeit [Nr. 1.2 oder 1.5] (bis zur monatlichen Beitragsbemessungsgrenze AV/RV von 5 150,00 € ist vom sv-pflichtigen, darüber vom arbeitsrechtlichen Bruttoentgelt für Altersteilzeitarbeit auszugehen)			2 059,54 €
4.1.2	Nettoentgelt (individuell)			1 419,71 €
4.1.3	**20%-Aufstockung** (vom o. a. Bruttoentgelt für Altersteilzeit [Nr. 4.1.1])			**411,91 €**
4.1.4	Zwischensumme 1			1 831,62 €
4.1.5	**Mindestnettobetrag nach Mindestnettobetrags-Verordnung 2004** vom 22. Dezember 2003 (BGBl. I 2003 S. 3114)			
	Bemessungsgrundlage ist das **fiktive bisherige, sv-pflichtige Brutto-Arbeitsentgelt** [Nr. 1.5 Buchst. a],	3 992,16 €		
	begrenzt auf die monatl. BBG AV/RV von 5 150,00 €			
	auf-/abgerundet auf den nächsten durch 5 € teilbaren Betrag	3 990,00 €		**1 796,56 €**

	fiktives bisheriges Arbeitsentgelt	tatsächliches ATZ-Netto-Arbeitsentgelt	Nebenrechnung zur Ermittlung der Aufstockungsbeträge
4.1.6 **Zusatzaufstockung** (auf 70 % des pauschalierten bisherigen Nettos)			**0,00 €**
4.1.7 **Gesamtaufstockung**		**411,91 €**	<< 411,91 €
4.2 Zusätzliche Rentenversicherungsbeiträge nach § 3 Abs. 1 Nr. 1 Buchst. b Altersteilzeitgesetz:			
Berechnung siehe Nr. 3		**278,26 €**	
4.3 Insgesamt erstattungsfähige Aufstockungsleistungen durch die Bundesagentur für Arbeit [Summen Nr. 4.1.7 + 4.2]		**690,17 €**	

3.1.1.3 Beispiel 3

Altersteilzeit im Blockmodell Basismonat Mai 2004, Steuerklasse III/0

„Neufall" nach § 15 Abs. 2 Satz 2 ATV, d. h. Altersteilzeit wurde nach dem 31. Dezember 2002 vereinbart,

VergGr. III BAT (B/L), Endstufe, verheiratet ohne Kinder, Ehegatte **nicht** im öffentlichen Dienst,

die bisherige wöchentliche Arbeitszeit vor Übergang in die Altersteilzeitarbeit betrug 38,5 Stunden/Woche,

indiv. ArbN-Beitrag zur Krankenversicherung 7,4 v. H., kirchensteuerpflichtig (9 v. H.), VBL Abrechnungsverband West,

100 € Vergütungen für Mehrarbeit/Überstunden, 50 € steuerfreie Zeitzuschläge, Vermögenswirksame Leistungen.

Arbeitsphase

	fiktives bisheriges Arbeitsentgelt	tatsächliches ATZ-Netto-Arbeitsentgelt	Nebenrechnung zur Ermittlung der Aufstockungsbeträge
1. Berechnung der Brutto-Bezüge für Altersteilzeitarbeit nach § 4 TV ATZ:			
1.1 steuerpflichtige Bezüge:			
1.1.1 Grundgehalt (Endstufe)	3 085,60 €	1 542,80 €	1 542,80 €
1.1.2 Ortszuschlag (Stufe 2)	609,26 €	304,63 €	304,63 €
1.1.3 allgemeine Zulage	114,60 €	57,30 €	57,30 €
1.1.4 Mehrarbeit/Überstunden	*entfällt*	100,00 €	*entfällt*
1.1.5 Vermögenswirksame Leistungen *[kein ZVE]*	6,65 €	3,33 €	3,33 €
1.2 Summe Brutto	**3 816,11 €**	**2 008,06 €**	**1 908,06 €**
1.3 Berücksichtigung der Umlage zur VBL:			
1.3.1 **Summe zusatzversorgungspflichtiges Brutto** *[ZVE]* § 15 Abs. 2 Satz 2 ATV: 1,8fache der Bezüge nach § 4 TV ATZ, soweit diese nicht in voller Höhe zustehen *[(Nr. 1.1.1 + Nr. 1.1.2 + Nr. 1.1.3) × 1,8] + Nr. 1.1.4*	**3 809,46 €**	**3 528,51 €**	**3 428,51 €**

		fiktives bisheriges Arbeitsentgelt	tatsächliches ATZ-Netto-Arbeitsentgelt	Nebenrechnung zur Ermittlung der Aufstockungsbeträge
1.3.2 Umlage	**7,86 %**			
1.3.2.1 davon Umlage-Beitrag des Arbeitnehmers	**1,41 %**		49,75 €	
1.3.2.2 davon Arbeitgeber-Umlage	**6,45 %**	245,71 €	227,59 €	221,14 €
1.3.2.3 durch Arbeitgeber pauschal zu versteuern		92,03 €	92,03 €	92,03 €
1.3.2.4 Zusatzbetrag für steuerpflichtiges Brutto		153,68 €	135,56 €	129,11 €
1.3.2.5 Hinzurechnungsbetrag (§ 2 Abs. 1 Satz 2 ArEV)		22,37 €	22,37 €	22,37 €
1.4 Summe Steuer-Brutto [Nr. 1.2 + 1.3.2.4]			**2 143,62 €**	**2 037,17 €**
1.5 Summe SV-Brutto [Nr. 1.4 + 1.3.2.5]	**mtl. BBG**			
a) RV/AV	**5 150,00 €**	**3 992,16 €**	**2 165,99 €**	**2 059,54 €**
b) KV/PV	**3 487,50 €**		2 165,99 €	2 059,54 €
1.6 individuelle Abzüge:				
1.6.1 Lohnsteuer (Steuerklasse III/0)			66,33 €	46,50 €
1.6.2 Solidaritätszuschlag			0,00 €	0,00 €
1.6.3 Kirchensteuer (***nur** wenn KiSt-pflichtig*)	**9,00 %**		5,96 €	4,18 €
1.6.4 ArbN-Beitrag zur Rentenversicherung	**9,75 %**		211,18 €	200,81 €
1.6.5 ArbN-Beitrag zur Arbeitslosenversicherung	**3,25 %**		70,39 €	66,94 €
1.6.6 ArbN-Beitrag zur Krankenversicherung	**7,40 %**	*(indiv. Satz)*	160,28 €	152,41 €
1.6.7 ArbN-Beitrag zur Pflegeversicherung	**0,85 %**		18,41 €	17,51 €
1.7 Nettoarbeitsentgelt (vor Abzug des Umlage-Beitrags des ArbN)			**1 475,51 €**	**1 419,71 €**

2.	**Berechnung der Aufstockungsbeträge nach § 5 Abs. 1 und 2 TV ATZ:**			
2.1	Bruttoentgelt für Altersteilzeitarbeit [Nr. 1.2 oder 1.5] (bis zur mtl. Beitragsbemessungsgrenze AV/RV von 5 150,00 € ist vom sv-pflichtigen, darüber vom arbeitsrechtlichen Bruttoentgelt für Altersteilzeitarbeit auszugehen)			2 059,54 €
2.2	Nettoentgelt (individuell)			1 419,71 €
2.3	**20%-Aufstockung** (vom o. a. Bruttoentgelt für Altersteilzeit [Nr. 2.1])			**411,91 €**
2.4	Zwischensumme 1			1 831,62 €
2.5	**Mindestnettobetrag gem. 83%-Tabelle** – Bemessungsgrundlage ist das **fiktive bisherige Brutto-Arbeitsentgelt** [Nr. 1.2] (**ohne** Zusatzbeträge zum sv-pflichtigen Brutto [Nr. 1.3.2.4 + 1.3.2.5])	3 816,11 €		
	auf-/abgerundet auf den nächsten durch 5 € teilbaren Betrag	3 815,00 €		**2 050,62 €**
2.6	**Zusatzaufstockung** (auf 83 % des pauschalierten bisherigen Nettos)			219,00 €
2.7	**Gesamtaufstockung**		**630,91 €**	<< 630,91 €
2.8	Zwischensumme 2		2 106,42 €	
2.9	abzüglich Umlage-Beitrag des ArbN zur Zusatzversorgung [Nr. 1.3.2.1]		49,75 €	
2.10	zuzüglich **steuerfreie Bezüge**		50,00 €	
2.11	**Auszahlungsbetrag** (einschließlich Aufstockung)		**2 106,67 €**	

		fiktives bisheriges Arbeitsentgelt	tatsächliches ATZ-Netto-Arbeitsentgelt	Nebenrechnung zur Ermittlung der Aufstockungsbeträge
3.	**Berechnung der zusätzlichen Rentenversicherungsbeiträge nach § 5 Abs. 4 TV ATZ:**			
3.1	fiktives bisheriges, sv-pflichtiges Brutto-Arbeitsentgelt [Nr. 1.5] – maximal bis zur monatlichen Beitragsbemessungsgrenze AV/RV von	5 150,00 €	3 992,16 €	
3.2	davon 90 %		3 592,94 €	
3.3	abzüglich bereits verbeitragte Bezüge für Altersteilzeitarbeit [Nr. 1.5]		2 165,99 €	
3.4	Bemessungsgrundlage (= Unterschiedsbetrag)		1 426,95 €	
3.5	davon als **zusätzlicher RV-Beitrag (nur** Arbeitgeber)	**19,50 %**	**278,26 €**	
4.	**Berechnung der erstattungsfähigen Aufstockungsleistungen bei Wiederbesetzung (§ 4 Altersteilzeitgesetz):**			
4.1	**Aufstockungsbeträge nach § 3 Abs. 1 Nr. 1 Buchst. a Altersteilzeitgesetz:**			
4.1.1	Bruttoentgelt für Altersteilzeitarbeit [Nr. 1.2 oder 1.5] (bis zur monatlichen Beitragsbemessungsgrenze AV/RV von 5 150,00 € ist vom sv-pflichtigen, darüber vom arbeitsrechtlichen Bruttoentgelt für Altersteilzeitarbeit auszugehen)			2 059,54 €
4.1.2	Nettoentgelt (individuell)			1 419,71 €
4.1.3	**20%-Aufstockung** (vom o. a. Bruttoentgelt für Altersteilzeit [Nr. 4.1.1])			**411,91 €**
4.1.4	Zwischensumme 1			1 831,62 €
4.1.5	**Mindestnettobetrag nach Mindestnettobetrags-Verordnung 2004** vom 22. Dezember 2003 (BGBl. I 2003 S. 3114)			
	Bemessungsgrundlage ist das **fiktive bisherige, sv-pflichtige Brutto-Arbeitsentgelt** [Nr. 1.5 Buchst. a],	3 992,16 €		
	begrenzt auf die monatl. BBG AV/RV von 5 150,00 €			
	auf-/abgerundet auf den nächsten durch 5 € teilbaren Betrag	3 990,00 €		**1 796,56 €**
4.1.6	**Zusatzaufstockung** (auf 70 % des pauschalierten bisherigen Nettos)			**0,00 €**
4.1.7	**Gesamtaufstockung**		**411,91 €**	<< 411,91 €
4.2	**Zusätzliche Rentenversicherungsbeiträge nach § 3 Abs. 1 Nr. 1 Buchst. b Altersteilzeitgesetz:**			
	Berechnung siehe Nr. 3		**278,26 €**	
4.3	**Insgesamt erstattungsfähige Aufstockungsleistungen durch die Bundesagentur für Arbeit** [Summen Nr. 4.1.7 + 4.2]		**690,17 €**	

Freistellungsphase

		fiktives bisheriges Arbeitsentgelt	tatsächliches ATZ-Netto-Arbeitsentgelt	Nebenrechnung zur Ermittlung der Aufstockungsbeträge
1. Berechnung der Brutto-Bezüge für Altersteilzeitarbeit nach §4 TV ATZ:				
1.1 steuerpflichtige Bezüge:				
1.1.1 Grundgehalt (Endstufe)		3 085,60 €	1 542,80 €	1 542,80 €
1.1.2 Ortszuschlag (Stufe 2)		609,26 €	304,63 €	304,63 €
1.1.3 allgemeine Zulage		114,60 €	57,30 €	57,30 €
1.1.4 Mehrarbeit/Überstunden		*entfällt*	0,00 €	*entfällt*
1.1.5 Vermögenswirksame Leistungen *[kein ZVE]*		6,65 €	3,33 €	3,33 €
1.2 Summe Brutto		**3 816,11 €**	**1 908,06 €**	**1 908,06 €**
1.3 Berücksichtigung der Umlage zur VBL:				
1.3.1 **Summe zusatzversorgungspflichtiges Brutto** *[ZVE]* §15 Abs. 2 Satz 2 ATV: 1,8fache der Bezüge nach §4 TV ATZ, soweit diese nicht in voller Höhe zustehen *[(Nr. 1.1.1 + Nr. 1.1.2 + Nr. 1.1.3) × 1,8] + Nr. 1.1.4*		**3 809,46 €**	**3 428,51 €**	**3 428,51 €**
1.3.2 Umlage	**7,86 %**			
1.3.2.1 davon Umlage-Beitrag des Arbeitnehmers	**1,41 %**		48,34 €	
1.3.2.2 davon Arbeitgeber-Umlage	**6,45 %**	245,71 €	221,14 €	221,14 €
1.3.2.3 durch Arbeitgeber pauschal zu versteuern		92,03 €	92,03 €	92,03 €
1.3.2.4 Zusatzbetrag für steuerpflichtiges Brutto		153,68 €	129,11 €	129,11 €
1.3.2.5 Hinzurechnungsbetrag (§2 Abs. 1 Satz 2 ArEV)		22,37 €	22,37 €	22,37 €
1.4 Summe Steuer-Brutto [Nr. 1.2 + 1.3.2.4]			**2 037,17 €**	**2 037,17 €**
1.5 Summe SV-Brutto [Nr. 1.4 + 1.3.2.5]	**mtl. BBG**			
a) RV/AV	**5 150,00 €**	**3 992,16 €**	**2 059,54 €**	**2 059,54 €**
b) KV/PV	**3 487,50 €**		2 059,54 €	2 059,54 €
1.6 individuelle Abzüge:				
1.6.1 Lohnsteuer (Steuerklasse III/0)			46,50 €	46,50 €
1.6.2 Solidaritätszuschlag			0,00 €	0,00 €
1.6.3 Kirchensteuer (***nur*** *wenn KiSt-pflichtig*)	**9,00 %**		4,18 €	4,18 €
1.6.4 ArbN-Beitrag zur Rentenversicherung	**9,75 %**		200,81 €	200,81 €
1.6.5 ArbN-Beitrag zur Arbeitslosenversicherung	**3,25 %**		66,94 €	66,94 €
1.6.6 ArbN-Beitrag zur Krankenversicherung	**7,40 %**	*(indiv. Satz)*	152,41 €	152,41 €
1.6.7 ArbN-Beitrag zur Pflegeversicherung	**0,85 %**		17,51 €	17,51 €
1.7 Nettoarbeitsentgelt (**vor** Abzug des Umlage-Beitrags des ArbN)			**1 419,71 €**	**1 419,71 €**
2. Berechnung der Aufstockungsbeträge nach §5 Abs. 1 und 2 TV ATZ:				
2.1 Bruttoentgelt für Altersteilzeitarbeit [Nr. 1.2 oder 1.5] (bis zur mtl. Beitragsbemessungsgrenze AV/RV von 5 150,00 € ist vom sv-pflichtigen, darüber vom arbeitsrechtlichen Bruttoentgelt für Altersteilzeitarbeit auszugehen)				2 059,54 €

Nr.		fiktives bisheriges Arbeitsentgelt	tatsächliches ATZ-Netto-Arbeitsentgelt	Nebenrechnung zur Ermittlung der Aufstockungsbeträge
2.2	Nettoentgelt (individuell)			1 419,71 €
2.3	**20%-Aufstockung** (vom o. a. Bruttoentgelt für Altersteilzeit [Nr. 2.1])			**411,91 €**
2.4	Zwischensumme 1			1 831,62 €
2.5	**Mindestnettobetrag gem. 83%-Tabelle** – Bemessungsgrundlage ist das **fiktive bisherige Brutto-Arbeitsentgelt** [Nr. 1.2] (**ohne** Zusatzbeträge zum sv-pflichtigen Brutto [Nr. 1.3.2.4 + 1.3.2.5])	3 816,11 €		
	auf-/abgerundet auf den nächsten durch 5 € teilbaren Betrag	3 815,00 €		**2 050,62 €**
2.6	**Zusatzaufstockung** (auf 83 % des pauschalierten bisherigen Nettos)			219,00 €
2.7	**Gesamtaufstockung**		**630,91 €**	<< 630,91 €
2.8	Zwischensumme 2		2 050,62 €	
2.9	abzüglich Umlage-Beitrag des ArbN zur Zusatzversorgung [Nr. 1.3.2.1]		48,34 €	
2.10	zuzüglich **steuerfreie Bezüge**		0,00 €	
2.11	**Auszahlungsbetrag** (einschließlich Aufstockung)		**2 002,28 €**	
3.	**Berechnung der zusätzlichen Rentenversicherungsbeiträge nach § 5 Abs. 4 TV ATZ:**			
3.1	fiktives bisheriges, sv-pflichtiges Brutto-Arbeitsentgelt [Nr. 1.5] – maximal bis zur monatlichen Beitragsbemessungsgrenze AV/RV von	5 150,00 €	3 992,16 €	
3.2	davon 90 %		3 592,94 €	
3.3	abzüglich bereits verbeitragte Bezüge für Altersteilzeitarbeit [Nr. 1.5]		2 059,54 €	
3.4	Bemessungsgrundlage (= Unterschiedsbetrag)		1 533,40 €	
3.5	davon als **zusätzlicher RV-Beitrag** (**nur** Arbeitgeber)	**19,50 %**	**299,01 €**	
4.	**Berechnung der erstattungsfähigen Aufstockungsleistungen bei Wiederbesetzung (§ 4 Altersteilzeitgesetz):**			
4.1	**Aufstockungsbeträge nach § 3 Abs. 1 Nr. 1 Buchst. a Altersteilzeitgesetz:**			
4.1.1	Bruttoentgelt für Altersteilzeitarbeit [Nr. 1.2 oder 1.5] (bis zur monatlichen Beitragsbemessungsgrenze AV/RV von 5 150,00 € ist vom sv-pflichtigen, darüber vom arbeitsrechtlichen Bruttoentgelt für Altersteilzeitarbeit auszugehen)			2 059,54 €
4.1.2	Nettoentgelt (individuell)			1 419,71 €
4.1.3	**20%-Aufstockung** (vom o. a. Bruttoentgelt für Altersteilzeit [Nr. 4.1.1])			**411,91 €**
4.1.4	Zwischensumme 1			1 831,62 €
4.1.5	**Mindestnettobetrag nach Mindestnettobetrags-Verordnung 2004** vom 22. Dezember 2003 (BGBl. I 2003 S. 3114)			
	Bemessungsgrundlage ist das **fiktive bisherige, sv-pflichtige Brutto-Arbeitsentgelt** [Nr. 1.5 Buchst. a],	3 992,16 €		
	begrenzt auf die monatl. BBG AV/RV von 5 150,00 €			
	auf-/abgerundet auf den nächsten durch 5 € teilbaren Betrag	3 990,00 €		**1 796,56 €**

	fiktives bisheriges Arbeitsentgelt	tatsächliches ATZ-Netto-Arbeitsentgelt	Nebenrechnung zur Ermittlung der Aufstockungsbeträge
4.1.6 **Zusatzaufstockung** (auf 70 % des pauschalierten bisherigen Nettos)			**0,00 €**
4.1.7 **Gesamtaufstockung**		**411,91 €**	<< 411,91 €
4.2 Zusätzliche Rentenversicherungsbeiträge nach § 3 Abs. 1 Nr. 1 Buchst. b Altersteilzeitgesetz:			
Berechnung siehe Nr. 3		**299,01 €**	
4.3 Insgesamt erstattungsfähige Aufstockungsleistungen durch die Bundesagentur für Arbeit [Summen Nr. 4.1.7 + 4.2]		**710,92 €**	

3.1.1.4 Beispiel 4

Altersteilzeit im Teilzeitmodell Basismonat Mai 2004, Steuerklasse IV/0

(Teilzeitarbeit war bereits vor Übergang in Altersteilzeit vereinbart)

„Neufall" nach § 15 Abs. 2 Satz 2 ATV, d. h. Altersteilzeit wurde nach dem 31. Dezember 2002 vereinbart,

VergGr. III BAT (B/L), Endstufe, verheiratet ohne Kinder, Ehegatte **im** öffentlichen Dienst,

bislang 3/4-Stelle, d. h. die bisherige wöchentliche Arbeitszeit vor Übergang in die Altersteilzeit betrug 28,875 Stunden/Woche,

indiv. ArbN-Beitrag zur Krankenversicherung 7,4 v. H., kirchensteuerpflichtig (9 v. H.), VBL Abrechnungsverband West,

100 € Vergütungen für Mehrarbeit/Überstunden, 50 € steuerfreie Zeitzuschläge, Vermögenswirksame Leistungen.

		fiktives bisheriges Arbeitsentgelt	tatsächliches ATZ-Netto-Arbeitsentgelt	Nebenrechnung zur Ermittlung der Aufstockungsbeträge
	Vollzeitentgelt (nachrichtlich)	[Vollzeitentgelt × 3/4]	[Vollzeitentgelt × 3/8]	[Vollzeitentgelt × 3/8]
1. Berechnung der Brutto-Bezüge für Altersteilzeitarbeit nach § 4 TV ATZ:				
1.1 steuerpflichtige Bezüge:				
1.1.1 Grundgehalt (Endstufe)	*3 085,60 €*	2 314,20 €	1 157,10 €	1 157,10 €
1.1.2 Ortszuschlag (Stufe 1)	*502,36 €*	376,77 €	188,39 €	188,39 €
1.1.3 Verheiratetenzuschlag (Stufe ½) – § 29 B Abs. 5 BAT	*53,45 €*	53,45 €	53,45 €	53,45 €
1.1.4 allgemeine Zulage	*114,60 €*	85,95 €	42,98 €	42,98 €
1.1.5 Mehrarbeit/Überstunden		*entfällt*	100,00 €	*entfällt*
1.1.6 Vermögenswirksame Leistungen *[kein ZVE]*	*6,65*	4,99 €	2,49 €	2,49 €
1.2 Summe Brutto		**2 835,36 €**	**1 544,41 €**	**1 444,41 €**

		fiktives bisheriges Arbeitsentgelt	tatsächliches ATZ-Netto-Arbeitsentgelt	Nebenrechnung zur Ermittlung der Aufstockungsbeträge
	Vollzeitentgelt (nachrichtlich)	[Vollzeitentgelt × 3/4]	[Vollzeitentgelt × 3/8]	[Vollzeitentgelt × 3/8]
1.3 Berücksichtigung der Umlage zur VBL:				
1.3.1 **Summe zusatzversorgungspflichtiges Brutto** *[ZVE]* § 15 Abs. 2 Satz 2 ATV 1,8fache der Bezüge nach § 4 TV ATZ, soweit diese nicht in voller Höhe zustehen *[(Nr. 1.1.1 + Nr. 1.1.2 + Nr. 1.1.4) × 1,8] + (Nr. 1.1.3 + Nr. 1.1.5)*		**2 830,37 €**	**2 652,70 €**	**2 552,70 €**
1.3.2 Umlage	**7,86 %**			
1.3.2.1 davon Umlage-Beitrag des Arbeitnehmers	**1,41 %**		37,40 €	
1.3.2.2 davon Arbeitgeber-Umlage	**6,45 %**	182,56 €	171,10 €	164,65 €
1.3.2.3 durch Arbeitgeber pauschal zu versteuern		92,03 €	92,03 €	92,03 €
1.3.2.4 Zusatzbetrag für steuerpflichtiges Brutto		90,53 €	79,07 €	72,62 €
1.3.2.5 Hinzurechnungsbetrag (§ 2 Abs. 1 Satz 2 ArEV)		22,37 €	22,37 €	22,37 €
1.4 Summe Steuer-Brutto [Nr. 1.2 + 1.3.2.4]			**1 623,48 €**	**1 517,03 €**
1.5 Summe SV-Brutto [Nr. 1.4 + 1.3.2.5]	**mtl. BBG**			
a) RV/AV	**5 150,00 €**	**2 948,26 €**	**1 645,85 €**	**1 539,40 €**
b) KV/PV	**3 487,50 €**		1 645,85 €	1 539,40 €
1.6 individuelle Abzüge:				
1.6.1 Lohnsteuer (Steuerklasse IV/0)			163,66 €	133,00 €
1.6.2 Solidaritätszuschlag			9,00 €	7,31 €
1.6.3 Kirchensteuer (***nur** wenn KiSt-pflichtig*)	**9,00 %**		14,72 €	11,97 €
1.6.4 ArbN-Beitrag zur Rentenversicherung	**9,75 %**		160,47 €	150,09 €
1.6.5 ArbN-Beitrag zur Arbeitslosenversicherung	**3,25 %**		53,49 €	50,03 €
1.6.6 ArbN-Beitrag zur Krankenversicherung	**7,40 %**	*(indiv. Satz)*	121,79 €	113,92 €
1.6.7 ArbN-Beitrag zur Pflegeversicherung	**0,85 %**		13,99 €	13,08 €
1.7 Nettoarbeitsentgelt (**vor** Abzug des Umlage-Beitrags des ArbN)			**1 007,29 €**	**965,01 €**
2. Berechnung der Aufstockungsbeträge nach § 5 Abs. 1 und 2 TV ATZ:				
2.1 Bruttoentgelt für Altersteilzeitarbeit [Nr. 1.2 oder 1.5] (bis zur mtl. Beitragsbemessungsgrenze AV/RV von 5 150,00 € ist vom sv-pflichtigen, darüber vom arbeitsrechtlichen Bruttoentgelt für Altersteilzeitarbeit auszugehen)				1 539,40 €
2.2 Nettoentgelt (individuell)				965,01 €
2.3 **20%-Aufstockung** (vom o. a. Bruttoentgelt für Altersteilzeit [Nr. 2.1])				**307,88 €**
2.4 Zwischensumme 1				1 272,89 €
2.5 **Mindestnettobetrag gem. 83%-Tabelle** – Bemessungsgrundlage ist das **fiktive bisherige Brutto-Arbeitsentgelt** [Nr. 1.2] (**ohne** Zusatzbeträge zum sv-pflichtigen Brutto [Nr. 1.3.2.4 + 1.3.2.5])		2 835,36 €		
auf-/abgerundet auf den nächsten durch 5 € teilbaren Betrag		2 835,00 €		**1 363,39 €**
2.6 **Zusatzaufstockung** (auf 83 % des pauschalierten bisherigen Nettos)				90,50 €

Nr.		fiktives bisheriges Arbeitsentgelt	tatsächliches ATZ-Netto-Arbeitsentgelt	Nebenrechnung zur Ermittlung der Aufstockungsbeträge
	Vollzeitentgelt (nachrichtlich)	[Vollzeitentgelt × 3/4]	[Vollzeitentgelt × 3/8]	[Vollzeitentgelt × 3/8]
2.7	**Gesamtaufstockung**		**398,38 €**	<< 398,38 €
2.8	Zwischensumme 2		1 405,67 €	
2.9	abzüglich Umlage-Beitrag des ArbN [Nr. 1.3.2.1]		37,40 €	
2.10	zuzüglich **steuerfreie Bezüge**		50,00 €	
2.11	**Auszahlungsbetrag** (einschließlich Aufstockung)		**1 418,27 €**	
3.	**Berechnung der zusätzlichen Rentenversicherungsbeiträge nach §5 Abs. 4 TV ATZ:**			
3.1	fiktives bisheriges, sv-pflichtiges Brutto-Arbeitsentgelt [Nr. 1.5] – maximal bis zur monatlichen Beitragsbemessungsgrenze AV/RV von	5 150,00 €	2 948,26 €	
3.2	davon 90 %		2 653,43 €	
3.3	abzüglich bereits verbeitragte Bezüge für Altersteilzeitarbeit [Nr. 1.5]		1 645,85 €	
3.4	Bemessungsgrundlage (= Unterschiedsbetrag)		1 007,58 €	
3.5	davon als **zusätzlicher RV-Beitrag** (**nur** Arbeitgeber)	**19,50 %**	**196,48 €**	
4.	**Berechnung der erstattungsfähigen Aufstockungsleistungen bei Wiederbesetzung (§4 Altersteilzeitgesetz):**			
4.1	**Aufstockungsbeträge nach §3 Abs. 1 Nr. 1 Buchst. a Altersteilzeitgesetz:**			
4.1.1	Bruttoentgelt für Altersteilzeitarbeit [Nr. 1.2 oder 1.5] (bis zur monatlichen Beitragsbemessungsgrenze AV/RV von 5 150,00 € ist vom sv-pflichtigen, darüber vom arbeitsrechtlichen Bruttoentgelt für Altersteilzeitarbeit auszugehen)			1 539,40 €
4.1.2	Nettoentgelt (individuell)			965,01 €
4.1.3	**20%-Aufstockung** (vom Altersteilzeit-Brutto [Nr. 4.1.1])			**307,88 €**
4.1.4	Zwischensumme 1			1 272,89 €
4.1.5	**Mindestnettobetrag nach Mindestnettobetragsverordnung 2004** vom 22. Dezember 2003 (BGBl. I 2003 S. 3114)			
	Bemessungsgrundlage ist das **fiktive bisherige, sv-pflichtige Brutto-Arbeitsentgelt** [Nr. 1.5 Buchst. a],	2 948,26 €		
	begrenzt auf die monatl. Beitragsbemessungsgrenze Arbeitslosen-/Rentenversicherung in Höhe von 5 150,00 €			
	auf-/abgerundet auf den nächsten durch 5 € teilbaren Betrag	2 950,00 €		**1 182,26 €**
4.1.6	**Zusatzaufstockung** (auf 70 % des pauschalierten bisherigen Nettos)			**0,00 €**
4.1.7	**Gesamtaufstockung**		**307,88 €**	<< 307,88 €
4.2	**Zusätzliche Rentenversicherungsbeiträge nach §3 Abs. 1 Nr. 1 Buchst. b Altersteilzeitgesetz:**			
	Berechnung siehe Nr. 3		**196,48 €**	
4.3	**Insgesamt erstattungsfähige Aufstockungsleistungen durch die Bundesagentur für Arbeit** [Summen Nr. 4.1.7 + 4.2]		**504,36 €**	

3.1.1.5 Beispiel 5

Altersteilzeit im Teilzeitmodell **Basismonat August 2004, Steuerklasse III/0**

Altersteilzeit wurde nach dem 30. Juni 2004 begonnen, d. h. nach In-Kraft-Treten der AtG-Änderung zum 1. Juli 2004, VergGr. III BAT (B/L), Endstufe, verheiratet ohne Kinder, Ehegatte **nicht** im öffentlichen Dienst, die bisherige wöchentliche Arbeitszeit vor Übergang in die Altersteilzeitarbeit betrug 38,5 Stunden/Woche, indiv. ArbN-Beitrag zur Krankenversicherung 7,4 v. H., kirchensteuerpflichtig (9 v. H.), VBL Abrechnungsverband West, 100 € Erschwerniszulage *(unterstellt, Voraussetzungen nach Nr. 2.1.1.2 im gemeinsamen RdSchr. der Spitzenorganisationen der Sozialversicherung vom 9. März 2004 für Regelarbeitsentgelt liegen nicht vor)*, Vermögenswirksame Leistungen.

			TV ATZ		AtG
		fiktives bisheriges Arbeitsentgelt	tatsächliches ATZ-Netto-Arbeitsentgelt	Nebenrechnung zur Ermittlung der Aufstockungsbeträge	Regelarbeitsentgelt i. S. d. AtG i. d. F. ab 1. Juli 2004
1. Berechnung der Brutto-Bezüge für Altersteilzeitarbeit nach § 4 TV ATZ:					
1.1 steuerpflichtige Bezüge:					
1.1.1 Grundgehalt (Endstufe)		3 085,60 €	1 542,80 €	1 542,80 €	1 542,80 €
1.1.2 Ortszuschlag (Stufe 2)		609,26 €	304,63 €	304,63 €	304,63 €
1.1.3 allgemeine Zulage		114,60 €	57,30 €	57,30 €	57,30 €
1.1.4 Erschwerniszulagen		100,00 €	50,00 €	50,00 €	0,00 €
1.1.5 Vermögenswirksame Leistungen *[kein ZVE]*		6,65 €	3,33 €	3,33 €	3,33 €
1.2 Summe Brutto		**3 916,11 €**	**1 958,06 €**	**1 958,06 €**	**1 908,06 €**
1.3 Berücksichtigung der Umlage zur VBL:					
1.3.1 **Summe zusatzversorgungspflichtiges Brutto** *[ZVE]* § 15 Abs. 2 Satz 2 ATV: 1,8fache der Bezüge nach § 4 TV ATZ, soweit diese nicht in voller Höhe zustehen *[(Nr. 1.1.1 + Nr. 1.1.2 + Nr. 1.1.3) × 1,8] + Nr. 1.1.4*		**3 909,46 €**	**3 518,51 €**	**3 518,51 €**	**3 428,51 €**
1.3.2 Umlage	**7,86 %**				
1.3.2.1 davon Umlage-Beitrag des Arbeitnehmers	**1,41 %**		49,75 €		
1.3.2.2 davon Arbeitgeber-Umlage	**6,45 %**	252,16 €	226,94 €	226,94 €	221,14 €

Nr.			TV ATZ			AtG
			fiktives bisheriges Arbeitsentgelt	tatsächliches ATZ-Netto-Arbeitsentgelt	Nebenrechnung zur Ermittlung der Aufstockungsbeträge	Regelarbeitsentgelt i. S. d. AtG i. d. F. ab 1. Juli 2004
1.3.2.3	durch Arbeitgeber pauschal zu versteuern		92,03 €	92,03 €	92,03 €	92,03 €
1.3.2.4	Zusatzbetrag für steuerpflichtiges Brutto		160,13 €	134,91 €	134,91 €	129,11 €
1.3.2.5	Hinzurechnungsbetrag (§ 2 Abs. 1 Satz 2 ArEV)		22,37 €	22,37 €	22,37 €	22,37 €
1.4	**Summe Steuer-Brutto** [Nr. 1.2 + 1.3.2.4]			**2 092,97 €**	**2 092,97 €**	**2 037,17 €**
1.5	**Summe SV-Brutto** [Nr. 1.4 + 1.3.2.5]	**mtl. BBG**				
	a) RV/AV	**5 150,00 €**	**4 098,61 €**	**2 115,34 €**	**2 115,34 €**	**2 059,54 €**
	b) KV/PV	**3 487,50 €**		2 115,34 €	2 115,34 €	2 059,54 €
1.6	**individuelle Abzüge:**					
1.6.1	Lohnsteuer (Steuerklasse III/0)			56,83 €	56,83 €	56,83 €
1.6.2	Solidaritätszuschlag			0,00 €	0,00 €	0,00 €
1.6.3	Kirchensteuer (***nur** wenn KiSt-pflichtig*)	**9,00 %**		5,11 €	5,11 €	5,11 €
1.6.4	ArbN-Beitrag zur Rentenversicherung	**9,75 %**		206,25 €	206,25 €	200,81 €
1.6.5	ArbN-Beitrag zur Arbeitslosenversicherung	**3,25 %**		68,75 €	68,75 €	66,94 €
1.6.6	ArbN-Beitrag zur Krankenversicherung	**7,40 %**	*(indiv. Satz)*	156,54 €	156,54 €	152,41 €
1.6.7	ArbN-Beitrag zur Pflegeversicherung	**0,85 %**		17,98 €	17,98 €	17,51 €
1.7	**Nettoarbeitsentgelt** (**vor** Abzug des Umlage-Beitrags des ArbN)			**1 446,60 €**	**1 446,60 €**	**1 408,45 €**
2.	**Berechnung der Aufstockungsbeträge nach § 5 Abs. 1 und 2 TV ATZ:**					
2.1	Bruttoentgelt für Altersteilzeitarbeit [Nr. 1.2 oder 1.5] (bis zur mtl. Beitragsbemessungsgrenze AV/RV von 5 150,00 € ist vom sv-pflichtigen, darüber vom arbeitsrechtlichen Bruttoentgelt für Altersteilzeitarbeit auszugehen)				2 115,34 €	
2.2	Nettoentgelt (individuell)				1 446,60 €	
2.3	**20%-Aufstockung** (vom o. a. Bruttoentgelt für Altersteilzeit [Nr. 2.1])				**423,07 €**	
2.4	Zwischensumme 1				1 869,67 €	

			TV ATZ		AtG
		fiktives bisheriges Arbeitsentgelt	tatsächliches ATZ-Netto-Arbeitsentgelt	Nebenrechnung zur Ermittlung der Aufstockungsbeträge	Regelarbeitsentgelt i. S. d. AtG i. d. F. ab 1. Juli 2004
2.5	**Mindestnettobetrag gem. 83%-Tabelle** – Bemessungsgrundlage ist das **fiktive bisherige Brutto-Arbeitsentgelt** [Nr. 1.2] (**ohne** Zusatzbeträge zum sv-pflichtigen Brutto [Nr. 1.3.2.4 + 1.3.2.5])	3 916,11 €			
	auf-/abgerundet auf den nächsten durch 5 € teilbaren Betrag	3 915,00 €		**2 096,15 €**	
2.6	**Zusatzaufstockung** (auf 83 % des pauschalierten bisherigen Nettos)			226,48 €	
2.7	**Gesamtaufstockung**		**649,55 €**	<< 649,55 €	
2.8	Zwischensumme 2		2 096,15 €		
2.9	abzüglich Umlage-Beitrag des ArbN zur Zusatzversorgung [Nr. 1.3.2.1]		49,61 €		
2.10	zuzüglich **steuerfreie Bezüge**		0,00 €		
2.11	**Auszahlungsbetrag** (einschließlich Aufstockung)		**2 046,54 €**		
3.	**Berechnung der zusätzlichen Rentenversicherungsbeiträge nach §5 Abs. 4 TV ATZ:**				
3.1	fiktives bisheriges, sv-pflichtiges Brutto-Arbeitsentgelt [Nr. 1.5] – maximal bis zur monatlichen Beitragsbemessungsgrenze AV/RV von	5 150,00 €	4 098,61 €		
3.2	davon 90 %		3 688,75 €		
3.3	abzüglich bereits verbeitragte Bezüge für Altersteilzeitarbeit [Nr. 1.5]		2 115,34 €		
3.4	Bemessungsgrundlage (= Unterschiedsbetrag)		1 573,41 €		
3.5	davon als **zusätzlicher RV-Beitrag (nur** Arbeitgeber)	**19,50 %**	**306,81 €**		
3.6	Günstigerprüfung mittels Vergleichsberechnung [Nr. 3.5 und 4.2.6]		**321,29 €**		
	Danach zahlt der Arbeitgeber den höheren Betrag nach § 3 Abs. 1 Nr. 1 Buchst. b AtG [Nr. 4.2.6]				

Nr.		TV ATZ: fiktives bisheriges Arbeitsentgelt	TV ATZ: tatsächliches ATZ-Netto-Arbeitsentgelt	TV ATZ: Nebenrechnung zur Ermittlung der Aufstockungsbeträge	AtG: Regelarbeitsentgelt i. S. d. AtG i. d. F. ab 1. Juli 2004
4.	**Berechnung der erstattungsfähigen Aufstockungsleistungen bei Wiederbesetzung (§4 Altersteilzeitgesetz):**				
4.1	**Aufstockungsbeträge nach §3 Abs. 1 Nr. 1 Buchst. a Altersteilzeitgesetz:**				
4.1.1	Bruttoentgelt für Altersteilzeitarbeit [Nr. 1.2 oder 1.5] (bis zur monatlichen Beitragsbemessungsgrenze AV/RV von 5 150,00 € ist vom sv-pflichtigen, darüber vom arbeitsrechtlichen Bruttoentgelt für Altersteilzeitarbeit auszugehen)				2 059,54 €
4.1.2	Nettoentgelt (individuell)				1 408,45 €
4.1.3	**20%-Aufstockung** (vom o. a. Bruttoentgelt für Altersteilzeit [Nr. 4.1.1])				**411,91 €**
4.1.4	Zwischensumme 1				1 820,36 €
4.1.5	**Mindestnettobetrag nach Mindestnettobetrags-Verordnung 2004** vom 22. Dezember 2003 (BGBl. I 2003 S. 3114)				
	Bemessungsgrundlage ist das **fiktive bisherige, sv-pflichtige Brutto-Arbeitsentgelt** [Nr. 1.5 Buchst. a],	4 098,61 €			
	begrenzt auf die monatl. BBG AV/RV von 5 150,00 €				
	auf-/abgerundet auf den nächsten durch 5 € teilbaren Betrag	4 100,00 €			**1 838,26 €**
4.1.6	**Zusatzaufstockung** (auf 70 % des pauschalierten bisherigen Nettos)				**17,90 €**
4.1.7	**Gesamtaufstockung**				**429,81 €**
4.2	**Zusätzliche Rentenversicherungsbeiträge nach §3 Abs. 1 Nr. 1 Buchst. b Altersteilzeitgesetz:**				
4.2.1	**Regelarbeitsentgelt** [Nr. 1.5]				2 059,54 €
4.2.2	**90 v. H der monatl. Beitragsbemessungsgrenze AV/RV**				4 635,00 €
4.2.3	**Differenz zum Regelarbeitsentgelt**				2 575,46 €
4.2.4	**80 v. H. des Regelarbeitsentgelts** [Nr. 4.2.1 × 80 %]				1 647,63 €
4.2.5	**zusätzliche beitragspflichtige Einnahme** [Minimum von Nr. 4.2.3 und Nr. 4.2.4]				**1 647,63 €**
4.2.6	**davon als zusätzlicher RV-Beitrag (nur** Arbeitgeber)	**19,50 %**			**321,29 €**
4.3	**Insgesamt erstattungsfähige Aufstockungsleistungen durch die Bundesagentur für Arbeit** [Summen Nr. 4.1.7 + 4.2.6]				**751,10 €**

3.1.2 Tarifgebiet Ost

3.1.2.1 Beispiel 6

Altersteilzeit im Teilzeitmodell Basismonat Mai 2004, Steuerklasse III/0

„Altfall" nach § 15 Abs. 2 Satz 2 ATV, d. h. Altersteilzeit wurde vor dem 1. Januar 2003 vereinbart,

VergGr. IV a BAT-O (B/L), Endstufe, verheiratet ohne Kinder, Ehegatte **nicht** im öffentlichen Dienst,

die bisherige wöchentliche Arbeitszeit vor Übergang in die Altersteilzeitarbeit betrug 40 Stunden/Woche,

indiv. ArbN-Beitrag zur Krankenversicherung 7,4 v. H., kirchensteuerpflichtig (9 v. H.), VBL Abrechnungsverband Ost,

100 € Vergütungen für Mehrarbeit/Überstunden, 50 € steuerfreie Zeitzuschläge, Vermögenswirksame Leistungen.

		fiktives bisheriges Arbeitsentgelt	tatsächliches ATZ-Netto-Arbeitsentgelt	Nebenrechnung zur Ermittlung der Aufstockungsbeträge
1. Berechnung der Brutto-Bezüge für Altersteilzeitarbeit nach § 4 TV ATZ:				
1.1 steuerpflichtige Bezüge:				
1.1.1 Grundgehalt (Endstufe)		2 599,11 €	1 299,56 €	1 299,56 €
1.1.2 Ortszuschlag (Stufe 2)		563,56 €	281,78 €	281,78 €
1.1.3 allgemeine Zulage		106,01 €	53,01 €	53,01 €
1.1.4 Mehrarbeit/Überstunden		*entfällt*	100,00 €	*entfällt*
1.1.5 Vermögenswirksame Leistungen *[kein ZVE]*		6,65 €	3,33 €	3,33 €
1.2 Summe Brutto		**3 275,33 €**	**1 737,68 €**	**1 637,68 €**
1.3 Berücksichtigung der Umlage und des Beitrags im Kapitaldeckungsverfahren der VBL:				
1.3.1 **Summe zusatzversorgungspflichtiges Brutto** *[ZVE]*		**3 268,68 €**	**1 734,35 €**	**1 634,35 €**
1.3.2 Umlage	**1,00 %**			
1.3.2.1 davon Umlage-Beitrag des Arbeitnehmers	**0,00 %**		0,00 €	
1.3.2.2 davon Arbeitgeber-Umlage	**1,00 %**	32,69 €	17,34 €	16,34 €
1.3.2.3 durch Arbeitgeber pauschal zu versteuern		32,69 €	17,34 €	16,34 €
1.3.2.4 Zusatzbetrag für steuerpflichtiges Brutto		0,00 €	0,00 €	0,00 €
1.3.2.5 Hinzurechnungsbetrag (§ 2 Abs. 1 Satz 2 ArEV)		19,39 €	4,04 €	3,04 €
1.3.3 Beitrag im Kapitaldeckungsverfahren	**1,00 %**			
1.3.3.1 davon Arbeitnehmeranteil	**0,50 %**		8,67 €	
1.3.3.2 davon Arbeitgeberanteil	**0,50 %**		8,67 €	
1.4 Summe Steuer-Brutto [Nr. 1.2 + 1.3.2.4]			**1 737,68 €**	**1 637,68 €**
1.5 Summe SV-Brutto [Nr. 1.4 + 1.3.2.5]	**mtl. BBG**			
a) RV/AV	**4 350,00 €**	3 294,72 €	**1 741,72 €**	**1 640,72 €**
b) KV/PV	**3 487,50 €**		1 741,72 €	1 640,72 €

			fiktives bisheriges Arbeitsentgelt	tatsächliches ATZ-Netto-Arbeitsentgelt	Nebenrechnung zur Ermittlung der Aufstockungsbeträge
1.6	**individuelle Abzüge:**				
1.6.1	Lohnsteuer (Steuerklasse III/0)			4,83 €	0,00 €
1.6.2	Solidaritätszuschlag			0,00 €	0,00 €
1.6.3	Kirchensteuer (***nur** wenn KiSt-pflichtig*)	**9,00 %**		0,43 €	0,00 €
1.6.4	ArbN-Beitrag zur Rentenversicherung	**9,75 %**		169,82 €	159,97 €
1.6.5	ArbN-Beitrag zur Arbeitslosenversicherung	**3,25 %**		56,61 €	53,32 €
1.6.6	ArbN-Beitrag zur Krankenversicherung	**7,40 %**	*(indiv. Satz)*	128,89 €	121,41 €
1.6.7	ArbN-Beitrag zur Pflegeversicherung	**0,85 %**		14,80 €	13,95 €
1.7	**Nettoarbeitsentgelt** (**vor** Abzug des Umlage-Beitrags des ArbN)			**1 362,30 €**	**1 289,03 €**
2.	**Berechnung der Aufstockungsbeträge nach § 5 Abs. 1 und 2 TV ATZ:**				
2.1	Bruttoentgelt für Altersteilzeitarbeit [Nr. 1.2 oder 1.5] (bis zur mtl. Beitragsbemessungsgrenze AV/RV von 4 350,00 € ist vom sv-pflichtigen, darüber vom arbeitsrechtlichen Bruttoentgelt für Altersteilzeitarbeit auszugehen)				1 640,72 €
2.2	Nettoentgelt (individuell)				1 289,03 €
2.3	**20%-Aufstockung** (vom o. a. Bruttoentgelt für Altersteilzeit [Nr. 2.1])				**328,14 €**
2.4	Zwischensumme 1				1 617,17 €
2.5	**Mindestnettobetrag gem. 83%-Tabelle** – Bemessungsgrundlage ist das **fiktive bisherige Brutto-Arbeitsentgelt** [Nr. 1.2] (**ohne** Zusatzbeträge zum sv-pflichtigen Brutto [Nr. 1.3.2.4 + 1.3.2.5])		3 275,33 €		
	auf-/abgerundet auf den nächsten durch 5 € teilbaren Betrag		3 275,00 €		**1 813,42 €**
2.6	**Zusatzaufstockung** (auf 83 % des pauschalierten bisherigen Nettos)				196,25 €
2.7	**Gesamtaufstockung**			**524,39 €**	<< 524,39 €
2.8	Zwischensumme 2			1 886,69 €	
2.9	abzüglich ArbN-Anteil am Beitrag im Kapitaldeckungsverfahren [Nr. 1.3.3.1]			8,67 €	
2.10	zuzüglich **steuerfreie Bezüge**			50,00 €	
2.11	**Auszahlungsbetrag** (einschließlich Aufstockung)			**1 928,02 €**	
3.	**Berechnung der zusätzlichen Rentenversicherungsbeiträge nach § 5 Abs. 4 TV ATZ:**				
3.1	fiktives bisheriges, sv-pflichtiges Brutto-Arbeitsentgelt [Nr. 1.5] – maximal bis zur monatlichen Beitragsbemessungsgrenze AV/RV von		4 350,00 €	3 294,72 €	
3.2	davon 90 %			2 965,25 €	
3.3	abzüglich bereits verbeitragte Bezüge für Altersteilzeitarbeit [Nr. 1.5]			1 741,72 €	
3.4	Bemessungsgrundlage (= Unterschiedsbetrag)			1 223,53 €	
3.5	davon als **zusätzlicher RV-Beitrag** (**nur** Arbeitgeber)		**19,50 %**	**238,59 €**	

		fiktives bisheriges Arbeitsentgelt	tatsächliches ATZ-Netto-Arbeitsentgelt	Nebenrechnung zur Ermittlung der Aufstockungsbeträge
4.	**Berechnung der erstattungsfähigen Aufstockungsleistungen bei Wiederbesetzung (§ 4 Altersteilzeitgesetz):**			
4.1	**Aufstockungsbeträge nach § 3 Abs. 1 Nr. 1 Buchst. a Altersteilzeitgesetz:**			
4.1.1	Bruttoentgelt für Altersteilzeitarbeit [Nr. 1.2 oder 1.5] (bis zur monatlichen Beitragsbemessungsgrenze AV/RV von 4 350,00 € ist vom sv-pflichtigen, darüber vom arbeitsrechtlichen Bruttoentgelt für Altersteilzeitarbeit auszugehen)			1 640,72 €
4.1.2	Nettoentgelt (individuell)			1 289,03 €
4.1.3	**20%-Aufstockung** (vom o. a. Bruttoentgelt für Altersteilzeit [Nr. 4.1.1])			**328,14 €**
4.1.4	Zwischensumme 1			1 617,17 €
4.1.5	**Mindestnettobetrag nach Mindestnettobetrags-Verordnung 2004** vom 22. Dezember 2003 (BGBl. I 2003 S. 3114)			
	Bemessungsgrundlage ist das **fiktive bisherige, sv-pflichtige Brutto-Arbeitsentgelt** [Nr. 1.5 Buchst. a],	3 294,72 €		
	begrenzt auf die monatl. BBG AV/RV von 4 350,00 €			
	auf-/abgerundet auf den nächsten durch 5 € teilbaren Betrag	3 295,00 €		**1 536,23 €**
4.1.6	**Zusatzaufstockung** (auf 70 % des pauschalierten bisherigen Nettos)			**0,00 €**
4.1.7	**Gesamtaufstockung**		**328,14 €**	<< 328,14 €
4.2	**Zusätzliche Rentenversicherungsbeiträge nach § 3 Abs. 1 Nr. 1 Buchst. b Altersteilzeitgesetz:**			
	Berechnung siehe Nr. 3		**238,59 €**	
4.3	**Insgesamt erstattungsfähige Aufstockungsleistungen durch die Bundesagentur für Arbeit** [Summen Nr. 4.1.7 + 4.2]		**566,73 €**	

3.1.2.2 Beispiel 7

Altersteilzeit im Teilzeitmodell Basismonat Mai 2004, Steuerklasse III/0

„Neufall" nach § 15 Abs. 2 Satz 2 ATV, d. h. Altersteilzeit wurde nach dem 31. Dezember 2002 vereinbart,

VergGr. IV a BAT-O (B/L), Endstufe, verheiratet ohne Kinder, Ehegatte **nicht** im öffentlichen Dienst,

die bisherige wöchentliche Arbeitszeit vor Übergang in die Altersteilzeitarbeit betrug 40 Stunden/Woche,

indiv. ArbN-Beitrag zur Krankenversicherung 7,4 v. H., kirchensteuerpflichtig (9 v. H.), VBL Abrechnungsverband Ost,

100 € Vergütungen für Mehrarbeit/Überstunden, 50 € steuerfreie Zeitzuschläge, Vermögenswirksame Leistungen.

		fiktives bisheriges Arbeitsentgelt	tatsächliches ATZ-Netto-Arbeitsentgelt	Nebenrechnung zur Ermittlung der Aufstockungsbeträge
1. Berechnung der Brutto-Bezüge für Altersteilzeitarbeit nach § 4 TV ATZ:				
1.1 steuerpflichtige Bezüge:				
1.1.1 Grundgehalt (Endstufe)		2 599,11 €	1 299,56 €	1 299,56 €
1.1.2 Ortszuschlag (Stufe 2)		563,56 €	281,78 €	281,78 €
1.1.3 allgemeine Zulage		106,01 €	53,01 €	53,01 €
1.1.4 Mehrarbeit/Überstunden		*entfällt*	100,00 €	*entfällt*
1.1.5 Vermögenswirksame Leistungen *[kein ZVE]*		6,65 €	3,33 €	3,33 €
1.2 Summe Brutto		**3 275,33 €**	**1 737,68 €**	**1 637,68 €**
1.3 Berücksichtigung der Umlage zur VBL:				
1.3.1 **Summe zusatzversorgungspflichtiges Brutto** *[ZVE]* § 15 Abs. 2 Satz 2 ATV: 1,8fache der Bezüge nach § 4 TV ATZ, soweit diese nicht in voller Höhe zustehen *[(Nr. 1.1.1 + Nr. 1.1.2 + Nr. 1.1.3) × 1,8] + Nr. 1.1.4*		**3 268,68 €**	**3 041,83 €**	**2 941,83 €**
1.3.2 Umlage	**1,00 %**			
1.3.2.1 davon Umlage-Beitrag des Arbeitnehmers	**0,00 %**		0,00 €	
1.3.2.2 davon Arbeitgeber-Umlage	**1,00 %**	32,69 €	30,42 €	29,42 €
1.3.2.3 durch Arbeitgeber pauschal zu versteuern		32,69 €	30,42 €	29,42 €
1.3.2.4 Zusatzbetrag für steuerpflichtiges Brutto		0,00 €	0,00 €	0,00 €
1.3.2.5 Hinzurechnungsbetrag (§ 2 Abs. 1 Satz 2 ArEV)		19,39 €	17,12 €	16,12 €
1.3.3 Beitrag im Kapitaldeckungsverfahren	**1,00 %**			
1.3.3.1 davon Arbeitnehmeranteil	**0,50 %**		15,21 €	
1.3.3.2 davon Arbeitgeberanteil	**0,50 %**		15,21 €	
1.4 Summe Steuer-Brutto [Nr. 1.2 + 1.3.2.4]			**1 737,68 €**	**1 637,68 €**
1.5 Summe SV-Brutto [Nr. 1.4 + 1.3.2.5]	**mtl. BBG**			
a) RV/AV	**4 350,00 €**	**3 294,72 €**	**1 754,80 €**	**1 653,80 €**
b) KV/PV	**3 487,50 €**		1 754,80 €	1 653,80 €
1.6 individuelle Abzüge:				
1.6.1 Lohnsteuer (Steuerklasse III/0)			4,83 €	0,00 €
1.6.2 Solidaritätszuschlag			0,00 €	0,00 €
1.6.3 Kirchensteuer (***nur** wenn KiSt-pflichtig*)	**9,00 %**		0,43 €	0,00 €
1.6.4 ArbN-Beitrag zur Rentenversicherung	**9,75 %**		171,09 €	161,25 €
1.6.5 ArbN-Beitrag zur Arbeitslosenversicherung	**3,25 %**		57,03 €	53,75 €
1.6.6 ArbN-Beitrag zur Krankenversicherung	**7,40 %**	*(indiv. Satz)*	129,86 €	122,38 €
1.6.7 ArbN-Beitrag zur Pflegeversicherung	**0,85 %**		14,92 €	14,06 €
1.7 Nettoarbeitsentgelt (**vor** Abzug des Umlage-Beitrags des ArbN)			**1 359,52 €**	**1 286,24 €**

		fiktives bisheriges Arbeitsentgelt	tatsächliches ATZ-Netto-Arbeitsentgelt	Nebenrechnung zur Ermittlung der Aufstockungsbeträge
2.	**Berechnung der Aufstockungsbeträge nach § 5 Abs. 1 und 2 TV ATZ:**			
2.1	Bruttoentgelt für Altersteilzeitarbeit [Nr. 1.2 oder 1.5] (bis zur mtl. Beitragsbemessungsgrenze AV/RV von 4 350,00 € ist vom sv-pflichtigen, darüber vom arbeitsrechtlichen Bruttoentgelt für Altersteilzeitarbeit auszugehen)			1 653,80 €
2.2	Nettoentgelt (individuell)			1 286,24 €
2.3	**20%-Aufstockung** (vom o. a. Bruttoentgelt für Altersteilzeit [Nr. 2.1])			**330,76 €**
2.4	Zwischensumme 1			1 617,00 €
2.5	**Mindestnettobetrag gem. 83%-Tabelle** – Bemessungsgrundlage ist das **fiktive bisherige Brutto-Arbeitsentgelt** [Nr. 1.2] (**ohne** Zusatzbeträge zum sv-pflichtigen Brutto [Nr. 1.3.2.4 + 1.3.2.5])	3 275,33 €		
	auf-/abgerundet auf den nächsten durch 5 € teilbaren Betrag	3 275,00 €		**1 813,42 €**
2.6	**Zusatzaufstockung** (auf 83 % des pauschalierten bisherigen Nettos)			196,42 €
2.7	**Gesamtaufstockung**		**527,18 €**	<< 527,18 €
2.8	Zwischensumme 2		1 886,70 €	
2.9	abzüglich ArbN-Anteil am Beitrag im Kapitaldeckungsverfahren [Nr. 1.3.3.1]		15,21 €	
2.10	zuzüglich **steuerfreie Bezüge**		50,00 €	
2.11	**Auszahlungsbetrag** (einschließlich Aufstockung)		**1 921,49 €**	
3.	**Berechnung der zusätzlichen Rentenversicherungsbeiträge nach § 5 Abs. 4 TV ATZ:**			
3.1	fiktives bisheriges, sv-pflichtiges Brutto-Arbeitsentgelt [Nr. 1.5] – maximal bis zur monatlichen Beitragsbemessungsgrenze AV/RV von	4 350,00 €	3 294,72 €	
3.2	davon 90 %		2 965,25 €	
3.3	abzüglich bereits verbeitragte Bezüge für Altersteilzeitarbeit [Nr. 1.5]		1 754,80 €	
3.4	Bemessungsgrundlage (= Unterschiedsbetrag)		1 210,45 €	
3.5	davon als **zusätzlicher RV-Beitrag** (**nur** Arbeitgeber)	**19,50 %**	**236,04 €**	
4.	**Berechnung der erstattungsfähigen Aufstockungsleistungen bei Wiederbesetzung (§ 4 Altersteilzeitgesetz):**			
4.1	**Aufstockungsbeträge nach § 3 Abs. 1 Nr. 1 Buchst. a Altersteilzeitgesetz:**			
4.1.1	Bruttoentgelt für Altersteilzeitarbeit [Nr. 1.2 oder 1.5] (bis zur monatlichen Beitragsbemessungsgrenze AV/RV von 4 350,00 € ist vom sv-pflichtigen, darüber vom arbeitsrechtlichen Bruttoentgelt für Altersteilzeitarbeit auszugehen)			1 653,80 €
4.1.2	Nettoentgelt (individuell)			1 286,24 €
4.1.3	**20%-Aufstockung** (vom o. a. Bruttoentgelt für Altersteilzeit [Nr. 4.1.1])			**330,76 €**
4.1.4	Zwischensumme 1			1 617,00 €

		fiktives bisheriges Arbeitsentgelt	tatsächliches ATZ-Netto-Arbeitsentgelt	Nebenrechnung zur Ermittlung der Aufstockungsbeträge
4.1.5	**Mindestnettobetrag nach Mindestnettobetrags-Verordnung 2004** vom 22. Dezember 2003 (BGBl. I 2003 S. 3114)			
	Bemessungsgrundlage ist das **fiktive bisherige, sv-pflichtige Brutto-Arbeitsentgelt** [Nr. 1.5 Buchst. a],	3 294,72 €		
	begrenzt auf die monatl. BBG AV/RV von 4 350,00 €			
	auf-/abgerundet auf den nächsten durch 5 € teilbaren Betrag	3 295,00 €		**1 536,23 €**
4.1.6	**Zusatzaufstockung** (auf 70 % des pauschalierten bisherigen Nettos)			**0,00 €**
4.1.7	**Gesamtaufstockung**		**330,76 €**	<< 330,76 €
4.2	**Zusätzliche Rentenversicherungsbeiträge nach § 3 Abs. 1 Nr. 1 Buchst. b Altersteilzeitgesetz:**			
	Berechnung siehe Nr. 3		**236,04 €**	
4.3	**Insgesamt erstattungsfähige Aufstockungsleistungen durch die Bundesagentur für Arbeit** [Summen Nr. 4.1.7 + 4.2]		**566,80 €**	

3.1.2.3 Beispiel 8

Altersteilzeit im Blockmodell Basismonat Mai 2004, Steuerklasse III/0

„Neufall" nach § 15 Abs. 2 Satz 2 ATV, d. h. Altersteilzeit wurde nach dem 31. Dezember 2002 vereinbart,

VergGr. IV a BAT-O (B/L), Endstufe, verheiratet ohne Kinder, Ehegatte **nicht** im öffentlichen Dienst,

die bisherige wöchentliche Arbeitszeit vor Übergang in die Altersteilzeitarbeit betrug 40 Stunden/Woche,

indiv. ArbN-Beitrag zur Krankenversicherung 7,4 v. H., kirchensteuerpflichtig (9 v. H.), VBL Abrechnungsverband Ost,

100 € Vergütungen für Mehrarbeit/Überstunden, 50 € steuerfreie Zeitzuschläge, Vermögenswirksame Leistungen.

Arbeitsphase

		fiktives bisheriges Arbeitsentgelt	tatsächliches ATZ-Netto-Arbeitsentgelt	Nebenrechnung zur Ermittlung der Aufstockungsbeträge
1.	**Berechnung der Brutto-Bezüge für Altersteilzeitarbeit nach § 4 TV ATZ:**			
1.1	**steuerpflichtige Bezüge:**			
1.1.1	Grundgehalt (Endstufe)	2 599,11 €	1 299,56 €	1 299,56 €
1.1.2	Ortszuschlag (Stufe 2)	563,56 €	281,78 €	281,78 €
1.1.3	allgemeine Zulage	106,01 €	53,01 €	53,01 €
1.1.4	Mehrarbeit/Überstunden	*entfällt*	100,00 €	*entfällt*
1.1.5	Vermögenswirksame Leistungen *[kein ZVE]*	6,65 €	3,33 €	3,33 €

			fiktives bisheriges Arbeitsentgelt	tatsächliches ATZ-Netto-Arbeitsentgelt	Nebenrechnung zur Ermittlung der Aufstockungsbeträge
1.2	**Summe Brutto**		**3 275,33 €**	**1 737,68 €**	**1 637,68 €**
1.3	**Berücksichtigung der Umlage zur VBL:**				
1.3.1	**Summe zusatzversorgungspflichtiges Brutto** *[ZVE]* § 15 Abs. 2 Satz 2 ATV: 1,8fache der Bezüge nach § 4 TV ATZ, soweit diese nicht in voller Höhe zustehen *[(Nr. 1.1.1 + Nr. 1.1.2 + Nr. 1.1.3) × 1,8] + Nr. 1.1.4*		**3 268,68 €**	**3 041,83 €**	**2 941,83 €**
1.3.2	VBL-Umlage	**1,00 %**			
1.3.2.1	davon Umlage-Beitrag des Arbeitnehmers	**0,00 %**		0,00 €	
1.3.2.2	davon Arbeitgeber-Umlage	**1,00 %**	32,69 €	30,42 €	29,42 €
1.3.2.3	durch Arbeitgeber pauschal zu versteuern		32,69 €	30,42 €	29,42 €
1.3.2.4	Zusatzbetrag für steuerpflichtiges Brutto		0,00 €	0,00 €	0,00 €
1.3.2.5	Hinzurechnungsbetrag (§ 2 Abs. 1 Satz 2 ArEV)		19,39 €	17,12 €	16,12 €
1.3.3	Beitrag im Kapitaldeckungsverfahren	**1,00 %**			
1.3.3.1	davon Arbeitnehmeranteil	**0,50 %**		15,21 €	
1.3.3.2	davon Arbeitgeberanteil	**0,50 %**		15,21 €	
1.4	**Summe Steuer-Brutto** [Nr. 1.2 + 1.3.2.4]			**1 737,68 €**	**1 637,68 €**
1.5	**Summe SV-Brutto** [Nr. 1.4 + 1.3.2.5]	**mtl. BBG**			
	a) RV/AV	**4 350,00 €**	**3 294,72 €**	**1 754,80 €**	**1 653,80 €**
	b) KV/PV	**3 487,50 €**		1 754,80 €	1 653,80 €
1.6	**individuelle Abzüge**				
1.6.1	Lohnsteuer (Steuerklasse III/0)			4,83 €	0,00 €
1.6.2	Solidaritätszuschlag			0,00 €	0,00 €
1.6.3	Kirchensteuer (***nur** wenn KiSt-pflichtig*)	**9,00 %**		0,43 €	0,00 €
1.6.4	ArbN-Beitrag zur Rentenversicherung	**9,75 %**		171,09 €	161,25 €
1.6.5	ArbN-Beitrag zur Arbeitslosenversicherung	**3,25 %**		57,03 €	53,75 €
1.6.6	ArbN-Beitrag zur Krankenversicherung	**7,40 %**	*(indiv. Satz)*	129,86 €	122,38 €
1.6.7	ArbN-Beitrag zur Pflegeversicherung	**0,85 %**		14,92 €	14,06 €
1.7	**Nettoarbeitsentgelt** (**vor** Abzug des Umlage-Beitrags des ArbN)			**1 359,52 €**	**1 286,24 €**

2.	**Berechnung der Aufstockungsbeträge nach § 5 Abs. 1 und 2 TV ATZ:**		
2.1	Bruttoentgelt für Altersteilzeitarbeit [Nr. 1.2 oder 1.5] (bis zur mtl. Beitragsbemessungsgrenze AV/RV von 4 350,00 € ist vom sv-pflichtigen, darüber vom arbeitsrechtlichen Bruttoentgelt für Altersteilzeitarbeit auszugehen)		1 653,80 €
2.2	Nettoentgelt (individuell)		1 286,24 €
2.3	**20%-Aufstockung** (vom o. a. Bruttoentgelt für Altersteilzeit [Nr. 2.1])		**330,76 €**
2.4	Zwischensumme 1		1 617,00 €
2.5	**Mindestnettobetrag gem. 83%-Tabelle** – Bemessungsgrundlage ist das **fiktive bisherige Brutto-Arbeitsentgelt** [Nr. 1.2] (**ohne** Zusatzbeträge zum sv-pflichtigen Brutto [Nr. 1.3.2.4 + 1.3.2.5])	3 275,33 €	
	auf-/abgerundet auf den nächsten durch 5 € teilbaren Betrag	3 275,00 €	**1 813,42 €**

	fiktives bisheriges Arbeitsentgelt	tatsächliches ATZ-Netto-Arbeitsentgelt	Nebenrechnung zur Ermittlung der Aufstockungsbeträge
2.6 Zusatzaufstockung (auf 83 % des pauschalierten bisherigen Nettos)			196,42 €
2.7 Gesamtaufstockung		**527,18 €**	<< 527,18 €
2.8 Zwischensumme 2		1 886,70 €	
2.9 abzüglich ArbN-Anteil am Beitrag im Kapitaldeckungsverfahren [Nr. 1.3.3.1]		15,21 €	
2.10 zuzüglich **steuerfreie Bezüge**		50,00 €	
2.11 Auszahlungsbetrag (einschließlich Aufstockung)		**1 921,49 €**	
3. Berechnung der zusätzlichen Rentenversicherungsbeiträge nach § 5 Abs. 4 TV ATZ:			
3.1 fiktives bisheriges, sv-pflichtiges Brutto-Arbeitsentgelt [Nr. 1.5] – maximal bis zur monatlichen Beitragsbemessungsgrenze AV/RV von	4 350,00 €	3 294,72 €	
3.2 davon 90 %		2 965,25 €	
3.3 abzüglich bereits verbeitragte Bezüge für Altersteilzeitarbeit [Nr. 1.5]		1 754,80 €	
3.4 Bemessungsgrundlage (= Unterschiedsbetrag)		1 210,45 €	
3.5 davon als **zusätzlicher RV-Beitrag (nur** Arbeitgeber)	**19,50 %**	**236,04 €**	
4. Berechnung der erstattungsfähigen Aufstockungsleistungen bei Wiederbesetzung (§ 4 Altersteilzeitgesetz):			
4.1 Aufstockungsbeträge nach § 3 Abs. 1 Nr. 1 Buchst. a Altersteilzeitgesetz:			
4.1.1 Bruttoentgelt für Altersteilzeitarbeit [Nr. 1.2 oder 1.5] (bis zur monatlichen Beitragsbemessungsgrenze AV/RV von 4 350,00 € ist vom sv-pflichtigen, darüber vom arbeitsrechtlichen Bruttoentgelt für Altersteilzeitarbeit auszugehen)			1 653,80 €
4.1.2 Nettoentgelt (individuell)			1 286,24 €
4.1.3 **20%-Aufstockung** (vom o. a. Bruttoentgelt für Altersteilzeit [Nr. 4.1.1])			**330,76 €**
4.1.4 Zwischensumme 1			1 617,00 €
4.1.5 **Mindestnettobetrag nach Mindestnettobetrags-Verordnung 2004** vom 22. Dezember 2003 (BGBl. I 2003 S. 3114)			
Bemessungsgrundlage ist das **fiktive bisherige, sv-pflichtige Brutto-Arbeitsentgelt** [Nr. 1.5 Buchst. a],	3 294,72 €		
begrenzt auf die monatl. BBG AV/RV von 4 350,00 €			
auf-/abgerundet auf den nächsten durch 5 € teilbaren Betrag	3 295,00 €		**1 536,23 €**
4.1.6 **Zusatzaufstockung** (auf 70 % des pauschalierten bisherigen Nettos)			**0,00 €**
4.1.7 **Gesamtaufstockung**		**330,76 €**	<< 330,76 €
4.2 Zusätzliche Rentenversicherungsbeiträge nach § 3 Abs. 1 Nr. 1 Buchst. b Altersteilzeitgesetz:			
Berechnung siehe Nr. 3		**236,04 €**	
4.3 Insgesamt erstattungsfähige Aufstockungsleistungen durch die Bundesagentur für Arbeit [Summen Nr. 4.1.7 + 4.2]		**566,80 €**	

Freistellungsphase

		fiktives bisheriges Arbeitsentgelt	tatsächliches ATZ-Netto-Arbeitsentgelt	Nebenrechnung zur Ermittlung der Aufstockungsbeträge
1. Berechnung der Brutto-Bezüge für Altersteilzeitarbeit nach § 4 TV ATZ:				
1.1 steuerpflichtige Bezüge:				
1.1.1 Grundgehalt (Endstufe)		2 599,11 €	1 299,56 €	1 299,56 €
1.1.2 Ortszuschlag (Stufe 2)		563,56 €	281,78 €	281,78 €
1.1.3 allgemeine Zulage		106,01 €	53,01 €	53,01 €
1.1.4 Mehrarbeit/Überstunden		*entfällt*	100,00 €	*entfällt*
1.1.5 Vermögenswirksame Leistungen *[kein ZVE]*		6,65 €	3,33 €	3,33 €
1.2 Summe Brutto		**3 275,33 €**	**1 637,68 €**	**1 637,68 €**
1.3 Berücksichtigung der Umlage zur VBL:				
1.3.1 **Summe zusatzversorgungspflichtiges Brutto** *[ZVE]* § 15 Abs. 2 Satz 2 ATV: 1,8fache der Bezüge nach § 4 TV ATZ, soweit diese nicht in voller Höhe zustehen *[(Nr. 1.1.1 + Nr. 1.1.2 + Nr. 1.1.3) × 1,8] + Nr. 1.1.4*		**3 268,68 €**	**2 941,83 €**	**2 941,83 €**
1.3.2 VBL-Umlage	**1,00 %**			
1.3.2.1 davon Umlage-Beitrag des Arbeitnehmers	**0,00 %**		0,00 €	
1.3.2.2 davon Arbeitgeber-Umlage	**1,00 %**	32,69 €	29,42 €	29,42 €
1.3.2.3 durch Arbeitgeber pauschal zu versteuern		32,69 €	29,42 €	29,42 €
1.3.2.4 Zusatzbetrag für steuerpflichtiges Brutto		0,00 €	0,00 €	0,00 €
1.3.2.5 Hinzurechnungsbetrag (§ 2 Abs. 1 Satz 2 ArEV)		19,39 €	16,12 €	16,12 €
1.3.3 Beitrag im Kapitaldeckungsverfahren	**1,00 %**			
1.3.3.1 davon Arbeitnehmeranteil	**0,50 %**		14,71 €	
1.3.3.2 davon Arbeitgeberanteil	**0,50 %**		14,71 €	
1.4 Summe Steuer-Brutto [Nr. 1.2 + 1.3.2.4]			**1 637,68 €**	**1 637,68 €**
1.5 Summe SV-Brutto [Nr. 1.4 + 1.3.2.5]	**mtl. BBG**			
a) RV/AV	**4 350,00 €**	**3 294,72 €**	**1 653,80 €**	**1 653,80 €**
b) KV/PV	**3 487,50 €**		1 653,80 €	1 653,80 €
1.6 individuelle Abzüge:				
1.6.1 Lohnsteuer (Steuerklasse III/0)			0,00 €	0,00 €
1.6.2 Solidaritätszuschlag			0,00 €	0,00 €
1.6.3 Kirchensteuer (*nur wenn KiSt-pflichtig*)	**9,00 %**		0,00 €	0,00 €
1.6.4 ArbN-Beitrag zur Rentenversicherung	**9,75 %**		161,25 €	161,25 €
1.6.5 ArbN-Beitrag zur Arbeitslosenversicherung	**3,25 %**		53,75 €	53,75 €
1.6.6 ArbN-Beitrag zur Krankenversicherung	**7,40 %**	*(indiv. Satz)*	122,38 €	122,38 €
1.6.7 ArbN-Beitrag zur Pflegeversicherung	**0,85 %**		14,06 €	14,06 €
1.7 Nettoarbeitsentgelt (**vor** Abzug des Umlage-Beitrags des ArbN)			**1 286,24 €**	**1 286,24 €**

Nr.		fiktives bisheriges Arbeitsentgelt	tatsächliches ATZ-Netto-Arbeitsentgelt	Nebenrechnung zur Ermittlung der Aufstockungsbeträge
2.	**Berechnung der Aufstockungsbeträge nach § 5 Abs. 1 und 2 TV ATZ:**			
2.1	Bruttoentgelt für Altersteilzeitarbeit [Nr. 1.2 oder 1.5] (bis zur mtl. Beitragsbemessungsgrenze AV/RV von 4 350,00 € ist vom sv-pflichtigen, darüber vom arbeitsrechtlichen Bruttoentgelt für Altersteilzeitarbeit auszugehen)			1 653,80 €
2.2	Nettoentgelt (individuell)			1 286,24 €
2.3	**20%-Aufstockung** (vom o. a. Bruttoentgelt für Altersteilzeit [Nr. 2.1])			**330,76 €**
2.4	Zwischensumme 1			1 617,00 €
2.5	**Mindestnettobetrag gem. 83%-Tabelle** – Bemessungsgrundlage ist das **fiktive bisherige Brutto-Arbeitsentgelt** [Nr. 1.2] (**ohne** Zusatzbeträge zum sv-pflichtigen Brutto [Nr. 1.3.2.4 + 1.3.2.5])	3 275,33 €		
	auf-/abgerundet auf den nächsten durch 5 € teilbaren Betrag	3 275,00 €		**1 813,42 €**
2.6	**Zusatzaufstockung** (auf 83 % des pauschalierten bisherigen Nettos)			196,42 €
2.7	**Gesamtaufstockung**		**527,18 €**	<< 527,18 €
2.8	Zwischensumme 2		1 813,42 €	
2.9	abzüglich ArbN-Anteil am Beitrag im Kapitaldeckungsverfahren [Nr. 1.3.3.1]		14,71 €	
2.10	zuzüglich **steuerfreie Bezüge**		0,00 €	
2.11	**Auszahlungsbetrag** (einschließlich Aufstockung)		**1 798,71 €**	
3.	**Berechnung der zusätzlichen Rentenversicherungsbeiträge nach § 5 Abs. 4 TV ATZ:**			
3.1	fiktives bisheriges, sv-pflichtiges Brutto-Arbeitsentgelt [Nr. 1.5] – maximal bis zur monatlichen Beitragsbemessungsgrenze AV/RV von	4 350,00 €	3 294,72 €	
3.2	davon 90 %		2 965,25 €	
3.3	abzüglich bereits verbeitragte Bezüge für Altersteilzeitarbeit [Nr. 1.5]		1 653,80 €	
3.4	Bemessungsgrundlage (= Unterschiedsbetrag)		1 311,45 €	
3.5	davon als **zusätzlicher RV-Beitrag** (**nur** Arbeitgeber)	**19,50 %**	**255,73 €**	
4.	**Berechnung der erstattungsfähigen Aufstockungsleistungen bei Wiederbesetzung (§ 4 Altersteilzeitgesetz):**			
4.1	**Aufstockungsbeträge nach § 3 Abs. 1 Nr. 1 Buchst. a Altersteilzeitgesetz:**			
4.1.1	Bruttoentgelt für Altersteilzeitarbeit [Nr. 1.2 oder 1.5] (bis zur monatlichen Beitragsbemessungsgrenze AV/RV von 4 350,00 € ist vom sv-pflichtigen, darüber vom arbeitsrechtlichen Bruttoentgelt für Altersteilzeitarbeit auszugehen)			1 653,80 €
4.1.2	Nettoentgelt (individuell)			1 286,24 €
4.1.3	**20%-Aufstockung** (vom o. a. Bruttoentgelt für Altersteilzeit [Nr. 4.1.1])			**330,76 €**
4.1.4	Zwischensumme 1			1 617,00 €

		fiktives bisheriges Arbeitsentgelt	tatsächliches ATZ-Netto-Arbeitsentgelt	Nebenrechnung zur Ermittlung der Aufstockungsbeträge
4.1.5	**Mindestnettobetrag nach Mindestnettobetrags-Verordnung 2004** vom 22. Dezember 2003 (BGBl. I 2003 S. 3114)			
	Bemessungsgrundlage ist das **fiktive bisherige, sv-pflichtige Brutto-Arbeitsentgelt** [Nr. 1.5 Buchst. a],	3 294,72 €		
	begrenzt auf die monatl. BBG AV/RV von 4 350,00 €			
	auf-/abgerundet auf den nächsten durch 5 € teilbaren Betrag	3 295,00 €		**1 536,23 €**
4.1.6	**Zusatzaufstockung** (auf 70 % des pauschalierten bisherigen Nettos)			**0,00 €**
4.1.7	**Gesamtaufstockung**		**330,76 €**	<< 330,76 €
4.2	**Zusätzliche Rentenversicherungsbeiträge nach § 3 Abs. 1 Nr. 1 Buchst. b Altersteilzeitgesetz:**			
	Berechnung siehe Nr. 3		**255,73 €**	
4.3	**Insgesamt erstattungsfähige Aufstockungsleistungen durch die Bundesagentur für Arbeit** [Summen Nr. 4.1.7 + 4.2]		**586,49 €**	

3.1.2.4 Beispiel 9

Altersteilzeit im Teilzeitmodell Basismonat Mai 2004, Steuerklasse IV/0

(Teilzeitarbeit war bereits vor Übergang in Altersteilzeit vereinbart)

„Neufall" nach § 15 Abs. 2 Satz 2 ATV, d. h. Altersteilzeit wurde nach dem 31. Dezember 2002 vereinbart,

VergGr. IV a BAT-O (B/L), Endstufe, verheiratet ohne Kinder, Ehegatte **im** öffentlichen Dienst,

bislang ³/₄-Stelle, d. h. die bisherige wöchentliche Arbeitszeit vor Übergang in die Altersteilzeit betrug 30 Stunden/Woche,

indiv. ArbN-Beitrag zur Krankenversicherung 7,4 v. H., kirchensteuerpflichtig (9 v. H.), VBL Abrechnungsverband Ost,

100 € Vergütungen für Mehrarbeit/Überstunden, 50 € steuerfreie Zeitzuschläge, Vermögenswirksame Leistungen.

			fiktives bisheriges Arbeitsentgelt	tatsächliches ATZ-Netto-Arbeitsentgelt	Nebenrechnung zur Ermittlung der Aufstockungsbeträge
		Vollzeitentgelt (nachrichtlich)	[Vollzeitentgelt × 3/4]	[Vollzeitentgelt × 3/8]	[Vollzeitentgelt × 3/8]
1.	**Berechnung der Brutto-Bezüge für Altersteilzeitarbeit nach § 4 TV ATZ:**				
1.1	**steuerpflichtige Bezüge:**				
1.1.1	Grundgehalt (Endstufe)	*2 599,11 €*	1 949,33 €	974,67 €	974,67 €
1.1.2	Ortszuschlag (Stufe 1)	*464,68 €*	348,51 €	174,26 €	174,26 €

	Vollzeitentgelt (nachrichtlich)	fiktives bisheriges Arbeitsentgelt [Vollzeitentgelt × 3/4]	tatsächliches ATZ-Netto-Arbeitsentgelt [Vollzeitentgelt × 3/8]	Nebenrechnung zur Ermittlung der Aufstockungsbeträge [Vollzeitentgelt × 3/8]
1.1.3 Verheiratetenzuschlag (Stufe ½) – §29 B Abs. 5 BAT-O	*49,44 €*	49,44 €	49,44 €	49,44 €
1.1.4 allgemeine Zulage	*106,01 €*	79,51 €	39,75 €	39,75 €
1.1.5 Mehrarbeit/Überstunden		*entfällt*	100,00 €	*entfällt*
1.1.6 Vermögenswirksame Leistungen ***[kein ZVE]***	*6,65 €*	4,99 €	2,49 €	2,49 €
1.2 Summe Brutto		**2 431,78 €**	**1 340,61 €**	**1 240,61 €**
1.3 Berücksichtigung der Umlage und des Beitrags im Kapitaldeckungsverfahren zur VBL:				
1.3.1 **Summe zusatzversorgungspflichtiges Brutto** *[ZVE]* §15 Abs. 2 Satz 2 ATV: 1,8fache der Bezüge nach §4 TV ATZ, soweit diese nicht in voller Höhe zustehen *[(Nr. 1.1.1 + Nr. 1.1.2 + Nr. 1.1.4) × 1,8] + (Nr. 1.1.3 + Nr. 1.1.5)*		**2 426,79 €**	**2 289,06 €**	**2 189,06 €**
1.3.2 Umlage	**1,00 %**			
1.3.2.1 davon Umlage-Beitrag des Arbeitnehmers	**0,00 %**		0,00 €	
1.3.2.2 davon Arbeitgeber-Umlage	**1,00 %**	24,27 €	22,89 €	21,89 €
1.3.2.3 durch Arbeitgeber pauschal zu versteuern		24,27 €	22,89 €	21,89 €
1.3.2.4 Zusatzbetrag für steuerpflichtiges Brutto		0,00 €	0,00 €	0,00 €
1.3.2.5 Hinzurechnungsbetrag (§2 Abs. 1 Satz 2 ArEV)		10,97 €	9,59 €	8,59 €
1.3.3 Beitrag im Kapitaldeckungsverfahren	**1,00 %**			
1.3.3.1 davon Arbeitnehmeranteil	**0,50 %**		11,45 €	
1.3.3.2 davon Arbeitgeberanteil	**0,50 %**		11,45 €	
1.4 Summe Steuer-Brutto [Nr. 1.2 + 1.3.2.4]			**1 340,61 €**	**1 240,61 €**
1.5 Summe SV-Brutto [Nr. 1.4 + 1.3.2.5]	**mtl. BBG**			
a) RV/AV	**4 350,00 €**	**2 442,75 €**	**1 350,20 €**	**1 249,20 €**
b) KV/PV	**3 487,50 €**		1 350,20 €	1 249,20 €
1.6 individuelle Abzüge:				
1.6.1 Lohnsteuer (Steuerklasse IV/0)			82,58 €	59,58 €
1.6.2 Solidaritätszuschlag			0,31 €	0,00 €
1.6.3 Kirchensteuer (***nur*** *wenn KiSt-pflichtig*)	**9,00 %**		7,43 €	5,36 €
1.6.4 ArbN-Beitrag zur Rentenversicherung	**9,75 %**		131,64 €	121,80 €
1.6.5 ArbN-Beitrag zur Arbeitslosenversicherung	**3,25 %**		43,88 €	40,60 €
1.6.6 ArbN-Beitrag zur Krankenversicherung	**7,40 %**	*(indiv. Satz)*	99,91 €	92,44 €
1.6.7 ArbN-Beitrag zur Pflegeversicherung	**0,85 %**		11,48 €	10,62 €
1.7 Nettoarbeitsentgelt (vor Abzug des Umlage-Beitrags des ArbN)			**963,38 €**	**910,21 €**

		fiktives bisheriges Arbeitsentgelt	tatsächliches ATZ-Netto-Arbeitsentgelt	Nebenrechnung zur Ermittlung der Aufstockungsbeträge
	Vollzeitentgelt (nachrichtlich)	[Vollzeitentgelt × 3/4]	[Vollzeitentgelt × 3/8]	[Vollzeitentgelt × 3/8]
2. **Berechnung der Aufstockungsbeträge nach §5 Abs. 1 und 2 TV ATZ:**				
2.1 Bruttoentgelt für Altersteilzeitarbeit [Nr. 1.2 oder 1.5] (bis zur mtl. Beitragsbemessungsgrenze AV/RV von 4 350,00 € ist vom sv-pflichtigen, darüber vom arbeitsrechtlichen Bruttoentgelt für Altersteilzeitarbeit auszugehen)				1 249,20 €
2.2 Nettoentgelt (individuell)				910,21 €
2.3 **20%-Aufstockung** (vom o. a. Bruttoentgelt für Altersteilzeit [Nr. 2.1])				**249,84 €**
2.4 Zwischensumme 1				1 160,05 €
2.5 **Mindestnettobetrag gem. 83%-Tabelle** – Bemessungsgrundlage ist das **fiktive bisherige Brutto-Arbeitsentgelt** [Nr. 1.2] (**ohne** Zusatzbeträge zum sv-pflichtigen Brutto [Nr. 1.3.2.4 + 1.3.2.5])		2 431,78 €		
auf-/abgerundet auf den nächsten durch 5 € teilbaren Betrag		2 430,00 €		**1 221,83 €**
2.6 **Zusatzaufstockung** (auf 83 % des pauschalierten bisherigen Nettos)				61,78 €
2.7 **Gesamtaufstockung**			**311,62 €**	<< 311,62 €
2.8 Zwischensumme 2			1 275,00 €	
2.9 abzüglich ArbN-Anteil am Beitrag im Kapitaldeckungsverfahren [Nr. 1.3.3.1]			11,45 €	
2.10 zuzüglich **steuerfreie Bezüge**			50,00 €	
2.11 **Auszahlungsbetrag** (einschließlich Aufstockung)			**1 313,55 €**	
3. **Berechnung der zusätzlichen Rentenversicherungsbeiträge nach §5 Abs. 4 TV ATZ:**				
3.1 fiktives bisheriges, sv-pflichtiges Brutto-Arbeitsentgelt [Nr. 1.5] – maximal bis zur monatlichen Beitragsbemessungsgrenze AV/RV von		4 350,00 €	2 442,75 €	
3.2 davon 90 %			2 198,48 €	
3.3 abzüglich bereits verbeitragte Bezüge für Altersteilzeitarbeit [Nr. 1.5]			1 350,20 €	
3.4 Bemessungsgrundlage (= Unterschiedsbetrag)			848,28 €	
3.5 davon als **zusätzlicher RV-Beitrag** (**nur** Arbeitgeber)		**19,50 %**	**165,41 €**	
4. **Berechnung der erstattungsfähigen Aufstockungsleistungen bei Wiederbesetzung (§4 Altersteilzeitgesetz):**				
4.1 **Aufstockungsbeträge nach §3 Abs. 1 Nr. 1 Buchst. a Altersteilzeitgesetz:**				
4.1.1 Bruttoentgelt für Altersteilzeitarbeit [Nr. 1.2 oder 1.5] (bis zur monatlichen Beitragsbemessungsgrenze AV/RV von 4 350,00 € ist vom sv-pflichtigen, darüber vom arbeitsrechtlichen Bruttoentgelt für Altersteilzeitarbeit auszugehen)				1 249,20 €
4.1.2 Nettoentgelt (individuell)				910,21 €

		fiktives bisheriges Arbeitsentgelt	tatsächliches ATZ-Netto-Arbeitsentgelt	Nebenrechnung zur Ermittlung der Aufstockungsbeträge
	Vollzeitentgelt (nachrichtlich)	[Vollzeitentgelt × 3/4]	[Vollzeitentgelt × 3/8]	[Vollzeitentgelt × 3/8]
4.1.3 **20%-Aufstockung** (vom Altersteilzeit-Brutto [Nr. 4.1.1])				**249,84 €**
4.1.4 Zwischensumme 1				1 160,05 €
4.1.5 **Mindestnettobetrag nach Mindestnettobetragsverordnung 2004** vom 22. Dezember 2003 (BGBl. I 2003 S. 3114)				
Bemessungsgrundlage ist das **fiktive bisherige, sv-pflichtige Brutto-Arbeitsentgelt** [Nr. 1.5 Buchst. a],	2 442,75 €			
begrenzt auf die monatl. Beitragsbemessungsgrenze Arbeitslosen-/Rentenversicherung in Höhe von 4 350,00 €				
auf-/abgerundet auf den nächsten durch 5 € teilbaren Betrag	2 445,00 €			**1 034,99 €**
4.1.6 **Zusatzaufstockung** (auf 70 % des pauschalierten bisherigen Nettos)				**0,00 €**
4.1.7 **Gesamtaufstockung**			**249,84 €**	<< 249,84 €
4.2 Zusätzliche Rentenversicherungsbeiträge nach § 3 Abs. 1 Nr. 1 Buchst. b Altersteilzeitgesetz:				
Berechnung siehe Nr. 3			**165,41 €**	
4.3 Insgesamt erstattungsfähige Aufstockungsleistungen durch die Bundesagentur für Arbeit [Summen Nr. 4.1.7 + 4.2]			**415,25 €**	

3.1.2.5 Beispiel 10

Altersteilzeit im Teilzeitmodell **Basismonat August 2004, Steuerklasse III/0**

Altersteilzeit wurde nach dem 30. Juni 2004 begonnen, d. h. nach In-Kraft-Treten der AtG-Änderung zum 1. Juli 2004, VergGr. IV a BAT-O (B/L), Endstufe, verheiratet ohne Kinder, Ehegatte **nicht** im öffentlichen Dienst, die bisherige wöchentliche Arbeitszeit vor Übergang in die Altersteilzeitarbeit betrug 40 Stunden/Woche, indiv. ArbN-Beitrag zur Krankenversicherung 7,4 v. H., kirchensteuerpflichtig (9 v. H.), VBL Abrechnungsverband Ost, 100 € Erschwerniszulage *(unterstellt, Voraussetzungen nach Nr. 2.1.1.2 im gemeinsamen RdSchr. der Spitzenorganisationen der Sozialversicherung vom 9. März 2004 für Regelarbeitsentgelt liegen nicht vor)*, Vermögenswirksame Leistungen.

			TV ATZ		AtG
		fiktives bisheriges Arbeitsentgelt	tatsächliches ATZ-Netto-Arbeitsentgelt	Nebenrechnung zur Ermittlung der Aufstockungsbeträge	Regelarbeitsentgelt i. S. d. AtG i. d. F. ab 1. Juli 2004
1. Berechnung der Brutto-Bezüge für Altersteilzeitarbeit nach § 4 TV ATZ:					
1.1 steuerpflichtige Bezüge:					
1.1.1 Grundgehalt (Endstufe)		2 599,11 €	1 299,56 €	1 299,56 €	1 299,56 €
1.1.2 Ortszuschlag (Stufe 2)		563,56 €	281,78 €	281,78 €	281,78 €
1.1.3 allgemeine Zulage		106,01 €	53,01 €	53,01 €	53,01 €
1.1.4 Erschwerniszulagen		0,00 €	0,00 €	0,00 €	0,00 €
1.1.5 Vermögenswirksame Leistungen *[kein ZVE]*		6,65 €	3,33 €	3,33 €	3,33 €
1.2 Summe Brutto		**3 275,33 €**	**1 737,68 €**	**1 637,68 €**	**1 637,68 €**
1.3 Berücksichtigung der Umlage zur VBL:					
1.3.1 **Summe zusatzversorgungspflichtiges Brutto** *[ZVE]* § 15 Abs. 2 Satz 2 ATV: 1,8fache der Bezüge nach § 4 TV ATZ, soweit diese nicht in voller Höhe zustehen *[(Nr. 1.1.1 + Nr. 1.1.2 + Nr. 1.1.3) × 1,8] + Nr. 1.1.4*		**3 268,68 €**	**3 041,83 €**	**2 941,83 €**	**2 941,83 €**
1.3.2 Umlage	**1,00 %**				
1.3.2.1 davon Umlage-Beitrag des Arbeitnehmers	**0,00 %**		0,00 €		
1.3.2.2 davon Arbeitgeber-Umlage	**1,00 %**	32,69 €	30,42 €	29,42 €	29,42 €

		TV ATZ			AtG
		fiktives bisheriges Arbeitsentgelt	tatsächliches ATZ-Netto-Arbeitsentgelt	Nebenrechnung zur Ermittlung der Aufstockungsbeträge	Regelarbeitsentgelt i. S. d. AtG i. d. F. ab 1. Juli 2004
1.3.2.3 durch Arbeitgeber pauschal zu versteuern		32,69 €	30,42 €	29,42 €	29,42 €
1.3.2.4 Zusatzbetrag für steuerpflichtiges Brutto		0,00 €	0,00 €	0,00 €	0,00 €
1.3.2.5 Hinzurechnungsbetrag (§ 2 Abs. 1 Satz 2 ArEV)		19,39 €	17,12 €	16,12 €	16,12 €
1.3.3 Beitrag im Kapitaldeckungsverfahren	**1,00 %**				
1.3.3.1 davon Arbeitnehmeranteil	**0,50 %**		15,21 €		
1.3.3.2 davon Arbeitgeberanteil	**0,50 %**		15,21 €		
1.4 Summe Steuer-Brutto [Nr. 1.2 + 1.3.2.4]			**1 737,68 €**	**1 637,68 €**	**1 637,68 €**
1.5 Summe SV-Brutto [Nr. 1.4 + 1.3.2.5]	**mtl. BBG**				
a) RV/AV	**4 350,00 €**	**3 294,72 €**	**1 754,80 €**	**1 653,80 €**	**1 653,80 €**
b) KV/PV	**3 487,50 €**		1 754,80 €	1 653,80 €	1 653,80 €
1.6 individuelle Abzüge:					
1.6.1 Lohnsteuer (Steuerklasse III/0)			4,83 €	0,00 €	0,00 €
1.6.2 Solidaritätszuschlag			0,00 €	0,00 €	0,00 €
1.6.3 Kirchensteuer (*nur wenn KiSt-pflichtig*)	**9,00 %**		0,43 €	0,00 €	0,00 €
1.6.4 ArbN-Beitrag zur Rentenversicherung	**9,75 %**		171,09 €	161,25 €	161,25 €
1.6.5 ArbN-Beitrag zur Arbeitslosenversicherung	**3,25 %**		57,03 €	53,75 €	53,75 €
1.6.6 ArbN-Beitrag zur Krankenversicherung	**7,40 %**	*(indiv. Satz)*	129,86 €	122,38 €	122,38 €
1.6.7 ArbN-Beitrag zur Pflegeversicherung	**0,85 %**		14,92 €	14,06 €	14,06 €
1.7 Nettoarbeitsentgelt (vor Abzug des Umlage-Beitrags des ArbN)			**1 359,52 €**	**1 286,24 €**	**1 286,24 €**
2. Berechnung der Aufstockungsbeträge nach § 5 Abs. 1 und 2 TV ATZ:					
2.1 Bruttoentgelt für Altersteilzeitarbeit [Nr. 1.2 oder 1.5] (bis zur mtl. Beitragsbemessungsgrenze AV/RV von 4 350,00 € ist vom sv-pflichtigen, darüber vom arbeitsrechtlichen Bruttoentgelt für Altersteilzeitarbeit auszugehen)				1 653,80 €	
2.2 Nettoentgelt (individuell)				1 286,24 €	

			TV ATZ		AtG
		fiktives bisheriges Arbeitsentgelt	tatsächliches ATZ-Netto-Arbeitsentgelt	Nebenrechnung zur Ermittlung der Aufstockungsbeträge	Regelarbeitsentgelt i. S. d. AtG i. d. F. ab 1. Juli 2004
2.3	**20%-Aufstockung** (vom o. a. Bruttoentgelt für Altersteilzeit [Nr. 2.1])			**330,76 €**	
2.4	Zwischensumme 1			1 617,00 €	
2.5	**Mindestnettobetrag gem. 83%-Tabelle** – Bemessungsgrundlage ist das **fiktive bisherige Brutto-Arbeitsentgelt** [Nr. 1.2] (**ohne** Zusatzbeträge zum sv-pflichtigen Brutto [Nr. 1.3.2.4 + 1.3.2.5])	3 275,33 €			
	auf-/abgerundet auf den nächsten durch 5 € teilbaren Betrag	3 275,00 €		**1 813,42 €**	
2.6	**Zusatzaufstockung** (auf 83 % des pauschalierten bisherigen Nettos)			196,42 €	
2.7	**Gesamtaufstockung**		**527,18 €**	<< 527,18 €	
2.8	Zwischensumme 2		1 886,70 €		
2.9	abzüglich ArbN-Anteil am Beitrag im Kapitaldeckungsverfahren [Nr. 1.3.3.1]		15,21 €		
2.10	zuzüglich **steuerfreie Bezüge**		0,00 €		
2.11	**Auszahlungsbetrag** (einschließlich Aufstockung)		**1 871,49 €**		
3.	**Berechnung der zusätzlichen Rentenversicherungsbeiträge nach § 5 Abs. 4 TV ATZ:**				
3.1	fiktives bisheriges, sv-pflichtiges Brutto-Arbeitsentgelt [Nr. 1.5] – maximal bis zur monatlichen Beitragsbemessungsgrenze AV/RV von	4 350,00 €	3 294,72 €		
3.2	davon 90 %		2 965,25 €		
3.3	abzüglich bereits verbeitragte Bezüge für Altersteilzeitarbeit [Nr. 1.5]		1 754,80 €		
3.4	Bemessungsgrundlage (= Unterschiedsbetrag)		1 210,45 €		
3.5	davon als **zusätzlicher RV-Beitrag** (**nur** Arbeitgeber)	**19,50 %**	**236,04 €**		
3.6	Günstigerprüfung mittels Vergleichsberechnung [Nr. 3.5 und 4.2.6]		**257,99 €**		
	Danach zahlt der Arbeitgeber den höheren Betrag nach § 3 Abs. 1 Nr. 1 Buchst. b AtG [Nr. 4.2.6]				

			TV ATZ		AtG
		fiktives bisheriges Arbeitsentgelt	tatsächliches ATZ-Netto-Arbeitsentgelt	Nebenrechnung zur Ermittlung der Aufstockungsbeträge	Regelarbeitsentgelt i. S. d. AtG i. d. F. ab 1. Juli 2004
4.	**Berechnung der erstattungsfähigen Aufstockungsleistungen bei Wiederbesetzung (§4 Altersteilzeitgesetz):**				
4.1	**Aufstockungsbeträge nach §3 Abs. 1 Nr. 1 Buchst. a Altersteilzeitgesetz:**				
4.1.1	Bruttoentgelt für Altersteilzeitarbeit [Nr. 1.2 oder 1.5] (bis zur monatlichen Beitragsbemessungsgrenze AV/RV von 4 350,00 € ist vom sv-pflichtigen, darüber vom arbeitsrechtlichen Bruttoentgelt für Altersteilzeitarbeit auszugehen)				1 653,80 €
4.1.2	Nettoentgelt (individuell)				1 286,24 €
4.1.3	**20%-Aufstockung** (vom o. a. Bruttoentgelt für Altersteilzeit [Nr. 4.1.1])				**330,76 €**
4.1.4	Zwischensumme 1				1 617,00 €
4.1.5	**Mindestnettobetrag nach Mindestnettobetrags-Verordnung 2004** vom 22. Dezember 2003 (BGBl. I 2003 S. 3114)				
	Bemessungsgrundlage ist das **fiktive bisherige, sv-pflichtige Brutto-Arbeitsentgelt** [Nr. 1.5 Buchst. a],	3 294,72 €			
	begrenzt auf die monatl. BBG AV/RV von 4 350,00 €				
	auf-/abgerundet auf den nächsten durch 5 € teilbaren Betrag	3 295,00 €			**1 536,23 €**
4.1.6	**Zusatzaufstockung** (auf 70 % des pauschalierten bisherigen Nettos)				**0,00 €**
4.1.7	**Gesamtaufstockung**				**330,76 €**
4.2	**Zusätzliche Rentenversicherungsbeiträge nach §3 Abs. 1 Nr. 1 Buchst. b Altersteilzeitgesetz:**				
4.2.1	**Regelarbeitsentgelt** [Nr. 1.5]				1 653,80 €
4.2.2	**90 v. H. der monatl. Beitragsbemessungsgrenze AV/RV**				3 915,00 €
4.2.3	**Differenz zum Regelarbeitsentgelt**				2 261,20 €
4.2.4	**80 v. H. des Regelarbeitsentgelts** [Nr. 4.2.1 × 80 %]				1 323,04 €
4.2.5	**zusätzliche beitragspflichtige Einnahme** [Minimum von Nr. 4.2.3 und Nr. 4.2.4]				**1 323,04 €**
4.2.6	**davon als zusätzlicher RV-Beitrag (nur** Arbeitgeber)	**19,50 %**			**257,99 €**
4.3	**Insgesamt erstattungsfähige Aufstockungsleistungen durch die Bundesagentur für Arbeit** [Summen Nr. 4.1.7 + 4.2.6]				**588,75 €**

3.2 VKA

3.2.1 Tarifgebiet West

3.2.1.1 Beispiel 1

Altersteilzeit im Teilzeitmodell Basismonat Mai 2004, Steuerklasse III/0
„Altfall" nach § 15 Abs. 2 Satz 2 ATV-K, d. h. Altersteilzeit wurde vor dem 1. Januar 2003 vereinbart,

VergGr. III BAT (VKA), Endstufe, verheiratet ohne Kinder, Ehegatte **nicht** im öffentlichen Dienst,

die bisherige wöchentliche Arbeitszeit vor Übergang in die Altersteilzeitarbeit betrug 38,5 Stunden/Woche,

indiv. ArbN-Beitrag zur Krankenversicherung 7,4 v. H., kirchensteuerpflichtig (9 v. H.), ZVK Münster (4,5 v. H. Umlage),

100 € Vergütungen für Mehrarbeit/Überstunden, 50 € steuerfreie Zeitzuschläge, Vermögenswirksame Leistungen.

		fiktives bisheriges Arbeitsentgelt	tatsächliches ATZ-Netto-Arbeitsentgelt	Nebenrechnung zur Ermittlung der Aufstockungsbeträge
1. Berechnung der Brutto-Bezüge für Altersteilzeitarbeit nach § 4 TV ATZ:				
1.1 steuerpflichtige Bezüge:				
1.1.1 Grundgehalt (Endstufe)		3 147,23 €	1 573,62 €	1 573,62 €
1.1.2 Ortszuschlag (Stufe 2)		609,26 €	304,63 €	304,63 €
1.1.3 allgemeine Zulage		114,60 €	57,30 €	57,30 €
1.1.4 Mehrarbeit/Überstunden		*entfällt*	100,00 €	*entfällt*
1.1.5 Vermögenswirksame Leistungen *[kein ZVE]*		6,65 €	3,33 €	3,33 €
1.2 Summe Brutto		**3 877,74 €**	**2 038,88 €**	**1 938,88 €**
1.3 Berücksichtigung der Umlage zur ZVK Münster:				
1.3.1 **Summe zusatzversorgungspflichtiges Brutto** *[ZVE]*		**3 871,09 €**	**2 035,55 €**	**1 935,55 €**
1.3.2 Umlage	**4,50 %**			
1.3.2.1 davon Umlage-Beitrag des Arbeitnehmers	**0,00 %**		0,00 €	
1.3.2.2 davon Arbeitgeber-Umlage	**4,50 %**	174,20 €	91,60 €	87,10 €
1.3.2.3 durch Arbeitgeber pauschal zu versteuern		89,48 €	89,48 €	87,10 €
1.3.2.4 Zusatzbetrag für steuerpflichtiges Brutto		84,72 €	2,12 €	0,00 €
1.3.2.5 Hinzurechnungsbetrag (§ 2 Abs. 1 Satz 2 ArEV)		36,41 €	36,41 €	35,09 €
1.4 Summe Steuer-Brutto [Nr. 1.2 + 1.3.2.4]			**2 041,00 €**	**1 938,88 €**
1.5 Summe SV-Brutto [Nr. 1.4 + 1.3.2.5]	**mtl. BBG**			
a) RV/AV	**5 150,00 €**	**3 998,87 €**	**2 077,41 €**	**1 973,97 €**
b) KV/PV	**3 487,50 €**		2 077,41 €	1 973,97 €
1.6 individuelle Abzüge:				
1.6.1 Lohnsteuer (Steuerklasse III/0)			47,16 €	32,16 €
1.6.2 Solidaritätszuschlag			0,00 €	0,00 €

			fiktives bisheriges Arbeitsentgelt	tatsächliches ATZ-Netto-Arbeitsentgelt	Nebenrechnung zur Ermittlung der Aufstockungsbeträge
1.6.3	Kirchensteuer (***nur** wenn KiSt-pflichtig*)	**9,00 %**		4,24 €	2,89 €
1.6.4	ArbN-Beitrag zur Rentenversicherung	**9,75 %**		202,55 €	192,46 €
1.6.5	ArbN-Beitrag zur Arbeitslosenversicherung	**3,25 %**		67,52 €	64,15 €
1.6.6	ArbN-Beitrag zur Krankenversicherung	**7,40 %**	*(indiv. Satz)*	153,73 €	146,07 €
1.6.7	ArbN-Beitrag zur Pflegeversicherung	**0,85 %**		17,66 €	16,78 €
1.7	**Nettoarbeitsentgelt** (**vor** Abzug Umlage-Beitrags des ArbN's)			**1 546,02 €**	**1 484,37 €**
2.	**Berechnung der Aufstockungsbeträge nach § 5 Abs. 1 und 2 TV ATZ:**				
2.1	Bruttoentgelt für Altersteilzeitarbeit [Nr. 1.2 oder 1.5] (bis zur mtl. Beitragsbemessungsgrenze AV/RV von 5 150,00 € ist vom sv-pflichtigen, darüber vom arbeitsrechtlichen Bruttoentgelt für Altersteilzeitarbeit auszugehen)				1 973,97 €
2.2	Nettoentgelt (individuell)				1 484,37 €
2.3	**20%-Aufstockung** (vom o. a. Bruttoentgelt für Altersteilzeit [Nr. 2.1])				**394,79 €**
2.4	Zwischensumme 1				1 879,16 €
2.5	**Mindestnettobetrag gem. 83%-Tabelle** – Bemessungsgrundlage ist das **fiktive bisherige Brutto-Arbeitsentgelt** [Nr. 1.2] (**ohne** Zusatzbeträge zum sv-pflichtigen Brutto [Nr. 1.3.2.4 + 1.3.2.5])		3 877,74 €		
	auf-/abgerundet auf den nächsten durch 5 € teilbaren Betrag		3 880,00 €		**2 080,30 €**
2.6	**Zusatzaufstockung** (auf 83 % des pauschalierten bisherigen Nettos)				201,14 €
2.7	**Gesamtaufstockung**			**595,93 €**	<< 595,93 €
2.8	Zwischensumme 2			2 141,95 €	
2.9	abzüglich Umlage-Beitrag des ArbN zur Zusatzversorgung [Nr. 1.3.2.1]			0,00 €	
2.10	zuzüglich **steuerfreie Bezüge**			50,00 €	
2.11	**Auszahlungsbetrag** (einschließlich Aufstockung)			**2 191,95 €**	
3.	**Berechnung der zusätzlichen Rentenversicherungsbeiträge nach § 5 Abs. 4 TV ATZ:**				
3.1	fiktives bisheriges, sv-pflichtiges Brutto-Arbeitsentgelt [Nr. 1.5] – maximal bis zur monatlichen Beitragsbemessungsgrenze AV/RV von		5 150,00 €	3 998,87 €	
3.2	davon 90 %			3 598,98 €	
3.3	abzüglich bereits verbeitragte Bezüge für Altersteilzeitarbeit [Nr. 1.5]			2 077,41 €	
3.4	Bemessungsgrundlage (= Unterschiedsbetrag)			1 521,57 €	
3.5	davon als **zusätzlicher RV-Beitrag** (**nur** Arbeitgeber)		**19,50 %**	**296,71 €**	

		fiktives bisheriges Arbeitsentgelt	tatsächliches ATZ-Netto-Arbeitsentgelt	Nebenrechnung zur Ermittlung der Aufstockungsbeträge
4.	**Berechnung der erstattungsfähigen Aufstockungsleistungen bei Wiederbesetzung (§4 Altersteilzeitgesetz):**			
4.1	**Aufstockungsbeträge nach §3 Abs. 1 Nr. 1 Buchst. a Altersteilzeitgesetz:**			
4.1.1	Bruttoentgelt für Altersteilzeitarbeit [Nr. 1.2 oder 1.5] (bis zur monatlichen Beitragsbemessungsgrenze AV/RV von 5 150,00 € ist vom sv-pflichtigen, darüber vom arbeitsrechtlichen Bruttoentgelt für Altersteilzeitarbeit auszugehen)			1 973,97 €
4.1.2	Nettoentgelt (individuell)			1 484,37 €
4.1.3	**20%-Aufstockung** (vom o. a. Bruttoentgelt für Altersteilzeit [Nr. 4.1.1])			**394,79 €**
4.1.4	Zwischensumme 1			1 879,16 €
4.1.5	**Mindestnettobetrag nach Mindestnettobetrags-Verordnung 2004** vom 22. Dezember 2003 (BGBl. I 2003 S. 3114)			
	Bemessungsgrundlage ist das **fiktive bisherige, sv-pflichtige Brutto-Arbeitsentgelt** [Nr. 1.5 Buchst. a],	3 998,87 €		
	begrenzt auf die monatl. BBG AV/RV von 5 150,00 €			
	auf-/abgerundet auf den nächsten durch 5 € teilbaren Betrag	4 000,00 €		**1 800,40 €**
4.1.6	**Zusatzaufstockung** (auf 70 % des pauschalierten bisherigen Nettos)			**0,00 €**
4.1.7	**Gesamtaufstockung**		**394,79 €**	<< 394,79 €
4.2	**Zusätzliche Rentenversicherungsbeiträge nach §3 Abs. 1 Nr. 1 Buchst. b Altersteilzeitgesetz:**			
	Berechnung siehe Nr. 3		**296,71 €**	
4.3	**Insgesamt erstattungsfähige Aufstockungsleistungen durch die Bundesagentur für Arbeit** [Summen Nr. 4.1.7 + 4.2]		**691,50 €**	

3.2.1.2 Beispiel 2

Altersteilzeit im Teilzeitmodell Basismonat Mai 2004, Steuerklasse III/0

„Neufall" nach §15 Abs. 2 Satz 2 ATV-K, d. h. Altersteilzeit wurde nach dem 31. Dezember 2002 vereinbart,

VergGr. III BAT (VKA), Endstufe, verheiratet ohne Kinder, Ehegatte **nicht** im öffentlichen Dienst,

die bisherige wöchentliche Arbeitszeit vor Übergang in die Altersteilzeitarbeit betrug 38,5 Stunden/Woche,

indiv. ArbN-Beitrag zur Krankenversicherung 7,4 v. H., kirchensteuerpflichtig (9 v. H.), ZVK Münster (4,5 v. H. Umlage),

100 € Vergütungen für Mehrarbeit/Überstunden, 50 € steuerfreie Zeitzuschläge, Vermögenswirksame Leistungen.

		fiktives bisheriges Arbeitsentgelt	tatsächliches ATZ-Netto-Arbeitsentgelt	Nebenrechnung zur Ermittlung der Aufstockungsbeträge
1. Berechnung der Brutto-Bezüge für Altersteilzeitarbeit nach § 4 TV ATZ:				
1.1 steuerpflichtige Bezüge:				
1.1.1 Grundgehalt (Endstufe)		3 147,23 €	1 573,62 €	1 573,62 €
1.1.2 Ortszuschlag (Stufe 2)		609,26 €	304,63 €	304,63 €
1.1.3 allgemeine Zulage		114,60 €	57,30 €	57,30 €
1.1.4 Mehrarbeit/Überstunden		*entfällt*	100,00 €	*entfällt*
1.1.5 Vermögenswirksame Leistungen *[kein ZVE]*		6,65 €	3,33 €	3,33 €
1.2 Summe Brutto		**3 877,74 €**	**2 038,88 €**	**1 938,88 €**
1.3 Berücksichtigung der Umlage zur ZVK Münster:				
1.3.1 **Summe zusatzversorgungspflichtiges Brutto** *[ZVE]* § 15 Abs. 2 Satz 2 ATV: 1,8fache der Bezüge nach § 4 TV ATZ, soweit diese nicht in voller Höhe zustehen *[(Nr. 1.1.1 + Nr. 1.1.2 + Nr. 1.1.3) × 1,8] + Nr. 1.1.4*		**3 871,09 €**	**3 583,99 €**	**3 483,99 €**
1.3.2 Umlage	**4,50 %**			
1.3.2.1 davon Umlage-Beitrag des Arbeitnehmers	**0,00 %**		0,00 €	
1.3.2.2 davon Arbeitgeber-Umlage	**4,50 %**	174,20 €	161,28 €	156,78 €
1.3.2.3 durch Arbeitgeber pauschal zu versteuern		89,48 €	89,48 €	89,48 €
1.3.2.4 Zusatzbetrag für steuerpflichtiges Brutto		84,72 €	71,80 €	67,30 €
1.3.2.5 Hinzurechnungsbetrag (§ 2 Abs. 1 Satz 2 ArEV)		36,41 €	36,41 €	36,41 €
1.4 Summe Steuer-Brutto [Nr. 1.2 + 1.3.2.4]			**2 110,68 €**	**2 006,18 €**
1.5 Summe SV-Brutto [Nr. 1.4 + 1.3.2.5]	**mtl. BBG**			
a) RV/AV	**5 150,00 €**	**3 998,87 €**	**2 147,09 €**	**2 042,59 €**
b) KV/PV	**3 487,50 €**		2 147,09 €	2 042,59 €
1.6 individuelle Abzüge:				
1.6.1 Lohnsteuer (Steuerklasse III/0)			60,16 €	42,00 €
1.6.2 Solidaritätszuschlag			0,00 €	0,00 €
1.6.3 Kirchensteuer (***nur*** *wenn KiSt-pflichtig*)	**9,00 %**		5,41 €	3,78 €
1.6.4 ArbN-Beitrag zur Rentenversicherung	**9,75 %**		209,34 €	199,15 €
1.6.5 ArbN-Beitrag zur Arbeitslosenversicherung	**3,25 %**		69,78 €	66,38 €
1.6.6 ArbN-Beitrag zur Krankenversicherung	**7,40 %**	*(indiv. Satz)*	158,88 €	151,15 €
1.6.7 ArbN-Beitrag zur Pflegeversicherung	**0,85 %**		18,25 €	17,36 €
1.7 Nettoarbeitsentgelt (vor Abzug des Umlage-Beitrags des ArbN)			**1 517,06 €**	**1 459,06 €**
2. Berechnung der Aufstockungsbeträge nach § 5 Abs. 1 und 2 TV ATZ:				
2.1 Bruttoentgelt für Altersteilzeitarbeit [Nr. 1.2 oder 1.5] (bis zur mtl. Beitragsbemessungsgrenze AV/RV von 5 150,00 € ist vom sv-pflichtigen, darüber vom arbeitsrechtlichen Bruttoentgelt für Altersteilzeitarbeit auszugehen)				2 042,59 €

		fiktives bisheriges Arbeitsentgelt	tatsächliches ATZ-Netto-Arbeitsentgelt	Nebenrechnung zur Ermittlung der Aufstockungsbeträge
2.2	Nettoentgelt (individuell)			1 459,06 €
2.3	**20%-Aufstockung** (vom o. a. Bruttoentgelt für Altersteilzeit [Nr. 2.1])			**408,52 €**
2.4	Zwischensumme 1			1 867,58 €
2.5	**Mindestnettobetrag gem. 83%-Tabelle** – Bemessungsgrundlage ist das **fiktive bisherige Brutto-Arbeitsentgelt** [Nr. 1 2] (**ohne** Zusatzbeträge zum sv-pflichtigen Brutto [Nr. 1.3.2.4 + 1.3.2.5])	3 877,74 €		
	auf-/abgerundet auf den nächsten durch 5 € teilbaren Betrag	3 880,00 €		**2 080,30 €**
2.6	**Zusatzaufstockung** (auf 83 % des pauschalierten bisherigen Nettos)			212,72 €
2.7	**Gesamtaufstockung**		**621,24 €**	<< 621,24 €
2.8	Zwischensumme 2		2 138,30 €	
2.9	abzüglich Umlage-Beitrag des ArbN zur Zusatzversorgung [Nr. 1.3.2.1]		0,00 €	
2.10	zuzüglich **steuerfreie Bezüge**		50,00 €	
2.11	**Auszahlungsbetrag** (einschließlich Aufstockung)		**2 188,30 €**	
3.	**Berechnung der zusätzlichen Rentenversicherungsbeiträge nach § 5 Abs. 4 TV ATZ:**			
3.1	fiktives bisheriges, sv-pflichtiges Brutto-Arbeitsentgelt [Nr. 1.5] – maximal bis zur monatlichen Beitragsbemessungsgrenze AV/RV von	5 150,00 €	3 998,87 €	
3.2	davon 90 %		3 598,98 €	
3.3	abzüglich bereits verbeitragte Bezüge für Altersteilzeitarbeit [Nr. 1.5]		2 147,09 €	
3.4	Bemessungsgrundlage (= Unterschiedsbetrag)		1 451,89 €	
3.5	davon als **zusätzlicher RV-Beitrag** (**nur** Arbeitgeber)	**19,50 %**	**283,12 €**	
4.	**Berechnung der erstattungsfähigen Aufstockungsleistungen bei Wiederbesetzung (§ 4 Altersteilzeitgesetz):**			
4.1	**Aufstockungsbeträge nach § 3 Abs. 1 Nr. 1 Buchst. a Altersteilzeitgesetz:**			
4.1.1	Bruttoentgelt für Altersteilzeitarbeit [Nr. 1.2 oder 1.5] (bis zur monatlichen Beitragsbemessungsgrenze AV/RV von 5 150,00 € ist vom sv-pflichtigen, darüber vom arbeitsrechtlichen Bruttoentgelt für Altersteilzeitarbeit auszugehen)			2 042,59 €
4.1.2	Nettoentgelt (individuell)			1 459,06 €
4.1.3	**20%-Aufstockung** (vom o. a. Bruttoentgelt für Altersteilzeit [Nr. 4.1.1])			**408,52 €**
4.1.4	Zwischensumme 1			1 867,58 €
4.1.5	**Mindestnettobetrag nach Mindestnettobetrags-Verordnung 2004** vom 22. Dezember 2003 (BGBl. I 2003 S. 3114)			
	Bemessungsgrundlage ist das **fiktive bisherige, sv-pflichtige Brutto-Arbeitsentgelt** [Nr. 1.5 Buchst. a],	3 998,87 €		
	begrenzt auf die monatl. BBG AV/RV von 5 150,00 €			
	auf-/abgerundet auf den nächsten durch 5 € teilbaren Betrag	4 000,00 €		**1 800,40 €**

	fiktives bisheriges Arbeitsentgelt	tatsächliches ATZ-Netto-Arbeitsentgelt	Nebenrechnung zur Ermittlung der Aufstockungsbeträge
4.1.6 **Zusatzaufstockung** (auf 70 % des pauschalierten bisherigen Nettos)			**0,00 €**
4.1.7 **Gesamtaufstockung**		**408,52 €**	<< 408,52 €
4.2 **Zusätzliche Rentenversicherungsbeiträge nach § 3 Abs. 1 Nr. 1 Buchst. b Altersteilzeitgesetz:**			
Berechnung siehe Nr. 3		**283,12 €**	
4.3 **Insgesamt erstattungsfähige Aufstockungsleistungen durch die Bundesagentur für Arbeit** [Summen Nr. 4.1.7 + 4.2]		**691,64 €**	

3.2.1.3 Beispiel 3

Altersteilzeit im Blockmodell Basismonat Mai 2004, Steuerklasse III/0

„Neufall" nach § 15 Abs. 2 Satz 2 ATV-K, d. h. Altersteilzeit wurde nach dem 31. Dezember 2002 vereinbart,

VergGr. III BAT (VKA), Endstufe, verheiratet ohne Kinder, Ehegatte **nicht** im öffentlichen Dienst,

die bisherige wöchentliche Arbeitszeit vor Übergang in die Altersteilzeitarbeit betrug 38,5 Stunden/Woche,

indiv. ArbN-Beitrag zur Krankenversicherung 7,4 v. H., kirchensteuerpflichtig (9 v. H.), ZVK Münster (4,5 v. H. Umlage),

100 € Vergütungen für Mehrarbeit/Überstunden, 50 € steuerfreie Zeitzuschläge, Vermögenswirksame Leistungen.

Arbeitsphase

	fiktives bisheriges Arbeitsentgelt	tatsächliches ATZ-Netto-Arbeitsentgelt	Nebenrechnung zur Ermittlung der Aufstockungsbeträge
1. **Berechnung der Brutto-Bezüge für Altersteilzeitarbeit nach § 4 TV ATZ:**			
1.1 **steuerpflichtige Bezüge:**			
1.1.1 Grundgehalt (Endstufe)	3 147,23 €	1 573,62 €	1 573,62 €
1.1.2 Ortszuschlag (Stufe 2)	609,26 €	304,63 €	304,63 €
1.1.3 allgemeine Zulage	114,60 €	57,30 €	57,30 €
1.1.4 Mehrarbeit/Überstunden	*entfällt*	100,00 €	*entfällt*
1.1.5 Vermögenswirksame Leistungen *[kein ZVE]*	6,65 €	3,33 €	3,33 €
1.2 **Summe Brutto**	**3 877,74 €**	**2 038,88 €**	**1 938,88 €**
1.3 **Berücksichtigung der Umlage zur ZVK Münster:**			
1.3.1 **Summe zusatzversorgungspflichtiges Brutto** *[ZVE]* § 15 Abs. 2 Satz 2 ATV: 1,8fache der Bezüge nach § 4 TV ATZ, soweit diese nicht in voller Höhe zustehen *[(Nr. 1.1.1 + Nr. 1.1.2 + Nr. 1.1.3) × 1,8] + Nr. 1.1.4*	**3 871,09 €**	**3 583,99 €**	**3 483,99 €**

		fiktives bisheriges Arbeitsentgelt	tatsächliches ATZ-Netto-Arbeitsentgelt	Nebenrechnung zur Ermittlung der Aufstockungsbeträge
1.3.2 VBL-Umlage	**4,50 %**			
1.3.2.1 davon Umlage-Beitrag des Arbeitnehmers	**0,00 %**		0,00 €	
1.3.2.2 davon Arbeitgeber-Umlage	**4,50 %**	174,20 €	161,28 €	156,78 €
1.3.2.3 durch Arbeitgeber pauschal zu versteuern		89,48 €	89,48 €	89,48 €
1.3.2.4 Zusatzbetrag für steuerpflichtiges Brutto		84,72 €	71,80 €	67,30 €
1.3.2.5 Hinzurechnungsbetrag (§ 2 Abs. 1 Satz 2 ArEV)		36,41 €	36,41 €	36,41 €
1.4 Summe Steuer-Brutto [Nr. 1.2 + 1.3.2.4]			**2 110,68 €**	**2 006,18 €**
1.5 Summe SV-Brutto [Nr. 1.4 + 1.3.2.5]	**mtl. BBG**			
a) RV/AV	**5 150,00 €**	**3 998,87 €**	**2 147,09 €**	**2 042,59 €**
b) KV/PV	**3 487,50 €**		2 147,09 €	2 042,59 €
1.6 individuelle Abzüge:				
1.6.1 Lohnsteuer (Steuerklasse III/0)			60,16 €	42,00 €
1.6.2 Solidaritätszuschlag			0,00 €	0,00 €
1.6.3 Kirchensteuer (***nur** wenn KiSt-pflichtig*)	**9,00 %**		5,41 €	3,78 €
1.6.4 ArbN-Beitrag zur Rentenversicherung	**9,75 %**		209,34 €	199,15 €
1.6.5 ArbN-Beitrag zur Arbeitslosenversicherung	**3,25 %**		69,78 €	66,38 €
1.6.6 ArbN-Beitrag zur Krankenversicherung	**7,40 %**	*(indiv. Satz)*	158,88 €	151,15 €
1.6.7 ArbN-Beitrag zur Pflegeversicherung	**0,85 %**		18,25 €	17,36 €
1.7 Nettoarbeitsentgelt (vor Abzug des Umlage-Beitrags des ArbN)			**1 517,06 €**	**1 459,06 €**
2. Berechnung der Aufstockungsbeträge nach § 5 Abs. 1 und 2 TV ATZ:				
2.1 Bruttoentgelt für Altersteilzeitarbeit [Nr. 1.2 oder 1.5] (bis zur mtl. Beitragsbemessungsgrenze AV/RV von 5 150,00 € ist vom sv-pflichtigen, darüber vom arbeitsrechtlichen Bruttoentgelt für Altersteilzeitarbeit auszugehen)				2 042,59 €
2.2 Nettoentgelt (individuell)				1 459,06 €
2.3 **20%-Aufstockung** (vom o. a. Bruttoentgelt für Altersteilzeit [Nr. 2.1])				**408,52 €**
2.4 Zwischensumme 1				1 867,58 €
2.5 **Mindestnettobetrag gem. 83%-Tabelle** – Bemessungsgrundlage ist das **fiktive bisherige Brutto-Arbeitsentgelt** [Nr. 1.2] (**ohne** Zusatzbeträge zum sv-pflichtigen Brutto [Nr. 1.3.2.4 + 1.3.2.5])		3 877,74 €		
auf-/abgerundet auf den nächsten durch 5 € teilbaren Betrag		3 880,00 €		**2 080,30 €**
2.6 **Zusatzaufstockung** (auf 83 % des pauschalierten bisherigen Nettos)				212,72 €
2.7 **Gesamtaufstockung**			**621,24 €**	<< 621,24 €
2.8 Zwischensumme 2			2 138,30 €	
2.9 abzüglich Umlage-Beitrag des ArbN zur Zusatzversorgung [Nr. 1.3.2.1]			0,00 €	
2.10 zuzüglich **steuerfreie Bezüge**			50,00 €	
2.11 **Auszahlungsbetrag** (einschließlich Aufstockung)			**2 188,30 €**	

	fiktives bisheriges Arbeitsentgelt	tatsächliches ATZ-Netto-Arbeitsentgelt	Nebenrechnung zur Ermittlung der Aufstockungsbeträge
3. Berechnung der zusätzlichen Rentenversicherungsbeiträge nach § 5 Abs. 4 TV ATZ:			
3.1 fiktives bisheriges, sv-pflichtiges Brutto-Arbeitsentgelt [Nr. 1.5] – maximal bis zur monatlichen Beitragsbemessungsgrenze AV/RV von	5 150,00 €	3 998,87 €	
3.2 davon 90 %		3 598,98 €	
3.3 abzüglich bereits verbeitragte Bezüge für Altersteilzeitarbeit [Nr. 1.5]		2 147,09 €	
3.4 Bemessungsgrundlage (= Unterschiedsbetrag)		1 451,89 €	
3.5 davon als **zusätzlicher RV-Beitrag (nur** Arbeitgeber)	**19,50 %**	**283,12 €**	
4. Berechnung der erstattungsfähigen Aufstockungsleistungen bei Wiederbesetzung (§ 4 Altersteilzeitgesetz):			
4.1 Aufstockungsbeträge nach § 3 Abs. 1 Nr. 1 Buchst. a Altersteilzeitgesetz:			
4.1.1 Bruttoentgelt für Altersteilzeitarbeit [Nr. 1.2 oder 1.5] (bis zur monatlichen Beitragsbemessungsgrenze AV/RV von 5 150,00 € ist vom sv-pflichtigen, darüber vom arbeitsrechtlichen Bruttoentgelt für Altersteilzeitarbeit auszugehen)			2 042,59 €
4.1.2 Nettoentgelt (individuell)			1 459,06 €
4.1.3 **20%-Aufstockung** (vom o. a. Bruttoentgelt für Altersteilzeit [Nr. 4.1.1])			**408,52 €**
4.1.4 Zwischensumme 1			1 867,58 €
4.1.5 **Mindestnettobetrag nach Mindestnettobetrags-Verordnung 2004** vom 22. Dezember 2003 (BGBl. I 2003 S. 3114)			
Bemessungsgrundlage ist das **fiktive bisherige, sv-pflichtige Brutto-Arbeitsentgelt** [Nr. 1.5 Buchst. a],	3 998,87 €		
begrenzt auf die monatl. BBG AV/RV von 5 150,00 €			
auf-/abgerundet auf den nächsten durch 5 € teilbaren Betrag	4 000,00 €		**1 800,40 €**
4.1.6 **Zusatzaufstockung** (auf 70 % des pauschalierten bisherigen Nettos)			**0,00 €**
4.1.7 **Gesamtaufstockung**		**408,52 €**	<< 408,52 €
4.2 Zusätzliche Rentenversicherungsbeiträge nach § 3 Abs. 1 Nr. 1 Buchst. b Altersteilzeitgesetz:			
Berechnung siehe Nr. 3		**283,12 €**	
4.3 Insgesamt erstattungsfähige Aufstockungsleistungen durch die Bundesagentur für Arbeit [Summen Nr. 4.1.7 + 4.2]		**691,64 €**	

Freistellungsphase

		fiktives bisheriges Arbeitsentgelt	tatsächliches ATZ-Netto-Arbeitsentgelt	Nebenrechnung zur Ermittlung der Aufstockungsbeträge
1. Berechnung der Brutto-Bezüge für Altersteilzeitarbeit nach § 4 TV ATZ:				
1.1 steuerpflichtige Bezüge:				
1.1.1 Grundgehalt (Endstufe)		3 147,23 €	1 573,62 €	1 573,62 €
1.1.2 Ortszuschlag (Stufe 2)		609,26 €	304,63 €	304,63 €
1.1.3 allgemeine Zulage		114,60 €	57,30 €	57,30 €
1.1.4 Mehrarbeit/Überstunden		*entfällt*	100,00 €	*entfällt*
1.1.5 Vermögenswirksame Leistungen *[kein ZVE]*		6,65 €	3,33 €	3,33 €
1.2 Summe Brutto		**3 877,74 €**	**1 938,88 €**	**1 938,88 €**
1.3 Berücksichtigung der Umlage zur ZVK Münster:				
1.3.1 **Summe zusatzversorgungspflichtiges Brutto** *[ZVE]* § 15 Abs. 2 Satz 2 ATV: 1,8fache der Bezüge nach § 4 TV ATZ, soweit diese nicht in voller Höhe zustehen *[(Nr. 1.1.1 + Nr. 1.1.2 + Nr. 1.1.3) × 1,8] + Nr. 1.1.4*		**3 871,09 €**	**3 483,99 €**	**3 483,99 €**
1.3.2 VBL-Umlage	**4,50 %**			
1.3.2.1 davon Umlage-Beitrag des Arbeitnehmers	**0,00 %**		0,00 €	
1.3.2.2 davon Arbeitgeber-Umlage	**4,50 %**	174,20 €	156,78 €	156,78 €
1.3.2.3 durch Arbeitgeber pauschal zu versteuern		89,48 €	89,48 €	89,48 €
1.3.2.4 Zusatzbetrag für steuerpflichtiges Brutto		84,72 €	67,30 €	67,30 €
1.3.2.5 Hinzurechnungsbetrag (§ 2 Abs. 1 Satz 2 ArEV)		36,41 €	36,41 €	36,41 €
1.4 Summe Steuer-Brutto [Nr. 1.2 + 1.3.2.4]			**2 006,18 €**	**2 006,18 €**
1.5 Summe SV-Brutto [Nr. 1.4 + 1.3.2.5]	**mtl. BBG**			
a) RV/AV	**5 150,00 €**	**3 998,87 €**	**2 042,59 €**	**2 042,59 €**
b) KV/PV	**3 487,50 €**		2 042,59 €	2 042,59 €
1.6 individuelle Abzüge:				
1.6.1 Lohnsteuer (Steuerklasse III/0)			42,00 €	42,00 €
1.6.2 Solidaritätszuschlag			0,00 €	0,00 €
1.6.3 Kirchensteuer (*nur wenn KiSt-pflichtig*)	**9,00 %**		3,78 €	3,78 €
1.6.4 ArbN-Beitrag zur Rentenversicherung	**9,75 %**		199,15 €	199,15 €
1.6.5 ArbN-Beitrag zur Arbeitslosenversicherung	**3,25 %**		66,38 €	66,38 €
1.6.6 ArbN-Beitrag zur Krankenversicherung	**7,40 %**	*(indiv. Satz)*	151,15 €	151,15 €
1.6.7 ArbN-Beitrag zur Pflegeversicherung	**0,85 %**		17,36 €	17,36 €
1.7 Nettoarbeitsentgelt (vor Abzug des Umlage-Beitrags des ArbN)			**1 459,06 €**	**1 459,06 €**
2. Berechnung der Aufstockungsbeträge nach § 5 Abs. 1 und 2 TV ATZ:				
2.1 Bruttoentgelt für Altersteilzeitarbeit [Nr. 1.2 oder 1.5] (bis zur mtl. Beitragsbemessungsgrenze AV/RV von 5 150,00 € ist vom sv-pflichtigen, darüber vom arbeitsrechtlichen Bruttoentgelt für Altersteilzeitarbeit auszugehen)				2 042,59 €

		fiktives bisheriges Arbeitsentgelt	tatsächliches ATZ-Netto-Arbeitsentgelt	Nebenrechnung zur Ermittlung der Aufstockungsbeträge
2.2	Nettoentgelt (individuell)			1 459,06 €
2.3	**20%-Aufstockung** (vom o. a. Bruttoentgelt für Altersteilzeit [Nr. 2.1])			**408,52 €**
2.4	Zwischensumme 1			1 867,58 €
2.5	**Mindestnettobetrag gem. 83%-Tabelle** – Bemessungsgrundlage ist das **fiktive bisherige Brutto-Arbeitsentgelt** [Nr. 1.2] (**ohne** Zusatzbeträge zum sv-pflichtigen Brutto [Nr. 1.3.2.4 + 1.3.2.5])	3 877,74 €		
	auf-/abgerundet auf den nächsten durch 5 € teilbaren Betrag	3 880,00 €		**2 080,30 €**
2.6	**Zusatzaufstockung** (auf 83 % des pauschalierten bisherigen Nettos)			212,72 €
2.7	**Gesamtaufstockung**		**621,24 €**	<< 621,24 €
2.8	Zwischensumme 2		2 080,30 €	
2.9	abzüglich Umlage-Beitrag des ArbN zur Zusatzversorgung [Nr. 1.3.2.1]		0,00 €	
2.10	zuzüglich **steuerfreie Bezüge**		0,00 €	
2.11	**Auszahlungsbetrag** (einschließlich Aufstockung)		**2 080,30 €**	
3.	**Berechnung der zusätzlichen Rentenversicherungsbeiträge nach § 5 Abs. 4 TV ATZ:**			
3.1	fiktives bisheriges, sv-pflichtiges Brutto-Arbeitsentgelt [Nr. 1.5] – maximal bis zur monatlichen Beitragsbemessungsgrenze AV/RV von	5 150,00 €	3 998,87 €	
3.2	davon 90 %		3 598,98 €	
3.3	abzüglich bereits verbeitragte Bezüge für Altersteilzeitarbeit [Nr. 1.5]		2 042,59 €	
3.4	Bemessungsgrundlage (= Unterschiedsbetrag)		1 556,39 €	
3.5	davon als **zusätzlicher RV-Beitrag** (**nur** Arbeitgeber)	**19,50 %**	**303,50 €**	
4.	**Berechnung der erstattungsfähigen Aufstockungsleistungen bei Wiederbesetzung (§ 4 Altersteilzeitgesetz):**			
4.1	**Aufstockungsbeträge nach § 3 Abs. 1 Nr. 1 Buchst. a Altersteilzeitgesetz:**			
4.1.1	Bruttoentgelt für Altersteilzeitarbeit [Nr. 1.2 oder 1.5] (bis zur monatlichen Beitragsbemessungsgrenze AV/RV von 5 150,00 € ist vom sv-pflichtigen, darüber vom arbeitsrechtlichen Bruttoentgelt für Altersteilzeitarbeit auszugehen)			2 042,59 €
4.1.2	Nettoentgelt (individuell)			1 459,06 €
4.1.3	**20%-Aufstockung** (vom o. a. Bruttoentgelt für Altersteilzeit [Nr. 4.1.1])			**408,52 €**
4.1.4	Zwischensumme 1			1 867,58 €
4.1.5	**Mindestnettobetrag nach Mindestnettobetrags-Verordnung 2004** vom 22. Dezember 2003 (BGBl. I 2003 S. 3114)			
	Bemessungsgrundlage ist das **fiktive bisherige, sv-pflichtige Brutto-Arbeitsentgelt** [Nr. 1.5 Buchst. a],	3 998,87 €		
	begrenzt auf die monatl. BBG AV/RV von 5 150,00 €			
	auf-/abgerundet auf den nächsten durch 5 € teilbaren Betrag	4 000,00 €		**1 800,40 €**

	fiktives bisheriges Arbeitsentgelt	tatsächliches ATZ-Netto-Arbeitsentgelt	Nebenrechnung zur Ermittlung der Aufstockungsbeträge
4.1.6 **Zusatzaufstockung** (auf 70 % des pauschalierten bisherigen Nettos)			**0,00 €**
4.1.7 **Gesamtaufstockung**		**408,52 €**	<< 408,52 €
4.2 Zusätzliche Rentenversicherungsbeiträge nach § 3 Abs. 1 Nr. 1 Buchst. b Altersteilzeitgesetz: Berechnung siehe Nr. 3		**303,50 €**	
4.3 Insgesamt erstattungsfähige Aufstockungsleistungen durch die Bundesagentur für Arbeit [Summen Nr. 4.1.7 + 4.2]		**712,02 €**	

3.2.1.4 Beispiel 4

Altersteilzeit im Teilzeitmodell Basismonat Mai 2004, Steuerklasse IV/0

(Teilzeitarbeit war bereits vor Übergang in Altersteilzeit vereinbart)

„Neufall" nach § 15 Abs. 2 Satz 2 ATV-K, d. h. Altersteilzeit wurde nach dem 31. Dezember 2002 vereinbart,

VergGr. III BAT (VKA), Endstufe, verheiratet ohne Kinder, Ehegatte **im** öffentlichen Dienst,

bislang 3/4-Stelle, d. h. die bisherige wöchentliche Arbeitszeit vor Übergang in die Altersteilzeit betrug 28,875 Stunden/Woche,

indiv. ArbN-Beitrag zur Krankenversicherung 7,4 v. H., kirchensteuerpflichtig (9 v. H.), ZVK Münster (4,5 v. H. Umlage),

100 € Vergütungen für Mehrarbeit/Überstunden, 50 € steuerfreie Zeitzuschläge, Vermögenswirksame Leistungen.

	Vollzeitentgelt (nachrichtlich)	fiktives bisheriges Arbeitsentgelt [Vollzeitentgelt × 3/4]	tatsächliches ATZ-Netto-Arbeitsentgelt [Vollzeitentgelt × 3/8]	Nebenrechnung zur Ermittlung der Aufstockungsbeträge [Vollzeitentgelt × 3/8]
1. Berechnung der Brutto-Bezüge für Altersteilzeitarbeit nach § 4 TV ATZ:				
1.1 steuerpflichtige Bezüge:				
1.1.1 Grundgehalt (Endstufe)	*3 147,23 €*	2 360,42 €	1 180,21 €	1 180,21 €
1.1.2 Ortszuschlag (Stufe 1)	*502,36 €*	376,77 €	188,39 €	188,39 €
1.1.3 Verheiratetenzuschlag (Stufe ½) – § 29 B Abs. 5 BAT	*53,45 €*	53,45 €	53,45 €	53,45 €
1.1.4 allgemeine Zulage	*114,60 €*	85,95 €	42,98 €	42,98 €
1.1.5 Mehrarbeit/Überstunden		*entfällt*	100,00 €	*entfällt*
1.1.6 Vermögenswirksame Leistungen *[kein ZVE]*	*6,65*	4,99 €	2,49 €	2,49 €
1.2 Summe Brutto		**2 881,58 €**	**1 567,52 €**	**1 467,52 €**

	Vollzeitentgelt (nachrichtlich)	fiktives bisheriges Arbeitsentgelt [Vollzeitentgelt × 3/4]	tatsächliches ATZ-Netto-Arbeitsentgelt [Vollzeitentgelt × 3/8]	Nebenrechnung zur Ermittlung der Aufstockungsbeträge [Vollzeitentgelt × 3/8]
1.3 Berücksichtigung der Umlage zur VBL:				
1.3.1 **Summe zusatzversorgungspflichtiges Brutto** *[ZVE]* §15 Abs. 2 Satz 2 ATV: 1,8fache der Bezüge nach §4 TV ATZ, soweit diese nicht in voller Höhe zustehen *[(Nr. 1.1.1 + Nr. 1.1.2 + Nr. 1.1.4) × 1,8] + (Nr. 1.1.3 + Nr. 1.1.5)*		**2 876,59 €**	**2 694,29 €**	**2 594,29 €**
1.3.2 Umlage	**4,50 %**			
1.3.2.1 davon Umlage-Beitrag des Arbeitnehmers	**0,00 %**		0,00 €	
1.3.2.2 davon Arbeitgeber-Umlage	**4,50 %**	129,45 €	121,24 €	116,74 €
1.3.2.3 durch Arbeitgeber pauschal zu versteuern		89,48 €	89,48 €	89,48 €
1.3.2.4 Zusatzbetrag für steuerpflichtiges Brutto		39,97 €	31,76 €	27,26 €
1.3.2.5 Hinzurechnungsbetrag (§2 Abs. 1 Satz 2 ArEV)		36,41 €	36,41 €	36,41 €
1.4 Summe Steuer-Brutto [Nr. 1.2 + 1.3.2.4]			**1 599,28 €**	**1 494,78 €**
1.5 Summe SV-Brutto [Nr. 1.4 + 1.3.2.5]	**mtl. BBG**			
a) RV/AV	**5 150,00 €**	**2 957,96 €**	**1 635,69 €**	**1 531,19 €**
b) KV/PV	**3 487,50 €**		1 635,69 €	1 531,19 €
1.6 individuelle Abzüge:				
1.6.1 Lohnsteuer (Steuerklasse IV/0)			157,41 €	126,50 €
1.6.2 Solidaritätszuschlag			8,65 €	6,95 €
1.6.3 Kirchensteuer (***nur*** *wenn KiSt-pflichtig*)	**9,00 %**		14,16 €	11,38 €
1.6.4 ArbN-Beitrag zur Rentenversicherung	**9,75 %**		159,48 €	149,29 €
1.6.5 ArbN-Beitrag zur Arbeitslosenversicherung	**3,25 %**		53,16 €	49,76 €
1.6.6 ArbN-Beitrag zur Krankenversicherung	**7,40 %**	*(indiv. Satz)*	121,04 €	113,31 €
1.6.7 ArbN-Beitrag zur Pflegeversicherung	**0,85 %**		13,90 €	13,02 €
1.7 Nettoarbeitsentgelt (**vor** Abzug des Umlage-Beitrags des ArbN)			**1 039,72 €**	**997,31 €**
2. Berechnung der Aufstockungsbeträge nach §5 Abs. 1 und 2 TV ATZ:				
2.1 Bruttoentgelt für Altersteilzeitarbeit [Nr. 1.2 oder 1.5] (bis zur mtl. Beitragsbemessungsgrenze AV/RV von 5 150,00 € ist vom sv-pflichtigen, darüber vom arbeitsrechtlichen Bruttoentgelt für Altersteilzeitarbeit auszugehen)				1 531,19 €
2.2 Nettoentgelt (individuell)				997,31 €
2.3 **20%-Aufstockung** (vom o. a. Bruttoentgelt für Altersteilzeit [Nr. 2.1])				**306,24 €**
2.4 Zwischensumme 1				1 303,55 €
2.5 **Mindestnettobetrag gem. 83%-Tabelle** – Bemessungsgrundlage ist das **fiktive bisherige Brutto-Arbeitsentgelt** [Nr. 1.2] (**ohne** Zusatzbeträge zum sv-pflichtigen Brutto [Nr. 1.3.2.4 + 1.3.2.5])		2 881,58 €		
auf-/abgerundet auf den nächsten durch 5 € teilbaren Betrag		2 880,00 €		**1 378,54 €**
2.6 **Zusatzaufstockung** (auf 83 % des pauschalierten bisherigen Nettos)				74,99 €

Nr.		fiktives bisheriges Arbeitsentgelt	tatsächliches ATZ-Netto-Arbeitsentgelt	Nebenrechnung zur Ermittlung der Aufstockungsbeträge
	Vollzeitentgelt (nachrichtlich)	[Vollzeitentgelt × 3/4]	[Vollzeitentgelt × 3/8]	[Vollzeitentgelt × 3/8]
2.7	**Gesamtaufstockung**		**381,23 €**	<< 381,23 €
2.8	Zwischensumme 2		1 420,95 €	
2.9	abzüglich Umlage-Beitrag des ArbN zur Zusatzversorgung [Nr. 1.3.2.1]		0,00 €	
2.10	zuzüglich **steuerfreie Bezüge**		50,00 €	
2.11	**Auszahlungsbetrag** (einschließlich Aufstockung)		**1 470,95 €**	
3.	**Berechnung der zusätzlichen Rentenversicherungsbeiträge nach § 5 Abs. 4 TV ATZ:**			
3.1	fiktives bisheriges, sv-pflichtiges Brutto-Arbeitsentgelt [Nr. 1.5] – maximal bis zur monatlichen Beitragsbemessungsgrenze AV/RV von	5 150,00 €	2 957,96 €	
3.2	davon 90 %		2 662,16 €	
3.3	abzüglich bereits verbeitragte Bezüge für Altersteilzeitarbeit [Nr. 1.5]		1 635,69 €	
3.4	Bemessungsgrundlage (= Unterschiedsbetrag)		1 026,47 €	
3.5	davon als **zusätzlicher RV-Beitrag (nur** Arbeitgeber)	**19,50 %**	**200,16 €**	
4.	**Berechnung der erstattungsfähigen Aufstockungsleistungen bei Wiederbesetzung (§ 4 Altersteilzeitgesetz):**			
4.1	**Aufstockungsbeträge nach § 3 Abs. 1 Nr. 1 Buchst. a Altersteilzeitgesetz:**			
4.1.1	Bruttoentgelt für Altersteilzeitarbeit [Nr. 1.2 oder 1.5] (bis zur monatlichen Beitragsbemessungsgrenze AV/RV von 5 150,00 € ist vom sv-pflichtigen, darüber vom arbeitsrechtlichen Bruttoentgelt für Altersteilzeitarbeit auszugehen)			1 531,19 €
4.1.2	Nettoentgelt (individuell)			997,31 €
4.1.3	**20%-Aufstockung** (vom Altersteilzeit-Brutto [Nr. 4.1.1])			**306,24 €**
4.1.4	Zwischensumme 1			1 303,55 €
4.1.5	**Mindestnettobetrag nach Mindestnettobetragsverordnung 2004** vom 22. Dezember 2003 (BGBl. I 2003 S. 3114)			
	Bemessungsgrundlage ist das **fiktive bisherige, sv-pflichtige Brutto-Arbeitsentgelt** [Nr. 1.5 Buchst. a],	2 957,96 €		
	begrenzt auf die monatl. Beitragsbemessungsgrenze Arbeitslosen-/Rentenversicherung in Höhe von 5 150,00 €			
	auf-/abgerundet auf den nächsten durch 5 € teilbaren Betrag	2 960,00 €		**1 185,02 €**
4.1.6	**Zusatzaufstockung** (auf 70 % des pauschalierten bisherigen Nettos)			**0,00 €**
4.1.7	**Gesamtaufstockung**		**306,24 €**	<< 306,24 €
4.2	**Zusätzliche Rentenversicherungsbeiträge nach § 3 Abs. 1 Nr. 1 Buchst. b Altersteilzeitgesetz:**			
	Berechnung siehe Nr. 3		**200,16 €**	
4.3	**Insgesamt erstattungsfähige Aufstockungsleistungen durch die Bundesagentur für Arbeit** [Summen Nr. 4.1.7 + 4.2]		**506,40 €**	

3.2.1.5 Beispiel 5

Altersteilzeit im Teilzeitmodell **Basismonat August 2004, Steuerklasse III/0**

Altersteilzeit wurde nach dem 30. Juni 2004 begonnen, d. h. nach In-Kraft-Treten der AtG-Änderung zum 1. Juli 2004, VergGr. III BAT (VKA), Endstufe, verheiratet ohne Kinder, Ehegatte **nicht** im öffentlichen Dienst, die bisherige wöchentliche Arbeitszeit vor Übergang in die Altersteilzeitarbeit betrug 38,5 Stunden/Woche, indiv. ArbN-Beitrag zur Krankenversicherung 7,4 v. H., kirchensteuerpflichtig (9 v. H.), ZVK Münster (4,5 v. H.), 100 € Erschwerniszulage *(unterstellt, Voraussetzungen nach Nr. 2.1.1.2 im gemeinsamen RdSchr. der Spitzenorganisationen der Sozialversicherung vom 9. März 2004 für Regelarbeitsentgelt liegen nicht vor),* Vermögenswirksame Leistungen.

			TV ATZ		AtG
		fiktives bisheriges Arbeitsentgelt	tatsächliches ATZ-Netto-Arbeitsentgelt	Nebenrechnung zur Ermittlung der Aufstockungsbeträge	Regelarbeitsentgelt i. S. d. AtG i. d. F. ab 1. Juli 2004
1. Berechnung der Brutto-Bezüge für Altersteilzeitarbeit nach § 4 TV ATZ:					
1.1 steuerpflichtige Bezüge:					
1.1.1 Grundgehalt (Endstufe)		3 147,23 €	1 573,62 €	1 573,62 €	1 573,62 €
1.1.2 Ortszuschlag (Stufe 2)		609,26 €	304,63 €	304,63 €	304,63 €
1.1.3 allgemeine Zulage		114,60 €	57,30 €	57,30 €	57,30 €
1.1.4 Erschwerniszulagen		100,00 €	50,00 €	50,00 €	0,00 €
1.1.5 Vermögenswirksame Leistungen *[kein ZVE]*		6,65 €	3,33 €	3,33 €	3,33 €
1.2 Summe Brutto		**3 977,74 €**	**1 988,88 €**	**1 988,88 €**	**1 938,88 €**
1.3 Berücksichtigung der Umlage zur ZVK Münster:					
1.3.1 **Summe zusatzversorgungspflichtiges Brutto** *[ZVE]* § 15 Abs. 2 Satz 2 ATV: 1,8fache der Bezüge nach § 4 TV ATZ, soweit diese nicht in voller Höhe zustehen *[(Nr. 1.1.1 + Nr. 1.1.2 + Nr. 1.1.3) × 1,8] + Nr. 1.1.4*		**3 971,09 €**	**3 573,99 €**	**3 573,99 €**	**3 483,99 €**
1.3.2 Umlage	**4,50 %**				
1.3.2.1 davon Umlage-Beitrag des Arbeitnehmers	**0,00 %**		0,00 €		
1.3.2.2 davon Arbeitgeber-Umlage	**4,50 %**	178,70 €	160,83 €	160,83 €	156,78 €

			TV ATZ			AtG
			fiktives bisheriges Arbeitsentgelt	tatsächliches ATZ-Netto-Arbeitsentgelt	Nebenrechnung zur Ermittlung der Aufstockungsbeträge	Regelarbeitsentgelt i. S. d. AtG i. d. F. ab 1. Juli 2004
1.3.2.3	durch Arbeitgeber pauschal zu versteuern		89,48 €	89,48 €	89,48 €	89,48 €
1.3.2.4	Zusatzbetrag für steuerpflichtiges Brutto		89,22 €	71,35 €	71,35 €	67,30 €
1.3.2.5	Hinzurechnungsbetrag (§ 2 Abs. 1 Satz 2 ArEV)		36,41 €	36,41 €	36,41 €	36,41 €
1.4	**Summe Steuer-Brutto** [Nr. 1.2 + 1.3.2.4]			**2 060,23 €**	**2 060,23 €**	**2 006,18 €**
1.5	**Summe SV-Brutto** [Nr. 1.4 + 1.3.2.5]	**mtl. BBG**				
	a) RV/AV	**5 150,00 €**	**4 103,37 €**	**2 096,64 €**	**2 096,64 €**	**2 042,59 €**
	b) KV/PV	**3 487,50 €**		2 069,64 €	2 096,64 €	2 042,59 €
1.6	**individuelle Abzüge:**					
1.6.1	Lohnsteuer (Steuerklasse III/0)			50,66 €	50,66 €	50,66 €
1.6.2	Solidaritätszuschlag			0,00 €	0,00 €	0,00 €
1.6.3	Kirchensteuer (***nur*** *wenn KiSt-pflichtig*)	**9,00 %**		4,55 €	4,55 €	4,55 €
1.6.4	ArbN-Beitrag zur Rentenversicherung	**9,75 %**		204,42 €	204,42 €	199,15 €
1.6.5	ArbN-Beitrag zur Arbeitslosenversicherung	**3,25 %**		68,14 €	68,14 €	66,38 €
1.6.6	ArbN-Beitrag zur Krankenversicherung	**7,40 %**	*(indiv. Satz)*	155,15 €	155,15 €	151,15 €
1.6.7	ArbN-Beitrag zur Pflegeversicherung	**0,85 %**		17,82 €	17,82 €	17,36 €
1.7	**Nettoarbeitsentgelt** (**vor** Abzug des Umlage-Beitrags des ArbN)			**1 488,14 €**	**1 488,14 €**	**1 449,63 €**
2.	**Berechnung der Aufstockungsbeträge nach § 5 Abs. 1 und 2 TV ATZ:**					
2.1	Bruttoentgelt für Altersteilzeitarbeit [Nr. 1.2 oder 1.5] (bis zur mtl. Beitragsbemessungsgrenze AV/RV von 5 150,00 € ist vom sv-pflichtigen, darüber vom arbeitsrechtlichen Bruttoentgelt für Altersteilzeitarbeit auszugehen)				2 096,64 €	
2.2	Nettoentgelt (individuell)				1 488,14 €	
2.3	**20%-Aufstockung** (vom o. a. Bruttoentgelt für Altersteilzeit [Nr. 2.1])				**419,33 €**	
2.4	Zwischensumme 1				1 907,47 €	

Nr.		fiktives bisheriges Arbeitsentgelt	TV ATZ: tatsächliches ATZ-Netto-Arbeitsentgelt	TV ATZ: Nebenrechnung zur Ermittlung der Aufstockungsbeträge	AtG: Regelarbeitsentgelt i. S. d. AtG i. d. F. ab 1. Juli 2004
2.5	**Mindestnettobetrag gem. 83%-Tabelle** – Bemessungsgrundlage ist das **fiktive bisherige Brutto-Arbeitsentgelt** [Nr. 1.2] (**ohne** Zusatzbeträge zum sv-pflichtigen Brutto [Nr. 1.3.2.4 + 1.3.2.5])	3 977,74 €			
	auf-/abgerundet auf den nächsten durch 5 € teilbaren Betrag	3 980,00 €		**2 125,65 €**	
2.6	**Zusatzaufstockung** (auf 83 % des pauschalierten bisherigen Nettos)			218,18 €	
2.7	**Gesamtaufstockung**		**637,51 €**	<< 637,51 €	
2.8	Zwischensumme 2		2 125,65 €		
2.9	abzüglich Umlage-Beitrag des ArbN zur Zusatzversorgung [Nr. 1.3.2.1]		0,00 €		
2.10	zuzüglich **steuerfreie Bezüge**		0,00 €		
2.11	**Auszahlungsbetrag** (einschließlich Aufstockung)		**2 125,65 €**		
3.	**Berechnung der zusätzlichen Rentenversicherungsbeiträge nach § 5 Abs. 4 TV ATZ:**				
3.1	fiktives bisheriges, sv-pflichtiges Brutto-Arbeitsentgelt [Nr. 1.5] – maximal bis zur monatlichen Beitragsbemessungsgrenze AV/RV von	5 150,00 €	4 103,37 €		
3.2	davon 90 %		3 693,03 €		
3.3	abzüglich bereits verbeitragte Bezüge für Altersteilzeitarbeit [Nr. 1.5]		2 096,64 €		
3.4	Bemessungsgrundlage (= Unterschiedsbetrag)		1 596,39 €		
3.5	davon als **zusätzlicher RV-Beitrag** (**nur** Arbeitgeber)	**19,50 %**	**311,30 €**		
3.6	Günstigerprüfung mittels Vergleichsberechnung [Nr. 3.5 und 4.2.6]		**318,64 €**		
	Danach zahlt der Arbeitgeber den höheren Betrag nach § 3 Abs. 1 Nr. 1 Buchst. b AtG [Nr. 4.2.6]				

Nr.		TV ATZ: fiktives bisheriges Arbeitsentgelt	TV ATZ: tatsächliches ATZ-Netto-Arbeitsentgelt	TV ATZ: Nebenrechnung zur Ermittlung der Aufstockungsbeträge	AtG: Regelarbeitsentgelt i. S. d. AtG i. d. F. ab 1. Juli 2004
4.	**Berechnung der erstattungsfähigen Aufstockungsleistungen bei Wiederbesetzung (§ 4 Altersteilzeitgesetz):**				
4.1	**Aufstockungsbeträge nach § 3 Abs. 1 Nr. 1 Buchst. a Altersteilzeitgesetz:**				
4.1.1	Bruttoentgelt für Altersteilzeitarbeit [Nr. 1.2 oder 1.5] (bis zur monatlichen Beitragsbemessungsgrenze AV/RV von 5 150,00 € ist vom sv-pflichtigen, darüber vom arbeitsrechtlichen Bruttoentgelt für Altersteilzeitarbeit auszugehen)				2 042,59 €
4.1.2	Nettoentgelt (individuell)				1 449,63 €
4.1.3	**20%-Aufstockung** (vom o. a. Bruttoentgelt für Altersteilzeit [Nr. 4.1.1])				**408,52 €**
4.1.4	Zwischensumme 1				1 858,15 €
4.1.5	**Mindestnettobetrag nach Mindestnettobetrags-Verordnung 2004** vom 22. Dezember 2003 (BGBl. I 2003 S. 3114)				
	Bemessungsgrundlage ist das **fiktive bisherige, sv-pflichtige Brutto-Arbeitsentgelt** [Nr. 1.5 Buchst. a],	4 103,37 €			
	begrenzt auf die monatl. BBG AV/RV von 5 150,00 €				
	auf-/abgerundet auf den nächsten durch 5 € teilbaren Betrag	4 105,00 €			**1 840,24 €**
4.1.6	**Zusatzaufstockung** (auf 70 % des pauschalierten bisherigen Nettos)				**0,00 €**
4.1.7	**Gesamtaufstockung**				**408,52 €**
4.2	**Zusätzliche Rentenversicherungsbeiträge nach § 3 Abs. 1 Nr. 1 Buchst. b Altersteilzeitgesetz:**				
4.2.1	**Regelarbeitsentgelt** [Nr. 1.5]				2 042,59 €
4.2.2	**90 v. H. der monatl. Beitragsbemessungsgrenze AV/RV**				4 635,00 €
4.2.3	**Differenz zum Regelarbeitsentgelt**				2 592,41 €
4.2.4	**80 v. H. des Regelarbeitsentgelts** [Nr. 4.2.1 × 80 %]				1 634,07 €
4.2.5	**zusätzliche beitragspflichtige Einnahme** [Minimum von Nr. 4.2.3 und Nr. 4.2.4]				**1 634,07 €**
4.2.6	**davon als zusätzlicher RV-Beitrag** (nur Arbeitgeber)	**19,50 %**			**318,64 €**
4.3	**Insgesamt erstattungsfähige Aufstockungsleistungen durch die Bundesagentur für Arbeit** [Summen Nr. 4.1.7 + 4.2.-6]				**727,16 €**

3.2.2 Tarifgebiet Ost

3.2.2.1 Beispiel 6

Altersteilzeit im Teilzeitmodell Basismonat Mai 2004, Steuerklasse III/0

„Altfall" nach § 15 Abs. 2 Satz 2 ATV-K, d. h. Altersteilzeit wurde vor dem 1. Januar 2003 vereinbart,

VergGr. IV a BAT-O (VKA), Endstufe, verheiratet ohne Kinder, Ehegatte **nicht** im öffentlichen Dienst,

die bisherige wöchentliche Arbeitszeit vor Übergang in die Altersteilzeitarbeit betrug 40 Stunden/Woche,

indiv. ArbN-Beitrag zur Krankenversicherung 7,4 v. H., kirchensteuerpflichtig (9 v. H.), ZVK Brandenburg (Gransee),

die Umlage beträgt 1,1 v. H. *(es wird unterstellt, dass der ArbN-Beitrag zur Pflichtversicherung von 0,5 v. H. nach § 37 a ATV-K der Umlage zugerechnet wird, die ArbG-Umlage beträgt somit 0,6 v. H.),* der kapitalgedeckte Zusatzbeitrag beträgt 2 v. H.,

100 € Vergütungen für Mehrarbeit/Überstunden, 50 € steuerfreie Zeitzuschläge, Vermögenswirksame Leistungen.

		fiktives bisheriges Arbeitsentgelt	tatsächliches ATZ-Netto-Arbeitsentgelt	Nebenrechnung zur Ermittlung der Aufstockungsbeträge
1. Berechnung der Brutto-Bezüge für Altersteilzeitarbeit nach § 4 TV ATZ:				
1.1 steuerpflichtige Bezüge:				
1.1.1 Grundgehalt (Endstufe)		2 587,72 €	1 293,86 €	1 293,86 €
1.1.2 Ortszuschlag (Stufe 2)		563,56 €	281,78 €	281,78 €
1.1.3 allgemeine Zulage		106,01 €	53,01 €	53,01 €
1.1.4 Mehrarbeit/Überstunden		*entfällt*	100,00 €	*entfällt*
1.1.5 Vermögenswirksame Leistungen *[kein ZVE]*		6,65 €	3,33 €	3,33 €
1.2 Summe Brutto		**3 263,94 €**	**1 731,98 €**	**1 631,98 €**
1.3 Berücksichtigung der Umlage und des Zusatzbeitrags im Kapitaldeckungsverfahren der ZVK Brandenburg:				
1.3.1 **Summe zusatzversorgungspflichtiges Brutto** *[ZVE]*		**3 257,29 €**	**1 728,65 €**	**1 628,65 €**
1.3.2 Umlage	**1,10 %**			
1.3.2.1 davon Umlage-Beitrag des Arbeitnehmers	**0,50 %**		8,64 €	
1.3.2.2 davon Arbeitgeber-Umlage	**0,60 %**	19,54 €	10,37 €	9,77 €
1.3.2.3 durch Arbeitgeber pauschal zu versteuern		19,54 €	10,37 €	9,77 €
1.3.2.4 Zusatzbetrag für steuerpflichtiges Brutto		0,00 €	0,00 €	0,00 €
1.3.2.5 Hinzurechnungsbetrag (§ 2 Abs. 1 Satz 2 ArEV)		6,24 €	0,00 €	0,00 €
1.3.3 Zusatzbeitrag im Kapitaldeckungsverfahren	**2,00 %**			
1.3.3.1 davon Arbeitnehmeranteil	**0,00 %**		0,00 €	
1.3.3.2 davon Arbeitgeberanteil	**2,00 %**		34,57 €	
1.4 Summe Steuer-Brutto [Nr. 1.2 + 1.3.2.4]			**1 731,98 €**	**1 631,98 €**

				fiktives bisheriges Arbeitsentgelt	tatsächliches ATZ-Netto-Arbeitsentgelt	Nebenrechnung zur Ermittlung der Aufstockungsbeträge
1.5	**Summe SV-Brutto** [Nr. 1.4 + 1.3.2.5]	**mtl. BBG**				
	a) RV/AV	**4 350,00 €**		**3 270,18 €**	**1 731,98 €**	**1 631,98 €**
	b) KV/PV	**3 487,50 €**			1 731,98 €	1 631,98 €
1.6	**individuelle Abzüge:**					
1.6.1	Lohnsteuer (Steuerklasse III/0)				4,00 €	0,00 €
1.6.2	Solidaritätszuschlag				0,00 €	0,00 €
1.6.3	Kirchensteuer (*nur wenn KiSt-pflichtig*)	**9,00 %**			0,36 €	0,00 €
1.6.4	ArbN-Beitrag zur Rentenversicherung	**9,75 %**			168,87 €	159,12 €
1.6.5	ArbN-Beitrag zur Arbeitslosenversicherung	**3,25 %**			56,29 €	53,04 €
1.6.6	ArbN-Beitrag zur Krankenversicherung	**7,40 %**		*(indiv. Satz)*	128,17 €	120,77 €
1.6.7	ArbN-Beitrag zur Pflegeversicherung	**0,85 %**			14,72 €	13,87 €
1.7	**Nettoarbeitsentgelt** (**vor** Abzug des Umlage-Beitrags des ArbN)				**1 359,57 €**	**1 285,18 €**
2.	**Berechnung der Aufstockungsbeträge nach § 5 Abs. 1 und 2 TV ATZ:**					
2.1	Bruttoentgelt für Altersteilzeitarbeit [Nr. 1.2 oder 1.5] (bis zur mtl. Beitragsbemessungsgrenze AV/RV von 4 350,00 € ist vom sv-pflichtigen, darüber vom arbeitsrechtlichen Bruttoentgelt für Altersteilzeitarbeit auszugehen)					1 631,98 €
2.2	Nettoentgelt (individuell)					1 285,18 €
2.3	**20%-Aufstockung** (vom o. a. Bruttoentgelt für Altersteilzeit [Nr. 2.1])					**326,40 €**
2.4	Zwischensumme 1					1 611,58 €
2.5	**Mindestnettobetrag gem. 83%-Tabelle** – Bemessungsgrundlage ist das **fiktive bisherige Brutto-Arbeitsentgelt** [Nr. 1.2] (**ohne** Zusatzbeträge zum sv-pflichtigen Brutto [Nr. 1.3.2.4 + 1.3.2.5])			3 263,94 €		
	auf-/abgerundet auf den nächsten durch 5 € teilbaren Betrag			3 265,00 €		**1 809,39 €**
2.6	**Zusatzaufstockung** (auf 83 % des pauschalierten bisherigen Nettos)					197,81 €
2.7	**Gesamtaufstockung**				**524,21 €**	<< 524,21 €
2.8	Zwischensumme 2				1 883,78 €	
2.9	abzüglich Umlage-Beitrag des ArbN zur Zusatzversorgung [Nr. 1.3.2.1]				8,64 €	
2.10	zuzüglich **steuerfreie Bezüge**				50,00 €	
2.11	**Auszahlungsbetrag** (einschließlich Aufstockung)				**1 925,14 €**	
3.	**Berechnung der zusätzlichen Rentenversicherungsbeiträge nach § 5 Abs. 4 TV ATZ:**					
3.1	fiktives bisheriges, sv-pflichtiges Brutto-Arbeitsentgelt [Nr. 1.5] – maximal bis zur monatlichen Beitragsbemessungsgrenze AV/RV von			4 350,00 €	3 270,18 €	
3.2	davon 90 %				2 943,16 €	
3.3	abzüglich bereits verbeitragte Bezüge für Altersteilzeitarbeit [Nr. 1.5]				1 731,98 €	
3.4	Bemessungsgrundlage (= Unterschiedsbetrag)				1 211,18 €	
3.5	davon als **zusätzlicher RV-Beitrag** (**nur** Arbeitgeber)			**19,50 %**	**236,18 €**	

Nr.		fiktives bisheriges Arbeitsentgelt	tatsächliches ATZ-Netto-Arbeitsentgelt	Nebenrechnung zur Ermittlung der Aufstockungsbeträge
4.	**Berechnung der erstattungsfähigen Aufstockungsleistungen bei Wiederbesetzung (§4 Altersteilzeitgesetz):**			
4.1	**Aufstockungsbeträge nach §3 Abs. 1 Nr. 1 Buchst. a Altersteilzeitgesetz:**			
4.1.1	Bruttoentgelt für Altersteilzeitarbeit [Nr. 1.2 oder 1.5] (bis zur monatlichen Beitragsbemessungsgrenze AV/RV von 4 350,00 € ist vom sv-pflichtigen, darüber vom arbeitsrechtlichen Bruttoentgelt für Altersteilzeitarbeit auszugehen)			1 631,98 €
4.1.2	Nettoentgelt (individuell)			1 285,18 €
4.1.3	**20%-Aufstockung** (vom o. a. Bruttoentgelt für Altersteilzeit [Nr. 4.1.1])			**326,40 €**
4.1.4	Zwischensumme 1			1 611,58 €
4.1.5	**Mindestnettobetrag nach Mindestnettobetrags-Verordnung 2004** vom 22. Dezember 2003 (BGBl. I 2003 S. 3114)			
	Bemessungsgrundlage ist das **fiktive bisherige, sv-pflichtige Brutto-Arbeitsentgelt** [Nr. 1.5 Buchst. a],	3 270,18 €		
	begrenzt auf die monatl. BBG AV/RV von 4 350,00 €			
	auf-/abgerundet auf den nächsten durch 5 € teilbaren Betrag	3 270,00 €		**1 527,67 €**
4.1.6	**Zusatzaufstockung** (auf 70 % des pauschalierten bisherigen Nettos)			**0,00 €**
4.1.7	**Gesamtaufstockung**		**326,40 €**	<< 326,40 €
4.2	**Zusätzliche Rentenversicherungsbeiträge nach §3 Abs. 1 Nr. 1 Buchst. b Altersteilzeitgesetz:**			
	Berechnung siehe Nr. 3		**236,38 €**	
4.3	**Insgesamt erstattungsfähige Aufstockungsleistungen durch die Bundesagentur für Arbeit** [Summen Nr. 4.1.7 + 4.2]		**562,58 €**	

3.2.2.2 Beispiel 7

Altersteilzeit im Teilzeitmodell Basismonat Mai 2004, Steuerklasse III/0

„Neufall" nach §15 Abs. 2 Satz 2 ATV-K, d. h. Altersteilzeit wurde nach dem 31. Dezember 2002 vereinbart,

VergGr. IV a BAT-O (VKA), Endstufe, verheiratet ohne Kinder, Ehegatte **nicht** im öffentlichen Dienst,

die bisherige wöchentliche Arbeitszeit vor Übergang in die Altersteilzeitarbeit betrug 40 Stunden/Woche,

indiv. ArbN-Beitrag zur Krankenversicherung 7,4 v. H., kirchensteuerpflichtig (9 v. H.), ZVK Brandenburg (Gransee),

die Umlage beträgt 1,1 v. H. *(es wird unterstellt, dass der ArbN-Beitrag zur Pflichtversicherung von 0,5 v. H. nach §37a ATV-K der Umlage zugerechnet wird, die ArbG-Umlage beträgt somit 0,6 v. H.),* der kapitalgedeckte Zusatzbeitrag beträgt 2 v. H.,

100 € Vergütungen für Mehrarbeit/Überstunden, 50 € steuerfreie Zeitzuschläge, Vermögenswirksame Leistungen.

		fiktives bisheriges Arbeitsentgelt	tatsächliches ATZ-Netto-Arbeitsentgelt	Nebenrechnung zur Ermittlung der Aufstockungsbeträge
1. Berechnung der Brutto-Bezüge für Altersteilzeitarbeit nach § 4 TV ATZ:				
1.1 steuerpflichtige Bezüge:				
1.1.1 Grundgehalt (Endstufe)		2 587,72 €	1 293,86 €	1 293,86 €
1.1.2 Ortszuschlag (Stufe 2)		563,56 €	281,78 €	281,78 €
1.1.3 allgemeine Zulage		106,01 €	53,01 €	53,01 €
1.1.4 Mehrarbeit/Überstunden		*entfällt*	100,00 €	*entfällt*
1.1.5 Vermögenswirksame Leistungen *[kein ZVE]*		6,65 €	3,33 €	3,33 €
1.2 Summe Brutto		**3 263,94 €**	**1 731,98 €**	**1 631,98 €**
1.3 Berücksichtigung der Umlage und des Zusatzbeitrags im Kapitaldeckungsverfahren der ZVK Brandenburg:				
1.3.1 **Summe zusatzversorgungspflichtiges Brutto** *[ZVE]* § 15 Abs. 2 Satz 2 ATV-K: 1,8fache der Bezüge nach § 4 TV ATZ, soweit diese nicht in voller Höhe zustehen *[(Nr. 1.1.1 + Nr. 1.1.2 + Nr. 1.1.3) × 1,8] + Nr. 1.1.4*		**3 257,29 €**	**3 031,57 €**	**2 931,57 €**
1.3.2 Umlage	**1,10 %**			
1.3.2.1 davon Umlage-Beitrag des Arbeitnehmers	**0,50 %**		15,16 €	
1.3.2.2 davon Arbeitgeber-Umlage	**0,60 %**	19,54 €	18,19 €	17,59 €
1.3.2.3 durch Arbeitgeber pauschal zu versteuern		19,54 €	18,19 €	17,59 €
1.3.2.4 Zusatzbetrag für steuerpflichtiges Brutto		0,00 €	0,00 €	0,00 €
1.3.2.5 Hinzurechnungsbetrag (§ 2 Abs. 1 Satz 2 ArEV)		6,24 €	4,89 €	4,29 €
1.3.3 Beitrag im Kapitaldeckungsverfahren	**2,00 %**			
1.3.3.1 davon Arbeitnehmeranteil	**0,00 %**		0,00 €	
1.3.3.2 davon Arbeitgeberanteil	**2,00 %**		60,63 €	
1.4 Summe Steuer-Brutto [Nr. 1.2 + 1.3.2.4]			**1 731,98 €**	**1 631,98 €**
1.5 Summe SV-Brutto [Nr. 1.4 + 1.3.2.5]	**mtl. BBG**			
a) RV/AV	**4 350,00 €**	**3 270,18 €**	**1 736,87 €**	**1 636,27 €**
b) KV/PV	**3 487,50 €**		1 736,87 €	1 636,27 €
1.6 individuelle Abzüge:				
1.6.1 Lohnsteuer (Steuerklasse III/0)			4,00 €	0,00 €
1.6.2 Solidaritätszuschlag			0,00 €	0,00 €
1.6.3 Kirchensteuer (***nur** wenn KiSt-pflichtig*)	**9,00 %**		0,36 €	0,00 €
1.6.4 ArbN-Beitrag zur Rentenversicherung	**9,75 %**		169,34 €	159,54 €
1.6.5 ArbN-Beitrag zur Arbeitslosenversicherung	**3,25 %**		56,45 €	53,18 €
1.6.6 ArbN-Beitrag zur Krankenversicherung	**7,40 %**	*(indiv. Satz)*	128,53 €	121,08 €
1.6.7 ArbN-Beitrag zur Pflegeversicherung	**0,85 %**		14,76 €	13,91 €
1.7 Nettoarbeitsentgelt (vor Abzug des Umlage-Beitrags des ArbN)			**1 358,54 €**	**1 284,27 €**
2. Berechnung der Aufstockungsbeträge nach § 5 Abs. 1 und 2 TV ATZ:				
2.1 Bruttoentgelt für Altersteilzeitarbeit [Nr. 1.2 oder 1.5] (bis zur mtl. Beitragsbemessungsgrenze AV/RV von 4 350,00 € ist vom sv-pflichtigen, darüber vom arbeitsrechtlichen Bruttoentgelt für Altersteilzeitarbeit auszugehen)				1 636,27 €

		fiktives bisheriges Arbeitsentgelt	tatsächliches ATZ-Netto-Arbeitsentgelt	Nebenrechnung zur Ermittlung der Aufstockungsbeträge
2.2	Nettoentgelt (individuell)			1 284,27 €
2.3	**20%-Aufstockung** (vom o. a. Bruttoentgelt für Altersteilzeit [Nr. 2.1])			**327,25 €**
2.4	Zwischensumme 1			1 611,52 €
2.5	**Mindestnettobetrag gem. 83%-Tabelle** – Bemessungsgrundlage ist das **fiktive bisherige Brutto-Arbeitsentgelt** [Nr. 1.2] (**ohne** Zusatzbeträge zum sv-pflichtigen Brutto [Nr. 1.3.2.4 + 1.3.2.5])	3 263,94 €		
	auf-/abgerundet auf den nächsten durch 5 € teilbaren Betrag	3 265,00 €		**1 809,39 €**
2.6	**Zusatzaufstockung** (auf 83 % des pauschalierten bisherigen Nettos)			197,87 €
2.7	**Gesamtaufstockung**		**525,12 €**	<< 525,12 €
2.8	Zwischensumme 2		1 883,66 €	
2.9	abzüglich Umlage-Beitrag des ArbN zur Zusatzversorgung [Nr. 1.3.2.1]		15,16 €	
2.10	zuzüglich **steuerfreie Bezüge**		50,00 €	
2.11	**Auszahlungsbetrag** (einschließlich Aufstockung)		**1 918,50 €**	
3.	**Berechnung der zusätzlichen Rentenversicherungsbeiträge nach § 5 Abs. 4 TV ATZ:**			
3.1	fiktives bisheriges, sv-pflichtiges Brutto-Arbeitsentgelt [Nr. 1.5] – maximal bis zur monatlichen Beitragsbemessungsgrenze AV/RV von	4 350,00 €	3 270,18 €	
3.2	davon 90 %		2 943,16 €	
3.3	abzüglich bereits verbeitragte Bezüge für Altersteilzeitarbeit [Nr. 1.5]		1 736,87 €	
3.4	Bemessungsgrundlage (= Unterschiedsbetrag)		1 206,29 €	
3.5	davon als **zusätzlicher RV-Beitrag** (**nur** Arbeitgeber)	**19,50 %**	**235,23 €**	
4.	**Berechnung der erstattungsfähigen Aufstockungsleistungen bei Wiederbesetzung (§ 4 Altersteilzeitgesetz):**			
4.1	**Aufstockungsbeträge nach § 3 Abs. 1 Nr. 1 Buchst. a Altersteilzeitgesetz:**			
4.1.1	Bruttoentgelt für Altersteilzeitarbeit [Nr. 1.2 oder 1.5] (bis zur monatlichen Beitragsbemessungsgrenze AV/RV von 4 350,00 € ist vom sv-pflichtigen, darüber vom arbeitsrechtlichen Bruttoentgelt für Altersteilzeitarbeit auszugehen)			1 636,27 €
4.1.2	Nettoentgelt (individuell)			1 284,27 €
4.1.3	**20%-Aufstockung** (vom o. a. Bruttoentgelt für Altersteilzeit [Nr. 4.1.1])			**327,25 €**
4.1.4	Zwischensumme 1			1 611,52 €
4.1.5	**Mindestnettobetrag nach Mindestnettobetrags-Verordnung 2004** vom 22. Dezember 2003 (BGBl. I 2003 S. 3114)			
	Bemessungsgrundlage ist das **fiktive bisherige, sv-pflichtige Brutto-Arbeitsentgelt** [Nr. 1.5 Buchst. a],	3 270,18 €		
	begrenzt auf die monatl. BBG AV/RV von 4 350,00 €			
	auf-/abgerundet auf den nächsten durch 5 € teilbaren Betrag	3 270,00 €		**1 527,67 €**

	fiktives bisheriges Arbeitsentgelt	tatsächliches ATZ-Netto-Arbeitsentgelt	Nebenrechnung zur Ermittlung der Aufstockungsbeträge
4.1.6 **Zusatzaufstockung** (auf 70 % des pauschalierten bisherigen Nettos)			**0,00 €**
4.1.7 **Gesamtaufstockung**		**327,25 €**	<< 327,25 €
4.2 Zusätzliche Rentenversicherungsbeiträge nach § 3 Abs. 1 Nr. 1 Buchst. b Altersteilzeitgesetz:			
Berechnung siehe Nr. 3		**235,23 €**	
4.3 Insgesamt erstattungsfähige Aufstockungsleistungen durch die Bundesagentur für Arbeit [Summen Nr. 4.1.7 + 4.2]		**562,48 €**	

3.2.2.3 Beispiel 8

Altersteilzeit im Blockmodell Basismonat Mai 2004, Steuerklasse III/0

„Neufall" nach § 15 Abs. 2 Satz 2 ATV-K, d. h. Altersteilzeit wurde nach dem 31. Dezember 2002 vereinbart,

VergGr. IV a BAT-O (VKA), Endstufe, verheiratet ohne Kinder, Ehegatte **nicht** im öffentlichen Dienst,

die bisherige wöchentliche Arbeitszeit vor Übergang in die Altersteilzeitarbeit betrug 40 Stunden/Woche,

indiv. ArbN-Beitrag zur Krankenversicherung 7,4 v. H., kirchensteuerpflichtig (9 v. H.), ZVK Brandenburg (Gransee),

die Umlage beträgt 1,1 v. H. *(es wird unterstellt, dass der ArbN-Beitrag zur Pflichtversicherung von 0,5 v. H. nach § 37 a ATV-K der Umlage zugerechnet wird, die ArbG-Umlage beträgt somit 0,6 v. H.),* der kapitalgedeckte Zusatzbeitrag beträgt 2 v. H.,

100 € Vergütungen für Mehrarbeit/Überstunden, 50 € steuerfreie Zeitzuschläge, Vermögenswirksame Leistungen.

Arbeitsphase

	fiktives bisheriges Arbeitsentgelt	tatsächliches ATZ-Netto-Arbeitsentgelt	Nebenrechnung zur Ermittlung der Aufstockungsbeträge
1. Berechnung der Brutto-Bezüge für Altersteilzeitarbeit nach § 4 TV ATZ:			
1.1 steuerpflichtige Bezüge:			
1.1.1 Grundgehalt (Endstufe)	2 587,72 €	1 293,86 €	1 293,86 €
1.1.2 Ortszuschlag (Stufe 2)	563,56 €	281,78 €	281,78 €
1.1.3 allgemeine Zulage	106,01 €	53,01 €	53,01 €
1.1.4 Mehrarbeit/Überstunden	*entfällt*	100,00 €	*entfällt*
1.1.5 Vermögenswirksame Leistungen *[kein ZVE]*	6,65 €	3,33 €	3,33 €
1.2 Summe Brutto	**3 263,94 €**	**1 731,98 €**	**1 631,98 €**

		fiktives bisheriges Arbeitsentgelt	tatsächliches ATZ-Netto-Arbeitsentgelt	Nebenrechnung zur Ermittlung der Aufstockungsbeträge
1.3 Berücksichtigung der Umlage und des Beitrags im Kapitaldeckungsverfahren der ZVK Brandenburg:				
1.3.1 **Summe zusatzversorgungspflichtiges Brutto** *[ZVE]* § 15 Abs. 2 Satz 2 ATV-K: 1,8fache der Bezüge nach § 4 TV ATZ, soweit diese nicht in voller Höhe zustehen *[(Nr. 1.1.1 + Nr. 1.1.2 + Nr. 1.1.3) × 1,8] + Nr. 1.1.4*		**3 257,29 €**	**3 031,57 €**	**2 931,57 €**
1.3.2 VBL-Umlage	**1,10 %**			
1.3.2.1 davon Umlage-Beitrag des Arbeitnehmers	**0,50 %**		15,16 €	
1.3.2.2 davon Arbeitgeber-Umlage	**0,60 %**	19,54 €	18,19 €	17,59 €
1.3.2.3 durch Arbeitgeber pauschal zu versteuern		19,54 €	18,19 €	17,59 €
1.3.2.4 Zusatzbetrag für steuerpflichtiges Brutto		0,00 €	0,00 €	0,00 €
1.3.2.5 Hinzurechnungsbetrag (§ 2 Abs. 1 Satz 2 ArEV)		6,24 €	4,89 €	4,29 €
1.3.3 Beitrag im Kapitaldeckungsverfahren	**2,00 %**			
1.3.3.1 davon Arbeitnehmeranteil	**0,00 %**		0,00 €	
1.3.3.2 davon Arbeitgeberanteil	**2,00 %**		60,63 €	
1.4 Summe Steuer-Brutto [Nr. 1.2 + 1.3.2.4]			**1 731,98 €**	**1 631,98 €**
1.5 Summe SV-Brutto [Nr. 1.4 + 1.3.2.5]	**mtl. BBG**			
a) RV/AV	**4 350,00 €**	**3 270,18 €**	**1 736,87 €**	**1 636,27 €**
b) KV/PV	**3 487,50 €**		1 736,87 €	1 636,27 €
1.6 individuelle Abzüge:				
1.6.1 Lohnsteuer (Steuerklasse III/0)			4,00 €	0,00 €
1.6.2 Solidaritätszuschlag			0,00 €	0,00 €
1.6.3 Kirchensteuer (***nur** wenn KiSt-pflichtig*)	**9,00 %**		0,36 €	0,00 €
1.6.4 ArbN-Beitrag zur Rentenversicherung	**9,75 %**		169,34 €	159,54 €
1.6.5 ArbN-Beitrag zur Arbeitslosenversicherung	**3,25 %**		56,45 €	53,18 €
1.6.6 ArbN-Beitrag zur Krankenversicherung	**7,40 %**	*(indiv. Satz)*	128,53 €	121,08 €
1.6.7 ArbN-Beitrag zur Pflegeversicherung	**0,85 %**		14,76 €	13,91 €
1.7 Nettoarbeitsentgelt (**vor** Abzug des Umlage-Beitrags des ArbN)			**1 358,54 €**	**1 284,27 €**
2. Berechnung der Aufstockungsbeträge nach § 5 Abs. 1 und 2 TV ATZ:				
2.1 Bruttoentgelt für Altersteilzeitarbeit [Nr. 1.2 oder 1.5] (bis zur mtl. Beitragsbemessungsgrenze AV/RV von 4 350,00 € ist vom sv-pflichtigen, darüber vom arbeitsrechtlichen Bruttoentgelt für Altersteilzeitarbeit auszugehen)				1 636,27 €
2.2 Nettoentgelt (individuell)				1 284,27 €
2.3 20%-Aufstockung (vom o. a. Bruttoentgelt für Altersteilzeit [Nr. 2.1])				**327,25 €**
2.4 Zwischensumme 1				1 611,52 €
2.5 Mindestnettobetrag gem. 83%-Tabelle – Bemessungsgrundlage ist das **fiktive bisherige Brutto-Arbeitsentgelt** [Nr. 1.2] (**ohne** Zusatzbeträge zum sv-pflichtigen Brutto [Nr. 1.3.2.4 + 1.3.2.5])		3 263,94 €		
auf-/abgerundet auf den nächsten durch 5 € teilbaren Betrag		3 265,00 €		**1 809,39 €**

		fiktives bisheriges Arbeitsentgelt	tatsächliches ATZ-Netto-Arbeitsentgelt	Nebenrechnung zur Ermittlung der Aufstockungsbeträge
2.6	**Zusatzaufstockung** (auf 83 % des pauschalierten bisherigen Nettos)			197,87 €
2.7	**Gesamtaufstockung**		**525,12 €**	<< 525,12 €
2.8	Zwischensumme 2		1 883,66 €	
2.9	abzüglich Umlage-Beitrag des ArbN zur Zusatzversorgung [Nr. 1.3.2.1]		15,16 €	
2.10	zuzüglich **steuerfreie Bezüge**		50,00 €	
2.11	**Auszahlungsbetrag** (einschließlich Aufstockung)		**1 918,50 €**	
3.	**Berechnung der zusätzlichen Rentenversicherungsbeiträge nach §5 Abs. 4 TV ATZ:**			
3.1	fiktives bisheriges, sv-pflichtiges Brutto-Arbeitsentgelt [Nr. 1.5] – maximal bis zur monatlichen Beitragsbemessungsgrenze AV/RV von	4 350,00 €	3 270,18 €	
3.2	davon 90 %		2 943,16 €	
3.3	abzüglich bereits verbeitragte Bezüge für Altersteilzeitarbeit [Nr. 1.5]		1 736,87 €	
3.4	Bemessungsgrundlage (= Unterschiedsbetrag)		1 206,29 €	
3.5	davon als **zusätzlicher RV-Beitrag (nur** Arbeitgeber)	**19,50 %**	**235,23 €**	
4.	**Berechnung der erstattungsfähigen Aufstockungsleistungen bei Wiederbesetzung (§4 Altersteilzeitgesetz):**			
4.1	**Aufstockungsbeträge nach §3 Abs. 1 Nr. 1 Buchst. a Altersteilzeitgesetz:**			
4.1.1	Bruttoentgelt für Altersteilzeitarbeit [Nr. 1.2 oder 1.5] (bis zur monatlichen Beitragsbemessungsgrenze AV/RV von 4 350,00 € ist vom sv-pflichtigen, darüber vom arbeitsrechtlichen Bruttoentgelt Altersteilzeitarbeit auszugehen)			1 636,27 €
4.1.2	Nettoentgelt (individuell)			1 284,27 €
4.1.3	**20%-Aufstockung** (vom o. a. Bruttoentgelt für Altersteilzeit [Nr. 4.1.1])			**327,25 €**
4.1.4	Zwischensumme 1			1 611,52 €
4.1.5	**Mindestnettobetrag nach Mindestnettobetrags-Verordnung 2004** vom 22. Dezember 2003 (BGBl. I 2003 S. 3114) Bemessungsgrundlage ist das **fiktive bisherige, sv-pflichtige Brutto-Arbeitsentgelt** [Nr. 1.5 Buchst. a],	3 270,18 €		
	begrenzt auf die monatl. BBG AV/RV von 4 350,00 €			
	auf-/abgerundet auf den nächsten durch 5 € teilbaren Betrag	3 270,00 €		**1 527,67 €**
4.1.6	**Zusatzaufstockung** (auf 70 % des pauschalierten bisherigen Nettos)			**0,00 €**
4.1.7	**Gesamtaufstockung**		**327,25 €**	<< 327,25 €
4.2	**Zusätzliche Rentenversicherungsbeiträge nach §3 Abs. 1 Nr. 1 Buchst. b Altersteilzeitgesetz:**			
	Berechnung siehe Nr. 3		**235,23 €**	
4.3	**Insgesamt erstattungsfähige Aufstockungsleistungen durch die Bundesagentur für Arbeit** [Summen Nr. 4.1.7 + 4.2]		**562,48 €**	

Freistellungsphase

		fiktives bisheriges Arbeitsentgelt	tatsächliches ATZ-Netto-Arbeitsentgelt	Nebenrechnung zur Ermittlung der Aufstockungsbeträge
1. Berechnung der Brutto-Bezüge für Altersteilzeitrbeit nach §4 TV ATZ:				
1.1 steuerpflichtige Bezüge:				
1.1.1 Grundgehalt (Endstufe)		2 587,72 €	1 293,86 €	1 293,86 €
1.1.2 Ortszuschlag (Stufe 2)		563,56 €	281,78 €	281,78 €
1.1.3 allgemeine Zulage		106,01 €	53,01 €	53,01 €
1.1.4 Mehrarbeit/Überstunden		*entfällt*	100,00 €	*entfällt*
1.1.5 Vermögenswirksame Leistungen *[kein ZVE]*		6,65 €	3,33 €	3,33 €
1.2 Summe Brutto		**3 263,94 €**	**1 631,98 €**	**1 631,98 €**
1.3 Berücksichtigung der Umlage und des Beitrags im Kapitaldeckungsverfahren der ZVK Brandenburg:				
1.3.1 **Summe zusatzversorgungspflichtiges Brutto** *[ZVE]* §15 Abs. 2 Satz 2 ATV-K: 1,8fache der Bezüge nach §4 TV ATZ, soweit diese nicht in voller Höhe zustehen *[(Nr. 1.1.1 + Nr. 1.1.2 + Nr. 1.1.3) × 1,8] + Nr. 1.1.4*		**3 257,29 €**	**2 931,57 €**	**2 931,57 €**
1.3.2 VBL-Umlage	**1,10 %**			
1.3.2.1 davon Umlage-Beitrag des Arbeitnehmers	**0,50 %**		14,66 €	
1.3.2.2 davon Arbeitgeber-Umlage	**0,60 %**	19,54 €	17,59 €	17,59 €
1.3.2.3 durch Arbeitgeber pauschal zu versteuern		19,54 €	17,59 €	17,59 €
1.3.2.4 Zusatzbetrag für steuerpflichtiges Brutto		0,00 €	0,00 €	0,00 €
1.3.2.5 Hinzurechnungsbetrag (§2 Abs. 1 Satz 2 ArEV)		6,24 €	4,29 €	4,29 €
1.3.3 Beitrag im Kapitaldeckungsverfahren	**2,00 %**			
1.3.3.1 davon Arbeitnehmeranteil	**0,00 %**		0,00 €	
1.3.3.2 davon Arbeitgeberanteil	**2,00 %**		58,63 €	
1.4 Summe Steuer-Brutto [Nr. 1.2 + 1.3.2.4]			**1 631,98 €**	**1 631,98 €**
1.5 Summe SV-Brutto [Nr. 1.4 + 1.3.2.5]	**mtl. BBG**			
a) RV/AV	**4 350,00 €**	**3 270,18 €**	**1 636,27 €**	**1 636,27 €**
b) KV/PV	**3 487,50 €**		1 636,27 €	1 636,27 €
1.6 individuelle Abzüge:				
1.6.1 Lohnsteuer (Steuerklasse III/0)			0,00 €	0,00 €
1.6.2 Solidaritätszuschlag			0,00 €	0,00 €
1.6.3 Kirchensteuer (***nur** wenn KiSt-pflichtig*)	**9,00 %**		0,00 €	0,00 €
1.6.4 ArbN-Beitrag zur Rentenversicherung	**9,75 %**		159,54 €	159,54 €
1.6.5 ArbN-Beitrag zur Arbeitslosenversicherung	**3,25 %**		53,18 €	53,18 €
1.6.6 ArbN-Beitrag zur Krankenversicherung	**7,40 %**	*(indiv. Satz)*	121,08 €	121,08 €
1.6.7 ArbN-Beitrag zur Pflegeversicherung	**0,85 %**		13,91 €	13,91 €
1.7 Nettoarbeitsentgelt (vor Abzug des Umlage-Beitrags des ArbN)			**1 284,27 €**	**1 284,27 €**

		fiktives bisheriges Arbeitsentgelt	tatsächliches ATZ-Netto-Arbeitsentgelt	Nebenrechnung zur Ermittlung der Aufstockungsbeträge
2.	**Berechnung der Aufstockungsbeträge nach § 5 Abs. 1 und 2 TV ATZ:**			
2.1	Bruttoentgelt für Altersteilzeitarbeit [Nr. 1.2 oder 1.5] (bis zur mtl. Beitragsbemessungsgrenze AV/RV von 4 350,00 € ist vom sv-pflichtigen, darüber vom arbeitsrechtlichen Bruttoentgelt für Altersteilzeitarbeit auszugehen)			1 636,27 €
2.2	Nettoentgelt (individuell)			1 284,27 €
2.3	**20%-Aufstockung** (vom o. a. Bruttoentgelt für Altersteilzeit [Nr. 2.1])			**327,25 €**
2.4	Zwischensumme 1			1 611,52 €
2.5	**Mindestnettobetrag gem. 83%-Tabelle** – Bemessungsgrundlage ist das **fiktive bisherige Brutto-Arbeitsentgelt** [Nr. 1.2] (**ohne** Zusatzbeträge zum sv-pflichtigen Brutto [Nr. 1.3.2.4 + 1.3.2.5])	3 263,94 €		
	auf-/abgerundet auf den nächsten durch 5 € teilbaren Betrag	3 265,00 €		**1 809,39 €**
2.6	**Zusatzaufstockung** (auf 83 % des pauschalierten bisherigen Nettos)			197,87 €
2.7	**Gesamtaufstockung**		**525,12 €**	<< 525,12 €
2.8	Zwischensumme 2		1 809,39 €	
2.9	abzüglich Umlage-Beitrag des ArbN zur Zusatzversorgung [Nr. 1.3.2.1]		14,66 €	
2.10	zuzüglich **steuerfreie Bezüge**		0,00 €	
2.11	**Auszahlungsbetrag** (einschließlich Aufstockung)		**1 794,73 €**	
3.	**Berechnung der zusätzlichen Rentenversicherungsbeiträge nach § 5 Abs. 4 TV ATZ:**			
3.1	fiktives bisheriges, sv-pflichtiges Brutto-Arbeitsentgelt [Nr. 1.5] – maximal bis zur monatlichen Beitragsbemessungsgrenze AV/RV von	4 350,00 €	3 270,18 €	
3.2	davon 90 %		2 943,16 €	
3.3	abzüglich bereits verbeitragte Bezüge für Altersteilzeitarbeit [Nr. 1.5]		1 636,27 €	
3.4	Bemessungsgrundlage (= Unterschiedsbetrag)		1 306,89 €	
3.5	davon als **zusätzlicher RV-Beitrag (nur** Arbeitgeber)	**19,50 %**	**254,84 €**	
4.	**Berechnung der erstattungsfähigen Aufstockungsleistungen bei Wiederbesetzung (§ 4 Altersteilzeitgesetz):**			
4.1	**Aufstockungsbeträge nach § 3 Abs. 1 Nr. 1 Buchst. a Altersteilzeitgesetz:**			
4.1.1	Bruttoentgelt für Altersteilzeitarbeit [Nr. 1.2 oder 1.5] (bis zur monatlichen Beitragsbemessungsgrenze AV/RV von 4 350,00 € ist vom sv-pflichtigen, darüber vom arbeitsrechtlichen Bruttoentgelt Altersteilzeitarbeit auszugehen)			1 636,27 €
4.1.2	Nettoentgelt (individuell)			1 284,27 €
4.1.3	**20%-Aufstockung** (vom o. a. Bruttoentgelt für Altersteilzeit [Nr. 4.1.1])			**327,25 €**
4.1.4	Zwischensumme 1			1 611,52 €

		fiktives bisheriges Arbeitsentgelt	tatsächliches ATZ-Netto-Arbeitsentgelt	Nebenrechnung zur Ermittlung der Aufstockungsbeträge
4.1.5	**Mindestnettobetrag nach Mindestnettobetrags-Verordnung 2004** vom 22. Dezember 2003 (BGBl. I 2003 S. 3114)			
	Bemessungsgrundlage ist das **fiktive bisherige, sv-pflichtige Brutto-Arbeitsentgelt** [Nr. 1.5 Buchst. a],	3 270,18 €		
	begrenzt auf die monatl. BBG AV/RV von 4 350,00 €			
	auf-/abgerundet auf den nächsten durch 5 € teilbaren Betrag	3 270,00 €		**1 527,67 €**
4.1.6	**Zusatzaufstockung** (auf 70 % des pauschalierten bisherigen Nettos)			**0,00 €**
4.1.7	**Gesamtaufstockung**		**327,25 €**	<< 327,25 €
4.2	**Zusätzliche Rentenversicherungsbeiträge nach § 3 Abs. 1 Nr. 1 Buchst. b Altersteilzeitgesetz:**			
	Berechnung siehe Nr. 3		**254,84 €**	
4.3	**Insgesamt erstattungsfähige Aufstockungsleistungen durch die Bundesagentur für Arbeit** [Summen Nr. 4.1.7 + 4.2]		**582,09 €**	

3.2.2.4 Beispiel 9

Altersteilzeit im Teilzeitmodell Basismonat Mai 2004, Steuerklasse IV/0

(Teilzeitarbeit war bereits vor Übergang in Altersteilzeit vereinbart)

„Neufall“ nach § 15 Abs. 2 Satz 2 ATV-K, d. h. Altersteilzeit wurde nach dem 31. Dezember 2002 vereinbart,

VergGr. IV a BAT-O (VKA), Endstufe, verheiratet ohne Kinder, Ehegatte **im** öffentlichen Dienst,

bislang ³/₄-Stelle, d. h. die bisherige wöchentliche Arbeitszeit vor Übergang in die Altersteilzeit betrug 30 Stunden/Woche,

indiv. ArbN-Beitrag zur Krankenversicherung 7,4 v. H., kirchensteuerpflichtig (9 v. H.), ZVK Brandenburg (Gransee),

die Umlage beträgt 1,1 v. H. *(es wird unterstellt, dass der ArbN-Beitrag zur Pflichtversicherung von 0,5 v. H. nach § 37 a ATV-K der Umlage zugerechnet wird, die ArbG-Umlage beträgt somit 0,6 v. H.),* der kapitalgedeckte Zusatzbeitrag beträgt 2 v. H.,

100 € Vergütungen für Mehrarbeit/Überstunden, 50 € steuerfreie Zeitzuschläge, Vermögenswirksame Leistungen.

	Vollzeitentgelt (nachrichtlich)	fiktives bisheriges Arbeitsentgelt [Vollzeitentgelt × 3/4]	tatsächliches ATZ-Netto-Arbeitsentgelt [Vollzeitentgelt × 3/8]	Nebenrechnung zur Ermittlung der Aufstockungsbeträge [Vollzeitentgelt × 3/8]
1. Berechnung der Brutto-Bezüge für Altersteilzeitarbeit nach §4 TV ATZ:				
1.1 steuerpflichtige Bezüge:				
1.1.1 Grundgehalt (Endstufe)	*2 587,72 €*	1 940,79 €	970,40 €	970,40 €
1.1.2 Ortszuschlag (Stufe 1)	*464,68 €*	348,51 €	174,26 €	174,26 €
1.1.3 Verheiratetenzuschlag (Stufe ½) – §29 B Abs. 5 BAT-O	*49,44 €*	49,44 €	49,44 €	49,44 €
1.1.4 allgemeine Zulage	*106,01 €*	79,51 €	39,75 €	39,75 €
1.1.5 Mehrarbeit/Überstunden		*entfällt*	100,00 €	*entfällt*
1.1.6 Vermögenswirksame Leistungen *[kein ZVE]*	*6,65 €*	4,99 €	2,49 €	2,49 €
1.2 Summe Brutto		**2 423,24 €**	**1 336,34 €**	**1 236,34 €**
1.3 Berücksichtigung der Umlage und des Beitrags im Kapitaldeckungsverfahren der ZVK Brandenburg:				
1.3.1 **Summe zusatzversorgungspflichtiges Brutto** *[ZVE]* §15 Abs. 2 Satz 2 ATV: 1,8fache der Bezüge nach §4 TV ATZ, soweit diese nicht in voller Höhe zustehen *[(Nr. 1.1.1 + Nr. 1.1.2 + Nr. 1.1.4) × 1,8] + (Nr. 1.1.3 + Nr. 1.1.5)*		**2 418,25 €**	**2 281,38 €**	**2 181,38 €**
1.3.2 Umlage	**1,10 %**			
1.3.2.1 davon Umlage-Beitrag des Arbeitnehmers	**0,50 %**		11,41 €	
1.3.2.2 davon Arbeitgeber-Umlage	**0,60 %**	14,51 €	13,69 €	13,09 €
1.3.2.3 durch Arbeitgeber pauschal zu versteuern		14,51 €	13,69 €	13,09 €
1.3.2.4 Zusatzbetrag für steuerpflichtiges Brutto		0,00 €	0,00 €	0,00 €
1.3.2.5 Hinzurechnungsbetrag (§2 Abs. 1 Satz 2 ArEV)		1,21 €	0,39 €	0,00 €
1.3.3 Beitrag im Kapitaldeckungsverfahren	**2,00 %**			
1.3.3.1 davon Arbeitnehmeranteil	**0,00 %**		0,00 €	
1.3.3.2 davon Arbeitgeberanteil	**2,00 %**		45,63 €	
1.4 Summe Steuer-Brutto [Nr. 1.2 + 1.3.2.4]			**1 336,34 €**	**1 236,34 €**
1.5 Summe SV-Brutto [Nr. 1.4 + 1.3.2.5]	**mtl. BBG**			
a) RV/AV	**4 350,00 €**	**2 424,45 €**	**1 336,73 €**	**1 236,34 €**
b) KV/PV	**3 487,50 €**		1 336,73 €	1 236,34 €
1.6 individuelle Abzüge:				
1.6.1 Lohnsteuer (Steuerklasse IV/0)			81,41 €	58,66 €
1.6.2 Solidaritätszuschlag			0,08 €	0,00 €
1.6.3 Kirchensteuer (***nur** wenn KiSt-pflichtig*)	**9,00 %**		7,32 €	5,27 €
1.6.4 ArbN-Beitrag zur Rentenversicherung	**9,75 %**		130,33 €	120,54 €

Nr.	Position	*Vollzeitentgelt (nachrichtlich)*	fiktives bisheriges Arbeitsentgelt [Vollzeitentgelt × 3/4]	tatsächliches ATZ-Netto-Arbeitsentgelt [Vollzeitentgelt × 3/8]	Nebenrechnung zur Ermittlung der Aufstockungsbeträge [Vollzeitentgelt × 3/8]
1.6.5	ArbN-Beitrag zur Arbeitslosenversicherung	**3,25 %**		43,44 €	40,18 €
1.6.6	ArbN-Beitrag zur Krankenversicherung	**7,40 %**	*(indiv. Satz)*	98,92 €	91,49 €
1.6.7	ArbN-Beitrag zur Pflegeversicherung	**0,85 %**		11,36 €	10,51 €
1.7	**Nettoarbeitsentgelt (vor** Abzug des Umlage-Beitrags des ArbN)			**963,48 €**	**909,69 €**
2.	**Berechnung der Aufstockungsbeträge nach § 5 Abs. 1 und 2 TV ATZ:**				
2.1	Bruttoentgelt für Altersteilzeitarbeit [Nr. 1.2 oder 1.5] (bis zur mtl. Beitragsbemessungsgrenze AV/RV von 4 350,00 € ist vom sv-pflichtigen, darüber vom arbeitsrechtlichen Bruttoentgelt für Altersteilzeitarbeit auszugehen)				1 236,34 €
2.2	Nettoentgelt (individuell)				909,69 €
2.3	**20%-Aufstockung** (vom o. a. Bruttoentgelt für Altersteilzeit [Nr. 2.1])				**247,27 €**
2.4	Zwischensumme 1				1 156,96 €
2.5	**Mindestnettobetrag gem. 83%-Tabelle** – Bemessungsgrundlage ist das **fiktive bisherige Brutto-Arbeitsentgelt** [Nr. 1.2] (**ohne** Zusatzbeträge zum sv-pflichtigen Brutto [Nr. 1.3.2.4 + 1.3.2.5])		2 423,24 €		
	auf-/abgerundet auf den nächsten durch 5 € teilbaren Betrag		2 425,00 €		**1 219,98 €**
2.6	**Zusatzaufstockung** (auf 83 % des pauschalierten bisherigen Nettos)				63,02 €
2.7	**Gesamtaufstockung**			**310,29 €**	<< 310,29 €
2.8	Zwischensumme 2			1 273,77 €	
2.9	abzüglich Umlage-Beitrag des ArbN zur Zusatzversorgung [Nr. 1.3.2.1]			11,41 €	
2.10	zuzüglich **steuerfreie Bezüge**			50,00 €	
2.11	**Auszahlungsbetrag** (einschließlich Aufstockung)			**1 312,36 €**	
3.	**Berechnung der zusätzlichen Rentenversicherungsbeiträge nach § 5 Abs. 4 TV ATZ:**				
3.1	fiktives bisheriges, sv-pflichtiges Brutto-Arbeitsentgelt [Nr. 1.5] – maximal bis zur monatlichen Beitragsbemessungsgrenze AV/RV von		4 350,00 €	2 424,45 €	
3.2	davon 90 %			2 182,01 €	
3.3	abzüglich bereits verbeitragte Bezüge für Altersteilzeitarbeit [Nr. 1.5]			1 336,73 €	
3.4	Bemessungsgrundlage (= Unterschiedsbetrag)			845,28 €	
3.5	davon als **zusätzlicher RV-Beitrag (nur** Arbeitgeber)		**19,50 %**	**164,83 €**	

	fiktives bisheriges Arbeitsentgelt	tatsächliches ATZ-Netto-Arbeitsentgelt	Nebenrechnung zur Ermittlung der Aufstockungsbeträge
Vollzeitentgelt (nachrichtlich)	[Vollzeitentgelt × 3/4]	[Vollzeitentgelt × 3/8]	[Vollzeitentgelt × 3/8]
4. Berechnung der erstattungsfähigen Aufstockungsleistungen bei Wiederbesetzung (§ 4 Altersteilzeitgesetz):			
4.1 Aufstockungsbeträge nach § 3 Abs. 1 Nr. 1 Buchst. a Altersteilzeitgesetz:			
4.1.1 Bruttoentgelt für Altersteilzeitarbeit [Nr. 1.2 oder 1.5] (bis zur monatlichen Beitragsbemessungsgrenze AV/RV von 4 350,00 € ist vom sv-pflichtigen, darüber vom arbeitsrechtlichen Bruttoentgelt für Altersteilzeitarbeit auszugehen)			1 236,34 €
4.1.2 Nettoentgelt (individuell)			909,69 €
4.1.3 **20%-Aufstockung** (vom Altersteilzeit-Brutto [Nr. 4.1.1])			**247,27 €**
4.1.4 Zwischensumme 1			1 156,96 €
4.1.5 **Mindestnettobetrag nach Mindestnettobetragsverordnung 2004** vom 22. Dezember 2003 (BGBl. I 2003 S. 3114)			
Bemessungsgrundlage ist das **fiktive bisherige, sv-pflichtige Brutto-Arbeitsentgelt** [Nr. 1.5 Buchst. a],	2 424,45 €		
begrenzt auf die monatl. Beitragsbemessungsgrenze Arbeitslosen-/Rentenversicherung in Höhe von 4 350,00 €			
auf-/abgerundet auf den nächsten durch 5 € teilbaren Betrag	2 425,00 €		**1 028,90 €**
4.1.6 **Zusatzaufstockung** (auf 70 % des pauschalierten bisherigen Nettos)			**0,00 €**
4.1.7 **Gesamtaufstockung**		**247,27 €**	<< 247,27 €
4.2 Zusätzliche Rentenversicherungsbeiträge nach § 3 Abs. 1 Nr. 1 Buchst. b Altersteilzeitgesetz:			
Berechnung siehe Nr. 3		**164,83 €**	
4.3 Insgesamt erstattungsfähige Aufstockungsleistungen durch die Bundesagentur für Arbeit [Summen Nr. 4.1.7 + 4.2]		**412,10 €**	

3.2.2.5 Beispiel 10

Altersteilzeit im Teilzeitmodell — **Basismonat August 2004, Steuerklasse III/0**

Altersteilzeit wurde nach dem 30. Juni 2004 begonnen, d. h. nach In-Kraft-Treten der AtG-Änderung zum 1. Juli 2004, VergGr. IV a BAT-O (VKA), Endstufe, verheiratet ohne Kinder, Ehegatte **nicht** im öffentlichen Dienst, die bisherige wöchentliche Arbeitszeit vor Übergang in die Altersteilzeitarbeit betrug 40 Stunden/Woche, indiv. ArbN-Beitrag zur Krankenversicherung 7,4 v. H., kirchensteuerpflichtig (9 v. H.), ZVK Brandenburg (Gransee), die Umlage beträgt 1,1 v. H. *(es wird unterstellt, dass der ArbN-Beitrag zur Pflichtversicherung von 0,5 v. H. nach § 37 a ATV-K der Umlage zugerechnet wird, die ArbG-Umlage beträgt somit 0,6 v. H.)*, der kapitalgedeckte Zusatzbeitrag beträgt 2 v. H., 100 € Erschwerniszulage *(unterstellt, Voraussetzungen nach Nr. 2.1.1.2 im gemeinsamen RdSchr. der Spitzenorganisationen der Sozialversicherung vom 9. März 2004 für Regelarbeitsentgelt liegen nicht vor)*, Vermögenswirksame Leistungen.

		TV ATZ		AtG
	fiktives bisheriges Arbeitsentgelt	tatsächliches ATZ-Netto-Arbeitsentgelt	Nebenrechnung zur Ermittlung der Aufstockungsbeträge	Regelarbeitsentgelt i. S. d. AtG i. d. F. ab 1. Juli 2004
1. Berechnung der Brutto-Bezüge für Altersteilzeitarbeit nach § 4 TV ATZ:				
1.1 steuerpflichtige Bezüge:				
1.1.1 Grundgehalt (Endstufe)	2 587,72 €	1 293,86 €	1 293,86 €	1 293,86 €
1.1.2 Ortszuschlag (Stufe 2)	563,56 €	281,78 €	281,78 €	281,78 €
1.1.3 allgemeine Zulage	106,01 €	53,01 €	53,01 €	53,01 €
1.1.4 Erschwerniszulagen	100,00 €	50,00 €	50,00 €	0,00 €
1.1.5 Vermögenswirksame Leistungen *[kein ZVE]*	6,65 €	3,33 €	3,33 €	3,33 €
1.2 Summe Brutto	**3 363,94 €**	**1 681,98 €**	**1 681,98 €**	**1 631,98 €**
1.3 Berücksichtigung der Umlage zur VBL:				
1.3.1 **Summe zusatzversorgungspflichtiges Brutto** *[ZVE]* § 15 Abs. 2 Satz 2 ATV: 1,8fache der Bezüge nach § 4 TV ATZ, soweit diese nicht in voller Höhe zustehen *[(Nr. 1.1.1 + Nr. 1.1.2 + Nr. 1.1.3) × 1,8] + Nr. 1.1.4*	**3 357,29 €**	**3 021,57 €**	**3 021,57 €**	**2 931,57 €**

		TV ATZ			AtG
		fiktives bisheriges Arbeitsentgelt	tatsächliches ATZ-Netto-Arbeitsentgelt	Nebenrechnung zur Ermittlung der Aufstockungsbeträge	Regelarbeitsentgelt i. S. d. AtG i. d. F. ab 1. Juli 2004
1.3.2 Umlage	**1,10 %**				
1.3.2.1 davon Umlage-Beitrag des Arbeitnehmers	**0,50 %**		15,11 €		
1.3.2.2 davon Arbeitgeber-Umlage	**0,60 %**	20,14 €	18,13 €	18,13 €	17,59 €
1.3.2.3 durch Arbeitgeber pauschal zu versteuern		20,14 €	18,13 €	18,13 €	17,59 €
1.3.2.4 Zusatzbetrag für steuerpflichtiges Brutto		0,00 €	0,00 €	0,00 €	0,00 €
1.3.2.5 Hinzurechnungsbetrag (§ 2 Abs. 1 Satz 2 ArEV)		6,84 €	4,83 €	4,83 €	4,29 €
1.3.3 Beitrag im Kapitaldeckungsverfahren	**2,00 %**				
1.3.3.1 davon Arbeitnehmeranteil	**0,00 %**		0,00 €		
1.3.3.2 davon Arbeitgeberanteil	**2,00 %**		60,43 €		
1.4 Summe Steuer-Brutto [Nr. 1.2 + 1.3.2.4]			**1 681,98 €**	**1 681,98 €**	**1 631,98 €**
1.5 Summe SV-Brutto [Nr. 1.4 + 1.3.2.5]	**mtl. BBG**				
a) RV/AV	**4 350,00 €**	**3 370,78 €**	**1 686,81 €**	**1 686,81 €**	**1 636,27 €**
b) KV/PV	**3 487,50 €**		1 686,81 €	1 686,81 €	1 636,27 €
1.6 individuelle Abzüge:					
1.6.1 Lohnsteuer (Steuerklasse III/0)			0,00 €	0,00 €	0,00 €
1.6.2 Solidaritätszuschlag			0,00 €	0,00 €	0,00 €
1.6.3 Kirchensteuer (***nur** wenn KiSt-pflichtig*)	**9,00 %**		0,00 €	0,00 €	0,00 €
1.6.4 ArbN-Beitrag zur Rentenversicherung	**9,75 %**		164,46 €	164,46 €	159,54 €
1.6.5 ArbN-Beitrag zur Arbeitslosenversicherung	**3,25 %**		54,82 €	54,82 €	53,18 €
1.6.6 ArbN-Beitrag zur Krankenversicherung	**7,40 %**	*(indiv. Satz)*	124,82 €	124,82 €	121,08 €
1.6.7 ArbN-Beitrag zur Pflegeversicherung	**0,85 %**		14,34 €	14,34 €	13,91 €
1.7 Nettoarbeitsentgelt (vor Abzug des Umlage-Beitrags des ArbN)			**1 323,54 €**	**1 323,54 €**	**1 284,27 €**

Nr.		fiktives bisheriges Arbeitsentgelt	TV ATZ: tatsächliches ATZ-Netto-Arbeitsentgelt	TV ATZ: Nebenrechnung zur Ermittlung der Aufstockungsbeträge	AtG: Regelarbeitsentgelt i. S. d. AtG i. d. F. ab 1. Juli 2004
2.	**Berechnung der Aufstockungsbeträge nach § 5 Abs. 1 und 2 TV ATZ:**				
2.1	Bruttoentgelt für Altersteilzeitarbeit [Nr. 1.2 oder 1.5] (bis zur mtl. Beitragsbemessungsgrenze AV/RV von 4 350,00 € ist vom sv-pflichtigen, darüber vom arbeitsrechtlichen Bruttoentgelt für Altersteilzeitarbeit auszugehen)			1 686,81 €	
2.2	Nettoentgelt (individuell)			1 323,54 €	
2.3	**20%-Aufstockung** (vom o. a. Bruttoentgelt für Altersteilzeit [Nr. 2.1])			**337,36 €**	
2.4	Zwischensumme 1			1 660,90 €	
2.5	**Mindestnettobetrag gem. 83%-Tabelle** – Bemessungsgrundlage ist das **fiktive bisherige Brutto-Arbeitsentgelt** [Nr. 1.2] (**ohne** Zusatzbeträge zum sv-pflichtigen Brutto [Nr. 1.3.2.4 + 1.3.2.5])	3 363,94 €			
	auf-/abgerundet auf den nächsten durch 5 € teilbaren Betrag	3 365,00 €		**1 850,00 €**	
2.6	**Zusatzaufstockung** (auf 83 % des pauschalierten bisherigen Nettos)			189,10 €	
2.7	**Gesamtaufstockung**		**526,46 €**	<< 526,46 €	
2.8	Zwischensumme 2		1 850,00 €		
2.9	abzüglich Umlage-Beitrag des ArbN zur Zusatzversorgung [Nr. 1.3.2.1]		15,11 €		
2.10	zuzüglich **steuerfreie Bezüge**		0,00 €		
2.11	**Auszahlungsbetrag** (einschließlich Aufstockung)		**1 834,89 €**		
3.	**Berechnung der zusätzlichen Rentenversicherungsbeiträge nach § 5 Abs. 4 TV ATZ:**				
3.1	fiktives bisheriges, sv-pflichtiges Brutto-Arbeitsentgelt [Nr. 1.5] – maximal bis zur monatlichen Beitragsbemessungsgrenze AV/RV von	4 350,00 €	3 370,78 €		
3.2	davon 90 %		3 033,70 €		
3.3	abzüglich bereits verbeitragte Bezüge für Altersteilzeitarbeit [Nr. 1.5]		1 686,81 €		
3.4	Bemessungsgrundlage (= Unterschiedsbetrag)		1 346,89 €		
3.5	davon als **zusätzlicher RV-Beitrag** (**nur** Arbeitgeber)	**19,50 %**	**262,64 €**		
3.6	Günstigerprüfung mittels Vergleichsberechnung [Nr. 3.5 und 4.2.6] Danach zahlt der Arbeitgeber den höheren Betrag nach § 5 Abs. 4 TV ATZ [Nr. 3.5]		**262,64 €**		

Nr.		fiktives bisheriges Arbeitsentgelt	TV ATZ: tatsächliches ATZ-Netto-Arbeitsentgelt	TV ATZ: Nebenrechnung zur Ermittlung der Aufstockungsbeträge	AtG: Regelarbeitsentgelt i. S. d. AtG i. d. F. ab 1. Juli 2004
4.	**Berechnung der erstattungsfähigen Aufstockungsleistungen bei Wiederbesetzung (§ 4 Altersteilzeitgesetz):**				
4.1	**Aufstockungsbeträge nach § 3 Abs. 1 Nr. 1 Buchst. a Altersteilzeitgesetz:**				
4.1.1	Bruttoentgelt für Altersteilzeitarbeit [Nr. 1.2 oder 1.5] (bis zur monatlichen Beitragsbemessungsgrenze AV/RV von 4 350,00 € ist vom sv-pflichtigen, darüber vom arbeitsrechtlichen Bruttoentgelt für Altersteilzeitarbeit auszugehen)				1 636,27 €
4.1.2	Nettoentgelt (individuell)				1 284,27 €
4.1.3	**20%-Aufstockung** (vom o. a. Bruttoentgelt für Altersteilzeit [Nr. 4.1.1])				**327,25 €**
4.1.4	Zwischensumme 1				1 611,52 €
4.1.5	**Mindestnettobetrag nach Mindestnettobetrags-Verordnung 2004** vom 22. Dezember 2003 (BGBl. I 2003 S. 3114)				
	Bemessungsgrundlage ist das **fiktive bisherige, sv-pflichtige Brutto-Arbeitsentgelt** [Nr. 1.5 Buchst. a], begrenzt auf die monatl. BBG AV/RV von 4 350,00 €	3 370,78 €			
	auf-/abgerundet auf den nächsten durch 5 € teilbaren Betrag	3 370,00 €			**1 561,92 €**
4.1.6	**Zusatzaufstockung** (auf 70 % des pauschalierten bisherigen Nettos)				**0,00 €**
4.1.7	**Gesamtaufstockung**				**327,25 €**
4.2	**Zusätzliche Rentenversicherungsbeiträge nach § 3 Abs. 1 Nr. 1 Buchst. b Altersteilzeitgesetz:**				
4.2.1	**Regelarbeitsentgelt** [Nr. 1.5]				1 636,27 €
4.2.2	**90 v. H der monatl. Beitragsbemessungsgrenze AV/RV**				3 915,00 €
4.2.3	**Differenz zum Regelarbeitsentgelt**				2 278,73 €
4.2.4	**80 v. H. des Regelarbeitsentgelts** [Nr. 4.2.1 × 80 %]				1 309,02 €
4.2.5	**zusätzliche beitragspflichtige Einnahme** [Minimum von Nr. 4.2.3 und Nr. 4.2.4]				**1 309,02 €**
4.2.6	**davon als zusätzlicher RV-Beitrag (nur** Arbeitgeber)	**19,50 %**			**255,26 €**
4.3	**Insgesamt erstattungsfähige Aufstockungsleistungen durch die Bundesagentur für Arbeit** [Summen Nr. 4.1.7 + 4.2.6]				**582,51 €**

4. Mindestnettobeträge nach § 3 Abs. 1 Nr. 1 Buchst. a Altersteilzeitgesetz für das Jahr 2004 (70 v. H.)[1]

Bisheriges Arbeitsentgelt Monat bis Euro gerundet:	Mindestnettobetrag in Steuerklasse				
	I/IV	II	III	V	VI
5,00	3,50	3,50	3,50	3,50	2,93
10,00	7,00	7,00	7,00	7,00	5,80
15,00	10,50	10,50	10,50	10,50	8,74
20,00	14,00	14,00	14,00	14,00	11,61
25,00	17,50	17,50	17,50	17,50	14,48
30,00	21,00	21,00	21,00	21,00	17,41
35,00	24,50	24,50	24,50	24,50	20,28
40,00	28,00	28,00	28,00	28,00	23,21
45,00	31,50	31,50	31,50	31,50	26,09
50,00	35,00	35,00	35,00	35,00	28,95
55,00	38,50	38,50	38,50	38,50	31,89
60,00	42,00	42,00	42,00	42,00	34,76
65,00	45,50	45,50	45,50	45,50	37,69
70,00	49,00	49,00	49,00	49,00	40,57
75,00	52,50	52,50	52,50	52,50	43,43
80,00	56,00	56,00	56,00	55,62	46,36
85,00	59,50	59,50	59,50	58,49	49,23
90,00	63,00	63,00	63,00	61,43	52,16
95,00	66,50	66,50	66,50	64,30	55,04
100,00	70,00	70,00	70,00	67,24	57,90
105,00	73,50	73,50	73,50	70,10	60,84
110,00	77,00	77,00	77,00	72,97	63,71
115,00	80,50	80,50	80,50	75,90	66,64
120,00	84,00	84,00	84,00	78,78	69,52
125,00	87,50	87,50	87,50	81,71	72,38
130,00	91,00	91,00	91,00	84,57	75,31

1) Mindestnettobetrags-Verordnung 2004 vom 22. Dezember 2003 (BGBl. I S. 3114)

Bisheriges Arbeitsentgelt Monat bis Euro gerundet:	Mindestnettobetrag in Steuerklasse				
	I/IV	II	III	V	VI
135,00	94,50	94,50	94,50	87,44	78,18
140,00	98,00	98,00	98,00	90,38	81,12
145,00	101,50	101,50	101,50	93,25	83,99
150,00	105,00	105,00	105,00	96,19	86,86
155,00	108,50	108,50	108,50	99,05	89,79
160,00	112,00	112,00	112,00	101,92	92,66
165,00	115,50	115,50	115,50	104,85	95,59
170,00	119,00	119,00	119,00	107,73	98,47
175,00	122,50	122,50	122,50	110,66	101,33
180,00	126,00	126,00	126,00	113,53	104,27
185,00	129,50	129,50	129,50	116,40	107,14
190,00	133,00	133,00	133,00	119,33	110,07
195,00	136,50	136,50	136,50	122,21	112,95
200,00	140,00	140,00	140,00	125,14	115,81
205,00	143,50	143,50	143,50	128,00	118,74
210,00	147,00	147,00	147,00	130,87	121,61
215,00	150,50	150,50	150,50	133,81	124,54
220,00	154,00	154,00	154,00	136,68	127,42
225,00	157,50	157,50	157,50	139,62	130,28
230,00	161,00	161,00	161,00	142,48	133,22
235,00	164,50	164,50	164,50	145,35	136,09
240,00	168,00	168,00	168,00	148,28	139,02
245,00	171,50	171,50	171,50	151,16	141,90
250,00	175,00	175,00	175,00	154,09	144,76
255,00	178,50	178,50	178,50	156,95	147,69
260,00	182,00	182,00	182,00	159,82	150,56
265,00	185,50	185,50	185,50	162,76	153,50
270,00	189,00	189,00	189,00	165,63	156,37
275,00	192,50	192,50	192,50	168,57	159,24
280,00	196,00	196,00	196,00	171,43	162,17

Bisheriges Arbeitsentgelt Monat bis Euro gerundet:	Mindestnettobetrag in Steuerklasse				
	I/IV	II	III	V	VI
285,00	199,50	199,50	199,50	174,30	165,04
290,00	203,00	203,00	203,00	177,23	167,97
295,00	206,50	206,50	206,50	180,11	170,85
300,00	210,00	210,00	210,00	183,04	173,71
305,00	213,50	213,50	213,50	185,91	176,65
310,00	217,00	217,00	217,00	188,78	179,52
315,00	220,50	220,50	220,50	191,71	182,45
320,00	224,00	224,00	224,00	194,59	185,33
325,00	227,50	227,50	227,50	197,52	188,19
330,00	182,50	182,50	182,50	151,89	142,63
335,00	185,28	185,28	185,28	154,03	144,77
340,00	188,04	188,04	188,04	156,23	146,97
345,00	190,81	190,81	190,81	158,38	149,11
350,00	193,56	193,56	193,56	160,56	151,23
355,00	196,34	196,34	196,34	162,69	153,43
360,00	199,11	199,11	199,11	164,84	155,58
365,00	201,87	201,87	201,87	167,03	157,77
370,00	204,62	204,62	204,62	169,16	159,90
375,00	207,40	207,40	207,40	171,37	162,04
380,00	210,17	210,17	210,17	173,50	164,24
385,00	212,93	212,93	212,93	175,64	166,38
390,00	215,68	215,68	215,68	177,82	168,56
395,00	218,46	218,46	218,46	179,98	170,72
400,00	221,23	221,23	221,23	182,18	172,84
405,00	223,99	223,99	223,99	184,30	175,04
410,00	226,75	226,75	226,75	186,43	177,17
415,00	229,52	229,52	229,52	188,64	179,38
420,00	232,29	232,29	232,29	190,78	181,52
425,00	235,05	235,05	235,05	192,98	183,65
430,00	237,81	237,81	237,81	195,10	185,84

Bisheriges Arbeitsentgelt Monat bis Euro gerundet:	Mindestnettobetrag in Steuerklasse				
	I/IV	II	III	V	VI
435,00	240,58	240,58	240,58	197,24	187,98
440,00	243,35	243,35	243,35	199,44	190,18
445,00	246,12	246,12	246,12	201,59	192,33
450,00	248,87	248,87	248,87	203,77	194,44
455,00	251,64	251,64	251,64	205,91	196,64
460,00	254,42	254,42	254,42	208,05	198,79
465,00	257,18	257,18	257,18	210,25	200,98
470,00	259,93	259,93	259,93	212,37	203,11
475,00	262,70	262,70	262,70	214,58	205,25
480,00	265,48	265,48	265,48	216,71	207,45
485,00	268,24	268,24	268,24	218,85	209,59
490,00	270,99	270,99	270,99	221,03	211,77
495,00	273,77	273,77	273,77	223,19	213,93
500,00	276,54	276,54	276,54	225,39	216,06
505,00	279,30	279,30	279,30	227,51	218,25
510,00	282,06	282,06	282,06	229,64	220,30
515,00	284,83	284,83	284,83	231,85	222,40
520,00	287,60	287,60	287,60	233,99	224,43
525,00	290,36	290,36	290,36	236,19	226,44
530,00	293,12	293,12	293,12	238,31	228,52
535,00	295,89	295,89	295,89	240,45	230,55
540,00	298,66	298,66	298,66	242,65	232,65
545,00	301,43	301,43	301,43	244,80	234,68
550,00	304,18	304,18	304,18	246,98	236,67
555,00	306,95	306,95	306,95	249,12	238,77
560,00	309,72	309,72	309,72	251,26	240,80
565,00	312,49	312,49	312,49	253,46	242,89
570,00	315,24	315,24	315,24	255,58	244,90
575,00	318,01	318,01	318,01	257,79	246,92
580,00	320,78	320,78	320,78	259,92	249,02

Bisheriges Arbeitsentgelt Monat bis Euro gerundet:	Mindestnettobetrag in Steuerklasse				
	I/IV	II	III	V	VI
585,00	323,55	323,55	323,55	262,02	251,04
590,00	326,30	326,30	326,30	264,10	253,12
595,00	329,08	329,08	329,08	266,13	255,16
600,00	331,84	331,84	331,84	268,23	257,17
605,00	334,61	334,61	334,61	270,24	259,26
610,00	337,37	337,37	337,37	272,25	261,28
615,00	340,14	340,14	340,14	274,35	263,38
620,00	342,90	342,90	342,90	276,37	265,40
625,00	345,67	345,67	345,67	278,47	267,41
630,00	348,43	348,43	348,43	280,47	269,49
635,00	351,20	351,20	351,20	282,50	271,52
640,00	353,96	353,96	353,96	284,59	273,62
645,00	356,73	356,73	356,73	286,62	275,65
650,00	359,49	359,49	359,49	288,70	277,64
655,00	362,26	362,26	362,26	290,72	279,74
660,00	365,03	365,03	365,03	292,75	281,77
665,00	367,79	367,79	367,79	294,84	283,86
670,00	370,55	370,55	370,55	296,85	285,87
675,00	373,32	373,32	373,32	298,95	287,89
680,00	376,09	376,09	376,09	300,97	289,99
685,00	378,85	378,85	378,85	302,99	292,01
690,00	381,61	381,61	381,61	305,07	294,09
695,00	384,38	384,38	384,38	307,10	296,13
700,00	387,15	387,15	387,15	309,20	298,17
705,00	389,91	389,91	389,91	311,21	300,34
710,00	392,67	392,67	392,67	313,22	302,44
715,00	395,44	395,44	395,44	315,32	304,61
720,00	398,21	398,21	398,21	317,35	306,72
725,00	400,97	400,97	400,97	319,44	308,81
730,00	403,73	403,73	403,73	321,44	310,98

Bisheriges Arbeitsentgelt Monat bis Euro gerundet:	Mindestnettobetrag in Steuerklasse				
	I/IV	II	III	V	VI
735,00	406,50	406,50	406,50	323,47	313,09
740,00	409,27	409,27	409,27	325,56	315,26
745,00	412,04	412,04	412,04	327,59	317,37
750,00	414,79	414,79	414,79	329,67	319,45
755,00	417,56	417,56	417,56	331,69	321,63
760,00	420,34	420,34	420,34	333,72	323,74
765,00	423,10	423,10	423,10	335,81	325,91
770,00	425,85	425,85	425,85	337,82	327,81
775,00	428,62	428,62	428,62	339,92	328,79
780,00	431,40	431,40	431,40	342,02	329,78
785,00	434,16	434,16	434,16	344,12	330,76
790,00	436,91	436,91	436,91	346,28	331,72
795,00	439,69	439,69	439,69	348,40	332,71
800,00	442,46	442,46	442,46	350,57	333,68
805,00	445,22	445,22	445,22	352,67	334,66
810,00	447,98	447,98	447,98	354,76	335,64
815,00	450,75	450,75	450,75	356,94	336,62
820,00	453,52	453,52	453,52	359,04	337,60
825,00	456,28	456,28	456,28	361,21	338,58
830,00	459,04	459,04	459,04	363,31	339,54
835,00	461,81	461,81	461,81	365,41	340,53
840,00	464,58	464,58	464,58	367,58	341,50
845,00	467,35	467,35	467,35	369,70	342,49
850,00	470,10	470,10	470,10	370,86	343,46
855,00	472,87	472,87	472,87	371,85	344,44
860,00	475,64	475,64	475,64	372,83	345,42
865,00	478,41	478,41	478,41	373,81	346,40
870,00	481,16	481,16	481,16	374,77	347,36
875,00	483,93	483,93	483,93	375,76	348,35
880,00	486,70	486,70	486,70	376,74	349,33

Bisheriges Arbeitsentgelt Monat bis Euro gerundet:	Mindestnettobetrag in Steuerklasse				
	I/IV	II	III	V	VI
885,00	489,47	489,47	489,47	377,72	350,31
890,00	492,22	492,22	492,22	378,68	351,27
895,00	495,00	495,00	495,00	379,67	352,26
900,00	497,57	497,76	497,76	380,65	353,24
905,00	499,90	500,53	500,53	381,63	354,22
910,00	502,15	503,29	503,29	382,60	355,19
915,00	504,43	506,06	506,06	383,59	356,17
920,00	506,68	508,82	508,82	384,56	357,15
925,00	508,94	511,59	511,59	385,54	358,13
930,00	511,20	514,35	514,35	386,51	359,10
935,00	513,53	517,12	517,12	387,49	360,08
940,00	515,80	519,88	519,88	388,47	361,06
945,00	518,06	522,66	522,66	389,45	362,05
950,00	520,30	525,41	525,41	390,42	363,01
955,00	522,51	528,18	528,18	391,41	363,99
960,00	524,78	530,95	530,95	392,39	364,97
965,00	527,04	533,72	533,72	393,37	365,95
970,00	529,28	536,47	536,47	394,32	366,92
975,00	531,56	539,24	539,24	395,31	368,16
980,00	533,76	542,01	542,01	396,30	369,61
985,00	536,02	544,78	544,78	397,27	370,92
990,00	538,27	547,53	547,53	398,24	372,22
995,00	540,48	550,31	550,31	399,23	373,53
1 000,00	542,75	553,07	553,07	400,20	374,84
1 005,00	545,00	555,84	555,84	401,18	376,28
1 010,00	547,19	558,59	558,59	402,15	377,58
1 015,00	549,46	561,37	561,37	403,14	378,90
1 020,00	551,66	564,13	564,13	404,12	380,21
1 025,00	553,74	566,90	566,90	405,09	381,65
1 030,00	555,86	569,65	569,65	406,06	382,95

Bisheriges Arbeitsentgelt Monat bis Euro gerundet:	Mindestnettobetrag in Steuerklasse				
	I/IV	II	III	V	VI
1 035,00	557,94	572,05	572,43	407,05	384,27
1 040,00	560,01	574,18	575,19	408,02	385,71
1 045,00	562,16	576,39	577,96	409,01	386,89
1 050,00	564,21	578,52	580,71	410,17	388,33
1 055,00	566,29	580,72	583,49	411,48	389,63
1 060,00	568,37	582,86	586,26	412,80	391,08
1 065,00	570,44	584,99	589,02	414,11	392,26
1 070,00	572,50	587,12	591,77	415,53	393,68
1 075,00	574,58	589,25	594,55	416,85	395,00
1 080,00	576,65	591,46	597,32	418,29	396,31
1 085,00	578,73	593,59	600,08	419,61	397,76
1 090,00	580,72	595,65	602,83	420,90	398,92
1 095,00	582,81	597,80	605,61	422,22	400,37
1 100,00	584,88	599,94	608,38	423,54	401,69
1 105,00	586,89	602,07	611,14	424,84	403,12
1 110,00	588,95	604,20	613,90	426,14	404,43
1 115,00	590,97	606,35	616,67	427,58	405,73
1 120,00	593,05	608,41	619,44	428,89	407,04
1 125,00	595,06	610,55	622,20	430,33	408,36
1 130,00	597,11	612,61	624,96	431,50	409,79
1 135,00	599,13	614,76	627,73	432,96	411,11
1 140,00	601,14	616,83	630,50	434,26	412,41
1 145,00	603,16	618,98	633,27	435,72	413,73
1 150,00	605,15	621,03	636,02	436,88	415,15
1 155,00	607,17	623,11	638,79	438,32	416,61
1 160,00	609,18	625,19	641,56	439,64	417,91
1 165,00	611,19	627,32	644,33	440,94	419,22
1 170,00	613,19	629,38	647,08	442,23	420,53
1 175,00	615,20	631,46	649,85	443,68	421,83
1 180,00	617,22	633,54	652,62	445,00	423,29

Bisheriges Arbeitsentgelt Monat bis Euro gerundet:	Mindestnettobetrag in Steuerklasse				
	I/IV	II	III	V	VI
1 185,00	619,17	635,61	655,39	446,44	424,59
1 190,00	621,17	637,67	658,14	447,60	425,89
1 195,00	623,19	639,69	660,92	449,06	427,34
1 200,00	625,13	641,76	663,68	450,37	428,65
1 205,00	627,14	643,84	666,45	451,68	430,09
1 210,00	629,08	645,90	669,21	452,98	431,26
1 215,00	631,04	647,91	671,98	454,42	432,71
1 220,00	633,05	649,99	674,74	455,74	434,01
1 225,00	634,98	651,99	677,51	457,04	435,46
1 230,00	636,92	654,07	680,27	458,48	436,63
1 235,00	638,88	656,08	683,04	459,79	438,07
1 240,00	640,89	658,09	685,80	461,24	439,51
1 245,00	642,84	660,16	688,58	462,55	440,83
1 250,00	644,77	662,16	691,33	463,84	442,13
1 255,00	646,73	664,17	694,10	465,28	443,44
1 260,00	648,61	666,19	696,87	466,60	444,89
1 265,00	650,57	668,20	699,64	467,92	446,19
1 270,00	652,49	670,19	702,39	469,20	447,63
1 275,00	654,44	672,21	705,16	470,52	448,81
1 280,00	656,40	674,23	707,93	471,97	450,25
1 285,00	658,28	676,24	710,70	473,28	451,57
1 290,00	660,22	678,23	713,45	474,71	452,85
1 295,00	662,11	680,20	716,23	476,03	454,31
1 300,00	664,06	682,21	718,99	477,34	455,62
1 305,00	665,94	684,22	721,76	478,64	457,07
1 310,00	667,81	686,15	724,51	480,08	458,36
1 315,00	669,77	688,16	727,29	481,39	459,82
1 320,00	671,65	690,11	730,05	482,70	461,12
1 325,00	673,54	692,06	732,82	484,14	462,43
1 330,00	675,35	693,99	735,57	485,44	463,86

Bisheriges Arbeitsentgelt Monat bis Euro gerundet:	Mindestnettobetrag in Steuerklasse				
	I/IV	II	III	V	VI
1 335,00	677,11	695,82	738,35	486,89	465,17
1 340,00	678,62	697,64	741,11	488,07	466,49
1 345,00	680,11	699,41	743,88	489,52	467,80
1 350,00	681,67	701,21	746,63	490,81	469,23
1 355,00	683,17	703,04	749,41	492,26	470,54
1 360,00	684,67	704,81	752,18	493,57	472,00
1 365,00	686,25	706,63	754,94	494,88	473,30
1 370,00	687,72	708,37	757,69	496,31	474,73
1 375,00	689,23	710,13	760,47	497,62	476,04
1 380,00	690,73	711,96	763,24	498,95	477,35
1 385,00	692,22	713,72	766,00	500,25	478,67
1 390,00	693,71	715,46	768,75	501,68	480,09
1 395,00	695,22	717,23	771,53	503,13	481,54
1 400,00	696,71	718,99	774,30	504,44	482,72
1 405,00	698,22	720,74	777,06	505,74	484,17
1 410,00	699,70	722,49	779,82	507,05	485,60
1 415,00	701,20	724,26	782,59	508,49	486,92
1 420,00	702,70	725,95	785,36	509,80	488,22
1 425,00	704,19	727,71	788,12	511,12	489,52
1 430,00	705,68	729,35	790,88	512,55	490,96
1 435,00	707,11	730,85	793,65	513,87	492,28
1 440,00	708,61	732,42	796,42	515,30	493,72
1 445,00	710,14	733,92	799,19	516,62	495,03
1 450,00	711,77	735,48	801,94	518,04	496,46
1 455,00	713,42	736,98	804,71	519,37	497,64
1 460,00	715,00	738,49	807,49	520,67	498,96
1 465,00	716,63	739,98	810,25	522,12	500,40
1 470,00	718,19	741,46	813,00	523,41	501,69
1 475,00	719,84	742,97	815,77	524,73	503,01
1 480,00	721,50	744,54	818,55	526,17	504,32

Bisheriges Arbeitsentgelt Monat bis Euro gerundet:	Mindestnettobetrag in Steuerklasse				
	I/IV	II	III	V	VI
1 485,00	723,07	745,96	821,31	527,48	505,63
1 490,00	724,69	747,52	824,06	528,78	507,06
1 495,00	726,27	749,03	826,84	530,23	508,38
1 500,00	727,91	750,45	829,61	531,55	509,70
1 505,00	729,48	752,02	832,37	532,85	511,00
1 510,00	731,12	753,44	835,13	534,15	512,30
1 515,00	732,70	754,94	837,90	535,60	513,63
1 520,00	734,34	756,44	840,67	536,91	514,92
1 525,00	735,91	757,93	843,43	538,34	516,23
1 530,00	737,48	759,42	846,19	539,64	517,54
1 535,00	739,06	760,93	848,96	540,97	518,85
1 540,00	740,70	762,48	851,73	542,40	520,02
1 545,00	742,28	764,06	854,50	543,73	521,48
1 550,00	743,83	765,69	857,25	545,01	522,77
1 555,00	745,49	767,34	860,02	546,20	524,08
1 560,00	747,07	768,92	862,79	547,65	525,27
1 565,00	748,64	770,55	865,56	548,95	526,58
1 570,00	750,20	772,11	868,31	550,25	527,87
1 575,00	751,79	773,76	871,08	551,57	529,05
1 580,00	753,36	775,41	873,85	552,87	530,51
1 585,00	754,94	776,99	876,62	554,18	531,80
1 590,00	756,50	778,60	879,37	555,49	532,97
1 595,00	758,09	780,19	882,15	556,80	534,29
1 600,00	759,72	781,90	884,91	558,25	535,47
1 605,00	761,49	783,60	887,68	559,55	536,91
1 610,00	763,20	785,37	890,44	560,85	538,08
1 615,00	764,90	787,14	893,21	562,18	539,26
1 620,00	766,67	788,91	895,97	563,48	540,57
1 625,00	768,38	790,69	898,74	564,66	541,88
1 630,00	770,14	792,39	901,50	565,96	543,05

Bisheriges Arbeitsentgelt Monat bis Euro gerundet:	Mindestnettobetrag in Steuerklasse				
	I/IV	II	III	V	VI
1 635,00	771,86	794,16	904,27	567,28	544,36
1 640,00	773,56	795,94	907,03	568,58	545,54
1 645,00	775,27	797,72	909,80	569,76	546,85
1 650,00	777,03	799,41	912,56	571,19	548,02
1 655,00	778,75	801,19	915,33	572,50	549,34
1 660,00	780,46	802,97	918,10	573,69	550,65
1 665,00	782,16	804,67	920,86	574,99	551,82
1 670,00	783,92	806,43	923,62	576,16	552,99
1 675,00	785,64	808,14	926,39	577,61	554,30
1 680,00	787,35	809,92	929,16	578,79	555,49
1 685,00	789,05	811,69	931,92	580,10	556,80
1 690,00	790,75	813,39	934,68	581,26	557,96
1 695,00	792,46	815,18	937,45	582,59	559,15
1 700,00	794,16	816,88	940,22	583,89	560,45
1 705,00	795,88	818,65	942,61	585,07	561,62
1 710,00	797,57	820,34	944,87	586,24	562,79
1 715,00	799,35	822,07	947,13	587,69	563,98
1 720,00	801,06	823,84	949,39	588,87	565,29
1 725,00	802,70	825,54	951,66	590,04	566,46
1 730,00	804,39	827,30	953,90	591,33	567,63
1 735,00	806,11	829,02	956,17	592,52	568,81
1 740,00	807,81	830,73	958,44	593,69	570,13
1 745,00	809,52	832,50	960,83	595,15	571,17
1 750,00	811,22	834,19	963,07	596,31	572,47
1 755,00	812,93	835,91	965,34	597,49	573,52
1 760,00	814,64	837,68	967,62	598,80	574,84
1 765,00	816,35	839,40	969,87	599,98	576,02
1 770,00	817,97	841,08	972,12	601,14	577,18
1 775,00	819,69	842,79	974,39	602,32	578,36
1 780,00	821,40	844,52	976,65	603,51	579,54

Bisheriges Arbeitsentgelt Monat bis Euro gerundet:	Mindestnettobetrag in Steuerklasse				
	I/IV	II	III	V	VI
1 785,00	823,10	846,29	978,92	604,81	580,72
1 790,00	824,80	847,97	981,17	605,98	581,88
1 795,00	826,45	849,69	983,44	607,31	583,07
1 800,00	828,16	851,40	985,70	608,34	584,25
1 805,00	829,86	853,10	987,97	609,66	585,28
1 810,00	831,50	854,80	990,21	610,83	586,59
1 815,00	833,20	856,52	992,48	612,14	587,78
1 820,00	834,91	858,21	994,75	613,19	588,81
1 825,00	836,55	859,92	997,00	614,49	589,99
1 830,00	838,25	861,63	999,26	615,53	591,16
1 835,00	839,90	863,33	1 001,40	616,84	592,34
1 840,00	841,60	865,04	1 003,66	618,02	593,38
1 845,00	843,25	866,76	1 005,94	619,20	594,57
1 850,00	844,94	868,44	1 008,18	620,36	595,73
1 855,00	846,59	870,16	1 010,44	621,54	596,91
1 860,00	848,30	871,88	1 012,72	622,73	597,98
1 865,00	849,94	873,57	1 014,97	623,90	599,15
1 870,00	851,63	875,27	1 017,22	625,07	600,31
1 875,00	853,28	876,91	1 019,49	626,25	601,50
1 880,00	854,93	878,63	1 021,63	627,31	602,54
1 885,00	856,63	880,34	1 023,90	628,61	603,72
1 890,00	858,26	882,02	1 026,14	629,77	604,74
1 895,00	859,97	883,74	1 028,41	630,83	605,93
1 900,00	861,62	885,38	1 030,68	632,01	607,11
1 905,00	863,25	887,09	1 032,81	633,19	608,16
1 910,00	864,89	888,79	1 035,07	634,35	609,33
1 915,00	866,60	890,44	1 037,33	635,40	610,51
1 920,00	868,24	892,14	1 039,59	636,57	611,42
1 925,00	869,88	893,84	1 041,73	637,75	612,59
1 930,00	871,51	895,48	1 043,98	638,92	613,63

Bisheriges Arbeitsentgelt Monat bis Euro gerundet:	Mindestnettobetrag in Steuerklasse				
	I/IV	II	III	V	VI
1 935,00	873,23	897,19	1 046,26	639,97	614,82
1 940,00	874,86	898,84	1 048,51	641,14	615,85
1 945,00	876,51	900,54	1 050,66	642,33	617,04
1 950,00	878,14	902,23	1 052,90	643,49	618,07
1 955,00	879,78	903,88	1 055,17	644,67	619,12
1 960,00	881,43	905,59	1 057,31	645,73	620,31
1 965,00	883,07	907,23	1 059,57	646,77	621,34
1 970,00	884,69	908,92	1 061,82	647,93	622,37
1 975,00	886,34	910,57	1 063,96	649,11	623,55
1 980,00	887,99	912,23	1 066,23	650,29	624,62
1 985,00	889,62	913,92	1 068,49	651,34	625,65
1 990,00	891,25	915,55	1 070,62	652,50	626,68
1 995,00	892,91	917,27	1 072,88	653,43	627,75
2 000,00	894,54	918,91	1 075,14	654,61	628,78
2 005,00	896,18	920,55	1 077,28	655,65	629,83
2 010,00	897,82	922,25	1 079,53	656,82	630,99
2 015,00	899,46	923,89	1 081,68	657,87	632,05
2 020,00	901,10	925,53	1 083,94	659,05	633,09
2 025,00	902,67	927,18	1 086,20	660,09	634,13
2 030,00	904,31	928,87	1 088,33	661,26	635,17
2 035,00	905,95	930,52	1 090,60	662,31	636,22
2 040,00	907,59	932,16	1 092,73	663,36	637,26
2 045,00	909,24	933,80	1 094,74	664,54	638,32
2 050,00	910,81	935,43	1 096,87	665,56	639,49
2 055,00	912,44	937,08	1 098,88	666,61	640,40
2 060,00	914,09	938,79	1 101,03	667,67	641,45
2 065,00	915,66	940,42	1 103,04	668,70	642,49
2 070,00	917,29	942,05	1 105,15	669,87	643,65
2 075,00	918,93	943,71	1 107,17	670,92	644,57
2 080,00	920,51	945,34	1 109,31	671,98	645,62

Bisheriges Arbeitsentgelt Monat bis Euro gerundet:	Mindestnettobetrag in Steuerklasse				
	I/IV	II	III	V	VI
2 085,00	922,15	946,98	1 111,32	673,02	646,53
2 090,00	923,79	948,61	1 113,45	674,18	647,70
2 095,00	925,37	950,26	1 115,47	675,23	648,75
2 100,00	927,01	951,90	1 117,48	676,28	649,67
2 105,00	928,58	953,55	1 119,61	677,32	650,57
2 110,00	930,21	955,17	1 121,61	678,36	651,74
2 115,00	931,79	956,82	1 123,63	679,27	652,66
2 120,00	933,44	958,39	1 125,76	680,32	653,70
2 125,00	935,01	960,04	1 127,77	681,49	654,75
2 130,00	936,64	961,67	1 129,77	682,54	655,65
2 135,00	938,22	963,31	1 131,92	683,58	656,71
2 140,00	939,79	964,96	1 133,93	684,50	657,74
2 145,00	941,44	966,60	1 135,95	685,55	658,67
2 150,00	943,00	968,16	1 137,94	686,71	659,69
2 155,00	944,58	969,80	1 140,08	687,63	660,74
2 160,00	946,23	971,45	1 142,09	688,67	661,66
2 165,00	947,81	973,09	1 144,10	689,59	662,70
2 170,00	949,36	974,65	1 146,10	690,75	663,60
2 175,00	951,01	976,30	1 148,11	691,80	664,65
2 180,00	952,58	977,95	1 150,25	692,72	665,64
2 185,00	954,16	979,52	1 152,26	693,76	666,61
2 190,00	955,72	981,14	1 154,26	694,79	667,58
2 195,00	957,37	982,79	1 156,28	695,72	668,57
2 200,00	958,94	984,37	1 158,29	696,89	669,54
2 205,00	960,51	986,01	1 160,30	697,81	670,52
2 210,00	962,08	987,58	1 162,30	698,71	671,50
2 215,00	963,66	989,22	1 164,32	699,76	672,48
2 220,00	965,24	990,79	1 166,33	700,80	673,46
2 225,00	966,81	992,43	1 168,34	701,72	674,43
2 230,00	968,37	994,00	1 170,34	702,74	675,40

Bisheriges Arbeitsentgelt Monat bis Euro gerundet:	Mindestnettobetrag in Steuerklasse				
	I/IV	II	III	V	VI
2 235,00	969,96	995,65	1 172,35	703,68	676,39
2 240,00	971,53	997,23	1 174,36	704,71	677,36
2 245,00	973,11	998,87	1 176,38	705,64	678,35
2 250,00	974,67	1 000,43	1 178,37	706,72	679,32
2 255,00	976,25	1 002,00	1 180,39	707,71	680,30
2 260,00	977,83	1 003,65	1 182,41	708,69	681,28
2 265,00	979,40	1 005,22	1 184,41	709,67	682,26
2 270,00	980,96	1 006,78	1 186,41	710,63	683,22
2 275,00	982,54	1 008,43	1 188,43	711,61	684,21
2 280,00	984,12	1 010,02	1 190,44	712,60	685,19
2 285,00	985,69	1 011,59	1 192,45	713,58	686,17
2 290,00	987,19	1 013,15	1 194,32	714,54	687,13
2 295,00	988,78	1 014,80	1 196,34	715,53	688,12
2 300,00	990,35	1 016,37	1 198,35	716,51	689,10
2 305,00	991,92	1 017,94	1 200,36	717,49	690,07
2 310,00	993,43	1 019,51	1 202,36	718,46	691,05
2 315,00	995,01	1 021,09	1 204,38	719,44	692,03
2 320,00	996,58	1 022,66	1 206,27	720,42	693,01
2 325,00	998,16	1 024,23	1 208,28	721,40	693,99
2 330,00	999,65	1 025,86	1 210,28	722,37	694,96
2 335,00	1 001,23	1 027,45	1 212,30	723,35	695,94
2 340,00	1 002,80	1 029,02	1 214,17	724,33	696,92
2 345,00	1 004,32	1 030,60	1 216,19	725,31	697,90
2 350,00	1 005,87	1 032,16	1 218,18	726,28	698,87
2 355,00	1 007,40	1 033,74	1 220,07	727,26	699,85
2 360,00	1 008,97	1 035,32	1 222,09	728,25	700,83
2 365,00	1 010,48	1 036,90	1 224,10	729,23	701,81
2 370,00	1 012,03	1 038,45	1 225,97	730,18	702,78
2 375,00	1 013,55	1 039,97	1 227,99	731,17	703,76
2 380,00	1 015,13	1 041,54	1 230,01	732,16	704,75

Bisheriges Arbeitsentgelt Monat bis Euro gerundet:	Mindestnettobetrag in Steuerklasse				
	I/IV	II	III	V	VI
2 385,00	1 016,65	1 043,12	1 231,88	733,13	705,72
2 390,00	1 018,21	1 044,68	1 233,88	734,10	706,69
2 395,00	1 019,72	1 046,27	1 235,77	735,08	707,68
2 400,00	1 021,29	1 047,84	1 237,78	736,06	708,65
2 405,00	1 022,80	1 049,41	1 239,67	737,04	709,63
2 410,00	1 024,30	1 050,92	1 241,67	738,01	710,61
2 415,00	1 025,89	1 052,50	1 243,56	739,00	711,59
2 420,00	1 027,38	1 054,07	1 245,57	739,98	712,57
2 425,00	1 028,90	1 055,65	1 247,45	740,95	713,54
2 430,00	1 030,46	1 057,14	1 249,45	741,92	714,51
2 435,00	1 031,98	1 058,72	1 251,35	742,90	715,50
2 440,00	1 033,48	1 060,29	1 253,36	743,88	716,47
2 445,00	1 034,99	1 061,81	1 255,24	744,87	717,46
2 450,00	1 036,55	1 063,37	1 257,24	745,83	718,42
2 455,00	1 038,07	1 064,89	1 259,13	746,82	719,40
2 460,00	1 039,58	1 066,47	1 261,14	747,80	720,39
2 465,00	1 041,09	1 068,04	1 263,03	748,78	721,36
2 470,00	1 042,59	1 069,53	1 264,89	749,74	722,33
2 475,00	1 044,09	1 071,11	1 266,78	750,72	723,32
2 480,00	1 045,61	1 072,62	1 268,80	751,71	724,30
2 485,00	1 047,12	1 074,19	1 270,69	752,69	725,28
2 490,00	1 048,68	1 075,70	1 272,55	753,65	726,24
2 495,00	1 050,20	1 077,28	1 274,57	754,64	727,23
2 500,00	1 051,70	1 078,78	1 276,46	755,62	728,21
2 505,00	1 053,22	1 080,29	1 278,35	756,60	729,18
2 510,00	1 054,71	1 081,86	1 280,35	757,57	730,16
2 515,00	1 056,22	1 083,38	1 282,23	758,55	731,14
2 520,00	1 057,67	1 084,95	1 284,12	759,53	732,12
2 525,00	1 059,17	1 086,45	1 286,01	760,51	733,10
2 530,00	1 060,68	1 087,95	1 287,87	761,47	734,07

Bisheriges Arbeitsentgelt Monat bis Euro gerundet:	Mindestnettobetrag in Steuerklasse				
	I/IV	II	III	V	VI
2 535,00	1 062,19	1 089,53	1 289,89	762,46	735,05
2 540,00	1 063,69	1 091,04	1 291,77	763,44	736,03
2 545,00	1 065,21	1 092,55	1 293,67	764,42	737,01
2 550,00	1 066,70	1 094,04	1 295,53	765,39	737,98
2 555,00	1 068,21	1 095,63	1 297,42	766,37	738,96
2 560,00	1 069,66	1 097,15	1 299,32	767,35	739,94
2 565,00	1 071,17	1 098,64	1 301,20	768,33	740,92
2 570,00	1 072,67	1 100,14	1 303,19	769,29	741,89
2 575,00	1 074,18	1 101,66	1 304,96	770,28	742,87
2 580,00	1 075,63	1 103,17	1 306,98	771,27	743,86
2 585,00	1 077,13	1 104,74	1 308,85	772,24	744,83
2 590,00	1 078,62	1 106,23	1 310,72	773,21	745,79
2 595,00	1 080,08	1 107,76	1 312,61	774,19	746,79
2 600,00	1 081,58	1 109,26	1 314,32	775,17	747,76
2 605,00	1 083,10	1 110,77	1 316,04	776,15	748,74
2 610,00	1 084,52	1 112,27	1 317,76	777,12	749,71
2 615,00	1 086,05	1 113,78	1 319,48	778,11	750,69
2 620,00	1 087,49	1 115,29	1 321,19	779,09	751,67
2 625,00	1 089,00	1 116,80	1 322,77	780,06	752,65
2 630,00	1 090,43	1 118,30	1 324,63	781,03	753,62
2 635,00	1 091,94	1 119,81	1 326,35	782,01	754,61
2 640,00	1 093,38	1 121,25	1 328,08	782,99	755,58
2 645,00	1 094,90	1 122,77	1 329,80	783,98	756,57
2 650,00	1 096,32	1 124,26	1 331,37	784,94	757,53
2 655,00	1 097,84	1 125,78	1 333,09	785,93	758,51
2 660,00	1 099,28	1 127,29	1 334,67	786,91	759,50
2 665,00	1 100,72	1 128,80	1 336,23	787,89	760,47
2 670,00	1 102,21	1 130,22	1 337,64	788,85	761,44
2 675,00	1 103,66	1 131,74	1 339,22	789,83	762,43
2 680,00	1 105,12	1 133,25	1 340,65	790,82	763,41

Bisheriges Arbeitsentgelt Monat bis Euro gerundet:	Mindestnettobetrag in Steuerklasse				
	I/IV	II	III	V	VI
2 685,00	1 106,62	1 134,76	1 342,22	791,80	764,39
2 690,00	1 108,05	1 136,18	1 343,77	792,76	765,35
2 695,00	1 109,50	1 137,70	1 345,20	793,75	766,34
2 700,00	1 111,01	1 139,22	1 346,78	794,73	767,32
2 705,00	1 112,45	1 140,65	1 348,20	795,70	768,29
2 710,00	1 113,88	1 142,16	1 349,77	796,68	769,27
2 715,00	1 115,34	1 143,67	1 351,20	797,66	770,25
2 720,00	1 116,77	1 145,12	1 352,76	798,64	771,23
2 725,00	1 118,29	1 146,61	1 354,18	799,62	772,21
2 730,00	1 119,71	1 148,06	1 355,75	800,58	773,18
2 735,00	1 121,16	1 149,56	1 357,17	801,57	774,16
2 740,00	1 122,60	1 151,01	1 358,75	802,55	775,14
2 745,00	1 124,05	1 152,52	1 360,18	803,53	776,12
2 750,00	1 125,47	1 153,95	1 361,72	804,50	777,08
2 755,00	1 126,93	1 155,46	1 363,15	805,48	778,07
2 760,00	1 128,37	1 156,91	1 364,73	806,46	779,05
2 765,00	1 129,81	1 158,41	1 366,16	807,44	780,03
2 770,00	1 131,24	1 159,84	1 367,56	808,40	781,00
2 775,00	1 132,68	1 161,35	1 369,14	809,39	781,98
2 780,00	1 134,13	1 162,81	1 370,71	810,38	782,96
2 785,00	1 135,58	1 164,24	1 372,13	811,35	783,94
2 790,00	1 137,00	1 165,74	1 373,54	812,32	784,90
2 795,00	1 138,45	1 167,19	1 375,13	813,30	785,90
2 800,00	1 139,90	1 168,63	1 376,55	814,28	786,87
2 805,00	1 141,28	1 170,08	1 378,13	815,26	787,85
2 810,00	1 142,70	1 171,57	1 379,54	816,23	788,82
2 815,00	1 144,15	1 173,03	1 380,97	817,22	789,80
2 820,00	1 145,60	1 174,46	1 382,53	818,20	790,78
2 825,00	1 147,03	1 175,90	1 384,06	819,17	791,76
2 830,00	1 148,40	1 177,34	1 385,76	820,14	792,73

Bisheriges Arbeitsentgelt Monat bis Euro gerundet:	Mindestnettobetrag in Steuerklasse				
	I/IV	II	III	V	VI
2 835,00	1 149,85	1 178,85	1 387,34	821,12	793,72
2 840,00	1 151,30	1 180,30	1 388,91	822,10	794,69
2 845,00	1 152,74	1 181,74	1 390,63	823,09	795,68
2 850,00	1 154,10	1 183,16	1 392,19	824,05	796,64
2 855,00	1 155,55	1 184,62	1 393,77	825,03	797,62
2 860,00	1 157,00	1 186,06	1 395,48	826,02	798,61
2 865,00	1 158,37	1 187,50	1 397,05	826,99	799,58
2 870,00	1 159,80	1 188,94	1 398,61	827,96	800,55
2 875,00	1 161,17	1 190,38	1 400,19	828,94	801,54
2 880,00	1 162,62	1 191,82	1 401,90	829,93	802,52
2 885,00	1 164,00	1 193,27	1 403,47	830,91	803,50
2 890,00	1 165,43	1 194,69	1 405,03	831,87	804,46
2 895,00	1 166,88	1 196,15	1 406,76	832,86	805,45
2 900,00	1 168,26	1 197,60	1 408,34	833,84	806,43
2 905,00	1 169,63	1 199,03	1 409,91	834,81	807,40
2 910,00	1 171,07	1 200,46	1 411,60	835,79	808,37
2 915,00	1 172,44	1 201,84	1 413,18	836,77	809,36
2 920,00	1 173,89	1 203,29	1 414,75	837,75	810,33
2 925,00	1 175,27	1 204,72	1 416,32	838,73	811,31
2 930,00	1 176,69	1 206,16	1 418,03	839,69	812,29
2 935,00	1 178,08	1 207,61	1 419,61	840,68	813,27
2 940,00	1 179,45	1 208,98	1 421,18	841,66	814,25
2 945,00	1 180,90	1 210,43	1 422,76	842,64	815,23
2 950,00	1 182,26	1 211,85	1 424,32	843,61	816,19
2 955,00	1 183,64	1 213,31	1 426,04	844,59	817,18
2 960,00	1 185,02	1 214,69	1 427,62	845,57	818,16
2 965,00	1 186,47	1 216,12	1 429,19	846,55	819,14
2 970,00	1 187,83	1 217,49	1 430,75	847,51	820,11
2 975,00	1 189,22	1 218,93	1 432,33	848,50	821,09
2 980,00	1 190,60	1 220,39	1 434,03	849,49	822,07

Bisheriges Arbeitsentgelt Monat bis Euro gerundet:	Mindestnettobetrag in Steuerklasse				
	I/IV	II	III	V	VI
2 985,00	1 191,97	1 221,77	1 435,61	850,46	823,05
2 990,00	1 193,33	1 223,18	1 437,17	851,42	824,01
2 995,00	1 194,78	1 224,57	1 438,75	852,41	825,01
3 000,00	1 196,15	1 226,02	1 440,33	853,39	825,98
3 005,00	1 197,53	1 227,39	1 442,04	854,37	826,96
3 010,00	1 198,90	1 228,83	1 443,60	855,34	827,93
3 015,00	1 200,28	1 230,21	1 445,18	856,32	828,91
3 020,00	1 201,65	1 231,64	1 446,75	857,30	829,89
3 025,00	1 203,03	1 233,02	1 448,33	858,28	830,87
3 030,00	1 204,39	1 234,45	1 449,90	859,25	831,84
3 035,00	1 205,78	1 235,84	1 451,47	860,23	832,83
3 040,00	1 207,15	1 237,21	1 453,05	861,21	833,80
3 045,00	1 208,53	1 238,66	1 454,77	862,20	834,79
3 050,00	1 209,89	1 240,02	1 456,33	863,16	835,75
3 055,00	1 211,27	1 241,41	1 457,90	864,14	836,73
3 060,00	1 212,60	1 242,84	1 459,49	865,13	837,72
3 065,00	1 213,97	1 244,22	1 461,06	866,10	838,69
3 070,00	1 215,33	1 245,58	1 462,62	867,07	839,66
3 075,00	1 216,71	1 246,97	1 464,20	868,05	840,64
3 080,00	1 218,09	1 248,41	1 465,78	869,04	841,62
3 085,00	1 219,47	1 249,79	1 467,35	870,02	842,60
3 090,00	1 220,76	1 251,15	1 468,92	870,98	843,57
3 095,00	1 222,14	1 252,53	1 470,50	871,97	844,56
3 100,00	1 223,52	1 253,91	1 472,07	872,95	845,54
3 105,00	1 224,83	1 255,28	1 473,65	873,92	846,51
3 110,00	1 226,20	1 256,72	1 475,22	874,90	847,48
3 115,00	1 227,58	1 258,10	1 476,79	875,88	848,47
3 120,00	1 228,89	1 259,48	1 478,37	876,86	849,44
3 125,00	1 230,26	1 260,85	1 479,94	877,84	850,42
3 130,00	1 231,64	1 262,23	1 481,51	878,80	851,40

Bisheriges Arbeitsentgelt Monat bis Euro gerundet:	Mindestnettobetrag in Steuerklasse				
	I/IV	II	III	V	VI
3 135,00	1 232,95	1 263,61	1 483,08	879,79	852,38
3 140,00	1 234,32	1 264,98	1 484,66	880,77	853,36
3 145,00	1 235,63	1 266,36	1 486,24	881,75	854,34
3 150,00	1 236,99	1 267,72	1 487,80	882,71	855,30
3 155,00	1 238,31	1 269,10	1 489,38	883,69	856,29
3 160,00	1 239,70	1 270,41	1 490,96	884,68	857,27
3 165,00	1 241,00	1 271,79	1 492,53	885,66	858,25
3 170,00	1 242,36	1 273,15	1 494,09	886,62	859,22
3 175,00	1 243,68	1 274,53	1 495,67	887,61	860,20
3 180,00	1 245,06	1 275,91	1 497,25	888,59	861,18
3 185,00	1 246,37	1 277,28	1 498,83	889,57	862,16
3 190,00	1 247,66	1 278,65	1 500,39	890,53	863,12
3 195,00	1 249,05	1 279,97	1 501,97	891,52	864,12
3 200,00	1 250,35	1 281,34	1 503,54	892,50	865,09
3 205,00	1 251,67	1 282,72	1 505,38	893,48	866,07
3 210,00	1 253,04	1 284,09	1 507,08	894,45	867,04
3 215,00	1 254,35	1 285,41	1 508,79	895,43	868,02
3 220,00	1 255,66	1 286,78	1 510,50	896,41	869,00
3 225,00	1 257,03	1 288,15	1 512,20	897,39	869,97
3 230,00	1 258,34	1 289,45	1 513,90	898,36	870,95
3 235,00	1 259,65	1 290,84	1 515,61	899,34	871,93
3 240,00	1 260,96	1 292,14	1 517,32	900,32	872,91
3 245,00	1 262,28	1 293,52	1 519,16	901,31	873,89
3 250,00	1 263,56	1 294,88	1 520,86	902,27	874,86
3 255,00	1 264,95	1 296,20	1 522,56	903,25	875,84
3 260,00	1 266,27	1 297,59	1 524,28	904,24	876,83
3 265,00	1 267,58	1 298,89	1 525,99	905,21	877,80
3 270,00	1 268,87	1 300,25	1 527,67	906,18	878,77
3 275,00	1 270,19	1 301,57	1 529,39	907,16	879,75
3 280,00	1 271,50	1 302,95	1 531,11	908,15	880,73

Bisheriges Arbeitsentgelt Monat bis Euro gerundet:	Mindestnettobetrag in Steuerklasse				
	I/IV	II	III	V	VI
3 285,00	1 272,80	1 304,26	1 532,80	909,13	881,71
3 290,00	1 274,10	1 305,55	1 534,50	910,08	882,68
3 295,00	1 275,43	1 306,94	1 536,23	911,08	883,67
3 300,00	1 276,73	1 308,24	1 537,92	912,06	884,65
3 305,00	1 278,04	1 309,56	1 539,77	913,03	885,62
3 310,00	1 279,35	1 310,93	1 541,46	914,00	886,59
3 315,00	1 280,66	1 312,23	1 543,17	914,98	887,58
3 320,00	1 281,97	1 313,54	1 544,89	915,96	888,55
3 325,00	1 283,21	1 314,92	1 546,58	916,94	889,53
3 330,00	1 284,51	1 316,23	1 548,28	917,91	890,51
3 335,00	1 285,83	1 317,54	1 550,00	918,90	891,49
3 340,00	1 287,13	1 318,85	1 551,70	919,88	892,47
3 345,00	1 288,45	1 320,23	1 553,41	920,86	893,45
3 350,00	1 289,67	1 321,53	1 555,11	921,82	894,41
3 355,00	1 290,99	1 322,84	1 556,81	922,80	895,40
3 360,00	1 292,31	1 324,16	1 558,53	923,79	896,38
3 365,00	1 293,61	1 325,47	1 560,24	924,77	897,36
3 370,00	1 294,85	1 326,75	1 561,92	925,73	898,32
3 375,00	1 296,16	1 328,07	1 563,64	926,72	899,30
3 380,00	1 297,47	1 329,45	1 565,36	927,70	900,29
3 385,00	1 298,72	1 330,77	1 567,06	928,68	901,26
3 390,00	1 300,01	1 332,06	1 568,75	929,64	902,23
3 395,00	1 301,27	1 333,38	1 570,48	930,63	903,22
3 400,00	1 302,57	1 334,69	1 572,17	931,61	904,20
3 405,00	1 303,89	1 335,99	1 573,88	932,59	905,18
3 410,00	1 305,12	1 337,29	1 575,59	933,56	906,15
3 415,00	1 306,44	1 338,55	1 577,29	934,54	907,13
3 420,00	1 307,68	1 339,86	1 578,86	935,52	908,11
3 425,00	1 308,99	1 341,17	1 580,57	936,50	909,08
3 430,00	1 310,22	1 342,46	1 582,28	937,47	910,06

Bisheriges Arbeitsentgelt Monat bis Euro gerundet:	Mindestnettobetrag in Steuerklasse				
	I/IV	II	III	V	VI
3 435,00	1 311,47	1 343,78	1 583,98	938,45	911,04
3 440,00	1 312,78	1 345,09	1 585,69	939,43	912,02
3 445,00	1 314,03	1 346,40	1 587,41	940,42	913,00
3 450,00	1 315,32	1 347,64	1 589,09	941,37	913,97
3 455,00	1 316,57	1 348,95	1 590,81	942,36	914,95
3 460,00	1 317,83	1 350,27	1 592,53	943,35	915,94
3 465,00	1 319,13	1 351,57	1 594,22	944,32	916,91
3 470,00	1 320,36	1 352,80	1 595,92	945,29	917,88
3 475,00	1 321,61	1 354,12	1 597,64	946,27	918,86
3 480,00	1 322,93	1 355,43	1 599,21	947,25	919,84
3 485,00	1 324,16	1 356,68	1 600,91	948,23	920,82
3 490,00	1 325,54	1 358,11	1 602,76	949,34	921,94
3 495,00	1 327,07	1 359,71	1 604,75	950,61	923,20
3 500,00	1 328,59	1 361,23	1 606,73	951,87	924,46
3 505,00	1 330,18	1 362,82	1 608,72	953,12	925,71
3 510,00	1 331,69	1 364,41	1 610,70	954,37	926,96
3 515,00	1 333,22	1 365,93	1 612,69	955,63	928,23
3 520,00	1 334,75	1 367,53	1 614,54	956,89	929,48
3 525,00	1 336,27	1 369,04	1 616,52	958,15	930,74
3 530,00	1 337,78	1 370,63	1 618,51	959,40	931,99
3 535,00	1 339,32	1 372,15	1 620,50	960,67	933,25
3 540,00	1 340,84	1 373,74	1 622,48	961,93	934,51
3 545,00	1 342,36	1 375,26	1 624,48	963,18	935,77
3 550,00	1 343,88	1 376,77	1 626,32	964,43	937,02
3 555,00	1 345,40	1 378,37	1 628,31	965,69	938,29
3 560,00	1 346,92	1 379,90	1 630,29	966,95	939,54
3 565,00	1 348,45	1 381,49	1 632,29	968,21	940,80
3 570,00	1 349,96	1 383,00	1 634,26	969,46	942,05
3 575,00	1 351,49	1 384,54	1 636,12	970,73	943,31
3 580,00	1 353,02	1 386,05	1 638,11	971,99	944,57

Bisheriges Arbeitsentgelt Monat bis Euro gerundet:	Mindestnettobetrag in Steuerklasse				
	I/IV	II	III	V	VI
3 585,00	1 354,54	1 387,65	1 640,10	973,24	945,83
3 590,00	1 356,05	1 389,15	1 642,07	974,49	947,08
3 595,00	1 357,51	1 390,68	1 644,06	975,75	948,35
3 600,00	1 359,04	1 392,21	1 645,92	977,01	949,60
3 605,00	1 360,56	1 393,79	1 647,91	978,27	950,86
3 610,00	1 362,07	1 395,32	1 649,88	979,52	952,11
3 615,00	1 363,61	1 396,84	1 651,87	980,78	953,37
3 620,00	1 365,06	1 398,36	1 653,72	982,04	954,63
3 625,00	1 366,58	1 399,89	1 655,72	983,30	955,89
3 630,00	1 368,09	1 401,40	1 657,69	984,55	957,14
3 635,00	1 369,56	1 403,00	1 659,68	985,81	958,41
3 640,00	1 371,08	1 404,52	1 661,53	987,07	959,66
3 645,00	1 372,60	1 406,03	1 663,53	988,33	960,92
3 650,00	1 374,05	1 407,56	1 665,50	989,58	962,17
3 655,00	1 375,58	1 409,08	1 667,36	990,84	963,43
3 660,00	1 377,03	1 410,61	1 669,35	992,10	964,69
3 665,00	1 378,57	1 412,13	1 671,34	993,36	965,94
3 670,00	1 380,07	1 413,64	1 673,31	994,61	967,20
3 675,00	1 381,53	1 415,17	1 675,17	995,87	968,46
3 680,00	1 383,06	1 416,63	1 677,16	997,13	969,72
3 685,00	1 384,52	1 418,16	1 679,15	998,39	970,98
3 690,00	1 386,04	1 419,66	1 680,99	999,64	972,23
3 695,00	1 387,50	1 421,19	1 682,98	1 000,90	973,49
3 700,00	1 388,95	1 422,72	1 684,96	1 002,16	974,75
3 705,00	1 390,47	1 424,23	1 686,82	1 003,42	976,00
3 710,00	1 391,92	1 425,75	1 688,81	1 004,67	977,26
3 715,00	1 393,45	1 427,22	1 690,79	1 005,93	978,52
3 720,00	1 394,90	1 428,74	1 692,64	1 007,19	979,78
3 725,00	1 396,36	1 430,26	1 694,63	1 008,45	981,04
3 730,00	1 397,89	1 431,77	1 696,62	1 009,69	982,29

Bisheriges Arbeitsentgelt Monat bis Euro gerundet:	Mindestnettobetrag in Steuerklasse				
	I/IV	II	III	V	VI
3 735,00	1 399,35	1 433,24	1 698,47	1 010,96	983,55
3 740,00	1 400,81	1 434,77	1 700,45	1 012,22	984,81
3 745,00	1 402,26	1 436,28	1 702,44	1 013,47	986,06
3 750,00	1 403,77	1 437,73	1 704,28	1 014,73	987,32
3 755,00	1 405,23	1 439,26	1 706,29	1 015,99	988,58
3 760,00	1 406,69	1 440,79	1 708,27	1 017,25	989,84
3 765,00	1 408,14	1 442,25	1 710,11	1 018,51	991,10
3 770,00	1 409,59	1 443,76	1 712,10	1 019,75	992,35
3 775,00	1 411,05	1 445,22	1 713,96	1 021,02	993,61
3 780,00	1 412,57	1 446,74	1 715,95	1 022,28	994,87
3 785,00	1 414,03	1 448,20	1 717,93	1 023,53	996,12
3 790,00	1 415,48	1 449,71	1 719,77	1 024,79	997,37
3 795,00	1 416,94	1 451,18	1 721,77	1 026,05	998,64
3 800,00	1 418,40	1 452,70	1 723,62	1 027,31	999,89
3 805,00	1 419,85	1 454,15	1 725,61	1 028,57	1 001,15
3 810,00	1 421,30	1 455,66	1 727,46	1 029,81	1 002,41
3 815,00	1 422,76	1 457,13	1 729,44	1 031,08	1 003,67
3 820,00	1 424,22	1 458,58	1 731,43	1 032,34	1 004,93
3 825,00	1 425,68	1 460,12	1 733,28	1 033,59	1 006,18
3 830,00	1 427,13	1 461,57	1 735,27	1 034,85	1 007,43
3 835,00	1 428,59	1 463,03	1 737,13	1 036,11	1 008,70
3 840,00	1 430,04	1 464,54	1 739,11	1 037,37	1 009,95
3 845,00	1 431,44	1 466,00	1 740,96	1 038,63	1 011,21
3 850,00	1 432,89	1 467,45	1 742,94	1 039,87	1 012,47
3 855,00	1 434,35	1 468,98	1 744,80	1 041,14	1 013,73
3 860,00	1 435,81	1 470,43	1 746,79	1 042,40	1 014,99
3 865,00	1 437,26	1 471,89	1 748,65	1 043,65	1 016,24
3 870,00	1 438,65	1 473,34	1 750,62	1 044,90	1 017,49
3 875,00	1 440,12	1 474,80	1 752,48	1 046,16	1 018,76
3 880,00	1 441,57	1 476,33	1 754,47	1 047,42	1 020,01

Bisheriges Arbeitsentgelt Monat bis Euro gerundet:	Mindestnettobetrag in Steuerklasse				
	I/IV	II	III	V	VI
3 885,00	1 443,03	1 477,78	1 756,31	1 048,68	1 021,27
3 890,00	1 444,40	1 479,23	1 758,30	1 049,93	1 022,53
3 895,00	1 445,86	1 480,70	1 760,16	1 051,20	1 023,79
3 900,00	1 447,32	1 482,15	1 762,14	1 052,46	1 025,05
3 905,00	1 448,71	1 483,61	1 763,99	1 053,71	1 026,30
3 910,00	1 450,16	1 485,06	1 765,97	1 054,96	1 027,55
3 915,00	1 451,63	1 486,52	1 767,84	1 056,22	1 028,82
3 920,00	1 453,02	1 487,98	1 769,82	1 057,48	1 030,07
3 925,00	1 454,47	1 489,43	1 771,68	1 058,74	1 031,33
3 930,00	1 455,85	1 490,88	1 773,65	1 059,99	1 032,58
3 935,00	1 457,32	1 492,34	1 775,51	1 061,26	1 033,84
3 940,00	1 458,70	1 493,80	1 777,50	1 062,52	1 035,10
3 945,00	1 460,16	1 495,26	1 779,35	1 063,77	1 036,36
3 950,00	1 461,55	1 496,71	1 781,34	1 065,02	1 037,61
3 955,00	1 463,01	1 498,17	1 783,19	1 066,28	1 038,88
3 960,00	1 464,39	1 499,55	1 785,05	1 067,54	1 040,13
3 965,00	1 465,85	1 501,01	1 787,03	1 068,80	1 041,39
3 970,00	1 467,24	1 502,46	1 788,87	1 070,05	1 042,64
3 975,00	1 468,64	1 503,92	1 790,87	1 071,32	1 043,90
3 980,00	1 470,09	1 505,38	1 792,72	1 072,58	1 045,16
3 985,00	1 471,48	1 506,76	1 794,58	1 073,83	1 046,42
3 990,00	1 472,86	1 508,21	1 796,56	1 075,08	1 047,67
3 995,00	1 474,33	1 509,68	1 798,42	1 076,34	1 048,94
4 000,00	1 475,72	1 511,08	1 800,40	1 077,60	1 050,19
4 005,00	1 477,11	1 512,53	1 802,25	1 078,86	1 051,45
4 010,00	1 478,48	1 513,98	1 804,10	1 080,11	1 052,70
4 015,00	1 479,95	1 515,37	1 806,09	1 081,37	1 053,96
4 020,00	1 481,35	1 516,82	1 807,95	1 082,63	1 055,22
4 025,00	1 482,73	1 518,28	1 809,79	1 083,89	1 056,48
4 030,00	1 484,11	1 519,67	1 811,78	1 085,14	1 057,73

Bisheriges Arbeitsentgelt Monat bis Euro gerundet:	Mindestnettobetrag in Steuerklasse				
	I/IV	II	III	V	VI
4 035,00	1 485,51	1 521,13	1 813,64	1 086,40	1 059,00
4 040,00	1 486,90	1 522,52	1 815,62	1 087,66	1 060,25
4 045,00	1 488,28	1 523,98	1 817,47	1 088,92	1 061,51
4 050,00	1 489,73	1 525,36	1 819,32	1 090,17	1 062,76
4 055,00	1 491,14	1 526,82	1 821,32	1 091,43	1 064,02
4 060,00	1 492,52	1 528,21	1 823,16	1 092,69	1 065,28
4 065,00	1 493,91	1 529,67	1 825,02	1 093,95	1 066,53
4 070,00	1 495,31	1 531,05	1 827,01	1 095,20	1 067,79
4 075,00	1 496,69	1 532,52	1 828,87	1 096,46	1 069,05
4 080,00	1 498,08	1 533,90	1 830,72	1 097,72	1 070,31
4 085,00	1 499,48	1 535,29	1 832,70	1 098,98	1 071,57
4 090,00	1 500,86	1 536,74	1 834,55	1 100,23	1 072,82
4 095,00	1 502,19	1 538,15	1 836,40	1 101,49	1 074,08
4 100,00	1 503,57	1 539,52	1 838,26	1 102,75	1 075,34
4 105,00	1 504,97	1 540,98	1 840,24	1 104,01	1 076,59
4 110,00	1 506,35	1 542,37	1 842,09	1 105,26	1 077,85
4 115,00	1 507,74	1 543,77	1 843,95	1 106,52	1 079,11
4 120,00	1 509,14	1 545,15	1 845,94	1 107,78	1 080,37
4 125,00	1 510,53	1 546,61	1 847,80	1 109,04	1 081,63
4 130,00	1 511,84	1 547,99	1 849,65	1 110,28	1 082,88
4 135,00	1 513,25	1 549,39	1 851,50	1 111,55	1 084,14
4 140,00	1 514,63	1 550,77	1 853,48	1 112,81	1 085,40
4 145,00	1 516,02	1 552,17	1 855,34	1 114,06	1 086,65
4 150,00	1 517,33	1 553,56	1 857,18	1 115,32	1 087,91
4 155,00	1 518,73	1 554,95	1 859,04	1 116,58	1 089,17
4 160,00	1 520,13	1 556,40	1 861,03	1 117,84	1 090,43
4 165,00	1 521,44	1 557,79	1 862,88	1 119,10	1 091,69
4 170,00	1 522,84	1 559,18	1 864,72	1 120,34	1 092,94
4 175,00	1 524,16	1 560,57	1 866,59	1 121,61	1 094,20
4 180,00	1 525,55	1 561,96	1 868,44	1 122,87	1 095,46

Bisheriges Arbeitsentgelt Monat bis Euro gerundet:	Mindestnettobetrag in Steuerklasse				
	I/IV	II	III	V	VI
4 185,00	1 526,94	1 563,36	1 870,44	1 124,12	1 096,71
4 190,00	1 528,26	1 564,73	1 872,28	1 125,38	1 097,96
4 195,00	1 529,65	1 566,13	1 874,14	1 126,64	1 099,23
4 200,00	1 530,98	1 567,52	1 875,99	1 127,90	1 100,48
4 205,00	1 532,36	1 568,85	1 877,85	1 129,16	1 101,74
4 210,00	1 533,69	1 570,23	1 879,82	1 130,40	1 103,00
4 215,00	1 535,08	1 571,63	1 881,68	1 131,67	1 104,26
4 220,00	1 536,41	1 573,01	1 883,53	1 132,93	1 105,52
4 225,00	1 537,73	1 574,41	1 885,38	1 134,18	1 106,77
4 230,00	1 539,11	1 575,78	1 887,23	1 135,44	1 108,02
4 235,00	1 540,43	1 577,12	1 889,22	1 136,70	1 109,29
4 240,00	1 541,83	1 578,51	1 891,08	1 137,96	1 110,54
4 245,00	1 543,15	1 579,89	1 892,93	1 139,22	1 111,80
4 250,00	1 544,47	1 581,29	1 894,77	1 140,46	1 113,06
4 255,00	1 545,87	1 582,61	1 896,64	1 141,73	1 114,32
4 260,00	1 547,19	1 584,01	1 898,49	1 142,99	1 115,58
4 265,00	1 548,52	1 585,39	1 900,34	1 144,24	1 116,83
4 270,00	1 549,83	1 586,77	1 902,33	1 145,49	1 118,08
4 275,00	1 551,23	1 588,10	1 904,19	1 146,75	1 119,35
4 280,00	1 552,55	1 589,49	1 906,04	1 148,01	1 120,60
4 285,00	1 553,87	1 590,81	1 907,89	1 149,27	1 121,86
4 290,00	1 555,20	1 592,20	1 909,74	1 150,52	1 123,12
4 295,00	1 556,52	1 593,60	1 911,60	1 151,79	1 124,38
4 300,00	1 557,84	1 594,92	1 913,46	1 153,05	1 125,64
4 305,00	1 559,23	1 596,32	1 915,31	1 154,30	1 126,89
4 310,00	1 560,55	1 597,62	1 917,15	1 155,55	1 128,14
4 315,00	1 561,89	1 599,03	1 919,14	1 156,81	1 129,41
4 320,00	1 563,21	1 600,35	1 920,99	1 158,07	1 130,66
4 325,00	1 564,53	1 601,74	1 922,84	1 159,33	1 131,92
4 330,00	1 565,85	1 603,05	1 924,69	1 160,58	1 133,17

Bisheriges Arbeitsentgelt Monat bis Euro gerundet:	Mindestnettobetrag in Steuerklasse				
	I/IV	II	III	V	VI
4 335,00	1 567,17	1 604,38	1 926,55	1 161,85	1 134,43
4 340,00	1 568,50	1 605,77	1 928,40	1 163,11	1 135,69
4 345,00	1 569,83	1 607,10	1 930,26	1 164,36	1 136,95
4 350,00	1 571,14	1 608,42	1 932,11	1 165,61	1 138,20
4 355,00	1 572,47	1 609,81	1 933,97	1 166,87	1 139,47
4 360,00	1 573,73	1 611,14	1 935,82	1 168,13	1 140,72
4 365,00	1 575,06	1 612,46	1 937,67	1 169,39	1 141,98
4 370,00	1 576,37	1 613,84	1 939,52	1 170,64	1 143,23
4 375,00	1 577,70	1 615,17	1 941,38	1 171,91	1 144,49
4 380,00	1 579,03	1 616,50	1 943,23	1 173,17	1 145,75
4 385,00	1 580,34	1 617,83	1 945,08	1 174,42	1 147,01
4 390,00	1 581,59	1 619,20	1 946,93	1 175,67	1 148,26
4 395,00	1 582,92	1 620,54	1 948,79	1 176,93	1 149,53
4 400,00	1 584,25	1 621,85	1 950,64	1 178,19	1 150,78
4 405,00	1 585,57	1 623,17	1 952,50	1 179,45	1 152,04
4 410,00	1 586,82	1 624,50	1 954,34	1 180,70	1 153,29
4 415,00	1 588,15	1 625,83	1 956,21	1 181,96	1 154,55
4 420,00	1 589,48	1 627,15	1 958,05	1 183,22	1 155,81
4 425,00	1 590,74	1 628,54	1 959,91	1 184,48	1 157,07
4 430,00	1 592,05	1 629,85	1 961,76	1 185,73	1 158,32
4 435,00	1 593,38	1 631,19	1 963,62	1 186,99	1 159,59
4 440,00	1 594,64	1 632,51	1 965,47	1 188,25	1 160,84
4 445,00	1 595,97	1 633,84	1 967,32	1 189,51	1 162,10
4 450,00	1 597,22	1 635,16	1 969,17	1 190,76	1 163,35
4 455,00	1 598,54	1 636,48	1 971,03	1 192,02	1 164,61
4 460,00	1 599,80	1 637,73	1 972,88	1 193,28	1 165,87
4 465,00	1 601,12	1 639,06	1 974,74	1 194,54	1 167,12
4 470,00	1 602,37	1 640,39	1 976,58	1 195,79	1 168,38
4 475,00	1 603,71	1 641,71	1 978,45	1 197,05	1 169,64
4 480,00	1 604,97	1 643,03	1 980,29	1 198,31	1 170,90

Bisheriges Arbeitsentgelt Monat bis Euro gerundet:	Mindestnettobetrag in Steuerklasse				
	I/IV	II	III	V	VI
4 485,00	1 606,28	1 644,36	1 982,15	1 199,57	1 172,16
4 490,00	1 607,54	1 645,67	1 984,00	1 200,82	1 173,41
4 495,00	1 608,87	1 646,94	1 985,86	1 202,08	1 174,67
4 500,00	1 610,13	1 648,26	1 987,59	1 203,34	1 175,93
4 505,00	1 611,38	1 649,59	1 989,44	1 204,60	1 177,18
4 510,00	1 612,70	1 650,90	1 991,28	1 205,85	1 178,44
4 515,00	1 613,97	1 652,16	1 993,15	1 207,11	1 179,70
4 520,00	1 615,23	1 653,48	1 995,00	1 208,37	1 180,96
4 525,00	1 616,48	1 654,82	1 996,85	1 209,63	1 182,22
4 530,00	1 617,79	1 656,07	1 998,70	1 210,87	1 183,47
4 535,00	1 619,06	1 657,39	2 000,56	1 212,14	1 184,73
4 540,00	1 620,32	1 658,71	2 002,41	1 213,40	1 185,99
4 545,00	1 621,57	1 659,97	2 004,12	1 214,65	1 187,24
4 550,00	1 622,82	1 661,30	2 005,97	1 215,91	1 188,50
4 555,00	1 624,15	1 662,62	2 007,83	1 217,17	1 189,76
4 560,00	1 625,41	1 663,88	2 009,69	1 218,43	1 191,02
4 565,00	1 626,67	1 665,20	2 011,53	1 219,69	1 192,28
4 570,00	1 627,92	1 666,45	2 013,38	1 220,93	1 193,53
4 575,00	1 629,18	1 667,79	2 015,24	1 222,20	1 194,79
4 580,00	1 630,44	1 669,05	2 016,97	1 223,46	1 196,05
4 585,00	1 631,70	1 670,36	2 018,81	1 224,71	1 197,30
4 590,00	1 632,95	1 671,61	2 020,66	1 225,97	1 198,55
4 595,00	1 634,21	1 672,88	2 022,52	1 227,23	1 199,82
4 600,00	1 635,47	1 674,20	2 024,38	1 228,49	1 201,07
4 605,00	1 636,73	1 675,46	2 026,11	1 229,75	1 202,33
4 610,00	1 637,98	1 676,78	2 027,95	1 230,99	1 203,59
4 615,00	1 639,24	1 678,05	2 029,81	1 232,26	1 204,85
4 620,00	1 640,50	1 679,31	2 031,67	1 233,52	1 206,11
4 625,00	1 641,76	1 680,62	2 033,52	1 234,77	1 207,36
4 630,00	1 643,01	1 681,87	2 035,22	1 236,03	1 208,61

Bisheriges Arbeitsentgelt Monat bis Euro gerundet:	Mindestnettobetrag in Steuerklasse				
	I/IV	II	III	V	VI
4 635,00	1 644,27	1 683,14	2 037,08	1 237,29	1 209,88
4 640,00	1 645,53	1 684,40	2 038,94	1 238,55	1 211,13
4 645,00	1 646,79	1 685,72	2 040,79	1 239,81	1 212,39
4 650,00	1 648,04	1 686,97	2 042,64	1 241,05	1 213,65
4 655,00	1 649,30	1 688,23	2 044,36	1 242,32	1 214,91
4 660,00	1 650,56	1 689,49	2 046,22	1 243,58	1 216,17
4 665,00	1 651,82	1 690,75	2 048,07	1 244,83	1 217,42
4 670,00	1 653,06	1 692,00	2 049,92	1 246,08	1 218,67
4 675,00	1 654,33	1 693,26	2 051,65	1 247,34	1 219,94
4 680,00	1 655,58	1 694,59	2 053,51	1 248,60	1 221,19
4 685,00	1 656,84	1 695,85	2 055,36	1 249,86	1 222,45
4 690,00	1 658,10	1 697,10	2 057,21	1 251,11	1 223,71
4 695,00	1 659,36	1 698,36	2 058,92	1 252,38	1 224,97
4 700,00	1 660,62	1 699,62	2 060,78	1 253,64	1 226,23
4 705,00	1 661,88	1 700,88	2 062,63	1 254,89	1 227,48
4 710,00	1 663,12	1 702,13	2 064,35	1 256,14	1 228,73
4 715,00	1 664,39	1 703,39	2 066,20	1 257,40	1 230,00
4 720,00	1 665,64	1 704,65	2 068,06	1 258,66	1 231,25
4 725,00	1 666,90	1 705,91	2 069,91	1 259,92	1 232,51
4 730,00	1 668,16	1 707,16	2 071,64	1 261,17	1 233,76
4 735,00	1 669,42	1 708,42	2 073,50	1 262,44	1 235,02
4 740,00	1 670,68	1 709,68	2 075,35	1 263,70	1 236,28
4 745,00	1 671,94	1 710,94	2 077,06	1 264,95	1 237,54
4 750,00	1 673,18	1 712,19	2 078,91	1 266,20	1 238,79
4 755,00	1 674,45	1 713,45	2 080,77	1 267,46	1 240,06
4 760,00	1 675,70	1 714,71	2 082,49	1 268,72	1 241,31
4 765,00	1 676,96	1 715,97	2 084,34	1 269,98	1 242,57
4 770,00	1 678,22	1 717,22	2 086,19	1 271,23	1 243,82
4 775,00	1 679,48	1 718,48	2 087,93	1 272,50	1 245,08
4 780,00	1 680,74	1 719,74	2 089,78	1 273,76	1 246,34

Bisheriges Arbeitsentgelt Monat bis Euro gerundet:	Mindestnettobetrag in Steuerklasse				
	I/IV	II	III	V	VI
4 785,00	1 682,00	1 721,00	2 091,49	1 275,01	1 247,60
4 790,00	1 683,24	1 722,25	2 093,34	1 276,26	1 248,85
4 795,00	1 684,51	1 723,51	2 095,20	1 277,52	1 250,12
4 800,00	1 685,76	1 724,77	2 096,92	1 278,78	1 251,37
4 805,00	1 687,02	1 726,03	2 098,77	1 280,04	1 252,63
4 810,00	1 688,27	1 727,28	2 100,62	1 281,29	1 253,88
4 815,00	1 689,53	1 728,54	2 102,35	1 282,55	1 255,14
4 820,00	1 690,79	1 729,80	2 104,21	1 283,81	1 256,40
4 825,00	1 692,05	1 731,06	2 105,92	1 285,07	1 257,66
4 830,00	1 693,30	1 732,30	2 107,76	1 286,32	1 258,91
4 835,00	1 694,57	1 733,57	2 109,63	1 287,58	1 260,18
4 840,00	1 695,82	1 734,82	2 111,35	1 288,84	1 261,43
4 845,00	1 697,08	1 736,08	2 113,20	1 290,10	1 262,69
4 850,00	1 698,33	1 737,34	2 114,92	1 291,35	1 263,94
4 855,00	1 699,59	1 738,60	2 116,78	1 292,61	1 265,20
4 860,00	1 700,85	1 739,86	2 118,49	1 293,87	1 266,46
4 865,00	1 702,11	1 741,12	2 120,35	1 295,13	1 267,71
4 870,00	1 703,36	1 742,36	2 122,20	1 296,38	1 268,97
4 875,00	1 704,63	1 743,63	2 123,92	1 297,64	1 270,23
4 880,00	1 705,88	1 744,88	2 125,77	1 298,90	1 271,49
4 885,00	1 707,14	1 746,14	2 127,50	1 300,16	1 272,75
4 890,00	1 708,39	1 747,40	2 129,35	1 301,41	1 274,00
4 895,00	1 709,65	1 748,66	2 131,07	1 302,67	1 275,26
4 900,00	1 710,91	1 749,92	2 132,92	1 303,93	1 276,52
4 905,00	1 712,17	1 751,18	2 134,64	1 305,19	1 277,77
4 910,00	1 713,42	1 752,42	2 136,49	1 306,44	1 279,03
4 915,00	1 714,69	1 753,69	2 138,23	1 307,70	1 280,29
4 920,00	1 715,94	1 754,94	2 140,08	1 308,96	1 281,55
4 925,00	1 717,20	1 756,20	2 141,79	1 310,22	1 282,81
4 930,00	1 718,45	1 757,46	2 143,64	1 311,46	1 284,06

Bisheriges Arbeitsentgelt Monat bis Euro gerundet:	Mindestnettobetrag in Steuerklasse				
	I/IV	II	III	V	VI
4 935,00	1 719,71	1 758,72	2 145,37	1 312,73	1 285,32
4 940,00	1 720,97	1 759,98	2 147,22	1 313,99	1 286,58
4 945,00	1 722,23	1 761,24	2 148,95	1 315,24	1 287,83
4 950,00	1 723,48	1 762,48	2 150,79	1 316,50	1 289,09
4 955,00	1 724,74	1 763,75	2 152,51	1 317,76	1 290,35
4 960,00	1 726,00	1 765,00	2 154,37	1 319,02	1 291,61
4 965,00	1 727,26	1 766,26	2 156,09	1 320,28	1 292,87
4 970,00	1 728,51	1 767,51	2 157,93	1 321,52	1 294,12
4 975,00	1 729,77	1 768,77	2 159,67	1 322,79	1 295,38
4 980,00	1 731,03	1 770,03	2 161,52	1 324,05	1 296,64
4 985,00	1 732,29	1 771,29	2 163,24	1 325,30	1 297,89
4 990,00	1 733,54	1 772,54	2 165,09	1 326,56	1 299,14
4 995,00	1 734,80	1 773,81	2 166,81	1 327,82	1 300,41
5 000,00	1 736,06	1 775,06	2 168,54	1 329,08	1 301,66
5 005,00	1 737,32	1 776,32	2 170,39	1 330,34	1 302,92
5 010,00	1 738,57	1 777,57	2 172,10	1 331,58	1 304,18
5 015,00	1 739,83	1 778,83	2 173,96	1 332,85	1 305,44
5 020,00	1 741,09	1 780,09	2 175,68	1 334,11	1 306,70
5 025,00	1 742,35	1 781,35	2 177,53	1 335,36	1 307,95
5 030,00	1 743,60	1 782,60	2 179,25	1 336,62	1 309,20
5 035,00	1 744,86	1 783,87	2 180,98	1 337,88	1 310,47
5 040,00	1 746,12	1 785,12	2 182,83	1 339,14	1 311,72
5 045,00	1 747,38	1 786,38	2 184,55	1 340,40	1 312,98
5 050,00	1 748,63	1 787,63	2 186,27	1 341,64	1 314,24
5 055,00	1 749,89	1 788,89	2 188,13	1 342,91	1 315,50
5 060,00	1 751,15	1 790,15	2 189,85	1 344,17	1 316,76
5 065,00	1 752,41	1 791,41	2 191,70	1 345,42	1 318,01
5 070,00	1 753,65	1 792,66	2 193,41	1 346,67	1 319,26
5 075,00	1 754,92	1 793,93	2 195,14	1 347,93	1 320,53
5 080,00	1 756,17	1 795,18	2 197,00	1 349,19	1 321,78

Bisheriges Arbeitsentgelt Monat bis Euro gerundet:	Mindestnettobetrag in Steuerklasse				
	I/IV	II	III	V	VI
5 085,00	1 757,43	1 796,44	2 198,71	1 350,45	1 323,04
5 090,00	1 758,69	1 797,69	2 200,43	1 351,70	1 324,30
5 095,00	1 759,95	1 798,95	2 202,28	1 352,97	1 325,56
5 100,00	1 761,21	1 800,21	2 204,01	1 354,23	1 326,82
5 105,00	1 762,47	1 801,47	2 205,73	1 355,48	1 328,07
5 110,00	1 763,71	1 802,72	2 207,58	1 356,73	1 329,32
5 115,00	1 764,98	1 803,98	2 209,31	1 357,99	1 330,59
5 120,00	1 766,23	1 805,24	2 211,03	1 359,25	1 331,84
5 125,00	1 767,49	1 806,50	2 212,88	1 360,51	1 333,10
5 130,00	1 768,75	1 807,75	2 214,59	1 361,76	1 334,35
5 135,00	1 770,01	1 809,01	2 216,32	1 363,03	1 335,61
5 140,00	1 771,27	1 810,27	2 218,17	1 364,29	1 336,87
5 145,00	1 772,53	1 811,53	2 219,90	1 365,54	1 338,13
5 150,00 und mehr	1 773,77	1 812,78	2 221,60	1 366,79	1 339,38

5. Vordrucke[1])

Inhaltsverzeichnis

1) Redaktioneller Hinweis: Die im Zusammenhang mit den Förderleistungen der Bundesagentur für Arbeit relevanten Vordrucke sind nachfolgend übernommen.

AtG 100 | **Bundesagentur für Arbeit**

☒ Zutreffendes bitte ankreuzen

A n t r a g
nach § 12 Abs. 1 Altersteilzeitgesetz

Vorabentscheidung
(nur für Altersteilzeit im Blockmodell)
(AtG-)Kundennummer: ______________

Wird von der Agentur für Arbeit ausgefüllt:
Statistik: ______________
Wkl.-Nr. ______________

A. Angaben zum Antragsteller

1.	Name und Anschrift des Arbeitgebers, Tel. ______________ Ansprechpartner, Tel., E-Mail ______________	
2.	Bezeichnung und Anschrift des Betriebes ______________	falls abweichend, Anschrift der Lohnabrechnungsstelle ______________
3.	Die Leistungen der Altersteilzeitarbeit (Aufstockungsbetrag, Beiträge zur Rentenversicherung) werden gezahlt aufgrund ☐ tarifvertraglicher Regelung , Datum und Bezeichnung des Tarifvertrages: ______________ ☐ einer Betriebsvereinbarung ☐ einer Regelung der Kirchen und der öffentlich-rechtlichen Religionsgesellschaften ☐ einer Einzelvereinbarung mit dem Arbeitnehmer; Datum der Vereinbarung: ______________	

Erklärung:
Ich/Wir bestätige(n), dass die Angaben im Antrag nach bestem Wissen, sorgfältiger Prüfung und unter Beachtung der im Merkblatt 14 enthaltenen Hinweise gemacht wurden. Der in Altersteilzeitarbeit beschäftigte Arbeitnehmer wurde auf seine Mitwirkungspflichten nach § 11 hingewiesen.

______________ Ort, Datum ______________ Unterschrift des Arbeitgebers

Anlagen
☐ Bescheinigung des Rentenversicherungsträgers zur Vorlage bei der Agentur für Arbeit
☐ Altersteilzeitvereinbarung
☐ ______________

BA AtG 100 - 07.04 1

Name des Arbeitgebers

Name, Vorname des Arbeitnehmers　　　　Kunden-Nr. AtG

B. Angaben zur geplanten Wiederbesetzung		
1.	Die Wiederbesetzung erfolgt voraussichtlich zum ____________________, mit einem arbeitslos gemeldeten/ausgebildeten Arbeitnehmer, Alg II-Bezieher. Hinweis: Bei Wiederbesetzung in Kleinbetrieben mit einem Aus**zu**bildenden bitte **Antrag 200** ausfüllen (zu Beginn der Arbeitsphase!)	
C. Angaben zu dem in Altersteilzeitarbeit beschäftigten Arbeitnehmer		
1.	Familienname, Vorname, Geburtsdatum ____________________ Anschrift (PLZ, Wohnort, Straße) ____________________ Kurzbeschreibung der Tätigkeit (Altersteilzeitarbeit) ____________________ Versicherungsnummer |_|_|_|_|_|_|_|_|_|_|_|_| Ist der Arbeitnehmer als schwerbehinderter Mensch(§ 2 Abs. 2 Neuntes Buch Sozialgesetzbuch) anerkannt? (Bitte Nachweis beifügen)	☐ Ja ☐ Nein
2.	Rentenversicherungspflicht besteht in der ☐ Rentenversicherung der Arbeiter und Angestellten ☐ Knappschaftlichen Rentenversicherung ☐ Krankenversicherungspflicht besteht bei ____________________ ☐ Freiwillige/private Krankenversicherung besteht bei ____________________ ☐ Es besteht Versicherungspflicht in der Arbeitslosenversicherung.	
3.	Altersteilzeitarbeit wurde vereinbart am ____________________ und zwar für die Zeit vom ____________________ bis ____________________ Ist der Arbeitnehmer Inhaber, Geschäftsführer oder Gesellschafter des Unternehmens ?	☐ Ja ☐ Nein
4.	Unmittelbar vor Beginn der Altersteilzeitarbeit (siehe **Nr. 3**) betrug die zuletzt vereinbarte Arbeitszeit wöchentlich __________ Std.	
5.	In den letzten 24 Monaten vor Beginn der Altersteilzeitarbeit (siehe **Nr. 3**) betrug die vereinbarte wöchentliche Arbeitszeit im Durchschnitt ____________ Std.	

BA AtG 100 - 07.04　　　　2

Name des Arbeitgebers

Name, Vorname des Arbeitnehmers | Kunden-Nr. AtG

6.	Innerhalb der letzten 5 Jahre vor Beginn der Altersteilzeitarbeit (siehe **Nr. 3**) bestand eine versicherungspflichtige Beschäftigung (ggf. Zusatzblatt) vom ______ bis ______ vom ______ bis ______ vom ______ bis ______ **Hinweis:** Beschäftigungszeiten bei anderen Arbeitgebern dürfen nur eingetragen werden, wenn ein entsprechender Nachweis vorliegt; der Nachweis ist dem Antrag beizufügen.	
7.	Die für die Dauer der Altersteilzeitarbeit (siehe **Nr. 3**) vereinbarte Arbeitszeit (= die Hälfte der **bisherigen** wöchentlichen Arbeitszeit) beträgt wöchentlich ______ Std. **Hinweis:** Bisherige Arbeitszeit ist die unter **Nr. 4** genannte Arbeitszeit, höchstens jedoch die durchschnittliche Arbeitszeit der **Nr. 5**.	
8.	Verteilung der Arbeitszeit im Blockmodell: Arbeitsphase: ______ Freistellungsphase: ______	
9.	Wird das Arbeitsentgelt für die Altersteilzeitarbeit und der Aufstockungsbetrag fortlaufend gezahlt?	☐ Ja ☐ Nein
9.1	Wird das Regelarbeitsentgelt für die Altersteilzeitarbeit um mindestens 20 v.H. (brutto) aufgestockt?	☐ Ja ☐ Nein
9.2	Werden zusätzliche Beiträge zur Rentenversicherung entrichtet? **Wenn ja,** ☐ für 80 v. H. des Regelarbeitsentgelts (ggf. begrenzt auf 90 v. H. der Beitragsbemessungsgrenze). ☐ Es entstehen Aufwendungen zur Altersversorgung, die den Beiträgen zur Rentenversicherung vergleichbar sind. Aufwendungen werden entrichtet an ______	☐ Ja ☐ Nein
10.	Werden bei Arbeitsunfähigkeit nach dem Ende der Entgeltfortzahlung die unter **Nr. 9.1 und 9.2** genannten Aufstockungsbeträge auch für die weitere Dauer der Arbeitsunfähigkeit geleistet?	☐ Ja ☐ Nein

BA AtG 100 - 07.04 | 3

Name des Arbeitgebers

Name, Vorname des Arbeitnehmers | Kunden-Nr. AtG

11.	Der in Altersteilzeitarbeit beschäftigte Arbeitnehmer erfüllt **dem Grunde nach** die Voraussetzungen für eine der nachfolgend genannten Altersrenten oder für eine vergleichbare Leistung:	
11.1	☐ Anspruch auf ungeminderte Altersrente für langjährig Versicherte (§ 236 SGB VI), für schwerbehinderte Menschen (§ 236a SGB VI) wegen Arbeitslosigkeit oder nach Altersteilzeitarbeit (§ 237 SGB VI), für Frauen (§ 237a SGB VI), für langjährig unter Tage beschäftigte Bergleute (§ 40 SGB VI) bzw. ab __________ Art der Leistung ______________________________	☐ Ja ☐ Nein
11.2	☐ Anspruch auf eine der Altersrente vergleichbare Leistung einer Versicherungs-, Versorgungseinrichtung oder eines Versicherungsunternehmens ab __________ Art der Leistung ______________________________	☐ Ja ☐ Nein
11.3	Bezieht der Arbeitnehmer eine der unter Nr. 11.1 oder 11.2 aufgeführten Leistungen, eine der Altersrente vergleichbare Leistung öffentlich-rechtlicher Art (z.B. ausländische Rente) oder eine Knappschaftsausgleichsleistung? Oder hat der Arbeitnehmer eine solche Leistung beantragt? Wenn ja, Art und Beginn der Rente/Leistung ______________________ **Hinweis:** Der Anspruch auf Leistungen nach § 4 erlischt in jedem Fall, wenn der Arbeitnehmer eine der unter Nr. 11 genannten Renten oder eine vergleichbare Leistung tatsächlich bezieht. Das gilt auch für eine Rente, die wegen vorzeitiger Inanspruchnahme gemindert ist. Die (künftige) Beantragung sowie der Bezug einer leistungsausschließenden Rente/vergleichbaren Leistung ist daher der Agentur für Arbeit unverzüglich mitzuteilen.	☐ Ja ☐ Nein

Raum für sonstige Eintragungen:

BA AtG 100 - 07.04 | 4

AtG 200 **Bundesagentur für Arbeit**

☒ Zutreffendes bitte ankreuzen

Antrag auf **Anerkennung der Voraussetzungen** für die Gewährung von Leistungen nach § 4 des Altersteilzeitgesetzes

Wiederbesetzung mit einem
- ☐ arbeitslos gemeldeten Arbeitnehmer
- ☐ Ausgebildeten
- ☐ Auszubildenden
- ☐ Alg II-Bezieher

(AtG-)Kundennummer: ____________________

Wird von der Agentur für Arbeit ausgefüllt:
Statistik: ____________________
Wkl.-Nr. ____________________

A. Angaben zum Antragsteller

1. Name und Anschrift des Arbeitgebers, Tel. ____________________
____
Ansprechpartner, Tel., E-Mail ____________________

2. Bezeichnung und Anschrift des Betriebes ____________________ | falls abweichend, Anschrift der Lohnabrechnungsstelle ____________________

3. Die Leistungen der Altersteilzeitarbeit (Aufstockungsbetrag, Beiträge zur Rentenversicherung) werden gezahlt aufgrund
- ☐ tarifvertraglicher Regelung; Datum und Bezeichnung des Tarifvertrages: ____________________
- ☐ einer Betriebsvereinbarung
- ☐ einer Regelung der Kirchen und der öffentlich-rechtlichen Religionsgesellschaften
- ☐ einer Einzelvereinbarung mit dem Arbeitnehmer; Datum der Vereinbarung: ____________________

Erklärung:
Ich/Wir bestätige(n), dass die Angaben im Antrag nach bestem Wissen, sorgfältiger Prüfung und unter Beachtung der im Merkblatt 14 enthaltenen Hinweise gemacht wurden. Der in Altersteilzeitarbeit beschäftigte Arbeitnehmer wurde auf seine Mitwirkungspflichten nach § 11 hingewiesen.

____________________ ____________________
Ort, Datum Unterschrift des Arbeitgebers

Anlagen

- ☐ Bescheinigung des Rentenversicherungsträgers zur Vorlage bei der Agentur für Arbeit
- ☐ Altersteilzeitvereinbarung
- ☐ ____________________

BA AtG 200 – 07.04 1

Name des Arbeitgebers

Name, Vorname des Arbeitnehmers | Kunden-Nr. AtG

	B. Angaben zu dem in Altersteilzeitarbeit beschäftigten Arbeitnehmer	
	Haben sich die Angaben zum Antrag auf Vorabentscheidung vom __________ geändert? Wenn „nein" sind Angaben zu den Fragen 1 bis 11 dieses Abschnitts nicht erforderlich.	☐ Ja ☐ Nein
1.	Familienname, Vorname, Geburtsdatum ________________ Anschrift (PLZ, Wohnort, Straße) ________________ Kurzbeschreibung der Tätigkeit (Altersteilzeitarbeit) ________________ Versicherungsnummer ☐☐☐☐☐☐☐☐☐☐☐☐	
	Ist der Arbeitnehmer Inhaber, Geschäftsführer oder Gesellschafter des Unternehmens ?	☐ Ja ☐ Nein
	Ist der Arbeitnehmer als schwerbehinderter Mensch (§ 2 Abs. 2 Neuntes Buch Sozialgesetzbuch) anerkannt? (Bitte Nachweis beifügen)	☐ Ja ☐ Nein
2.	Rentenversicherungspflicht besteht in der ☐ Rentenversicherung der Arbeiter und Angestellten ☐ Knappschaftlichen Rentenversicherung ☐ Krankenversicherungspflicht besteht bei ________________ ☐ Freiwillige/private Krankenversicherung besteht bei ________________ ☐ Es besteht Versicherungspflicht in der Arbeitslosenversicherung.	
3.	Innerhalb der letzten 5 Jahre vor Beginn der Altersteilzeitarbeit bestand eine versicherungspflichtige Beschäftigung vom ________________ bis ________________ vom ________________ bis ________________ vom ________________ bis ________________ **Hinweis:** Beschäftigungszeiten bei anderen Arbeitgebern dürfen nur eingetragen werden, wenn ein entsprechender Nachweis vorliegt; der Nachweis ist dem Antrag beizufügen.	
4.	Altersteilzeitarbeit wurde vereinbart am ________________ und zwar für die Zeit vom ________________ bis ________________	
5.	Unmittelbar vor Beginn der Altersteilzeitarbeit betrug die zuletzt vereinbarte Arbeitszeit wöchentlich ____________ Std.	

BA AtG 200 – 07.04 | 2

Name des Arbeitgebers

Name, Vorname des Arbeitnehmers | Kunden-Nr. AtG

6.	In den letzten 24 Monaten vor Beginn der Altersteilzeitarbeit betrug die vereinbarte wöchentliche Arbeitszeit im Durchschnitt ______________ Std.	
7.	Die für die Dauer der Altersteilzeitarbeit vereinbarte Arbeitszeit (= die Hälfte der **bisherigen** wöchentlichen Arbeitszeit) beträgt wöchentlich _________ Std. **Hinweis:** Bisherige Arbeitszeit ist die unter **Nr. 5** genannte Arbeitszeit, höchstens jedoch die durchschnittliche Arbeitszeit der **Nr. 6.**	
8.	Wird die Altersteilzeit im Blockmodell ausgeführt? Arbeitsphase: ___________________ Freistellungsphase: ___________________ Sieht die Vereinbarung über die Altersteilzeitarbeit eine sonstige unterschiedliche Verteilung der Arbeitszeit vor (z.B. im degressiven Modell)? **Wenn ja,** Verteilzeitraum und Verteilung angeben ___________________ ____ Wird die Altersteilzeit im kontinuierlichen Teilzeitmodell ausgeführt?	☐ Ja ☐ Nein ☐ Ja ☐ Nein ☐ Ja ☐ Nein
9.	Wird das Arbeitsentgelt für die Altersteilzeitarbeit und der Aufstockungsbetrag fortlaufend gezahlt?	☐ Ja ☐ Nein
9.1	Wird das Regelarbeitsentgelt für die Altersteilzeitarbeit um mindestens 20 v.H. (brutto) aufgestockt?	☐ Ja ☐ Nein
9.2	Werden zusätzliche Beiträge zur Rentenversicherung entrichtet? **Wenn ja,** ☐ für 80 v. H. des Regelarbeitsentgelts (ggf. begrenzt auf 90 v. H. der Beitragsbemessungsgrenze) ☐ Es entstehen Aufwendungen zur Altersversorgung, die den Beiträgen zur Rentenversicherung vergleichbar sind. Aufwendungen werden entrichtet an ___________________	☐ Ja ☐ Nein
10.	Werden bei Arbeitsunfähigkeit nach dem Ende der Entgeltfortzahlung die unter **Nr. 9.1** und **9.2** genannten Leistungen auch für die weitere Dauer der Arbeitsunfähigkeit geleistet?	☐ Ja ☐ Nein
11.	Der in Altersteilzeitarbeit beschäftigte Arbeitnehmer erfüllt **dem Grunde nach** die Voraussetzungen für eine der nachfolgend genannten Altersrenten oder für eine vergleichbare Leistung:	
11.1	☐ **Anspruch** auf **ungeminderte** Altersrente für langjährig Versicherte (§ 236 SGB VI), für schwerbehinderte Menschen (§ 236a SGB VI), wegen Arbeitslosigkeit oder nach Altersteilzeitarbeit (§ 237 SGB VI), für Frauen (§ 237a SGB VI), für langjährig unter Tage beschäftigte Bergleute (§ 40 SGB VI) bzw. **ab** ___________ **Art der Leistung** ___________________	☐ Ja ☐ Nein

BA AtG 200 – 07.04 | 3

Name des Arbeitgebers

Name, Vorname des Arbeitnehmers | Kunden-Nr. AtG

11.2	☐ **Anspruch** auf eine der Altersrente **vergleichbare Leistung** einer Versicherungs-, Versorgungseinrichtung oder eines Versicherungsunternehmens **ab** _______ **Art der Leistung** ____________	☐ Ja ☐ Nein
11.3	**Bezieht** der Arbeitnehmer eine der unter **Nr. 11.1 oder 11.2** aufgeführten Leistungen, eine der Altersrente vergleichbare Leistung öffentlich-rechtlicher Art (z.B. ausländische Rente) oder eine Knappschaftsausgleichsleistung? Oder hat der Arbeitnehmer eine solche Leistung **beantragt**? **Wenn ja**, Art und Beginn der Rente/Leistung ____________ **Hinweis:** Der Anspruch auf Leistungen nach § 4 erlischt in jedem Fall, wenn der Arbeitnehmer eine der unter **Nr. 11** genannten Renten oder eine vergleichbare Leistung tatsächlich **bezieht.** Das gilt auch für eine Rente, die wegen vorzeitiger Inanspruchnahme gemindert ist. Die (künftige) Beantragung sowie der Bezug einer leistungsausschließenden Rente/vergleichbaren Leistung ist daher der Agentur für Arbeit unverzüglich mitzuteilen.	☐ Ja ☐ Nein
	C. Angaben zur Wiederbesetzung	
1.1 1.2	**Name, Vorname** ____________ **Anschrift** ____________ **Versicherungsnummer** ☐☐☐☐☐☐☐☐☐☐☐☐	
2. 2.1 2.2	Die Wiederbesetzung erfolgt(e) mit einem **arbeitslos gemeldeten Arbeitnehmer/Alg II-Bezieher** Agentur für Arbeit ____________ Kundenummer ____________	Bitte noch Ziffern 4 und 5 ausfüllen!
3. 3.1	Die Wiederbesetzung erfolgt(e) mit einem **Ausgebildeten** Die Ausbildung wurde erfolgreich abgeschlossen **Wenn ja**, am ____________ Die Ausbildung dauerte vom ________ bis ________ mit dem Abschluss ____________ **Wenn nein**, die Abschlussprüfung wurde endgültig nicht bestanden am: ______	Bitte noch Ziffern 4 und 5 ausfüllen! ☐ Ja ☐ Nein
4.	Die Wiederbesetzung erfolgt(e) mit einem **arbeitslos gemeldeten Arbeitnehmer/ Alg II-Bezieher/ Ausgebildeten am** ____________ ☐ auf dem freigemachten/freiwerdenden (Teil-)Arbeitsplatz ☐ auf einem durch Umsetzung freigewordenen/freiwerdenden (Teil-)Arbeitsplatz, auf den Platz des Altersteilzeiters wird Herr/Frau ____________ am ________ nachrücken. ☐ im **Funktionsbereich:** ____________ Auf den Platz des Altersteilzeiters im **Funktionsbereich:** ________ wird Herr/Frau ____________ am ________ nachrücken.	

BA AtG 200 – 07.04 4

Name des Arbeitgebers

Name, Vorname des Arbeitnehmers Kunden-Nr. AtG

	☐ in einem **Kleinunternehmen** mit i.d.R. bis zu 50 Beschäftigten (Anlage AtG 200.A ausfüllen) ☐ in der **eigenständigen Organisationseinheit** ____________ mit i.d.R. bis zu 50 Beschäftigten innerhalb eines Betriebs/Funktionsbereichs (Bitte Anlage AtG 200.A ausfüllen)	
5.	Der **arbeitslos gemeldete Arbeitnehmer/ Alg II-Bezieher/ Ausgebildete** wird versicherungspflichtig beschäftigt mit	
5.1	einer regelmäßigen wöchentlichen Arbeitszeit von ________ Std.	
	Kurzbeschreibung der Tätigkeit ____________	
5.2	Wird durch den Arbeitnehmer ein weiterer (Teil-)Arbeitsplatz wiederbesetzt?	☐ Ja ☐ Nein
	Wenn ja, bitte (AtG-)Kundennummer angeben ____________	
6.	Die Wiederbesetzungspflicht wird in einem **Kleinunternehmen** mit i.d.R. bis zu 50 Beschäftigten durch die versicherungspflichtige Beschäftigung eines **Auszubildenden** erfüllt (Bitte Anlage AtG 200.A ausfüllen)	☐ Ja ☐ Nein
6.1	Ausbildungsberuf ____________	
6.2	Dauer der Ausbildung vom ________ bis ________	

D. Hinweise

Bitte reichen Sie diesen Antrag spätestens innerhalb von 3 Monaten nach Vorliegen der Fördervoraussetzungen bei der Agentur für Arbeit ein; wird er danach gestellt, können Leistungen erst ab dem Monat der Antragstellung erbracht werden. Die Agentur für Arbeit benötigt die Angaben für die Beurteilung Ihres Anspruchs auf Leistungen nach § 4 des Altersteilzeitgesetzes; Ihre Mitwirkungspflicht ergibt sich aus § 60 Erstes Buch Sozialgesetzbuch. Paragraphen ohne nähere Bezeichnung beziehen sich auf das Altersteilzeitgesetz.

BA AtG 200 – 07.04 5

AtG 200.A

Bundesagentur für Arbeit

(AtG-)Kundennummer: ____________

Anlage

zum Antrag auf **Anerkennung der Voraussetzungen** für die Gewährung von Leistungen nach § 4 des Altersteilzeitgesetzes (AtG) vom ________________

zur Berechnung der Beschäftigtenzahl bei
Kleinunternehmen bzw. in der **Organisationseinheit**: ______________________________

mit bis zu 50 Beschäftigten (§ 7 AtG) für das **Kalenderjahr**: ___________________________

Nicht einzurechnen sind:

Auszubildende sowie schwerbehinderte Menschen und Gleichgestellte i. S. d. SGB IX

Monat	**Jan**	**Feb**	**Mrz**	**Apr**	**Mai**	**Jun**	**Juli**	**Aug**	**Sep**	**Okt**	**Nov**	**Dez**
Zahl der in Vollzeit Beschäftigten												
Beschäftigte mit einer Arbeitszeit von wöchentlich												
bis 20 Std. (Anzahl x 0,5)												
mehr als 20 bis 30 Std. (Anzahl x 0,75)												
Insgesamt												

Name und Anschrift (Firmenstempel), Tel., E-Mail	Datum, Unterschrift des Arbeitgebers oder seines Beauftragten
	______________________________

BA AtG 200.A – 07.04 1

Gesetzliche Grundlage:

§ 7 AtG Berechnungsvorschriften

(1) Ein Arbeitgeber beschäftigt in der Regel nicht mehr als 50 Arbeitnehmer, wenn er in dem Kalenderjahr, das demjenigen, für das die Feststellung zu treffen ist, vorausgegangen ist, für einen Zeitraum von mindestens acht Kalendermonaten nicht mehr als 50 Arbeitnehmer beschäftigt hat. Hat das Unternehmen nicht während des ganzen nach Satz 1 maßgebenden Kalenderjahres bestanden, so beschäftigt der Arbeitgeber in der Regel nicht mehr als 50 Arbeitnehmer, wenn er während des Zeitraums des Bestehens des Unternehmens in der überwiegenden Zahl der Kalendermonate nicht mehr als 50 Arbeitnehmer beschäftigt hat. Ist das Unternehmen im Laufe des Kalenderjahres errichtet worden, in dem die Feststellung nach Satz 1 zu treffen ist, so beschäftigt der Arbeitgeber in der Regel nicht mehr als 50 Arbeitnehmer, wenn nach der Art des Unternehmens anzunehmen ist, dass die Zahl der beschäftigten Arbeitnehmer während der überwiegenden Kalendermonate dieses Kalenderjahrs 50 nicht überschreiten wird.

(2) ...

(3) Bei der Feststellung der Zahl der beschäftigten Arbeitnehmer nach Absatz 1 und 2 bleiben schwerbehinderte Menschen und Gleichgestellte im Sinne des Neunten Buches Sozialgesetzbuch (SGB IX) sowie Auszubildende außer Ansatz. Teilzeitbeschäftigte Arbeitnehmer mit einer regelmäßigen wöchentlichen Arbeitszeit von nicht mehr als 20 Stunden sind mit 0,5 und mit einer regelmäßigen wöchentlichen Arbeitszeit von nicht mehr als 30 Stunden mit 0,75 zu berücksichtigen.

(4) ...

Ausfüllhinweise:

1. Beurteilungszeitraum

Der maßgebende Beurteilungszeitraum für die Feststellung der Beschäftigtenzahl ist grundsätzlich das Kalenderjahr, das demjenigen vorausgeht, in dem die rechtswirksame Wiederbesetzung erfolgt. Wurde das Unternehmen (bzw. die Organisationseinheit) erst in dem Kalenderjahr errichtet, in dem die rechtswirksame Wiederbesetzung erfolgt, ist dagegen dieses Kalenderjahr der maßgebende Beurteilungszeitraum.

2. Feststellung der Beschäftigtenzahl

Beschäftigte sind alle Arbeiter und Angestellten (Arbeitnehmer), und zwar ohne Rücksicht darauf, ob sie sozialversicherungspflichtig sind. Auch Beamte zählen zu den Beschäftigten.

Außer Betracht bleiben dagegen schwerbehinderte Menschen und Gleichgestellte im Sinne des SGB IX sowie Auszubildende.

Bei der Zählung der beschäftigten Arbeitnehmer können Sie vom Beschäftigtenstand am Ersten eines jeden Monats ausgehen, wenn an diesem Tag in der Regel die höchste Beschäftigtenzahl des Monats erreicht wird.

Teilzeitbeschäftigte Arbeitnehmer mit einer regelmäßigen wöchentlichen Arbeitszeit von bis zu 20 Stunden werden mit 0,5 und von mehr als 20 bis 30 Stunden mit 0,75 in Ansatz gebracht.

Ausschlaggebend ist, dass Sie im maßgebenden Beurteilungszeitraum (siehe 1) für einen Zeitraum von mindestens acht Kalendermonaten nicht mehr als 50 Arbeitnehmer beschäftigt haben.

Bestand Ihr Unternehmen (die Organisationseinheit) nicht während des ganzen maßgebenden Kalenderjahres, dürfen Sie während des Zeitraumes des Bestehens in der überwiegenden Zahl der Kalendermonate nicht mehr als 50 Arbeitnehmer beschäftigt haben.

Bei der Errichtung des Unternehmens (der Organisationseinheit) in dem Kalenderjahr, in dem die rechtswirksame Wiederbesetzung erfolgt (siehe 1), ist der Agentur für Arbeit für die Feststellung glaubhaft darzulegen, dass von der Art des Unternehmens her (bzw. der Organisationseinheit) während der überwiegenden Zahl der Kalendermonate dieses Kalenderjahres nicht mehr als 50 Arbeitnehmer beschäftigen werden.

BA AtG 200.A – 07.04 2

AtG 250

Bundesagentur für Arbeit

☒ Zutreffendes bitte ankreuzen

Antrag auf Wiederbewilligung / Mitteilung über die **erneute Wiederbesetzung/ Beschäftigung** nach § 5 Abs. 2 Altersteilzeitgesetz

(AtG-)Kundennummer: ______________

Die Agentur für Arbeit benötigt die Angaben für die Beurteilung Ihres Anspruchs auf Leistungen nach § 4 des Altersteilzeitgesetzes; Ihre Mitwirkungspflicht ergibt sich aus § 60 Erstes Buch Sozialgesetzbuch.

A. Angaben zum Antragsteller

1.	Name und Anschrift des Arbeitgebers, Tel. ______________ ______________ Ansprechpartner, Tel., E-Mail ______________
2.	Angaben zu dem in Altersteilzeitarbeit beschäftigten Arbeitnehmer Name, Vorname, Kurzbezeichnung der Tätigkeit ______________ ______________ Übergang in Altersteilzeit am ______________
3.	Angaben zum bisherigen Wiederbesetzer Name, Vorname des bisherigen Wiederbesetzers ______________ Der Wiederbesetzer hat den Arbeitsplatz freigemacht am ______________

Erklärung:
Ich/Wir bestätige(n), dass die Angaben im Antrag nach bestem Wissen, sorgfältiger Prüfung und unter Beachtung der im Merkblatt 14 enthaltenen Hinweise gemacht wurden.

______________ Ort, Datum

______________ Unterschrift des Arbeitgebers

BA AtG 250 – 07.04

1

Name des Arbeitgebers

Name, Vorname des Arbeitnehmers | Kunden-Nr. AtG

	B. Angaben zur erneuten Wiederbesetzung	
1.1	**Name, Vorname** ______ **Anschrift** ______	
1.2	**Versicherungsnummer** ⎿_⎿_⎿_⎿_⎿_⎿_⎿_⎿_⎿_⎿_⎿_⎿_⎿	
2.	Die Wiederbesetzung erfolgt(e) mit einem **arbeitslos gemeldeten Arbeitnehmer/Alg II-Bezieher**	Bitte noch Ziffern 4 und 5 ausfüllen!
2.1	Agentur für Arbeit ______	
2.2	Kundenummer ______	
3.	Die Wiederbesetzung erfolgt(e) mit einem **Ausgebildeten**	Bitte noch Ziffern 4 und 5 ausfüllen!
3.1	Die Ausbildung wurde erfolgreich abgeschlossen **Wenn ja**, am ______ Die Ausbildung dauerte vom ______ bis ______ mit dem Abschluss ______ **Wenn nein**, die Abschlussprüfung wurde endgültig nicht bestanden am: ______	☐ Ja ☐ Nein
4.	Die Wiederbesetzung erfolgt(e) mit einem **arbeitslos gemeldeten Arbeitnehmer/ Alg II-Bezieher/ Ausgebildeten am** ______ ☐ auf dem freigemachten/freiwerdenden (Teil-)Arbeitsplatz ☐ auf einem durch Umsetzung freigewordenen/freiwerdenden (Teil-)Arbeitsplatz, auf den Platz des Altersteilzeiters wird Herr/Frau ______ am ______ nachrücken. ☐ im **Funktionsbereich:** ______ Auf den Platz des Altersteilzeiters im **Funktionsbereich:** ______ wird Herr/Frau ______ am ______ nachrücken. ☐ in einem **Kleinunternehmen** mit i.d.R. bis zu 50 Beschäftigten (Anlage AtG 200.A ausfüllen) ☐ in der **eigenständigen Organisationseinheit** ______ mit i.d.R. bis zu 50 Beschäftigten innerhalb eines Betriebs/Funktionsbereichs (Bitte Anlage AtG 200.A ausfüllen)	
5.	Der **arbeitslos gemeldete Arbeitnehmer/ Alg II-Bezieher/ Ausgebildete** wird versicherungspflichtig beschäftigt mit	
5.1	einer regelmäßigen wöchentlichen Arbeitszeit von ______ Std. Kurzbeschreibung der Tätigkeit ______	
5.2	Wird durch den Arbeitnehmer ein weiterer (Teil-)Arbeitsplatz wiederbesetzt? **Wenn ja**, bitte (AtG-)Kundennummer angeben ______	☐ Ja ☐ Nein
6.	Die Wiederbesetzungspflicht wird in einem **Kleinunternehmen** mit i.d.R. bis zu 50 Beschäftigten durch die versicherungspflichtige Beschäftigung eines **Auszubildenden** erfüllt (Bitte Anlage AtG 200.A ausfüllen)	☐ Ja ☐ Nein
6.1	Ausbildungsberuf ______	
6.2	Dauer der Ausbildung vom ______ bis ______	

BA AtG 250 – 07.04 | 2

AtG 300

Bundesagentur für Arbeit

☒ Zutreffendes bitte ankreuzen

A n t r a g auf Erstattung von Leistungen nach § 4 Altersteilzeitgesetz

(AtG-)Kundennummer: ____________

Wird von der Agentur für Arbeit ausgefüllt:

Eingang statistisch erfasst: ____________

A. Angaben zum Antragsteller

1.	Name und Anschrift des Arbeitgebers, Tel. ____________ Ansprechpartner, Tel., E-Mail ____________	
2.	Bezeichnung und Anschrift des Betriebes ____________	falls abweichend, Anschrift der Lohnabrechnungsstelle ____________
3.	Bankverbindung, Konto-Nr., Bankleitzahl ____________	

B. Antrag

1.	Antrag gem. § 15g AtG auf Anwendung dieser Erstattungsregelung für Altersteilzeitfälle, die vor dem 01.07.2004 begonnen haben.	☐ Ja ☐ Nein
2.	Für den Förderzeitraum vom ________ bis ________ wird die Auszahlung der Leistungen nach § 4 AtG für den in Altersteilzeitarbeit beschäftigten Arbeitnehmer ____________ beantragt: **Monatliche Erstattungsleistung:** Aufstockung zum Arbeitsentgelt (20 v. H des Regelarbeitsentgelts) ________ € + zusätzliche Beiträge zur Rentenversicherung (80 v. H. des Regelarbeitsentgelts) ________ € = **Gesamtbetrag** ________ €	

Erklärung:
Ich/Wir bestätige(n), dass die Angaben im Antrag nach bestem Wissen und sorgfältiger Prüfung gemacht wurden. Weiterhin verpflichte ich mich, Änderungen, die die Leistungshöhe betreffen unverzüglich mitzuteilen.

____________ Ort, Datum

____________ Unterschrift des Arbeitgebers

BA AtG 300 – 07.04

1

Name des Arbeitgebers

Name, Vorname des Arbeitnehmers | Kunden-Nr. AtG

C. Angaben zur Wiederbesetzung		
1.	**Name, Vorname** ____________ **Die Wiederbesetzung mit einem** ☐ arbeitslos gemeldeten Arbeitnehmer ☐ Ausgebildeten ☐ Auszubildenden ☐ Alg II-Bezieher	
2.	Die Wiederbesetzung erfolgte mit einem **arbeitslos gemeldeten Arbeitnehmer/ Alg II-Bezieher/ Ausgebildeten am** ____________ ☐ auf dem freigemachten/freiwerdenden (Teil-)Arbeitsplatz. ☐ auf einem durch Umsetzung freigewordenen/freiwerdenden (Teil-)Arbeitsplatz, auf den Platz des Altersteilzeiters ist Herr/Frau ____________ am ____________ nachgerückt. ☐ im **Funktionsbereich:** ____________ auf den Platz des Altersteilzeiters im **Funktionsbereich:** ____________ ist Herr/Frau ____________ am ____________ nachgerückt. ☐ in einem **Kleinunternehmen** mit i.d.R. bis zu 50 Beschäftigten. ☐ in der **eigenständigen Organisationseinheit** ____________ mit i.d.R. bis zu 50 Beschäftigten innerhalb eines Betriebs/Funktionsbereichs.	
3.	Die Wiederbesetzungspflicht wurde in einem **Kleinunternehmen** mit i.d.R. bis zu 50 Beschäftigten durch die versicherungspflichtige Beschäftigung eines **Auszubildenden** erfüllt.	☐ Ja ☐ Nein

BA AtG 300 – 07.04 2

Name des Arbeitgebers

Name, Vorname des Arbeitnehmers

Kunden-Nr. AtG

D. Berechnung der Erstattungsleistungen				
Basismonat (erster voller Abrechnungsmonat bei Vorliegen der Wiederbesetzung)				
a) Aufstockung zum Arbeitsentgelt				
			€	€
1.	Regelmäßiges Sozialversicherungspflichtiges Brutto-Arbeitsentgelt			
2.	Laufende 100%-Leistungen, die aufgrund arbeitsvertraglicher Regelung in die Aufstockung einbezogen werden			
3.	Regelmäßige **verstetigte** Zulagen (Berechnung aufgrund arbeitsvertraglicher Regelung)			
4.	Regelmäßige **nicht verstetigte** Zulagen (jeweils Durchschnittsbetrag der letzten 11 Monate zzgl. des Basismonats)	Art der Zulage :		
5.	Berücksichtigungsfähige **unständige** Zulagen (wenn Zahlung innerhalb der letzten 3 Monate zzgl. Basismonat, dann jeweils Durchschnittsbetrag der letzten 11 Monate zzgl. des Basismonats)	Art der Zulage :		
6.	Summe (Nr. 1 – 5) Regelarbeitsentgelt begrenzt auf die monatliche Beitragsbemessungsgrenze des SGB III			
7.	**Erstattungsbetrag 20 v. H. des Regelarbeitsentgelts (Nr. 6)**			

b) Aufstockung zur gesetzlichen Rentenversicherung			
8.	Regelarbeitsentgelt aus Zeile Nr. 6		
9.	Laufende 100%-Leistungen, die **nicht** in die Aufstockung zum Arbeitsentgelt einbezogen werden		
10.	Summe Regelarbeitsentgelt (Nr. 8 + 9)		
11.	80 v. H. des Regelarbeitsentgelts (Nr. 10) begrenzt auf den Unterschiedsbetrag zwischen 90 v. H. der monatlichen BBG und dem Regelarbeitsentgelt		
12.	**Erstattungsbetrag (RV-%-Satz von Nr. 11)**		

c) Monatlicher Erstattungsbetrag		
13.	**Summe Nr. 7 + 12;** **im Altersteilzeit-Blockmodell (Summe Nr. 7 + 12) x 2**	

Wenn Leistungen im Blockmodell abgerechnet werden, bitte Vordruck AtG 300.A beifügen!

BA AtG 300 – 07.04 3

AtG 300.A

Bundesagentur für Arbeit

(AtG-)Kundennummer: ______________

☒ Zutreffendes bitte ankreuzen

Anlage

zum Antrag auf Erstattung von Leistungen nach § 4 Altersteilzeitgesetz (AtG) vom ________________

Diese Anlage ist dem Antrag auf Erstattungsleistungen (Vordruck AtG 300) im **Blockmodell** beizufügen.
Die Anlage ist Bestandteil des Antrages.

Name des Arbeitgebers: ______________________________
Name, Vorname des Arbeitnehmers in Altersteilzeitarbeit: ______________________________

Mit dem o.a. Arbeitnehmer wurde in der Zeit vom ______________ bis ______________ Altersteilzeitarbeit im Blockmodell vereinbart.

Verteilzeiträume im Blockmodell:

Arbeitsphase	vom ______________	bis ______________
ggf. Nacharbeit wegen ______________________________	vom ______________	bis ______________
______________________________	vom ______________	bis ______________
ggf. Zeiten der Nichtbeschäftigung wegen ______________________________	vom ______________	bis ______________
______________________________	vom ______________	bis ______________
Freistellungsphase	vom ______________	bis ______________

BA AtG 300.A – 07.04 1

Name des Arbeitgebers

Name, Vorname des Arbeitnehmers

Kunden-Nr. AtG

1.	In der gesamten **Arbeitsphase** wurden das Arbeitsentgelt für die Altersteilzeitarbeit und die Aufstockungsleistungen nach § 3 Abs. 1 Nr. 1 AtG fortlaufend erbracht. **Wenn nein,** in der Arbeitsphase wurden für die nachfolgenden Zeiträume das Arbeitsentgelt für die Altersteilzeitarbeit und/oder die Aufstockungsleistungen nach § 3 Abs. 1 Nr. 1 AtG **nicht** erbracht (z.B. unentschuldigtes Fernbleiben von der Arbeit) Zeitraum: ________ Grund: ________ Zeitraum: ________ Grund: ________ **Hinweis: Nicht** anzugeben sind hier Zeiten des Bezuges von Krankengeld, Versorgungskrankengeld, Verletztengeld, Übergangsgeld oder Krankentagegeld von einem privaten Krankenversicherungsunternehmen.	☐ Ja ☐ Nein
2.	Hat der Arbeitnehmer in der **Arbeitsphase** Krankengeld, Versorgungskrankengeld, Verletztengeld, Übergangsgeld oder Krankentagegeld von einem privaten Krankenversicherungsunternehmen bezogen? **Wenn ja,** bitte angeben: Zeitraum vom ________ bis ________	☐ Ja ☐ Nein
2.1	Wurde in der **Arbeitsphase** für Zeiten des Bezuges von Krankengeld bzw. einer vergleichbaren Leistung die Aufstockungsleistungen nach § 3 Abs. 1 Nr. 1 i.V.m. § 10 Abs. 2 AtG vorgeleistet? **Wenn ja,** bitte Zeitraum angeben, wenn abweichend von Nr. 2: ________	☐ Ja ☐ Nein
3.	Hat der Arbeitnehmer während der **Arbeitsphase** Mehrarbeit i.S. der einschlägigen arbeitsrechtlichen Regelungen (z.B. Tarifvertrag) geleistet? **Wenn ja,** ☐ die Mehrarbeit wurde bis zum Ende der Arbeitsphase durch entsprechenden Zeitausgleich vollständig abgebaut. ☐ die während der Arbeitsphase geleistete Mehrarbeit hat den Umfang der Geringfügigkeit (§ 8 SGB IV) ☐ **nicht** überschritten ☐ in den nachfolgenden Zeiträumen **überschritten** vom ________ bis ________ vom ________ bis ________	☐ Ja ☐ Nein
4.	Hat der Arbeitnehmer während der Arbeitsphase eine Nebenbeschäftigung/selbständige Tätigkeit ausgeführt? Wenn ja, der Umfang der Geringfügigkeit (§ 8 SGB IV) wurde ☐ nicht überschritten ☐ in den nachfolgenden Zeiträumen überschritten vom ________ bis ________ vom ________ bis ________ Mehr als geringfügige Beschäftigungen und selbständige Tätigkeiten bleiben unberücksichtigt, soweit der Arbeitnehmer sie bereits innerhalb der letzten 5 Jahre vor Beginn der Altersteilzeitarbeit ständig ausgeübt hat.	☐ Ja ☐ Nein

BA AtG 300.A – 07.04 2

AtG 310

Bundesagentur für Arbeit

Erläuterungen zur Berechnung der Erstattungsleistungen nach § 4 Altersteilzeitgesetz (AtG)

Diese Erläuterungen gelten für die Berechnung der Erstattungsleistungen nach dem Altersteilzeitgesetz (AtG) in der ab 01.07.2004 gültigen Fassung. Die neue Rechtslage findet Anwendung, wenn mit der Altersteilzeit nach dem 30.06.2004 begonnen wurde. Maßgeblich ist nicht der Vertragsabschluss, sondern der rechtswirksame Beginn der Altersteilzeit.

Für laufende Altersteilzeitfälle im Blockmodell, bei denen lediglich die Freistellungsphase nach dem 30.06.2004 beginnt, ist grundsätzlich für die Berechnung der Erstattungsleistungen die vor dem 01.07.2004 gültige Fassung des AtG maßgebend.

Auf Antrag des Arbeitgebers kann die BA auch bereits in laufenden Fällen, die nach altem Recht abzuwickeln sind, die Erstattungsleistungen ab Juli 2004 nach neuer Rechtslage für die verbleibende Förderdauer erbringen (s. Erstattungsantrag AtG 300, Abschnitt B, Nr. 1).

Die Höhe der Erstattungsleistungen, die die BA an den Arbeitgeber nach § 4 AtG im Falle der Wiederbesetzung des freigemachten Arbeitsplatzes erbringt, wird zu Beginn des Erstattungsverfahrens (Erfüllung aller Anspruchsvoraussetzungen) in monatlichen Festbeträgen für die gesamte Förderdauer festgelegt (§ 12 Abs. 2 AtG). Diese Festbeträge werden nur angepasst, wenn sich das berücksichtigungsfähige Regelarbeitsentgelt in einer bestimmten Größenordnung verringert.

Von der Anpassung ausgenommen sind hingegen Schwankungen des Regelarbeitsentgelts auf Grund monatlich variabler Grundvergütungen sowie sonstiger variabler Lohnbestandteile, wie z.B. regelmäßige Zulagen in monatlich unterschiedlicher Höhe, die mit einem Durchschnittswert beim Regelarbeitsentgelt für den Basismonat berücksichtigt wurden.

Über die Erbringung von Leistungen kann die Agentur für Arbeit vorläufig entscheiden, wenn die Voraussetzungen für den Anspruch mit hinreichender Wahrscheinlichkeit vorliegen und zu ihrer Feststellung voraussichtlich längere Zeit erforderlich ist. Aufgrund der vorläufigen Entscheidung erbrachte Leistungen sind auf die zustehende Leistung anzurechnen. Sie sind zu erstatten, soweit mit der abschließenden Entscheidung ein Anspruch nicht oder nur in geringerer Höhe zuerkannt wird.

Basismonat	Erster **voller** Abrechnungsmonat, in dem alle Anspruchsvoraussetzungen für die Zahlbarmachung der Erstattungsleistungen (u. a. Freimachen des Altersteilzeitarbeitsplatzes, Wiederbesetzung, Antragstellung) erfüllt sind. Wird die Altersteilzeitarbeit im kontinuierlichen Teilzeitmodell durchgeführt, erfolgt die Wiederbesetzung bereits zu Beginn der Altersteilzeit. In diesem Fall werden die Erstattungsleistungen auf der Basis des Regelarbeitsentgelts festgelegt, das der Arbeitnehmer für den ersten Monat der Altersteilzeit zu beanspruchen hat. Bei einer im Blockmodell durchgeführten Altersteilzeitarbeit erfolgt die Wiederbesetzung hingegen erst mit Beginn der Freistellungsphase. Basismonat ist in diesem Fall daher der erste Monat der Freistellungsphase.

BA AtG 310 – 07.04 1

a) Aufstockung zum Arbeitsentgelt		
1.	Regelmäßiges sozialversicherungspflichtiges Brutto-Arbeitsentgelt	Das auf den Basismonat entfallende sozialversicherungspflichtige wegen der Altersteilzeitarbeit **geminderte** Brutto-Arbeitsentgelt, das der Arbeitnehmer regelmäßig erzielt (z. B. Gehalt, Monatslohn, VWL, der sozialversicherungspflichtige Teil der ZVK-Umlage für die Zusatzversorgungskassen des öffentlichen Dienstes etc.). Laufende 100 %-Leistungen, die der Arbeitgeber aufgrund arbeitsvertraglicher Regelung in die Aufstockung mit einbezieht, sind nicht enthalten. Sie werden unter Ziffer 2 gesondert ausgewiesen. Arbeitsentgelte, die einmalig (z.B. Jahressondervergütungen), nicht regelmäßig (unregelmäßige Zulagen) oder nicht für die vereinbarte Arbeitszeit (z.B. Mehrarbeitsvergütung) gezahlt werden, bleiben bei der Ermittlung des Arbeitsentgelts im Basismonat unberücksichtigt. Einmalzahlungen, die arbeitsrechtlich zulässig in jedem Kalendermonat zu einem Zwölftel ausgezahlt werden, verlieren ihren Charakter als Einmalzahlungen. Die entsprechenden Beträge erhöhen das Arbeitsentgelt. Erhält der Arbeitnehmer - unabhängig von der tatsächlich geleisteten Mehrarbeit - regelmäßig jeden Monat eine Pauschale für die Abgeltung von Mehrarbeit, ist die Pauschale dem Arbeitsentgelt hinzuzurechnen. Erhält der Arbeitnehmer bei kontinuierlicher Altersteilzeit oder in der Freistellungsphase des Blockmodells eine laufende Grundvergütung in monatlich unterschiedlicher Höhe (z.B. bei Zeitlöhnen ohne festen Monatslohn, Leistungs- bzw. Akkordlohn, Beschäftigung auf Provisionsbasis), ist ein Referenzzeitraum von zwölf Monaten (Basismonat sowie die davor liegenden elf Monate) zu bilden und der Durchschnittswert zu ermitteln.
2.	Laufende 100%-Leistungen, die aufgrund arbeitsvertraglicher Regelung in die Aufstockung einbezogen werden	Bestandteile des Arbeitsentgelts, die für den Zeitraum der vereinbarten Altersteilzeitarbeit nicht vermindert worden sind (sog. 100 %-Leistungen z.B. vermögenswirksame Leistungen, bestimmte Sachbezüge, Kontoführungsgebühren), sind nach arbeitsrechtlichen Regelungen (z.B. Tarifvertrag) im Allgemeinen von einer Aufstockungszahlung ausgenommen. Wurden Bestandteile des Arbeitsentgelts, die für den gesamten Zeitraum der vereinbarten Altersteilzeitarbeit - ungeachtet der reduzierten Arbeitszeit - nicht vermindert worden sind, auf arbeitsrechtlicher Grundlage **dennoch tatsächlich aufgestockt**, gehören auch diese Aufstockungsleistungen zu den erstattungsfähigen Aufwendungen.
3.	Regelmäßige **verstetigte** Zulagen (Berechnung aufgrund arbeitsvertraglicher Regelung)	Zulagen gehören zum Regelarbeitsentgelt des Basismonats, wenn sie für bestimmte Arbeiten gewährt werden, die nach dem Arbeitsvertrag regelmäßig (monatlich) zu leisten sind und auch künftig durch den Arbeitgeber abgefordert werden sollen. Hierzu können z.B. Schmutzzulagen, Leistungs- und Erschwerniszulagen, Zulagen für Rufbereitschaft, Zulagen für höherwertige Tätigkeiten, Versetzungszulagen gehören. Unschädlich ist, wenn der Arbeitnehmer die Zulagen begründende Tätigkeit in einzelnen Monaten tatsächlich nicht ausübt. Regelmäßige Zulagen, die nach arbeitsrechtlichen Vorgaben für die gesamte Dauer der Altersteilzeitarbeit mit einem verstetigten Betrag gezahlt werden, werden im Basismonat mit diesem Durchschnittswert berücksichtigt.

BA AtG 310 – 07.04 2

<table>
<tr><td>noch 3.</td><td></td><td>Regelmäßige Zulagen, die in der Arbeitsphase monatlich in unterschiedlicher Höhe anfallen (sog. variable Zulagen) und in der Freistellungsphase in gleich bleibender Höhe gezahlt werden, sind im Basismonat ebenfalls mit dem Durchschnittswert anzusetzen (Berücksichtigung nach arbeitsrechtlichen Vorgaben). Zulagen, die in der Arbeitsphase nicht zum Regelarbeitsentgelt gehören, aber zur Hälfte in das Wertguthaben eingestellt und in der Freistellungsphase mit einem Durchschnittsbetrag jeden Monat ausgezahlt werden, sind im Basismonat ebenfalls zu berücksichtigen. Die Höhe richtet sich auch hier nach dem Durchschnittswert.</td></tr>
<tr><td>4.</td><td>Regelmäßige nicht verstetigte Zulagen

(jeweils Durchschnittsbetrag der letzten 11 Monate zzgl. des Basismonats)</td><td>Regelmäßige Zulagen, die im Teilzeitmodell oder in der Freistellungsphase des Blockmodells monatlich in unterschiedlicher Höhe anfallen, sind als Regelarbeitsentgelt im Basismonat mit ihrem Durchschnittswert zu berücksichtigen. Hierfür ist ein Referenzzeitraum von zwölf Monaten zu bilden, der den Basismonat umfasst.

Da der Referenzzeitraum im Teilzeitmodell Zeiten vor Beginn der Altersteilzeitarbeit umfasst, sind diese Zulagen bei der Ermittlung des Durchschnittsbetrages nur mit dem Anteil zu berücksichtigen, der der verminderten Arbeitszeit entspricht (Halbierung).

Bitte weisen Sie die Zulagen und den jeweiligen Durchschnittswert getrennt aus.</td></tr>
<tr><td>5.</td><td>Berücksichtigungsfähige unständige Zulagen

(wenn Zahlung innerhalb der letzten 3 Monate zzgl. Basismonat, dann jeweils Durchschnittsbetrag der letzten 11 Monate zzgl. des Basismonats)</td><td>Unständige Zulagen werden berücksichtigt, wenn sie im Basismonat sowie in den davor liegenden drei Monaten jeweils erzielt worden sind.

Zeiten einer Abwesenheit (nur volle Kalendermonate) des Arbeitnehmers (Urlaub, Krankheit) werden bei der Feststellung des jeweiligen Referenzzeitraumes von drei Monaten ausgeklammert; der 3-Monatszeitraum verschiebt sich entsprechend.

Beispiel:

Die Zulage wird erstmals ab Januar gewährt.

<table>
<tr><th>Abrechnungsmonat</th><th>Grundentgelt</th><th>Zulage</th><th>Berücksichtigung der Zulage beim Regelarbeitsentgelt</th></tr>
<tr><td>Jan.</td><td>1.500 €</td><td>100 €</td><td>nein</td></tr>
<tr><td>Feb.</td><td>1.500 €</td><td>50 €</td><td>nein</td></tr>
<tr><td>März</td><td>1.500 €</td><td>150 €</td><td>nein</td></tr>
<tr><td>April</td><td>1.500 €</td><td>50 €</td><td>ja</td></tr>
<tr><td>Mai</td><td>1.500 €</td><td>100 €</td><td>ja</td></tr>
<tr><td>Juni</td><td>1.500 €</td><td>-</td><td>nein</td></tr>
<tr><td>Juli</td><td>1.500 €</td><td>80 €</td><td>nein</td></tr>
<tr><td>Aug.</td><td>1.500 €</td><td>120 €</td><td>nein</td></tr>
</table>

Die Höhe richtet sich nach dem Durchschnittswert eines Referenzzeitraums von zwölf Monaten einschließlich des Basismonats (der der verminderten Arbeitszeit entspricht, s. Ziffer 4).</td></tr>
</table>

BA AtG 310 – 07.04 3

b) Aufstockung zur gesetzlichen Rentenversicherung		
9.	Laufende 100%-Leistungen, die **nicht** in die Aufstockung zum Arbeitsentgelt einbezogen werden	Bei der der Ermittlung der Beiträge zur Rentenversicherung ist zu beachten, dass die Vorschrift des § 3 Abs. 1a Satz 2 die Entrichtung der Rentenversicherungsbeiträge aus der zusätzlichen beitragspflichtigen Einnahme nach § 3 Abs. 1 Nr. 1 Buchst. b i. V. m. § 163 Abs. 5 Satz 1 SGB VI nicht erfasst. Das bedeutet, dass (regelmäßige) Bestandteile des Regelarbeitsentgelts, die nicht vermindert (sog. 100 %-Leistungen) **und** nicht in die Aufstockung zum Arbeitsentgelt einbezogen werden (s. Buchst. a Ziffer 2), dennoch bei der Ermittlung der zusätzlichen Rentenversicherungsbeiträge zu berücksichtigen sind. Beispiel: Monatliche Grundvergütung 1.800 EUR Vermögenswirksame Leistung (sog. 100%-Leistung) 40 EUR Regelarbeitsentgelt a) für die Entgeltaufstockung (keine Aufstockung!) 1.800 EUR b) für die Entrichtung der zusätzlichen RV-Beiträge **1.840 EUR**
11.	80 v. H. des Regelarbeitsentgelts (Nr. 10) begrenzt auf den Unterschiedsbetrag zwischen 90 v. H. der monatlichen BBG und dem Regelarbeitsentgelt	Die zusätzlichen Beiträge zur Rentenversicherung sind auf der Basis von 80 v. H. des Regelarbeitsentgelt zu ermitteln. Diese Bemessungsgrundlage darf jedoch zusammen mit dem Regelarbeitsentgelt 90 v. H. der monatlichen Beitragsbemessungsgrenze des SGB III nicht überschreiten. Beispiel 1 (West) 2004: Regelarbeitsentgelt 1.500 EUR 90 % der Beitragsbemessungsgrenze (5.150) 4.635 EUR Differenz zum Regelarbeitsentgelt 3.135 EUR 80 % des Regelarbeitsentgelts 1.200 EUR Lösung: Zusätzliche beitragspflichtige Einnahme 1.200 EUR Beispiel 2 (West) 2004: Regelarbeitsentgelt 2.750 EUR 90 % der Beitragsbemessungsgrenze (5.150) 4.635 EUR Differenz zum Regelarbeitsentgelt 1.885 EUR 80 % des Regelarbeitsentgelts 2.200 EUR Lösung: Zusätzliche beitragspflichtige Einnahme 1.885 EUR

BA AtG 310 – 07.04 4

noch 11.		Ist der in Altersteilzeitarbeit stehende Arbeitnehmer **von der Versicherungspflicht in der gesetzlichen Rentenversicherung befreit**, können z. B. Beitragszuschüsse zu vergleichbaren Aufwendungen des Arbeitgebers zugunsten des Arbeitnehmers in einer Versorgungseinrichtung gewährt werden, die allerdings gem. § 4 Abs. 2 Satz 2 der Höhe nach begrenzt sind. <u>Beispiel für das Jahr 2004:</u> Regelarbeitsentgelt 3.000,00 EUR 80 v. H. des Regelarbeitsentgelts 2.400,00 EUR Aufwendungen für Versorgungseinrichtung 350,00 EUR Bemessungsgrundlage bei <u>gesetzlicher</u> Rentenversicherung maximal (90 v. H. der BBG ./. Regelarbeitsentgelt = 4.635 EUR - 3.000 EUR) 1.635,00 EUR davon ges. Beitragsanteil (19,5%) 318,83 EUR Ergebnis: Obwohl die tatsächlichen Aufwendungen des Arbeitgebers 350,00 EUR monatlich betragen, kann nur der gesetzliche Höchstbetrag, in diesem Fall 318,83 EUR, erstattet werden.

c) Monatlicher Erstattungsbetrag		
13.	Summe Nr. 7 + 12; Im Altersteilzeit-Blockmodell (Summe Nr. 7 + 12)×2	**Besonderheiten im Blockmodell:** Im Blockmodell können die Erstattungsleistungen erst nach der Wiederbesetzung und damit erst **nach Ablauf der Arbeitsphase** erbracht werden. Die Höhe der Leistungen für zurückliegende Zeiten (der Arbeitsphase) richtet sich nach der Höhe des Regelarbeitsentgelts im Basismonat. Die Aufstockungsleistungen werden daher in aller Regel ab Vorliegen der Anspruchsvoraussetzungen mit Beginn der Freistellungsphase in doppelter Höhe erstattet. Dies gilt nicht bei Erfüllung der Fördervoraussetzungen durch die Beschäftigung eines Auszubildenden in Kleinbetrieben. Trägt im Falle des Bezuges von Krankengeld (einer vergleichbaren Leistung) oder Krankentagegeld <u>allein die BA</u> die Leistungen nach § 3 Abs. 1 Nr. 1, sind diese im Erstattungsverfahren nach § 12 Abs. 2 und 3 i. V. m. § 4 auszuklammern.

BA AtG 310 – 07.04 5

AtG 400

Bundesagentur für Arbeit

A n t r a g nach § 12 Abs. 1 des AtG

Zuständigkeit

(AtG-)Kundennummer: ____________

Angaben zum Antragsteller

1.	Name und Anschrift des Arbeitgebers, Tel., E-Mail ____________
2.	Ich bitte um Anerkennung der zentralen Zuständigkeit der Agentur für Arbeit ____________ für die Bearbeitung und Entscheidung der Anträge auf Anerkennung der Voraussetzungen für die Gewährung von Leistungen nach § 4 Altersteilzeitgesetz. Dieser Antrag gilt auch künftig für alle Anträge auf Anerkennung der Voraussetzungen für die Gewährung von Leistungen nach § 4 Altersteilzeitgesetz. Begründung: ____________

____________ Ort, Datum

____________ Unterschrift des Arbeitgebers

BA AtG 400 – 07.04

AtG 500 **Bundesagentur für Arbeit**

☒ Zutreffendes bitte ankreuzen

Antrag auf Gewährung von Leistungen nach § 10 Abs. 2 des Altersteilzeitgesetzes (AtG)

Kundennummer: ____________________

A. Angaben zum Antragsteller		
1.	Name, ggf. Geburtsname, Vorname	
2.	Versicherungsnummer	
3.	Anschrift, Tel., E-Mail	
4.	Bankverbindung, Kontonummer, Bankleitzahl (Der Zahlungsempfänger muss mit dem Kontoinhaber identisch sein):	

Erklärung:
Ich bestätige, dass die Angaben im Antrag nach bestem Wissen und sorgfältiger Prüfung gemacht wurden.

Ort, Datum	Unterschrift

BA AtG 500 – 07.04 1

	B. Angaben über die Beschäftigung in Altersteilzeitarbeit	
1.	Name, Anschrift des Arbeitgebers ____________________ ____________________	
2.	Wird die Altersteilzeitarbeit im Blockmodell (jeweils eine Arbeits- und Freistellungsphase) ausgeführt?	☐ Ja ☐ Nein
3.	Das Arbeitsverhältnis der Altersteilzeitarbeit ☐ wurde beendet mit dem Ablauf des ____________________ ☐ besteht weiterhin fort.	
4.	Gewährt der Arbeitgeber den Aufstockungsbetrag zum Teilzeitarbeitsentgelt sowie die zusätzlichen Beiträge zur Rentenversicherung auch während des Bezuges von Krankengeld, Versorgungskrankengeld, Verletztengeld, Übergangsgeld oder Krankentagegeld von einem privaten Krankenversicherungsunternehmen? **Wenn ja**, ggf. bis wann ____________	☐ Ja ☐ Nein
	C. Angaben über den Anspruch auf Entgeltersatzleistungen	
1.	Die Leistungen nach § 10 Abs. 2 AtG werden beantragt für die Dauer des Bezuges von ☐ Krankengeld ☐ Versorgungskrankengeld ☐ Verletztengeld ☐ Übergangsgeld ☐ Krankentagegeld von einem privaten Krankenversicherungsunternehmen Besteht für die Zeit des Bezuges von Krankentagegeld eine Antragspflichtversicherung in der gesetzlichen Rentenversicherung nach § 4 Abs. 3 Satz 1 Nr. 2 Sozialgesetzbuch Sechstes Buch (SGB VI)? **Wenn ja**, für die Zeit vom ____________ bis ____________	☐ Ja ☐ Nein
2.	Die unter **Nr. 1** angekreuzte Leistung wird beansprucht ab ____________ bis (voraussichtlich) zum ____________ (ggf. bitte Leistungsbescheid vorlegen).	
3.	Die unter Nr. 1 angekreuzte Leistung wird/wurde beantragt bei ____________ ____________________	
	D. Angaben über den Bezug von Altersrente bzw. vergleichbaren Leistungen	
	Beziehen Sie	
	- Altersrente (auch als Teilrente)	☐ Ja ☐ Nein
	- Knappschaftsausgleichsleistung	☐ Ja ☐ Nein
	- eine der Altersrente vergleichbare Leistung öffentlich-rechtlicher Art (z.B. eine ausländische Rente)	☐ Ja ☐ Nein
	- Leistungen einer Versicherungs- oder Versorgungseinrichtung oder eines Versicherungsunternehmens, die den vorgenannten Bezügen vergleichbar sind, d.h. solche Leistungen, die bei Erreichen eines bestimmten Lebensalters zur Altersversorgung gewährt werden, und zwar unabhängig von ihrer Höhe und der Form der Zahlung als Kapital oder Rente	☐ Ja ☐ Nein
	- Rente wegen voller Erwerbsminderung	☐ Ja ☐ Nein
	Haben Sie eine der vorgenannten Leistungen beantragt? **Wenn ja**, welche ____________________ ab ____________ bei ____________________	☐ Ja ☐ Nein

BA AtG 500 – 07.04 2

AtG 600

Bundesagentur für Arbeit
Agentur für Arbeit

Agentur für Arbeit ______________________

Ihr Zeichen: ______________________
Ihre Nachricht vom: ______________________
Mein Zeichen: ______________________
(Bei jeder Antwort bitte angeben)
Name: ______________________
Telefon: ______________________
Datum:

Erklärung zur Gewährung von Leistungen nach § 4 Altersteilzeitgesetz (AtG)

für den Altersteilzeitarbeitnehmer:

____

Name Vorname Kundennummer

für die Zeit vom ______________ bis ______________

		Zutreffendes bitte ankreuzen!
1.	Die Altersteilzeitarbeitnehmer wurde für die gesamte Dauer des Altersteilzeitarbeitsverhältnisses sozialversicherungspflichtig beschäftigt	☐ Ja ☐ Nein
2.	An den in Altersteilzeitarbeit beschäftigten Arbeitnehmer wurden das Regelarbeitsentgelt und die Aufstockungsbeträge für die gesamte Dauer der Altersteilzeitvereinbarung gezahlt	☐ Ja ☐ Nein
3.	Das Regelarbeitsentgelt hat sich im Förderzeitraum auf vertraglicher Grundlage nicht um mindestens 10 € verringert	☐ Ja ☐ Nein
4.	Der/die Wiederbesetzer wurde/n im gesamten Förderzeitraum sozialversicherungspflichtig beschäftigt	☐ Ja ☐ Nein
5.	Der Auszubildende wurde ohne Unterbrechung im Förderzeitraum beschäftigt (nur bei Kleinunternehmen mit i.d.R. bis zu 50 Beschäftigten)	☐ Ja ☐ Nein
6.	Es haben sich im Förderzeitraum keine Veränderungen in der Funktionalität des Arbeitsplatzes des in Altersteilzeitarbeit beschäftigten Arbeitnehmers ergeben bzw. der Arbeitsplatz ist nicht weggefallen	☐ Ja ☐ Nein
7.	Der in Altersteilzeitarbeit beschäftigte Arbeitnehmer hat keine Mehrarbeit geleistet aus der ein Entgelt erzielt wurde, das die Geringfügigkeitsgrenze des § 8 SGB IV überschreitet	☐ Ja ☐ Nein
8.	Der in Altersteilzeitarbeit beschäftigte Arbeitnehmer hat keine Beschäftigung oder selbständige Tätigkeit ausgeübt, aus der ein Einkommen erzielt wurde, das die Geringfügigkeitsgrenze des § 8 SGB IV überschreitet	☐ Ja ☐ Nein
	Zu den mit "Nein" angekreuzten Punkten sind nähere Angaben auf einem gesonderten Blatt erforderlich!	

Bitte senden Sie diese Erklärung innerhalb von 2 Monaten nach Ende des Förderzeitraumes an die für Sie zuständige Agentur für Arbeit zurück!

Ich bestätige die Richtigkeit der Angaben:

______________________ ______________________
Ort, Datum Unterschrift des Arbeitgebers

BA - AtG 600 – 07.04

6. Tabellen zur Anhebung der Altersgrenzen

Im Folgenden geben wir Ihnen einen Überblick in Tabellenform über die Regelungen zur Anhebung der Altersgrenze bei einzelnen Versicherungsfällen. Aus den Tabellen ist insbesondere die Höhe der Abschläge bei vorzeitiger Inanspruchnahme der Altersrenten ersichtlich.

Der in den Tabellen jeweils angegebene Zeitpunkt des Rentenbeginns ändert sich, wenn der künftige Altersrentner am Monatsersten geboren ist, weil bei ihm das Lebensjahr bereits am Vortag des Geburtstages vollendet wird (vgl. § 99 Abs. 1 Satz 1 SGB VI).

Die vorzeitige Inanspruchnahme einer Altersrente ist ab dem 60. bzw. 63. Lebensjahr weiterhin möglich; allerdings müssen Abschläge auf die zu erwartende Altersrente von 0,3 % im Monat oder 3,6 % im Jahr hingenommen werden.

Nach § 109 Abs. 1 SGB VI haben Versicherte, die das 54. Lebensjahr vollendet haben und bei Erfüllung der versicherungsrechtlichen Voraussetzungen, Anspruch auf Auskunft über die Höhe der Beitragszahlung, die zum Ausgleich einer Rentenverminderung bei vorzeitiger Inanspruchnahme einer Rente wegen Alters erforderlich ist.

6.1 Anhebung der Altersgrenze bei Altersrente wegen Arbeitslosigkeit oder nach Altersteilzeitarbeit – ohne Vertrauensschutz –

Versicherte Geburtsjahr Geburtsmonat	Verschiebung des Rentenbeginns um ... Monate	Rentenbeginn nach Anhebung der Altersgrenze am 1. d. Monats	Alter des Versicherten bei Rentenbeginn		Vorzeitige Inanspruchnahme möglich		
					im Alter		Kürzung der Rente um ... %
			Jahre	Monate	Jahre	Monate	
1937							
Januar	1	März 1997	60	1	60	0	0,3
Februar	2	Mai 1997	60	2	60	0	0,6
März	3	Juli 1997	60	3	60	0	0,9
April	4	Sept. 1997	60	4	60	0	1,2
Mai	5	Nov. 1997	60	5	60	0	1,5
Juni	6	Jan. 1998	60	6	60	0	1,8
Juli	7	März 1998	60	7	60	0	2,1
August	8	Mai 1998	60	8	60	0	2,4
September	9	Juli 1998	60	9	60	0	2,7
Oktober	10	Sept. 1998	60	10	60	0	3,0
November	11	Nov. 1998	60	11	60	0	3,3
Dezember	12	Jan. 1999	61	0	60	0	3,6
1938							
Januar	13	März 1999	61	1	60	0	3,9
Februar	14	Mai 1999	61	2	60	0	4,2
März	15	Juli 1999	61	3	60	0	4,5
April	16	Sept. 1999	61	4	60	0	4,8
Mai	17	Nov. 1999	61	5	60	0	5,1
Juni	18	Jan. 2000	61	6	60	0	5,4
Juli	19	März 2000	61	7	60	0	5,7
August	20	Mai 2000	61	8	60	0	6,0
September	21	Juli 2000	61	9	60	0	6,3
Oktober	22	Sept. 2000	61	10	60	0	6,6
November	23	Nov. 2000	61	11	60	0	6,9
Dezember	24	Jan. 2001	62	0	60	0	7,2
1939							
Januar	25	März 2001	62	1	60	0	7,5
Februar	26	Mai 2001	62	2	60	0	7,8
März	27	Juli 2001	62	3	60	0	8,1
April	28	Sept. 2001	62	4	60	0	8,4
Mai	29	Nov. 2001	62	5	60	0	8,7
Juni	30	Jan. 2002	62	6	60	0	9,0
Juli	31	März 2002	62	7	60	0	9,3
August	32	Mai 2002	62	8	60	0	9,6
September	33	Juli 2002	62	9	60	0	9,9

Versicherte Geburtsjahr Geburtsmonat	Verschiebung des Rentenbeginns um … Monate	Rentenbeginn nach Anhebung der Altersgrenze am 1. d. Monats	Alter des Versicherten bei Rentenbeginn		Vorzeitige Inanspruchnahme möglich		
					im Alter		Kürzung der Rente um … %
			Jahre	Monate	Jahre	Monate	
Oktober	34	Sept. 2002	62	10	60	0	10,2
November	35	Nov. 2002	62	11	60	0	10,5
Dezember	36	Jan. 2003	63	0	60	0	10,8
1940							
Januar	37	März 2003	63	1	60	0	11,1
Februar	38	Mai 2003	63	2	60	0	11,4
März	39	Juli 2003	63	3	60	0	11,7
April	40	Sept. 2003	63	4	60	0	12,0
Mai	41	Nov. 2003	63	5	60	0	12,3
Juni	42	Jan. 2004	63	6	60	0	12,6
Juli	43	März 2004	63	7	60	0	12,9
August	44	Mai 2004	63	8	60	0	13,2
September	45	Juli 2004	63	9	60	0	13,5
Oktober	46	Sept. 2004	63	10	60	0	13,8
November	47	Nov. 2004	63	11	60	0	14,1
Dezember	48	Jan. 2005	64	0	60	0	14,4
1941							
Januar	49	März 2005	64	1	60	0	14,7
Februar	50	Mai 2005	64	2	60	0	15,0
März	51	Juli 2005	64	3	60	0	15,3
April	52	Sept. 2005	64	4	60	0	15,6
Mai	53	Nov. 2005	64	5	60	0	15,9
Juni	54	Jan. 2006	64	6	60	0	16,2
Juli	55	März 2006	64	7	60	0	16,5
August	56	Mai 2006	64	8	60	0	16,8
September	57	Juli 2006	64	9	60	0	17,1
Oktober	58	Sept. 2006	64	10	60	0	17,4
November	59	Nov. 2006	64	11	60	0	17,7
Dezember	60	Jan. 2007	65	0	60	0	18,0
1942 bis 1945	60		65	0	60	0	18,0
1946							
Januar					60	1	17,7
Februar			65	0	60	2	17,4
März			65	0	60	3	17,1
April			65	0	60	4	16,8
Mai			65	0	60	5	16,5
Juni			65	0	60	6	16,2
Juli			65	0	60	7	15,9
August			65	0	60	8	15,6
September			65	0	60	9	15,3
Oktober			65	0	60	10	15

Versicherte Geburtsjahr Geburtsmonat	Verschiebung des Rentenbeginns um ... Monate	Rentenbeginn nach Anhebung der Altersgrenze am 1. d. Monats	Alter des Versicherten bei Rentenbeginn		Vorzeitige Inanspruchnahme möglich		
					im Alter		Kürzung der Rente um ... %
			Jahre	Monate	Jahre	Monate	
November			65	0	60	11	14,7
Dezember			65	0	61	0	14,4
1947							
Januar			65	0	61	1	14,1
Februar			65	0	61	2	13,8
März			65	0	61	3	13,5
April			65	0	61	4	13,2
Mai			65	0	61	5	12,9
Juni			65	0	61	6	12,6
Juli			65	0	61	7	12,3
August			65	0	61	8	12,0
September			65	0	61	9	11,7
Oktober			65	0	61	10	11,4
November			65	0	61	11	11,1
Dezember			65	0	62	0	10,8
1948							
Januar			65	0	62	1	10,5
Februar			65	0	62	2	10,2
März			65	0	62	3	9,9
April			65	0	62	4	9,6
Mai			65	0	62	5	9,3
Juni			65	0	62	6	9,0
Juli			65	0	62	7	8,7
August			65	0	62	8	8,4
September			65	0	62	9	8,1
Oktober			65	0	62	10	7,8
November			65	0	62	11	7,5
Dezember			65	0	63	0	7,2
1949 bis 1951			65	0	63	0	7,2

6.2 Anhebung der Altersgrenze bei Altersrente wegen Arbeitslosigkeit oder nach Altersteilzeitarbeit – mit Vertrauensschutz –

Versicherte Geburtsjahr Geburtsmonat	Verschiebung des Rentenbeginns um … Monate	Rentenbeginn nach Anhebung der Altersgrenze am 1. d. Monats	Alter des Versicherten bei Rentenbeginn		Vorzeitige Inanspruchnahme möglich		
					im Alter		Kürzung der Rente um … %
			Jahre	Monate	Jahre	Monate	
vor 1941	0		60	1	60	0	0
1941							
Januar	1	März 2001	60	1	60	0	0,3
Februar	1	April 2001	60	1	60	0	0,3
März	1	Mai 2001	60	1	60	0	0,3
April	1	Juni 2001	60	1	60	0	0,3
Mai	2	Aug. 2001	60	2	60	0	0,6
Juni	2	Sept. 2001	60	2	60	0	0,6
Juli	2	Okt. 2001	60	2	60	0	0,6
August	2	Nov. 2001	60	2	60	0	0,6
September	3	Jan. 2002	60	3	60	0	0,9
Oktober	3	Feb. 2002	60	3	60	0	0,9
November	3	März 2002	60	3	60	0	0,9
Dezember	3	April 2002	60	3	60	0	0,9
1942							
Januar	4	Juni 2002	60	4	60	0	1,2
Februar	4	Juli 2002	60	4	60	0	1,2
März	4	Aug. 2002	60	4	60	0	1,2
April	4	Sept. 2002	60	4	60	0	1,2
Mai	5	Nov. 2002	60	5	60	0	1,5
Juni	5	Dez. 2002	60	5	60	0	1,5
Juli	5	Jan. 2003	60	5	60	0	1,5
August	5	Feb. 2003	60	5	60	0	1,5
September	6	April 2003	60	6	60	0	1,8
Oktober	6	Mai 2003	60	6	60	0	1,8
November	6	Juni 2003	60	6	60	0	1,8
Dezember	6	Juli 2003	60	6	60	0	1,8
1943							
Januar	7	Sept. 2003	60	7	60	0	2,1
Februar	7	Okt. 2003	60	7	60	0	2,1
März	7	Nov. 2003	60	7	60	0	2,1
April	7	Dez. 2003	60	7	60	0	2,1
Mai	8	Feb. 2004	60	8	60	0	2,4
Juni	8	März 2004	60	8	60	0	2,4
Juli	8	April 2004	60	8	60	0	2,4
August	8	Mai 2004	60	8	60	0	2,4

C Tabellen zur Anhebung der Altersgrenzen

Versicherte Geburtsjahr Geburtsmonat	Verschiebung des Rentenbeginns um … Monate	Rentenbeginn nach Anhebung der Altersgrenze am 1. d. Monats	Alter des Versicherten bei Rentenbeginn		Vorzeitige Inanspruchnahme möglich		
					im Alter		Kürzung der Rente um … %
			Jahre	Monate	Jahre	Monate	
September	9	Juli 2004	60	9	60	0	2,7
Oktober	9	Aug. 2004	60	9	60	0	2,7
November	9	Sept. 2004	60	9	60	0	2,7
Dezember	9	Okt. 2004	60	9	60	0	2,7
1944							
Januar	10	Dez. 2004	60	10	60	0	3,0
Februar	10	Jan. 2005	60	10	60	0	3,0

6.3 Anhebung der Altersgrenze bei Altersrente für Frauen – ohne Vertrauensschutz –

Versicherte Geburtsjahr Geburtsmonat	Verschiebung des Rentenbeginns um … Monate	Rentenbeginn nach Anhebung der Altersgrenze am 1. d. Monats	Alter des Versicherten bei Rentenbeginn		Vorzeitige Inanspruchnahme möglich		
					im Alter		Kürzung der Rente um … %
			Jahre	Monate	Jahre	Monate	
vor 1940	0	60	0	60	0	0	
1940							
Januar	1	März 2000	60	1	60	0	0,3
Februar	2	Mai 2000	60	2	60	0	0,6
März	3	Juli 2000	60	3	60	0	0,9
April	4	Sept. 2000	60	4	60	0	1,2
Mai	5	Nov. 2000	60	5	60	0	1,5
Juni	6	Jan. 2001	60	6	60	0	1,8
Juli	7	März 2001	60	7	60	0	2,1
August	8	Mai 2001	60	8	60	0	2,4
September	9	Juli 2001	60	9	60	0	2,7
Oktober	10	Sept. 2001	60	10	60	0	3,0
November	11	Nov. 2001	60	11	60	0	3,3
Dezember	12	Jan. 2002	61	0	60	0	3,6
1941							
Januar	13	März 2002	61	1	60	0	3,9
Februar	14	Mai 2002	61	2	60	0	4,2
März	15	Juli 2002	61	3	60	0	4,5
April	16	Sept. 2002	61	4	60	0	4,8
Mai	17	Nov. 2002	61	5	60	0	5,1
Juni	18	Jan. 2003	61	6	60	0	5,4
Juli	19	März 2003	61	7	60	0	5,7
August	20	Mai 2003	61	8	60	0	6,0
September	21	Juli 2003	61	9	60	0	6,3
Oktober	22	Sept. 2003	61	10	60	0	6,6
November	23	Nov. 2003	61	11	60	0	6,9
Dezember	24	Jan. 2004	62	0	60	0	7,2
1942							
Januar	25	März 2004	62	1	60	0	7,5
Februar	26	Mai 2004	62	2	60	0	7,8
März	27	Juli 2004	62	3	60	0	8,1
April	28	Sept. 2004	62	4	60	0	8,4
Mai	29	Nov. 2004	62	5	60	0	8,7
Juni	30	Jan. 2005	62	6	60	0	9,0
Juli	31	März 2005	62	7	60	0	9,3
August	32	Mai 2005	62	8	60	0	9,6
September	33	Juli 2005	62	9	60	0	9,9

C Tabellen zur Anhebung der Altersgrenzen

Versicherte Geburtsjahr Geburtsmonat	Verschiebung des Rentenbeginns um … Monate	Rentenbeginn nach Anhebung der Altersgrenze am 1. d. Monats	Alter des Versicherten bei Rentenbeginn		Vorzeitige Inanspruchnahme möglich		
					im Alter		Kürzung der Rente um … %
			Jahre	Monate	Jahre	Monate	
Oktober	34	Sept. 2005	62	10	60	0	10,2
November	35	Nov. 2005	62	11	60	0	10,5
Dezember	36	Jan. 2006	63	0	60	0	10,8
1943							
Januar	37	März 2006	63	1	60	0	11,1
Februar	38	Mai 2006	63	2	60	0	11,4
März	39	Juli 2006	63	3	60	0	11,7
April	40	Sept. 2006	63	4	60	0	12,0
Mai	41	Nov. 2006	63	5	60	0	12,3
Juni	42	Jan. 2007	63	6	60	0	12,6
Juli	43	März 2007	63	7	60	0	12,9
August	44	Mai 2007	63	8	60	0	13,2
September	45	Juli 2007	63	9	60	0	13,5
Oktober	46	Sept. 2007	63	10	60	0	13,8
November	47	Nov. 2007	63	11	60	0	14,1
Dezember	48	Jan. 2008	64	0	60	0	14,4
1944							
Januar	49	März 2008	64	1	60	0	14,7
Februar	50	Mai 2008	64	2	60	0	15,0
März	51	Juli 2008	64	3	60	0	15,3
April	52	Sept. 2008	64	4	60	0	15,6
Mai	53	Nov. 2008	64	5	60	0	15,9
Juni	54	Jan. 2009	64	6	60	0	16,2
Juli	55	März 2009	64	7	60	0	16,5
August	56	Mai 2009	64	8	60	0	16,8
September	57	Juli 2009	64	9	60	0	17,1
Oktober	58	Sept. 2009	64	10	60	0	17,4
November	59	Nov. 2009	64	11	60	0	17,7
Dezember	60	Jan. 2010	65	0	60	0	18,0
1945 bis 1951	60		65	0	60	0	18,0

6.4 Anhebung der Altersgrenze bei Altersrente für Frauen – mit Vertrauensschutz –

Versicherte Geburtsjahr Geburtsmonat	Verschiebung des Rentenbeginns um … Monate	Rentenbeginn nach Anhebung der Altersgrenze am 1. d. Monats	Alter des Versicherten bei Rentenbeginn		Vorzeitige Inanspruchnahme möglich		
					im Alter		Kürzung der Rente um … %
			Jahre	Monate	Jahre	Monate	
vor 1941	0	60	0	60	0	0	
1941							
Januar	1	März 2001	60	1	60	0	0,3
Februar	1	April 2001	60	1	60	0	0,3
März	1	Mai 2001	60	1	60	0	0,3
April	1	Juni 2001	60	1	60	0	0,3
Mai	2	Aug. 2001	60	2	60	0	0,6
Juni	2	Sept. 2001	60	2	60	0	0,6
Juli	2	Okt. 2001	60	2	60	0	0,6
August	2	Nov. 2001	60	2	60	0	0,6
September	3	Jan. 2002	60	3	60	0	0,9
Oktober	3	Feb. 2002	60	3	60	0	0,9
November	3	März 2002	60	3	60	0	0,9
Dezember	3	April 2002	60	3	60	0	0,9
1942							
Januar	4	Juni 2002	60	4	60	0	1,2
Februar	4	Juli 2002	60	4	60	0	1,2
März	4	Aug. 2002	60	4	60	0	1,2
April	4	Sept. 2002	60	4	60	0	1,2
Mai	5	Nov. 2002	60	5	60	0	1,5
Juni	5	Dez. 2002	60	5	60	0	1,5
Juli	5	Jan. 2003	60	5	60	0	1,5
August	5	Feb. 2003	60	5	60	0	1,5
September	6	April 2003	60	6	60	0	1,8
Oktober	6	Mai 2003	60	6	60	0	1,8
November	6	Juni 2003	60	6	60	0	1,8
Dezember	6	Juli 2003	60	6	60	0	1,8
1943							
Januar	7	Sept. 2003	60	7	60	0	2,1
Februar	7	Okt. 2003	60	7	60	0	2,1
März	7	Nov. 2003	60	7	60	0	2,1
April	7	Dez. 2003	60	7	60	0	2,1
Mai	8	Feb. 2004	60	8	60	0	2,4
Juni	8	März 2004	60	8	60	0	2,4
Juli	8	April 2004	60	8	60	0	2,4
August	8	Mai 2004	60	8	60	0	2,4
September	9	Juli 2004	60	9	60	0	2,7

Versicherte Geburtsjahr Geburtsmonat	Verschiebung des Rentenbeginns um … Monate	Rentenbeginn nach Anhebung der Altersgrenze am 1. d. Monats	Alter des Versicherten bei Rentenbeginn		Vorzeitige Inanspruchnahme möglich		
					im Alter		Kürzung der Rente um … %
			Jahre	Monate	Jahre	Monate	
Oktober	9	Aug. 2004	60	9	60	0	2,7
November	9	Sept. 2004	60	9	60	0	2,7
Dezember	9	Okt. 2004	60	9	60	0	2,7
1944							
Januar	10	Dez. 2004	60	10	60	0	3,0
Februar	10	Jan. 2005	60	10	60	0	3,0
März	10	Feb. 2005	60	10	60	0	3,0
April	10	März 2005	60	10	60	0	3,0
Mai	11	Mai 2005	60	11	60	0	3,3

6.5 Anhebung der Altersgrenze bei Altersrente für langjährig Versicherte – ohne Vertrauensschutz –

Versicherte Geburtsjahr Geburtsmonat	Verschiebung des Rentenbeginns um ... Monate	Rentenbeginn nach Anhebung der Altersgrenze am 1. d. Monats	Alter des Versicherten bei Rentenbeginn		Vorzeitige Inanspruchnahme möglich		
					im Alter		Kürzung der Rente um ... %
			Jahre	Monate	Jahre	Monate	
vor 1937	0		63	0	63	0	0
1937							
Januar	1	März 2000	63	1	63	0	0,3
Februar	2	Mai 2000	63	2	63	0	0,6
März	3	Juli 2000	63	3	63	0	0,9
April	4	Sept. 2000	63	4	63	0	1,2
Mai	5	Nov. 2000	63	5	63	0	1,5
Juni	6	Jan. 2001	63	6	63	0	1,8
Juli	7	März 2001	63	7	63	0	2,1
August	8	Mai 2001	63	8	63	0	2,4
September	9	Juli 2001	63	9	63	0	2,7
Oktober	10	Sept. 2001	63	10	63	0	3,0
November	11	Nov. 2001	63	11	63	0	3,3
Dezember	12	Jan. 2002	64	0	63	0	3,6
1938							
Januar	13	März 2002	64	1	63	0	3,9
Februar	14	Mai 2002	64	2	63	0	4,2
März	15	Juli 2002	64	3	63	0	4,5
April	16	Sept. 2002	64	4	63	0	4,8
Mai	17	Nov. 2002	64	5	63	0	5,1
Juni	18	Jan. 2003	64	6	63	0	5,4
Juli	19	März 2003	64	7	63	0	5,7
August	20	Mai 2003	64	8	63	0	6,0
September	21	Juli 2003	64	9	63	0	6,3
Oktober	22	Sept. 2003	64	10	63	0	6,6
November	23	Nov. 2003	64	11	63	0	6,9
Dezember	24	Jan. 2004	65	0	63	0	7,2
Januar 1939 bis Dezember 1947	24		65	0	63	0	7,2
1948							
Januar bis Februar			65	0	62	11	7,5
März bis April			65	0	62	10	7,8
Mai bis Juni			65	0	62	9	8,1
Juli bis August			65	0	62	8	8,4

Versicherte Geburtsjahr Geburtsmonat	Verschiebung des Rentenbeginns um … Monate	Rentenbeginn nach Anhebung der Altersgrenze am 1. d. Monats	Alter des Versicherten bei Rentenbeginn		Vorzeitige Inanspruchnahme möglich		
					im Alter		Kürzung der Rente um … %
			Jahre	Monate	Jahre	Monate	
September bis Oktober			65	0	62	7	8,7
November bis Dezember			65	0	62	6	9,0
1949							
Januar bis Februar			65	0	62	5	9,3
März bis April			65	0	62	4	9,6
Mai bis Juni			65	0	62	3	9,9
Juli bis August			65	0	62	2	10,2
September bis Oktober			65	0	62	1	10,5
November bis Dezember			65	0	62	0	10,8
1950 und später			65	0	62	0	10,8

6.6 Anhebung der Altersgrenze bei Altersrente für langjährig Versicherte – mit Vertrauensschutz –

Versicherte Geburtsjahr Geburtsmonat	Verschiebung des Rentenbeginns um ... Monate	Rentenbeginn nach Anhebung der Altersgrenze am 1. d. Monats	Alter des Versicherten bei Rentenbeginn		Vorzeitige Inanspruchnahme möglich		
					im Alter		Kürzung der Rente um ... %
			Jahre	Monate	Jahre	Monate	
1938							
Januar	1	März 2001	63	1	63	0	0,3
Februar	1	April 2001	63	1	63	0	0,3
März	1	Mai 2001	63	1	63	0	0,3
April	1	Juni 2001	63	1	63	0	0,3
Mai	2	Aug. 2001	63	2	63	0	0,6
Juni	2	Sept. 2001	63	2	63	0	0,6
Juli	2	Okt. 2001	63	2	63	0	0,6
August	2	Nov. 2001	63	2	63	0	0,6
September	3	Jan. 2002	63	3	63	0	0,9
Oktober	3	Feb. 2002	63	3	63	0	0,9
November	3	März 2002	63	3	63	0	0,9
Dezember	3	April 2002	63	3	63	0	0,9
1939							
Januar	4	Juni 2002	63	4	63	0	1,2
Februar	4	Juli 2002	63	4	63	0	1,2
März	4	Aug. 2002	63	4	63	0	1,2
April	4	Sept. 2002	63	4	63	0	1,2
Mai	5	Nov. 2002	63	5	63	0	1,5
Juni	5	Dez. 2002	63	5	63	0	1,5
Juli	5	Jan. 2003	63	5	63	0	1,5
August	5	Feb. 2003	63	5	63	0	1,5
September	6	April 2003	63	6	63	0	1,8
Oktober	6	Mai 2003	63	6	63	0	1,8
November	6	Juni 2003	63	6	63	0	1,8
Dezember	6	Juli 2003	63	6	63	0	1,8
1940							
Januar	7	Sept. 2003	63	7	63	0	2,1
Februar	7	Okt. 2003	63	7	63	0	2,1
März	7	Nov. 2003	63	7	63	0	2,1
April	7	Dez. 2003	63	7	63	0	2,1
Mai	8	Feb. 2004	63	8	63	0	2,4
Juni	8	März 2004	63	8	63	0	2,4
Juli	8	April 2004	63	8	63	0	2,4
August	8	Mai 2004	63	8	63	0	2,4
September	9	Juli 2004	63	9	63	0	2,7
Oktober	9	Aug. 2004	63	9	63	0	2,7

Versicherte Geburtsjahr Geburtsmonat	Verschiebung des Rentenbeginns um … Monate	Rentenbeginn nach Anhebung der Altersgrenze am 1. d. Monats	Alter des Versicherten bei Rentenbeginn		Vorzeitige Inanspruchnahme möglich		
					im Alter		Kürzung der Rente um … %
			Jahre	Monate	Jahre	Monate	
November	9	Sept. 2004	63	9	63	0	2,7
Dezember	9	Okt. 2004	63	9	63	0	2,7
1941							
Januar	10	Dez. 2004	63	10	63	0	3,0
Februar	10	Jan. 2005	63	10	63	0	3,0
März	10	Feb. 2005	63	10	63	0	3,0
April	10	März 2005	63	10	63	0	3,0
Mai	11	Mai 2005	63	11	63	0	3,3
Juni	11	Juni 2005	63	11	63	0	3,3
Juli	11	Juli 2005	63	11	63	0	3,3
August	11	Aug. 2005	63	11	63	0	3,3
September	12	Okt. 2005	64	0	63	0	3,6
Oktober	12	Nov. 2005	64	0	63	0	3,6
November	12	Dez. 2005	64	0	63	0	3,6
Dezember	12	Jan. 2006	64	0	63	0	3,6

6.7 Anhebung der Altersgrenze bei Altersrente für schwerbehinderte Menschen – ohne Vertrauensschutz –

Versicherte Geburtsjahr Geburtsmonat	Verschiebung des Rentenbeginns um ... Monate	Rentenbeginn nach Anhebung der Altersgrenze am 1. d. Monats[1])	Alter des Versicherten bei Rentenbeginn		Vorzeitige Inanspruchnahme möglich		
					im Alter		Kürzung der Rente um ... %
			Jahre	Monate	Jahre	Monate	
vor 1941	0		60	0	60	0	0
1941							
Januar	1	März 2001	60	1	60	0	0,3
Februar	2	Mai 2001	60	2	60	0	0,6
März	3	Juli 2001	60	3	60	0	0,9
April	4	September 2001	60	4	60	0	1,2
Mai	5	November 2001	60	5	60	0	1,5
Juni	6	Januar 2002	60	6	60	0	1,8
Juli	7	März 2002	60	7	60	0	2,1
August	8	Mai 2002	60	8	60	0	2,4
September	9	Juli 2002	60	9	60	0	2,7
Oktober	10	September 2002	60	10	60	0	3,0
November	11	November 2002	60	11	60	0	3,3
Dezember	12	Januar 2003	61	0	60	0	3,6
1942							
Januar	13	März 2003	61	1	60	0	3,9
Februar	14	Mai 2003	61	2	60	0	4,2
März	15	Juli 2003	61	3	60	0	4,5
April	16	September 2003	61	4	60	0	4,8
Mai	17	November 2003	61	5	60	0	5,1
Juni	18	Januar 2004	61	6	60	0	5,4
Juli	19	März 2004	61	7	60	0	5,7
August	20	Mai 2004	61	8	60	0	6,0
September	21	Juli 2004	61	9	60	0	6,3
Oktober	22	September 2004	61	10	60	0	6,6
November	23	November 2004	61	11	60	0	6,9
Dezember	24	Januar 2005	62	0	60	0	7,2
1943							
Januar	25	März 2005	62	1	60	0	7,5
Februar	26	Mai 2005	62	2	60	0	7,8
März	27	Juli 2005	62	3	60	0	8,1
April	28	September 2005	62	4	60	0	8,4
Mai	29	November 2005	62	5	60	0	8,7

1) Für Versicherte, die am Ersten eines Monats geboren sind, beginnt die Rente jeweils einen Monat früher.

Versicherte Geburtsjahr Geburtsmonat	Verschiebung des Rentenbeginns um … Monate	Rentenbeginn nach Anhebung der Altersgrenze am 1. d. Monats[1])	Alter des Versicherten bei Rentenbeginn		Vorzeitige Inanspruchnahme möglich		
					im Alter		Kürzung der Rente um … %
			Jahre	Monate	Jahre	Monate	
Juni	30	Januar 2006	62	6	60	0	9,0
Juli	31	März 2006	62	7	60	0	9,3
August	32	Mai 2006	62	8	60	0	9,6
September	33	Juli 2006	62	9	60	0	9,9
Oktober	34	September 2006	62	10	60	0	10,2
November	35	November 2006	62	11	60	0	10,5
Dezember	36	Januar 2007	63	0	60	0	10,8
1944 bis 1950 und später	36		63	0	60	0	10,8

1) Für Versicherte, die am Ersten eines Monats geboren sind, beginnt die Rente jeweils einen Monat früher.

7. Auszug aus dem gemeinsamen Rundschreiben der Spitzenorganisationen der Sozialversicherung vom 9. März 2004 zu den versicherungs-, beitrags-, melde- und leistungsrechtlichen Auswirkungen des Altersteilzeitgesetzes

vom 9. März 2004

AOK-BUNDESVERBAND, BONN
BUNDESVERBAND DER BETRIEBSKRANKENKASSEN, ESSEN
IKK-BUNDESVERBAND, BERGISCH GLADBACH
SEE-KRANKENKASSE, HAMBURG
BUNDESVERBAND DER LANDESWIRTSCHAFTLICHEN KRANKENKASSEN, KASSEL
BUNDESKNAPPSCHAFT, BOCHUM
AEV-ARBEITER-ERSATZKASSEN-VERBAND E. V., SIEGBURG
VERBAND DER ANGESTELLTEN-KRANKENKASSEN E. V., SIEGBURG
VERBAND DEUTSCHER RENTENVERSICHERUNGSTRÄGER, FRANKFURT
BUNDESVERSICHERUNGSANSTALT FÜR ANGESTELLTE, BERLIN
BUNDESAGENTUR FÜR ARBEIT, NÜRNBERG

Betr.: Altersteilzeitgesetz;
hier: versicherungs-, beitrags-, melde- und leistungsrechtliche Auswirkungen

Durch Artikel 1 des Gesetzes zur Förderung eines gleitenden Übergangs in den Ruhestand vom 23. Juli 1996 (BGBl I S. 1078) ist ein „neues" Altersteilzeitgesetz (AtG) geschaffen worden. Es ist am 1. August 1996 in Kraft getreten und hat das Altersteilzeitgesetz vom 20. Dezember 1988 (BGBl I S. 2343, 2348) abgelöst.

Das Altersteilzeitgesetz vom 23. Juli 1996 ist zwischenzeitlich wiederholt geändert und ergänzt worden, zuletzt durch das Dritte Gesetz für moderne Dienstleistungen am Arbeitsmarkt vom 23. Dezember 2003 (BGBl I S. 2848).

Dabei wurde im Altersteilzeitgesetz u. a. das Regelarbeitsentgelt als neue Berechnungsbasis für den Aufstockungsbetrag und die zusätzlichen Rentenversicherungsbeiträge eingeführt, die Insolvenzsicherung bei Altersteilzeitarbeit im Blockmodell näher ausgestaltet, die Erbringung von Aufstockungsleistungen einschließlich der zusätzlichen Rentenversicherungsbeiträge bei Krankheit nach Ablauf des Entgeltfortzahlungszeitraums durch den Arbeitgeber geregelt und die Anwendbarkeit des Gesetzes erleichtert.

Durch das Altersteilzeitgesetz soll älteren Arbeitnehmern ein gleitender Übergang vom Erwerbsleben in die Altersrente ermöglicht werden, wobei der gleitende Übergang in den Ruhestand durch Förderleistungen der Bundesagentur für Arbeit (Bundesagentur) unterstützt wird. Begünstigt werden nach § 2 Abs. 1 AtG Arbeitnehmer, die

- das 55. Lebensjahr vollendet haben,
- nach dem 14. Februar 1996 auf Grund einer Vereinbarung mit ihrem Arbeitgeber, die sich zumindest auf die Zeit erstrecken muss, bis eine Rente wegen Alters beansprucht werden kann, ihre Arbeitszeit auf die Hälfte der bisherigen wöchentlichen Arbeitszeit vermindert haben, und versicherungspflichtig beschäftigt im Sinne des Dritten Buches Sozialgesetzbuch sind (Altersteilzeitarbeit) und
- innerhalb der letzten fünf Jahre vor Beginn der Altersteilzeitarbeit mindestens 1080 Kalendertage in einer versicherungspflichtigen Beschäftigung nach dem Dritten Buch Sozialgesetzbuch oder nach den Vorschriften eines Mitgliedstaates, in dem die Verordnung (EWG) Nr. 1408/71 des Rates der Europäischen Union Anwendung findet, gestanden haben. Den Beschäftigungszeiten stehen Zeiten mit Anspruch auf Arbeitslosengeld oder Arbeitslosenhilfe[1]) sowie Zeiten der Versicherungspflicht auf Grund des Bezugs von Entgeltersatzleistungen oder Krankentagegeld eines privaten Krankenversicherungsunternehmens gleich.

Die Altersteilzeitarbeit kann nach § 2 Abs. 2 AtG auch in der Weise geleistet werden, dass die wöchentliche Arbeitszeit im Durchschnitt eines Zeitraums von bis zu drei Jahren oder bei Regelung in einem Tarifvertrag, auf Grund eines Tarifvertrags in einer Betriebsvereinbarung oder in einer Regelung der Kirchen und der öffentlich-rechtlichen Religionsgesellschaften im Durchschnitt eines Zeitraums von bis zu sechs Jahren die Hälfte der bisherigen wöchentlichen Arbeitszeit nicht überschreitet und der Arbeitnehmer versicherungspflichtig beschäftigt im Sinne des Dritten Buches Sozialgesetzbuch ist (Blockmodell). Sieht die Vereinbarung über die Altersteilzeitarbeit ein Blockmodell über einen Zeitraum von mehr als sechs Jahren vor (höchstens zehn Jahre), ist es ausreichend, wenn die wöchentliche Arbeitszeit im Durchschnitt eines Zeitraums von sechs Jahren, der innerhalb des Gesamtzeitraums der vereinbarten Altersteilzeitarbeit liegt, die Hälfte der bisherigen wöchentlichen Arbeitszeit nicht überschreitet und der Arbeitnehmer versicherungspflichtig beschäftigt im Sinne des Dritten Buches Sozialgesetzbuch ist. Im Übrigen wird auf das gemeinsame Rundschreiben der Spitzenorganisationen der Sozialversicherung zur sozialrechtlichen Absicherung flexibler Arbeitszeitregelungen vom 29. August 2003 verwiesen, in dem u. a. die Pflichten des Arbeitgebers für das Verfahren und die Art und Weise der Ermittlung der Wertguthaben sowie die Behandlung von Wertguthaben bei einem Störfall beschrieben werden. Ergänzend wird auf die gemeinsame Verlautbarung der Spitzenverbände der Krankenkassen zu den Auswirkungen des Gesetzes zur sozialrechtlichen Absicherung flexibler Arbeitszeitregelungen im Leistungsrecht vom 15. April 1998 Bezug genommen.

1) Ab 1. Januar 2005 werden nach dem Wort „Arbeitslosenhilfe" ein Komma und die Wörter „Zeiten des Bezuges von Arbeitslosengeld II" eingefügt (Artikel 42 Nr. 1 des Vierten Gesetzes für moderne Dienstleistungen am Arbeitsmarkt vom 24. Dezember 2003 – BGBl. I S. 2954 –).

Für den Anspruch auf Förderleistungen der Bundesagentur schreibt § 3 Abs. 1 AtG u. a. vor, dass der Arbeitgeber auf Grund eines Tarifvertrags, einer Regelung der Kirchen und der öffentlich-rechtlichen Religionsgesellschaften, einer Betriebsvereinbarung oder einer Vereinbarung mit dem Arbeitnehmer

- das Regelarbeitsentgelt für die Altersteilzeitarbeit um mindestens 20 v. H. aufgestockt hat, wobei die Aufstockung auch weitere Entgeltbestandteile umfassen kann, und
- für den Arbeitnehmer zusätzlich Beiträge zur gesetzlichen Rentenversicherung mindestens in Höhe des Beitrags entrichtet, der auf 80 v. H. des Regelarbeitsentgelts für die Altersteilzeitarbeit, begrenzt auf den Unterschiedsbetrag zwischen 90 v. H. der monatlichen Beitragsbemessungsgrenze und dem Regelarbeitsentgelt, entfällt, höchstens bis zur Beitragsbemessungsgrenze.

Darüber hinaus wird generell gefordert, dass der Arbeitgeber aus Anlass des Übergangs des Arbeitnehmers in die Altersteilzeitarbeit einen bei einer Agentur für Arbeit arbeitslos gemeldeten Arbeitnehmer oder einen Arbeitnehmer nach Abschluss der Ausbildung versicherungspflichtig im Sinne des Dritten Buches Sozialgesetzbuch beschäftigt oder – falls der Arbeitgeber in der Regel nicht mehr als 50 Arbeitnehmer (ohne Auszubildende) beschäftigt – einen Auszubildenden einstellt.

Nach § 4 Abs. 1 AtG erstattet die Bundesagentur dem Arbeitgeber für längstens sechs Jahre den Aufstockungsbetrag in Höhe von 20 v. H. des für die Altersteilzeitarbeit gezahlten Regelarbeitsentgelts, sowie die Aufwendungen für die zusätzlichen Beiträge zur gesetzlichen Rentenversicherung in Höhe des Beitrags, der sich aus 80 v. H. des Regelarbeitsentgelts für die Altersteilzeitarbeit ergibt, begrenzt auf den Unterschiedsbetrag zwischen 90 v. H. der monatlichen Beitragsbemessungsgrenze und dem Regelarbeitsentgelt. Förderungsfähig sind nach § 1 Abs. 2 AtG Altersteilzeitarbeitsfälle, die bis zum 31. Dezember 2009 beginnen.

Auf die förderungsrechtlichen Regelungen des Altersteilzeitgesetzes wird in dieser Verlautbarung nicht eingegangen. Hierzu wird auf das als **Anlage** beigefügte Merkblatt Nr. 14 für Arbeitgeber und Arbeitnehmer von der Bundesagentur verwiesen. Darüber hinaus hat die Bundesagentur Durchführungsanweisungen zur Anwendung und Auslegung der Vorschriften des Altersteilzeitgesetzes und zum Verfahren herausgegeben.

Die Spitzenverbände der Krankenkassen, der Verband Deutscher Rentenversicherungsträger und die Bundesagentur haben die sich aus dem Altersteilzeitgesetz für das Versicherungs-, Beitrags- und Melderecht der Sozialversicherung und das Leistungsrecht der Rentenversicherung ergebenden Auswirkungen beraten und die erzielten Ergebnisse in diesem Rundschreiben zusammengefasst. Dieses Rundschreiben gilt für Altersteilzeitarbeit, die ab 1. Juli 2004 beginnt. Wurde mit der Altersteilzeitarbeit vor dem 1. Juli 2004 begonnen, sind die Ausführungen im gemeinsamen Rundschreiben der Spitzenorganisationen der Sozialversicherung vom 6. September 2001 einschließlich der hierzu beschlossenen Rechtsauslegung im Frage/Antwortkatalog der Spitzenorganisationen der Sozialversicherung zum Versicherungs-, Beitrags- und Melderecht für flexible Arbeitszeitmodelle vom 26. Juni 2002 zu berücksichtigen.

Inhaltsverzeichnis

1) Auf eine Abbildung wurde verzichtet.

1 Gesetzliche Vorschriften[1])

2 Versicherungsrecht

2.1 Allgemeines

Für Arbeitnehmer, die Altersteilzeitarbeit im Sinne des Altersteilzeitgesetzes leisten, finden uneingeschränkt die in den einzelnen Versicherungszweigen bestehenden versicherungsrechtlichen Regelungen Anwendung.

Eine Besonderheit gilt bei diskontinuierlicher Verteilung der Arbeitszeit. Hierbei wechselt sich in der Regel ein Arbeitsblock mit einem Freizeitblock ab (Blockmodell). Die Arbeitszeit darf dann im Durchschnitt eines Zeitraums von bis zu drei Jahren oder bei Regelungen in einem Tarifvertrag, auf Grund eines Tarifvertrages in einer Betriebsvereinbarung oder in einer Regelung der Kirchen und der öffentlich-rechtlichen Religionsgesellschaften im Durchschnitt eines Zeitraums von bis zu sechs Jahren die Hälfte der bisherigen wöchentlichen Arbeitszeit nicht überschreiten.

Bei diskontinuierlicher Verteilung der Arbeitszeit im Rahmen der Altersteilzeitarbeit wird aber nach ausdrücklicher Bestimmung in § 2 Abs. 2 Satz 1 Nr. 2 AtG neben dem Aufstockungsbetrag eine kontinuierliche Zahlung des Arbeitsentgelts vorausgesetzt, d. h., das Arbeitsentgelt muss auf den gesamten Zeitraum, für den Altersteilzeitarbeit vereinbart worden ist, verteilt werden. Während der Freistellung von der Arbeitsleistung besteht nur dann nach § 7 Abs. 1 a SGB IV eine Beschäftigung gegen Arbeitsentgelt, wenn für diese Zeit Arbeitsentgelt fällig wird, das mit einer vor oder nach der Freistellung erbrachten Arbeitsleistung erzielt wurde bzw. erzielt wird (Wertguthaben).

Im Übrigen können Wertguthaben im Rahmen der Altersteilzeitarbeit auch berücksichtigt werden, wenn sie bereits vor Beginn der Altersteilzeitarbeit auf Grund einer Vereinbarung über flexible Arbeitszeitregelungen erwirtschaftet worden sind. Insoweit kann sich bei kontinuierlicher Arbeitsleistung die regelmäßige Arbeitszeit oder bei diskontinuierlicher Arbeitsleistung die Arbeitsphase während der Altersteilzeitarbeit entsprechend verkürzen. Im Einzelfall kann dies dazu führen, dass eine tatsächliche Arbeitsleistung gar nicht erforderlich ist.

2.1.1 Begriff der Altersteilzeitarbeit

2.1.1.1 Personenkreis

Altersteilzeitarbeit liegt vor, wenn **Arbeitnehmer,** die

- das 55. Lebensjahr vollendet haben,
- nach dem 14. Februar 1996 (spätestens ab 31. Dezember 2009) auf Grund einer Vereinbarung mit ihrem Arbeitgeber, die sich zumindest auf die Zeit bis zu einem Anspruch auf Altersrente erstreckt, ihre Arbeitszeit auf die Hälfte der bisherigen wöchentlichen Arbeitszeit (im Blockmodell durchschnittlich) vermindert haben,

1) Auf eine Abbildung wurde verzichtet.

- weiterhin versicherungspflichtig beschäftigt im Sinne des Dritten Buches Sozialgesetzbuch (SGB III) sind,
- innerhalb der letzten fünf Jahre vor Beginn der Altersteilzeitarbeit mindestens 1.080 Kalendertage auf Grund einer Beschäftigung, einer Entgeltersatzleistung oder eines Krankentagegeldes von einem privaten Krankenversicherungsunternehmen der Versicherungspflicht nach dem SGB III oder auf Grund einer Beschäftigung der Versicherungspflicht nach den Vorschriften eines EU/EWR-Mitgliedstaates unterstanden und

der **Arbeitgeber** auf Grund eines Tarifvertrages, einer Regelung der Kirchen und der öffentlich-rechtlichen Religionsgesellschaften, einer Betriebsvereinbarung oder einer Vereinbarung mit dem Arbeitnehmer

- das Regelarbeitsentgelt um mindestens 20 v. H. aufstockt, wobei die Aufstockung auch weitere Entgeltbestandteile umfassen kann, und
- zusätzliche Rentenversicherungsbeiträge mindestens in der Höhe des Beitrags zahlt, der auf 80 v. H. des Regelarbeitsentgelts für die Altersteilzeitarbeit entfällt, begrenzt auf den Unterschiedsbetrag zwischen 90 v. H. der monatlichen Beitragsbemessungsgrenze und dem Regelarbeitsentgelt, höchstens bis zur Beitragsbemessungsgrenze.

Altersteilzeitarbeit ist auch in den Fällen nicht ausgeschlossen, in denen bereits das Arbeitsentgelt aus der Altersteilzeitarbeit 90 v. H. der monatlichen Beitragsbemessungsgrenze erreicht bzw. überschreitet und demzufolge keine zusätzlichen Rentenversicherungsbeiträge anfallen.

Für das Vorliegen von Altersteilzeitarbeit ist die Wiederbesetzung des frei gemachten oder durch Umsetzung frei gewordenen Arbeitsplatzes bzw. die Beschäftigung eines Auszubildenden (§ 3 Abs. 1 Nr. 2 AtG) nicht erforderlich. Diese Voraussetzung muss nur dann erfüllt werden, wenn die Leistungen nach § 4 AtG bzw. nach § 10 Abs. 2 AtG von der Bundesagentur beansprucht werden (Förderleistungen).

2.1.1.2 Regelarbeitsentgelt

Das Regelarbeitsentgelt nach § 3 Abs. 1 Nr. 1 Buchst. a i. V. m. § 6 Abs. 1 AtG ist das auf einen Monat entfallende sozialversicherungspflichtige Arbeitsentgelt, das der Arbeitgeber im Rahmen des Altersteilzeitarbeitsverhältnisses regelmäßig zu erbringen hat. Es handelt sich somit grundsätzlich um die Hälfte des ohne Altersteilzeitarbeit maßgeblichen laufenden Arbeitsentgelts (so genanntes Vollzeitarbeitsentgelt). Bei Vereinbarungen nach § 7 Abs. 1 a SGB IV ist für Zeiten der tatsächlichen Arbeitsleistung und der Freistellung das in dem jeweiligen Zeitraum fällige laufende Arbeitsentgelt als Regelarbeitsentgelt maßgebend.

Das Regelarbeitsentgelt ist ggf. jeden Monat neu festzusetzen (z. B. bei variablen Lohnbestandteilen). Dabei darf das Regelarbeitsentgelt die monatliche Beitragsbemessungsgrenze des SGB III nicht überschreiten. Zum Regelarbeitsentgelt können – neben dem laufenden Arbeitsentgelt – z. B. gehören: Vermögenswirksame Leistungen, Prämien und Zulagen, Zuschläge für

Sonntags-, Feiertags- und Nachtarbeit, Sachbezüge und sonstige geldwerte Vorteile wie Kraftfahrzeugüberlassung zum privaten Gebrauch des Arbeitnehmers.

Arbeitsentgelte, die einmalig (z. B. Jahressondervergütungen), nicht regelmäßig oder nicht für die vereinbarte Arbeitszeit (z. B. Mehrarbeitsvergütung) gezahlt werden, bleiben unberücksichtigt. Einmalzahlungen, die arbeitsrechtlich zulässig in jedem Kalendermonat zu einem Zwölftel ausgezahlt werden, verlieren ihren Charakter als Einmalzahlungen. Die entsprechenden Beträge erhöhen das laufende Regelarbeitsentgelt.

Zulagen gehören zum Regelarbeitsentgelt, wenn sie für bestimmte Arbeiten gewährt werden, die nach dem Arbeitsvertrag regelmäßig (monatlich) zu leisten sind und auch künftig durch den Arbeitgeber abgefordert werden sollen. Hierzu können z. B. gehören Schmutzzulagen, Leistungs- und Erschwerniszulagen, Zulagen für Rufbereitschaft. Unschädlich ist, wenn der Arbeitnehmer die Zulagen begründende Tätigkeit in einzelnen Monaten tatsächlich nicht ausübt.

Zum regelmäßig zu zahlenden sozialversicherungspflichtigen Arbeitsentgelt gehören auch solche Zulagen, deren Anfall nicht von vornherein feststeht, wenn eine rückschauende Betrachtung ergibt, dass sie tatsächlich zuletzt regelmäßig erzielt worden sind. Hierfür ist Monat für Monat, in welchem jeweils eine versicherungspflichtige Zulage erzielt worden ist, festzustellen, ob diese Zulage in den jeweiligen zurückliegenden drei Monaten durchgehend als versicherungspflichtiger Entgeltbestandteil angefallen ist. Ist dies der Fall, zählt die im jeweiligen Abrechnungsmonat zu zahlende Zulage zum Regelarbeitsentgelt, andernfalls nicht. Zeiten einer Abwesenheit des Arbeitnehmers (Urlaub, Krankheit) werden bei der Festlegung des jeweiligen Referenzzeitraumes von drei Monaten ausgeklammert.

Dem Arbeitgeber bleibt die Aufstockung unregelmäßig zu zahlender Zulagen unbenommen (§ 3 Abs. 1 Nr. 1 Buchst. a zweiter Halbsatz AtG).

2.1.1.3 Bisherige wöchentliche Arbeitszeit

Was unter bisheriger wöchentlicher Arbeitszeit zu verstehen ist, ist in § 6 Abs. 2 AtG näher bestimmt. Hierbei handelt es sich um die Arbeitszeit, die mit dem Arbeitnehmer vor dem Übergang in die Altersteilzeitarbeit vereinbart war, höchstens im Durchschnitt der letzten 24 Monate. Nach Satz 3 des § 6 Abs. 2 AtG in der Fassung bis zum 30. Juni 2004 blieben Arbeitszeiten, die die tarifliche regelmäßige wöchentliche Arbeitszeit überschritten haben, außer Betracht.

Die Vorschrift des § 6 Abs. 2 Satz 3 AtG ist mit Wirkung vom 1. Juli 2004 aufgehoben worden. Die bisherige regelmäßige wöchentliche Arbeitszeit ist nunmehr unabhängig von der Regelung der regelmäßigen wöchentlichen Arbeitszeit in einem Tarifvertrag festzustellen.

2.1.1.4 Altersteilzeitarbeit bei Beschäftigung im Ausland

Altersteilzeitarbeit kann – während der Arbeitsphase – auch bei einer Beschäftigung im Ausland vorliegen, wenn und solange Arbeitnehmer auf Grund einer Entsendung im Rahmen einer Ausstrahlung oder einer Ausnahmevereinbarung der Versicherungspflicht in der deutschen Renten- und Arbeitslosenversicherung unterliegen. Altersteilzeitarbeit kann darüber hinaus auch bei Deutschen vorliegen, die im Ausland bei einer amtlichen Vertretung des Bundes oder der Länder oder bei deren Leitern, deutschen Mitgliedern oder Bediensteten beschäftigt und in der deutschen Renten- und Arbeitslosenversicherung versichert sind. In der Freistellungsphase eines Blockmodells besteht eine Beschäftigung gegen Arbeitsentgelt nach §7 Abs. 1 a SGB IV selbst dann noch fort, wenn der Versicherte seinen Wohnsitz bzw. gewöhnlichen Aufenthaltsort in dieser Zeit bereits endgültig ins Ausland verlegt hat.

2.1.1.5 Altersteilzeitarbeit bei Zugehörigkeit zu einem berufsständischen Versorgungswerk

Altersteilzeitarbeit kann auch vereinbart werden, wenn der Arbeitnehmer nach § 6 Abs. 1 Satz 1 Nr. 1 SGB VI von der Rentenversicherungspflicht befreit ist oder nach § 231 Abs. 1 und 2 SGB VI in der Rentenversicherung versicherungsbefreit bleibt (z. B. wegen Zugehörigkeit zu einer berufsständischen Versorgungseinrichtung). In diesen Fällen stehen den zusätzlichen Rentenversicherungsbeiträgen nach §3 Abs. 1 Nr. 1 Buchst. b AtG vergleichbare Aufwendungen des Arbeitgebers zu einer berufsständischen Versorgungseinrichtung oder zur Lebensversicherung bis zur Höhe des Beitrags gleich, den die Bundesagentur zu tragen hätte, wenn der Arbeitnehmer nicht von der Versicherungspflicht befreit wäre (§4 Abs. 2 AtG).

2.1.1.6 Altersteilzeitarbeit ehemaliger Beamter, Berufssoldaten oder gleichgestellter Personen

Arbeitnehmer, die nach §5 Abs. 4 Nr. 2 SGB VI rentenversicherungsfrei sind, weil sie nach beamtenrechtlichen Vorschriften oder Grundsätzen oder entsprechenden kirchenrechtlichen Regelungen oder nach den Regelungen einer berufsständischen Versorgungseinrichtung eine Versorgung nach Erreichen einer Altersgrenze beziehen (z. B. ehemalige Berufssoldaten), sind grundsätzlich von der Altersteilzeitarbeit ausgeschlossen. Altersteilzeitarbeit ist im Einzelfall nur zulässig, wenn aus Beitragszeiten – außerhalb der versicherungsfreien Tätigkeit – ein Rentenzugang besteht. Hierfür muss zumindest die allgemeine Wartezeit (5 Jahre) erfüllt sein. Zusätzliche Rentenversicherungsbeiträge nach § 3 Abs. 1 Nr. 1 Buchst. b AtG fallen auf Grund der weiterhin bestehenden Versicherungsfreiheit allerdings nicht an.

2.1.2 Nebenbeschäftigung

Altersteilzeitarbeit im sozialversicherungsrechtlichen Sinne liegt auch dann noch vor, wenn der Anspruch auf Förderleistungen nach § 5 Abs. 1 Nr. 2 und 3, Abs. 2 bis 4 AtG erlischt, nicht besteht oder ruht, z. B. weil der in

Altersteilzeitarbeit beschäftigte Arbeitnehmer neben der Altersteilzeitarbeit (bei einem anderen Arbeitgeber) eine mehr als geringfügige Beschäftigung oder eine mehr als geringfügige selbständige Tätigkeit ausübt.

Werden vom Arbeitgeber gezahlte Aufstockungsleistungen, die diesem auf Grund einer nicht genehmigten Nebentätigkeit des Arbeitnehmers trotz Wiederbesetzung von der Bundesagentur nicht erstattet werden, im Rahmen eines Schadensersatzes zurückgefordert, bewirkt dies keine rückwirkende Beseitigung des Altersteilzeitarbeitsverhältnisses. Das hat zur Folge, dass die ursprünglich vom Arbeitgeber gezahlten Aufstockungsbeträge in der Sozialversicherung weiterhin beitragsfrei bleiben und die zusätzlichen Rentenversicherungsbeiträge zu Recht gezahlt worden sind.

Altersteilzeitarbeit endet jedoch in jedem Fall, wenn der Arbeitnehmer das 65. Lebensjahr vollendet hat (§ 5 Abs. 1 Nr. 1 AtG).

2.1.3 Mehrarbeit

Eine während der Arbeitsphase im Blockmodell oder während einer kontinuierlichen Altersteilzeitvereinbarung beim gleichen Arbeitgeber in nicht nur geringfügigem Umfang geleistete Mehrarbeit (Überstunden) steht der Altersteilzeitarbeit im sozialversicherungsrechtlichen Sinne – entgegen den Regelungen für die Förderleistungen von der Bundesagentur – ebenfalls nicht entgegen. Mehrarbeit kann bei einer Altersteilzeitarbeit im Blockmodell grundsätzlich nur in der Arbeitsphase anfallen.

Ausnahmsweise steht dem Vorliegen von Altersteilzeitarbeit eine vorübergehend geringfügige Arbeit in der Freistellungsphase des Blockmodells jedoch nicht entgegen, sofern dadurch im Hinblick auf § 2 Abs. 1 Nr. 2 AtG der Charakter der Altersteilzeitarbeit nicht verändert wird. Die Prüfung, in welchem Umfang in diesen Fällen von einer vorübergehenden geringfügigen Arbeit auszugehen ist, hat jeweils im Einzelfall zu erfolgen. Anfragen hierzu sind an die jeweilige Agentur für Arbeit (in Förderfällen), im Übrigen an die zuständigen Rentenversicherungsträger zu richten. Entscheidend ist ein betriebsbedingter wesentlicher Anlass, z. B., wenn eine projektbezogene Arbeit, die bei Beendigung der Arbeitsphase noch nicht abgeschlossen ist, mit dem in Altersteilzeitarbeit beschäftigten Arbeitnehmer zum Abschluss gebracht werden soll. Die Vorschrift des § 8 Abs. 1 Nr. 2 SGB IV kann hier nicht hilfsweise herangezogen werden.

2.1.4 Altersteilzeitarbeit in Sonderfällen

Sofern während der Arbeitsphase der Altersteilzeit eine Mitgliedschaft des Arbeitnehmers im Aufsichtsrat des Unternehmens besteht, ist die Aufsichtsratstätigkeit in Bezug auf die Altersteilzeitarbeit arbeitsmarktpolitisch nicht relevant. Mit Übergang in die Freistellungsphase bis zum Ende des Arbeitsverhältnisses gilt ein Arbeitnehmervertreter im Aufsichtsrat nicht mehr als beschäftigter Arbeitnehmer (Beschluss des BAG vom 25. 10. 2000 – 7 ABR 18/00 –; Der Betrieb 2001, Seite 706). Die Rechtsstellung in der Freistellung führt automatisch zum Ausscheiden aus dem Aufsichtsrat.

Wird von einem sich in Altersteilzeitarbeit befindlichen Arbeitnehmer in der Freistellungsphase weiterhin das Amt als Aufsichtsrat der unternehmenseigenen Pensionskasse ausgeübt, steht dies dem Vorliegen von Altersteilzeitarbeit im sozialversicherungsrechtlichen Sinne grundsätzlich nicht entgegen. So kann – für die Altersteilzeitarbeit unschädlich – entweder eine Beschäftigung in einem eigenständigen Unternehmen neben der Beschäftigung, in der die Altersteilzeit stattfindet, oder eine selbständige Tätigkeit ausgeübt werden.

Ehrenamtliche Tätigkeiten können neben einer Altersteilzeitbeschäftigung sozialversicherungsrechtlich unschädlich ausgeübt werden.

Die Tätigkeit eines internen Datenschutzbeauftragten endet nicht – wie bei Aufsichtsratsmitgliedern – zwangsläufig mit dem Eintritt in die Freistellung. Wird die Bestellung durch den Arbeitgeber nicht widerrufen, steht die Ausübung des Amtes dem Vorliegen von Altersteilzeitarbeit ab Beginn der Freistellung entgegen. Gleiches gilt auch für Arbeitsschutzbeauftragte.

2.1.5 Eintritt von Arbeitsunfähigkeit

Besteht zu Beginn der vereinbarten Altersteilzeitarbeit Arbeitsunfähigkeit, kann Altersteilzeitarbeit sozialversicherungsrechtlich nur vorliegen während der Zeit der Entgeltfortzahlung (Fortdauer des Beschäftigungsverhältnisses nach §7 Abs. 1 SGB IV) sowie während des anschließenden Bezugs von Krankengeld, dem ausschließlich das Regelentgelt aus der Altersteilzeitarbeit zu Grunde liegt, und bei Bezug von Krankentagegeld eines privaten Versicherungsunternehmens (§10 Abs. 2 AtG). Ist der Entgeltfortzahlungszeitraum bei Beginn der vereinbarten Altersteilzeitarbeit bereits abgelaufen und wird Krankengeld aus dem bisherigen Regelentgelt bezogen, kann Altersteilzeitarbeit für den Zeitraum des Krankengeldbezugs nicht vorliegen.

Altersteilzeitarbeit besteht fort, wenn im Rahmen eines Blockmodells in der Freistellungsphase für Zeiten der Arbeitsunfähigkeit der Anspruch auf Krankengeld nach §49 Abs. 1 Nr. 6 SGB V ruht, soweit und solange eine Arbeitsleistung wegen Vorarbeit nicht geschuldet wird. Während dieser Zeit besteht eine Beschäftigung gegen Arbeitsentgelt nach §7 Abs. 1 a SGB IV.

Im Übrigen wird auf die Ausführungen zu Ziffer 2.1.7.2 und Ziffer 3.4 verwiesen.

2.1.6 Beginn einer Altersteilzeitarbeit

Altersteilzeitarbeit beginnt nach Abschluss der schriftlichen Vereinbarung mit Vorliegen der hierfür maßgeblichen Voraussetzungen (vgl. Ausführungen zu Ziffer 2.1.1 bis 2.1.5). Dies gilt bei diskontinuierlicher Verteilung der Arbeitszeit ab Beginn der für die Ansparung (Vorarbeit) von Wertguthaben für eine Freistellung (§7 Abs. 1 a SGB IV) schriftlich vereinbarten Arbeitsphase des Blockmodells. Diese Vereinbarung kann nur für die Zukunft abgeschlossen werden. Bereits abgelaufene Arbeitszeiten, in denen tatsächlich keine Altersteilzeitarbeit ausgeübt worden ist, können nicht nachträglich in ein Altersteilzeitarbeitsverhältnis umgewandelt werden. Eine Rückdatierung von Altersteilzeitverträgen ist rechtlich ausgeschlossen.

Sollte im Einzelfall Altersteilzeitarbeit bereits vor der endgültigen Ratifizierung eines Tarifvertrages im Hinblick auf die zu erwartenden Regelungen vereinbart und aufgenommen worden sein, handelt es sich um Altersteilzeitarbeit. Bei einer Vereinbarung einer Altersteilzeitarbeit über einen Zeitraum von mehr als drei Jahren gilt dies nur insoweit, als der Tarifvertrag Rückwirkung hat.

2.1.7 Beschäftigungsverhältnis während Altersteilzeitarbeit

2.1.7.1 Beschäftigung und Vorarbeit

Bei einer kontinuierlichen Verteilung der Arbeitszeit liegt während des Gesamtzeitraumes der Altersteilzeitarbeit ein Beschäftigungsverhältnis nach § 7 Abs. 1 SGB IV vor. Wird die Arbeitsleistung diskontinuierlich verteilt, besteht nur in der Arbeitsphase ein Beschäftigungsverhältnis nach § 7 Abs. 1 SGB IV. Dies gilt auch, wenn bereits vor Beginn der Altersteilzeitarbeit auf Grund einer Vereinbarung über flexible Arbeitszeitregelungen erwirtschaftete Wertguthaben im Rahmen eines Blockmodells für die Verkürzung der Arbeitsphase berücksichtigt werden. Diese Wertguthaben sind für einzelne Kalendermonate der Arbeitsphase in voller Höhe als Arbeitsentgelt zu berücksichtigen. Es ist deshalb nicht möglich, die aus einem Langzeitkonto resultierenden Wertguthaben in einzelnen Kalendermonaten nur anteilig für die Arbeitsphase zu berücksichtigen um zusätzlich zum Altersteilzeitarbeitsentgelt aus diesem Wertguthaben Zahlungen an den Arbeitnehmer zwecks Erhöhung seiner Einnahmen vorzunehmen. Hingegen besteht keine Verpflichtung, das gesamte Wertguthaben für die Verkürzung der Arbeitsphase einzusetzen.

Während der Freistellungsphase liegt ein Beschäftigungsverhältnis gegen Arbeitsentgelt nur unter den Voraussetzungen des § 7 Abs. 1 a SGB IV vor. Hierfür ist somit erforderlich, dass der Versicherte während der Arbeitsphase – ggf. unter Berücksichtigung von Wertguthaben bereits vor Beginn der Altersteilzeitarbeit – entsprechende Wertguthaben durch Vorarbeit angespart hat.

Beispiel (West)

Regelarbeitsentgelt für Altersteilzeitarbeit		1 500 EUR
Altersteilzeitarbeit im Blockmodell		
Arbeitsphase	1. 7. 2004 – 30. 6. 2006	
Freistellungsphase	1. 7. 2006 – 30. 6. 2008	
Wertguthaben aus Flexi-Vereinbarung		36 000 EUR

Lösung:

Arbeitsphase	1.7.2004–30.6.2005 (Vorarbeit: 1500 EUR Arbeitsentgelt und 1500 EUR Wertguthabenbildung)
Arbeitsphase (ohne tatsächliche Arbeitsleistung)	1.7.2005–30.6.2006 (Wertguthaben aus Flexi-Vereinbarung: 1500 EUR Arbeitsentgelt und 1500 EUR Wertguthabenbildung)
Freistellungsphase	1.7.2006–30.6.2008

2.1.7.2 Fehlende Vorarbeit bei Arbeitsunfähigkeit, Kurzarbeit oder witterungsbedingtem Arbeitsausfall

Bei Zeiten längerer Arbeitsunfähigkeit in der Arbeitsphase wird nach Ablauf des Entgeltfortzahlungszeitraums keine Arbeitsleistung mehr erbracht, durch die für die Freistellungsphase Wertguthaben erzielt werden können. Um eine vorzeitige Beendigung des Versicherungsschutzes in der Freistellungsphase zu verhindern, besteht die Möglichkeit,

- die vorgesehene Freistellungsphase zu verkürzen, indem die in der Arbeitsphase ausgefallene Zeit nachgearbeitet wird (bei einer Versicherungspflicht auf Grund eines Krankengeldbezugs bzw. eines Antrags für Zeiten der Arbeitsunfähigkeit mit Aufstockungsleistungen ist nur die Hälfte nachzuarbeiten), oder
- dass der Arbeitgeber das Wertguthaben in der Höhe vermehrt, in der durch die Arbeitsunfähigkeit Wertguthaben nicht angespart werden konnte; dies muss vor Eintritt der Freistellungsphase erfolgen.

Auf die Beispiele zu Ziffer 5.2 wird verwiesen.

Entsprechendes gilt auch in den Fällen einer Kurzarbeit oder eines witterungsbedingten Arbeitsausfalls.

Die Streckung des Wertguthabens durch eine geringere Entsparung oder die Reduzierung fälligen Arbeitsentgelts in der Arbeitsphase zugunsten der Erhöhung des Wertguthabens für die Freistellungsphase sind hingegen nicht zulässig. Dies ist damit zu begründen, dass bei Altersteilzeitarbeit die Angemessenheit der finanziellen Einkünfte sowie der rentenversicherungsrechtlichen Absicherung – anders als bei den übrigen Flexibilisierungsmodellen – bereits ausdrücklich im Altersteilzeitgesetz geregelt ist. So steht fest, dass das laufende Arbeitsentgelt entsprechend der vorgesehenen Reduzierung der Arbeitszeit auf die Hälfte der bisherigen wöchentlichen Arbeitszeit in dem dieser Arbeitszeit entsprechenden Umfang fällig wird und auf dieser Basis Aufstockungsbeträge nach § 3 Abs. 1 Nr. 1 Buchst. a AtG gezahlt werden und die für die Berechnung der zusätzlichen Rentenversicherungsbeiträge maßgebliche zusätzliche beitragspflichtige Einnahme nach § 3 Abs. 1 Nr. 1 Buchst. b AtG zu berechnen ist.

Zum Bestehen von Altersteilzeit in Zeiten einer Arbeitsunfähigkeit wird auf die Ausführungen zu Ziffer 3.4 verwiesen.

Eine Reduzierung des in der Arbeitsphase oder des in der Freistellungsphase fälligen laufenden Arbeitsentgelts hätte zur Folge, dass sowohl die Höhe des steuer- und beitragsfreien Aufstockungsbetrages als auch die Höhe der für die Berechnung der zusätzlichen Rentenversicherungsbeiträge maßgeblichen beitragspflichtigen Einnahme in das Belieben der Vertragsparteien (Arbeitgeber/Arbeitnehmer) gestellt würden. Dies ist durch die Regelungen des Altersteilzeitgesetzes jedoch ausgeschlossen.

2.1.7.3 Rente wegen teilweiser Erwerbsminderung

Kommt es während der Altersteilzeitarbeit zur Zubilligung einer Rente wegen teilweiser Erwerbsminderung und wird die versicherungspflichtige Beschäftigung nach §7 Abs. 1 SGB IV in reduziertem Umfang weiterhin ausgeübt, besteht ab diesem Zeitpunkt eine neue bisherige Arbeitszeit. Für die sich anschließende Freistellungsphase bestehen folgende Möglichkeiten der Entsparung von Wertguthaben:

– spiegelbildlich	(jeweils bemessen an den unterschiedlichen bisherigen Arbeitszeiten in der Arbeitsphase)
– durchschnittlich	(bemessen aus den unterschiedlichen bisherigen Arbeitszeiten in der Arbeitsphase)
– nach dem letzten niedrigeren Arbeitsentgelt	(das verbleibende Wertguthaben ist im Rahmen eines Störfalls zu verbeitragen).

Beispiel

Altersteilzeitarbeit im Blockmodell	
Arbeitsphase	1.7.2004–30.6.2006
Freistellungsphase	1.7.2006–30.6.2008

Rente wegen teilweiser Erwerbsminderung ab 1.7.2005

Regelarbeitsentgelt für Altersteilzeitarbeit	
– in der Zeit vom 1.7.2004–30.6.2005:	1500 EUR
– in der Zeit vom 1.7.2005–30.6.2006:	1000 EUR

Lösungen:
Entsparung von Wertguthaben in der Freistellungsphase:

(a) spiegelbildlich:	
1.7.2006–30.6.2007	1500 EUR
1.7.2007–30.6.2008	1000 EUR
(b) durchschnittlich:	
1.7.2006–30.6.2008	1250 EUR
(c) nach dem letzten Arbeitsentgelt:	
1.7.2006–30.6.2008	1000 EUR
Wertguthaben für den Störfall am 30.6.2008 (12 × 500 EUR)	6000 EUR

2.1.7.4 Rente wegen voller Erwerbsminderung

Da die Altersteilzeitarbeit Versicherungspflicht im Sinne des Dritten Buches Sozialgesetzbuch (SGB III) begründen muss, liegt keine Altersteilzeitarbeit mehr vor, wenn Anspruch auf Rente wegen voller Erwerbsminderung zuerkannt ist (§ 28 Abs. 1 Nr. 2 SGB III). Die Versicherungsfreiheit nach § 28 Abs. 1 Nr. 2 SGB III tritt mit Beginn der Rente ein. Für die Zeit vom Rentenbeginn bis zum Zugang des Rentenbescheids (mit dem dritten Tag nach Aufgabe zur Post – Bescheiddatum) verbleibt es bei dem Bestehen von Altersteilzeitarbeit. Zum Eintritt eines Störfalls vgl. Ziffer 3.8 und zu den Meldungen vgl. Ziffer 4.3.2.

2.1.7.5 Verzicht auf die tatsächliche Arbeitsleistung während der Arbeitsphase

Verzichtet der Arbeitgeber aus betriebsbedingten Gründen während einer im Rahmen der Altersteilzeitarbeit vertraglich vorgesehenen Arbeitsphase – nicht nur vorübergehend – auf die tatsächliche Arbeitsleistung des Arbeitnehmers, ohne dass vereinbart ist, dass ein bereits angesammeltes Wertguthaben in dieser Freistellungsphase abgebaut wird, und besteht keine Vereinbarung, dass diese Freistellung noch nachgearbeitet und damit ein negatives Wertguthaben ausgeglichen wird, sind die Voraussetzungen des § 7 Abs. 1 a SGB IV für das Vorliegen eines Beschäftigungsverhältnisses gegen Arbeitsentgelt in Zeiten einer Freistellung von der Arbeitsleistung nicht erfüllt. Aus diesem Grunde liegen auch die Voraussetzungen des Altersteilzeitgesetzes während der Freistellung in der Arbeitsphase dann nicht vor. Sofern der Arbeitgeber jedoch lediglich vorübergehend den Arbeitnehmer von der Arbeitsleistung freistellt, besteht das Beschäftigungsverhältnis nach § 7 Abs. 1 SGB IV fort, wenn der Arbeitnehmer weiterhin dienstbereit bleibt und der Verfügungsmacht des Arbeitgebers untersteht. Mit der Vergütung für die Zeit der vorübergehenden Freistellung in der Arbeitsphase wird auch Wertguthaben für ein Beschäftigungsverhältnis im Sinne des § 7 Abs. 1 a SGB IV für die spätere Freistellungsphase angespart.

2.1.7.6 Unterbrechung der Altersteilzeitarbeit

Zu einer Unterbrechung der Altersteilzeitarbeit – ohne dass hierbei ein Störfall eintritt – kann es in den folgenden Fällen kommen:

- Zubilligung einer Rente auf Zeit wegen voller Erwerbsminderung,
- betriebsbedingt notwendige Rückkehr zur Beschäftigung mit bisheriger wöchentlicher Arbeitszeit in der Arbeits- oder Freistellungsphase; es muss ein sachlicher Grund vorliegen (in Förderfällen empfiehlt sich eine Beratung durch die Agentur für Arbeit),
- unbezahlter Urlaub während der Arbeitsphase.

Nach § 7 Abs. 3 Satz 1 SGB IV gilt eine Beschäftigung gegen Arbeitsentgelt als fortbestehend, solange das Beschäftigungsverhältnis ohne Anspruch auf Arbeitsentgelt fortdauert, jedoch nicht länger als einen Monat. Altersteilzeitarbeit liegt nur vor, wenn ein Arbeitnehmer zum begünstigten Personenkreis des § 2 AtG gehört und sein Arbeitgeber nach Maßgabe des § 3 Abs. 1 Nr. 1 Buchst. a und b AtG den steuer- und beitragsfreien Aufstockungsbetrag und zusätzliche Rentenversicherungsbeiträge zahlt. Da für den Fortbestand des Beschäftigungsverhältnisses nach § 7 Abs. 3 SGB IV der fehlende Anspruch auf Arbeitsentgelt Voraussetzung ist, können auf Grund der fehlenden „Basis-Beiträge" keine zusätzlichen Rentenversicherungsbeiträge nach § 3 Abs. 1 Nr. 1 Buchst. b AtG gezahlt werden. Altersteilzeitarbeit liegt somit während eines fortbestehenden Beschäftigungsverhältnisses nach § 7 Abs. 3 SGB IV auf Grund eines unbezahlten Urlaubs nicht vor.

Auf Grund des in der gesetzlichen Rentenversicherung bestehenden Monatsprinzips, nach dem ein angebrochener Monat als voller Monat zu berücksichtigen ist, liegt in jedem Monat ein Altersteilzeitarbeitsverhältnis vor, in dem dieses Arbeitsverhältnis mindestens an einem Tag bestand. Insoweit liegt keine Unterbrechung der Altersteilzeitarbeit vor, Wertguthaben für eine spätere Freistellung sind zu bilden. Zu einer Unterbrechung der Altersteilzeitarbeit kommt es somit erst, wenn z. B. ein unbezahlter Urlaub mindestens einen vollen Kalendermonat (z. B. 1. März bis 31. März) in Anspruch genommen wird, insoweit liegt auch keine Vorarbeit für eine spätere Freistellungsphase vor.

Beispiel

Altersteilzeitarbeit	1. 7. 2004 – 30. 6. 2006
Arbeitsphase	1. 7. 2004 – 30. 6. 2005
Freistellungsphase	1. 7. 2005 – 30. 6. 2006
unbezahlter Urlaub	a) 2. 9. 2004 – 30. 10. 2004
	b) 2. 9. 2004 – 31. 10. 2004

Lösungen:

a) In den Monaten September und Oktober 2004 liegt Altersteilzeitarbeit vor.

b) Im Monat Oktober 2004 liegt keine Altersteilzeitarbeit vor.

Im Übrigen endet das sozialversicherungsrechtliche Beschäftigungsverhältnis sowohl im Beispiel a) als auch im Beispiel b) nach § 7 Abs. 3 Satz 1 SGB IV jeweils mit Ablauf des 1. Oktober 2004; entsprechende Meldungen sind abzugeben.

2.1.7.7 Eintritt eines Insolvenzfalles

Der Eintritt eines Insolvenzfalles während der Arbeits- bzw. Freistellungsphase steht dem Fortbestand des versicherungspflichtigen Beschäftigungsverhältnisses, unabhängig von der tatsächlichen Auszahlung des Arbeitsentgelts, nicht entgegen, solange der Anspruch des Arbeitnehmers auf Arbeitsentgelt (auch aus einem Wertguthaben) besteht. Bis zur rechtlichen Beendigung des Beschäftigungsverhältnisses (z. B. Kündigung nach § 113 InsO) besteht demnach Versicherungspflicht in allen Zweigen der Sozialversicherung. Mit der Beendigung des Beschäftigungsverhältnisses in der

Arbeitsphase (z. B. nach Ablauf der Kündigungsfrist, durch Aufhebungsvertrag) tritt vorbehaltlich der Regelung des § 23 b Abs. 3 SGB IV ein Störfall ein, der auch das sozialversicherungsrechtliche Altersteilzeitarbeitsverhältnis beendet.

Fällt das Insolvenzereignis in die Freistellungsphase eines Altersteilzeitarbeitsverhältnisses und wird das Beschäftigungsverhältnis nicht gekündigt, liegt bis zum vertraglichen Ende der Altersteilzeitarbeit eine Beschäftigung gegen Arbeitsentgelt vor (Urteil des BAG vom 5. 12. 2002 – 2 AZR 571/01 –; Der Betrieb 2003, Seite 1334). Wird aus dem Wertguthaben kein Arbeitsentgelt mehr gezahlt, tritt zu diesem Zeitpunkt ein Störfall ein.

Das sozialversicherungsrechtliche Altersteilzeitarbeitsverhältnis endet auch dann, wenn zwar aus einem insolvenzgesicherten Wertguthaben Arbeitsentgelt und die darauf entfallenden Gesamtsozialversicherungsbeiträge gezahlt werden, aber keine Aufstockungsbeträge und/oder zusätzlichen Rentenversicherungsbeiträge. Dies gilt auch, wenn die Kündigungsfrist einer in der Arbeitsphase ausgesprochenen Kündigung in die Freistellungsphase reicht.

2.2 Krankenversicherung

2.2.1 Allgemeines

Für die Dauer der Altersteilzeitarbeit besteht grundsätzlich Krankenversicherungspflicht nach § 5 Abs. 1 Nr. 1 SGB V. Die Arbeitnehmer sind jedoch nach § 6 Abs. 1 Nr. 1 SGB V krankenversicherungsfrei, wenn ihr regelmäßiges Jahresarbeitsentgelt die Jahresarbeitsentgeltgrenze (im Kalenderjahr 2004 im gesamten Bundesgebiet 46 350 EUR, für Arbeitnehmer, die am 31. 12. 2002 privat krankenversichert waren, 41 850 EUR) übersteigt. Arbeitnehmer, die wegen Überschreitens der Jahresarbeitsentgeltgrenze krankenversicherungsfrei sind und deren Arbeitsentgelt auf Grund der Altersteilzeitarbeit die Jahresarbeitsentgeltgrenze nicht mehr überschreitet, unterliegen von dem Tag an, von dem an die Altersteilzeitarbeit beginnt, der Krankenversicherungspflicht. Dies gilt sowohl bei kontinuierlicher als auch bei diskontinuierlicher Verteilung der Arbeitszeit im Rahmen der Altersteilzeitarbeit.

Bei der Ermittlung des regelmäßigen Jahresarbeitsentgelts werden im Übrigen auch Sonderzuwendungen, die mit hinreichender Sicherheit zu erwarten sind, berücksichtigt. Fällt der Anspruch auf die Sonderzuwendung weg (z. B. mit Beginn der Freistellungsphase), ist vom Zeitpunkt des Wegfalls an eine neue versicherungsrechtliche Beurteilung vorzunehmen.

2.2.2 Versicherungsfreiheit nach Vollendung des 55. Lebensjahres

Personen, die nach Vollendung des 55. Lebensjahres versicherungspflichtig werden, ist der Zugang zur gesetzlichen Krankenversicherung nach § 6 Abs. 3 a SGB V verwehrt, wenn sie unmittelbar zuvor keinen ausreichenden Bezug zur gesetzlichen Krankenversicherung nachweisen können. Hiernach sind Arbeitnehmer kraft Gesetzes versicherungsfrei, wenn in den letzten fünf Jahren vor Beginn der Versicherungspflicht zu keinem Zeitpunkt ein gesetzlicher Krankenversicherungsschutz (Pflichtversicherung, freiwillige Versicherung, Familienversicherung) bestand. Außerdem müssen sie in diesem Fünfjahreszeitraum mindestens die Hälfte dieser Zeit (zwei Jahre und sechs Monate) versicherungsfrei, von der Versicherungspflicht befreit oder wegen einer hauptberuflichen selbständigen Tätigkeit nach §5 Abs. 5 SGB V nicht versicherungspflichtig gewesen sein.

2.2.3 Versicherungskonkurrenz zur landwirtschaftlichen Krankenversicherung

Übt ein landwirtschaftlicher Unternehmer, der auf Grund der Bewirtschaftung eines landwirtschaftlichen Unternehmens der Krankenversicherungspflicht nach §2 Abs. 1 Nr. 1 oder 2 KVLG 1989 unterliegt, daneben eine abhängige Dauerbeschäftigung gegen Arbeitsentgelt außerhalb der Landwirtschaft aus, ist für das Entstehen von Krankenversicherungspflicht als Arbeitnehmer nach §5 Abs. 1 Nr. 1 SGB V und damit einer Versicherungskonkurrenz nach §3 Abs. 1 KVLG 1989 zunächst §5 Abs. 5 SGB V zu prüfen. Ist die Person nicht hauptberuflich selbständig erwerbstätig, verdrängt die unter Berücksichtigung des Altersteilzeitgesetzes bestehende Versicherungspflicht als Arbeitnehmer nach §3 Abs. 1 KVLG 1989 die Versicherungspflicht als landwirtschaftlicher Unternehmer. Eine Pflichtversicherung als landwirtschaftlicher Unternehmer ist jedoch durchzuführen, wenn die Prüfung nach §5 Abs. 5 SGB V eine Pflichtversicherung als Arbeitnehmer nach §5 Abs. 1 Nr. 1 SGB V ausschließt.

2.3 Pflegeversicherung

Die Versicherungspflicht in der sozialen Pflegeversicherung nach §20 Abs. 1 Satz 2 Nr. 1 i. V. m. Satz 1 SGB XI wird nicht dadurch berührt, dass ein bislang krankenversicherungspflichtiger Arbeitnehmer Altersteilzeitarbeit leistet. Handelt es sich hingegen um einen Arbeitnehmer, der vor Beginn der Altersteilzeitarbeit wegen Überschreitens der Jahresarbeitsentgeltgrenze nach §6 Abs. 1 Nr. 1 SGB V krankenversicherungsfrei und in der gesetzlichen Krankenversicherung freiwillig versichert war und nunmehr infolge der Altersteilzeitarbeit krankenversicherungspflichtig wird, ändert sich die Rechtsgrundlage für die Versicherungspflicht in der sozialen Pflegeversicherung, d. h., die Versicherungspflicht in der sozialen Pflegeversicherung nach §20 Abs. 3 SGB XI wird in eine solche nach §20 Abs. 1 Satz 2 Nr. 1 i. V. m. Satz 1 SGB XI umgewandelt.

Sofern ein (bislang freiwillig krankenversicherter) Arbeitnehmer allerdings nach §22 SGB XI von der sozialen Pflegeversicherung befreit ist, endet diese Befreiung mit dem Eintritt von Krankenversicherungspflicht; von diesem Zeitpunkt an besteht Versicherungspflicht in der sozialen Pflegeversicherung nach §20 Abs. 1 Satz 2 Nr. 1 i. V. m. Satz 1 SGB XI. Eine Befreiung von der sozialen Pflegeversicherung auf Grund eines „Alt"-Pflegeversicherungsvertrags nach Artikel 42 PflegeVG wird durch den Eintritt von Krankenversicherungspflicht infolge der Altersteilzeitarbeit nicht berührt.

Für Arbeitnehmer, die wegen Überschreitens der Jahresarbeitsentgeltgrenze krankenversicherungsfrei, bei einem Unternehmen der privaten Krankenversicherung krankenversichert und damit auch privat pflegeversichert sind und nunmehr im Rahmen der Altersteilzeitarbeit krankenversicherungspflichtig werden, tritt ebenfalls Versicherungspflicht in der sozialen Pflegeversicherung nach § 20 Abs. 1 Satz 2 Nr. 1 i. V. m. Satz 1 SGB XI ein.

2.4 Rentenversicherung

In der Rentenversicherung gibt es hinsichtlich der versicherungsrechtlichen Beurteilung von altersteilzeitarbeitenden Arbeitnehmern keinerlei Besonderheiten. Für die Dauer der vereinbarten Altersteilzeitarbeit besteht grundsätzlich Rentenversicherungspflicht nach § 1 Satz 1 Nr. 1 SGB VI. Die Ausführungen zum Beschäftigungsverhältnis nach § 7 Abs. 1 SGB IV und § 7 Abs. 1 a SGB IV unter Ziffer 2.1.6 sind auch in der gesetzlichen Rentenversicherung zu berücksichtigen.

2.5 Arbeitslosenversicherung

In der Arbeitslosenversicherung gibt es in Bezug auf die versicherungsrechtliche Beurteilung von altersteilzeitarbeitenden Arbeitnehmern ebenfalls keinerlei Besonderheiten. Für die Dauer der Altersteilzeitarbeit besteht grundsätzlich Arbeitslosenversicherungspflicht nach § 25 Abs. 1 SGB III. Die Ausführungen zum Beschäftigungsverhältnis nach § 7 Abs. 1 SGB IV und § 7 Abs. 1 a SGB IV unter Ziffer 2.1.6 sind auch in der Arbeitslosenversicherung zu berücksichtigen.

3 Beitragsrecht

3.1 Laufendes Arbeitsentgelt

3.1.1 Allgemeines

Maßgebend für die Berechnung der Beiträge zur Kranken-, Pflege-, Renten- und Arbeitslosenversicherung ist das für die Altersteilzeitarbeit jeweils fällige Arbeitsentgelt.

Die während einer im Blockmodell in der Arbeitsphase erzielten steuer- und beitragsfreien Schichtzulagen bleiben auch dann beitragsfrei, wenn deren Auszahlung in anteiligem Umfang in die Freistellungsphase verschoben wird. Diese Beträge sind weder bei der Berechung des gesetzlich vorgesehenen Aufstockungsbetrags (vgl. Ziffer 3.1.2) noch des zusätzlichen Rentenversicherungsbeitrags (vgl. Ziffer 3.1.3) zu berücksichtigen.

Das Altersteilzeitarbeitsentgelt, der Aufstockungsbetrag und die zusätzliche beitragspflichtige Einnahme für die Rentenversicherung werden bei Arbeitnehmern, die während der Freistellungsphase ihren Wohnsitz dauerhaft ins Ausland verlegt haben, so behandelt, als wäre hierauf deutsches Steuerrecht angewendet worden. Die tatsächliche steuerrechtliche Behandlung von Aufstockungsbeträgen bleibt insoweit unbeachtlich.

3.1.2 Aufstockungsbetrag

Der Aufstockungsbetrag nach § 3 Abs. 1 Nr. 1 Buchst. a AtG ist unbeschadet seiner Berücksichtigung im Rahmen des Progressionsvorbehalts (§ 32 b Abs. 1 Nr. 1 Buchst. g EStG) gemäß § 3 Nr. 28 EStG steuerfrei und gehört damit nach § 1 ArEV nicht zum Arbeitsentgelt. Dies gilt nach R 18 Abs. 3 Satz 1 LStR auch, soweit der Arbeitgeber – z. B. auf Grund tarifvertraglicher Regelungen – einen höheren als den im Altersteilzeitgesetz als Mindestbetrag vorgesehenen Aufstockungsbetrag zahlt. Nach R 18 Abs. 3 Satz 2 LStR gilt dies aber nur, soweit die Aufstockungsbeträge zusammen mit dem während der Altersteilzeitarbeit bezogenen Nettoarbeitslohn monatlich 100% des maßgeblichen Arbeitslohns (das ist der Nettoarbeitslohn, den der Arbeitnehmer im jeweiligen Lohnzahlungszeitraum ohne Altersteilzeit üblicherweise erhalten hätte) nicht übersteigen. Im Übrigen hängt die Steuerfreiheit und damit die Beitragsfreiheit des Aufstockungsbetrags nicht davon ab, dass in Bezug auf den Aufstockungsbetrag die Voraussetzungen des § 3 Abs. 1 AtG für eine Erstattung durch die Bundesagentur erfüllt sind, mithin stellt der Aufstockungsbetrag auch dann kein Arbeitsentgelt dar, wenn die Bundesagentur dem Arbeitgeber den Aufstockungsbetrag nach § 5 Abs. 1 Nr. 2 und 3, Abs. 2 bis 4 AtG nicht erstattet (z. B. weil der Arbeitgeber den frei gemachten Arbeitsplatz nicht wieder besetzt).

Zur Berechnung des Aufstockungsbetrags wird auf die Ausführungen in dem als Anlage beigefügten Merkblatt und die Durchführungsanweisung der Bundesagentur zu § 3 AtG verwiesen.

3.1.3 Zusätzliche beitragspflichtige Einnahme in der Rentenversicherung

3.1.3.1 Allgemeines

Bei Arbeitnehmern, die nach dem Altersteilzeitgesetz Aufstockungsbeträge (vgl. Ausführungen zu Ziffer 3.1.2) erhalten, gilt nach § 163 Abs. 5 Satz 1 SGB VI auch mindestens ein Betrag in Höhe von 80 v. H. des Regelarbeitsentgelts (vgl. Ausführungen zu Ziffer 2.1.1.2) für die Altersteilzeitarbeit, begrenzt auf den Unterschiedsbetrag zwischen 90 v. H. der monatlichen Beitragsbemessungsgrenze und dem Regelarbeitsentgelt, höchstens jedoch bis zur Beitragsbemessungsgrenze der Rentenversicherung, als beitragspflichtige Einnahme. Hierbei sind nur Entgeltbestandteile zu berücksichtigen, die laufend gezahlt werden. Das hat zur Folge, dass einmalig gezahltes Arbeitsentgelt bei der Berechnung der zusätzlichen Rentenversicherungsbeiträge – anders als bei den Aufstockungsbeträgen nach § 3 Abs. 1 Nr. 1 Buchst. a AtG – generell nicht zu berücksichtigen sind (vgl. Abschnitt 3.2).

Die bisher durch die Einbeziehung von Einmalzahlungen in die Berechnung der zusätzlichen Rentenversicherungsbeiträge erzielte rentenversicherungsrechtliche Absicherung kann somit nur noch erlangt werden, wenn entweder durch die arbeitsrechtlich zulässige Zwölftelung das Regelarbeitsentgelt erhöht wird (vgl. Abschnitt 2.1.1.2) oder ein Prozentsatz des Regelarbeitsentgelts zugrunde gelegt wird, der die bisherige zusätzliche beitragspflichtige Einnahme für die Einmalzahlung mit erfasst (z. B. Berechnungsgrundlage in Höhe von 87 v. H. des Regelarbeitsentgelts).

Beispiel 1 (West)

Regelarbeitsentgelt	1500 EUR	
90 v. H. der Beitragsbemessungsgrenze		4635 EUR
Differenz zum Regelarbeitsentgelt		3135 EUR
80 v. H. des Regelarbeitsentgelts		1200 EUR
Zusätzliche beitragspflichtige Einnahme		1200 EUR

Beispiel 2 (West)

Regelarbeitsentgelt	2750 EUR	
90 v. H. der Beitragsbemessungsgrenze		4635 EUR
Differenz zum Regelarbeitsentgelt		1885 EUR
80 v. H. des Regelarbeitsentgelts		2200 EUR
Zusätzliche beitragspflichtige Einnahme		1885 EUR

Bei einer Altersteilzeitarbeit mit diskontinuierlicher Verteilung der Arbeitszeit (Blockmodell) sind die zusätzlichen Beiträge zur Rentenversicherung ab Beginn des Altersteilzeitarbeitsverhältnisses abzuführen. Während der Arbeitsphase erhält der Arbeitnehmer – trotz Beibehaltung seiner bisherigen Arbeitszeit – grundsätzlich lediglich das Arbeitsentgelt entsprechend der Hälfte seiner bisherigen wöchentlichen Arbeitszeit sowie aus dem Regelarbeitsentgelt – sowie ggf. auch weitere Entgeltbestandteile (z. B. Einmalzahlungen) – einen steuer- und beitragsfreien Aufstockungsbetrag. Die andere Hälfte des erwirtschafteten Arbeitsentgelts wird als Wertguthaben zurückgestellt, soweit es aus der Vorarbeit für die Freistellungsphase zu berücksichtigen ist.

Die zusätzliche beitragspflichtige Einnahme nach § 163 Abs. 5 Satz 1 SGB VI ist unabhängig davon anzusetzen, ob hinsichtlich des Aufstockungsbetrags die Voraussetzungen des § 4 Abs. 1 AtG für eine Erstattung durch die Bundesagentur erfüllt sind. Im Übrigen ist der sich aus der Verbeitragung der zusätzlichen beitragspflichtigen Einnahme ergebende geldwerte Vorteil – ebenso wie der Aufstockungsbetrag – nach § 3 Nr. 28 EStG steuerfrei und damit nicht beitragspflichtig in der Sozialversicherung. Dies gilt nach R 18 Abs. 3 Satz 1 LStR auch, soweit der Arbeitgeber – z. B. auf Grund tarifvertraglicher Regelungen – Rentenversicherungsbeiträge aus einer höheren beitragspflichtigen Einnahme als 80 v. H. des Regelarbeitsentgelts zahlt oder diese zusätzlichen Rentenversicherungsbeiträge auch über den Förderrahmen von fünf bzw. sechs Jahren für einen Zeitraum von bis zu zehn Jahren erbringt (vgl. BMF-Schreiben vom 10. Juni 1998 – IV B6-S 2333-6/98 –; Der Betrieb 1998, Seite 1306, 1307).

Für die Verbeitragung ist neben dem laufenden Arbeitsentgelt die für die zusätzlichen Rentenversicherungsbeiträge maßgebliche beitragspflichtige Einnahme nach § 163 Abs. 5 Satz 1 SGB VI (mindestens 80 v. H. des Regelarbeitsentgelts) vor evtl. tatsächlich zusätzlich gezahltem Arbeitsentgelt (z. B. Sonderzahlungen) zu berücksichtigen.

Die auf die zusätzliche beitragspflichtige Einnahme entfallenden Rentenversicherungsbeiträge hat der Arbeitgeber nach § 168 Abs. 1 Nr. 6 SGB VI allein zu tragen. Dies gilt auch dann, wenn der Arbeitgeber eine höhere als die in § 163 Abs. 5 Satz 1 SGB VI vorgesehene beitragspflichtige Einnahme der Beitragsberechnung zugrunde legt.

Die zusätzliche beitragspflichtige Einnahme wird für die Umlageberechnung (§ 14 LFZG) nicht herangezogen.

3.1.3.2 Mehrarbeit

Wird während der Altersteilzeitarbeit vom Arbeitnehmer Mehrarbeit geleistet (zur Auswirkung von Mehrarbeit auf das Fortbestehen von Altersteilzeitarbeit vgl. Ziffer 2.1.3), müssen vor Verbeitragung der hierfür zu beanspruchenden Vergütung – anders als bisher – vorrangig die zusätzlichen Rentenversicherungsbeiträge nach § 163 Abs. 5 SGB VI ermittelt werden.

Beispiel

Regelarbeitsentgelt für Altersteilzeitarbeit	1500 EUR
80 v. H. des Regelarbeitsentgelts	1200 EUR
Mehrarbeitsvergütung	500 EUR
Beitragspflichtige Einnahmen KV/PV/AlV (1500 EUR + 500 EUR)	2000 EUR
RV (1500 EUR + 1200 EUR + 500 EUR)	3200 EUR

3.1.3.3 Sachbezug/ZVK-Umlage

Als laufendes Arbeitsentgelt, das den Arbeitnehmern auch während der Altersteilzeitarbeit weiter gewährt wird, kommen auch Sachbezüge (z. B. Pkw, Telefonnutzung, Werkswohnung) und die ZVK-Umlage in Betracht.

Für die Berechung der beitragspflichtigen Einnahme für die zusätzlichen Beiträge zur Rentenversicherung sind diese Entgeltbestandteile bei der Ermittlung des Altersteilzeitarbeitsentgelts erhöhend zu berücksichtigen.

Da der Sachbezug auch während der Altersteilzeitarbeit in voller Höhe anfällt, ist das der Beitragsberechnung bei Altersteilzeit zu Grunde zu legende rentenversicherungspflichtige Arbeitsentgelt in der Regel höher als außerhalb von Altersteilzeit.

Beispiel (Sachbezug)

Vollzeitarbeitsentgelt			3000 EUR
Altersteilzeitarbeit:	Arbeitsentgelt	1500 EUR	
	Firmen-Pkw (1 % Steuer/Beitrag)	500 EUR	500 EUR
Regelarbeitsentgelt/Vollzeitarbeitsentgelt		2000 EUR	3500 EUR

Zusätzliche beitragspflichtige Einnahme:	80 v. H. des Regelarbeitsentgelts i. H. von 2000 EUR	1600 EUR
insgesamt:		3600 EUR

Sobald der Sachbezug entfällt (z. B. während der Freistellungsphase in einem Blockmodell), ist der maßgebende Wert beim Regelarbeitsentgelt nicht mehr zu berücksichtigen. Im o. a. Beispiel würde die zusätzliche beitragspflichtige Einnahme dann 1200 EUR (80 v. H. von 1500 EUR) betragen.

Beispiel 1 (ZVK-Umlage)

1. Ermittlung des bisherigen beitragspflichtigen Arbeitsentgelts

Zusatzversorgungspflichtiges Arbeitsentgelt		3000,00 EUR
Arbeitgeberumlage (6,45 v. H. von 3000,00 EUR)	193,50 EUR	
Pauschalsteuerpflichtig	92,03 EUR	
Hinzurechnungsbetrag (92,03 EUR : 6,45 × 100 = 1426,82 EUR × 2,5% ./. 13,30 EUR Freibetrag)		22,37 EUR
SV-pflichtige Umlage (193,50 EUR ./. 92,03 EUR)		101,47 EUR
		3123,84 EUR

2. Ermittlung des beitragspflichtigen Arbeitsentgelts für Altersteilzeitarbeit, die bis zum 31. 12. 2002 vereinbart wurde

Zusatzversorgungspflichtiges Arbeitsentgelt		1500,00 EUR
Arbeitgeberumlage (6,45 v. H. von 1500,00 EUR)	96,75 EUR	
Pauschalsteuerpflichtig	92,03 EUR	
Hinzurechnungsbetrag (92,03 EUR : 6,45 × 100 = 1426,82 EUR × 2,5% ./. 13,30 EUR Freibetrag)		22,37 EUR
SV-pflichtige Umlage (96,75 EUR ./. 92,03 EUR)		4,72 EUR
		1527,09 EUR

3. Ermittlung des Unterschiedsbetrages

Bisheriges Arbeitsentgelt	3123,84 EUR
90 v. H. des bisherigen Arbeitsentgelts	2811,46 EUR
Arbeitsentgelt für Altersteilzeitarbeit einschließlich Hinzurechnungsbetrag und SV-pflichtige Umlage	– 1527,09 EUR
	1284,37 EUR

Beispiel 2 (ZVK-Umlage)

1. Ermittlung des bisherigen beitragspflichtigen Arbeitsentgelts

Zusatzversorgungspflichtiges Arbeitsentgelt		3000,00 EUR
Arbeitgeberumlage (6,45 v. H. von 3000,00 EUR)	193,50 EUR	
Pauschalsteuerpflichtig	92,03 EUR	
Hinzurechnungsbetrag (92,03 EUR : 6,45 × 100 = 1426,82 EUR × 2,5% ./. 13,30 EUR Freibetrag)		22,37 EUR
SV-pflichtige Umlage (193,50 EUR ./. 92,03 EUR)		101,47 EUR
		3123,84 EUR

2. Ermittlung des beitragspflichtigen Arbeitsentgelts für Altersteilzeitarbeit, die ab 1. 1. 2003 vereinbart wurde

Zusatzversorgungspflichtiges Arbeitsentgelt 1500,00 EUR

Nach § 15 Abs. 2 Satz 2 ATV sind als tatsächliches zusatzversorgungspflichtiges Arbeitsentgelt das 1,8fache der nach § 4 TV-ATZ zustehenden Altersteilzeitbezüge zugrunde zu legen (1500,00 EUR × 1,8 = 2700,00 EUR)

Arbeitgeberumlage (6,45 v. H. von 2700,00 EUR)	174,15 EUR	
Pauschalsteuerpflichtig	92,03 EUR	
Hinzurechnungsbetrag (92,03 EUR : 6,45 × 100 = 1426,82 EUR × 2,5% ./. 13,30 EUR Freibetrag)		22,37 EUR
SV-pflichtige Umlage (174,15 EUR ./. 92,03 EUR)		82,12 EUR
		1604,49 EUR

3. Ermittlung des Unterschiedsbetrages

Bisheriges Arbeitsentgelt (siehe 1.)	3123,84 EUR
90 v. H. des bisherigen Arbeitsentgelts	2811,46 EUR
Arbeitsentgelt für Altersteilzeitarbeit einschließlich Hinzurechnungsbetrag und SV-pflichtige Umlage	– 1604,49 EUR
	1206,97 EUR

Beispiel 3 (ZVK-Umlage)

1. **Ermittlung des beitragspflichtigen Arbeitsentgelts für Altersteilzeitarbeit, die ab 1. 7. 2004 vereinbart wird**

Zusatzversorgungspflichtiges Arbeitsentgelt	1500,00 EUR
Regelarbeitsentgelt (siehe Beispiel 2 Nr. 2)	1604,49 EUR

2. **Ermittlung der zusätzlichen beitragspflichtigen Einnahme**

90 v. H. der Beitragsbemessungsgrenze	4635,00 EUR
Differenz zum Regelarbeitsentgelt (4635 EUR – 1604,49 EUR)	3030,51 EUR
80 v. H. des Regelarbeitsentgelts (1604,49 EUR)	1283,59 EUR
Beitragspflichtige Einnahme für zusätzlichen RV-Beitrag	1283,59 EUR

3.1.3.4 Entgeltumwandlung

Künftige Entgeltansprüche können in eine wertgleiche Anwartschaft auf Versorgungsleistungen umgewandelt werden (Entgeltumwandlung). Während die bis zum 31. Dezember 2008 für eine Entgeltumwandlung in eine Direktzusage/Unterstützungskassenversorgung sowie in eine Pensionskasse oder einen Pensionsfonds verwendeten Entgeltbestandteile bis zu einem Betrag in Höhe von 4 v. H. der jährlichen Beitragsbemessungsgrenze (West) der Rentenversicherung der Arbeiter und Angestellten (2004: 2472 EUR; mtl. 206 EUR) kein Arbeitsentgelt sind (§ 115 SGB IV, § 2 Abs. 2 Nr. 5, 6 ArEV), gilt dies für Beiträge zu einer Direktversicherung bzw. weitere, über den steuerfreien Betrag hinausgehende Zuwendungen an eine Pensionskasse nur, soweit sie nach § 40 b EStG pauschal versteuert und zusätzlich zu Löhnen oder Gehältern gewährt werden (§ 2 Abs. 1 Satz 1 Nr. 3 ArEV).

Bei einer Entgeltumwandlung zu Gunsten einer Direktzusage, Unterstützungskassenversorgung, Pensionskasse oder einen Pensionsfonds vermindert sich somit auch in einer Altersteilzeitarbeit bis zum 31. Dezember 2008 das beitragspflichtige Arbeitsentgelt unter den Voraussetzungen des § 115 SGB IV und des § 2 Abs. 2 Nr. 5, 6 ArEV. Für eine Ermittlung der beitragspflichtigen Einnahme für die zusätzlichen Rentenversicherungsbeiträge ist ausschließlich von den verminderten Arbeitsentgelten auszugehen. Dies hat unmittelbar Auswirkungen auf die kontinuierliche Altersteilzeitarbeit sowie auf die Arbeitsphase in einem Blockmodell.

In der Freistellungsphase eines Altersteilzeitarbeitsverhältnisses im Blockmodell hat der Versicherte grundsätzlich ebenfalls einen Anspruch auf Entgeltumwandlung. Im Übrigen besteht ggf. die vertragliche Verpflichtung, aus einer bereits bestehenden Entgeltumwandlung die jeweiligen Zahlungen zugunsten einer wertgleichen Anwartschaft auf Versorgungsleistungen auch in der Freistellungsphase zu erbringen.

Eine Entgeltumwandlung löst dann keinen Störfall aus, wenn der Arbeitgeber während der Arbeitsphase die Hälfte des Vollzeitarbeitsentgelts (vor der Entgeltumwandlung) ins Wertguthaben einstellt und festgelegt wird, dass auch während der Freistellungsphase aus diesem Wertguthaben eine entsprechende Entgeltumwandlung erfolgt. Das Arbeitsentgelt nach der Entgeltumwandlung ist dann als Regelarbeitsentgelt der Berechnung der zusätzlichen Rentenversicherungsbeiträge zugrunde zu legen. Obwohl eine beitragsfreie Verwendung von Wertguthaben für eine Entgeltumwandlung nicht ausdrücklich im Gesetz geregelt wird (vgl. § 23 b SGB IV), kann nur auf diesem Wege dem Anspruch auf Entgeltumwandlung unabhängig davon, ob eine kontinuierliche oder eine diskontinuierliche Arbeitsteilzeitarbeit aufgenommen wird, Rechnung getragen werden. Die beitragsrechtlichen Auswirkungen der Entgeltumwandlung in der Freistellungsphase entsprechen somit denjenigen in der Arbeitsphase eines Blockmodells.

Beispiel (West)

Altersteilzeitarbeit im Blockmodell (Arbeitsphase)

Vollzeitarbeitsentgelt	3000 EUR	
Wertguthaben	1500 EUR	
Regelarbeitsentgelt für Altersteilzeitarbeit		1500 EUR
Entgeltbestandteil für Direktzusage		200 EUR
SV-Brutto nach Entgeltumwandlung (= Regelarbeitsentgelt)		1300 EUR
Zusätzliche beitragspflichtige Einnahme (80 % von 1300 EUR)		1040 EUR

Hingegen löst eine Entgeltumwandlung einen Störfall aus, wenn angespartes Wertguthaben ohne entsprechende Festlegung in der Arbeitsphase monatlich oder unter Berücksichtigung der so genannten Vervielfältigungsregelung für eine kapitalgedeckte zusätzliche Altersvorsorge eingesetzt wird.

Beiträge zu einer Direktversicherung bzw. Pensionskasse, die aus einer anteiligen Sonderzuwendung finanziert werden, vermindern unter den Voraussetzungen des § 2 Abs. 1 Satz 1 Nr. 3 ArEV bis zum 31. Dezember 2008 insoweit die Höhe der Sonderzuwendung. Da dem für die Berechnung der zusätzlichen Rentenversicherungsbeiträge maßgeblichen Regelarbeitsentgelt Einmalzahlungen nicht zuzurechnen sind, hat die unter den Voraussetzungen des § 2 Abs. 1 Satz 1 Nr. 3 ArEV erfolgte Entgeltumwandlung insoweit keine Auswirkungen auf die ab 1. Juli 2004 beginnende Altersteilzeit.

Gleichwohl sind aus in der Arbeitsphase erwirtschafteten Einmalzahlungen Wertguthaben für in der Freistellungsphase vorgesehene Einmalzahlungen zu bilden.

Ab 1. Januar 2009 tritt Beitragsfreiheit bei einer Entgeltumwandlung nicht mehr ein.

3.2 Einmalig gezahltes Arbeitsentgelt

Einmalig gezahltes Arbeitsentgelt kann für Altersteilzeitarbeit, die ab 1. Juli 2004 beginnt, zwar noch bei der Berechnung des Aufstockungsbetrags nach § 3 Abs. 1 Nr. 1 Buchst. a AtG berücksichtigt werden (vgl. Ziffer 3.1.2) ist jedoch für die Ermittlung der zusätzlichen beitragspflichtigen Einnahme nach § 163 Abs. 5 SGB VI (vgl. Ziffer 3.1.3) nicht mehr zu berücksichtigen.

Bei Beginn der Altersteilzeitarbeit vor dem 1. Juli 2004 findet § 163 Abs. 5 SGB VI in der bis zum 30. Juni 2004 geltenden Fassung weiterhin Anwendung (§ 279 g SGB VI). Hierfür wird auf die Ausführungen unter Ziffer 3.2 und Ziffer 3.3 des gemeinsamen Rundschreibens vom 6. September 2001 verwiesen.

3.3 Beitragssatz und Beitragstragung

In der Pflege-, Renten- und Arbeitslosenversicherung gelten die für die jeweiligen Sozialversicherungszweige maßgeblichen Beitragssätze. Liegt der Beschäftigungsort des Arbeitnehmers in Sachsen, beläuft sich der Beitragsanteil zur Pflegeversicherung für den Arbeitnehmer auf 1,35 v. H. und für den Arbeitgeber auf 0,35 v. H. des Arbeitsentgelts. In der Krankenversicherung gilt – auch in einer Freistellungsphase – der allgemeine Beitragssatz.

Die auf das Arbeitsentgelt aus der Altersteilzeitarbeit entfallenden Beiträge sind vom Arbeitnehmer und Arbeitgeber je zur Hälfte zu tragen. Eine reduzierte Beitragstragung durch den Arbeitnehmer auf Grund der Regelungen zur Gleitzone (§ 20 Abs. 2 SGB IV) erfolgt nicht. Diese Regelungen finden bei Altersteilzeitarbeit keine Anwendung.

Für die knappschaftliche Rentenversicherung gilt die für diesen Versicherungszweig maßgebende besondere Beitragslastverteilung.

3.4 Bezug von Entgeltersatzleistungen

3.4.1 Allgemeines

Solange für einen Arbeitnehmer bei Arbeitsunfähigkeit oder der Ausführung von Leistungen zur medizinischen Rehabilitation Anspruch auf Fortzahlung des Arbeitsentgelts besteht und demzufolge ein versicherungspflichtiges Beschäftigungsverhältnis nach § 7 Abs. 1 SGB IV vorliegt, hat der Arbeitgeber neben dem nach § 3 EFZG fortzuzahlenden Arbeitsentgelt den Aufstockungsbetrag nach § 3 Abs. 1 Nr. 1 Buchst. a AtG sowie zusätzliche Rentenversicherungsbeiträge nach § 163 Abs. 5 SGB VI (vgl. Ausführungen zu Ziffer 3.1.3) zu zahlen. Nach Ablauf des Anspruchs auf Entgeltfortzahlung erhält der Arbeitnehmer die entsprechende Entgeltersatzleistung (Krankengeld, Versorgungskrankengeld, Verletztengeld oder Übergangsgeld) oder ein Krankentagegeld von einem privaten Krankenversicherungsunternehmen. Berechnungsbasis für die Entgeltersatzleistung ist das Arbeitsentgelt, das der Arbeitnehmer vor Beginn der Arbeitsunfähigkeit bzw. vor Beginn der medizinischen Rehabilitation erzielt hat. Die bis zum Ablauf der Entgeltfortzahlung vom Arbeitgeber erbrachten Leistungen

(Aufstockungsbeträge, zusätzliche Rentenversicherungsbeiträge) werden nach § 10 Abs. 2 Satz 1 AtG für die Dauer des Bezugs der Entgeltersatzleistung, der ausschließlich die Altersteilzeitarbeit zu Grunde liegt, von der Bundesagentur erbracht, wenn die Bundesagentur dem Arbeitgeber diese Leistungen nach § 4 AtG erstattet; Entsprechendes gilt für den Bezug von Krankentagegeld von einem privaten Krankenversicherungsunternehmen. Da die Erstattung in einem Blockmodell erst nach dem Ende der Arbeitsphase erfolgt, werden die Aufstockungsbeträge sowie die zusätzlichen Rentenversicherungsbeiträge auch erst ab diesem Zeitpunkt gezahlt. Anstelle der Bundesagentur können diese Leistungen auch bereits nach Ablauf der Entgeltfortzahlung vom Arbeitgeber erbracht werden (§ 10 Abs. 2 Satz 2 AtG). Sie werden ihm dann bei Vorliegen aller Voraussetzungen für die Förderleistungen von der Bundesagentur auf Antrag erstattet (§ 12 Abs. 2 Satz 4 AtG). Im Übrigen (z. B. bei fehlender Wiederbesetzung) kann der Arbeitgeber – ohne hierzu verpflichtet zu sein – diese Leistungen zu seinen eigenen Lasten weiterhin erbringen, damit auch in diesen Zeiten der Arbeitsunfähigkeit nach Ablauf der Entgeltfortzahlung Altersteilzeitarbeit im Sinne des Sozialversicherungsrechts vorliegt.

3.4.2 Basispflichtversicherung

Zusätzliche Beiträge zur Rentenversicherung (vgl. Ausführungen zu Ziffer 3.1.3) können nach § 163 Abs. 5 Satz 2 SGB VI allerdings nur dann rechtmäßig gezahlt werden, wenn und soweit entweder für die Zeit des Bezugs der o. a. Entgeltersatzleistungen kraft Gesetzes (§ 3 Satz 1 Nr. 3 SGB VI) oder für die Zeit des Krankentagegeldbezugs während einer Arbeitsunfähigkeit/medizinischen Rehabilitation auf Antrag (§ 4 Abs. 3 Satz 1 Nr. 2 SGB VI) Rentenversicherungspflicht besteht.

Die Antragspflichtversicherung beginnt mit Beginn der Arbeitsunfähigkeit/medizinischen Rehabilitation, wenn der Antrag vom Versicherten innerhalb von drei Monaten danach beim Rentenversicherungsträger gestellt wird, andernfalls mit dem Tag, der dem Eingang des Antrags folgt, frühestens mit Ende der Versicherungspflicht auf Grund der vorherigen Beschäftigung (§ 4 Abs. 4 Satz 1 Nr. 2 SGB VI). Die Fortdauer einer Beschäftigung gegen Arbeitsentgelt für längstens einen Monat nach § 7 Abs. 3 Satz 1 SGB IV ist hierbei nicht zu beachten.

Der Antragspflichtversicherung ist als beitragspflichtige Einnahme 80 v. H. des zuletzt für einen vollen Kalendermonat versicherten tatsächlichen Arbeitsentgelts aus der Altersteilzeitarbeit zu Grunde zu legen (§ 166 Abs. 1 Nr. 5 SGB VI). Die Beiträge sind vom Versicherten selbst zu tragen (§ 170 Abs. 1 Nr. 5 SGB VI).

3.4.3 Entgeltersatzleistungsbezug bei Beginn der Altersteilzeitarbeit

Wird zu Beginn der vereinbarten Altersteilzeitarbeit eine Entgeltersatzleistung (z. B. Krankengeld) bezogen, die noch aus dem bisherigen (vollen) Arbeitsentgelt (Regellohn) berechnet ist, kann Altersteilzeitarbeit grundsätzlich nicht beginnen. Der Beginn der Altersteilzeitarbeit sollte in diesen Fällen auf die (Wieder-)Aufnahme der versicherungspflichtigen Beschäftigung vertraglich verlegt werden.

Der Bezug von Krankentagegeld von einem privaten Krankenversicherungsunternehmen bereits bei Beginn der vereinbarten Altersteilzeitarbeit steht der Aufnahme der Altersteilzeitarbeit hingegen nicht entgegen. Es gelten die Ausführungen zu Ziffern 3.4.1 und 3.4.2.

3.4.4 Arbeitsunfähigkeit in der Arbeitsphase

Tritt in der Arbeitsphase einer Altersteilzeitarbeit im Blockmodell Arbeitsunfähigkeit ein, besteht für diese Zeit nach der Entgeltfortzahlung Altersteilzeitarbeit im Sinne des Sozialversicherungsrechts, wenn hierfür – neben der Basispflichtversicherung (Ziffer 3.4.2) – Aufstockungsbeträge und zusätzliche Rentenversicherungsbeiträge gezahlt werden. Zahlt ein Arbeitgeber für nicht förderungsfähige Altersteilzeitverhältnisse ausschließlich Aufstockungsbeträge nach § 3 Abs. 1 Nr. 1 Buchst. a AtG, handelt es sich ebenfalls um eine Altersteilzeitarbeit im Sinne des Sozialversicherungsrechts, so dass für die gezahlten Aufstockungsbeträge Beitragsfreiheit vorliegt. Für den Zugang zur Altersrente nach Altersteilzeitarbeit nach § 237 SGB VI (vgl. Ausführungen zu Ziffer 5) sind diese Zeiten allerdings nicht berücksichtigungsfähig.

Zur Wertguthabenbildung für die Freistellungsphase wird auf die Ausführungen zu Ziffer 2.1.7.2 verwiesen. Besteht zu Beginn der vereinbarten Freistellungsphase die Arbeitsunfähigkeit noch fort und reicht das in der Arbeitsphase erzielte Wertguthaben zur Finanzierung der gesamten Freistellungsphase nicht aus, wird von den Krankenkassen zunächst für die weitere Dauer der Arbeitsunfähigkeit Krankengeld gezahlt. Das Ruhen des Krankengeldanspruchs nach § 49 Abs. 1 Nr. 6 SGB V beginnt erst mit dem Zeitpunkt, von dem an das Wertguthaben ausreichend hoch ist, das vereinbarte Arbeitsentgelt bis zum vereinbarungsgemäßen Ende der Freistellungsphase zahlen zu können. Sollte die Arbeitsunfähigkeit während der eigentlichen Freistellungsphase vor dem Beginn des ermittelten Ruhenszeitraums enden, so kann das fehlende Wertguthaben nur durch Nacharbeit ausgeglichen werden. Eine Vermehrung von Wertguthaben wäre spätestens zum Ende der vereinbarten Arbeitsphase zulässig gewesen.

3.4.5 Arbeitsunfähigkeit in der Freistellungsphase

Tritt ausschließlich in der Freistellungsphase einer Altersteilzeitarbeit im Blockmodell Arbeitsunfähigkeit ein, ruht der Anspruch auf Krankengeld, während der gesamten Freistellungsphase (§ 49 Abs. 1 Nr. 6 SGB V). Versicherungspflicht auf Grund einer Beschäftigung gegen Arbeitsentgelt nach § 7 Abs. 1 a SGB IV besteht auch während dieser Zeit.

3.5 Kurzarbeitergeld/Winterausfallgeld

Die Regelung des § 163 Abs. 5 SGB VI über die Zugrundelegung einer zusätzlichen beitragspflichtigen Einnahme in der Rentenversicherung im Falle von Altersteilzeitarbeit wird nicht dadurch berührt, dass die Arbeit infolge Kurzarbeit oder schlechten Wetters ganz oder teilweise ausfällt. In diesen Fällen gilt nach ausdrücklicher Bestimmung in § 10 Abs. 4 AtG das Entgelt für die vereinbarte Arbeitszeit als Arbeitsentgelt für die Altersteilzeitarbeit.

Anders als bei einem Bezug von Entgeltersatzleistungen oder Krankentagegeld in § 10 Abs. 2 AtG (vgl. Ausführungen zu Ziffer 3.4) sieht § 10 Abs. 4 AtG allerdings nicht vor, dass die Bundesagentur an Stelle des Arbeitgebers die Leistungen nach § 3 Abs. 1 Nr. 1 AtG übernimmt.

Beispiel (West)

Ein Arbeitnehmer leistet Altersteilzeitarbeit und erhält hierfür ein Regelarbeitsentgelt von monatlich 1400 EUR. Infolge Kurzarbeit fällt die Hälfte der Altersteilzeitarbeit aus, sodass sich sein Arbeitsentgelt für die Altersteilzeit auf 700 EUR reduziert. Der Unterschiedsbetrag zwischen Sollentgelt und Istentgelt beträgt ebenfalls 700 EUR.

Beitragspflichtiges Arbeitsentgelt

	KV/PV	RV	AlV
Arbeitsentgelt für Altersteilzeitarbeit	700 EUR	700 EUR	700 EUR
fiktives Arbeitsentgelt nach § 232 a Abs. 2 SGB V und § 163 Abs. 6 SGB VI (80 % von 700 EUR =)	560 EUR	560 EUR	–
Zusätzliche beitragspflichtige Einnahme 80 v. H. vom Regelarbeitsentgelt (1400 EUR)	–	1120 EUR	–
	1260 EUR	2380 EUR	700 EUR

3.6 Abfindungen

Abfindungen aus Anlass der Beendigung des Altersteilzeitarbeitsverhältnisses (z. B. zum Ausgleich einer Rentenminderung bei vorzeitiger Inanspruchnahme einer Altersrente) sind als Abfindungen für den Verlust des Arbeitsplatzes im Sinne der Rechtsprechung des Bundessozialgerichts vom 21. Februar 1990 – 12 RK 20/88 –; USK 9010, anzusehen und gehören damit nicht zum Arbeitsentgelt im Sinne der Sozialversicherung.

3.7 Fälligkeit der Beiträge

Nach § 23 Abs. 1 Satz 2 SGB IV werden die nach dem Arbeitsentgelt bemessenen Beiträge spätestens am Fünfzehnten des Monats fällig, der dem Monat folgt, in dem die Beschäftigung, mit der das Arbeitsentgelt erzielt wird, ausgeübt worden ist oder als ausgeübt gilt. Abweichend hiervon sind die Beiträge nach § 23 Abs. 1 Satz 3 SGB IV spätestens am Fünfundzwanzigsten des Monats fällig, in dem die Beschäftigung, mit der das Arbeitsentgelt erzielt wird, ausgeübt worden ist oder als ausgeübt gilt, wenn das Arbeitsentgelt bis zum Fünfzehnten dieses Monats fällig ist; fällt der Fünfundzwanzigste eines Monats nicht auf einen Arbeitstag, werden die Beiträge am letzten banküblichen Arbeitstag davor fällig. Nach § 23b Abs. 1 Satz 1 SGB IV ist bei Vereinbarungen nach § 7 Abs. 1a SGB IV für Zeiten der tatsächlichen Arbeitsleistung und der Freistellung das in dem jeweiligen Zeitraum fällige Arbeitsentgelt als Arbeitsentgelt im Sinne des § 23 Abs. 1 SGB IV maßgebend. Dies bedeutet, dass die Beiträge jeweils spätestens am Fünfundzwanzigsten des laufenden Monats bzw. am Fünfzehnten des Monats, der dem Monat folgt, für den das Arbeitsentgelt gezahlt wird, fällig werden.

Zusätzliche Rentenversicherungsbeiträge für Zeiten der Arbeitsunfähigkeit, die der Arbeitgeber an Stelle der Bundesagentur zahlt (vgl. Ausführungen zu Ziffer 3.4.1), werden grundsätzlich ebenfalls in Anwendung des § 23 Abs. 1 Satz 2 und 3 SGB IV fällig. Sie sind in den Beitragsnachweis des Monats aufzunehmen, für den sie gezahlt werden.

In den Fällen, in denen bei einem Blockmodell eine ursprünglich vorgesehene Wiederbesetzung des Arbeitsplatzes nicht erfolgen kann und der Arbeitgeber die Zahlung der zusätzlichen Rentenversicherungsbeiträge für Zeiten der Arbeitsunfähigkeit nach der Entgeltfortzahlung zunächst der Bundesagentur überlassen hat, nunmehr jedoch – ohne hierzu verpflichtet zu sein – diese Zahlung übernimmt, sind diese Beiträge von ihm unverzüglich nachzuzahlen, sobald ihm bekannt wird, dass es zu der vorgesehenen Wiederbesetzung nicht kommt; spätestens sind sie zu Beginn der Freistellungsphase fällig. Ggf. ist der Beitragsnachweis bei Zuordnung zu bereits abgelaufenen Kalenderjahren zu korrigieren. Die Zahlung der steuer- und beitragsfreien Aufstockungsbeträge nach § 3 Abs. 1 Nr. 1 Buchst. a AtG während einer Arbeitsphase durch den Arbeitgeber begründet in diesen Fällen keine zeitgleiche Fälligkeit zusätzlicher Rentenversicherungsbeiträge, wenn der Arbeitnehmer im Hinblick auf die ursprünglich vorgesehene Wiederbesetzung des Arbeitsplatzes seinen diesbezüglichen Anspruch gegen die Bundesagentur an den Arbeitgeber abtritt.

3.8 Beitragsverfahren für Störfälle

3.8.1 Gesetzliche Grundlage

Für den Fall, dass es bei Altersteilzeitarbeit im Blockmodell zu einer vorzeitigen Beendigung der Altersteilzeitvereinbarung (sog. Störfall wie z. B. Tod, Auflösung des Arbeitsverhältnisses o. Ä.) kommt, sieht § 10 Abs. 5 AtG für den Bereich der Rentenversicherung einerseits sowie für die Bereiche der Kranken-, Pflege- und Arbeitslosenversicherung andererseits eine unterschiedliche beitragsrechtliche Behandlung des Wertguthabens vor. Da in der Phase der Arbeitsleistung auf Grund der Beitragszahlung aus der zusätzlichen beitragspflichtigen Einnahme (§ 3 Abs. 1 Nr. 1 Buchst. b AtG) bereits Rentenversicherungsbeiträge von etwa 90 v. H. (auf Grund vertraglicher Vereinbarung eventuell auch höher) des Vollzeitarbeitsentgelts bzw. der Beitragsbemessungsgrenze der Rentenversicherung gezahlt worden sind, gilt nach § 10 Abs. 5 Satz 1 erster Halbsatz AtG im Störfall nur noch die Differenz zwischen dem Betrag, den der Arbeitgeber der Beitragsberechnung zugrunde gelegt hat (Regelarbeitsentgelt und zusätzliche beitragspflichtige Einnahmen) und dem Doppelten des Regelarbeitsentgelts bis zum Störfall, höchstens bis zur Beitragsbemessungsgrenze, als beitragspflichtige Einnahme aus dem Wertguthaben. Für die Berechnung der Beiträge zur Kranken-, Pflege- und Arbeitslosenversicherung gilt hingegen nach § 10 Abs. 5 Satz 1 zweiter Halbsatz AtG § 23 b Abs. 2 bis 3 SGB IV. Bei dem im Störfall beitragspflichtigen Wertguthaben handelt es sich weder um laufendes noch um einmalig gezahltes Arbeitsentgelt, weil hier andere Kriterien zur Feststellung des beitragspflichtigen Teils des Wertguthabens gelten.

Beitragspflichtige Einnahmen aus Wertguthaben fallen bei einem Störfall allerdings nicht an, wenn bereits bei Abschluss der Vereinbarung über die Altersteilzeitarbeit im Blockmodell eine Vereinbarung über die Verwendung von Wertguthaben für Zwecke der betrieblichen Altersversorgung unter den Voraussetzungen des § 23 b Abs. 3 a SGB IV vorgesehen war. Auf die diesbezüglichen Ausführungen im gemeinsamen Rundschreiben zur sozialrechtlichen Absicherung flexibler Arbeitszeitregelungen vom 29. August 2003 (Ziffer 4.5) wird verwiesen.

Die steuer- und beitragsfrei gezahlten Aufstockungsbeträge können – anders als dies zum Teil auf arbeitsrechtlicher und tarifvertraglicher Ebene für die an den Arbeitnehmer oder seine Hinterbliebenen in diesen Fällen vorgesehenen Zahlungen möglich ist (vgl. z. B. § 9 Abs. 3 TV ATZ für den öffentlichen Dienst) – bei der Ermittlung des beitragspflichtigen Wertguthabens nicht mindernd in Ansatz gebracht werden.

3.8.2 Beitragsverfahren

3.8.2.1 Berechnungsgrundlagen

Für den bereits abgelaufenen Zeitraum der Altersteilzeitbeschäftigung bleibt es bei der bisherigen beitragsrechtlichen Behandlung des Arbeitsentgelts aus der Altersteilzeitarbeit sowie des Aufstockungsbetrages und der zusätzlichen Rentenversicherungsbeiträge. Das gilt selbst dann, wenn die vereinbarte Altersteilzeitarbeit im Blockmodell noch während der Arbeitsphase endet, ohne dass es zu einer Freistellung von der Arbeitsleistung und damit im Durchschnitt gesehen zu einer Reduzierung der bisherigen wöchentlichen Arbeitszeit gekommen ist und arbeitsrechtlich eine Minderung des Wertguthabens vorgenommen wird.

Eine Rückrechnung ist nicht zulässig. Das Wertguthaben ist grundsätzlich auch nicht als Einmalzahlung (§ 23 a SGB IV) zu behandeln.

Für den Fall, dass das Wertguthaben nicht wie vereinbart für eine laufende Freistellung von der Arbeit verwendet wird (Störfall), sieht § 23 b Abs. 2 bis 3 SGB IV für die Kranken-, Pflege- und Arbeitslosenversicherung und § 10 Abs. 5 AtG für die Rentenversicherung für Störfälle ein besonderes Beitragsberechnungsverfahren vor.

Für die **Kranken-, Pflege-** und **Arbeitslosenversicherung** gilt in einem Störfall als beitragspflichtiges Arbeitsentgelt das Wertguthaben, höchstens jedoch die bis zu der für die Dauer der Arbeitsphase seit der ersten Bildung des Wertguthabens festgestellte SV-Luft (sog. Summenfelder-Modell).

Die sich aus dem Summenfelder-Modell ergebenden Beitragsbemessungsgrundlagen sind bereits während der Arbeitsphase einer diskontinuierlichen Altersteilzeitarbeit (z. B. im Blockmodell) in der Entgeltabrechnung (Entgeltkonto) mindestens kalenderjährlich darzustellen. Dies sind die (Gesamt-)Differenzen zwischen dem beitragspflichtigen Arbeitsentgelt und der Beitragsbemessungsgrenze des jeweiligen Versicherungszweiges (SV-Luft) für die Dauer der Arbeitsphase seit der erstmaligen Bildung des Wertguthabens. Für die Freistellungsphase ist keine weitere SV-Luft zu bilden. Die SV-Luft ist zu reduzieren, soweit sie den Betrag des (Rest-)Wertguthabens nicht unterschreitet. Es besteht auch die Möglichkeit das Wertguthaben zum 31. Dezember eines jeden Jahres oder zum Tag vor Beginn der Freistellungsphase zu bewerten (abgegrenzte SV-Luft; so genanntes Alternativ-/Optionsmodell) oder das beitragspflichtige Wertguthaben – also den bereits zum Zeitpunkt der Arbeitsleistung beitragspflichtigen Teil des Arbeitsentgelts – monatlich festzustellen (§ 23 b Abs. 2 Satz 1 SGB IV).

In der **Rentenversicherung** ist für eine im Blockmodell ausgeübte Altersteilzeitarbeit für die Dauer der Altersteilzeitarbeit bis zum Eintritt des Störfalls die Differenz zwischen dem Regelarbeitsentgelt für die Altersteilzeitarbeit einschließlich der zusätzlichen beitragspflichtigen Einnahme (dem Arbeitsentgelt, von dem tatsächlich Beiträge zur Rentenversicherung entrichtet wurden) und dem Doppelten des Regelarbeitsentgelts als SV-Luft auszuweisen. Die Feststellung erfolgt – anders als in den übrigen Sozialversicherungszweigen – für die Zeit vom Beginn der Altersteilzeitarbeit bis zum Eintritt des Störfalls und berücksichtigt auch die Zeiten der Freistellung von der Arbeitsleistung (vgl. Beispiel 1). Das so genannte Alternativ-/Optionsmodell kann in der Altersteilzeitarbeit für die Rentenversicherung nicht angewendet werden. Einmalzahlungen mindern, soweit sie zur Beitragsberechnung herangezogen werden, die SV-Luft des Jahres, dem sie beitragsrechtlich zugeordnet werden (vgl. Beispiel 2). Dies gilt sowohl für Einmalzahlungen, die in der Arbeitsphase gezahlt werden, als auch für Einmalzahlungen, die in der Freistellungsphase gezahlt werden. Sollte der beitragspflichtige Teil der Einmalzahlung höher sein, als die für dieses Kalenderjahr (ggf. für das Kalenderjahr der Zuordnung der Einmalzahlung) zu bildende SV-Luft, ist die SV-Luft für dieses Kalenderjahr auf 0 zu reduzieren.

Wertguthaben, die auf Grund einer Vereinbarung nach § 7 Abs. 1 a SGB IV bereits vor der Altersteilzeitarbeit erzielt wurden, können für die Altersteilzeitarbeit zur Verkürzung der Arbeitsphase verwendet werden (vgl. Ziffer 2.1.7.1). Mit dem Übergang in die Altersteilzeitarbeit wird die bisher festgestellte SV-Luft in allen Versicherungszweigen übernommen und fortgeführt (vgl. Beispiel 3).

Die Berechnung der Beiträge aus laufendem sowie einmalig gezahltem Arbeitsentgelt (§ 23 a SGB IV) geht jeweils der Beitragsberechnung nach § 23 b Abs. 2 bis 3 SGB IV und § 10 Abs. 5 AtG vor. Tritt in einem Abrechnungszeitraum, in dem eine Einmalzahlung gezahlt wird, ein Störfall ein, erfolgt zuerst die Berechnung der Beiträge aus dem tatsächlichen Arbeitsentgelt (laufendes und einmalig gezahltes Arbeitsentgelt). Anschließend sind der beitragspflichtige Teil des Wertguthabens sowie die darauf entfallenden Beiträge zu ermitteln.

Beispiel 1

Der Arbeitgeber stellt jährlich die SV-Luft für den einzelnen Versicherungszweig fest. Die Bewertung des Wertguthabens erfolgt anlässlich eines Störfalls am 31. 12. 2005.

Beginn der Altersteilzeitarbeit (Bildung des Wertguthabens)	1. 7. 2004
Arbeitsphase	1. 7. 2004 – 30. 6. 2005
Freistellungsphase	1. 7. 2005 – 30. 6. 2006

2004

Regelarbeitsentgelt für die Altersteilzeitarbeit	1 500 EUR
zusätzliche beitragspflichtige Einnahme (80 % des Regelarbeitsentgelts)	1 200 EUR
Wertguthaben am 31. 12. 2004	9 000 EUR

Feststellung der SV-Luft

Berechnung der anteiligen Beitragsbemessungsgrenze (BBG) für die Zeit vom 1. 7. 2004 bis 31. 12. 2004

BBG Krankenversicherung/Pflegeversicherung	20 925 EUR
beitragspflichtiges Arbeitsentgelt 7/2004 bis 12/2004	9 000 EUR
SV-Luft	11 925 EUR
BBG Arbeitslosenversicherung	30 900 EUR
beitragspflichtiges Arbeitsentgelt 7/2004 bis 12/2004	9 000 EUR
SV-Luft	21 900 EUR

Rentenversicherung Differenz zwischen doppeltem Regelarbeitsentgelt (= 3000 EUR) und dem Regelarbeitsentgelt für die Altersteilzeitarbeit einschließlich der zusätzlichen beitragspflichtigen Einnahme (= 2700 EUR) für die Monate 7/2004 bis 12/2004 (300 EUR × 6 Monate)	1 800 EUR

Die Feststellungen für das Jahr 2004 sind wie folgt darzustellen:

Gesamtwertguthaben (in den Lohnunterlagen)	9 000 EUR
SV-Luft in der Entgeltabrechnung:	
Krankenversicherung	11 925 EUR
Rentenversicherung	1 800 EUR
Arbeitslosenversicherung	21 900 EUR
Pflegeversicherung	11 925 EUR

2005

(Für 2005 werden die Rechengrößen des Jahres 2004 berücksichtigt.)

Regelarbeitsentgelt für die Altersteilzeitarbeit	1 500 EUR
Zusätzliche beitragspflichtige Einnahme (80 % des Regelarbeitsentgelts)	1 200 EUR
Wertguthaben am 31. 12. 2004 (9000 EUR + 9000 EUR abzgl. 9000 EUR)	9 000 EUR

Feststellung der SV-Luft

Berechnung der anteiligen Beitragsbemessungsgrenze (BBG) in der Kranken-, Pflege- und Arbeitslosenversicherung für die Zeit vom 1. 1. 2005 bis 30. 6. 2005 (Ende der Arbeitsphase)

BBG Krankenversicherung/Pflegeversicherung	20 925 EUR
beitragspflichtiges Arbeitsentgelt 1/2005 bis 6/2005	9 000 EUR
SV-Luft	11 925 EUR
BBG Arbeitslosenversicherung	30 900 EUR
beitragspflichtiges Arbeitsentgelt 1/2005 bis 6/2005	9 000 EUR
SV-Luft	21 900 EUR
Rentenversicherung Differenz zwischen doppeltem Regelarbeitsentgelt (= 3000 EUR) und dem Regelarbeitsentgelt für die Altersteilzeitarbeit einschließlich der zusätzlichen beitragspflichtigen Einnahme (= 2700 EUR) für die Monate 1/2005 bis 12/2005 (bis Störfall) 300 EUR × 12 Monate	3 600 EUR

Die Feststellungen für das Jahr 2005 sind wie folgt darzustellen:

Gesamtwertguthaben (in den Lohnunterlagen) (Übertrag: 1.7.2004 bis 31.12.2004 = 9000 EUR Aufbau: 1.1.2005 bis 30.6.2005 = 9000 EUR Abbau: 1.7.2005 bis 31.12.2005 = 9000 EUR)	9 000 EUR

SV-Luft in der Entgeltabrechnung:

Krankenversicherung (11 925 EUR + 11 925 EUR abzgl. 9000 EUR)	14 850 EUR
Rentenversicherung (1800 EUR + 3600 EUR)	5 400 EUR
Arbeitslosenversicherung (21 900 EUR + 21 900 EUR abzgl. 9000 EUR)	34 800 EUR
Pflegeversicherung (11 925 EUR + 11 925 EUR abzgl. 9000 EUR)	14 850 EUR

Feststellung des beitragspflichtigen Wertguthabens zum Störfall am 31.12.2005

SV-Luft Krankenversicherung/Pflegeversicherung	14 850 EUR
Wertguthaben	9 000 EUR
beitragspflichtiges Wertguthaben	9 000 EUR
SV-Luft Arbeitslosenversicherung	34 800 EUR
Wertguthaben	9 000 EUR
beitragspflichtiges Wertguthaben	9 000 EUR
SV-Luft Rentenversicherung	5 400 EUR
Wertguthaben	9 000 EUR
beitragspflichtiges Wertguthaben	5 400 EUR

Bei Eintritt des Störfalls am 31. Dezember 2005 ist das verbliebene Wertguthaben in Höhe von 9000 EUR in der Kranken-, Pflege- und Arbeitslosenversicherung als beitragspflichtiges Arbeitsentgelt zu berücksichtigen, weil die SV-Luft in diesen Sozialversicherungszweigen nicht überschritten wird. In der Rentenversicherung sind lediglich 5400 EUR aus dem Wertguthaben als beitragspflichtiges Arbeitsentgelt zu berücksichtigen, weil nur in dieser Höhe SV-Luft besteht.

Beispiel 2

Altersteilzeitarbeit im Blockmodell seit	1.7.2004
Regelarbeitsentgelt für die Altersteilzeitarbeit	1 500,00 EUR
zusätzliche beitragspflichtige Einnahme (80 % des Regelarbeitsentgelts)	1 200,00 EUR
Weihnachtsgeld für die Altersteilzeitarbeit (November 2004)	2 500,00 EUR

SV-Luft für die Zeit von 7/2004 bis 10/2004

BBG Krankenversicherung/Pflegeversicherung	13 950,00 EUR
beitragspflichtiges Arbeitsentgelt	6 000,00 EUR
SV-Luft	7 950,00 EUR
BBG Arbeitslosenversicherung	20 600,00 EUR
beitragspflichtiges Arbeitsentgelt	6 000,00 EUR
SV-Luft	14 600,00 EUR
Rentenversicherung Differenz zwischen doppeltem Regelarbeitsentgelt (max. BBG Rentenversicherung) und Regelarbeitsentgelt für die Altersteilzeitarbeit einschl. zusätzlicher beitragspflichtiger Einnahme (3000 EUR abzgl. 2700 EUR = 300 EUR × 4)	1 200,00 EUR

Feststellung des beitragspflichtigen Teils der Einmalzahlung

Krankenversicherung/Pflegeversicherung	
BBG 1/2004 bis 11/2004	38 362,50 EUR
abzgl.	
beitragspflichtiges Arbeitsentgelt 1/2004 bis 10/2004 (6 × 3000 EUR + 4 × 1500 EUR)	–24 000,00 EUR
beitragspflichtiges laufendes Arbeitsentgelt 11/2004	–1 500,00 EUR
Differenz bis zur anteiligen Beitragsbemessungsgrenze	12 862,50 EUR
Einmalzahlung	2 500,00 EUR
beitragspflichtige Einmalzahlung	2 500,00 EUR
Arbeitslosenversicherung	
BBG 1/2004 bis 11/2004	56 650,00 EUR
abzgl.	
beitragspflichtiges Arbeitsentgelt 1/2004 bis 10/2004 (6 × 3000 EUR + 4 × 1500 EUR)	–24 000,00 EUR
beitragspflichtiges laufendes Arbeitsentgelt 11/2004	–1 500,00 EUR
Differenz bis zur anteiligen Beitragsbemessungsgrenze	31 150,00 EUR
Einmalzahlung	2 500,00 EUR
beitragspflichtige Einmalzahlung	2 500,00 EUR
Rentenversicherung	
BBG 1/2004 bis 11/2004	56 650,00 EUR
abzgl.	
beitragspflichtiges Arbeitsentgelt 1/2004 bis 10/2004 (6 × 3000 EUR + 4 × 2700 EUR)	–28 800,00 EUR
beitragspflichtiges laufendes Arbeitsentgelt 11/2004	–1 500,00 EUR
zusätzliche beitragspflichtige Einnahme 11/2004	–1 200,00 EUR
Differenz bis zur anteiligen Beitragsbemessungsgrenze	25 150,00 EUR

Einmalzahlung	2 500,00 EUR
beitragspflichtige Einmalzahlung	2 500,00 EUR

Auswirkung der Einmalzahlung auf die SV-Luft

Krankenversicherung/Pflegeversicherung	
SV-Luft 7/2004 bis 10/2004	7 950,00 EUR
SV-Luft 11/2004 (BBG 3487,50 EUR abzgl. 4000 EUR Arbeitsentgelt)	–512,50 EUR
SV-Luft bis 11/2004	7 437,50 EUR
Arbeitslosenversicherung	
SV-Luft 7/2004 bis 10/2004	14 600,00 EUR
SV-Luft 11/2004 (BBG 5150 EUR abzgl. 4000 EUR Arbeitsentgelt)	1 150,00 EUR
SV-Luft bis 11/2004	15 750,00 EUR
Rentenversicherung	
SV-Luft 7/2004 bis 10/2004	1 200,00 EUR
SV-Luft 11/2004 (300 EUR abzgl. 2500 EUR)	–2 200,00 EUR
SV-Luft bis 11/2004	0 EUR

(kein negativer [Gesamt-]Wert zulässig, Korrektur auf 0 EUR)

Beispiel 3

Der Arbeitnehmer übernimmt ein vor der Vereinbarung über Altersteilzeitarbeit erzieltes Wertguthaben in die Altersteilzeitarbeit.

Beginn der Altersteilzeitarbeit	1. 7. 2004
Betrag des „übernommenen" Wertguthabens	15 000 EUR
SV-Luft:	
Krankenversicherung	20 000 EUR
Rentenversicherung	30 000 EUR
Arbeitslosenversicherung	30 000 EUR
Pflegeversicherung	20 000 EUR

Lösung:

Das Wertguthaben ist zum 1. 7. 2004 (Beginn der Altersteilzeitarbeit) wie folgt darzustellen:

Betrag des Wertguthabens	15 000 EUR
SV-Luft:	
Krankenversicherung	20 000 EUR
Rentenversicherung	30 000 EUR
Arbeitslosenversicherung	30 000 EUR
Pflegeversicherung	20 000 EUR

In allen Zweigen der Sozialversicherung wird die bisher festgestellte SV-Luft übernommen und fortgeschrieben. Es besteht aber auch die Möglichkeit, das Wertguthaben zum Zeitpunkt des Übergangs in die Altersteilzeitarbeit zu bewerten und die SV-Luft im Alternativ-/Optionsmodell auf den Wert des Wertguthabens zu begrenzen.
In der Krankenversicherung, Pflegeversicherung und Arbeitslosenversicherung erhöht sich die SV-Luft vom 1. Juli 2004 an um die Differenz zwischen der Beitragsbemessungsgrenze und dem beitragspflichtigen Arbeitsentgelt für die Altersteilzeitarbeit.
In der Rentenversicherung erhöht sich die SV-Luft wegen der besonderen Regelung des § 10 Abs. 5 AtG vom 1. Juli 2004 an um die Differenz zwischen dem doppelten des Regelarbeitsentgelts und dem Arbeitsentgelt, von dem Rentenversicherungsbeiträge gezahlt werden.
Mit dem übernommenen Wertguthaben kann der Arbeitnehmer bei einem bisherigen Arbeitsentgelt von 3000 EUR fünf Monate Arbeitsphase ersetzen (15 000 EUR).

3.8.2.2 Tariferhöhungen und Zinserträge

Als Wertguthaben ist der in den Lohnunterlagen ausgewiesene aktuelle Betrag maßgebend. Hieraus folgt, dass Zeitwertguthaben mit dem aktuellen Stundensatz zu berücksichtigen sind. Geldwertguthaben sind der tariflichen Erhöhung anzupassen, wenn Arbeitnehmern auch in der Freistellungsphase der aktuelle Stundensatz zu gewähren ist. In diesen Fällen kann das Wertguthaben unmittelbar nach der tariflichen Erhöhung angepasst werden. Es bestehen jedoch auch keine Bedenken, wenn das Wertguthaben erst zum Ende der Freistellungsphase, nachträglich erhöht und in den Lohnunterlagen zu dem Zeitpunkt in dem ersichtlich ist, dass das während der Arbeitsphase gebildete Wertguthaben nicht bis zum Ende der Freistellungsphase ausreicht, entsprechend dargestellt wird. Entsprechendes gilt für Zinserträge, die für das Arbeitsentgelt während der Freistellungsphase zu berücksichtigen sind.

	Monat	Tatsächliches Arbeitsentgelt	Arbeitsentgelt für Freistellungsphase	Wertguthaben	Tariferhöhung
Arbeitsphase	7/2004	3 000,00 EUR	1 500,00 EUR	1 500,00 EUR	
	8/2004	3 000,00 EUR	1 500,00 EUR	3 000,00 EUR	3 %
	9/2004	3 090,00 EUR	1 545,00 EUR	4 545,00 EUR	
	10/2004	3 090,00 EUR	1 545,00 EUR	6 090,00 EUR	
	11/2004	3 090,00 EUR	1 545,00 EUR	7 635,00 EUR	
	12/2004	3 090,00 EUR	1 545,00 EUR	9 180,00 EUR	
	↓	↓	↓	↓	
	6/2005	3 090,00 EUR	1 545,00 EUR	18 450,00 EUR	

	Monat	Tatsächliches Arbeitsentgelt	Arbeitsentgelt für Freistellungsphase	Wertguthaben	Tariferhöhung
Freistellungsphase	7/2005	–	1 545,00 EUR	16 905,00 EUR	
	8/2005	–	1 545,00 EUR	15 360,00 EUR	
	9/2005	–	1 545,00 EUR	13 815,00 EUR	
	10/2005	–	1 545,00 EUR	12 270,00 EUR	
	11/2005	–	1 545,00 EUR	10 725,00 EUR	
	12/2005	–	1 545,00 EUR	9 180,00 EUR	
	↓	↓	↓	↓	
	4/2006	–	1 545,00 EUR	3 000,00 EUR	
	5/2006	–	1 545,00 EUR	1 455,00 EUR Wertguthaben [neu]: 1 545,00 EUR	nachträgliche Erhöhung um 90,00 EUR
	6/2006	–	1 545,00 EUR	0,00 EUR	

Tritt während der Freistellungsphase ein Störfall ein, ist das bereits erwirtschaftete Wertguthaben ohne zwischenzeitliche Wertsteigerungen (z. B. Tariferhöhungen, Zinserträge) zu verbeitragen.

3.8.2.3 Hinzurechnungsbeträge

Hinzurechnungsbeträge nach § 2 Abs. 1 Satz 2 ArEV (z. B. die im öffentlichen Dienst vom Arbeitgeber nach § 40 b EStG pauschal versteuerte Umlage zu einer Zusatzversorgungskasse) sind nicht in das Wertguthaben einzustellen, da es sich um fiktive Beträge handelt, die ausschließlich dem Ausgleich des vom Arbeitgeber erbrachten geldwerten Vorteils einer Zukunftssicherungsleistung dienen.

3.8.2.4 Eintritt eines Insolvenzfalles

Bei Beendigung des Beschäftigungsverhältnisses im Falle der Insolvenz des Arbeitgebers (vgl. Ziffer 2.1.7.7) stellt der im Störfall beitragspflichtige Teil des Wertguthabens nur insoweit beitragspflichtiges Arbeitsentgelt dar, als hiervon tatsächlich Beiträge entrichtet werden. Ist das Arbeitsentgelt also für den Fall der Insolvenz nicht oder nicht vollständig gesichert, stellt es kein oder nur teilweise beitragspflichtiges Arbeitsentgelt dar.

3.9 Lohnunterlagen

Nach § 2 Abs. 1 Nr. 4 a BÜV hat der Arbeitgeber Angaben zum Beginn und zum Ende der Altersteilzeitarbeit in die Lohnunterlagen aufzunehmen. Darüber hinaus ist nach Nr. 8 a a. a. O. die zusätzliche beitragspflichtige Einnahme nach § 3 Abs. 1 Nr. 1 Buchst. b AtG in den Lohnunterlagen festzuhalten; nach §3 Abs. 1 Satz 1 Nr. 3a BÜV gilt dies auch für die Beitragsabrechnung. Bei einer Altersteilzeitarbeit im Blockmodell hat der Arbeitgeber nach §2 Abs. 1 Nr. 4b BÜV in der Arbeitsphase die Zugänge auf Grund der Vorarbeit oder freiwilliger besonderer Zahlungen und in der Freistellungsphase die Abgänge des Wertguthabens in den Lohnunterlagen aufzuführen. Zusätzlich sind der Abrechnungsmonat, in dem die erste Gutschrift erfolgt, sowie alle weiteren Abrechnungsmonate, in denen Änderungen des Wertguthabens erfolgen, in den Lohnunterlagen anzugeben.

Im Übrigen sind Wertguthaben, die zum Teil aus Arbeitsleistungen im Rechtskreis Ost erzielt wurden, nach §7 Abs. 1a Satz 6 SGB IV getrennt darzustellen. Für den Fall, dass das Wertguthaben nicht wie vereinbart für eine laufende Freistellung von der Arbeit verwendet wird (Störfall, siehe Ziffer 3.8), sieht §23b Abs. 2 bis 3 SGB IV ein besonderes Beitragsberechnungsverfahren vor. Die sich hiernach ergebenden Beitragsbemessungsgrundlagen sind in der Entgeltabrechnung (Entgeltkonto) mindestens kalenderjährlich darzustellen. Dies sind bei Anwendung des Summenfelder-Modells für die Kranken-, Pflege- und Arbeitslosenversicherung die (Gesamt-)Differenzen zwischen dem beitragspflichtigen Arbeitsentgelt und der Beitragsbemessungsgrenze des jeweiligen Versicherungszweiges (SV-Luft) für die Dauer der Arbeitsphase seit der erstmaligen Bildung des Wertguthabens. Für die Rentenversicherung ist Beitragsbemessungsgrundlage die (Gesamt-)Differenz zwischen dem Arbeitsentgelt, von dem tatsächlich Beiträge zur Rentenversicherung entrichtet wurden, und dem Doppelten des Regelarbeitsentgelts (SV-Luft) bis zum Störfall seit der erstmaligen Bildung des Wertguthabens.

Wurden Wertguthaben zum Teil aus Arbeitsleistungen im Rechtskreis West als auch aus Arbeitsleistungen im Rechtskreis Ost erzielt, ist die sich in den beiden Rechtskreisen ergebende SV-Luft in der Entgeltabrechnung getrennt darzustellen.

4 Melderecht

4.1 Allgemeines

Nach §28a Abs. 1 Nrn. 16 und 17 SGB IV hat der Arbeitgeber bei Beginn der Altersteilzeitarbeit und bei Ende der Altersteilzeitarbeit eine Meldung zu erstatten. Diese Meldepflicht wird in §12 DEÜV näher ausgestaltet.

Nach §12 Abs. 1 DEÜV sind eine Abmeldung und eine Anmeldung zu erstatten, wenn sich der Personengruppenschlüssel ändert. Da für Arbeitnehmer in Altersteilzeitarbeit ein besonderer Personengruppenschlüssel („103“) gilt, sind bei einem Übergang in die Altersteilzeitarbeit das Ende der bisherigen Beschäftigung und der Beginn der Altersteilzeitarbeit zu melden. Dabei wird das Ende der bisherigen Beschäftigung durch eine Abmeldung mit Grund der Abgabe „33“ gemeldet; in diese Meldung ist das bis zum Tage vor Beginn der Altersteilzeitarbeit erzielte Arbeitsentgelt aufzunehmen. Der Beginn der Altersteilzeitarbeit wird durch eine Anmeldung mit Grund der Abgabe „13“ gemeldet. Dabei sind die Angaben zur Tätigkeit in den ersten drei Stellen mit der Schlüsselzahl für die ausgeübte Tätigkeit und in der vierten Stelle mit der Stellung im Beruf („8" oder „9") sowie in der fünften Stelle mit der Ausbildung verschlüsselt anzugeben.

Alle Folgemeldungen für Zeiten nach Beginn der Altersteilzeitarbeit (Unterbrechungsmeldungen, Jahresmeldungen) sind mit dem Personengruppenschlüssel „103" zu versehen. Als beitragspflichtiges Bruttoarbeitsentgelt ist nicht nur das Arbeitsentgelt für die Altersteilzeitarbeit einzutragen, sondern der Gesamtbetrag, von dem Beiträge zur Rentenversicherung gezahlt worden sind; das Arbeitsentgelt für Altersteilzeitarbeit ist also um die zusätzliche beitragspflichtige Einnahme nach § 3 Abs. 1 Nr. 1 Buchst. b AtG i. V. m. § 163 Abs. 5 SGB VI zu erhöhen.

Nach § 12 Abs. 1 DEÜV ist außerdem das Ende der Altersteilzeitarbeit zu melden. Das Ende der Altersteilzeitarbeit dürfte aber in aller Regel mit dem Ende des Beschäftigungsverhältnisses zusammenfallen, sodass eine Abmeldung mit Grund der Abgabe „30" zu erstatten ist.

Für die Meldungen im Rahmen der Altersteilzeitarbeit ist der Vordruck „Meldung zur Sozialversicherung" zu verwenden. Im Übrigen gelten nach § 12 Abs. 4 DEÜV die Fristen des § 6 DEÜV; hieraus folgt, dass das Ende der bisherigen Beschäftigung innerhalb von sechs Wochen und der Beginn der Altersteilzeitarbeit innerhalb von zwei Wochen zu melden sind. Das Ende der Altersteilzeitarbeit ist innerhalb von sechs Wochen zu melden. Die Meldungen über Altersteilzeitarbeit können auch auf maschinell verwertbaren Datenträgern oder per Datenübertragung erstattet werden.

Die Meldungen über Beginn und Ende der Altersteilzeitarbeit sind grundsätzlich taggenau zu erstatten. Die Vorschrift des § 12 Abs. 3 i. V. m. Abs. 2 DEÜV sieht allerdings für den Fall, dass die Altersteilzeitarbeit ausnahmsweise nicht am Ersten eines Monats, sondern im Laufe eines Monats beginnen sollte, vor, dass an Stelle der taggenauen Meldung als Beginn der Altersteilzeitarbeit der Erste des Monats, in dem die Altersteilzeitarbeit begonnen hat, und als Ende der Altersteilzeitarbeit der Letzte des Monats, in dem die Altersteilzeitarbeit endet, gemeldet werden kann.

4.2 Meldungen bei Bezug von Entgeltersatzleistungen

Besteht nach Ablauf des Anspruchs auf Entgeltfortzahlung Anspruch auf eine Entgeltersatzleistung, hat der jeweilige Träger der Entgeltersatzleistung Meldungen nach § 38 DEÜV zu erstatten. Erstattet die Bundesagentur dem Arbeitgeber nach § 4 AtG die Aufwendungen für eine Altersteilzeitarbeit, meldet sie die zusätzliche beitragspflichtige Einnahme nach § 3 Abs. 1 Nr. 1 Buchst. b AtG mittels Datensatz DSAE und Datenbaustein DBEZ (Leistungsart 28).

Die maßgebliche zusätzliche beitragspflichtige Einnahme ergibt sich aus einer Bescheinigung des Arbeitgebers gegenüber der Bundesagentur. Diese Bescheinigung (Vordruck 21 c der Dienstanweisung AtG der Bundesagentur) ist für jeden Arbeitnehmer am Ende der Arbeitsphase dem Antrag auf Erstattung von Leistungen nach § 4 AtG (Vordruck 21 der Dienstanweisung AtG der Bundesagentur) beizufügen.

1. Beispiel

Beginn der Altersteilzeit am 1.7.2004		
Regelarbeitsentgelt für Altersteilzeitarbeit		1 500 EUR
Krankengeldbezug:	16.8.–15.9.2005	
Jahresmeldung:	1.1.–31.12.2005	
RV-Beitrag aufgestockt um		80 v.H.
Zusätzliche beitragspflichtige Einnahme (80 v.H. vom Regelarbeitsentgelt)		1 200 EUR

Meldungen

– **durch Arbeitgeber**

Jahresmeldung
1.1.–31.12.2005 = 29 700 EUR

– **durch Bundesagentur**

Jahresmeldung
16.8.–15.9.2005 = 1 240 EUR

2. Beispiel

Beginn der Altersteilzeit am 1.7.2004		
Regelarbeitsentgelt für Altersteilzeitarbeit		1 500 EUR
Krankengeldbezug:	16.8.–15.10.2005	
Unterbrechungsmeldung:	1.1.–15.8.2005	
Jahresmeldung:	16.10.–31.12.2005	
RV-Beitrag aufgestockt um		80 v.H.
Zusätzliche beitragspflichtige Einnahme (80 v.H. vom Regelarbeitsentgelt)		1 200 EUR

Meldungen

– **durch Arbeitgeber**

Unterbrechungsmeldung
1.1.–15.8.2005 = 20 250 EUR

Jahresmeldung
16.10.–31.12.2005 = 6 840 EUR

– **durch Bundesagentur**

Jahresmeldung
16.8.–15.10.2005 = 2 440 EUR

Ist die Bundesagentur nicht leistungspflichtig und zahlt der Arbeitgeber Rentenversicherungsbeiträge aus der zusätzlichen beitragspflichtigen Einnahme, kann er diese mit der nächstfolgenden Entgeltmeldung melden, sofern eine Unterbrechungsmeldung nach § 9 DEÜV nicht erforderlich ist. Der Arbeitgeber hat auch die Möglichkeit, über die zusätzliche beitragspflichtige Einnahme eine Sondermeldung mit dem Grund der Abgabe „56" zu erstatten. Die Sondermeldung umfasst den Zeitraum, für den Krankengeld gezahlt wurde. Diese Ausführungen gelten auch dann, wenn der Arbeitgeber trotz Leistungspflicht der Bundesagentur mit der Zahlung der zusätzlichen Rentenversicherungsbeiträge in Vorleistung tritt (vgl. Ausführung zu Ziffer 3.4.1).

3. Beispiel

Beginn der Altersteilzeit am 1.7.2004		
Regelarbeitsentgelt für Altersteilzeitarbeit		1 500 EUR
Krankengeldbezug:	16.8.–15.9.2005	
Jahresmeldung:	1.1.–31.12.2005	
RV-Beitrag aufgestockt um		80 v.H.
Zusätzliche beitragspflichtige Einnahme (80 v.H. vom Regelarbeitsentgelt)		1 200 EUR

Meldungen

– **durch Arbeitgeber**

Jahresmeldung 1.1.–31.12.2005 =	30 940 EUR
oder	
Jahresmeldung 1.1.–31.12.2005 =	29 700 EUR
Sondermeldung 16.8.–15.9.2005 =	1 240 EUR

Ist eine Unterbrechungsmeldung zu erstatten, hat der Arbeitgeber für den Zeitraum der Unterbrechung eine Sondermeldung über die zusätzliche beitragspflichtige Einnahme mit dem Grund der Abgabe „56" zu erstatten.

4. Beispiel

Beginn der Altersteilzeit am 1.7.2004		
Regelarbeitsentgelt für Altersteilzeitarbeit		1 500 EUR
Krankengeldbezug:	16.8.–15.10.2005	
Unterbrechungsmeldung:	1.1.–15.8.2005	
Jahresmeldung:	16.10.–31.12.2005	
RV-Beitrag aufgestockt um		80 v.H.
Zusätzliche beitragspflichtige Einnahme (80 v.H. vom Regelarbeitsentgelt)		1 200 EUR

Meldungen

– **durch Arbeitgeber**

Unterbrechungsmeldung 1.1.–15.8.2005 =	20 250 EUR
Sondermeldung 16.8.–15.10.2005 =	2 440 EUR
Jahresmeldung 16.10.–31.12.2005 =	6 840 EUR

Die vorstehenden Ausführungen gelten auch, wenn der Arbeitgeber zusätzliche Rentenversicherungsbeiträge aus einem höheren Betrag als 80 v. H. des Regelarbeitsentgelts zahlt (z. B. 90 v. H.), da die Bundesagentur nur die zusätzlichen Rentenversicherungsbeiträge aus 80 v. H. des Regelarbeitsentgelts erstattet und deshalb auch nicht in voller Höhe melden kann.

5. Beispiel

Beginn der Altersteilzeit am 1. 7. 2004		
Regelarbeitsentgelt für Altersteilzeitarbeit		1 500 EUR
Krankengeldbezug:	16. 8.–15. 10. 2005	
Unterbrechungsmeldung:	1. 1.–15. 8. 2005	
Jahresmeldung:	16. 10.–31. 12. 2005	
RV-Beitrag aufgestockt um		90 v. H.
Zusätzliche beitragspflichtige Einnahme		
90 v. H. vom Regelarbeitsentgelt		1 350 EUR
80 v. H. vom Regelarbeitsentgelt		1 200 EUR
10 v. H. vom Regelarbeitsentgelt		150 EUR

Meldungen

– **durch Arbeitgeber**

Unterbrechungsmeldung	
1. 1.–15. 8. 2005 =	21 375 EUR
Jahresmeldung	
16. 10.–31. 12. 2005 =	7 220 EUR
Sondermeldung	
16. 8.–15. 10. 2005 =	305 EUR

– **durch Bundesagentur**

16. 8.–15. 10. 2005 =	2 440 EUR

Oder

bei Vorleistung durch den Arbeitgeber

Sondermeldung	
16. 8.–15. 10. 2005 =	2 745 EUR

Eine Meldung durch die Bundesagentur erfolgt nicht.

4.3 Meldungen im Störfall

4.3.1 Allgemeines

Werden Beiträge anlässlich des Eintritts eines Störfalls entrichtet, ist das beitragspflichtige Arbeitsentgelt mit einer besonderen Meldung (Grund der Abgabe 55) zu bescheinigen. Es sind jeweils der Personengruppenschlüssel und der Beitragsgruppenschlüssel anzugeben, die beim Versicherten zum Zeitpunkt des Störfalls zutreffen. Sind Beiträge zu einem Versicherungszweig zu entrichten, zu dem zum Zeitpunkt des Störfalls keine Versicherungspflicht besteht, ist der für den Versicherten zuletzt maßgebende Beitragsgruppenschlüssel anzugeben. Die Meldungen haben das zur Rentenversicherung beitragspflichtige Arbeitsentgelt zu enthalten. Sind im Störfall keine Beiträge zur Rentenversicherung zu entrichten, weil der Arbeitnehmer z. B. im gesamten maßgebenden Zeitraum wegen der Zugehörigkeit zu einer berufsständischen Versorgungseinrichtung versicherungsfrei war, ist als Arbeitsentgelt „000000" zu melden.

Nach § 28 a Abs. 1 Nr. 19 in Verbindung mit § 28 a Abs. 3 Satz 2 Nr. 4 SGB IV gelten für die verschiedenen Arten des Störfalls unterschiedliche Regelungen:

4.3.2 Erwerbsminderung

Endet das Beschäftigungsverhältnis im Zusammenhang mit der Zuerkennung einer Rente wegen verminderter Erwerbsfähigkeit gilt Folgendes:

- Wertguthaben, die bis zum Tag vor dem Eintritt der Erwerbsminderung erzielt wurden, sind nach § 28 a Abs. 1 Nr. 19 SGB IV in Verbindung mit § 11 a Abs. 1 DEÜV mit einer Sondermeldung (Grund der Abgabe: „55") unverzüglich zu melden. Als Meldezeitraum sind der Monat und das Jahr des Eintritts der Erwerbsminderung anzugeben.
- Das Wertguthaben, das seit Eintritt der Erwerbsminderung erzielt wurde, ist zusammen mit dem Arbeitsentgelt der erforderlichen Abmeldung wegen Ende der Beschäftigung zu melden. Hierdurch kann es vorkommen, dass die anteilige Beitragsbemessungsgrenze des Meldezeitraumes überschritten wird. Es wird deshalb empfohlen, auch diesen Teil des Wertguthabens mit einer Sondermeldung (Grund der Abgabe: „55") zu melden. Als Meldezeitraum ist der Monat und das Jahr der nicht zweckentsprechenden Verwendung des Wertguthabens anzugeben. Ist seit dem Eintritt der Erwerbsminderung kein Wertguthaben erzielt worden, ist für diesen Zeitraum keine besondere Meldung abzugeben.

Damit zum Ende des Beschäftigungsverhältnisses nach einer zuvor anerkannten Zeitrente wegen verminderter Erwerbsfähigkeit die Meldedaten für die Zeit bis zum Tag vor dem Eintritt der Erwerbsminderung präsent sind, wird empfohlen, diese Daten bei Zugang des Bescheides über die Zeitrente gesondert festzuhalten.

1. Beispiel

Altersteilzeitarbeit im Blockmodell vereinbart	vom 1. 1. 2005 bis 31. 12. 2006
Regelarbeitsentgelt für Altersteilzeitarbeit	1 500 EUR
zusätzliche beitragspflichtige Einnahme (80 v. H. vom Regelarbeitsentgelt)	1 200 EUR
arbeitsunfähig krank	seit 5. 7. 2005
Entgeltfortzahlung	bis 4. 1. 2006
Krankengeld	seit 5. 1. 2006
Eingang des Rentenbescheids bei der Krankenkasse (= Ende der versicherungspflichtigen Beschäftigung)	am 15. 12. 2006
Rente auf Dauer wegen voller Erwerbsminderung rückwirkend	seit 1. 12. 2005
Eintritt der Erwerbsminderung	20. 7. 2005

Beitragsberechnung im Störfall:
(Für 2005/2006 werden die Rechengrößen des Jahres 2004 berücksichtigt.)

1. Störfall (19. 7. 2005, Tag vor Eintritt der Erwerbsminderung), Beitragsberechnung nach **Beitragsgruppenschlüssel 1111,** dem am 19. 7. 2005 maßgebenden Beitragsgruppenschlüssel (vgl. Ziffer 4.3.1)

Krankenversicherung/Pflegeversicherung

Wertguthaben (1.1.–19. 7. 2005) (1500 EUR × 199 Tage : 30 Tage)	9 950,00 EUR
SV-Luft (6 Monate × [3487,50 EUR – 1500 EUR =] 1987,50 EUR + 1 Monat × [1987,50 EUR × 19 Tage : 30 Tage =] 1258,75 EUR)	13 183,75 EUR
beitragspflichtiges Wertguthaben	9 950,00 EUR

Arbeitslosenversicherung

Wertguthaben (1.1.–19. 7. 2005) (1 500 EUR × 199 Tage : 30 Tage)	9 950,00 EUR
SV-Luft (6 Monate × [5150 EUR – 1500 EUR =] 3650 EUR + 1 Monat × [3650 EUR × 19 Tage : 30 Tage =] 2311,67 EUR)	24 211,67 EUR
beitragspflichtiges Wertguthaben	9 950,00 EUR

Rentenversicherung

Wertguthaben (1.1.–19. 7. 2005) (1500 EUR × 199 Tage : 30 Tage)	9 950,00 EUR
SV-Luft (6 Monate × [3000 EUR – 2700 EUR =] 300 EUR + 1 Monat × [300 EUR × 19 Tage : 30 Tage =] 190 EUR)	1 990,00 EUR
beitragspflichtiges Wertguthaben	1 990,00 EUR

2. Störfall (15. 12. 2006, Ende der versicherungspflichtigen Beschäftigung) Beitragsberechnung für die Zeit vom 20. 7. 2005 bis 4. 1. 2006 (Ende der Entgeltfortzahlung = Ende der Wertguthabenbildung) nach dem **Beitragsgruppenschlüssel 3111** (vgl. Ziffer 4.3.1)

Krankenversicherung/Pflegeversicherung

Wertguthaben (20. 7. 2005–4. 1. 2006) (1500 EUR × 166 Tage : 30 Tage)	8 300,00 EUR
SV-Luft (5 Monate × [3487,50 EUR – 1500 EUR =] 1987,50 EUR + 1 Monat × [1987,50 EUR × 11 Tage : 30 Tage =] 728,75 EUR + 1 Monat × [1987,50 EUR × 4 Tage : 30 Tage =] 265 EUR)	10 931,25 EUR
beitragspflichtiges Wertguthaben	8 300,00 EUR

Arbeitslosenversicherung

Wertguthaben (20.7.2005–4.1.2006) (1500 EUR × 166 Tage : 30 Tage)	8 300,00 EUR
SV-Luft (bis 30.11.2005 wegen AlV-Freiheit ab 1.12.2005) (4 Monate × [5150 EUR – 1500 EUR =] 3650 EUR + 1 Monat × [3650 EUR × 11 Tage : 30 Tage =] 1338,33 EUR)	15 938,33 EUR
beitragspflichtiges Wertguthaben	8 300,00 EUR

Rentenversicherung

Wertguthaben (20.7.2005–4.1.2006) (1500 EUR × 166 Tage : 30 Tage)	8 300,00 EUR
SV-Luft (5 Monate × [3000 EUR – 2700 EUR =] 300 EUR + 1 Monat × [300 EUR × 11 Tage : 30 Tage =] 110 EUR + 1 Monat × [300 EUR × 4 Tage : 30 Tage =] 40 EUR)	1 650,00 EUR
beitragspflichtiges Wertguthaben	1 650,00 EUR

Folgende Meldungen waren bzw. sind zu erstatten

Zeitraum	Art der Meldung	Arbeitsentgelt	Grund	Personengruppenschlüssel	Beitragsgruppe
1.1. – 31.12.2004	Abmeldung	36 000 EUR	33	101	1111
1.1.2005	Anmeldung	–	13	103	1111
1.1. – 31.12.2005	Jahresmeldung (12 × 2700 EUR)	32 400 EUR	50	103	1111
1.1. – 4.1.2006	Unterbrechungsmeldung	360 EUR	51	103	1111
1.1. – 31.12.2005	Stornierung der Jahresmeldung	32 400 EUR	50	103	1111
1.1. – 4.1.2006	Stronierung der Unterbrechungsmeldung	360 EUR	51	103	1111
1.1. – 30.11.2005	Abmeldung (11 × 2700 EUR)	29 700 EUR	32	103	1111
1.12.2005	Anmeldung	–	12	103	3101
1.12. – 31.12.2005	Jahresmeldung (1 × 2700 EUR)	2 700 EUR	50	103	3101
1.1. – 4.1.2006	Unterbrechungsmeldung	360 EUR	51	103	3101
5.1. – 15.12.2006	Abmeldung	00 000 EUR	30	103	3101
1.7. – 31.7.2005	Sondermeldung (rv-pflichtiges Wertguthaben 1.1.2005 – 19.7.2005)	1 990 EUR	55	103	1111
1.12. – 31.12.2006	Sondermeldung (rv-pflichtiges Wertguthaben 20.7.2005 – 4.1.2006)	1 650 EUR	55	103	3111

Hinweis:

Die Beiträge für beide Störfälle werden spätestens mit den Beiträgen der Entgeltabrechnung für den Monat Januar 2007 fällig, also spätestens am 15. Februar 2007. Erfolgt die Abrechnung noch mit der Entgeltabrechnung für den Monat Dezember 2006, sind für die Beitragsberechnung die Werte der Beitragssätze (Prozentsätze) maßgebend, die im Dezember 2006 gelten. Die Beiträge sind dann dem Beitragsnachweis für den Monat Dezember 2006 zuzuordnen. Erfolgt die Abrechnung erst mit der Entgeltabrechnung für den Monat Januar 2007, sind die Beitragssätze des Januar 2007 maßgebend. Die Beiträge sind in diesem Fall dem Beitragsnachweis für den Monat Januar 2007 zuzuordnen.

2. Beispiel

Altersteilzeitarbeit im Blockmodell vereinbart	vom 1. 1. 2005 bis 31. 12. 2007
Regelarbeitsentgelt für Altersteilzeitarbeit	1 500 EUR
zusätzliche beitragspflichtige Einnahme (80 v. H. vom Regelarbeitsentgelt)	1 200 EUR
arbeitsunfähig krank	seit 5. 6. 2005
Entgeltfortzahlung	bis 16. 7. 2005
Krankengeld	seit 17. 7. 2005
Eingang des Rentenbescheids bei der Krankenkasse (= Ende der versicherungspflichtigen Beschäftigung)	am 14. 5. 2006
Rente auf Dauer wegen voller Erwerbsminderung rückwirkend	seit 1. 7. 2005
Eintritt der Erwerbsminderung	5. 6. 2005

Beitragsberechnung im Störfall:
(Für 2005/2006 werden die Rechengrößen des Jahres 2004 berücksichtigt.)

1. Störfall (4. 6. 2005, Tag vor Eintritt der Erwerbsminderung)
Beitragsberechnung nach **Beitragsgruppenschlüssel 1111,** dem am 4. 6. 2005 maßgebenden Beitragsgruppenschlüssel (vgl. Ziffer 4.3.1)

Krankenversicherung/Pflegeversicherung

Wertguthaben (1.1.–4. 6. 2005) (1500 EUR × 154 Tage : 30 Tage)	7 700,00 EUR
SV-Luft (5 Monate × [3487,50 EUR – 1500 EUR =] 1987,50 EUR + 1 Monat × [1987,50 EUR × 4 Tage : 30 Tage =] 265 EUR)	10 202,50 EUR
beitragspflichtiges Wertguthaben	7 700,00 EUR

Arbeitslosenversicherung

Wertguthaben (1.1.–4.6.2005) (1500 EUR × 154 Tage : 30 Tage)	7 700,00 EUR
SV-Luft (5 Monate × [5150 EUR – 1500 EUR =] 3650 EUR + 1 Monat × [3650 EUR × 4 Tage : 30 Tage =] 486,67 EUR)	18 736,67 EUR
beitragspflichtiges Wertguthaben	7 700,00 EUR

Rentenversicherung

Wertguthaben (1.1.–4.6.2005) (1500 EUR × 154 Tage : 30 Tage)	7 700,00 EUR
SV-Luft (5 Monate × [3000 EUR – 2700 EUR =] 300 EUR + 1 Monat × [300 EUR × 4 Tage : 30 Tage =] 40 EUR)	1 540,00 EUR
beitragspflichtiges Wertguthaben	1 540,00 EUR

2. Störfall (14.5.2006, Ende der versicherungspflichtigen Beschäftigung)
Beitragsberechnung für die Zeit vom 5.6.2005 bis 16.7.2005 (Ende der Entgeltfortzahlung = Ende der Wertguthabenbildung) nach dem **Beitragsgruppenschlüssel 3111** (vgl. Ziffer 4.3.1)

Krankenversicherung/Pflegeversicherung

Wertguthaben (5.6.–16.7.2005) (1500 EUR × 42 Tage : 30 Tage)	2 100,00 EUR
SV-Luft (3487,50 EUR – 1500 EUR × 42 Tage : 30 Tage)	2 782,50 EUR
beitragspflichtiges Wertguthaben	2 100,00 EUR

Arbeitslosenversicherung

Wertguthaben (5.6.–16.7.2005) (1500 EUR × 42 Tage : 30 Tage)	2 100,00 EUR
SV-Luft (bis 30.6.2005 wegen AlV-Freiheit ab 1.7.2005) (5150 EUR – 1500 EUR × 26 Tage : 30 Tage)	3 163,33 EUR
beitragspflichtiges Wertguthaben	2 100,00 EUR

Rentenversicherung

Wertguthaben (5.6.–16.7.2005) (1500 EUR × 42 Tage : 30 Tage)	2 100,00 EUR
SV-Luft (3000 EUR × 42 Tage : 30 Tage)	420,00 EUR
beitragspflichtiges Wertguthaben	420,00 EUR

Folgende Meldungen waren bzw. sind zu erstatten					
Zeitraum	Art der Meldung	Arbeitsentgelt	Grund	Personengruppenschlüssel	Beitragsgruppe
1.1. – 31.12.2004	Abmeldung	36 000 EUR	33	101	1111
1.1.2005	Anmeldung	–	13	103	1111
1.1. – 16.7.2005	Unterbrechungsmeldung (6 × 2700 EUR + 2700 EUR × 16 : 30)	17 640 EUR	51	103	1111
1.1. – 16.7.2005	Stornierung der Unterbrechungsmeldung	17 640 EUR	51	103	1111
1.1. – 30.6.2005	Abmeldung (6 × 2700 EUR)	16 200 EUR	32	103	1111
1.7.2005	Anmeldung	–	12	103	3101
1.7. – 16.7.2005	Unterbrechungsmeldung (2700 EUR × 16 : 30)	1 440 EUR	51	103	3101
1.1. – 14.5.2006	Abmeldung	00 000 EUR	30	103	3101
1.6. – 30.6.2005	Sondermeldung (rv-pflichtiges Wertguthaben 1.1.2005 – 4.6.2005)	1 540 EUR	55	103	1111
1.5. – 31.5.2006	Sondermeldung (rv-pflichtiges Wertguthaben 5.6.2005 – 16.7.2005)	420 EUR	55	103	3111

Hinweis:

Die Beiträge für beide Störfalle werden spätestens mit den Beiträgen der Entgeltabrechnung für den Monat Juni 2006 fällig, also spätestens am 15. Juli 2006.

Erfolgt die Abrechnung noch mit der Entgeltabrechnung für den Monat Mai 2006, sind für die Beitragsberechnung die Werte der Beitragssätze (Prozentsätze) maßgebend, die im Mai 2006 gelten. Die Beiträge sind dann dem Beitragsnachweis für den Monat Mai 2006 zuzuordnen.

Erfolgt die Abrechnung erst mit der Entgeltabrechnung für den Monat Juni 2006, sind die Beitragssätze des Juni 2006 maßgebend. Die Beiträge sind in diesem Fall dem Beitragsnachweis für den Monat Juni 2006 zuzuordnen.

4.3.3 Meldungen bei Insolvenz in der Arbeitsphase

Nach § 28 a Abs. 3 Satz 2 Nr. 4 Buchst. a SGB IV ist im Falle der Insolvenz des Arbeitgebers, soweit ein Störfall eintritt, nur das Arbeitsentgelt zu melden, von dem tatsächlich Beiträge zur Rentenversicherung gezahlt wurden. Fällt das Insolvenzereignis in die Arbeitsphase eines Blockmodells bzw. in eine kontinuierliche Altersteilzeitarbeit tritt vorbehaltlich der Regelung des § 23 b Abs. 3 SGB IV ein Störfall ein, wenn das Beschäftigungsverhältnis gekündigt wird. Wurde der Arbeitnehmer infolge der Insolvenz bereits freigestellt und erfolgt die Kündigung des Beschäftigungsverhältnisses, ist zum Tag vor dem Insolvenzereignis eine Abmeldung mit Grund der Abgabe „71" vorzunehmen. Gleichzeitig ist eine weitere Meldung mit Grund der Abgabe „72" zum

Tag des rechtlichen Endes der Beschäftigung zu erstatten. Aus einem insolvenzgesicherten Wertguthaben ist außerdem eine Störfallmeldung nach § 28 a Abs. 3 Satz 2 Nr. 4 Buchst. a SGB IV i. V. m. § 11 a Abs. 1 DEÜV zu fertigen.

4.3.4 Meldungen bei Insolvenz in der Freistellungsphase

Fällt das Insolvenzereignis in die Freistellungsphase eines Altersteilzeitarbeitsverhältnisses und wird das Beschäftigungsverhältnis nicht gekündigt, liegt bis zum vertraglichen Ende der Altersteilzeitarbeit grundsätzlich eine Beschäftigung gegen Arbeitsentgelt vor (vgl. Urteil des BAG vom 5. 12. 2002 – AZR 571/01 –; Der Betrieb 2003, Seite 1334).

4.3.4.1 Insolvenzgesicherte Wertguthaben

Wurden neben den Rentenversicherungsbeiträgen aus dem Arbeitsentgelt auch die zusätzlichen Rentenversicherungsbeiträge und die Aufstockungsbeträge insolvenzgesichert, so dass weiterhin Altersteilzeit vorliegt, ist zum Tage vor dem Insolvenzereignis eine Abmeldung mit Grund der Abgabe „30" zu erstatten. Zum Tage des Insolvenzereignisses ist eine Anmeldung mit Grund der Abgabe „10" und der Personengruppe 103 vorzunehmen. Die Beschäftigung gegen Arbeitsentgelt und damit die Versicherungspflicht zur Rentenversicherung endet, wenn das Wertguthaben aufgebraucht ist. Es ist dann eine Abmeldung mit Grund der Abgabe „30" zu erstatten. Werden lediglich die Beiträge aus dem Arbeitsentgelt gesichert und gezahlt, nicht dagegen die zusätzlichen Rentenversicherungsbeiträge und die Aufstockungsbeträge, liegt Altersteilzeitarbeit nicht mehr vor. Die Anmeldung zum Tage des Insolvenzereignisses erfolgt in diesen Fällen mit Grund der Abgabe „10" und der Personengruppe 101 bzw. einer anderen Personengruppe ungleich 103.

Wird das Beschäftigungsverhältnis außerordentlich gekündigt, tritt vorbehaltlich der Regelung des § 23 b Abs. 3 SGB IV ein Störfall ein. Nach § 28 a Abs. 3 Satz 2 Nr. 4 Buchst. a SGB IV i. V. m. § 11 a Abs. 1 DEÜV ist das Arbeitsentgelt gesondert zu melden, von dem tatsächlich Beiträge zur Rentenversicherung gezahlt wurden. Als Meldezeitraum sind der Kalendermonat und das Jahr der Beitragszahlung anzugeben. Wurde aus Vereinfachungsgründen der Beitragssatz des Abrechungszeitraums angewandt, in dem das Wertguthaben ausgezahlt wurde, ist als Meldezeitraum der Monat und das Kalenderjahr des Abrechungszeitraums zu melden. Erfolgen mehrere Zahlungen, weil der Anspruch nur schrittweise erfüllt wurde, sind mehrere Meldungen mit den entsprechenden Meldezeiträumen zu erstatten. Unabhängig von der Störfallmeldung ist eine Abmeldung zum Ende der Beschäftigung mit Grund der Abgabe „30" vorzunehmen.

4.3.4.2 Nicht insolvenzgesicherte Wertguthaben

Wurden Beiträge zur Sozialversicherung nicht insolvenzgesichert, ist zum Tage vor dem Insolvenzereignis eine Abmeldung mit Grund der Abgabe „30" zu erstatten. Soweit im Rahmen des Insolvenzverfahrens noch Beitragsansprüche realisiert werden, ist das Arbeitsentgelt gesondert zu melden.

4.3.5 Sonstige Störfalle

In allen anderen Störfällen ist nach § 28 a Abs. 3 Satz 2 Nr. 4 Buchstabe a SGB IV i. V. m. § 11 a Abs. 1 DEÜV nur das Arbeitsentgelt gesondert zu melden, von dem tatsächlich Beiträge zur Rentenversicherung entrichtet wurden. Als Meldezeitraum sind nach § 28 a Abs. 3 Satz 2 Nr. 4 Buchstabe b SGB IV der Kalendermonat und das Jahr der nicht zweckentsprechenden Verwendung des Wertguthabens anzugeben.

5 Leistungsrecht der gesetzlichen Rentenversicherung

5.1 Allgemeines

Mit dem Altersteilzeitgesetz wird der gleitende Übergang von der Arbeit in die Rente gefördert. Dementsprechend wurde mit Wirkung vom 1. August 1996 an der anspruchsberechtigte Personenkreis für die bisherige Altersrente wegen Arbeitslosigkeit (§ 38 SGB VI) auf die Personen ausgedehnt, die mindestens 24 Kalendermonate Altersteilzeitarbeit nach dem Altersteilzeitgesetz ausgeübt haben (Art. 2 des Gesetzes zur Förderung eines gleitenden Übergangs in den Ruhestand vom 23. Juli 1996, BGBl. I S. 1078).

§ 38 SGB VI wurde ab 1. Januar 2000 aufgehoben, gleichzeitig aber die Regelungen in den § 237 SGB VI (Übergangsrecht) übernommen (Art. 1 des RRG 1999 vom 16. Dezember 1997, BGBl. I S. 2998), weil diese Renten jetzt nur noch Versicherte erhalten können, die vor 1952 geboren sind.

Die Altersgrenzen für diese Rente sind seit 1. Januar 1997 stufenweise auf das 65. Lebensjahr heraufgesetzt worden. Das bedeutet, dass diese Altersrente vor Vollendung des 65. Lebensjahres nur noch mit Abschlägen möglich ist, wenn keine Vertrauensschutzregelung greift. Die Altersgrenze für die vorzeitige Inanspruchnahme dieser Altersrente wird nach § 237 Abs. 5 SGB VI i. d. F. des Entwurfs eines RV-Nachhaltigkeitsgesetzes für alle nach dem 31. Dezember 1945 geborenen Versicherten in der Zeit vom 1. Januar 2006 bis zum 31. Dezember 2008 vom 60. auf das 63. Lebensjahr angehoben. Für Versicherte, die bereits vor dem 1. Januar 2004 Altersteilzeitarbeit im Sinne der §§ 2 und 3 Abs. 1 AtG vereinbart haben, wird die Altersgrenze hingegen nicht angehoben (§ 237 Abs. 6 Satz 1 Nr. 3 SGB VI i. d. F. des RV-Nachhaltigkeitsgesetzes). Die durch die Abschläge eintretende Rentenminderung kann der Versicherte nach § 187 a SGB VI durch die zusätzliche Zahlung von Beiträgen an die gesetzliche Rentenversicherung ganz oder teilweise ausgleichen.

5.2 Altersrente nach 24 Kalendermonaten Altersteilzeitarbeit

24 Kalendermonate Altersteilzeitarbeit im Sinne des § 237 Abs. 1 Satz 1 Nr. 3 Buchst. b SGB VI liegen vor, wenn für mindestens 24 Kalendermonate (wobei angebrochene Monate als volle Monate zählen) die bisherige

Arbeitszeit auf der Grundlage einer Altersteilzeitvereinbarung im Sinne des Altersteilzeitgesetzes auf die Hälfte vermindert worden ist und nach dem Altersteilzeitgesetz Aufstockungsbeträge zum Arbeitsentgelt (§ 3 Abs. 1 Nr. 1 Buchst. a AtG) und zusätzliche Beiträge zur Rentenversicherung aus mindestens 80 v. H. des Regelarbeitsentgelts (§ 3 Abs. 1 Nr. 1 Buchst. b AtG) gezahlt worden sind. Dabei ist es unerheblich, ob der Arbeitgeber diese Leistungen von einer Agentur für Arbeit erstattet erhält.

Die Voraussetzungen der Altersteilzeitarbeit sind auch erfüllt, wenn während der Altersteilzeitarbeit die Erstattungsleistungen durch die Bundesagentur erlöschen, nicht bestehen oder ruhen (vgl. auch Abschnitt 2.1.2, 2.1.3).

Solange für einen Versicherten, der Altersteilzeitarbeit leistet, bei Arbeitsunfähigkeit oder Leistungen zur medizinischen Rehabilitation Anspruch auf Fortzahlung des Arbeitsentgelts besteht, hat der Arbeitgeber den Aufstockungsbetrag und die zusätzlichen Rentenversicherungsbeiträge nach § 3 Abs. 1 Nr. 1 AtG zu zahlen. Während der Entgeltfortzahlung liegt deshalb Altersteilzeitarbeit im Sinne des § 237 Abs. 1 Satz 1 Nr. 3 Buchst. b SGB VI vor (vgl. auch Abschnitt 3.4).

Nach Ablauf der Entgeltfortzahlung erhält der Versicherte entweder eine entsprechende Entgeltersatzleistung (Krankengeld, Versorgungskrankengeld, Verletztengeld, Übergangsgeld), der ausschließlich die Altersteilzeitarbeit zugrunde liegt, oder als privat Versicherter ein Krankentagegeld. Während dieser Zeit werden die bisher vom Arbeitgeber gezahlten Leistungen (Aufstockungsbetrag und zusätzliche Beiträge zur Rentenversicherung) nach § 10 Abs. 2 AtG von der Bundesagentur getragen, wenn diese dem Arbeitgeber bisher von der Bundesagentur erstattet worden sind. Bei Bezug einer versicherungspflichtigen Entgeltersatzleistung werden aus dieser Beiträge zur gesetzlichen Rentenversicherung fällig. Damit bei Bezug von Krankentagegeld von einem privaten Versicherungsunternehmen Altersteilzeitarbeit im Sinne von § 237 Abs. 1 Satz 1 Nr. 3 Buchst. b SGB VI vorliegt, muss sich der Versicherte während dieser Zeit nach § 4 Abs. 3 Nr. 2 SGB VI auf Antrag in der gesetzlichen Rentenversicherung pflichtversichern (vgl. auch Abschnitt 3.4).

Wird die Altersteilzeitarbeit im Blockmodell ausgeübt, liegen 24 Kalendermonate Altersteilzeitarbeit vor, wenn 12 Kalendermonate Vollarbeit und 12 Kalendermonate Freistellung zurückgelegt sind. Dies ergibt sich daraus, dass Altersteilzeitarbeit im Sinne des Altersteilzeitgesetzes und im Sinne des § 237 SGB VI nur vorliegt, wenn die Arbeitszeit halbiert worden ist (§ 237 Abs. 1 Satz 1 Nr. 3 Buchst. b SGB VI). Dies bedeutet: Wird die vereinbarte Altersteilzeitarbeit im Blockmodell noch während der Arbeitsphase oder vor Ablauf von 12 Kalendermonaten der Freistellungsphase beendet („Störfall"), ist die Voraussetzung des § 237 Abs. 1 Satz 1 Nr. 3 Buchst. b SGB VI von 24 Kalendermonaten Altersteilzeitarbeit nach dem Altersteilzeitgesetz nicht erfüllt. Dies gilt, obwohl es bei der bisherigen beitragsrechtlichen Behandlung des Arbeitsentgelts bleibt (vgl. Abschnitt 3.8.2).

Wird die Altersteilzeitarbeit im Blockmodell ausgeübt und werden während Zeiten längerer Arbeitsunfähigkeit in der Arbeitsphase keine Aufstockungsbeträge nach § 3 Abs. 1 Nr. 1 Buchst. a AtG oder keine zusätzlichen Beiträge zur Rentenversicherung nach § 3 Abs. 1 Nr. 1 Buchst. b AtG erbracht, liegt Altersteilzeitarbeit im Sinne des § 237 Abs. 1 Satz 1 Nr. 3 Buchst. b SGB VI, in der eine Vorarbeit für die Freistellungsphase erbracht werden kann, nicht vor. Zur Erfüllung der Voraussetzungen des § 237 Abs. 1 Satz 1 Nr. 3 Buchst. b SGB VI müssen in diesen Fällen 12 Kalendermonate Arbeitszeit und 12 Kalendermonate Freistellungszeit vorliegen. Dies ist gegeben, wenn die volle Zeit der Arbeitsunfähigkeit ohne Aufstockung nachgearbeitet wird. Würde nur die halbe Zeit nachgearbeitet, wären die erforderlichen 24 Kalendermonate Altersteilzeitarbeit (= 24 Kalendermonate halbierte Arbeitszeit) nicht erreicht.

1. Beispiel

Vereinbarte Altersteilzeitarbeit

1. 10. 2004 bis 30. 9. 2005	12 Kalendermonate	Arbeitsphase
1. 10. 2005 bis 30. 9. 2006	12 Kalendermonate	Freistellungsphase
	24 Kalendermonate	

Geleistete Altersteilzeitarbeit

1. 10. 2004 bis 30. 9. 2005	10 Kalendermonate	Arbeitsphase
	(2 Kalendermonate	Krankengeld ohne Aufstockung)
1. 10. 2005 bis 30. 11. 2005	2 Kalendermonate	Nacharbeit mit Aufstockung
1. 12. 2005 bis 30. 11. 2006	12 Kalendermonate	Freistellungsphase
	24 Kalendermonate	

Wäre nur die Hälfte der Zeit des Krankengeldbezugs nachgearbeitet worden, wäre eine (hälftige) Arbeitszeit nur in 22 Monaten (10 Monate in der Arbeitsphase, 1 Monat Nacharbeit und 11 Monate Freistellung) ausgeübt worden.

Werden während der Arbeitsunfähigkeit „nur" Aufstockungsbeträge nach § 3 Abs. 1 Nr. 1 Buchst. a AtG und zusätzliche Beiträge zur Rentenversicherung nach § 3 Abs. 1 Nr. 1 Buchst. b AtG gezahlt (von der Bundesagentur nach § 10 Abs. 2 AtG oder freiwillig vom Arbeitgeber) ohne dass der Arbeitgeber das Wertguthaben in der Höhe, in der durch die Arbeitsunfähigkeit Wertguthaben nicht angespart werden konnte (vgl. auch Abschnitt 2.1.7.2) vermehrt, ist eine Nacharbeit für die Hälfte der Zeit der Arbeitsunfähigkeit erforderlich. Der Versicherte ist in diesen Fällen so gestellt, als hätte er in der Arbeitsphase die Arbeitszeit halbiert, eine Vorarbeit somit nicht geleistet.

2. Beispiel

Vereinbarte Altersteilzeitarbeit

1.10.2004 bis 30.9.2005	12 Kalendermonate	Arbeitsphase
1.10.2005 bis 30.9.2006	12 Kalendermonate	Freistellungsphase
	24 Kalendermonate	

Geleistete Altersteilzeitarbeit

1.10.2004 bis 31.12.2004	3 Kalendermonate	Arbeitsphase einschließlich Entgeltfortzahlung
1.1.2005 bis 28.2.2005	2 Kalendermonate	Krankengeldbezug mit Aufstockungsleistungen
1.3.2005 bis 30.9.2005	7 Kalendermonate	Arbeitsphase
1.10.2005 bis 31.10.2005	1 Kalendermonate	Nacharbeit
1.11.2005 bis 30.9.2006	11 Kalendermonate	Freistellungsphase
	24 Kalendermonate	

Während des Krankengeldbezugs mit Aufstockungsleistungen wird der Versicherte so behandelt, als hätte er die „normale" Altersteilzeitarbeit, also die Hälfte der bisherigen Arbeitszeit, geleistet. Damit er in dem Gesamtzeitraum von 24 Kalendermonaten auf eine durchschnittliche halbe Arbeitszeit kommt, muss der Versicherte einen Kalendermonat die volle Arbeitszeit nacharbeiten. Die Freistellungsphase verkürzt sich dadurch entsprechend. Vermehrt der Arbeitgeber spätestens am Ende der vereinbarten Arbeitsphase (30. 9. 2005) das Wertguthaben in der Höhe, in der es durch die Arbeitsunfähigkeit nicht angespart werden konnte, ist eine Nacharbeit nicht erforderlich (vgl. auch Beispiel 3).

Vermehrt der Arbeitgeber das Wertguthaben in der Höhe, in der durch die Arbeitsunfähigkeit Wertguthaben nicht angespart werden konnte (vgl. auch Abschnitt 2.1.7.2) und werden während der Arbeitsunfähigkeit Aufstockungsbeträge nach § 3 Abs. 1 Nr. 1 Buchst. a AtG und zusätzliche Beiträge zur Rentenversicherung nach § 3 Abs. 1 Nr. 1 Buchst. b AtG gezahlt (von der Bundesagentur nach § 10 Abs. 2 AtG oder freiwillig vom Arbeitgeber), ist eine Nacharbeit nicht erforderlich. Der Versicherte ist in diesen Fällen so gestellt, als würde er die Arbeitsphase „normal" weiterführen.

3. Beispiel

Vereinbarte Altersteilzeitarbeit

1.10.2004 bis 30.9.2005	12 Kalendermonate	Arbeitsphase
1.10.2005 bis 30.9.2006	12 Kalendermonate	Freistellungsphase
	24 Kalendermonate	

Geleistete Altersteilzeitarbeit

1.10.2004 bis 30.6.2005	9 Kalendermonate	Arbeitsphase

Ab 1. 7. 2005 besteht Krankengeldbezug mit Aufstockungsleistungen. Die dem Krankengeldbezug zu Grunde liegende Arbeitsunfähigkeit ist am Ende der vereinbarten Arbeitsphase (30. 9. 2005) noch nicht beendet. Damit die Vorraussetzung „24 Kalendermonate Altersteilzeitarbeit" erfüllt ist, muss sich der Arbeitgeber am Ende der vereinbarten Arbeitsphase (30. 9. 2005) entscheiden, ob er das Wertguthaben für die Monate des Krankengeldbezugs in der Arbeitsphase freiwillig zahlt oder der Arbeitnehmer nacharbeiten muss. Bei Zahlung von Wertguthaben für den Krankengeldbezug ist eine Nacharbeit nicht erforderlich. In welchem Umfang die Krankengeldzahlung nach § 49 Abs. 1 Nr. 6 SGB V ruht (vgl. Abschnitt 3.4.4) hängt vom Umfang der Zahlungen des Arbeitgebers von Wertguthaben ab. Bei Zahlungen am 30. 9. 2005 für alle bisherigen Monate der Arbeitunfähigkeit ruht der Krankengeldanspruch ab 1. 10. 2005.

Dies führt zu folgendem Ergebnis:

Geleistete Altersteilzeitarbeit

1. 10. 2004 bis 30. 6. 2005	9 Kalendermonate	Arbeitsphase einschließlich Entgeltfortzahlung
1. 7. 2005 bis 30. 9. 2005	3 Kalendermonate	Krankengeldbezug mit Aufstockungsleistungen und Zahlung von Wertguthaben
1. 10. 2005 bis 30. 9. 2006	12 Kalendermonate	Freistellungsphase
	24 Kalendermonate	

Die Zahlung von Wertguthaben am 30. 9. 2005 für lediglich einen Monat der Arbeitsunfähigkeit führt zu folgendem Ergebnis:

Geleistete Altersteilzeitarbeit

1. 10. 2004 bis 30. 6. 2005	9 Kalendermonate	Arbeitsphase einschließlich Entgeltfortzahlung
1. 7. 2005 bis 31. 7. 2005	1 Kalendermonat	Krankengeldbezug mit Aufstockungsleistungen und Zahlung von Wertguthaben
1. 8. 2005 bis 30. 11. 2005	4 Kalendermonate	Krankengeldbezug mit Aufstockungsleistungen
1. 12. 2005 bis 30. 9. 2006	10 Kalendermonate	Freistellungsphase
	24 Kalendermonate	

Nimmt der Arbeitgeber keine Zahlungen in das Wertguthaben vor, muss der Arbeitnehmer nach dem Ende der Arbeitsunfähigkeit mit Krankengeldbezug erforderlichenfalls „nacharbeiten". Endet die Arbeitsunfähigkeit z. B. tatsächlich am 30. 11. 2005 würde auf Grund der lediglich 9 Kalendermonate Arbeitsphase auch nur eine Freistellung für 9 Kalendermonate (1. 1. 2006 bis 30. 9. 2006) möglich sein. Dem Arbeitnehmer fehlt somit 1 Kalendermonat für die mindestens erforderlichen „24 Kalendermonate Altersteilzeitarbeit". In diesem Fall wäre eine Nacharbeit in der Zeit vom 1. 12. 2005 bis 15. 12. 2005 erforderlich, die Freistellungsphase beginnt dann am 16. 12. 2005.

Dies führt zu folgendem Ergebnis:

Geleistete Altersteilzeitarbeit

1. 10. 2004 bis 30. 6. 2005	9 Kalendermonate	Arbeitsphase einschließlich Entgeltfortzahlung
1. 7. 2005 bis 30. 11. 2005	5 Kalendermonate	Krankengeldbezug mit Aufstockungsleistungen
1. 12. 2005 bis 15. 12. 2005	0,5 Kalendermonate	Nacharbeit
16. 12. 2005 bis 30. 9. 2006	9,5 Kalendermonate	Freistellungsphase
	24 Kalendermonate	

Besteht die Arbeitsunfähigkeit noch über den 30. 11. 2005 hinaus, wird Krankengeld längstens bis zum 31. 12. 2005 gezahlt, danach beginnt dann die Freistellungsphase (Krankengeld ruht nach § 49 Abs. 1 Nr. 6 SGB V).

Dies führt zu folgendem Ergebnis:

Geleistete Altersteilzeitarbeit

1. 10. 2004 bis 30. 6. 2005	9 Kalendermonate	Arbeitsphase einschließlich Entgeltfortzahlung
1. 7. 2005 bis 31. 12. 2005	6 Kalendermonate	Krankengeldbezug mit Aufstockungsleistungen
1. 1. 2006 bis 30. 9. 2006	9 Kalendermonate	Freistellungsphase
	24 Kalendermonate	

5.3 Ausgleich von Abschlägen durch Beitragszahlung

Nach § 187 a SGB VI können Rentenminderungen, die sich aus Abschlägen ergeben, durch Zahlung von Beiträgen ausgeglichen werden.

Die Beiträge können bis zu der Höhe gezahlt werden, die sich aus einer Auskunft des zuständigen Rentenversicherungsträgers ergibt. Diese Auskunft erteilt der Rentenversicherungsträger Versicherten ab vollendetem 54. Lebensjahr auf Antrag (§ 109 Abs. 1 Satz 2 i. V. m. Abs. 4 Nr. 4 SGB VI). Die Höhe des Abschlags ergibt sich aus der Differenz zwischen der Rentenhöhe als abschlagsfreier Rente und der Rentenhöhe bei vorzeitigem Rentenbezug.

Der Betrag der Rentenminderung auf Grund der vorzeitigen Inanspruchnahme der Rente wird in Entgeltpunkte umgerechnet. Für jeden Entgeltpunkt ist der zu zahlende Betrag wie folgt zu berechnen:

Der Beitrag für das aktuelle Jahresdurchschnittsentgelt wird geteilt durch den Zugangsfaktor für die vorzeitige Altersrente.

Der Zugangsfaktor für die abschlagsfreie Altersrente ist 1,0. Für jeden Monat, den diese Rente vorzeitig in Anspruch genommen wird, verringert sich der Zugangsfaktor um 0,003. Wird die Rente z. B. drei Jahre früher in Anspruch genommen, beträgt der Zugangsfaktor 0,892. Dies entspricht einem Abschlag von 10,8 v. H.

Beispiel

Ein Versicherter beabsichtigt 2004, drei Jahre vor Vollendung des 65. Lebensjahres die Altersrente zu beanspruchen. Er muss dafür einen Abschlag von 10,8 % in Kauf nehmen. Nach Auskunft seines Rentenversicherungsträgers beträgt der Abschlag = 163,63 EUR. Dies entspricht (Stand 1. 7. 2003) 6,2622 Entgeltpunkten.

Für einen Entgeltpunkt sind aufzuwenden:

Durchschnittsentgelt 2004 (vorläufig) = 29 428,00 EUR
× 19,5 % (Beitragssatz 2004) = 5738,46 EUR
: 0,892 (Zugangsfaktor bei drei Jahren vorzeitiger Inanspruchnahme
= 6433,25 EUR.

Zum Ausgleich der gesamten Rentenminderung sind aufzuwenden:

6,2622 × 6433,25 EUR = 40 286,30 EUR

Werden die Beitragszahlungen für den Ausgleich der Rentenminderung vom Arbeitgeber übernommen, ist nach § 3 Nr. 28 EStG die Hälfte der Beiträge steuerfrei gestellt. Dies wird damit begründet, dass auch Pflichtbeiträge des Arbeitgebers nur in Höhe des halben Gesamtbeitrags steuerfrei sind.

Stichwortverzeichnis

Die halbfetten Zahlen verweisen auf die jeweilige Seitenzahl.

A

E

F

G

H

I

J

K

L

M

N

O

P

Q

R

S

W

Z